埋地管道结构力学

STRUCTURAL MECHANICS OF BURIED PIPES

雷诺·金·沃特金斯
[美] Reynold King Watkins
洛伦·路纳·安德森
Loren Runar Anderson
著

上海市政工程设计研究总院(集团)有限公司《埋地管道结构力学》翻译组
译

上海科学技术出版社

图书在版编目（CIP）数据

埋地管道结构力学 /（美）雷诺·金·沃特金斯(Reynold King Watkins)，（美）洛伦·路纳·安德森(Loren Runar Anderson) 著 ；上海市政工程设计研究总院（集团）有限公司《埋地管道结构力学》翻译组译. —— 上海 ：上海科学技术出版社，2025. 4. —— ISBN 978-7-5478-7083-9

Ⅰ. U173.9

中国国家版本馆CIP数据核字第2025AQ9840号

Structural Mechanics of Buried Pipes, 1st edition by Reynold King Watkins，Loren Runar Anderson，ISBN：9780849323959

© 2000 by CRC Press LLC

Authorized translation from the English language edition published by CRC Press，a member of the Taylor & Francis Group，LLC. All rights reserved. Shanghai Scientific & Technical Publishers is authorized to publish and distribute exclusively the **Chinese（Simplified Characters）**language edition. This edition is authorized for sale throughout **Mainland of China**. No part of the publication may be reproduced or distributed by any means，or stored in a database or retrieval system，without the prior written permission of the publisher. Copies of this book sold without a Taylor & Francis sticker on the cover are unauthorized and illegal.

本书原版由Taylor & Francis出版集团旗下CRC出版公司出版，并经其授权翻译出版。版权所有，侵权必究。本书中文简体翻译版授权由上海科学技术出版社有限公司独家出版并仅限在中国大陆地区销售。未经出版者书面许可，不得以任何方式复制或发行本书的任何部分。本书封面贴有Taylor & Francis公司防伪标签，无标签者不得销售。

上海市版权局著作权合同登记号　图字：09 - 2019 - 709 号

埋地管道结构力学

雷诺·金·沃特金斯　［美］Reynold King Watkins
洛伦·路纳·安德森　Loren Runar Anderson　著

上海市政工程设计研究总院(集团)有限公司《埋地管道结构力学》翻译组　译

上海世纪出版(集团)有限公司
上海科学技术出版社　出版、发行
(上海市闵行区号景路159弄A座9F-10F)
邮政编码201101　www.sstp.cn
上海展强印刷有限公司印刷
开本787×1092　1/16　印张22.75
字数 460 千字
2025年4月第1版　2025年4月第1次印刷
ISBN 978-7-5478-7083-9/TU·367
定价：158.00元

本书如有缺页、错装或坏损等严重质量问题，请向印刷厂联系调换 电话：021-66366565

《埋地管道结构力学》
翻译组成员

许大鹏　郑建建　宣　锋　黄　彪

孙恺祺　夏鑫磊　孙任运　罗凌晖

译 者 序

埋地管道作为"地下生命线",是保障城镇安全稳定运行的重要基础设施。埋地管道的历史可追溯到石器时代,发展至今,埋地管已由最早的石块或砖块构成到金属、塑料、混凝土等多种材料建造。据统计,目前我国的地下管道总里程已达数百万千米,但事故率较高,其中给水等压力管道事故多为自身结构性隐患引起;同时埋地管道结构为土壤与管道之间共同作用,较难进行准确、复杂的力学分析。在此背景下,引进翻译一本管道结构力学方面的经典著作就具有非常重要的意义。

《埋地管道结构力学》(STRUCTURAL MECHANICS OF BURIED PIPES)是一本针对埋地管道设施设计人员的教材类著作,重点阐述工程力学的基本原理和基础科学原理,对埋地管道结构设计具有重要的指导意义。该书作者是美国犹他州立大学的雷诺·金·沃特金斯教授和洛伦·路纳·安德森教授。沃特金斯教授作为埋地管道研究和工程领域的最具影响力的权威人物,对地下管道和基础设施技术的研究和教育做出了重大贡献,是管道工程领域备受尊敬的教育者和研究者;安德森教授是著名的岩土工程专家,世界级的土壤滑坡和风险分析顾问。

本著作由上海市政工程设计研究总院(集团)有限公司(以下简称上海市政总院)组织翻译。上海市政总院是我国最早成立的市政设计院之一,首批国家工程设计综合资质甲级院,工程设计覆盖基础设施建设行业的各个领域,完成涉及地下管线的工程项目累计万余项,在管道工程领域有着丰富的工程设计与实践经验。翻译组团队成员长期从事市政给排水埋地管道的结构设计与计算分析工作,具有较高的专业技术水平。本书为专业著作且篇幅较大,翻译工作前后历时四年,在此对翻译组成员的辛苦工作表示感谢;本书翻译工作需要完全忠实于原文原意,同时考虑到美国标准规范的计量单位仍采用英制,因此在翻译中仍保留英制单位不作换算。翻译内容难免有疏漏和不足之处,也恳请读者批评指正。

本书在翻译过程中得到了上海市政总院各级领导和行业专家的支持和指导,并以致谢!

《埋地管道结构力学》翻译组

上海市政工程设计研究总院(集团)有限公司

二〇二五年三月

序

　　埋地管道是一种重要的运输媒介，其建设成本仅高于明渠。通过管线，平均每加仑燃料可运送超过 500 吨英里的产品。重力系统不需要燃料来泵送。船舶每加仑运送 250 吨英里的产品，铁路每加仑运送 125 吨英里，卡车每加仑运送 10 吨英里，飞机消耗每加仑燃料的货运量不到 10 吨英里。

　　与其他运输媒介相比，埋地管线的危险性较低，对环境的破坏性也较小。管道能避免蒸发到大气中，减少污染，通常可减少运送产品的损失和损害。

　　埋地管道的结构力学很复杂，这体现于土壤和管道之间的相互作用，二者有着迥然相异的性质。土壤埋设特性的不精确性往往高到无法进行复杂的分析。本书是针对埋地构筑物设计人员的入门教程——其中多为管道设施。本书尽量减少复杂的理论推导，以工程力学的基本原则和基础科学原理为主。

　　科学是通过审慎探究达成的认知。

菲利普·汉德勒（Philip Handler）
（曾任美国国家科学院院长）

致　　谢

感谢贝基·汉森(Becky Hansen)耐心和专业的手稿整理工作。

目 录

第 1 章　绪论 ··· 1
第 2 章　初步管环设计 ··· 10
第 3 章　管环变形 ·· 17
第 4 章　土力学 ··· 24
第 5 章　管道力学 ·· 38
第 6 章　管环应力 ·· 47
第 7 章　管环挠度 ·· 58
第 8 章　管环刚度 ·· 65
第 9 章　非圆截面 ·· 70
第 10 章　管环稳定性 ·· 77
第 11 章　外包柔性管道 ··· 93
第 12 章　刚性管 ·· 106
第 13 章　最小覆土厚度 ··· 115
第 14 章　纵向力学 ··· 127
第 15 章　推力约束 ··· 142
第 16 章　埋设土壤 ··· 155
第 17 章　平行管道及管沟 ·· 165
第 18 章　特殊管段 ··· 174
第 19 章　应力分析 ··· 189
第 20 章　塑料管 ·· 215
第 21 章　外部静水压力 ··· 226
第 22 章　埋地储罐及储舱 ·· 232
第 23 章　上浮 ··· 250
第 24 章　埋地管道及储罐泄漏 ·· 256
第 25 章　大跨度结构 ·· 267
第 26 章　非圆内衬和涂层 ·· 272
第 27 章　立管 ··· 289
第 28 章　埋地构筑物的有限元法分析 ··· 301

第 29 章　有限元分析在埋地管道中的应用 ································· 309
第 30 章　埋地管道和储罐的经济性 ····································· 320

附录 A　卡氏方程 ··· 327
附录 B　管环挠度公式的修正 ··· 334
附录 C　相似性 ··· 338
附录 D　简史 ··· 341
附录 E　应力分析 ··· 344
附录 F　应变能分析 ··· 348

通 用 符 号

几何符号

A——每个单位管长的管壁横断面积

B——沟槽宽度

D——管道(储罐)直径

H——覆土厚度

h——地下水位高度

L——储罐或管段长度

r——管道(储罐)圆筒曲率半径

R——管道弯曲半径

t——壁厚

x——横轴

y——纵轴

z——竖轴(除特别注明)

β——土壤剪切面角度

作用、压力和应力

P——管道或储罐外部压力

P'——内部压力

p——管道或储罐真空度

Q——集中力

W——地表车轮荷载

γ——容重

σ——正(法向)应力

τ——剪应力。

下标表示作用力和应力的方向

材料性质

c——土壤内聚力

E——管道(储罐)材料弹性模量

S——材料允许应力(强度)

γ——材料容重

υ——泊松比

φ——壤内摩擦角

单 位

单位			前缀		
	ft	英尺,长度单位		giga 千兆	$(G) = 10^9$
	in	英寸,长度单位		mega 兆	$(M) = 10^6$
	m	米,长度单位		kilo 千	$(k) = 10^3$
	gm	克,重量单位		milli 千分之一	$(m) = 10^{-3}$
	kg	千克,重量单位,1 千克=9.806 N		micro 百万分之一	$(\mu) = 10^{-6}$
	lb	磅,力学单位,1 lb=4.448 2 N		nano 十亿分之一	$(n) = 10^{-9}$
	kip	千磅,力学单位,1 kip=1 000 lb			
	N	牛顿,力学单位,1 N=0.224 8 lb			
	Pa	帕斯卡,应力或压力单位,1 Pa=1 N/m²			

单位转换恒等式

面积　　　$1\ ft^2 = 92.9 \times 10^{-3}\ m^2$　　　　　　　　　　$1\ m^2 = 10.764\ ft^2$

　　　　　$1\ in^2 = 645 \times 10^{-6}\ m^2$　　　　　　　　　　$1\ m^2 = 1.55 \times 10^3\ in^2$

密度　　　$1\ lb/ft^3 = 157\ N/m^3 = 0.157\ kN/m^3$

　　　　　$62.45\ lb/ft^3 = 9.804\ 6\ kN/m^3 = 1\ gm/cc$(水的密度)

力　　　　$1\ lb = 4.448\ 2\ N;\ 1\ kip = 4.448\ 2 \times 10^3\ N = 4.448\ 2\ kN$

　　　　　$1\ lb = 453.6\ gm = 0.453\ 6\ kg$

长度　　　$1\ ft = 0.304\ 8\ m$　　　　　　　　　　　　　　　$1\ m = 3.28\ ft$

　　　　　$1\ in = 25.4 \times 10^{-3}\ m = 25.4\ mm$　　　　　　$1\ m = 39.37\ in$

压力　　　$1\ lb/ft^2 = 47.88\ N/m^2 = 47.88\ Pa$

　　　　　$1\ lb/in^2 = 6.895\ kN/m^2 = 6.895\ kPa$

　　　　　$1\ ft\ 水头 = 0.433\ 7\ lb/in^2$

容重通常指密度。在岩土工程中,很少出现重量不取决于地球表面平均重力的情况,即 $g = 32.16 \text{ ft/s}^2$ 或 9.806 m/s^2。

单位转换方法

一组单位要转换为另一组单位,可将一个单位转换恒等式视作转换公式,以此入手。如果一边除以另一边,结果为换算因子。任何物理量乘以或除以换算因子,都不改变原物理量的大小,只改变单位。以下示例对此进行了说明。

如果土壤的容重为 120 lb/ft^3,以 kN/m^3 为单位时,它的容重是多少?由上述单位转换恒等式可知,$1 \text{ lb/ft}^3 = 157 \text{ N/m}^3$。两边都除以 1 lb/ft^3,则 $\left[\dfrac{157 \text{ N/m}^3}{\text{lb/ft}^3}\right]$ = 换算因子;

因此 120 lb/ft^3 这一物理量变成 $120 \,\cancel{\text{lb/ft}^3} \left[\dfrac{157 \text{ N/m}^3}{\cancel{\text{lb/ft}^3}}\right] = 18.84 \text{ kN/m}^3$,

或者,$120 \,\cancel{\text{lb/ft}^3} \left[\dfrac{\cancel{\text{ft}}}{0.304\,8 \text{ m}}\right]^3 \left[\dfrac{4.448\,2 \text{ N}}{\cancel{\text{lb}}}\right] = 18.85 \text{ kN/m}^3$。

第1章
绪　　论

在洞穴作为栖息地的史前时期，就已经存在地下渠道，那时各类生物挖出坎儿井（山下隧道）用于取水。管道的价值体现在生命形态的进化上。随着生命的进化，生物体越复杂，管道系统就越重要、越复杂。

蚯蚓生活在地下隧道里。它的生命形态比阿米巴变形虫更高级，因为它已经进化出用于进食和废物处理的肠道——这等同于一种管道。

原始人是一种比蚯蚓更高级的生物，是一座宏伟的"管道车间"。人体管道系统由真空管、压力管、刚性管和柔性管组成，所有这些管道均以流量最佳、管内及管道与材料之间压力最低的方式埋设布置。

从社区角度考虑，白蚁巢包含一个用于运输、通风和居住的错综复杂的管道迷宫。但是，尽管白蚁管道系统十分精妙，却仍然无法与人类社区的管道系统相提并论，只不过普通城市居民已经下意识地习惯于城市管道系统提供的服务，所以不会主动去思忖服务中断的后果。只有管道系统不断改进，城市才能变得更好。但是由于埋地管道的不可见性，导致相关基建资金的预算往往被忽略，因此，管道改进是一个缓慢的过程。

工程设计需要具备以下知识：（1）性能；（2）性能极限。知识的三个一般来源包括：

知识来源

经验（实用主义）

实验（经验主义）

原理（理性主义）

在埋地管道土体—结构相互作用这一复杂现象中，需综合利用这三个知识来源。原因主要包括：变量太多；相互作用太复杂（无穷级的超静定）；土体特性不够精确；导致无法仅仅依赖单一信息来源。

埋地构筑物从古代便开始使用，且古人仅将经验作为知识来源。尽管如此，许多地下墓穴、坎儿井、下水道等仍然保留至今。虽然它们既不高效又不经济，但可想而知，工匠在掌握建设方法之前进行了无数次的尝试。

另外两个知识来源是近代确立的。在20世纪，鉴于实验和原理的需求，土力学得以快速发展。验证原理需要经验和实验，而原理是设计埋地管道的基本工具。

复杂的土体—结构相互作用仍然通过实验进行分析。不过基于原理（即实验原理）的实验才是最有效的。

本文概略阐述了已被证实有助于埋地管道结构设计的基本原理。

因为主要目的是设计，所以第一性原理是设计原理。

埋地管道设计

埋地管道设计是指为管土系统制定计划和规范，使管道性能不超出性能极限。任何性能要求均等于其极限值除以安全系数，即：

$$性能 = \frac{性能极限}{安全系数}$$

[例]

应力＝强度/安全系数；

变形量＝变形极限/安全系数；

支出＝收入/安全系数；等等。

如果性能恰好等于性能极限，则一半的安装作业会遭遇失败。因此，设置安全系数是必要的。设计人员须考虑结构不理想、超载、材料瑕疵等缺陷。目前的安全系数是经验系数，未来的安全系数须涉及破坏概率和破坏成本，包括风险和责任。在此之前，使用的安全系数一般取 2。

为了确定破坏概率，需要足量的破坏次数来计算测量数据的正态分布的标准偏差。

正态分布

正态分布是对坐标为 x 和 y 的某一个物理量进行多次测量（观测）形成的分布图，（见图 1-1）。

图 1-1 中，

x＝横坐标＝物理量测量值；

y＝纵坐标

＝在任何给定的 x 值的范围（槽）中的测量次数。

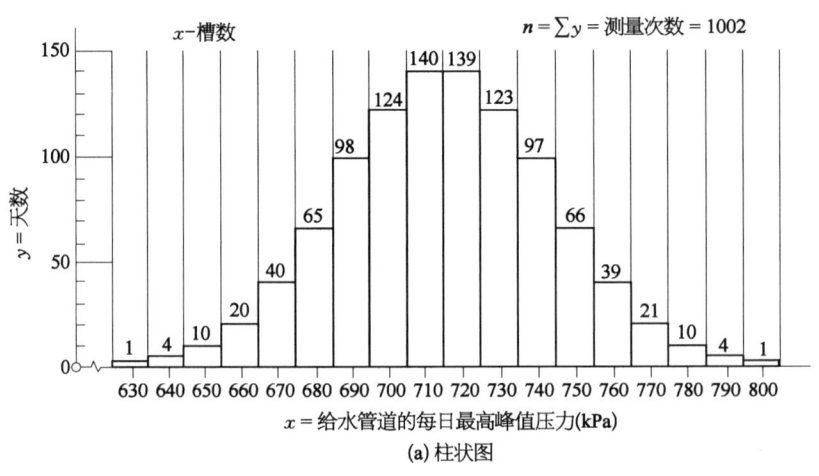

(a) 柱状图

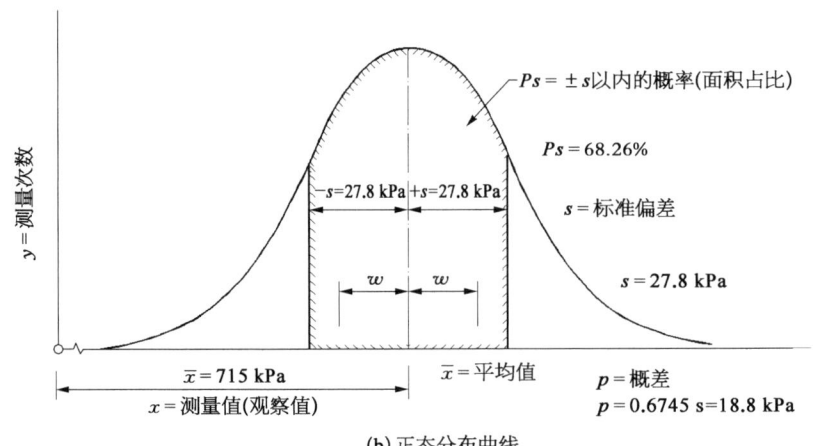

(b) 正态分布曲线

图 1-1 给水管道在 1 002 天内的每日最大峰值压力

一个 x 值对应的槽包含了更接近给定 x 值的所有测量值，而不是接近下一个更高的 x 值或下一个更低的 x 值。在图 1-1 的柱状图中，如果 $x=680$ kPa，则 680 槽包含 675~685 kPa 范围内的所有 x 值。

$\bar{x}=$ 测量平均值；

$x=\sum yx/\sum y$；

$n=$ 测量总次数 $=\sum y$；

$w=$ 偏差，$w=x-\bar{x}$；

$P=$ 测量值落在 $\pm w$ 之间的概率；

$P_e=$ 测量值超过破坏水准 x_e（或低于最低水准 x_e）的概率；

$s=$ 标准偏差 $=$ 涵盖 68.26% 测量值的偏差 $(P_s=68.26\%)$。

P 是 $\pm w$ 以内的面积与总面积之比值。已知 w/x，可在表 1-1 中确定 P 值。标准偏差 s 的重要性在于：(1) 它是比较各组测量值精确度的基础；(2) 可以根据实测值计算出来：

$$s=\sqrt{yw^2/(n-1)}$$

标准偏差 s 是从质心 y 轴测得的正态分布曲线下面积的水平回转半径。s 是 x 的偏差值，与 x 和 w 量纲相同。w/s 是一个重要的无量纲变量（π 项）。数值见表 1-1。由于概率 P 是 $\pm w$ 以内的面积与总面积之比值，所以它也是一个无量纲 π 项。如果可以根据试验数据计算出标准偏差，则可从表 1-1 中读出测量值 x 落在平均值 $\pm w$ 以内的概率。同样地，无论破坏概率 P_e 大于上限 x_e 还是小于下限 x_e，都可以从表中读出。需要计算破坏偏差，即 $w_e=x_e-\bar{x}$。因为管道—土体的相互作用难以精确得到（即为大标准偏差），所以为了谨慎起见，设计时成功概率取 90%（破坏率为 10%），同时考虑安全系数。如下例所示，概率分析可通过表格很轻易求解。

表 1-1 当 x 值落在 $\pm w$ 以内，概率 P 是 w/s 的函数；当 x 值落在 $\pm w$ 以外的 $+w_e$ 上或 $-w_e$ 上，概率 P_e 是 w_e/s 的函数

w_e/s	$P(\%)$	$P_e(\%)$	w_e/s	$P(\%)$	$P_e(\%)$
0.0	0.0	50.0	1.5	86.64	6.68
0.1	8.0	46.0	1.6	89.04	5.48
0.2	15.9	42.1	1.7	91.08	4.46
0.3	23.6	38.2	1.8	92.82	3.59
0.4	31.1	34.5	1.9	94.26	2.87
0.5	38.3	30.9	2.0	95.44	2.28
0.6	45.1	27.4	2.1	96.42	1.79
0.674 5	50.0	25.0	2.2	97.22	1.39
0.7	51.6	24.2	2.3	97.86	1.07
0.8	57.6	21.2	2.4	98.36	0.82
0.9	63.2	18.4	2.5	98.76	0.62

续 表

w_e/s	$P(\%)$	$P_e(\%)$	w_e/s	$P(\%)$	$P_e(\%)$
1.0	68.26	15.9	2.6	99.06	0.47
1.1	72.9	13.6	2.7	99.30	0.35
1.2	78.0	11.5	2.8	99.48	0.26
1.3	80.6	9.7	2.9	99.62	0.19
1.4	83.8	8.1	3.0	99.74	0.135

[例]

某一特定类型管道的爆裂压力已经测试了 24 次，数据如表 1-2 所示。则 0.8 MPa（120 psi 或 0.8 MN/m²）的内部压力使管道爆裂的概率是多少?

其中，x = 爆裂时的试验压力（MN/m²）；

y = 每个 x 值的试验次数；

$n = \sum y$ = 总试验次数。

表 1-2 相同管道内部爆裂压力破坏试验的压力数据和平均爆裂压力及其标准偏差的表解

x（MPa）*	y	xy（MPa）	w（MPa）	yw（MPa）	yw^2（MPa）²
0.9	2	1.8	−0.2	−0.4	0.08
1.0	7	7.0	−0.1	−0.7	0.07
1.1	8	8.8	0.0	0.0	0.00
1.2	4	4.8	+0.1	+0.4	0.04
1.3	2	2.6	+0.2	+0.4	0.08
1.4	1	1.4	+0.3	+0.3	0.09
合计	n	$\sum xy$			$\sum yw^2$
	24	26.4			0.36

$x = \sum xy/n = 1.1 \text{ MPa}$

$s = \sqrt{\sum yw^2/(n-1)} = 0.125 \text{ MPa}$

根据表 1-2 的数据，

$$\bar{x} = \sum xy / \sum y = 26.4/24 = 1.1$$

$$s = \sqrt{\sum yw^2/(n-1)} = \sqrt{0.36/23} = 0.125$$

$$w = x - \bar{x}$$

因此，

$$w_e = (0.8 - 1.1) = -0.30 \text{ MN/m}^2$$
$$= 破坏压力偏差$$

$$w_e/s = 0.30/0.125 = 2.4$$

根据表 1-1 进行插值，得出 $P_e = 0.82\%$。

---

* MPa 是压力兆帕，其中帕斯卡是 N/m²，即，兆帕是每平方米面积一百万牛顿的力。1 N = 0.224 8 lb。1 m² = 10.76 ft²。

因此，爆裂压力小于 0.80 MN/m² 时的管道破坏概率为 $P_e=0.82\%$，即每 122 个管段中会有 1 个管段破裂。接下来是破坏成本核算。

任意管段的强度偏差在 $w_e=\pm 0.3\,\mathrm{MN/m^2}$ 以内的概率为 $P=98.36\%$。（注 $P+2P_e=100\%$）

根据概率数据，可计算出标准偏差。根据标准偏差，可以找到 90% 测量值所处的 $\pm w$ 范围。在这种情况下，$w/s=w/0.125$ 时，$P=90\%$。从表 1-1 可知，对 $P=90\%$ 进行了插值，$w/s=1.64\%$，且概率为 90% 时，$w=0.206\,\mathrm{MPa}$。

误差（三类）

错误＝失误——纠正方法：复查、重复。

准确度＝与真值的接近程度——纠正方法：校准、修改、改正。

精确度＝精准程度——纠正方法：正态分布、安全系数。

性能

土体—结构相互作用的性能体现在变形量，而变形量是荷载、几何形状和材料特性的函数。有些变形的变形量可以根据土力学原理用方程式的形式表示。其他涉及复杂的土体—结构相互作用的变形须根据经验或实验得出其变形量。根据无量纲 π 项写出这些关系是具有一定优势的，方法详见附录 C。π 项已在多个系数命名中体现出作用，如表示管道液体流量的雷诺数、表示气体流量的马赫数、影响数、稳定数等。

π 项是独立、无量纲的基本变量组，在分析或实验中用来代替原来的基本变量。基本变量通过一个简单的过程组合成 π 项，在这个过程中必须满足 π 项的三个特征。切入点是一个完整的相关基本变量集。这要求熟悉这种现象。集合中的变量必须相互关联，但是任何变量子集均不得相关联。例如，力 f、质量 m 和加速度 a 以及包含其他变量的一个现象中，力、质量与加速度不可能是其中三个基本变量，因为这三个变量并不独立存在，由 $f=ma$ 可知，这三个变量中只能有两个属于基本变量。一旦确定了性能方程式，就可以得到偏差 w。假设 $r=f(x,y,z,\cdots)$，则

$$w_r^2=M_{rx}^2 w_x^2+M_{ry}^2 w_y^2+\cdots$$

式中，w 是在给定的相同概率下的所有变量的偏差，例如概率为 68% 的标准偏差；M_{rx} 表示 r—x 曲线的切线，w_x 表示在给定 x 值时的偏差。其他变量也按同样的方式处理。

π 项的特点

1. π 项数＝基本变量数－基本量纲数。
2. 所有 π 项均属无量纲。
3. 每个 π 项都是独立的。如果 π 项包含一个其他 π 项不包含的基本变量，则可以保持独立性。

π 项具有两个明显的优点：一是涉及的变量较少；二是消除尺寸效应。所需要的 π 项数目等于基本变量数减去基本量纲数。由于 π 项属于无量纲，它们不受尺寸（或任何量纲）影响，可以通过模型试验开展研究。一旦确定 π 项，即可通过理论（原理）或实验找到它们之间的相互关系。由于 π 项属无量纲，因此结果普遍适用。以下是一个精心设计的实验例子。

[例]

利用实验技术，求薄壁管内爆管压力 P' 的方程式。首先写出相关基本变量集及其基

本量纲(力的量纲 F 和长度的量纲 L)。

基 本 变 量		基本量纲
P'	内部压力	FL^{-2}
t	壁厚	L
D	管环内径	L
S	管壁材料屈服强度	FL^{-2}

这四个基本变量可以简化为两个 π 项，如 (P'/S) 和 (t/D)。基于 π 项的三个特点，π 项可以根据观察直接确定。π 项的数目等于基本变量数 4 减去基本量纲的数 2，即 F 和 L。这两个 π 项是无量纲的且相互独立的，原因是每个 π 项均包含一个基本变量，而这个基本变量并不包含在另一个 π 项中。爆管的条件仅通过关联两个变量，即 π 项来研究，而不是联系原来的四个基本变量。此外，由于 π 项是无量纲的，因此可以在任意尺寸的管道上进行研究。小比例模型研究的试验结果绘制在图 1-2。图中数据基本呈线性分布，仅右侧最后一部分有所偏离。显然，这种管道已不再是薄壁管。因此薄壁名称只适用于 $t/D<0.1$ 的情况。该图的方程式是直线方程 $y=mx+b$，式中 y 表示纵坐标，x 表示横坐标，m 表示斜率，b 表示 $x=0$ 处的 y 轴截距。对于上述情况，$(P'/S)=2(t/D)$，由此求得爆裂压力值：

$$P=2S/(D/t)$$

这一重要的方程式根据第 2 章"内部压力"所述之理论原理推导而得。

性能极限

埋地管道的性能极限主要指变形而非应力。在某些情况下，可以将变形极限与应力(如裂纹开裂时的应力)关联起来，但这种关系只适用于熟悉应力破坏理论的设计人员。实际上，性能极限指管土系统无法继续承担预期用途时的变形量。如果这种变形是不可接受的，则性能极限可以是土体变形，如管道上的土体表面凹陷或隆起或裂纹。这类凹陷或隆起取决于管道上方和管道两侧的土体相对沉降，如图 1-3 所示。

但更常见的是，性能极限是管道过量变形，并可能导致管道泄漏或限流。如果管道因内部真空度或外部静水压力而塌陷，则流量会受到明显的限制。另一方面，如果仅仅是管环略有不圆的椭圆状变形，则对流量的限制通常不明显。例如，若管道横截面偏斜成椭圆形，则较小的直径的减少量为原圆直径的 10%，横截面积的减少量仅为 1%。

对于管道来说，更常见的性能极限是管道无法继续承受任何荷载增量时的变形。最明显的情况是由于内压导致管子破裂。外部土压力引起的变形则不太明显，且比较复杂。管道性能极限的典型案例如图 1-4 所示。这些性能极限并不意味着塌陷或破坏。土体

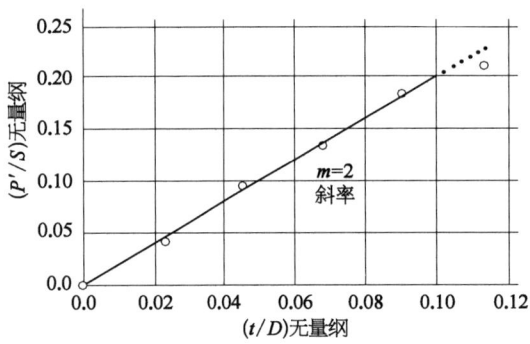

图 1-2 用无量纲 π 项 (P'/S) 和 (t/D) 求光面管爆裂压力 P' 方程式的实验数据图

光面管(或裸管)为均质壁厚的光滑圆柱表——不包含波纹或加肋或加筋

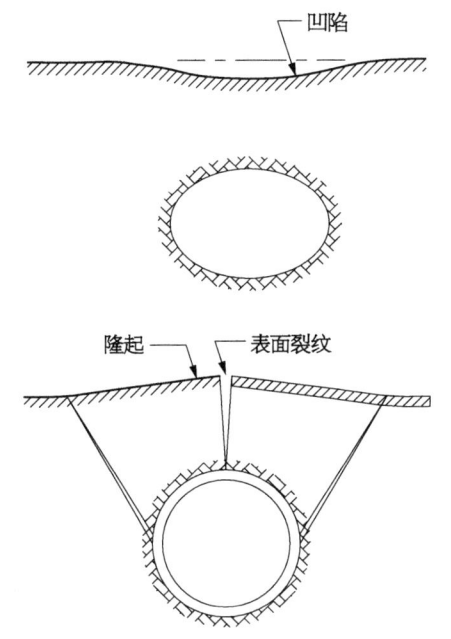

图 1-3 土壤性能极限

体现回填土的沉降如何使柔性(变形)管表面凹陷,以及在刚性(未变形)管道表面造成隆起和裂纹

一般通过在管道上方施加土拱作用增加荷载,从而防止管道完全塌陷。管道其至可以继续使用,但是大多数工程师不希望仅仅依靠土体来维持管道的横截面。这个条件可被

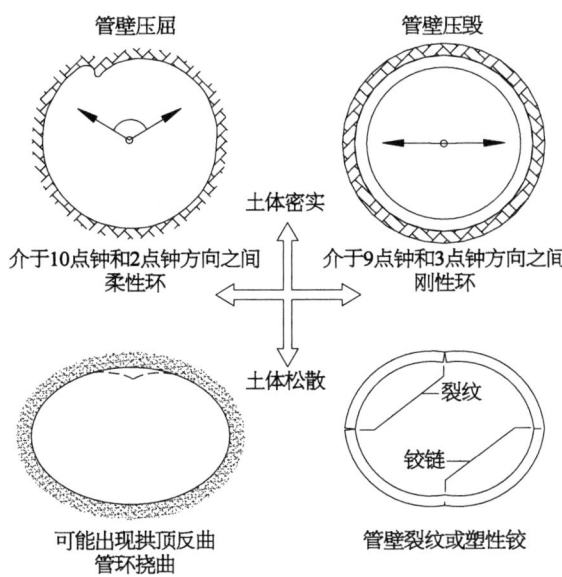

图 1-4 埋地管环在外土压力作用下的典型性能极限

认为是性能极限。管道的设计可承受所有外部压力。土体对于承受外部压力的贡献只是通过土拱作用提供更大的安全度,其效果与土体强度相关。经检验发现,许多埋地管道即使管道本身已经"破裂"但仍可使用。土体让破裂的陶土管保持原状,从而可以继续使用;钢管涵的底板虽已被腐蚀或侵蚀,却未损坏;铸铁承口会出现裂纹;开裂的混凝土管道仍可使用,等等。缓解上述情况的关键因素便是支承管道的埋设土体。

埋地管道设计的合理顺序如下:

1. 产品交付计划(距离、海拔高度、数量和压力)。
2. 管道液压设计的尺寸、材料。
3. 产品方案的结构要求和设计。
4. 产品方案的附属物。
5. 产品方案的经济分析。
6. 第 3 至第 5 步的修订和迭代。
7. 选定最佳产品方案。

若管道的尺寸、压力、高度已知,管道结构设计可以按以下六个步骤进行。

埋地管道结构设计步骤

按重要程度排序:

1. 抗内压性,即材料强度和最小壁厚。
2. 运输和安装的耐受性。
3. 对外部压力和内部真空度的耐受性,即环向刚度和土体强度。
4. 环向变形,即环向刚度和土体刚度。
5. 纵向应力和变形。
6. 其他方面,如管道上浮、施工荷载、附属构件、安装技术、土壤有效性等。

同时,也需要考虑环境、美学、风险、造价、公共关系和社会影响等因素。不过,本文仅涉及埋地管道的结构设计。

练习题

1-1 经压力计测量，管道中的流体压力为 14 in 汞柱。求以磅/平方英寸(psi)和帕斯卡(N/m^2)为单位的压力值。汞柱的比重为 13.546。

(6.85 psi)(47.2 kPa)

1-2 一份 $100\ m^3$ 的实验室土壤样本重 187.4 g。土壤的容重是多少磅/立方英尺？

(117 pcf)

1-3 验证图 1-1 中的标准偏差。

($s = 27.8$ kPa)

1-4 根据图 1-1，每日最大压力超过 784.5 kPa 的概率是多少？

($P_e = 0.62\%$)

1-5 图 1-5 显示了一组包含 58 根薄壁塑料管的样品在塌陷时的内部真空度柱状图。

其中，

x = 塌陷压力，单位帕斯卡，Pa
（最小增量为 5 Pa）；

y = 每个 x 值对应的塌陷数。

(a) 塌陷时的平均真空度是多少？

(75.0 Pa)

(b) 标准偏差是多少？

(8.38 Pa)

(c) 概差是多少？

(+5.65 Pa)

1-6 对 11 根 30 in ID 的 1 类无钢筋混凝土管道进行了三点加载试验，结果如下：

x = 极限荷载，单位：磅/直线英尺

x(lb/ft)
3 562
3 125
4 375
3 438
4 188
3 688
3 750
4 188
4 125
3 625
2 938

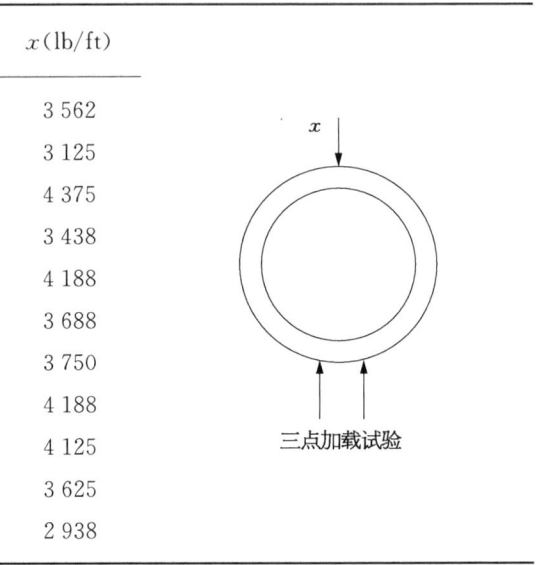
三点加载试验

(a) 破坏时的平均荷载 x 是多少？

($x = 3\ 727.5$ lb/ft)

(b) 标准偏差是多少？

($s = 459.5$ lb/ft)

(c) 破坏时荷载 x 小于 3 000 lb/ft（磅/直线英尺）额定的最低强度的概率是多少？

($P_e = 5.68\%$)

1-7 玻璃纤维增强塑料(FRP)储罐的设计真空度为 4 in 汞柱(4 inHg)。经过内部真空试验，试验结果的正态分布如图 1-6 中的 A 系列所示。79 个储罐中有 2 个在低于 4 inHg 时破坏。B 系列提高了玻璃纤维占比。正态分布曲线与 A 系列的曲线形状相同，但向右移动了 1 inHg。B 系列在 4 inHg

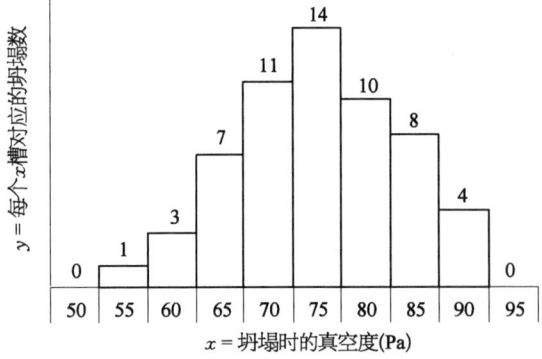

图 1-5 薄壁塑料管塌陷时内部真空度柱状图

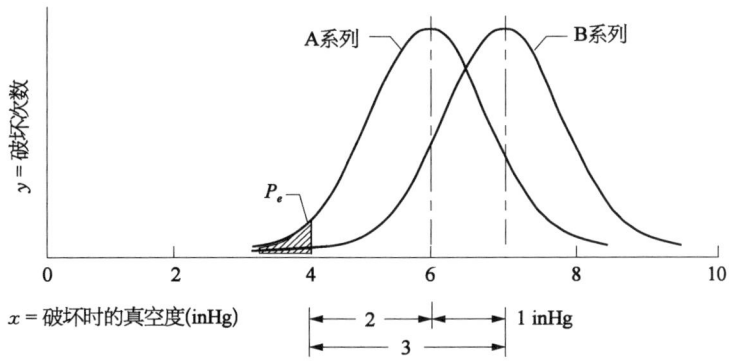

图1-6 4 inHg 设计真空度条件下的玻璃纤维储罐正态分布图

或低于 4 inHg 时的预测破坏概率是多少?

($P_e=0.17\%$ 或每 590 个储罐破坏 1 个)

1-8 如果在相同条件下,对 23 个管涵进行下列测量,埋地管涵的竖直环向变形 $d=y/D$ 超过 10% 的概率是多少?

d 测量值(%)

6	9	6	6	5	6
8	5	4	6	7	7
3	6	7	5	4	5
6	7	8	7	5	

(0.24%)

1-9 对某一种特定塑料管的多个样品测量其管道刚度,得出平均值为 24,标准偏差为 3。

(a) 管道刚度小于 20 的概率是多少?

($P_e=9.17\%$)

(b) 如果刚度小于 20 的概率减少到现值的一半,即小于 4.585%,标准偏差需要达到多少?

($s=2.37$)

1-10 无黏性土坡的斜面坡角为 2°。饱和时,确定临界坡度的 π 项。

1-11 为问题 1-10 设计一个物理模型。

第 2 章
初步管环设计

埋地管道结构设计的前三步均涉及对荷载的承载力分析。埋地管道上的荷载可能是复杂的,特别是当管道挠曲失圆时。如果假定截面(管环)为圆形,则可以简化分析。对于刚性管道,环向变形可以忽略不计。对于柔性管道,环向变形通常按规定限制不得超过5%。圆管环的分析适用于大多数埋地管道的结构设计。而分析是对结构性能的预测。下面是分析和设计管环能够承受以下三个最基本荷载的基本原则:内部压力、运输/安装作用和外部压力,见图 2-1 和 2-2。

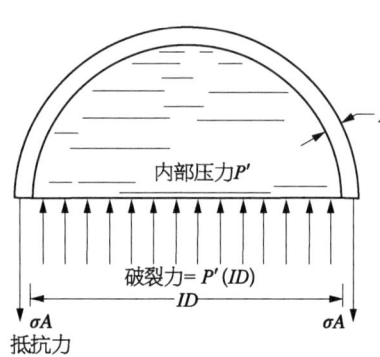

令破裂力与抵抗力相等,环向张应力是:
$$\sigma = P'(ID)/2A$$

图 2-1 管道截面一半的自由体受力图,包括内部压力 P'

内部压力——最小管壁面积

管环结构设计的第一步是求解管道单位长度的最小管壁面积。

光面管——如果管壁均匀,圆柱形表面光滑,则为光面管(裸管),其单位长度的管壁面积为其壁厚。钢制水管、球墨铸铁管以及许多塑料管都是这种管道。

其他管道则为波纹管、加肋管或复合管,例如钢筋混凝土管。对于这样的管道,管道单位长度的管壁面积 A 是设计相关物理量。

对于流体输送用压力管道一半的自由体受力图,如图 2-1 所示,最大破裂力为 $P'(ID)$,其中 P' 为内部压力,ID 为内径。该破裂力在管壁中由张力 σA 来抵抗,σ 是管壁的环向张应力。令破裂力与抵抗力相等,可得 $\sigma = P'(ID)/2A$。当应力 σ 等于屈服强度 S 时,达到性能极限。在设计中,管壁的屈服强度常因安全系数而进行折减:

$$\sigma = P'(ID)/2A = S/sf \quad (2-1)$$

式中:σ——管壁的环向张应力;
P'——内部压力;
ID——内径;
OD——外径;
D——到中性面的直径;
A——单位管长的管壁截面积;
S——管壁材料的屈服强度;
t——光面管壁的厚度;
sf——安全系数。

这是设计管环抵抗力的基本方程。它应用于平均直径与壁厚之比 D/t 大于 10 的薄壁管道时具有足够精确度。方程(2-1)可以

求解最大内部压力 P' 或最小管壁面积 A。

$$A = P'(ID)sf/2S = 最小管壁面积$$

对于厚壁管（D/t 小于 10），可能需要进行厚壁圆筒分析，详见第 6 章。忽略土体的阻力后，管道的性能极限即为屈服强度。一旦管环开始屈服膨胀，直径将增大，壁厚将减小，管壁内应力将不断增大直至管道爆裂。

[例]

用于水力发电的压力钢管的内径为 51 in，壁厚为 0.219 in。当管道在无流量情况下充满水时，最大允许水头 h（进出口高程差）是多少？

已知：

弹性模量 $E = 30 \times 10^6$ psi；

屈服强度 $S = 36$ ksi；

安全系数 $sf = 2$；

水的容重 $\gamma_w = 62.4$ lb/ft³；

出口处内部水压 $P' = h\gamma_w$。

根据方程式（2-1），

$$\sigma = S/2 = P'(ID)/2A$$

其中，A 是每英寸管长 0.219 in²，代入数值，得 $h = 357$ ft。

运输/安装——管道上的最大线路荷载

管环设计的第二步是计算抵抗运输和安装过程中施加在管道上的荷载。最常见的荷载是径向 F—荷载，如图 2-2 所示，当管道堆叠或管道侧面或顶部的土壤被压实时，就会出现这种载荷。

如果 F—荷载导致管道应力超过管材屈服强度，那么管壁会开裂，或者管道截面出现永久变形。这些变形（裂纹是一种变形）中的任何一种都是不可接受的。因此，即使管环没有塌陷，也可能达到屈服强度这一性能极限。

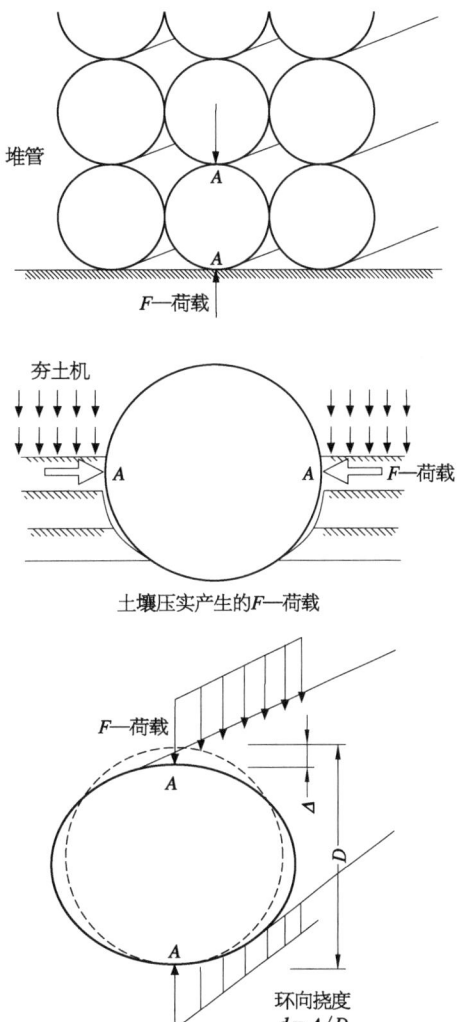

图 2-2 管道上常见的运输/安装荷载，称为 F—荷载

对于包括低碳钢在内的一些塑性材料，屈服强度的设计过于保守。那么，如果超过了屈服强度怎么办？管环中的永久变形（塌陷）不一定代表管道破坏。事实上，在制管过程中存在可能超过屈服强度的情况。

一些管道制造商基于最大允许环向挠度 $d = \Delta/D$ 限定了 F—荷载，其中 Δ 是平均直径 D 由于荷载 F 而导致的减少量。一些塑料管环有过度挠曲的记忆。在使用中，如果安装之前环向挠度过大，管道就容易发生破裂。增加的环向刚度减少了环向变形。不难想象,在埋设过程中,管环的柔韧性导致其不能保持圆形。对此,有一个成本较高的补救办法,是在埋设时采用支柱或支撑杆保持管环的形状。相对而言,在埋设时提供足够的环向刚度来抵抗挠曲,这可能是比较经济的做法。无论如何,环向挠度是管道运输/安装的潜在性能极限。

因此,需要对运输和安装进行两种分析,并采用两个相应的性能极限:屈服强度和环向挠度,见图 2-3。一般来说,屈服强度适用于混凝土管等刚性管,而环向变形适用于柔性管,见图 2-4。

屈服强度性能极限

为了分析屈服强度性能极限,根据经验,相关基本变量可以采用如下方式:

基本变量(fundamental variables, fv's)		基本量纲(basic dimensions, bd's)
F	运输/安装荷载(管道单位长度的集中线荷载)	FL^{-1}
D	管道的平均直径	L
I	管道单位长度的管壁截面惯性矩	L^3
c	从管壁截面中性轴到应力屈服点处最远壁面的距离	L
S	管壁材料的屈服强度	FL^{-2}

5个基本变量-2个基本量纲=3个 π 项

可以通过检查得出三个 π 项。典型集是:(F/SD)、(c/D) 和 (I/D^3),这只是诸多可能的 π 项集之一。D 是一个重复变量。请注意,各 π 项是独立的,因为每个 π 项至少包含一个基本变量,而该变量不包含在任何其他 π 项中。所有 π 项都是无量纲的。这三个 π 项之间的相互关系可以通过实验或分析得到。经典分析的一个例子从环向应力入手:

$$\sigma = Mc/I$$

其中,M 是管环中由于荷载 F 而产生的最大弯矩。但是如果应力仅限于屈服强度,那么:

$$S = Mc/I$$

其中,基于卡氏定理(Castigliano's Theorem)的管环分析,$M = FD/2\pi$,见附录 A 表 A-1。M 是力 F 的最大弯矩,因为它发生在 F 的位置,所以没有附加管环压应力。代入数值并

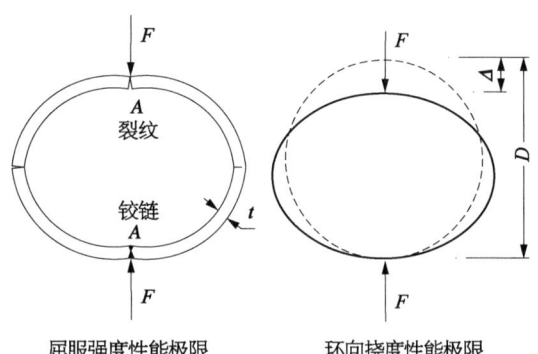

图 2-3 受集中 F—荷载作用的环向自由体受力图,显示屈服强度和环向变形的相关变量

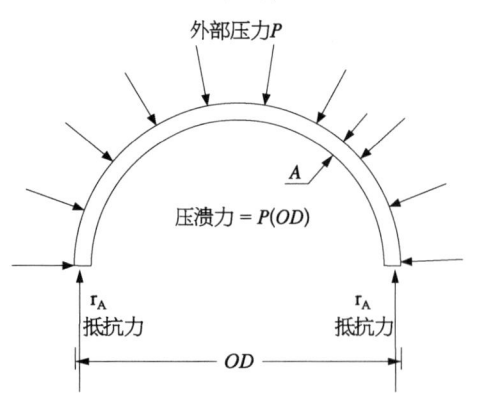

图 2-4 显示外部径向压力 P 的管环一半的自由体受力图

将基本变量重组为 π 项,可得

$$(F/SD) = 2\pi(D/c)(I/D^3)$$

三个 π 项用圆括号括起来,忽略 π 项,则

屈服强度 S 时的 F—荷载 $F = 2\pi SI/cD$

对于光面管,$I = t^3/12$ 且 $c = t/2$,其中 $I/c = t^2/6$,以 π 项表示:

$$(F/SD) = \pi(t/D)^2/3$$

忽略 π 项,光面管(光滑的圆柱表面)在屈服强度 S 时的 F—荷载为 $F = \pi S t^2/3D$。只要管环保持圆形,弹性模量 E 便对 F—荷载没有影响,只有屈服强度 S 是一个性能极限的相关因素。

环向挠度性能极限

如果性能极限是弹性极限处的环向挠度,则它与弹性模量 E 相关,而与屈服强度 S 无关。在这种情况下,相关基本变量和相应的基本量纲如下:

基 本 变 量		基本量纲
d	环向挠度,$d = \Delta/D$	—
D	平均管径	L
F	每单位管长的径向线荷载	FL^{-1}
EI	每单位管长的管壁刚度	FL

4个基本变量－2个基本量纲＝2个 π 项

其中,

Δ	由于 F—荷载,直径的减少量
E	弹性模量
I	光面管单位长度管壁截面的惯性矩＝$t^3/12$
t	光面管的壁厚

经检验,两个 π 项为 (d) 和 (FD^2/EI)。同样,通过实验或分析可以发现这些 π 项之间的关系。附录 A 的表 A-1 是对管道在几个常见荷载作用下的环向挠度分析的汇编。从附录 A 的表 A-1 来看,F—载荷引起的环向挠度是

$$(d) = 0.0186(FD^2/EI) \quad (2-2)$$

方程式已经在 π 项(圆括号)中了。对于 $I = t^3/12$ 和 $c = t/2$ 的光面管,环向挠度方程式为

$$(d) = 0.2232(F/ED)(D/t^3)$$

环向应力与环向挠度的关系通过将表 A-1 数值代入屈服应力 $F = 2\pi SI/cD$ 获得,其中 S 为屈服强度,c 为管壁中性面到管壁表面的距离。由此得出的方程式是

$$(d) = 0.117(\sigma/E)(D/c) \quad (2-3)$$

对于光面管,

$$(d) = 0.234(\sigma/E)(D/t)$$

注意引入了一个新的 π 项 (σ/E)。这种关系可以通过使用方程式(2-3)括号中的三个 π 项进行试验获得。可以通过从方程式(2-3)设定 $\sigma = S$ 得到屈服应力 S 下的环向挠度。如果环向挠度超过屈服,当 F—荷载被移除时,管环不会返回到原来的圆形,变形是永久性的。虽然这不是破坏,但对于设计来说,可能是一个具有安全裕度的性能极限。

下面的方程式总结了管道抵抗运输/安装荷载的设计方法。

对于运输/安装,当环向应力在屈服强度 S 时,最大允许 F—荷载和相应的环向挠度 d 从以下公式得出。

管环强度

$$(F/SD) = 2\pi(D/c)(I/D^3) \quad (2-4)$$

对于光面管，$(F/SD)=\pi(t/D)^2/3$；分解后可得，对于光面管，$F=\pi SD(t/D)^2/3$。

环向挠度，其中 d 为 F—荷载引起的，$d=(\Delta/D)$

$$(d)=0.018\,6(FD^2/EI)，以 F—荷载表示 \tag{2-5}$$

$(d)=0.117(\sigma/E)(D/c)$，以应力 σ 表示

$(d)=0.234(S/E)(D/t)$，对于具有光滑圆柱表面的光面管，以屈服强度 S 表示

钢铁和铝管行业在运输/安装中采用 F—荷载表示。在方程式(2-2)中，行业指定了最大柔性系数 $FF=D^2/EI$。如果给定管道的柔性系数小于指定的 FF，那么运输/安装损坏的概率按统计学来讲较低，且可以接受。

对于其他类型的管道，普遍采用应力表示。当应力 $\sigma=$ 屈服强度 S 时，最大允许荷载为 $F=2\pi SI/cD$。

对于具有光滑圆柱表面的管壁，最大允许荷载为 $F=\pi St^2/3D$。

以另一种形式表示，对于光面管壁，最大允许 D/t 值是：$(D/t)^2=\pi SD/3F$

对于最大预期 F—荷载，即在屈服强度下，可以计算最小壁厚项(t/D)。安全系数可以很小——接近 1.0——因为，通过塑性分析，塌陷不仅仅是因为外部表面的环向应力达到屈服强度才出现，要造成塑性铰链（凹痕或尖点），F—荷载必须增大 1.5 倍。

塑料管工程师喜欢使用外径 OD 和一个称为量纲比 DR 的分类号，简单地说，$DR=OD/t=(D+t)/t$，其中 D 是平均直径。利用这些量纲，屈服时的 F—荷载可表示为

$$F=\pi St/3(DR-1)$$

已知 F—荷载时，屈服强度所需量纲比为

$$DR=(\pi St/3F)+1$$

[例]

无钢筋混凝土管竖直堆放在平面上，如图 2-2 所示。底管上的荷载实质上是 F—荷载。已知以下信息：

内径 $ID=30$ in

外径 $OD=37.5$ in

混凝土容重 $\gamma=145$ lb/ft^3

试验得出的断裂时 F—荷载 $\pm sF=3\,727$ lb/ft

管道断裂处极限 F—荷载的标准差 $s=\pm460$ lb/ft

(a) 如果 F—荷载限制在 3 000 lb/ft，管子可以堆叠多高？

从数据来看，管子的重量是 400 lb/ft。堆高的管子数量极限为 3 000/400=7.5。所以堆叠的高度必须限制在七根管子。

(b) 如果一列是七根管子高，那么其中的管子会断裂的概率是多少？

底部的七根管子荷载为 $7\times400=2\,800$ lb/ft，七根管子荷载与 F—荷载的偏差 $w=3\,727-2\,800=927$ lb/ft。由表 1-1 可知，底部七根管子的破坏概率为 2.2%。对于堆叠其中的一根管子，概率是 1/7 或 0.315%，即在管堆中，每 317 根管子有 1 根破裂。

(c) 平均 F—荷载为 3 727 lb/ft 时，管壁的环向应力是多少？

根据方程式(2-4)，$(F/SD)=\pi(t/D)^2/3$，其中 $S=$ 屈服强度，$D/t=9$，$D=51$ in。求解可得 $\sigma=471$ psi。从在张力中的破坏情况考虑，混凝土质量合格。

外部压力——最小管壁面积

考虑一半管道上有外部压力的自由体受

力图,见图 2-4。竖直破坏力为 $P(OD)$,其中 P 是假定均匀分布的外部径向压力,OD 是外径。抵抗力是在管壁内的压缩力 $2\sigma A$,其中 σ 是管壁内的环向应力,称为管环压应力。令破裂力与抵抗力相等,采用允许应力 S/sf,得到的方程式是

$$\sigma = P(OD)/2A = S/sf \quad (2-6)$$

这是设计的基础。由于其重要性,管环压应力设计在第 6 章中做进一步介绍。

上述分析基于管环为圆形的假设。如果不是圆形,即如果变形的非圆度十分显著,那么必须考虑变形管环的形状,但其基本变形是椭圆,详见第 3 章。

[例]

用于水力发电的压力钢管直径为 51 in (内径),壁厚为 0.219 in。它将被埋设在良好土壤中,使横截面能够保持圆形。如果管道上的外部土壤压力为 16 kips/ft², 且屈服强度 $S = 36$ ksi,那么安全系数是多少?对于该管道,$OD = 51.44$ in, $A = t = 0.219$ in。在 16 ksf 条件下,$P = 111$ psi。代入方程式 (2-6),安全系数可计算为 $sf = 2.76$。土壤压力 16 ksf 相当于约 150 ft 的覆土,详见第 3 章。

练习题

2-1 在量规规格 16(0.064 in 厚)的 48 in 直径 2-2/3×1/2 波纹钢管中,允许内部压力是多少?

已知:

$D = 48$ in = 内径

$t = 0.064$ in = 管壁

$A = 0.775$ in²/ft(查美国钢铁学会表)

$S = 36$ ksi = 屈服强度

$E = 30 \times 10^6$ psi

$sf = 2 =$ 安全系数

$(P' = 48.4$ psi$)$

2-2 如果一根钢筋混凝土管内径是 60 in,并且有两个钢筋笼,由 0.5 in 钢筋条同心圈构成,在 6.0 in 厚管壁上间隔为 3 in,那么允许内部压力是多少?

已知:

$S = 36$ ksi = 钢屈服强度

$sf = 2 =$ 安全系数

$Ec = 3 \times 10^6$ psi = 混凝土弹性模量

并忽略混凝土抗拉强度

$(P' = 78.5$ psi$)$

2-3 如果管道在 72 psi 的内压作用下不发生泄漏,那么问题 2-2 中钢筋的预张力必须是多少?混凝土毛细裂纹泄漏的外观表现为析水。

$(F_s = 29$ kips$)$

2-4 如何实现问题 2-3 中钢筋的预张?预张(或后张)0.5 in 钢筋是否适用?直径小、强度高的钢丝如何?黏合剂怎么采用?钢筋(或钢丝)的末端如何固定?

2-5 根据以下数据,当 $sf = 2$ 时,钢管中的允许饮用水水头(引起内部压力)是多少?

$ID = 3.0$ m

$t = 12.5$ mm = 壁厚

$S = 248$ MN/m² = 36 ksi 屈服强度

(105 m)

2-6 如果混凝土抗压屈服强度为 10 ksi,弹性模量为 $E = 3\,000$ ksi,管道内部压力为 0,那么问题 2-2 中的 RCP 预应力混凝土管道能承受的最大外部压力是多少?如图 2-5 所示。

$(P = 52$ ksf,受钢材限制$)$

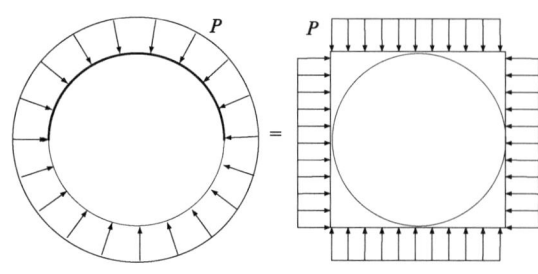

图 2-5 管道上均匀外部土压力的等效图，右图为更便于分析的形式

2-7 证明薄壁圆管 $T = P \cdot r$。见图 2-4。

$T =$ 管环压缩推力

$P =$ 外部径向压力

$r =$ 半径（更准确地说，外半径）

第 3 章
管 环 变 形

管环在任何荷载下均会发生变形。对于大多数埋地管道分析而言，这种变形可以忽略。然而，对于某些分析而言，则必须考虑管环的变形，尤其在管环不稳定的情况下。例如，由于内部真空度或外部压力导致管道在流体静力作用下塌陷。即便应力尚未达到屈服强度，也可能发生塌陷。但发生塌陷的前提是管环变形，因此破坏分析需要了解管环的变形形状。

对于埋地圆管的管环小挠度，基本挠曲截面为椭圆。考虑图 3-1a 所示虚圆的无限介质，如果介质是在一个方向上均匀压缩（形变），圆变成椭圆，这一点很容易通过数学证明。现在假设虚圆是一个柔性环，压缩介质时，该环变形成一个稍有偏差的近似椭圆。如果管环的周长保持不变，椭圆必须向介质中扩展，进而增加管环与介质之间的压应力，参见图 3-1b，管环在介质中变成一个硬点。另一方面，如果减小环的周长，环就会变成一个软点，进而环与介质之间的压力就会减小。在任何一种情况下，埋地管环的基本变形都是椭圆的，只是在环内和环外面积相对减少方面存在稍微差异。形状也受介质不均匀性的影响。例如，如果一个集中反力在环底部发展，椭圆会通过该底部平点发生形状变化。不过，对于小的土壤应变，埋地柔性管道的基本变形环向变形为椭圆。下面是椭圆一些相关近似几何性质，对于大多数埋地管道的分析精度都是足够的。更高的精度将需要无穷

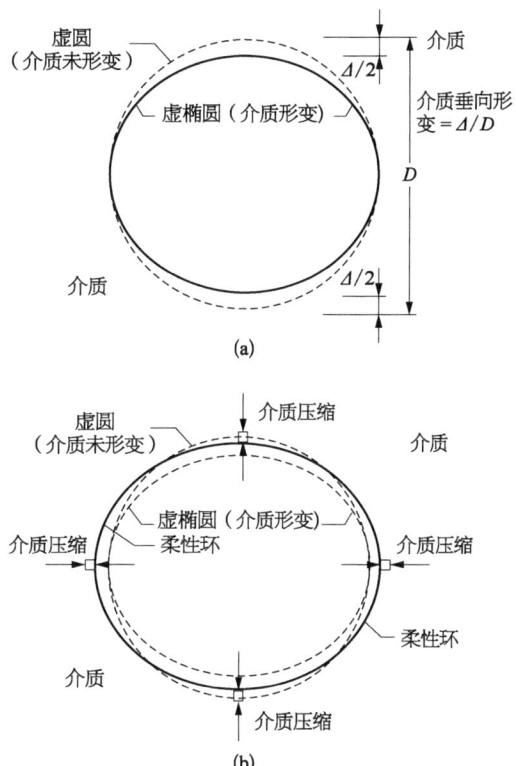

图 3-1 (a) 介质的垂向压缩（形变）使虚圆变为椭圆，其周长和面积减小 (b) 现在插入一个柔性环代替虚椭圆，然后允许扩大，使其周长与原虚圆相同，则会压缩与管环接触的介质，如起拱线、拱顶和底板处所示的无穷小立方体所示

级数的求解。

椭圆的几何性质

在笛卡尔坐标系（cartesian coordinates）中以 x，y 坐标表示的椭圆的方程式是：

$$a^2 x^2 + b^2 y^2 = a^2 b^2$$

式中（见图 3-2）：a——小半径（顶垂线）；

b——大半径(水平基线);
r——等周长圆的半径。

椭圆的周长是 $\pi(a+b)$,等周长圆则为 $2\pi r$。

由于在管道行业中,环向挠度 d 更常用,故本文不使用 a 和 b。环向挠度可以用半径符号 a 和 b 表示如下:

$$d = \Delta/D = 管环挠度 \quad (3-1)$$

式中:Δ——从等周长圆到椭圆,竖向直径的减少量;

$D = 2r$ = 圆的平均直径——至管壁截面积形心的直径;

$a = r(1-d)$,对于小管环变形(<10%);
$b = r(1+d)$,对于小管环变形(<10%)。

假设圆和椭圆的周长相同,且管环竖向变形等于水平变形,则椭圆内的面积为 $A_e = \pi ab$,以及 $A_e = \pi r^2(1-d^2)$。

椭圆与圆的面积之比为:$A_r = A_e/A_o$ = 面积比,见图 3-3。

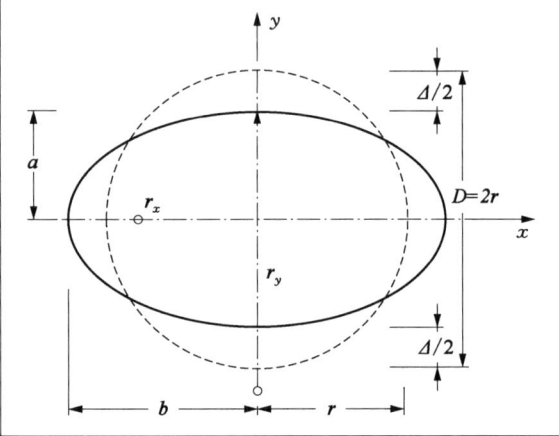

$d = \Delta/D$
$a = r(1-d)$
$b = r(1+d)$
$r_x = a^2/b = r(1-d)^2/(1+d)$
$r_y = b^2/a = r(1+d)^2/(1-d)$
$r_r = r_y/r_x = [(1+d)/(1-d)]^3$
椭圆内的面积 $A_e = \pi ab$
椭圆的周长 $= \pi(a+b)$

图 3-2 椭圆的一些近似几何性质与管环分析有关,其中 d 为环向挠度,r_y 和 r_x 分别为曲率的最大半径和最小半径

$d(\%)$	A_r
0	1.000 0
2	0.999 6
4	0.998 4
5	0.997 5
6	0.996 4
8	0.993 6
10	0.990 0
12	0.985 6
14	0.980 4
15	0.977 5
16	0.974 4

图 3-3 面积比 $A_r = A_e/A_o$ (椭圆内的 A_e 和等周长圆内的 A_o)与管环变形的关系函数

如果圆和椭圆的周长相等,则假设相等的水平管环变形和竖向管环变形为多少?对于圆,周长为 $2\pi r$。对于椭圆,圆周是 $(b+a)(64-3R^4)/(64-16R^2)$,其中 $R \approx (b-a)/(b+a)$。只有无穷级数的第一项包含在这个近似椭圆圆周中,见解析几何相关内容。令圆和椭圆的圆周相等,并将 a 和 b 的值转化为管环竖向变形 d_y 和水平变形 d_x,d_y 和相应 d_x 的几个值如下所示,以供比较。

$d_y(\%)$	$d_x(\%)$	偏差$(d_y-d_x)/d_y$
0	0	0
5.00	4.88	0.024
10.00	9.522	0.048
15.00	13.95	0.070
20.00	18.116	0.094

对于 $d=d_y=10\%$ 的环向挠度,相应的 d_x 小于 10%,仅为 $4.8\%(10\%)=0.48\%$。在大多数计算中,如椭圆中的面积和半径比,这个值太小,不太重要。

椭圆的边(起拱线)和上、下(拱顶和底板)的曲率半径为

$$r_x = r(1-3d+4d^2-4d^3+4d^4-\cdots\cdots)$$
$$r_y = r(1+3d+4d^2+4d^3+4d^4+\cdots\cdots)$$

对于小于 $d=10\%$ 的环向挠度,且忽略 d 的高阶,

$$r_x = r(1-3d),且 r_y = r(1+3d)$$

然而,更精确、更容易使用的是近似值:

$$r_x = a^2/b = r(1-d)^2/(1+d)$$
$$r_y = b^2/a = r(1+d)^2/(1-d)$$

椭圆的一个重要性质是半径比 $r_r = r_y/r_x$,即:

$$r_r = (1+d)^3/(1-d)^3 \quad (3-2)$$

式中,r_r = 椭圆的最大曲率半径与最小曲率半径之比,如图 3-4 所示。

$d(\%)$	r_r
0	1.000
1	1.062
2	1.128
3	1.197
4	1.271
5	1.350
6	1.434
8	1.618
10	1.826
12	2.062
15	2.476
20	3.375

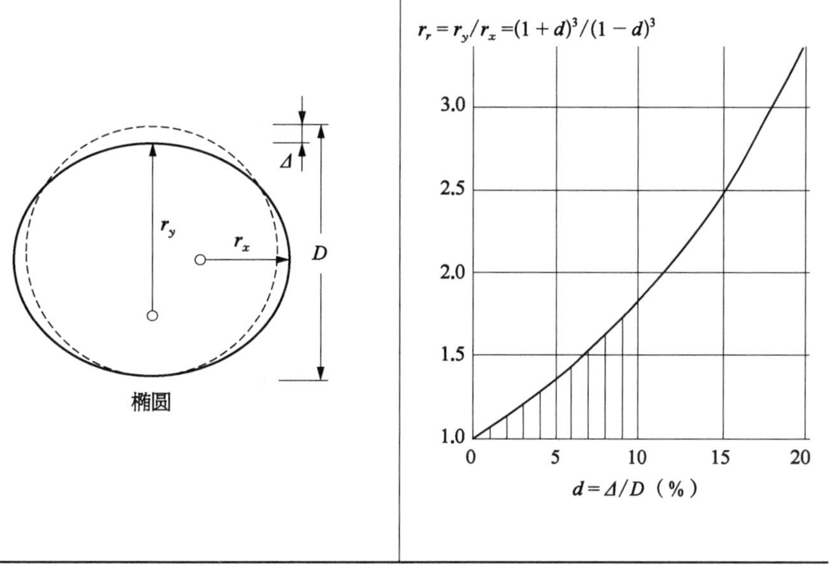

图 3-4 半径比,$r_r = r_y/r_x = (1+d)^3/(1-d)^3$,($r_y$ 和 r_x 分别是椭圆的最大半径和最小半径,标绘为环向挠度 d 的函数)

曲率半径的测量

在实际应用中，经常需要测量变形管的曲率半径。这可以在管道内部或外部完成，见图 3-5。在管道内部，一条已知长度为 L 的直尺铺设为绳索，在绳索中心测量曲壁的偏移量 e。在管道外部，可以设置已知长度 L 的切线，在切线两端测量管壁的偏移量，这两个偏移量的平均值就是 e 的值。知道了绳索的长度 L 和偏移量 e，就可以通过下面的方程式计算出管壁的曲率半径：

$$r = (4e^2 + L^2)/8e \qquad (3-3)$$

假设在绳长 L 内，曲率半径是常数。计算出的半径等于到测量 e 表面的距离。

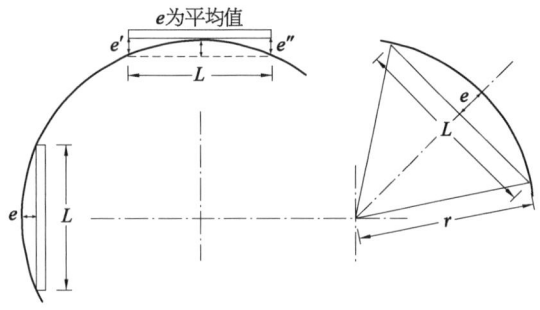

图 3-5 根据长度为 L 的绳索和中线纵坐标 e 的测量来计算管环曲率半径的计算过程

[例]

一项检查显示，一个 72 in 的波纹金属管涵顶部似乎被压扁了一些。从管道内部，一根 12 in 长的直尺（绳索）放置顶部测量，测量中线纵坐标偏移量，发现是 11/32 in。管环顶部的曲率半径是多少？

由方程式 (3-3) 可知，$r = (4e^2 + L^2)/8e$。代入数值求解，$r_y = 52.5$ in，这是波纹管内部 12 in 绳索内的平均半径。在外部，由于波纹的深度，半径更大。

由于内部压力引起的管环变形

当受到均匀的内部压力时，管道膨胀，半径增大。管环变形等于半径增加百分比：

$$d = \Delta r/r = \Delta D/D = 2\pi r \varepsilon / 2\pi r = \varepsilon$$

式中：d——管环变形（%）；

Δr 和 ΔD 是内部压力引起的增加量；

r——平均半径；

D——平均直径；

ε——环向应变；

E——弹性模量，$E = \sigma/\varepsilon$；

σ——环向应力，$\sigma = E\varepsilon = Ed$。

但是 $\sigma = P'(ID)/2A$，根据方程式 (2-1)，

式中：P'——均匀的内部压力；

ID——内径；

A——每单位长度管壁的横截面积。

两式约去 σ 值，求解 d 得：

$$d = P'(ID)/2AE \qquad (3-4)$$

外部载荷引起的管环变形

计算机软件可用于评估由于任何外部载荷引起的管环变形。分析基于卡氏定理虚功原理的能量法。分析提供了结构上任一点 B 相对于固定 A 点的变形分量。为方便起见，选择 A 点作为固定坐标轴的原点——坐标轴既不平移也不旋转。请参阅附录 A。

[例]

考虑图 3-6 所示圆柱的象限。沿边 A-A-A 固定，沿自由边 B-B-B 加载垂向线荷载 Q，自由边 B 相对于固定边 A 的水平变形是多少？这是一个二维问题，单位宽度的一个切片可以被分离出来进行分析。因为 A 是固定的，所以 B 相对于 A 的水平变形是 x_B，因此根据卡氏定理：

$$x_B = f(M/EI)(\delta M/\delta p)ds \quad (3-5)$$

式中：x_B——B 点在 x 轴方向上的位移；

EI——管壁刚度；

E——弹性模量；

I——圆柱单位长度管壁截面的形心惯性矩；

M——在 C 处中性轴的弯矩；

p——在 B 点施加的假定变形方向上的微分荷载（虚拟荷载）；

ds——沿切片微分长度，$ds = rd\theta$；

r——圆柱的平均半径。

一个自由体受力图。假设变形 x_B 在 x 轴方向上，将虚拟荷载 p 施加于右侧。如果结果是负的，那么挠度就是相反的。根据自由体受力图 CB，

$$M = Qr(1 - \cos\theta) + pr(\sin\theta)$$

$$M/p = r(\sin\theta)$$

但是因为 p 趋近于 0（微分），

$$M = Qr(1 - \cos\theta)$$

$$ds = rd\theta$$

代入方程式（3-5），

$$x_B = (Qr/EI)(1 - \cos\theta)r(\sin\theta)rd\theta$$

并对 θ 从 0 到 $\pi/2$ 积分，$x_B = Qr^3/2EI$。

这是表 A-1 中记录的最有用的管环变形之一。

练习题

3-1 一根外径 16 in、$DR = 15$ 的光面聚乙烯管承受 50 psi 的内压。表面光滑，呈圆柱形（不带肋或波纹）。DR（量纲比）= $(OD)/t$，其中 $t =$ 壁厚。弹性模量是 115 ksi。环向挠度是多少？

$(d = 0.28\%)$

3-2 在环向挠度为 15% 时，假设管道截面为椭圆，利用近似方程式（3-2），$r_r = (1+d)^3/(1-d)^3$，求出最大曲率半径和最小曲率半径之比的百分误差。

(0.066%)

3-3 一根 36 OD PVC 埋地管线有一处裸露，管顶似乎被压扁了。在管顶水平放置一条 200 mm 长的直尺，测量直尺两端到管道表面的垂直距离，测量结果分别为 9.2 mm 和 9.4 mm。管道顶部外表面的曲率

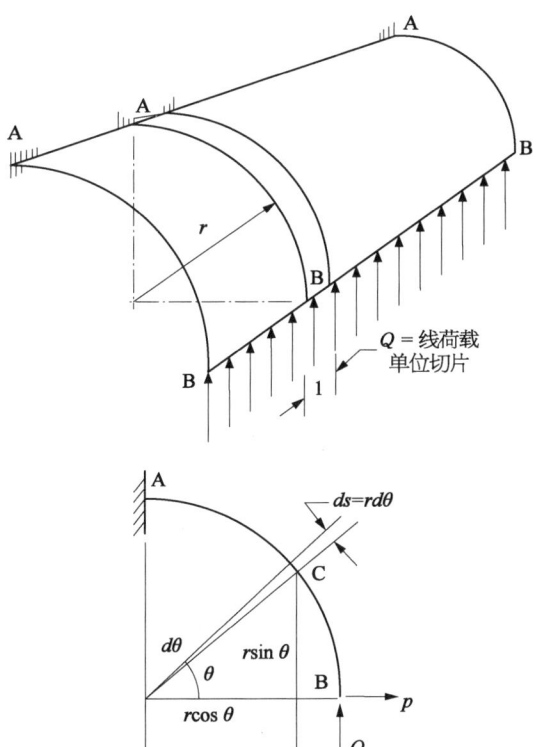

图 3-6 一个分离的切片受力计算分析（选取顶部 A-A-A 处固定的圆柱象限，在起拱线 B-B-B 上有 Q—荷载）

假设变形很小，半径 r 保持不变。同时假定变形是弯矩 M 所致，而挠度不是剪切或轴向荷载所致。在图 3-6 中，将弧 CB 看作

半径是多少?

（$R_y = 542 \text{ mm} = 21.35 \text{ in}$）

3-4 假设问题 3-3 的管环挠曲成椭圆,那么环向挠度大约是多少? 根据规范,最大环向挠度通常限制在 5%。

（$d = 5.74\%$）

3-5 如果环向挠度是 $d = 5.74\%$,那么问题 3-4 中挠曲管内部的横截面积减少了多少百分比?

（0.33%）

3-6 椭圆的最大半径和最小半径的近似比 r_r 是多少?

（$r_r = 1.8$）

3-7 水平矩形板是一种悬臂梁,加载均匀的竖向压力 P,并沿一侧支承（固定）。对边的竖直变形是多少? 板厚为 t,从固定边测得的长度为 L,弹性模量为 E。不超过弹性极限。运用卡氏方程式。

（$y = 3PL^4/2Et^3$）

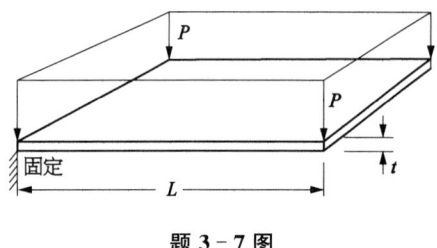

题 3-7 图

3-8 F—荷载（圆柱体单位长度的荷载）作用于半圆环的顶部。反力由起拱线 B 上滚轴提供,如图所示。若管壁刚度为 EI,则 A 点的竖直变形为多少?

（$y_A = 0.178\,1Fr^3/EI$）

3-9 在问题 3-8 中,如果铰拱加载均匀竖直压力 P 而不是 F—荷载,那么铰拱的竖直环向挠度是多少?

3-10 问题 3-8 中圆柱的上半部和下

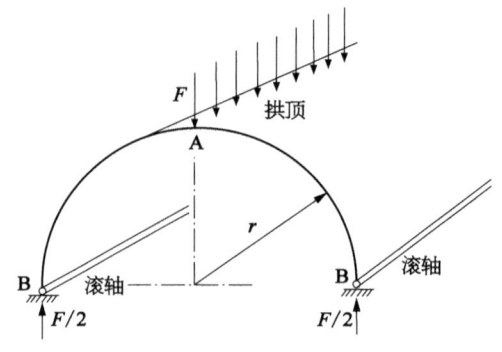

题 3-8 图

半部是对称的。如果两个半部的起拱线铰接在一起,那么 F—荷载和底部相等相反的反力导致的环向挠度是多少?

（$d = 0.178\,1Fr^2/EI$）

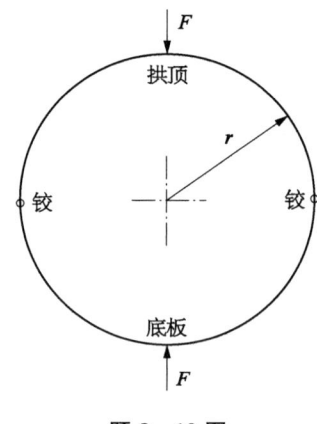

题 3-10 图

3-11 通过施加 F—荷载来测试管段。

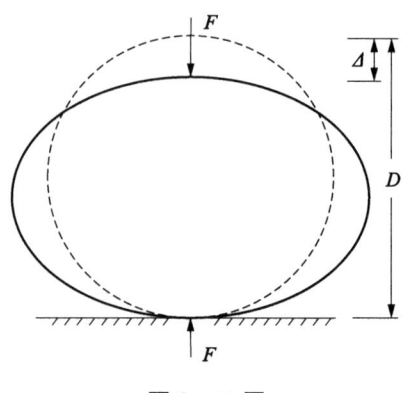

题 3-11 图

对于挠性管环，F—荷载试验称为平行板试验。如果不超过弹性极限，环向挠度是多少？

$$[d = 0.018\,6F/(EI/D^3)D]$$

3‑12 在 A 处管环开槽并加载力 Q，在 B 点得出 $EI = f(Q/x)$ 函数。

$$(EI = 3\pi Qr/x)$$

3‑13 当在管道和套管之间引入液体灌浆时，套管中的管道会漂浮起来。求拱顶和底板处的弯矩、推力和剪切力。

（见表 A‑1）

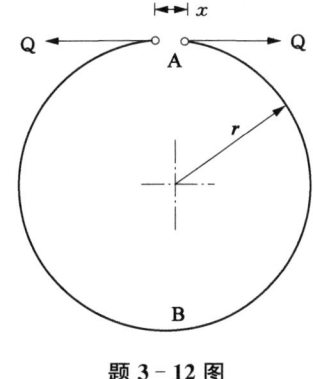

题 3‑12 图

第4章
土 力 学

土体应力基本原理的基础知识对于理解埋地管道结构性能是必不可少的。这些原理在土力学规定教材中均有解释。以下各段将对其中一些原理进行回顾,因为它们特别适用于埋地管道。

竖向土压力 P

为了分析和设计埋地管道,必须知道管道上的外部土压力。管道顶部的竖向土压力由以下部分所产生:(1)静荷载 P_d,管道顶部的土体重量;(2)活荷载 P_l,作用在管道顶部的地表活荷载。图 4-1 显示了管道顶部的竖向土压力,作为覆土厚度 H 的函数,图中 HS=20 卡车轴荷载为 32 kips,土体容重为 100 pcf。类似的图表也出现在管道手册中,如美国钢铁协会《排水和高速公路用钢结构产品手册》(*AISI Handbook of Steel Drainage and Highway Construction Products*)。土体容重取值可以根据实际调整。此外,还必须考虑其他因素,比如当地下水位高于管道顶部,或者管道发生变形,或者土体没有压实,或者土体压实过度,会出现什么情况?对于类似上述的和其他的特殊情况,下文中的土力学基本原理可能会有所帮助。

如果埋设管道时压实度较高,管道顶部的竖向土压力会因为管道上方的土拱效应而降低,如同有利于支承荷载的砌石拱一样。

为了保守起见,通常忽略土拱效应。不过,土拱提供了额外的安全裕量。如果埋设土体疏松,在疏松的可压缩土体中,由于管环内的相对不可压缩区域,压力集中可能会增加管道顶部的竖向土压力。不能忽视由于埋设土体疏松导致的压力集中。对于设计而言,土体需要指定压力集中系数,或最小土体密度。经过较长一段时间后,(塑料管)管壁的蠕变、地振动、冻融循环、干湿循环等会降低管道上的压力集中。设计中采用的最合理的土荷载是土体静荷载加上活荷载作用导致的管道顶部的竖向土压力,同时规定,埋设土体密度须大于临界孔隙比对应的土体密度。临界孔隙比对应约 85% 的土体密度(《美国国家公路与运输协会标准 T-99》),是指在该密度下,土体骨架体积不会由于土体颗粒的扰动而减小的孔隙比。

设计时,管道顶部总竖向土压力为:

$$P = P_d + P_l \quad (4-1)$$

式中(见图 4-2):P——管顶标高的总竖向土压力;

P_d——土体重量(和含水量)导致的静荷载压力;

P_l——在管顶标高由地表荷载产生的竖向活荷载压力。

这在埋地管道分析中是一个有用的概念。如果考虑荷载系数,刚性管也可在此基

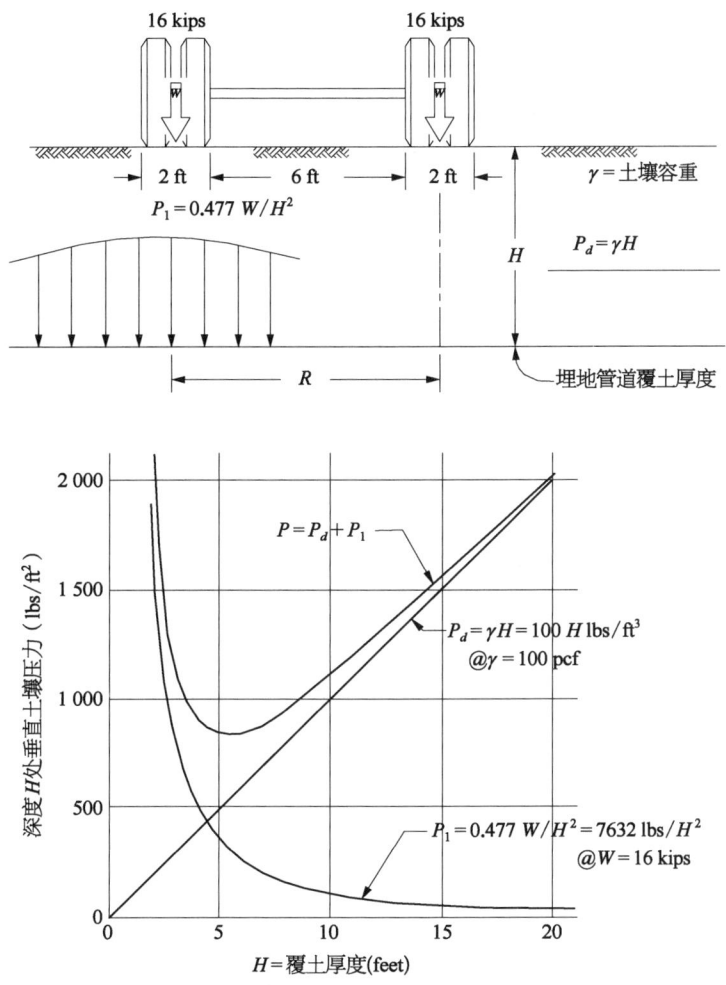

图 4-1　一对单轴双轮 HS-20 卡车荷载下的竖向土压力，作用于覆土厚度 H 处的埋地管道，土体容重为 100 pcf。压力在覆土厚度 5 或 6 ft 处最小

础上进行设计,见第 12 章。

事实上,P 只是土体应力的一种。在土体的某一点上,精确的应力分析应该考虑三个法向应力(三轴应力)、三个剪应力、三个方向的法向和剪切模量以及三个泊松比——附加条件是土体不具有弹性。土体埋设和压实的不精确性可能会干扰关于其严密性的论证。弹性分析可能适用于某些情况。叠加通常适用于涉及三轴应力和泊松比的复合应力分析。基本的土力学原理往往最为实用。

静荷载竖向土压力 P_d

静荷载是由于在给定深度 H 处土体重量产生的竖向压力。在埋地管道设计中,H 是管道上覆土的厚度。总压力 P_d 是单位面积土体的重量,包括其含水量,见图 4-3。粒间(或有效)压力 P_d 是土体骨架浸入水中时所承受的压力。在淹没土层底部的总竖向应力和粒间竖向应力可以通过以下应力公式计算:

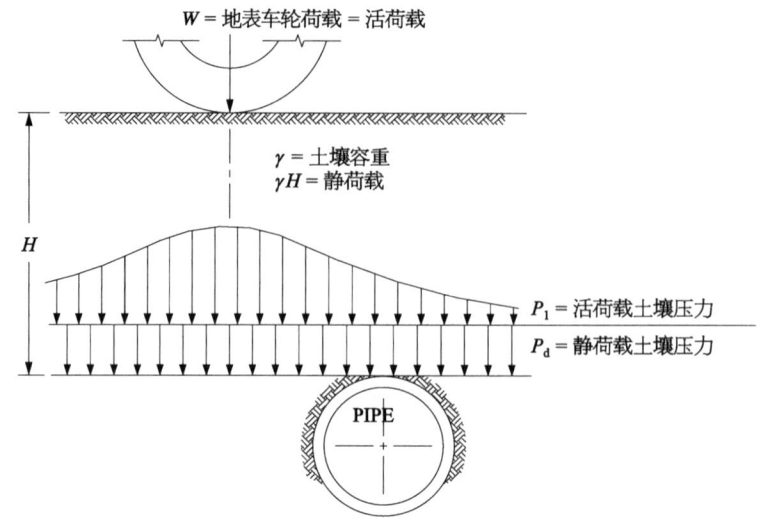

图 4-2　埋地管道顶部标高竖向土压力 P

其中 $P = P_1 + P_d$，表现为叠加的活荷载压力 P_1 和静荷载压力 P_d

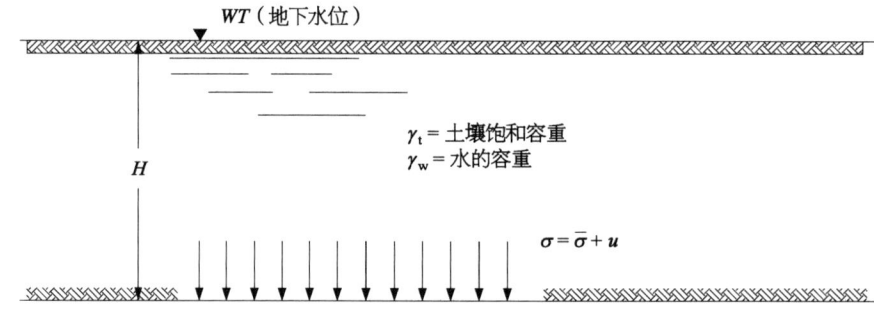

图 4-3　管顶为存在地下水位的单一饱和土层(浮力情况)，在深度 H 处表现为竖向应力

$$\bar{\sigma} = \sigma - u \quad (4-2)$$

式中：$\bar{\sigma}$——粒间竖向土体应力(土体受水浮力作用时承受的应力)；

σ——总竖向土体应力 $= \gamma_t H$；

u——孔隙水压力 $= \gamma_w H$；

γ_t——土体和水的总容重；

γ_w——水的容重 $= 62.4$ pcf。

现在考虑如图 4-4 所示的多个土层。地层底部的总竖向静荷载土压力 P_d 为各层施加荷载之和，即

$$P_d = \sum \gamma_t H \quad (4-3)$$

式中：γ_t——在给定的土层中土体的总容重(湿重)；

H——同一土层的高度。

每个土层的 H 值由土体钻孔提供。γ_t 的值只是代表性土样(包括含水量)的容重。如果没有土样，根据土力学，

$$\gamma_t = (G + Se)\gamma_w / (1 + e) \quad (4-4)$$

式中：G——土体颗粒比重，约为 2.65；

S——饱和度(饱和时=1)；

e——孔隙比，根据实验室分析得出；

γ_w——水的容重。

第 4 章 土 力 学

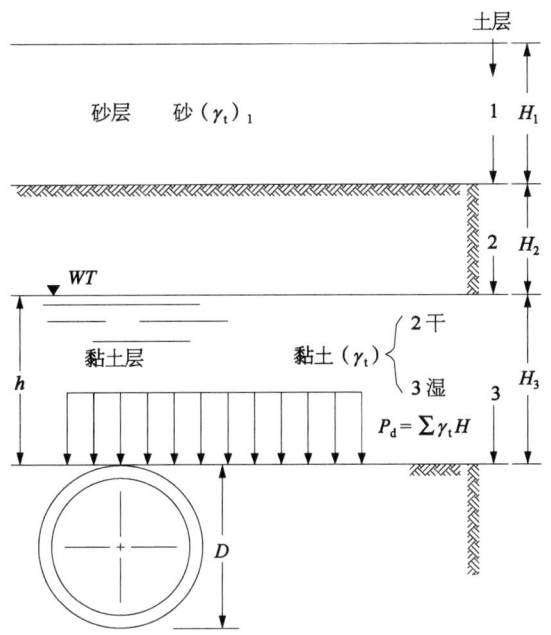

图 4-4 多个地层（三个地层，在地下水位处将黏土层分为两层），显示底部（管顶标高）的总竖向静荷载土压力 P_d

表 4-1 是静荷载土体应力的汇总，从中可以找到静荷载压力 P_d，并与活荷载压力 P_l 相结合。活荷载压力可以从下述方法中得出。

多个土层底部的粒间竖向土压力 $\bar{P}$ 为

$$\bar{P} = P - u = P - \gamma_w h \quad (4-5)$$

式中：$\bar{P}$——粒间竖向土压力；

P——静荷载压力加上活荷载压力；

h——管道上方的地下水位高度。

总压力用以计算管环压缩应力。粒间土压力用以计算管环变形，该变形是土体压实度的函数。因为土体被压缩，所以管道也被按正比例压缩。但土体压实度仅取决于粒间应力，见第 7 章。

表 4-1 竖向静荷载土体应力

$P_d = \sigma =$ 总竖向应力 $= \dfrac{W}{A}$ $\overline{P_d} = \bar{\sigma} =$ 粒间应力（有效应力）$= \dfrac{\sum \bar{W}}{A}$ $u =$ 孔隙水压力 $= \gamma_w h$ $S =$ 饱和度(%) $G =$ 土体颗粒比重 $e =$ 孔隙比 $= \dfrac{空隙体积}{颗粒体积}$ $\gamma_t =$ 总容重 $\gamma_w =$ 水的容重 $\gamma_{sat} =$ 饱和容重	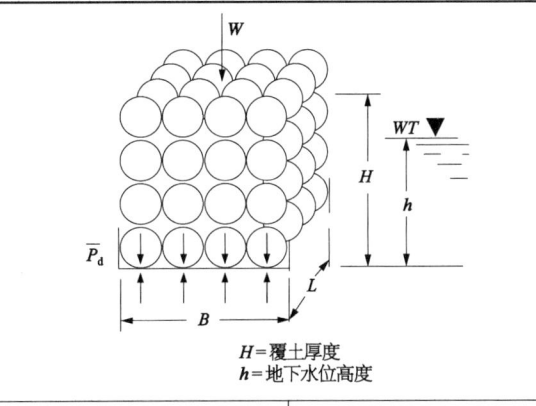 $H=$ 覆土厚度 $h=$ 地下水位高度
三相图 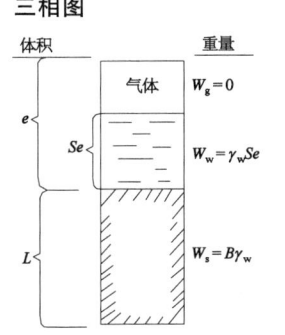	体积 $= 1+e$ $\gamma_t = \dfrac{W_w + W_s}{\text{volume}} = \left(\dfrac{G+Se}{1+e}\right)\gamma_w$ $\gamma_t = \dfrac{W_w + W_s}{体积} = \left(\dfrac{G+Se}{1+e}\right)\gamma_w$ $\gamma_{sat} = \dfrac{\text{saturated}}{(S=1)} = \left(\dfrac{G+e}{1+e}\right)\gamma_w$ $\gamma_{sat} = \dfrac{饱和重度}{(S=1)} = \left(\dfrac{G+e}{1+e}\right)\gamma_w$ $\gamma_b = \dfrac{水下浮重度}{（浮力）} = \left(\dfrac{G+e}{1+e}\right)\gamma_w = w_s \dfrac{-地下水位排出水}{体积}$	$\sigma = \varepsilon \gamma_t H$ $\gamma_t = \left(\dfrac{G+S_e}{1+e}\right)\gamma_w$

I. 地下水位以上
$W = P = \gamma_t H A$

$$\sigma = \gamma_t H$$
$$\bar{\sigma} = \gamma_t H$$

II. 地下水位以下

A. 地下水位于土体上方

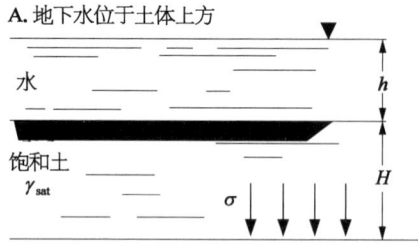

$$\sigma = h\gamma_w + H\gamma_{sat}$$
$$\sigma = h\gamma_w + H\left(\frac{G+e}{1+e}\right)\gamma_w$$
$$\bar{\sigma} = \gamma_b H$$
$$\bar{\sigma} = H\left(\frac{G-1}{1+e}\right)\gamma_w$$

B. 土体位于地下水位上方

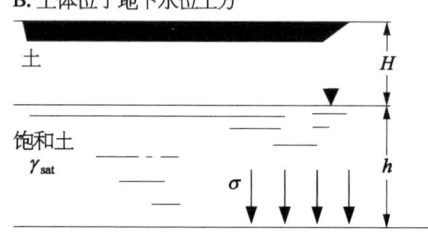

$$\sigma = h\gamma_{sat} + H\gamma_t$$
$$\sigma = h\left(\frac{G+e}{1+e}\right)\gamma_w + H\left(\frac{G+S_e}{1+e}\right)\gamma_w$$
$$\bar{\sigma} = h\gamma_b + H\gamma_t$$
$$\bar{\sigma} = h\left(\frac{G-1}{1+e}\right)\gamma_w + H\left(\frac{G+S_e}{1+e}\right)\gamma_w$$

$\bar{\sigma} = \sigma - u = h\gamma_{sat} + H\gamma_t - h\gamma_w$
地下水位以下：$\bar{\sigma} - \sigma = u$，所以 → $\bar{\sigma} = \sigma - u$；
代入 B 中替换：$\bar{\sigma} = \sigma - u = h\gamma_{sat} + H\gamma_t - h\gamma_w$

活荷载竖向土压力 P_l

活荷载土压力 P_l 是由于地表荷载而在埋地管道顶部产生的竖向土压力，见图 4-5。对于地表单一集中荷载 W，在管道顶部 A 点处的竖向土压力为

$$\sigma = NW/H^2 \quad (4-6)$$

式中：W——集中地表荷载（双轮）；
　　　H——管顶覆土厚度；
　　　R——σ 应力水平半径；
　　　N——布辛内斯克系数根据荷载 W 的作用线获得；
　　　N——布辛内斯克系数 $= 3(H/R)^5/2\pi$。

对于单轮（或双轮）荷载，当车轮在管道正上方时，A 处产生最大应力 σ_{max}；即：$R=0$,

$$\sigma_{max} = 0.477W/H^2 \quad (4-7)$$

当深度 H 大于地表受载区域的最大直径或最大长度时，可以将荷载 W 等效为集中力处理。

对于多个车轮（或双轮）荷载，必须确定 A 点由于所有荷载的影响而产生的最大应力。方法是将车轮荷载定位，使 A 处的组合应力达到最大值。这可以通过试验来完成。

均布地表荷载的作用可以通过将加载地表区域划分为无穷小区域并整合来得出它们在深度 H 的某一点上的作用之和来获得，见图 4-6。纽马克进行了这样的整合，得出加

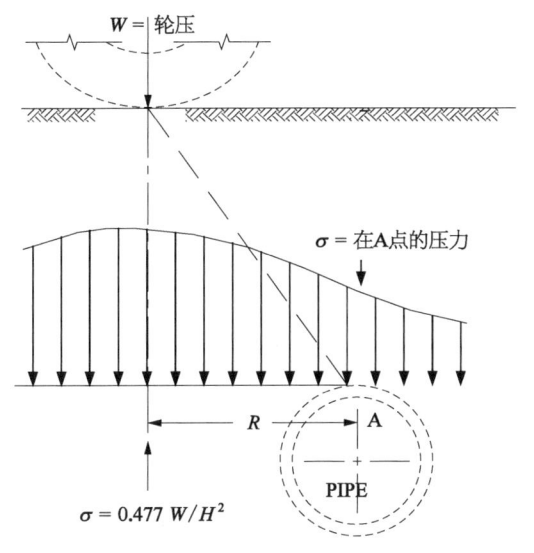 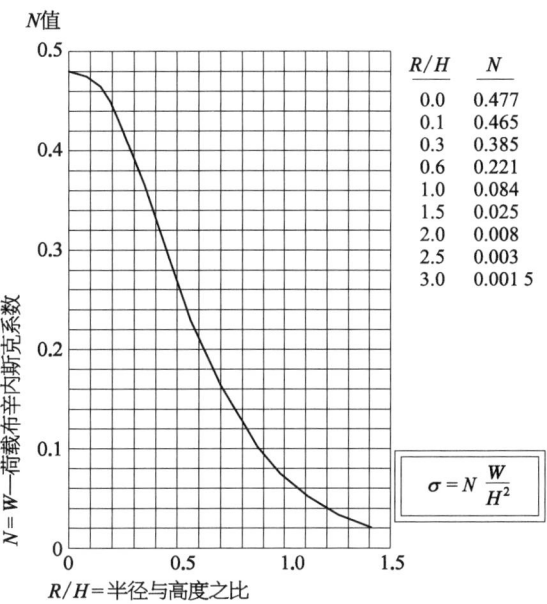

图 4-5 在深度 H（管顶标高）和从集中地表荷载 W 作用线半径 R 处的竖向土压力［根据布辛奈斯克（Boussinesq）土力学公式］

载均匀压力 q 的长 L 和宽 B 矩形区域角 A 以下深度 H 处的竖向应力 σ。其简化方法为

$$\sigma = Mq \quad (4-8)$$

式中，M 是一个系数，可以通过输入参数 L/B 和 B/H 在图 4-6 中读取。如果一个区域由于压力而产生的应力预期在角以外的某个点以下，矩形区域可以扩展或细分，使 A 点成为许多区域的公共角。矩形区域下的最大应力位于中心以下，见图 4-7。该矩形被细分为四个相同的长 L 和宽 B 的矩形，如图 4-7 所示。A 点处的应力为 $4Mq$，其中 M 通过纽马克系数值图（图 4-6）得出。

或者，如果假定每个象限的集中荷载 $Q = qBL$ 作用于每个象限的中心，则布辛内斯克方程式适用，其误差小于 5%。这种情况下，$R = (L^2 + B^2)/2$。由方程式（4-6）得出 A 点应力为 $4NQ/H^2$。

［例］

图 4-8 A' 以下 A 点的应力是多少？通过叠加，在地表 A 点以下深度 H 处的竖向应力 σ 为

$$\sigma = \sigma' - \sum \sigma''' + \sigma''$$

式中：σ'——加载区域 $L' \times B'$ 在 A 角处的应力；

$\sum \sigma'''$——加载区域 $L'B''$ 和 $L''B'$ 在 A 角处的应力之和；

σ''——加载区域 $L''B''$ 在 A 角处的应力。

显然，$L''B''$ 区域产生的 σ'' 被减去两次，因此必须加回去一次。

土体中的封闭区域，如管道，导致与关于弹性、连续性、相容性和均匀性的布辛内斯克假设条件存在差异。管道是一个不连续的应力集中区域。剪切面形成时，土体没有弹性，

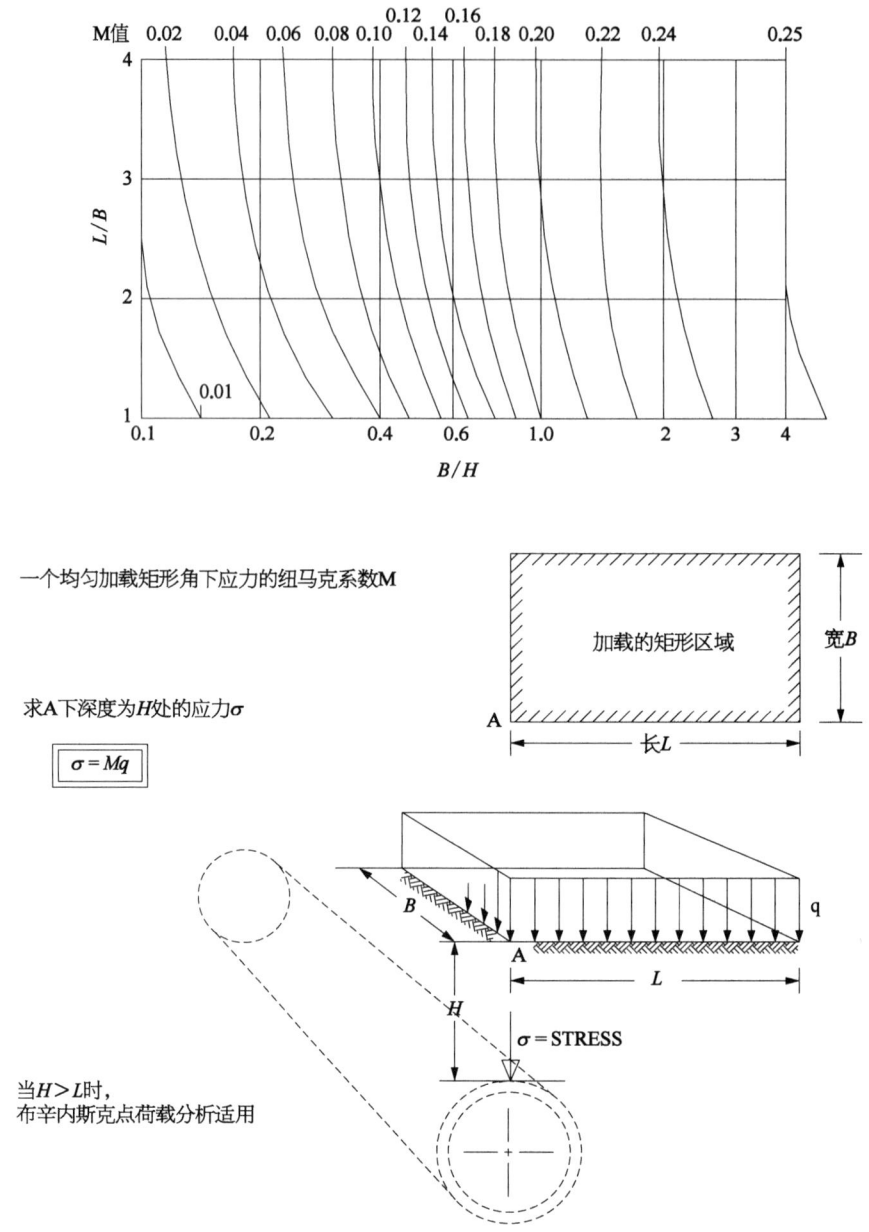

图 4-6　用于计算加载均匀分布压力 q 的矩形区域边角 A 下深度为 H 处的竖向应力 σ 的图（根据 Newmark 假定）

不均匀，也不相容。不过，布辛内斯克假设对于大多数当前的安装技术来说是足够的。对于大多数埋地管道设计而言，采用布辛内斯克方程式按半径 $R=0$ 求解管道顶部因地表单轮荷载 W 导致的 P_1 是充分且保守的。对于额外车轮荷载，简单地通过叠加在半径 R 处其他车轮载荷的影响即可。

[例]

单轴 HS-20 卡车承受活荷载，在深度 30 ft 处最大竖向土体应力是多少？忽略路

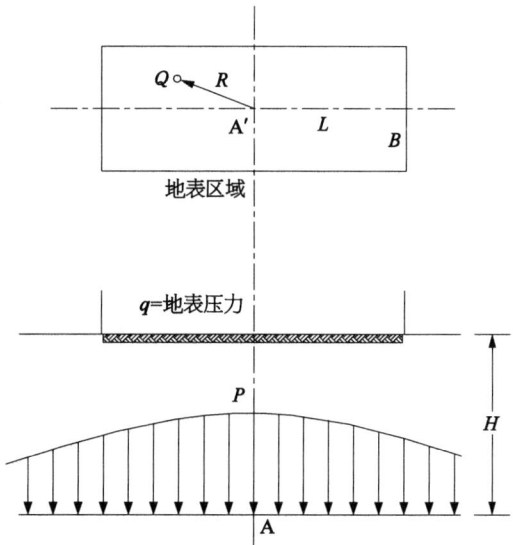

图 4-7 细分矩形地表区域,使深度 H 处中心以下的应力为四个象限公共角 A' 以下的应力之和

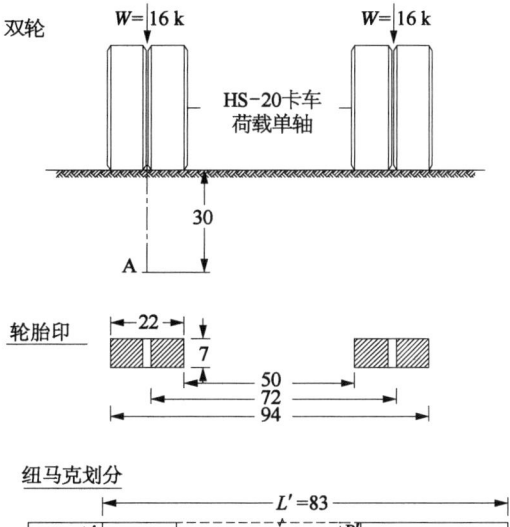

图 4-9 单轴 HS-20 卡车荷载

显示了轮胎压力为 104 psi 时的典型轮胎印,并显示了用于计算一个轮胎印中心下竖向土体应力的纽马克划分方法

$B = 7$ in

$L = 22$ in

$H = 30$ in

左轮胎印:$\sigma_L = 4Mq$

$L/B = 11/3.5 = 3.14$

$B/H = 3.5/30 = 0.12$

根据图 4-6,M=0.018,$\sigma_L = 1.078$ ksf

右轮胎印:$\sigma_R = 2(M' - M'')q$,其中,

$L'/B' = 83/3.5 = 23.7$

$B'/H' = 3.5/30 = 0.12$

根据图 4-6,M'=0.02(推算)

$L''/B'' = 61/3.5 = 17.4$

$B''/H'' = 3.5/30 = 0.12$

根据图 4-6,M''=0.02(推算)

$\sigma_R = 2(M' - M'')q = 0$,可得 $\sigma_R = 0$ ksf

在 A 点,$\sigma = \sigma_L + \sigma_R$,即:$\sigma = 1.08$ ksf

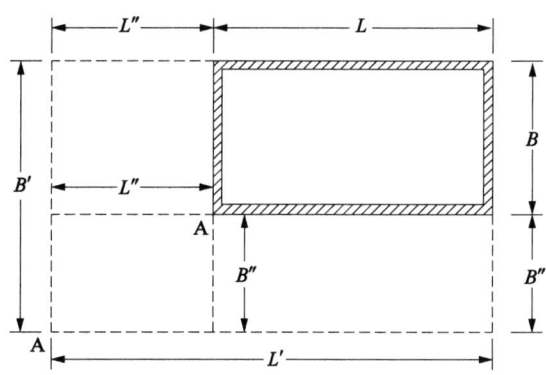

图 4-8 细分加载地表区域 $L \times B$,用于评估 A 点下深度 H 处的竖向应力 P

面铺装。见图 4-9 和图 4-15。通过试验,可以证明最大应力点是一个轮胎印中心下的 A 点。矩形轮胎印被细分,用于建立一个公共角 A',如图所示。分别分析左轮胎印和右轮胎印的作用,然后进行组合。每个轮胎印的长度 L 和宽度 B 均基于 104 psi 轮胎压力。因为 H 小于 3L,采用纽马克方法。

已知:$W = 32$ k(单轴 HS-20 卡车荷载)

$q = 104$ psi

建议采用布辛内斯克方法进行粗略验算,因为其结果相对保守且更容易求解。

已知:$W=16$ kips(每个轮胎印的中心)

$H=2.5$ ft

$R_L=0$

$R_R=6$ ft

$R/H=2.4$

根据图 4-5,$N=0.004$

$\sigma_L=0.477W/H^2=1.22$ ksf

$\sigma_R=NW/H^2=0.01$ ksf

在 A 点,$\sigma=\sigma_L+\sigma_R$,即 $\underline{\sigma=1.23\text{ ksf}}$

用布辛内斯克方法求解的误差为 13.9%,偏高(保守)。需要注意的是,右轮荷载的影响小(可忽略)。

土体强度

埋地管道的破坏通常与埋设土体的破坏有关。经典的二维剪切强度土体模型对分析是有用的。分析从一个无穷小土体立方体开始入手,其应力是已知的,并给出了方向。该模型包括三个元素,莫尔应力圆、方位图和强度包络线。

莫尔应力圆

莫尔应力圆是一个剪应力 τ 图,τ 是以 θ 角通过无穷小土体立方体 B 的所有平面上的法向应力 σ 的函数,见图 4-10 和 4-11。符号法则为压缩法向应力正(+)和逆时针剪应力正(+)。圆的中心始终在 σ—轴上。需要两个额外的点来确定圆,即 y—平面上的 (σ_x, τ_{xy}) 和 x—平面上的 (σ_y, τ_{yx})。这些是立方体 B 上的已知应力。平面的原点始终落在圆上。根据固体力学原理,$\tau_{xy}=-\tau_{yx}$。从原点出发的任何平面在作用于该平面上的应力坐标处与莫尔圆相交——如果遵循以下程序,则该定向是正确的。

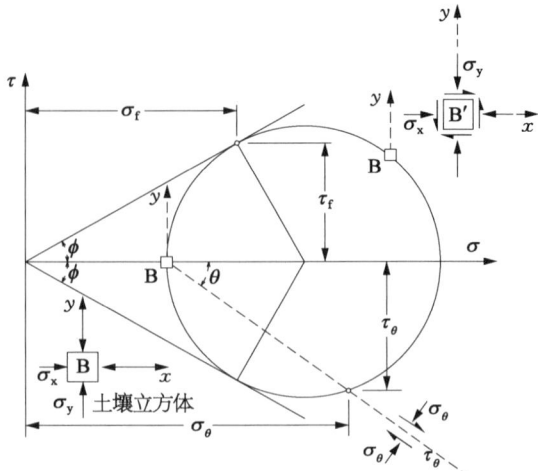

图 4-10 无穷小土体立方体 B 和相应的莫尔圆
(在通过 B 的任一平面上提供应力)

注意在 θ—平面上的应力 σ_θ 和 τ_θ;土体滑移时,圆与下面描述的强度包络线相切

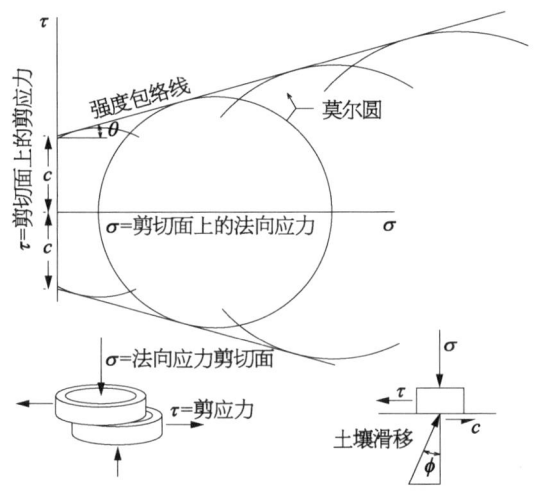

图 4-11 剪应力 τ 为法向应力 σ 的函数

在土体滑移处显示了一系列莫尔圆,强度包络线与莫尔圆相切

方位图

图 4-10 为无穷小立方体 B,标明了 x—平面和 y—平面,包括作用在每个平面上的土体应力。立方体 B 及其方向轴可以附加在莫尔圆上,使应力坐标(其中每个平面与莫尔圆相交)对应该平面上的应力。以位于莫尔圆上的立方体 B 为轴的原点,且轴正确定向,任何

通过B的平面都会在作用在该平面上的应力坐标点处与莫尔圆相交,并且*所有的平面都是相对于土体立方体B原点正确定向的*。

另一个立方体B′显示作用在其上的剪应力。对于大多数管土相互作用,只有主应力才是立方体B所需要的。

强度包络线

根据剪切强度数据绘制出的一系列莫尔圆的切线称为强度包络线。根据破坏（土体滑移）室内试验绘制抗剪强度圆,参见图4-11。利用已知的强度包络线,可以对土体滑移应力进行评估。假定在一个土体特定点特定平面上的法向应力和剪应力是已知的。这些应力σ和τ对应于应力图上某点的坐标。如果点落在强度包络线之间,土体就不会在那个平面上滑移。但如果点落在强度包络线之外,土体就会在那个平面上滑移。对于任何立方体B,若莫尔圆与强度包络线相交,则土体在通过原点和交点平面的上发生滑移。平面的定向正确。

图4-11所示的土体既具有内聚力（胶结土粒）,又具有抗剪应力的摩擦阻力。内聚力对应于y轴截距c。甚至在零法向应力下,胶结也能抵抗剪应力。但这种内聚力必须附加摩擦阻力,即法向应力σ乘以摩擦系数。土体的抗剪强度为这两项之和：

$$强度 = c + \sigma(\tan\phi)$$

其中,ϕ是土体摩擦角,$\tan\phi$是土体内部摩擦系数。

无黏性土破坏

对于大多数埋地管道而言,周围的埋设土体为无黏性土,如沙或砾石。对于无黏性土,$c=0$且强度包络线用直线表示,如图4-12所示。在所示土体摩擦角ϕ的情况下,如果任一莫尔圆与强度包络线相切,则土体在应力坐标τ_f和σ_f切点处滑移。假设一个无限小土体立方体位于管道埋设土体内的点O处,y轴竖向,x轴水平,图4-12所示虚线轴线是通过立方体的平面。竖向的y平面和水平的x平面上的剪应力均为零。因此这些平面上的法向压力是主应力,作用在y—平面上的σ_x最小,而作用在x—平面上的σ_y最大。任何通过O点（以角度θ）的θ—平面与一个点的莫尔圆相交,该点的坐标是θ—平面上的法向应力σ_θ和剪应力τ_θ。

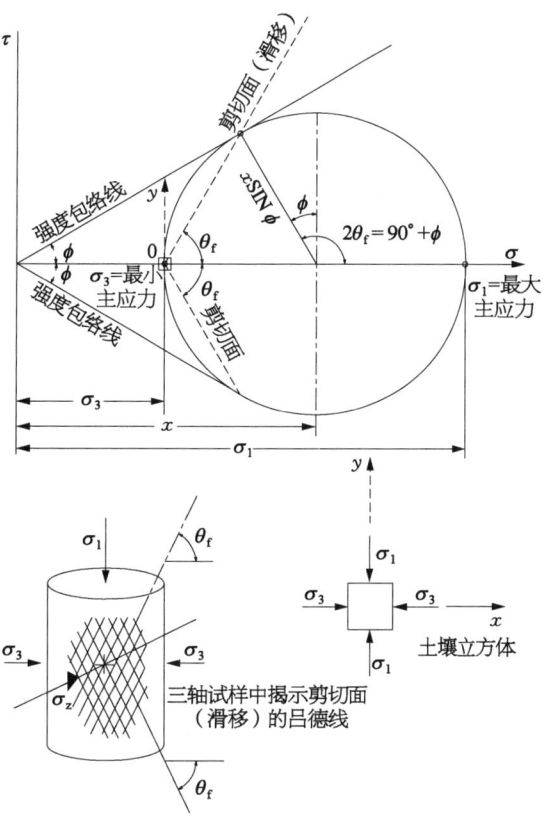

图4-12 用于分析在土体摩擦角为ϕ的无黏性土体中剪切面θ_f上土体滑移处应力的三角法

发生破坏（土体滑移）的平面为与莫尔圆相交于土体滑移处的O点平面；即莫尔圆与

强度包络线的交点。圆周上的角 θ_f 截断与圆心角 $2\theta_f$ 一样的圆弧,但 $2\theta_f = 90° + \phi$。因此,

$$\theta_f = 45° + \phi/2$$

θ_f 是破坏平面即土体剪切面的角。最小主应力是莫尔圆最左边的 σ_3。它作用在虚线所示的竖向 y—平面上。最大主应力是莫尔圆最右边的 σ_1,它作用在水平 x—平面上。不出所料,主应力平面上的剪应力为零。σ_2 是与 σ_1 和 σ_3 成直角的中间主应力。临界状态与 σ_1 和 σ_3 有关,与 σ_2 和 σ_1 或 σ_2 和 σ_3 无关,因为 $\sigma_1 - \sigma_3$ 莫尔圆最大,比任何其他莫尔圆更接近强度包络线。由于通过 O 点的平面是定向的,因此所示加载的无黏性土三轴试样的破坏平面会以角 θ_f 形成称为吕德斯线的剪切平面。注意,对于三轴试样而言,x 轴和 y 轴的定向是正确的,且 O 点的定位是正确的。对于大多数土体分析而言,主应力是水平或竖向的。对于埋地管道埋设土体的破坏分析而言,土体滑移处的主应力 σ_1 和 σ_3 是相关的,见图 4-12,其中 $\sigma_1 = x + x\sin\phi$,且 $\sigma_3 = x - x\sin\phi$。消除两个方程式之间的 x,$\sigma_1 = \sigma_3(1+\sin\phi)/(1-\sin\phi)$。为方便起见,令 $K = (1+\sin\phi)/(1-\sin\phi)$,则

$$K = \sigma_1/\sigma_3 \quad (4-9)$$

这是无黏性土中滑移处最大主应力与最小主应力之比。

如果 $\sigma_1 > K\sigma_3$,土体滑移,σ_1 称为被动抵抗力,土体因高压而后退。如果 $\sigma_3 < \sigma_1/K$,土体滑移,σ_3 称为主动抵抗力,土体在低压下前进。

黏性土破坏

在某些情况下,管道被埋在黏性土体中,如黏土。饱和可塑性黏土的摩擦角 φ 很小,可忽略,但有很大的内聚力 c。通过两条间隔为 $2c$ 的水平直线表示强度包络线,如图 4-13 所示。当莫尔应力圆与强度包络线相切时,其直径为 $2c$。土体滑移处最大主应力和最小主应力之间的关系称为偏应力,即

$$\sigma_1 - \sigma_3 = 2c \quad (4-10)$$

式中:σ_1——最大主应力;

σ_3——最小主应力;

c——单位面积剪力中的内聚力。

由于主应力是水平和竖向的,立方体 O 是定向的,并附加在莫尔圆的左侧。方向是竖向应力 σ_1 作用于水平 x—平面,水平应力 σ_3 作用于竖向 y—平面。在莫尔圆与强度包络线切点处,剪切平面(滑移)角度 $\theta_f = 45°$。不过,黏土的破坏为一般剪切;即黏性或塑性流动。吕德斯线没有出现。

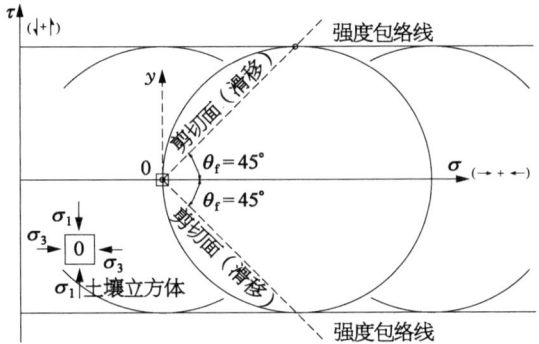

图 4-13 无摩擦阻力(最坏情况)黏性土(黏土)莫尔圆的应力分析,其中 $\phi = 0$

土体应力和强度分析

假设无黏性土中 O 点最大主应力 σ_1 是水平的,最小主应力 σ_3 是竖向的,见图 4-14。对于这些应力作用的竖向和水平平面而言,需要将无穷小立方体附加在莫尔圆上,原点 O 位于莫尔圆右侧。在土体滑移处,$\sigma_1/\sigma_3 = (1+\sin\phi)/(1-\sin\phi)$,剪切平

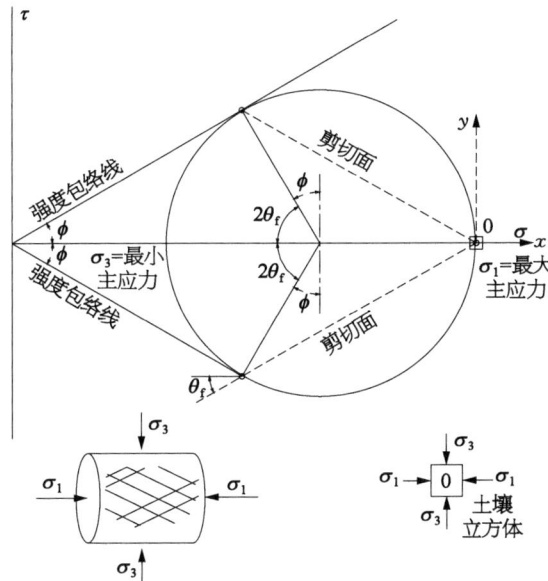

图 4-14 无黏性土的强度包络线,最大主应力水平作用于 y—平面等,其中,无穷小土体立方体位于莫尔圆的右侧

面定向如图所示,即:

$$\theta_f = 45° - \phi/2$$

实际上,原点 O 可位于莫尔圆上的任何位置,这取决于应力作用的无穷小土立方体的定向。在本文中,主应力作用在水平和竖向平面上。

必须记住,土体强度基于有效的(粒间)土体应力。如果地下水位高于要计算土体强度的点,则必须从总竖向应力中减去水压力 u。

[例]

考虑在柔性管道起拱线处无黏性土体中的一个点。

$\gamma = 110 \ \text{lb/ft}^3 =$ 土体容重

$\varphi = 30° =$ 土体摩擦角

$c = 0 =$ 内聚力

$z = 10 \ \text{ft} =$ 管道起拱线处的土体深度

(a) 要防止管道向内塌陷,抵抗侧填土的管壁最小应力 σ_x 为多少? 因为 σ_y 是最大主应力,σ_x 是最小主应力,在土体剪切处,$\sigma_1/\sigma_3 =$

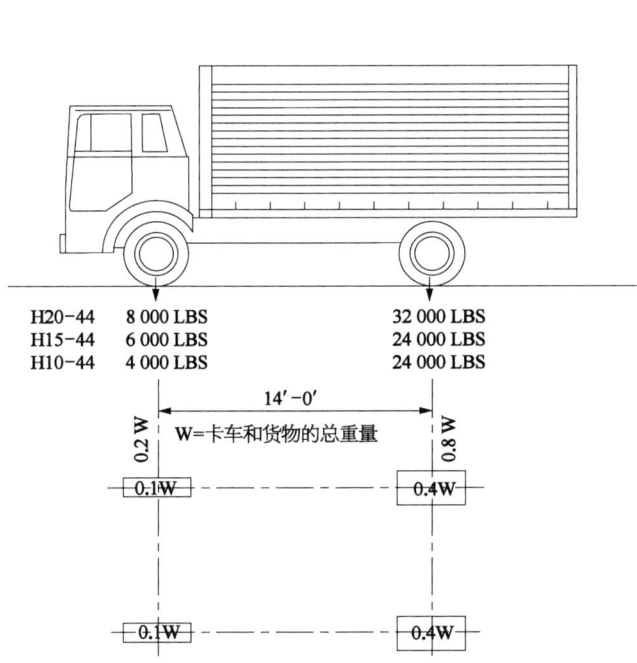

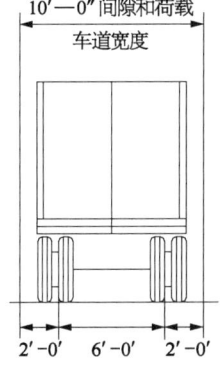

图 4-15 美国国家公路与运输协会标准"H"型卡车

$K = (1 + \sin \varphi)/(1 - \sin \varphi) = 3$。

但 $\sigma_1 = 10 \text{ ft}(110 \text{ lb/ft}^3) = 1\,100 \text{ lb/ft}^2$，因此 $\sigma_3 = \sigma_x = 1\,100/3 = 36.7 \text{ lb/ft}^2 =$ 防止土体滑移所需抵抗土体的水平应力。它被称为土体向管道推进时土体的主动抵抗力。如果管壁向土体推进，土体滑移处的最大 σ_x 会是 $\sigma_x = 1\,100(3) = 3\,300 \text{ lb/ft}^2$。由于土体因管壁推进而后退，其抵抗力为土体的被动抵抗力。

(b) 假设回填土为饱和黏土。

$\gamma = 139 \text{ lb/ft}^3$

$\varphi = 0$

$c = 420 \text{ lb/ft}^2$

$z = 10 \text{ ft} =$ 管道起拱线的土体深度

为了防止管壁向内塌陷，管道针对土体的最小应力 σ_x 是多少？由于土体是黏土，$\sigma_1 - \sigma_3 = 2c = 840 \text{ lb/ft}^2$。但 $\sigma_1 = 130(10) = 1\,300 \text{ lb/ft}^2$。

在土体主动抵抗处，$\sigma_3 = \sigma_x = 1\,300 - 840 = \underline{460 \text{ lb/ft}^2}$。

在土体被动抵抗处，$\sigma_x = 1\,300 + 840 = 2\,140 \text{ lb/ft}^2$。

练习题

4-1 如果水位高于管顶 17 英尺，土体表面高于管顶 47 ft，那么管顶水平的竖向有效(粒间)土压力是多少？土体是丘砂，其中：$G = 2.7 =$ 颗粒比重，$e = 0.7 =$ 孔隙比，$S = 0.1 =$ 地下水位以上土体饱和度。

(4.11 ksf)

4-2 如果水平应力是 600 gr/cm²，且 $\phi = 30°$，那么垂直作用于土体颗粒中土体滑移处的最大主应力 σ_1 是多少？

(1 800 gr/cm²)

4-3 如果 $\phi = 0$，水平应力 $\sigma_3 = 4\,000 \text{ Pa}$，且内聚力 $c = 2\,800 \text{ Pa}$，那么垂直作用在黏土破坏处的最大主应力是多少？

($\sigma_1 = 9.6 \text{ kPa}$)

4-4 如果覆土厚度为 3 ft，土体容重为 140 pcf，活荷载为一辆 HS-20 卡车($W = 16$ kips)，那么埋地管道顶部的总压力是多少？参见图 4-15。

($P = 1.3 \text{ ksf}$)

4-5 在练习题 4-4 中，一个外部地下水位上升到地表。埋地管道顶部有效(粒间)竖向土压力是多少？

($P = 1.1 \text{ ksf}$)

4-6 由于内部真空度，柔性埋地管道起拱线承受侧填砂，应力为 3 200 lb/ft²。为防止竖向管道塌陷，起拱线上方土体的最小高度是多少？土体摩擦角为 35°，容重为 115 lb/ft³。

($H = 7.5 \text{ ft}$)

4-7 假设在问题 4-6 中，地下水位上升到地表。防止竖向管道塌陷的最小覆土厚度是多少？假设土体颗粒比重为 2.65，土体摩擦角为 35°。

($H = 16.5 \text{ ft}$)

4-8 如果水平土压力在被动土体抵抗处为 3 200 psf，$c = 0$，且 $\phi = 35°$，那么滑移面的角度 θ_f 是多少？

($\theta_f = 27.5°$)

4-9 填写表 4-2 中的静荷载和两种地表活荷载在深度 5 m、10 m、20 m 处产生的最大竖向有效应力，其中两种地表活荷载是集中 Q—荷载和均匀分布 q—荷载，均为 100 kN。地表区域是 4 m×10 m 的矩形。

4-10 问题 4-9 中，在距集中 Q—荷载垂直作用线 5 m 的水平半径处，地表以下 5 m、10 m、20 m 处的活荷载产生竖向应力是多少？

表 4-2 不同深度的竖向土体应力

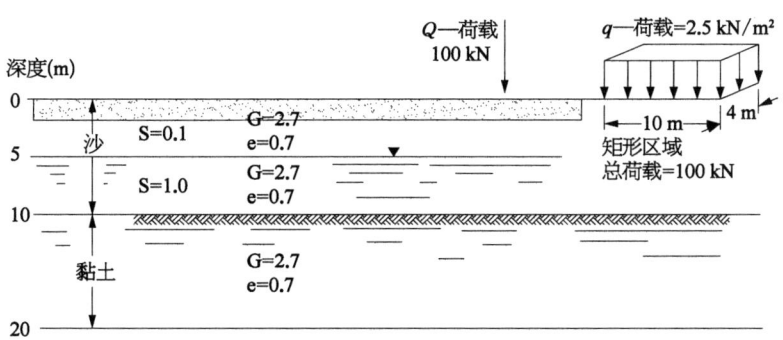

深度(m)	产生的竖向应力(kPa)						
	静荷载			活荷载		静荷载加活荷载	
	σ	μ	$\bar{\sigma}$	Q—荷载	q—荷载	Q—荷载	q—荷载
5						81.8	80.9
10						128.6	128.5
20						212.4	212.4

4-11 问题 4-9 中，在 q—荷载以 5 m、10 m、20 m 深度，长边的中部外侧 2 m 处的竖向活荷载应力是多少？

4-12 图 4-1 中，若覆土厚度为 3 ft，36 in×40 in 地表区域中心下方的 H-20 活载荷计算误差是多少？

（<10%）

第 5 章
管 道 力 学

理论力学是研究力及力对材料的影响的学科。对于埋地管道而言,力是超静定的,而且由于土质的不均匀性,埋地管道的受力往往是不能确定的,内部压力(如有)也可能是无法确定的。土体能在管道上形成土拱,从而减少作用在管道上的荷载,如此一来,未知的土荷载亦可通过此来减少。

力对材料的影响叫作变形。传统上,每个单位面积的受力是应力,每个单位长度发生的变形是应变。设计是对应力或应变进行分析,以确保它们不超过最大允许值。最大允许值出现在材料达到性能极限时。对于埋地管道,性能极限通常是过度变形,即超出其性能可承受的变形。过度变形包括:屈曲、塌陷、开裂和撕裂,以及管道的过大变形。防止过度变形最有效的办法是进行变形分析。一些变形与应力有关,因此可以采用经典的应力理论进行分析。相比于应变理论,应力理论更能反映荷载,但应变和应变能理论更能反映变形性能极限。本文将介绍传统的应力理论,以便理解。通常可采用弹性理论分析应力,但显然,管道的性能不限于弹性范围,因此下文将对应力、应变和变形分别进行理论分析。

由于存在无法避免的不精确性,如几何结构的偏差、土壤的不均匀性和荷载的不确定性,故需要进行一些合理的简化。组合应力分析不合理,因此,纵向分析和环向分析是各自独立考虑的。集中荷载工况是最不利荷载工况,因为荷载实际上分布在一定的有限区域内。在塌陷分析中,管环失稳是最不利工况,因为环向刚度和纵向刚度的相互作用会降低稳定性。

纵向分析

两种基本纵向分析是*轴向*分析和*挠曲*分析。轴向分析考虑因温度变化、悬链线张力、阀门和弯头处的推力,以及径向压力的泊松效应而产生的纵向影响。挠曲分析则考虑轴向弯曲的影响。

埋地管道的纵梁分析遵循经典步骤。根据荷载(管道自重及其装载物重量加上土荷载)和反力(基础中的高点或应力集中点),可以绘制弯矩图,并可以计算出变形、应变和应力。第 14 章会详细讨论纵向分析。对于大多数埋地管道,要么管道在出厂时就有足够大的纵向强度,要么管道纵向柔韧性非常高,能减轻自身的应力。例如,波纹管可以通过长度的变化和适应于不均匀垫层的梁弯曲来减轻纵向应力。制造商会限制管段长度以防止纵向破坏。

管环分析

管环分析考虑垂直于管道轴线的(管环)截面的应力、应变、变形和稳定性,见图 5-1。

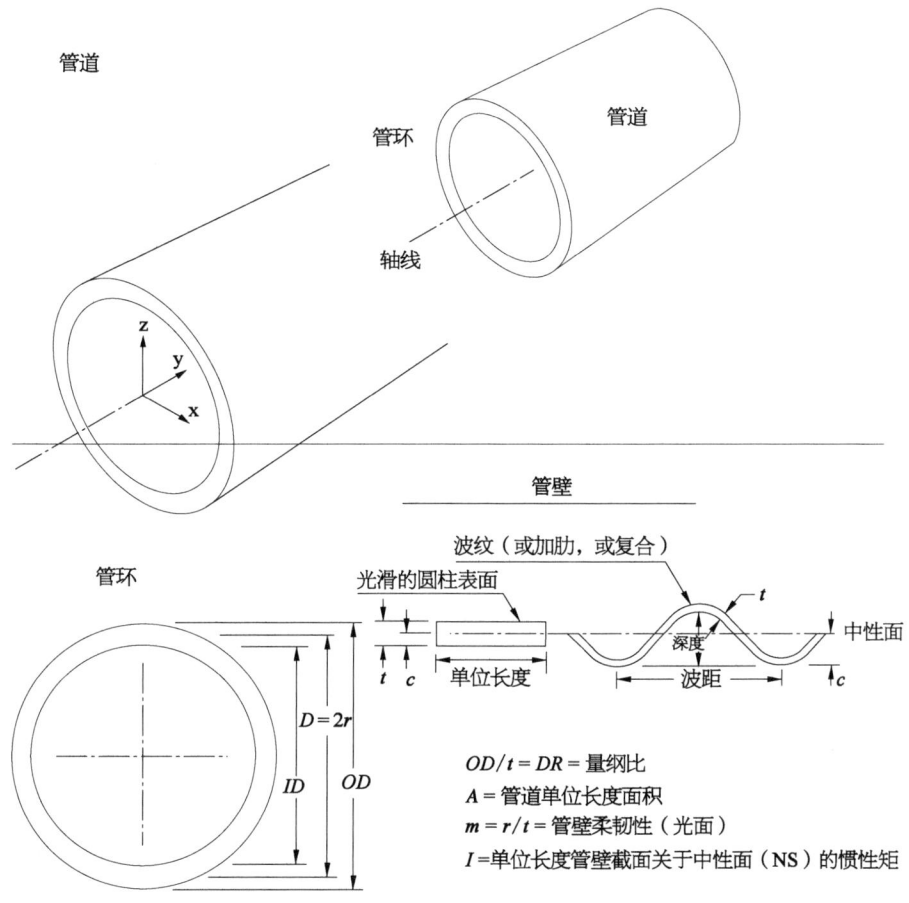

图 5-1 用于埋地管道管环分析的术语

应力

应力理论为刚性管环提供了一种可接受的分析方法。变形和应变理论为柔性管环提供了更好的分析方法。周向应力包括：(1) 环向或管环压缩应力；(2) 弯矩应力或其等效管环变形应力。周向应力分析类似于偏心受力的短柱的应力分析，见图 5-2，在弹性极限范围内：

$$\sigma = F/A + Mc/I$$

式中：σ——最远端的最大应力；
F——柱上的压缩荷载；
$M_{短柱}$——作用于截面的弯矩；
I/c——管壁截面模量；
A——短柱截面面积。

对于管环，根据弹性理论，

$$\sigma = Pr/A + Mc/I \quad (5-1)$$

式中：P——径向压力；
r——管道的平均半径；
A——每个单位长度的管壁截面面积；
$M_{管环}$——作用于管壁截面的弯矩；
I/c——每个单位长度的管壁截面模量。

式(5-1)适用于刚性管环。推力 $T(=Pr)$ 和弯矩 M 是土荷载的函数。关于 T 和 M 的

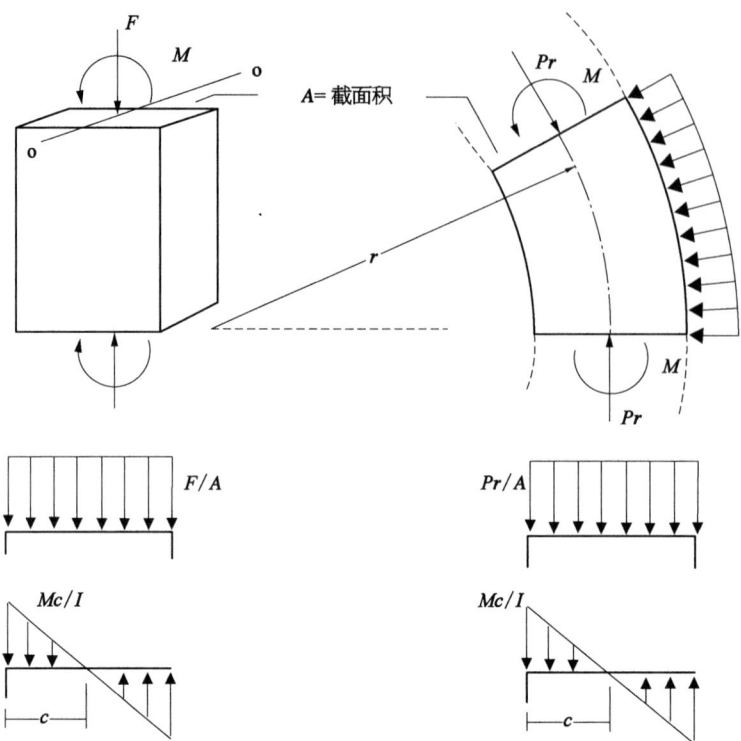

(a) 短柱的截面，显示在轴向压力 F 和弯矩 M 下的应力分布　　(b) 管环的截面，显示管环压力 P_r 和弯矩 M 下的应力分布

图 5-2　短柱和管环应力分析的比较

取值，见附录 A。

[例]

如图 5-3 所示，求管环起拱线处的所受应力 σ。

由附录 A 可知，$T = Pr$，$M = Pr^2/4$。令 $m = r/t =$ 管环柔韧性。代入式(5-1)，$\sigma = Pm(1 + 3m/2)$。

对于柔性管环，如果挠曲应力 Mc/I 是用管环半径的变化来表示，则式(5-1)更适用。根据弹性理论，$M/EI = d\theta = 1/r - 1/r'$，其中 $d\theta$ 是曲率半径的变化，见图 5-4。求解 M 并代入方程(5-1)，

$$\sigma = Pr/A + Ecd\theta \quad (5-2)$$

式中：$d\theta = \theta - 0' = 1/r - 1/r'$；

E——弹性模量；

c——从中性面到最远端的距离。

对于光面（裸）管，式(5-2)变成

$$\sigma = Pm + (E/m)(r' - r)/2r' \quad (5-3)$$

式中：$m = r/t =$ 管壁柔韧性；

r——平均半径；

t——管壁厚度。

应变

弹性极限内，应变 $\varepsilon = \sigma/E$。因此，式(5-2)可以写成

$$\varepsilon = Pr/AE + cd\theta \quad (5-4)$$

式中：ε——管壁表面的周向应变；

$d\theta = 1/r - 1/r'$。

对于壁厚为 t 的光面管：

$$\varepsilon = Pm/E + (r' - r)/2mr' \quad (5-5)$$

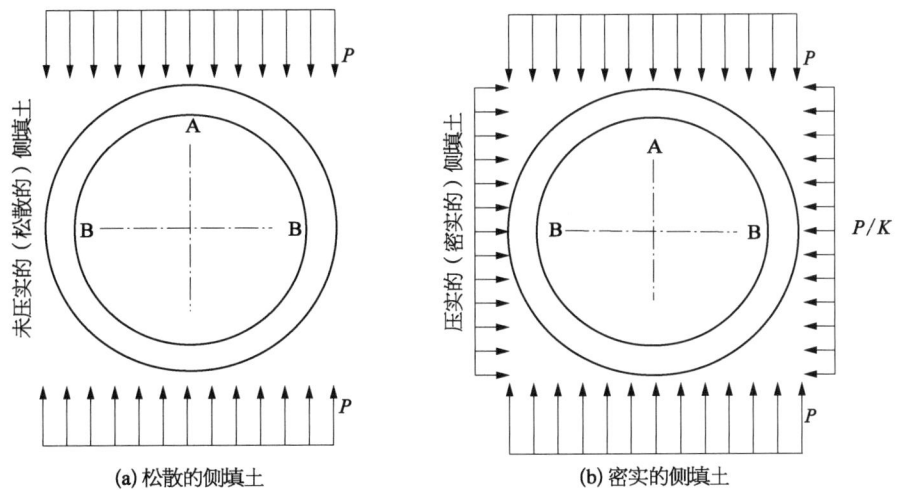

图 5-3 用于刚性管道分析的两种土荷载假设

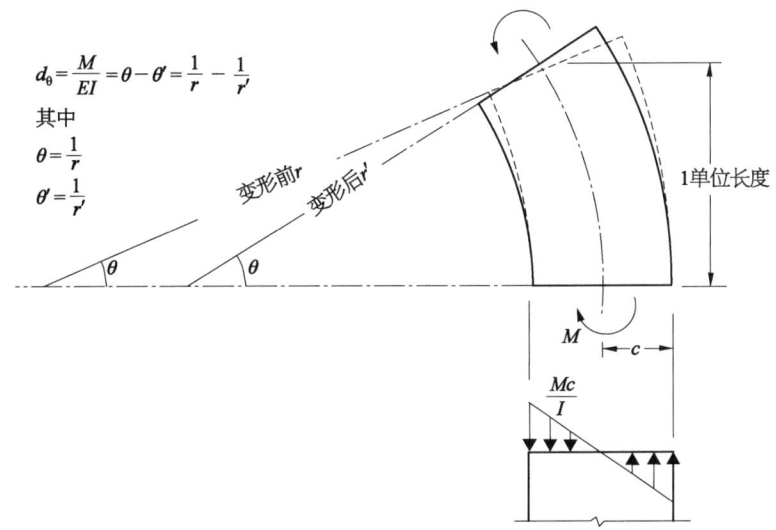

图 5-4 无限小弧长 1.0 管环截面的自由体受力图,并显示变形量 $\theta - \theta'$、弯矩 M 和应力 Mc/I 的关系

变形

对于柔性管环,控制管环变形通常比控制土压力效果更好。最好规定管环变形的最大允许值。在需要估测管环变形时,埋地圆管的基本管环变形是从圆到椭圆,见图 5-5。

从圆到椭圆的管环挠度使 B 处的曲率半径减小,$d\theta = 1/r_x - 1/r$。但根据图 3-2,$r_x = r(1-d)^2/(1+d)$ 对于小管环挠度,比如说小于 10%。代入,且忽略 d 的高阶数值,对于椭圆,在起拱线处进行弹性分析,可得

$$\sigma = Pr/A + (Ec/r)3d/(1-2d)$$
$$\quad\text{压缩项} \quad\quad\text{变形项}$$

(5-6)

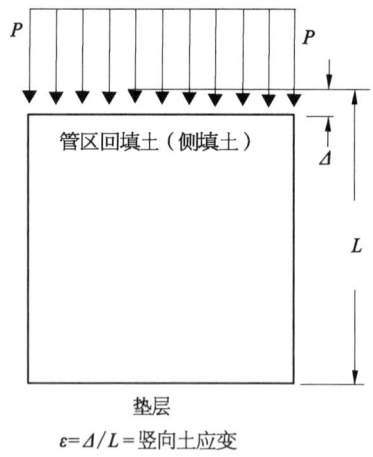
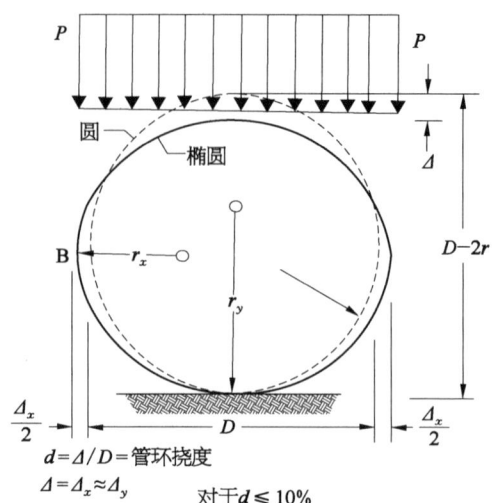

图 5-5 从圆到椭圆的第一模式管环挠度,管环挠度是侧填土中竖向土应变(压缩)的函数

式中:$d=\Delta/D=$管环挠度$=\Delta_y/D\approx\Delta_x/D$;对于均质光面管,壁厚 t,平均半径 r, $m=r/t=$管壁柔韧性,则应力是

$$\sigma = Pm + 3Ed/2m(1-2d) \quad (5-7)$$

根据式(5-6),值得注意的是,在 d 较小时(当明确了最大管环挠度后),变形项是可忽略的。如果管壁发生屈服现象而不发生断裂(比如金属和塑料),在管环压缩应力达到屈服强度之前,不会发生管壁压屈或压坏。唯一的例外是当管环没有被约束到接近圆形时,外部压力引起的不稳定。对于柔性管,稳定性分析是刚度分析,而不是应力分析。

稳定性

管环稳定性可以抵抗由于持续性荷载导致的渐进(失控)变形。持续性荷载可能由内部压力、梁荷载或外部压力引起。破坏通常是突发的和灾难性的。在屈服应力作用下,由于管环直径增大,壁厚减小,内部压力引起的破坏称为失控破裂。当弯矩过大时,由于梁荷载而引起的破坏是管道的断裂或压屈。

由于外部压力而引起的破坏称为塌管。导致渐进变形的荷载必须是持续性的;即使管道的变形处远离荷载,荷载也必须作用于管道上。持续性荷载包括恒定的或间歇性的内部压力或真空度,以及土拱不能减轻的重力荷载。

不稳定性这一术语,很多时候意味着由于外部压力 P 引发的塌陷,见图 5-5。可以采用经典分析理论进行不稳定分析。例如,在无约束条件下的圆形柔性管环在压力作用下会发生灾难性塌陷,如

$$Pr^3(1-v^2)/EI = 3,$$
$$\text{或 } PD^3(1-v^2)/EI = 24$$

式中, $v=$泊松比。对于大多数管道设计,由于三维效应, v^2 的效果减少,并可被忽略。保守地说,

$$Pr^3/EI = 3 \text{ and } PD^3/EI = 24$$
$$(5-8)$$

式中:Pr^3/EI——管环稳定系数;
P——临界均匀外压;
r——平均半径$=D/2$;

EI——每个单位长度内管道的管壁刚度；

EI/r^3——管环刚度；

F/Δ——管道刚度；

S——强度。

$$F/\Delta = 53.77EI/D^3 = 6.72EI/r^3 \quad (5-9)$$

式中，F/Δ 在塑料管行业被称为管道刚度，是平行板试验得出的荷载挠度图的斜率，见图 5-6。挠曲的截面不是椭圆。

管环刚度 EI/r^3 是指圆管环抵抗外部压力引起的塌陷的能力。EI/r^3 与弹性模量 E 有关，而与强度 S 无关。在这方面，它不同于与强度 SI/c 相关的截面模量和弧模量。管环刚度可以通过平行板试验进行计算或测量，其中 $F-\Delta$ 图提供斜率 F/Δ，管道刚度为

$$EI/r^3 = 0.149F/\Delta$$

经典非埋地管道分析不适用于研究埋地管道性能。如果管道被埋（受约束），土壤支撑对稳定性有很大的影响。管道上压力不均匀。而且，埋地管道会失圆，甚至可能有初始不圆度，即椭圆度。由于这些原因，在第 10 章中将对稳定性做出进一步分析。

[例]

钢管的平均直径为 51 in，壁厚为 0.187 in，$E = 30\ 000$ ksi，屈服强度为 42 ksi。假如忽略式(5-3)中的 Pm，内表面拉伸屈服应力处变形曲率半径 r' 是多少？

根据式(5-3)，$\sigma = E(r'-r)/2mr'$。

求解，$r' = \underline{41.25 \text{ in}}$。

外表面拉伸屈服处 r' 是多少？方程式 (5-3) 现在变成 $\sigma = E(r-r')/2mr'$。

求解，$r' = \underline{18.45 \text{ in}}$。

塑性性能极限

法向应力 σ 的极限是强度 S。对于设计，$\sigma = S/sf$。性能极限是下述各项的屈服应力：内部压力、管环压缩和纵向应力。然而，对于不稳定性，管环的性能极限是管环塌陷（管环刚度的函数）。

管环刚度 EI/r^3 是由弹性理论推导出的，相对保守。当需要分解或进行破坏分析时，塑性理论可能更合适。塑性理论可以通过抵抗弯矩与弹性理论联系起来，具体如下。

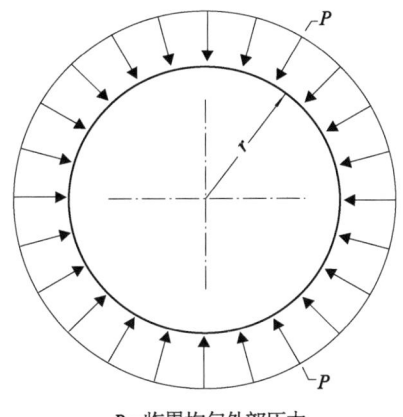
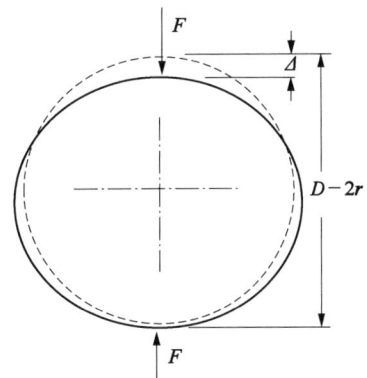

P=临界均匀外部压力 F/Δ=管道劲性（平行板试验）

图 5-6 根据管道刚度 F/Δ，从平行板试验（或三边支承试验）推导柔性圆管环塌陷时外部压力 P 时所采用的符号

如图 5-7 所示，中间图是管道沿线一个单位长度内厚度为 t 的管壁元素的横截面（阴影），位于管顶 A 点。左图是管环挠度导致的弹性应力分布图。抵抗弯矩为 $M_e = SI/c$，其中 I/c = 截面模量，S = 屈服应力。

右图是塑性应力分布图。抵抗弯矩为 $M_p = 3SI/2c$。在表面屈服应力的弹性弯矩 M_e 并非塌陷。一旦表面开始屈服，壁厚内的应力增加到屈服强度，如图 5-7 右图所示。性能极限是理想化的塑性弯矩：

$$M_p = 3M_e/2 \quad (5-10)$$

管环现在压屈（塑性变形），处于塌陷过程中。

波纹管

图 5-8 为波纹管的管壁。可采用式 (5-10)，如下例所示。

[例]

图 5-8 是典型的 $6×2$ 或 $3×1$ 波纹管。截面模量的值列在行业手册中，但均基于弹性理论。对于此类波纹，塑性理论与弹性理论的关系是什么？

对于单个波纹，如波纹右侧所示，如果波纹被水平压缩，截面模量 I/c 不改变。但压缩后波纹的截面模量基本上与 $M_p/M_e = 1.5$ 的等效矩形截面相同。根据精确的分析，弯矩比可以高达 $M_p/M_e = 1.7$，但对于设计来说，比值控制在 1.5 更为保守。

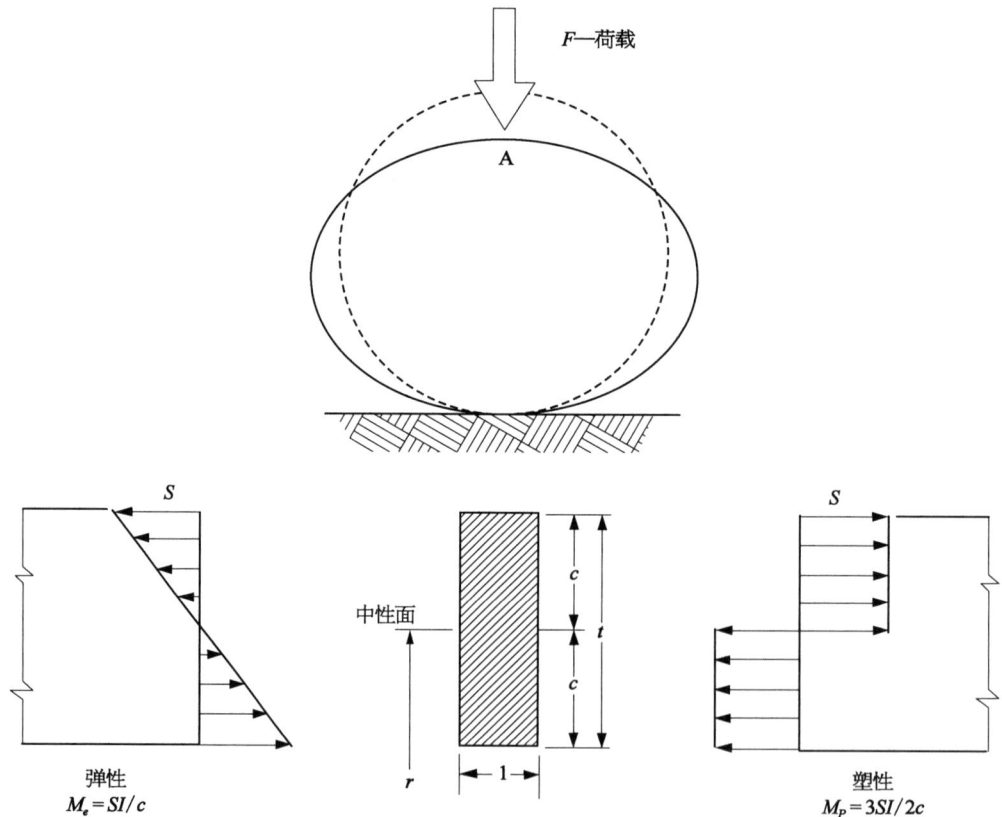

图 5-7 作用在管壁纵向截面(阴影)上 A 点的挠曲应力，左侧显示最大弹性应力分布，右侧显示最大塑性应力分布

塑性抵抗弯矩为弹性抵抗弯矩的 1.5 倍

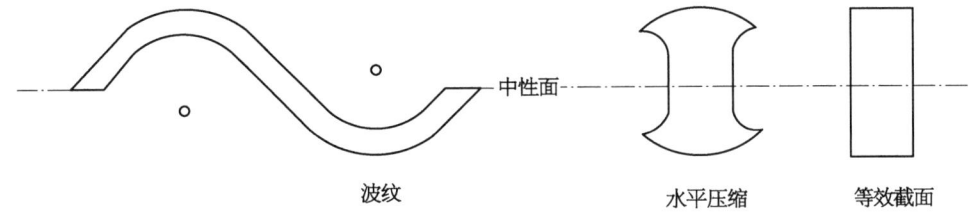

图 5-8 波纹管壁的横截面,展示了如何将其水平压缩成为一个等效矩形截面,以计算截面模量 I/c

在行业手册中有列出管道每个单位长度的截面模量 I/c 的值

加肋和加筋管道

加肋管壁的塑性分析与图 5-7 所示的光面管壁遵循相同的程序,但需要知道中性面的位置并且算出截面惯性矩 I,见关于固体力学的教材。

通过在其中任意一种材料中将管壁截面转化为其等效截面,可以实现加筋管壁的塑性分析和弹性分析的联系。之后的程序与加肋管壁相同。涉及固体力学和钢筋混凝土设计的文本中描述了转化为等效截面的过程。不过,钢筋混凝土管是由有点塑性的钢材以及非塑性的混凝土组成的。因此,钢筋混凝土管道塑性分析的意义有待商榷。一般来说,刚性管道应该根据弹性理论来设计,而不是塑性理论。

练习题

5-1 薄壁管道最初是一个具有管环挠度 d 的椭圆。复圆导致的管环最大弯矩是多少?

5-2 如果竖向土压力为 P,水平土压力为 P/K;即主动水平土压力(附录 A),求图 5-6b 中刚性管道 B 处的弯矩。

5-3 如果图 5-6a 中 $t=D/10$,最大切向正应力在何处?值为多少?包括管环压缩和挠曲应力。

(A 处 $40P$,B 处 $43P$)

5-4 对于壁厚 $t<D/10$ 的刚性管道上的径向线荷载 F,最大切向正应力在何处?值为多少?包括管环压缩。

(最大值 $\sigma=9.55F/t$ 在 F 荷载处)

5-5 从式(5-8)和附录 A 的平行板荷载可以看出,柔性圆管环上的临界压力 $P=0.446F/\Delta$,其中 F/Δ 是平行板试验得出的 $F/-\Delta$ 曲线斜率。

5-6 如果 $D/t=20$,并且管环从圆形挠曲到椭圆形,管环挠度 $d=10\%$,则管环中的最大应变是多少?忽略管环压缩应变,只考虑挠曲应变。

($\varepsilon=1.9\%$)

5-7 如果管环挠曲成椭圆形,求钢管中屈服应力处的管环挠度。假设管环压缩应力可以忽略不计。

($d=9.9\%$)

已知:
$D=51$ in
$t=0.187$ in
$E=30\ 000$ ksi
$S_y=42$ ksi

对于塑性铰接处的管环挠度有什么结论?不稳定?不能确定?

5-8 如果管道没有埋地,在问题 5-7 中管道塌陷处的外部压力是多少?

(2.9 psi)

5-9 加肋非埋地 PVC 管在塌陷处的外部压力是多少？用外加劲肋加强管道，见图 5-9。

(215 kPa)

已知：

$ID = 450$ mm，内壁光滑

$t = 4$ mm，壁厚

$OD = 500$ mm，含加劲肋

$E = 3.5$ GPa，弹性模量

加劲肋为 4 mm 厚，间距为 50 mm。

5-10 如果 $ID = 450$ mm，$t = 4$ mm，但不含加劲肋，那么问题 5-9 中 PVC 管在塌陷处的外部压力是多少？

(4.8 kPa)

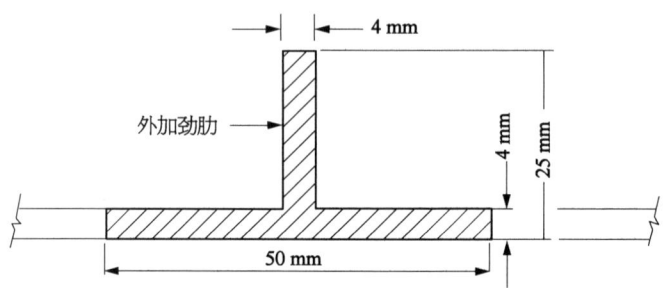

图 5-9 外加肋 PVC 管的管壁截面

第6章 管环应力

对于埋地管道的初步设计,应力分析只需要管道力学的基本原理。然而,更深入的分析往往是必要的。在所有情况下,性能极限是变形,即:破裂、管壁压毁、管壁压屈、管环挠曲等。本章从过度变形点处的应力方面来分析性能极限。

环向应力

由方程式(2-1)可知,薄壁圆管环内内压 P' 引起的环向应力为

$$\sigma = P'(ID)/2A \qquad (6-1)$$

式中:σ——环向应力,即 $D/t > 10$ 薄壁管道内的周向应力;

ID——内径;

A——管道单位长度管壁的截面积 $= t$(光面管);

t——光面管的壁厚;

c——从管壁中性面到最远表面的距离;

$d\theta$——曲率的变化 $= 1/r - 1/r_o$;

r——变形半径 $r_o =$ 原始半径;

E——弹性模量。

现在假设管道不是圆的——在安装之前就是不圆的——即是椭圆的,如图 6-1 所示。在刚性环的情况下,最大环向应力出现在最大直径(ID)B 处。该水平 ID 称为跨距。如果长轴是垂直的,则 ID 必须是垂直的。

对于柔性管道,如图 6-1 所示,最大环向应力作用于最大直径上。但是环向应力倾向于使管道变圆。若管环初始变形,则由式 5-2 可得出,由内压 P' 引起的周向应力为环向应力与挠曲应力之和;即 $\sigma = P'r/A + Ecd\theta$。

由于 $d\theta$ 是管环荷载的函数,且函数可能

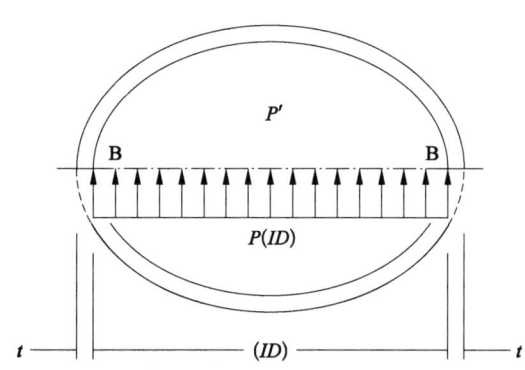
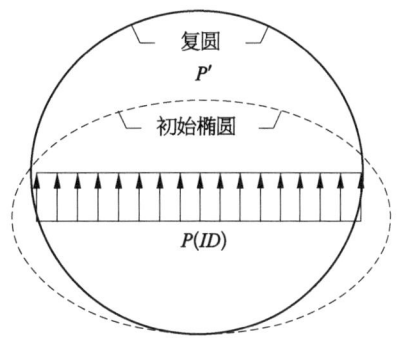

图 6-1 用于分析具有初始椭圆度的刚性和柔性管环中环向应力的自由体受力图

较为复杂,因此分析也比较复杂。不过,对于塑性管和弹塑性(金属)管,直到平均环向应力达到屈服值时管才会发生破裂。因此,不存在应力挠曲分量的问题,因为挠曲分量在管壁的一个表面增加了环向应力,而在另一个表面减少了环向应力。对于非圆柔性薄壁管,内部压力倾向于使管环变圆,从而引起土压力集中。不过,大多数管道在埋设后均很接近圆形,因此不存在复圆的问题。

圆形厚壁管

对圆形厚壁圆筒的分析可参见固体力学相关内容。厚壁圆筒受到内部或外部压力,在管壁内侧产生最大切向应力 σ,如图 6-2 所示。

内压 P':

$$\sigma_i = P'(a^2 + b^2)/(b^2 - a^2) \quad (6-2)$$

内表面的张力:

$$\sigma_o = 2P'a^2/(b^2 - a^2)$$

外表面的张力:

$$\sigma_{av} = P'a/t = 平均切向应力$$

其中下标 i、o 和 av 分别表示内部、外部和平均。

式中:σ——切向应力(环向应力、张力);
b——外半径;
a——内半径;
P'——内压;
t——壁厚 $= b - a$。

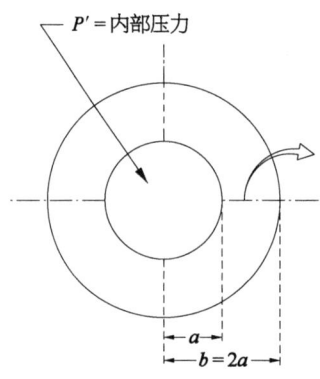
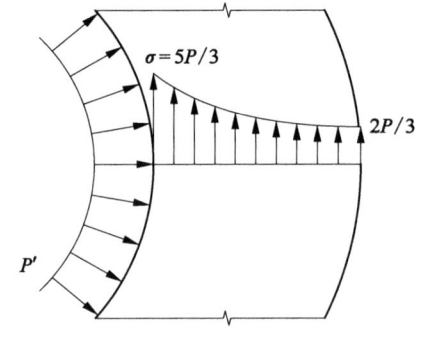
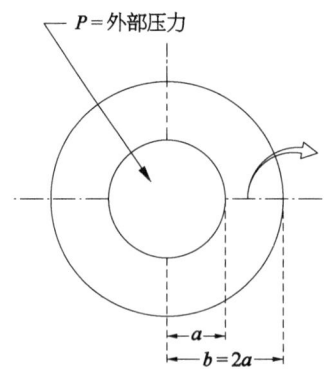
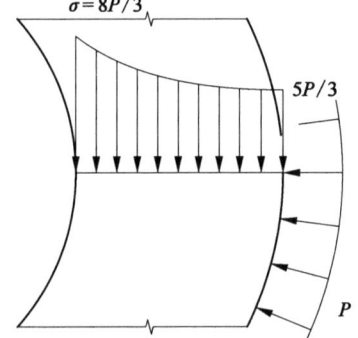

图 6-2 在内部压力(上)和外部压力(下)的作用下,厚壁圆筒管壁上的应力分布

在这个例子中,外径等于内径的两倍

外压 P：

$$\sigma_i = 2Pb^2/(b^2-a^2) \quad (6-3)$$

内表面的压缩：

$$\sigma_o = P(b^2+a^2)/(b^2-a^2)$$

外表面的压缩：

$$\sigma_{av} = Pb/t = 平均切向应力$$

[例 1]

图 6-2（上）显示了厚壁高压管道的横截面。如果 $OD=2ID$，最大切向应力 σ 是多少？根据式（6-2），$\sigma_i = 5P'/3 = 5/3 rds \sigma_{av}$。

如果压力是外部的，最大的切向应力仍然在内表面，见图 6-2（下）。由于外径较大，所以外部压力导致的应力 s_i 比相同内部压力导致的应力 s_i 更大。不过，许多管道的抗压屈服强度大于抗拉屈服强度。

[例 2]

如果图 6-2（下）中 $OD=2ID$，则外部压力所致的管环压应力 σ_i 为相同内部压力所致的管环压应力的 8/5。

管环压应力

由于薄壁管受到外部压力，管环压应力为：

$$\sigma = P(OD)/2A,$$

式中：OD——最大外径；
P——外部压力；
A——单位长度的管壁面积 $= t$（光面管）。

[例 3]

PVC 管（$DR=41$）是埋深 10 ft 的雨水管。$DR=OD/t=$ 标准量纲比。管环挠度小于 5%，可以忽略不计。土壤的干容重为 110 pcf，饱和容重为 140 pcf。地下最高水位高出管道顶部 6 ft。管壁中管环压应力 σ 是多少？

$$\sigma = P(OD)2t = P(DR)/2$$

式中：P——管道上的垂直土压力，$P=4(110)\text{psf}+6(140)\text{psf}=1\,280\text{ psf}$。

管环压应力为 $\sigma = 182$ psi。

在某些情况下，管壁的环压力不是简单的 $T=P(OD)/2$。假设在管道顶部有均匀分布的压力，在管道的底部有一个垫层（D级）线性反力，参见图 6-3。D级垫层的施工质量很差——但这种情况时有发生。对于这种荷载工况，即使侧填土压力为零，管环压缩推力 T 也会在 A 和 B 处发生。由于弯矩 M，挠曲发生在 A 和 B 处。因为荷载沿垂直轴对称，故剪力为零。已知推力时，管环压应力为 T/A，对于光面管，则为 T/t。推力和弯矩是荷载的函数，如下所述。

管环内的推力和弯矩

推力 T 和弯矩 M 可以用能量法来计算，比如用于计算荷载导致的挠度的卡氏方程：

$$\delta = (M/EI)(\partial M/\partial p)rd\theta$$

参见附录 A。虚拟荷载或弯矩施加在将产生挠度或旋转的点，δ 是在虚拟荷载 p（或转动的虚拟弯矩 m）方向上的挠度。假设条件为：

（1）这是个薄壁管环，$D/t>10$。此处 D 为平均直径。

（2）管材是弹性的。

（3）管环挠度 d 很小。在 $d<5\%$ 时，甚至在某些情况下为 10% 时，准确性也是足够的。

[例]

完成图 6-3 的受力分析。

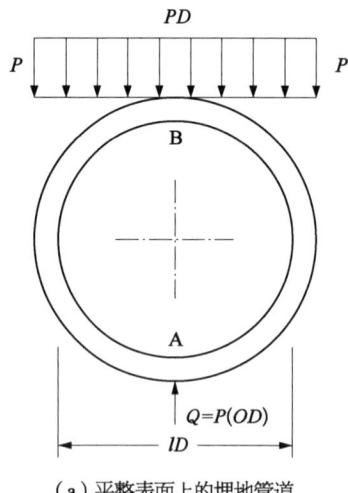
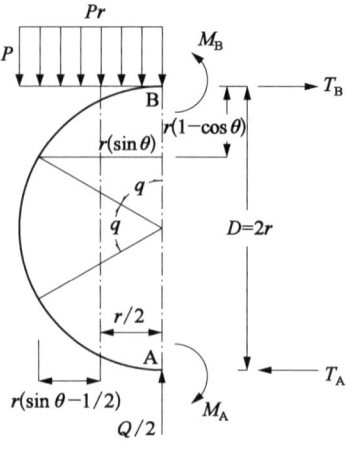

(a)平整表面上的埋地管道　　　　(b)自由体受力图

图 6-3　平整表面上的埋地管道(a),显示用于应力分析的自由体受力图(b)。不建议使用 D 级垫层

D——平均直径 $=2r$;
T——每个单位长度的管环压缩推力;
M——单位长度管壁中的弯矩;
P——垂直土压力;
Q——每个单位长度的线性反力 $=PD$;
t——壁厚;
I/c——每个单位长度截面模量;
$X_{B/A}$——B 相对于 A 的水平位移;
$\Psi_{B/A}$——给管环施加荷载时,B 相对于 A 的切线斜率变化。

根据图 6-3b,角度 θ 能够定位管环某段的受力图中的推力 T 和弯矩 M,可通过静态平衡方程式加上由卡氏方程式导出的挠度方程式得出。

根据图 6-3,已知 P,求解以下 5 个未知数:T_B、M_B、T_A、M_A 和 Q。因为有 3 个静态平衡方程式,所以还需要 2 个方程式。两个挠度方程式为:

$$\Psi_{B/A}=0$$
$$X_{B/A}=0$$

当管环因 P 而发生挠曲时,A 和 B 处的切线保持水平。因此 $\Psi_{B/A}=0$。B 点相对于 A 点是垂直移动的,而不是水平移动的,因此 $X_{B/A}=0$。这两个用于计算挠度的卡氏方程,加上三个平衡方程,可求解未知数:

$T_A=0.1061\,Pr$ 压力
$M_A=0.5872\,Pr^2$
$T_B=0.1061\,Pr$ 张力
$M_B=0.2994\,Pr^2$
$Q=2\,Pr$

该分析是相对保守的。线性反力的理论值 Q 始终比土垫层的情况更大。在水平压力工况下,土壤对管道具有一定的约束作用。对土应力的测量结果显示出异常的应力分布。一般来说,由于垫层密实,管道底部会出现压力集中。但是,如果垫层较松软且管道顶部土体较密实,情况可能会相反。一般情况下,由于土体压实较难以做到,在拱腋下会出现压力减小现象。但是,如果在拱腋下铺设混凝土或低坍落度水泥土,或者垫层采用楔形,情况可能会相反。压实度对土压力分布存在影响。管环越柔,管道的土压力分布就越均匀。

可垂直压缩的侧填土引起管道顶部和底部压力集中。但如果管道位于带有牢固侧壁的管沟中,该侧壁通过剪切反力支承上部填土,则可能会发生例外情况。不过,随着时间的推移,剪切力会由于轻微地震、干湿循环以及温度的变化而分解并慢慢减小。作为一般规则,在柔性管道顶部的垂直恒载是(OD)γH——土棱柱荷载,即管顶正上方的土棱柱重量,其中γ是土容重,H是管顶上方的覆土厚度。该一般规则在刚性管道设计中可能需要考虑荷载系数,因为如果侧填土不密实,刚性管环可以为管沟内的部分回填土提供一定的支承作用。如果侧填土是压实的,则土棱柱荷载可能足以进行刚性管环设计。

在柔性管环的设计,土棱柱荷载是保守的。管环上的法向压力不大于顶部的压力P,因为:① 柔性管环与管周土相适应;② 在界面处管周土始终是松散的。在塑料管道中,应力松弛会进一步降低土壤对管道的法向压力。

当侧填土可压缩时,管环刚度越大,顶部和底部的压力就越集中。对于刚性管道来说,如果要避免压力集中,则必须对侧填土进行压实。

组合压力

在内压和外压同时作用时,管壁中的应力是多少?似乎应该按照内压减去外压,反之亦然。然而,对于大多数设施,均会有内压不起作用或者外压不起作用的情况。因此,管环通常是针对内压和外压分别设计的。柔性管环,由于内压通常在外土回填之后才施加的,因此管环挠曲是在管道受压之前发生的。如果内压足以使管环部分地复圆,则在管道和侧填土之间会形成新月形空隙,参见图6-4。显然管环不再需要侧填土的支承来保持其形状。然而,由于管顶的土压力,管道无法被完全复圆。如果允许管环挠度小于顶部土压力作用的管环挠度,则不会形成新月形空隙。图6-4显示了钢管的试验结果。通常保守的做法是规定一个小于按照图6-4形成新月形空隙的最小允许管环挠度。但是即使新月形空隙形成了,管环减压时也不会因为缺少侧面支承而损坏。无论管环是否发生挠曲——任何管环挠度都小于受压之前,因为土颗粒易于迁移到空隙中。

组合压力包括在第4章以及式(4-1)($P=P_d+P_l$)中解释的活荷载在管道上方经过时对埋地管道的影响。如果地下水位高于管道,则土壤容重增加。恒荷载压力由第4章所述的土力学计算得到。

可以得出的结论是,应对内压和外压工况分别进行分析。

如果管道在安装时保持接近圆形的形状,则对于内压工况而言,通常不存在复圆的问题。对于管环压力设计,棱柱荷载是最合理的荷载。棱柱荷载通常取总荷载(而不仅仅是有效荷载)。

一般很少需要进行组合应力分析,但是对于厚壁和脆性的刚性管道,基于如下已知的方程式进行组合应力分析可能是必需的,

$$\sigma = T/A + Mc/I$$

式中,T/A——管环压应力;

Mc/I——挠曲(弯曲)应力。

[例]

在某城市,埋地储罐需要进行在储罐被

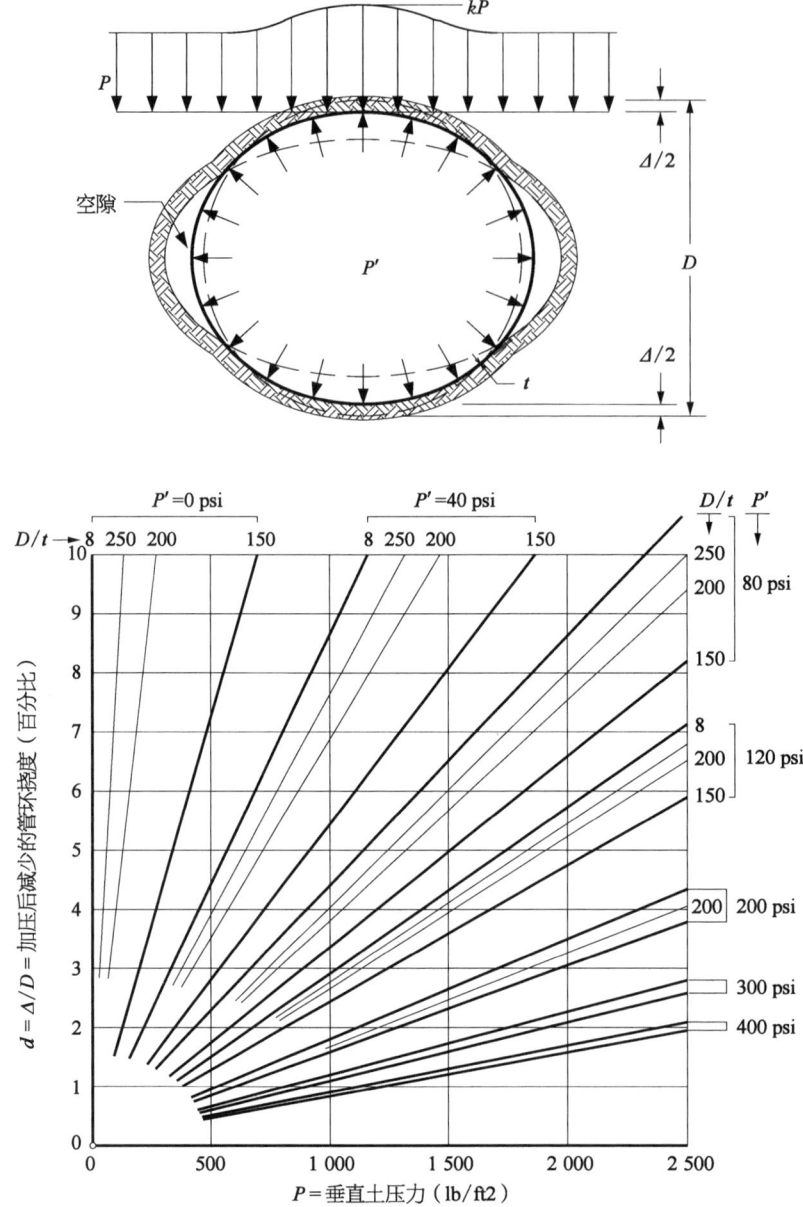

图 6-4 对埋地钢管施加内压 P' 后,将减少管环挠度 d 的值(假设初始管环挠度大于 d)

埋至顶部时的内部压力试验来验收,见图 6-5a。在顶部 A 点的切向力 T_A 和弯矩 M_A 是多少?根据对称性,剪切力 V_A 为零。填土已被充分压实,可防止管环挠曲。因此,在 B 点固定管环,见图 6-5b。内压和外土荷载的影响可单独分析,然后叠加组合。图 6-5c 是内压工况下的受力图。图 6-5d 介绍了分析土荷载影响的程序。在土荷载作用下,C 点的弯矩为 M_s。它可以通过整合土壤单元,如阴影所示,再乘以其杠杆臂得出。结果即仅由土负荷导致的 C 点(角度 2)弯矩。计算公式为

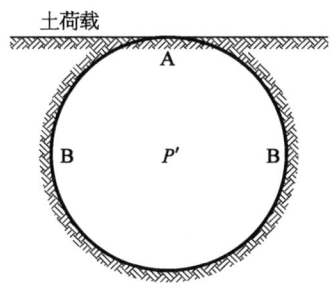
(a) 埋地储罐压力试验

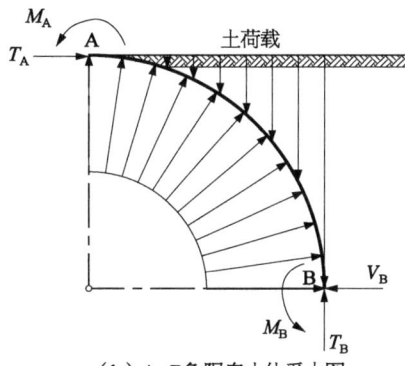
(b) A-B象限自由体受力图

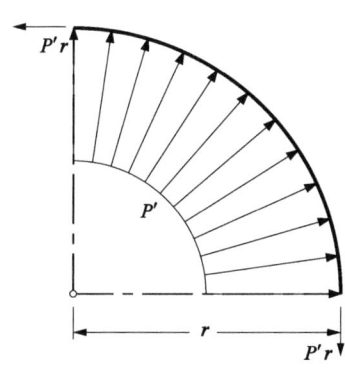
(c) 仅由内部应力导致的环向张力

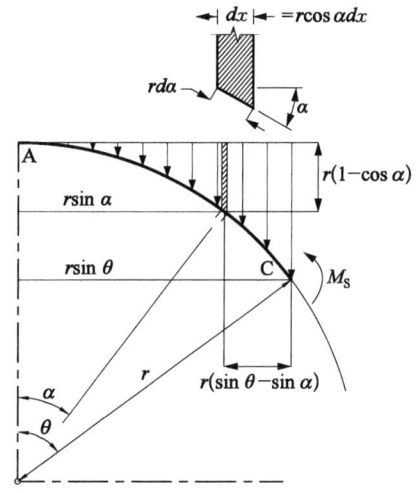
(d) 仅由土荷载导致的C点（θ角）弯矩图

图 6-5 对埋至顶部并经内部压力试验的储罐的内力图
对内压和外压工况分别进行分析,然后叠加组合

$$M_\mathrm{s} = \gamma r^3 [(1/2)\sin^2\theta - (1/2)\sin\theta - (1/4)\sin 2\theta \sin\theta - (1/3)\cos^3\theta + (1/3)] \tag{6-4}$$

图 6-5b 的五个未知数需要三个平衡方程和两个变形方程进行求解。从变形来看,由于对称性,A 相对于 B 的相对旋转角度为零,即 $\Psi_{A/B}=0$。A 相对于 B 的水平位移为零,即 $\chi_{A/B}=0$。根据附件 A 卡氏方程和图 6-6a(在 A 相对于 B 的假定旋转方向,显示 A 点的虚拟弯矩 m):

$$\Psi_{A/B} = \int (M/EI)(M/m)r\mathrm{d}\theta = 0$$

$$M = M_\mathrm{A} + m - T_\mathrm{A}r(1-\cos\theta) + M_\mathrm{s}\cdots$$

在 C 点,$M/m=1$,因此在 M—方程式中,m 为 0。

EI 为管壁刚度,r 为半径。代入卡氏方程,在 θ 范围从 0 到 $\pi/2$ 进行积分,第一个变形方程为

$$M_\mathrm{A} - 0.363\,4T_\mathrm{A}r + 0.017\,4\gamma r^3 = 0 \tag{6-5}$$

第二个关于变形的方程为 A 相对于 B 的水平位移为 0。图 6-6b 显示 A 相对于 B

的假定相对位移方向上的虚拟力 p。根据卡氏方程：

$$\chi_{A/B} = (M/EI)(M/p)r\mathrm{d}\theta = 0$$

$$M = M_A - (T_A + p)r(1 - \cos\theta) + M_s \cdots$$

在 C 点，$M/p = -r(1-\cos\theta)$，因此在 M—方程中 p 为 0。代入卡氏方程，在 θ 范围为从 0 到 $\pi/2$ 进行积分，第二个变形方程为：

$$-M_A + 0.6240 T_A r - 0.0320 \gamma r^3 = 0 \tag{6-6}$$

对于两个未知数 M_A 和 T_A，同时求解方程(6-5)和(6-6)。然后通过三个平衡方程对 M_B、V_B 和 T_B 求值。结果如图 6-6c 所示。土荷载减少了内压在 A 点产生的环向张力，减少值为 $T_A = 0.0560 \gamma r^2$。

管环应力——使用和误用

应力是埋地管道设计和分析的基础之一。大多数的应力分析都是基于屈服应力是其性能极限(破坏)的弹性理论。在某些情况下，弹性应力分析是有用的，如由于内压引起

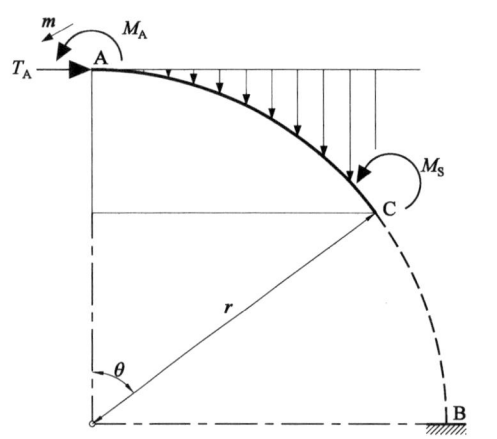

（a）用于挠度方程求值的圆弧A-C的受力图，$\Psi_{A/B}=0$

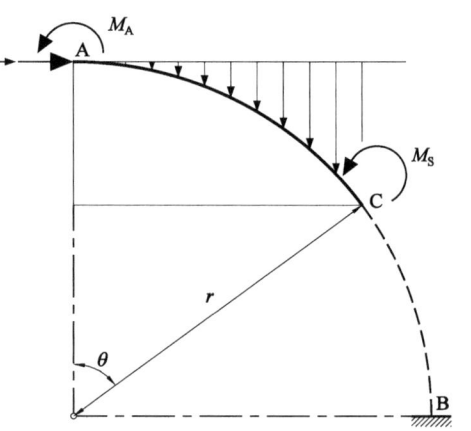

（b）用于挠度方程求值的圆弧A-C的受力图，$X_{A/B}=0$

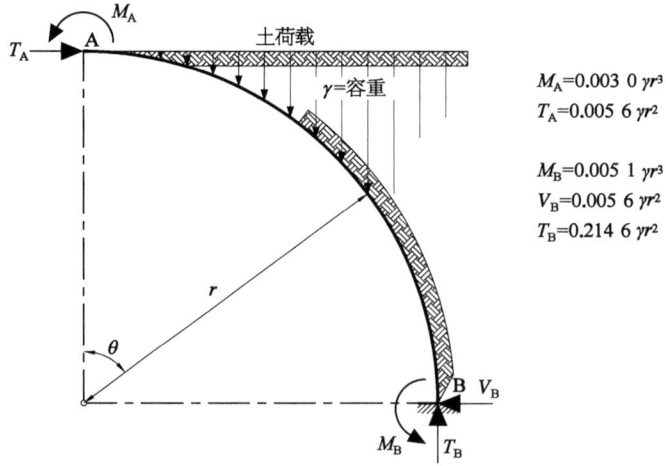

（c）根据三个静态平衡方程和两个挠度方程求解五个未知数

图 6-6 对埋至顶部的柔性圆柱体的受力分析

的环向应力,由于外土压引起的管环压应力,以及布辛内斯克土应力。但有时弹性分析经常被误用。在埋地管道分析中,无论是对管道还是管周土,它们都是非弹性的。性能极限是非弹性的。

管道的性能极限(破坏)总是超出弹性范围。性能极限是管道和土壤的过度变形。管道的过度变形可能导致破裂(泄漏)或塌陷,也可能是严重变形,清洁工具无法通过管道,或者是附件(管件)受损。保守的做法是规定最大允许管环挠度,但破坏通常是出于屈服应力以外的原因。

土的性能极限是过度压缩或土壤滑移——剪应力超过平面的抗剪强度。根据弹性理论,柔性管道管周土的最大剪应力出现在与水平方向呈 45°且通过管道轴线的平面上。

斯潘格勒的爱荷华公式基于弹性管道和弹性土体理论预测管环挠度。岩土工程师斯潘格勒(Spangler)纳入了土体水平弹性模量 E',称之为"土被动抗力模量"。事实上,水平被动抗力为 $K\sigma_y$,其中 $K = (1+\sin\phi)/(1-\sin\phi)$。土体滑移平面角度为 $(45°-\phi/2)$——而不是 $45°$。E'不是弹性的,也不是常数。E'随深度(约束程度)和管环刚度(管壁进入侧填土的运动)而变化。

使用莫尔圆分析,水平土体抵抗力为 $K\sigma_y$。因此,土体滑移平面应该发生在与水平面呈角度$(45°-\phi/2)$的起拱线上。这种分析方法是相对保守的。土摩擦角 ϕ 不是常数。它随覆土深度和管环挠度的变化而变化。在起拱线处,一个无穷小土立方体受到垂直和径向的双轴压缩。纵向上它是受约束的。在双轴压缩作用下,侧填土得以加密,可以抵抗土壤滑移。(三轴压缩能把碳变成钻石。)在对照试验中,观察了柔性管环埋砂处的土壤滑移面,见图 6-7。显然,没有角度为 45°或 $(45°-\phi/2)$ 的土壤滑移面。由于土体处于双轴压缩状态,在柔性管道的起拱线附近不存在滑移面。

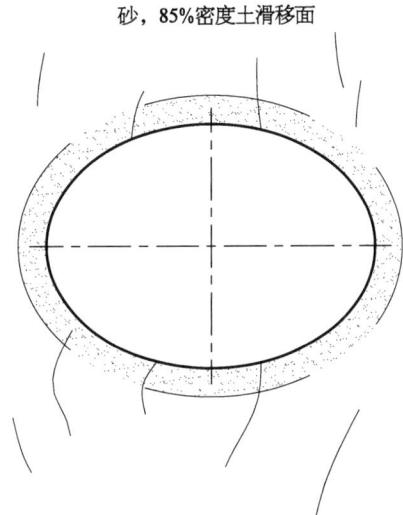

图 6-7 填砂中土体滑移面。注意在起拱线处没有滑移

练习题

6-1 根据附录 A,当 $D/t=5$ 且荷载为顶部和底部的均匀垂直压力时,刚性管道的最大压应力是多少?在何处?

6-2 静置于平地上的薄壁柔性圆管充满水,没有其他的内部压力。垂直管环挠度是多少?参见图 6-8。

(附录 A)

6-3 一个 90°的薄壁拱两端销接(铰接),承受均布竖向压力 P。两端的反力是多少?

($B_x = 0.832\ Pr$ 和 $B_y = 0.707\ Pr$)

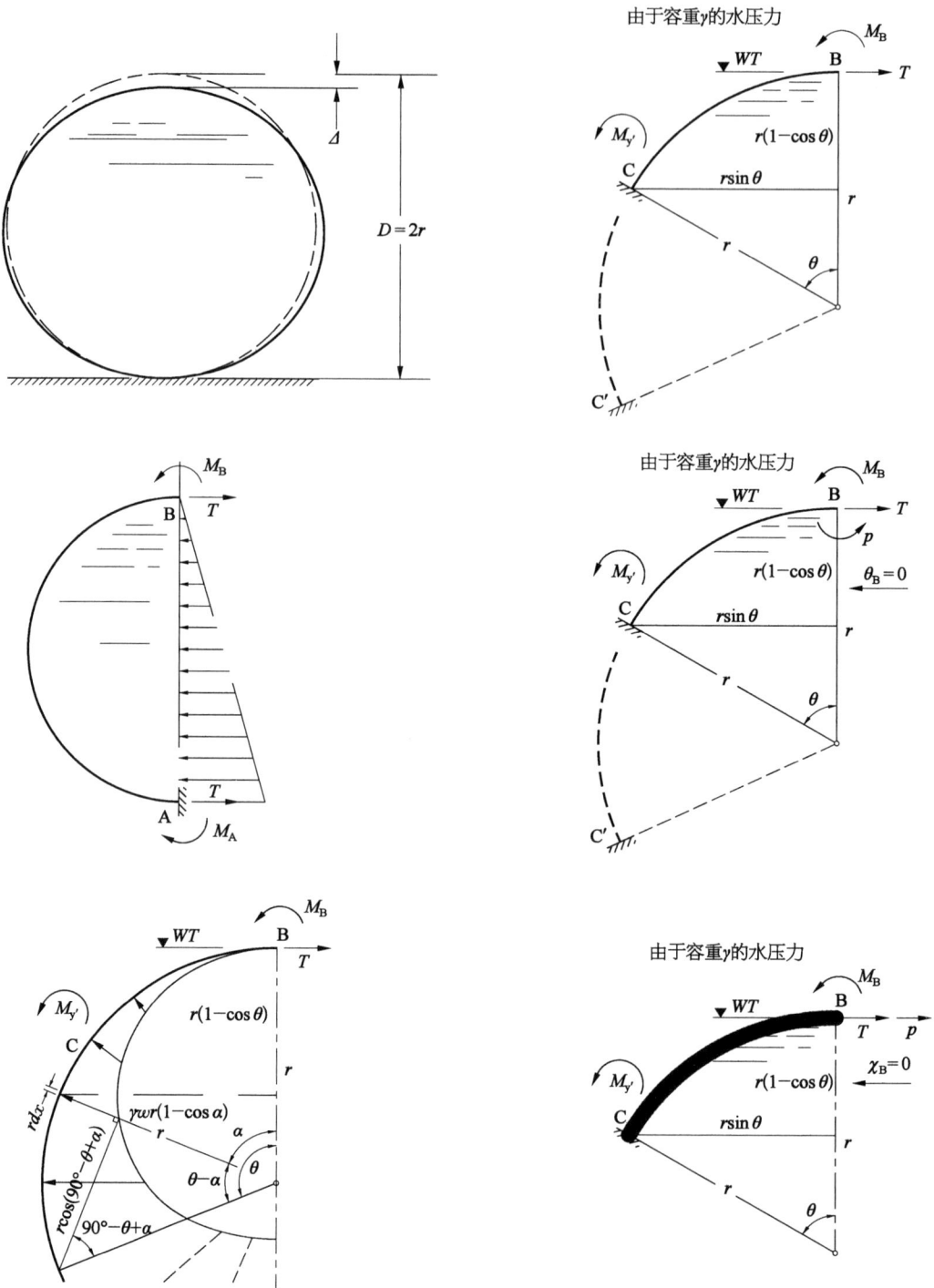

图 6-8 分析平整地面上内部充满水的柔性管道的程序,显示了弧段 BC 的受力图,用于得出 C 点的弯矩方程和 B 点的挠度和转动方程

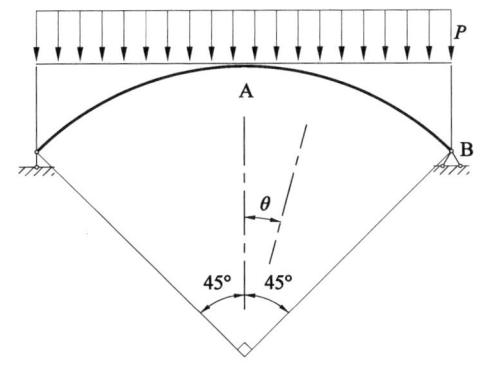

6-4 画出问题 6-3 的弯矩图。

6-5 问题 6-4 中最大弯矩是多少？在何处？

6-6 如果问题 6-3 的拱为厚壁，且 $t=r/5$，那么拱底面 A 点的最大环向应力是多少？

6-7 问题 6-6 中 B 点的最大环向应力是多少？

6-8 如果 $r/t=10$ 且 $I/c=t^2/6$，图 6-3 中光面管的最大应力是多少？在何处？

（在 A 点，$\sigma=353P$）

6-9 一个 4 ft 波纹钢管涵可支承的密实覆土厚度 H 是多少？假设管环挠度 d 在设计规范中被设定为一个小值，可以忽略不计。数据为

（101 ft 或以下？）

已知：

土

类型、土力学、粉砂；

压实 80%（AASHTO T180）；

$S_s=1.0=$ 饱和度；

$G=2.7=$ 土颗粒比重；

$e=0.4=$ 孔隙比；

sf=1.0，在性能极限处（管壁压毁）。

管道

$D=48$ in＝直径

$t=0.064$ in（量规 16）＝指定壁厚

$A=0.775$ in^2/ft，根据美国钢铁协会表格

$I=0.0227$ in^4/ft

$S=36$ ksi，在屈服强度处

$E=30(10^6)=$ 弹性模量

波纹，$2\text{-}2/3\times 1/2$

6-10 问题 6-9 中的管道在 12 psi 的内部真空条件下，可支承的密实覆土厚度是多少？

（$H=88.5$ ft）

6-11 问题 6-9 中，如果土壤因微地震液化，管道可支承的松散土壤（$e=1.0$）厚度是多少？

（若 $r=24$，$N=14.9$ ft；

若 $r=24.25$，$H=15$ ft）

6-12 一根 $2\text{-}2/3\times 1/2$ 波纹钢管，直径 36 in，埋在林区道路（HS-20 荷载）下，覆土厚度 2 ft，如果土层的平均压实度达到 0.8（AASHTO T-180），需要的壁厚是多少？假设钢材 $S=36$ ksi，$sf=2$。假设土容重是 120 pcf。

6-13 在 160 m 容重为 140 pcf 的饱和尾矿下，1.0 m 光面钢管的壁厚应该是多少？在某个特定的土层中。安装的条件应该是什么？钢管是一个好的选择吗？在什么条件下？

第 7 章
管 环 挠 度

管环挠度定义为竖直方向直径变化量与原直径之比 $d=\Delta/D$,见图 7-1。直径 D 为管壁横截面中性面直径。对于大多数管道分析,使用平均直径 $(OD+ID)/2$ 是足够准确的。对于钢筋混凝土管、加肋管或加劲环式管等,使用平均直径的误差增大。管环产生挠度的原因如下:① 管道的膨胀或收缩;② 管环的挠度;③ 管环裂解成段;④ 管壁的塑性铰(或压毁)。刚性管和柔性管的管环挠度是两种不同的现象,分别分析如下。

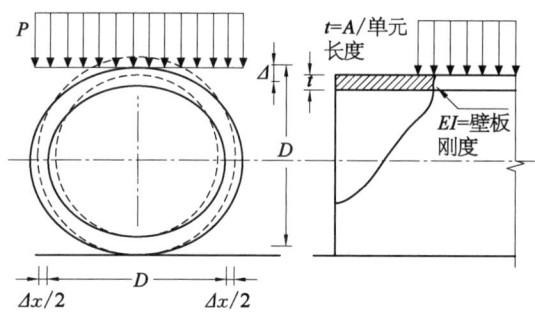

图 7-1 管环挠度中的量纲和管环挠度分析的符号

刚性管环

典型的刚性管是混凝土管和陶土管。对于刚性管道,管环挠度的两种基本模式是弹性模式和分段模式。大多数刚性管易碎,如图 7-2 所示,当管道开裂成段时,达到弹性挠度极限。因为不存在完全刚性的管子,那么管环的弹性挠度在刚性管环中占比是多少?对于大多数刚性管环,弹性挠度小到可以忽略不计。细微的裂纹并不重要。过流容量的减少是微不足道的。

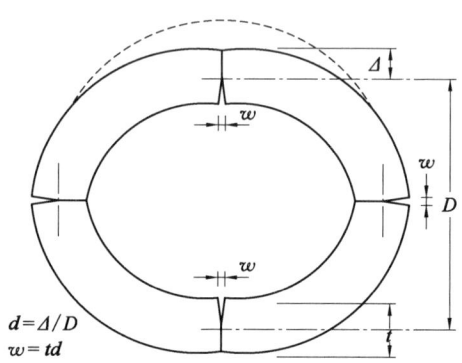

图 7-2 分段管环挠度,显示管环挠度 d、裂纹宽度 w、壁厚 t 之间的关系

对于刚性和柔性管道,管环弹性挠度的计算方法相同。复合(加筋)管壁需要经过截面变换进行分析。这适用于钢筋混凝土管道,但也可用于具有不同压缩和拉伸性能的材料。各种荷载条件下的管环弹性挠度列于附录 A。

[例 1]

混凝土管道的内径为 36 in,外径为 42 in,双层钢筋笼含 1/4 in 钢筋条,间距为 2 in,距离管道内外表面 0.6 in,参见图 7-3。对于所示的三种不同的加载条件,在混凝土屈服应力为 1 000 psi 时,管环弹性挠度是多少?如果张应力大于 1 000 psi,裂纹就会张开。根据截面变换后的参数 $EI/r^3=1\,651$ psi,根据附录 A 中的挠度方程式,计算出相应的管环挠度,如图 7-3 所示。其中的弹性管环挠度均不大于 0.1%。

第7章 管环挠度

已知：配筋混凝土管的数据
$ID = 36$
$OD = 42$
$D = 2r = 39$ in
求：开裂前的管环挠度

混凝土参数：
$\sigma_y = 1.0$ ksi 张力
$E_c = 5(10^3)$ ksi
$n = E_s/E_c = 6$
$I = 2.4488$ in^4
$EI/r^3 = 1651$ psi

钢筋参数：
$\sigma_y = 42$ ksi
$E_s = 30(10^3)$ ksi
$A_0 = 0.02454$
$A_s(n-1) = 0.1227$

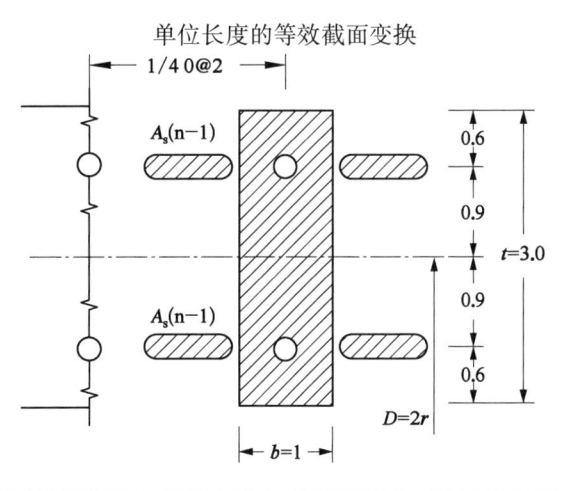

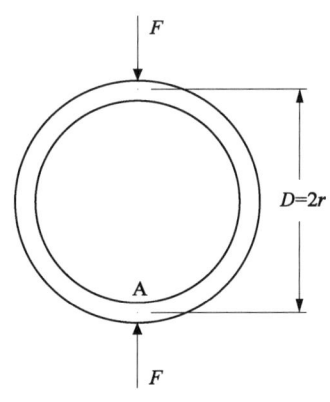

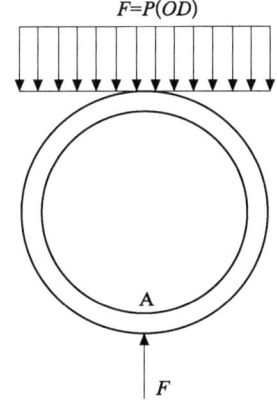

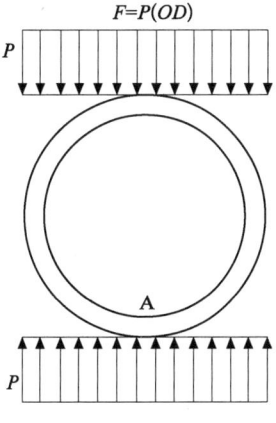

$d = \dfrac{0.149}{EI/r^3}\left(\dfrac{F}{D}\right)$

$d = 2.31 \times 10^{-6}$ F in/lb

$M_A = 0.318$ Fr

$d = 1.45 \times 10^{-6}$ F in/lb

$M_A = 0.125$ Fr

$d = \dfrac{0.116}{EI/r^3}\left(\dfrac{F}{D}\right)$

$d = 1.80 \times 10^{-6}$ F in/lb

$M_A = 0.2936$ Fr

$d = \dfrac{0.083}{EI/r^3}\left(\dfrac{F}{D}\right)$

混凝土中张力为 $\sigma_y = 1.0$ ksi 时，$M = I/C = 1632.5$ lb；因此：

$F_f = 263$ lb/in
$d = 0.06\%$

$F_f = 285$ lb/in
$d = 0.05\%$

$F_f = 670$ lb/in
$d = 0.10\%$

其中 $d =$ 混凝土中张应力为 1.0 ksi 时的管环挠度 Δ/D。

图 7-3 钢筋混凝土管在三种不同荷载作用下初期开裂时的管环挠度
注意最大挠度为 $d = 0.1\%$

分段管环挠度是由于起拱线、拱顶和底板处的裂纹张开造成的，如图 7-2 所示。通常假定管段是刚性的。管环挠度可以用裂纹宽度 w 来计算，如果壁厚为 t，中性面在管壁的厚度中心处，则管环挠度为 $d = w/t$。考虑到管段的挠度以及中性面距离管道表面的

59

距离可能大于 $t/2$，管环挠度的下限大于 $w/2t$。因此：

$$td < w < 2td \qquad (7-1)$$

该结果表明裂纹宽度范围与壁厚和分段管环挠度有关。这种关系并不精确，因为管壁裂纹是不可靠的。例如，某处可能有两个平行裂纹同时张开，而预期（计算时）只考虑了一个裂纹。

[例 2]

假定相同的 36 in 内径钢筋混凝土管道壁厚为 3 in。如果管道内部底板和拱顶处出现 0.01 in 宽的裂纹，根据式（7-1），管环挠度在 $d = 0.17\%$ 到 $d = 0.33\%$ 之间。由于钢筋的平衡放置，实际管环挠度可能更接近上限，如 $d = 0.3\%$。

管环挠度与其说是管环弹性变形的结果，不如说是开裂的结果。小管环挠度设计计算是依据刚性管道理论，详见第 12 章。

柔性管环

当土体和地表荷载施加于埋地柔性管道上时，管环往往会发生挠曲——主要是挠曲成椭圆，竖直直径减小，而水平直径几乎等量（稍微小一些）增加。任何偏离椭圆截面的变形都是二次变形，可能是土压力不均匀的结果。随着水平直径的增大，侧向土体支承作用也随之增大，从而提高了管环的承载能力。竖直直径的减小部分地减轻了管环的荷载。管道上方的土体因土拱效应承担了更多的荷载，就像砌石拱一样。管环强度的增加和土拱效应都有助于管道结构的完整性。即使部分管环挠度是有益的，但它不能超过实际的性能极限。因此，对埋地柔性管环挠度的预测是十分必要的。管环弹性变形一直到裂纹形成或发生永久性管环变形为止。显然，在某些情况下，管环可以在永久变形甚至出现小裂纹时发挥作用。管道性能可以超过屈服应力一直到测定管环失稳为止，第 10 章中解释了管道失稳。

以下对管环挠度的分析基于弹性理论，其中相关的 π 项为：

d——管环挠度；

ε——平均侧填土沉降；

d/ε——管环挠度项；

R_s——刚度比 $= E'D^3/EI$，= 土体刚度 E' 与管环刚度 EI/D^3 之比；或与管道刚度 F/Δ 之比，其中，$F/\Delta = 53.77EI/D^3$。

符号：

d——Δ/D = 管环挠度 = 管环直径竖直减小量；

D——柔性管环的原始直径（更准确地说，是到管壁横截面中性面的直径）；

Δ——由于管道起拱线处预期的竖向土压力导致的竖向土应变；

E'——土体模量 = 从初始竖向有效土压力点到最大竖向有效土压力点的应力—应变图上的割线斜率；

E——管壁的弹性模量；

I——管道单位长度管壁截面的形心惯性矩。

图 7-4 中管环挠度项为刚度比的函数。从图中可以看出，管环挠度可由如下确定：采用刚度比 R_s 或 R_s'，根据图 7-4 可读出管环挠度项 d/ε；如果已知土体竖向应变为 ε，可以从 d/ε 直接得出管环挠度。图 7-4 显示了埋地柔性管道试验及现场实测数据。

土体竖向应变 ε 可根据实验室压缩试验

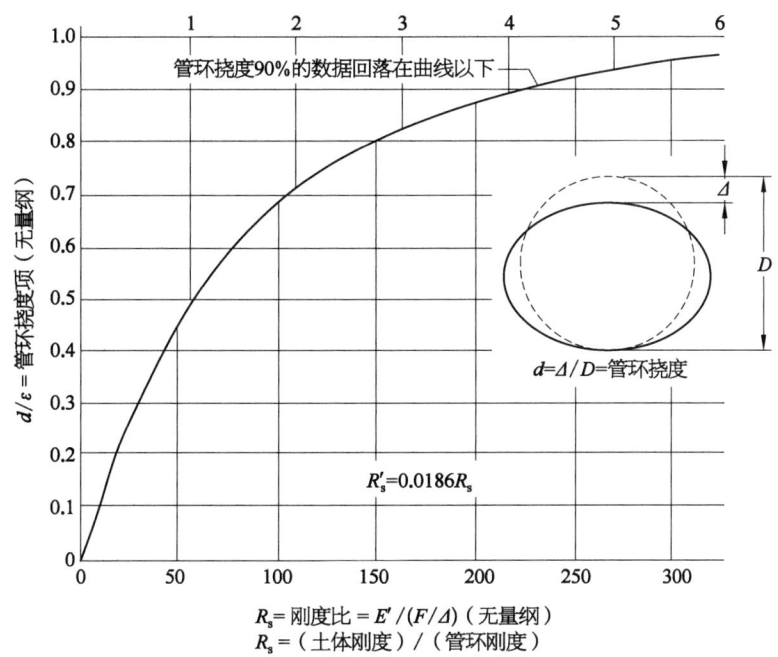

图 7-4 管环挠度项是刚度比的函数

本图表是在90%置信水平下绘制的140个试验的汇总，即90%的试验数据回落到曲线以下

数据预测，例如图7-5无黏性粉砂的应力—应变图。

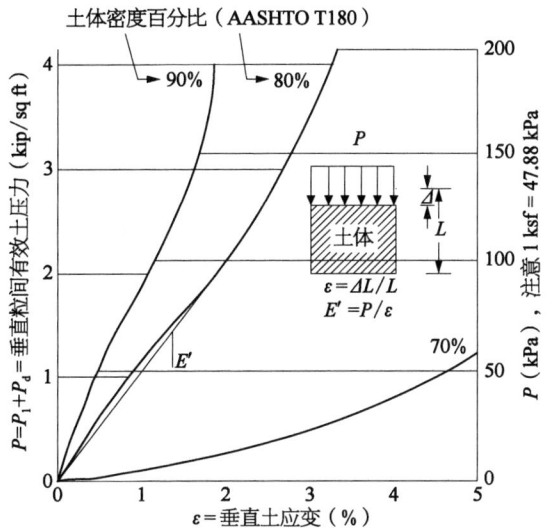

图 7-5 典型无黏性土（粉砂）的应力—应变关系

90%的应变位于曲线左边，竖向压力是（粒间）有效土压力，土体刚度 E' 为初始有效土压力到极限有效土压力的割线斜率

土体刚度 E' 是特定土体密实度下应力—应变图上预期土压力 P 的割线斜率。试验室可以提供相关图表用于具体埋设以及指定密实度。

如果 $R_s < 300$ 左右（或 $R_s' < 6$），则管环刚度可为管环挠度提供显著抗性；即土体刚度较小和管环刚度较大的情况。对于埋在良好土体中的柔性管，刚度比一般大于300。因此：

在设计中，埋在良好土体中的
柔性管道的管环挠度等于（不大于）
侧填土的竖向应变（压缩）。

存在上述规则不准确的情况。在附录A中列出了管环挠度的方程式，适用于施加的一些载荷的初始形状为圆形、壁厚均匀的管环。否则，需采用一组近似调整因子：

D 乘以 D_{max}/D_{min}

$$t \text{ 乘以 } t_{min}/t_{max}$$

一些预测柔性管环挠度的方程式被提出。其中之一是斯潘格勒(M.G. Spangler)推导出的爱荷华(Iowa)公式。爱荷华公式比较简练,推导正确,但取决于一些可能难以评估的因素。这些有争议的因素包括挠度滞后因素、层理因素、土体水平模量以及 Marston 荷载所基于的假设,见附件 B 和斯潘格勒理论(Spangler MG, 1973)。

土体水平模量 E' 的问题尤为突出。它基于有争议的弹性理论。E' 不是常数,事实上,E' 是埋深以及管道扩展时侧填土水平压缩量的函数。

埋地柔性管道设计的最佳流程是规定允许的管环挠度,然后确定侧填土的竖直压缩量不超过管环挠度允许值。

爱荷华公式和其他挠度方程式是相近的,但比较保守。部分在附件 B 中进行了比较。但是,在大多数埋地管道分析的精度范围内,以下各例中所描述的流程更相关,也更容易理解。

[例 1]

波纹塑料排水管(柔性)将埋在干净的干砂回填层中,回填层的密实度为 80%(AASHTO T - 180)。由于 10 ft 的覆土重达 120 lb/ft³,预计管环挠度是多少?在这个覆土深度,活荷载忽略不计。刚度比大于 $R'_s = 6$,因此,根据图 7 - 5 管环挠度图,管环挠度大约不超过 $d = \varepsilon = 1\%$。

[例 2]

预测的管环挠度是多少?将一根 $DR = 14$ 的 PVC 管埋入无黏性粉砂中,压实至 80% 密实度(AASHTO T - 180),覆土厚 24 ft,其中无黏性粉砂干容重为 105 lb/ft³,地下水位为地表以下 9 ft,土体饱和容重为 132 lb/ft³。根据 Uni-Bell (1982)《PVC 管道手册》第 159 页,$DR = 14$ 的 PVC 管道刚度从 815 psi 到 1 019 psi 不等。保守地使用较低的值,管道刚度为 $F/\Delta = 815$ psi。根据图 7 - 5 得出土体刚度。由于管环挠度从无土压力时的零增加至极限压力下的最大值,因此土体刚度是应力—应变图上从原点到极限有效土压力点的割线斜率。土体竖向应变是土体(粒间)有效压力的函数,而不是总压力的函数。有效土压力为:

$$P = 15 \text{ ft}(132 \text{ pcf}) + 9 \text{ ft}(105 \text{ pcf})$$
$$- 15 \text{ ft}(62.4 \text{ pcf}) = 1.99 \text{ ksf}$$
$$= 13.8 \text{ psi}$$

在 80% 的密实度,根据图 7 - 5,1.99 ksf 时土体应变为 $\varepsilon = 1.85\%$。土体刚度是 80% 曲线上 0—2 ksf 的割线斜率,即 $E' = 13.8 \text{ psi}/0.018\,5 = 747$ psi。得到的刚度比为 $R'_s = E'/(F/\Delta) = 747/815 = 0.92$。以 $R'_s = 0.92$ 输入图 7 - 4 的图表,相应的管环挠度项为 $d/\varepsilon = 0.48$。管环挠度是竖向土体应变 ε 的 48%。由于土体应变为 1.85%,故预测管环挠度为 $d = 1.85\%(0.48)1.0\%$。

弹性材料制成的圆形截面直管弯曲成圆形弯管时,其截面变形为椭圆。截面管环挠度为

$$d = 2Z/3 + 71Z^2/135$$

式中:$Z = 1.5(1 - v^2)D^4/16t^2R^2$;

d——管环挠度 $= \Delta/D$;

Δ——管径减小量;

v——泊松比;

D——圆管直径;

t——壁厚;

R——弯曲半径。

注:直径的减小与弯曲半径的方向一致。例参见第 14 章。

参考文献 *

[1] Spangler MG,(1973) and Handy RL. *Soil Engineering*, IEP. New York.

[2] Uni-Bell (1982). *Handbook of PVC Pipe*.

[3] Watkins RK, Szpak E, Allman WB, 1974. Structural design of polyethylene pipes subjected to external loads. Eng'rg Expr. Sta., USU.

练习题

7-1 一个钢水管,$ID=36$ in,$t=1$ in,埋在饱和尾矿中,最终会上升 250 ft,它的极限管环挠度是多少? 对于尾矿,$G=2.7$,未固结,$e=0.7$。当深度 $H=250$ ft 以下尾矿固结时,$e=0.5$。假设 e 相对于管道上方的深度呈线性变化,地下水位位于地表。

($d=11.8\%$)

7-2 波纹钢雨水管永远不会满流。因此,颗粒回填土基本上是干燥的。管环挠度是多少? 含 HS-20 活荷载。

(0.8)

已知:

土体(颗粒)

$H=4$ ft=覆土厚度,

$G=2.7$=比重,

$e=0.7$=孔隙比,

80%密度(AASHTO T-180)。

钢管(波纹 2 2/3×1/2)

$D=48$ in=直径,

$I=0.018\ 0$ in^4/ft($t=0.052$),

$E=30×10^6$ psi=弹性模量。

7-3 如果使用同样的土体,同样的密度,覆土从 4 ft 增加到 26 ft,问题 7-2 的管环挠度会有什么变化?

($d=1.6\%$)

7-4 对于一条无钢筋混凝土管道,$ID=30$ in,壁厚=3.5 in,如果管道内的视频显示拱顶有一条 0.1 in 宽的裂纹,那么其管环挠度可能是多少?

7-5 对于一条钢管,$OD=26$ in,$ID=24$ in,如果 $E=30(10^6)$psi,覆土 $H=40$ ft,那么管环挠度是多少? 在 80%密度(AASHTO T-180)时土体容重为 100 lb/ft^3。

($R_s=5.425$;$d=0.064\%$)

7-6 在以下情况中预测光面钢管的管环挠度:

$D=10$ ft,

$t=0.5$ in,

$E=30×10^6$ psi. 土体为颗粒状,90%密度(AASHTO T-180),

$\gamma=120$ lb/ft^3,

$H=30$ ft。

7-7 若中性面位于图 7-2 管壁的几何中心,求证裂纹宽度近似为 $w=td$。

其中:w——裂纹宽度;

t——壁厚;

d——分段管环挠度=竖直直径减小量;

D——到中性面(NS)直径。

假设,在裂纹张开之前,管壁在中性面一侧的压力下压毁,而在另一侧的张力下也发生了同样程度的拉伸。并非所有材料都是如此。

7-8 如果图 7-2 的管环是陶土或非

---

* 注:原英文版参考文献各条目著录格式不符合 GB/T 7714—2015 要求或有缺项,但为方便有需要的读者,本书仍按英文版保留此内容,以下各章同此。

钢筋混凝土材质,两者的抗压强度均为抗张强度的许多倍,则管壁的压毁区非常小。在最坏的情况下,如果裂纹张开度 0.01 in,假设无管壁压毁,求分段管环挠度 d。

7-9 假设图 7-2 的管环为钢筋混凝土材质,在管壁中央有一个单层钢筋网。钢丝直径为 1/4 in,间距为 2 in。到中性面的垂直直径是多少?

(34.7 in)

$t = 3$ in $E_s = 30 \times 10^6$ psi

$ID = 30$ in $E_c = 3 \times 10^6$ psi

7-10 问题 7-9 中至中性面的水平直径是多少? 如果裂纹是由顶部和底部的均匀土荷载(没有侧填土)造成的,会有什么不同?

7-11 高密度聚乙烯(HDPE)管的最小外径(OD)为 6.60 in,最大外径为 6.66 in。壁厚变化范围从最大的 0.83 到最小的 0.80。在图 7-3c 所示的荷载作用下,如果 $P = 5.0$ ksf,预计管环挠度是多少? 假设 HDPE 的长期弹性模量为 85 ksi。

7-12 图 7-6 所示的钢筋混凝土管道在拱顶处裂纹宽度为 $w = 0.06$ in 时,近似管环挠度是多少?

7-13 如果图 7-6 中的荷载为 F—荷载(平行板荷载),那么起拱线上的中性面在何处?

7-14 问题 7-13 中拱顶和底板内侧的裂纹与起拱线外侧的裂纹程度是否恰好相等? 请解释。

7-15 如果塑性管道的永久应变损伤发生在外表面 1.75% 应变处,由 F—荷载引起的管环挠度的最大极限是多少? 由于 F—荷载引起的挠度见附录 A。

($d = 12.78$ 13%)

$D = 0.5$ m;

$t = 16$ mm;

$E = 300$ ksi$(2.07$ GN/m$^2)$。

7-16 如果最大允许管环挠度是 10%,塑性管可以堆多高?

$OD = 4.24$ in = 外径;

$ID = 3.92$ in = 内径;

$W = 1.08$ lb/ft = 管重;

$E = 200$ ksi = 短期弹性模量。

7-17 对于一条柔性塑料管,$DR = 31$,$F/\Delta = 90$ psi,埋在无黏性土体中,土单位容重为 110 pcf,80% 密度(AASHTO T-180)。如果覆土厚度是 25 ft,预测管环挠度是多少?

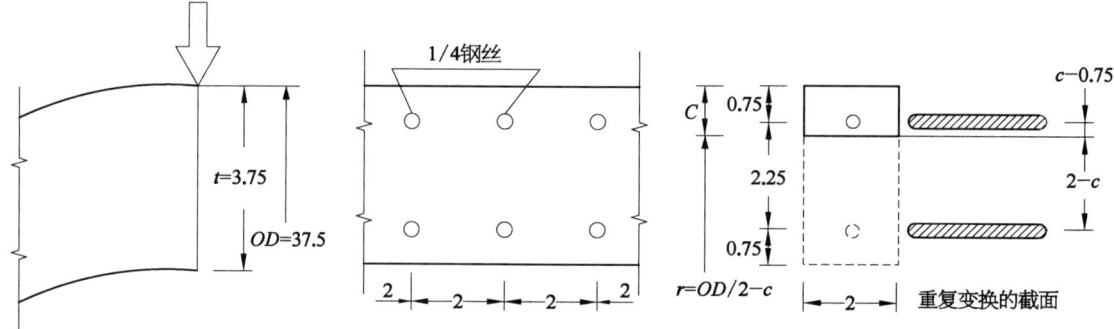

从中性面(NS),变换截面处得

$$[\varepsilon y \Delta A = 0] \qquad 2(c^2/2) + A(n-1)(c-0.75) = nA_s(2-c)$$

式中,$n = E_s/E_c = 30/3 = 10$, $A_s = 0.049\ 09$。
解得 $c = 0.768\ 8 = 0.77$ 并且 $r = OD/2 - c = 17.98 = 18$ in。

图 7-6 钢筋混凝土管壁的横截面,显示混凝土的变形截面,并展示求解中性面(NS)的程序。假设在这种情况下混凝土不受张力

第 8 章
管 环 刚 度

值得注意的是,在第 3 章和第 7 章中,对管环变形和管环挠度的分析需要一种称为刚度的材料特性。刚度被定义为抗挠度。图 8-1 是典型的应力—应变图。横坐标为应变,即单位长度的挠度。纵坐标为应力,即单位面积上的荷载,亦即材料的抗应变能力。这些图表来自实验室试验。材料的刚度是应力—应变图上任意特定点处即任意特定应力点处的斜率 E。可以提供剪切应力—应变图,也可以提供法向应力—应变图。该图的初始线性部分是弹性区,在该区域内应力不会引起永久变形。材料可弹性恢复。斜率是常数,称为弹性模量。

符号:
E——弹性模量或刚度;
E——应力—应变图的斜率;
σ——法向应力(或剪应力 τ);
ε——法向应变(或剪应变 γ);
I——截面面积(管道单位长度管壁面积)的形心惯性矩;
L——长度(如叶片式弹簧的长度);
D——管环的平均直径;
t——管环(或管道单位长度的截面积 A)的壁厚;
F——集中荷载(管道单位长度的径线荷载)。

刚度的概念很容易扩展到弹簧上,参见图 8-2。左侧的叶片式弹簧在荷载 F 作用

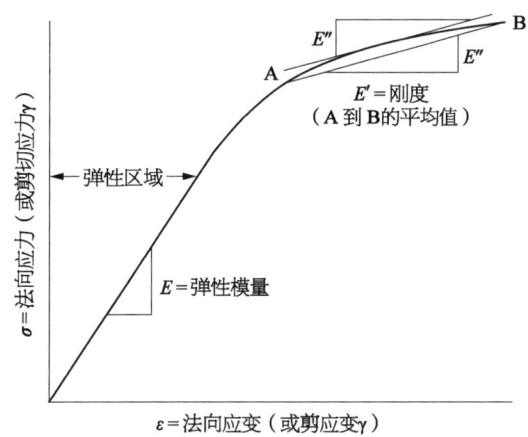

图 8-1 根据实验室试验得出的典型应力—应变图

图中显示:
E=弹性模量=在弹性区域内的斜率
E''=刚度=在曲线上的任意点处的斜率,或在某一应力范围内如 A 到 B 线的平均斜率

下发生竖直方向的挠曲,弹簧刚度为 F/Δ 的斜率,$F/\Delta = 48EI/L^3$,参见材料力学的内容。右图中,将叶片式弹簧与圆形弹簧或管环进行比较。叶片式弹簧类似于圆形弹簧,根据附录 A,其弹簧刚度为 $F/\Delta = 53.77EI/D^3$。管环刚度与叶片式弹簧刚度形式相似。

对管环而言,F/Δ 称为管道刚度,EI/D^3 称为管环刚度。EI/D^3 项出现在每次管环变形和挠度分析中。EI/D^3 是弹簧刚度的一种重要形式。对于具有矩形管壁截面的管道而言,$I = t^3/12$,管环刚度为 $F/\Delta = 4.48E/(D/t)^3$。D/t 是管环刚度的另一种形式。刚度可以用多种方式表示:

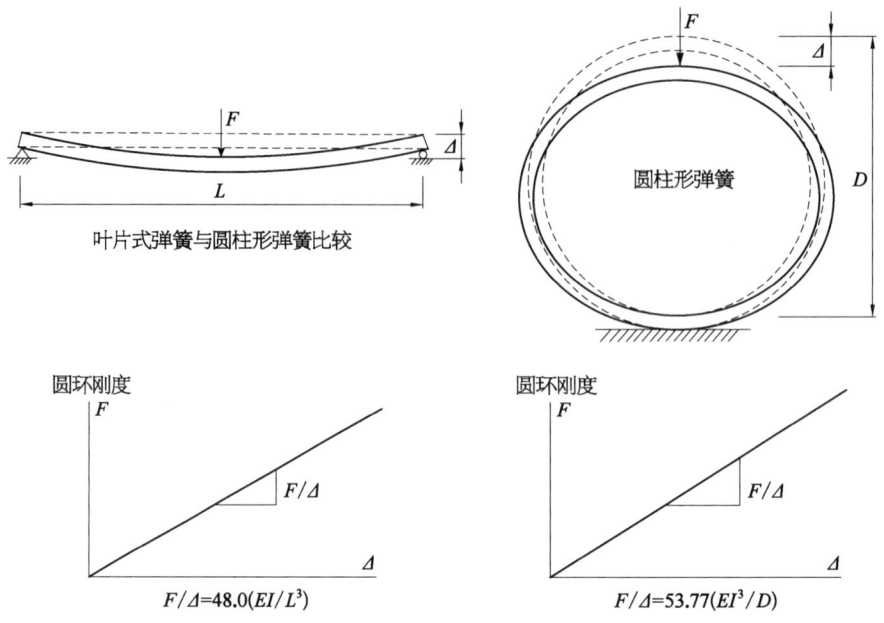

图 8-2 叶片式弹簧与圆柱形弹簧比较,显示各自的刚度 F/Δ

等效量　　　　　术语

F/Δ　　　　　管道刚度

$=53.77(EI/D^3)$　管环刚度,EI/D^3

$=4.48E(t/D)^3$　其中 $D/t=m$ 一项

$=4.48E/(DR-1)^3$　其中 $DR=(OD)/t=$ 量纲比

刚度单位可以通过注释来协调得到,其中 I 和 F 都是基于管道单位长度的量。按基本量纲计算,刚度为:

刚度

管环 $=(EI/D^3)$　$FL^{-2}(L^4/L)L^{-3}=FL^{-2}$

管道 $=(F/\Delta)$　$(F/L)L^{-1}=FL^{-2}$

FL^{-2} 是材料刚度的正确量纲。材料的许多性能都具有 FL^{-2} 的量纲。例如,检查强度和体积模量。m 项(D/t)和量纲比(DR)在乘以 E 之前并非材料的特性,E 具有量纲 FL^{-2}。在管道分析中,EI 有时被称为管壁刚度。事实上,EI 并非真正的刚度,因为它的量纲不是 FL^{-2}。

弹性区之外的刚度 E 仍然是 F/Δ 图的斜率。然而,它不再是一个常数。从图 8-1 的应力—应变图中可以看出,当材料承受应力至斜率为 0 的极限时,其失去了所有的刚度,只是简单地流动。至于管道刚度,F/Δ 往往超出弹性区。这对于塑料管——包括达到屈服应力表现出塑性特性的金属等尤其如此。对于一些材料,F/Δ 受到温度和/或时间的影响。塑料管道行业习惯采用管道刚度 F/Δ,因为它可以通过平行板试验来衡量。为了进行试验,一个平面上,管道的长度通常大于直径,且被施加 F —荷载,如图 8-3 所示。随着荷载 F 的增加,测量相应的变形量 Δ。F 与 Δ 关系图在基于试验温度和时间(加载率)的所有荷载极限内提供了 F/Δ 值(管道刚度)。类似的试验是三边支承(TEB)试验,参见图 8-3。在管道底部安装双支架。为了方便分析,TEB 试验相当于平行板试验。它是刚性管道设计的基础。塑料管道设计基于管道刚度,其被定义为 F 与 Δ 关系图上从原点到5%管环挠曲点的割线斜率。

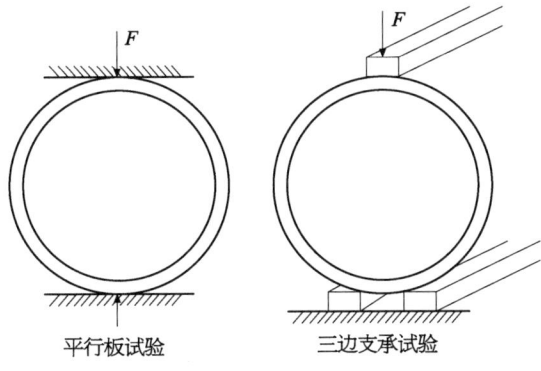

图 8-3 两种管道刚度 F/Δ 试验方法

图 8-4 为关于 4″ PVC 下水管的两个平行板试验数据图。管道刚度(斜率 F/Δ)不是常数。管环挠度通常受规格限制最大为5%,这就证明了从原点到5%应变点的割线斜率;即 $F/\Delta=85$ psi。

基于 F/Δ 值,塑料管道行业可以求得 DR 项,刚度比 R_s 等。例如,如果必须对 E 进行修改以适应于平行板试验外的其余温度环境,则可以找到一个刚度比的调整值,即 $R_s=E'D^3/EI$,用于预测管环挠度。

其他管道行业有其使用 F/Δ 的理由。铆接管的接缝或螺旋管的卷边接缝允许足够的滑移来影响 EI/D^3。灰浆内衬和/或涂层管道的刚度受到灰浆细纹开裂的影响。钢筋混凝土管道不在 R_s 等分析范围内。塑料管行业倾向于使用量纲比 DR,其定义为平均外径与最小壁厚之比,管道外径在挤压成型机中保持不变。壁厚根据要生产的管材等级(管壁强度)而有所不同。钢管行业倾向于使用 m 项,即壁厚与平均直径之比。钢铁工业常用 D/t 项的倒数,即管环柔度。

管环刚度(EI/D^3)是钢铁行业的首选。E 是常数,I 值可计算得到。由于采用 D 和 t 描述管道,D/t 方法可以应用到很多管环挠度分析中。

平行板试验数据
4″ PVC 下水管
平均外径 = 4.215 in
Min t = 0.140 5 in
DR = 30.0
Max t = 0.146 0

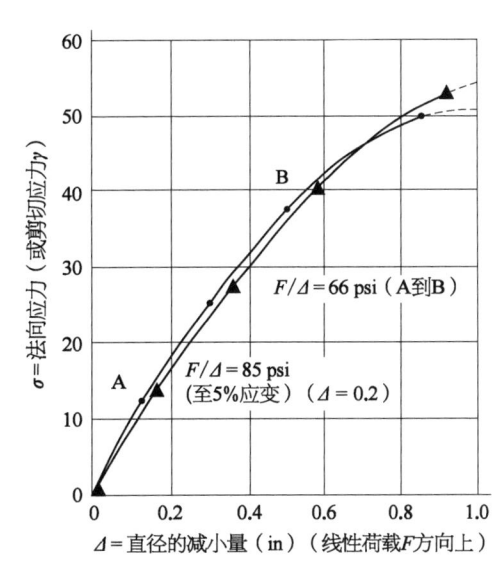

图 8-4 关于 4 英寸 PVC 下水管的两个平行板试验数据图

对于波纹管,公布了惯性矩 I 的取值表。已知 I、E 和 D,可以计算管环刚度 EI/D^3。关于波纹管的平行板试验或 TEB 试验,是对计算出的管环刚度的检验,并且往往揭示出差异。如果管环刚度是需要鉴定考证的关键参数,试验可以用于验证或修改计算值。试验管的长度应大于直径。短试验段容易扭曲,特别是螺旋波纹管。

[例 1]

图 8-5 为螺旋波纹管平行板试验结果。计算管环刚度与实测管环刚度相差多少?根据 F—Δ 图,$F/\Delta = 100$ psi。 根据其关系,$F/\Delta = 53.77(EI/D^3)$。

实测 $EI/D^3 = 1.9$ psi。

根据下述数据,计算 $EI/D^3 = 3.7$ psi:

$E = 30 \times 10^6$ psi

$D = 24.57$ in,据图 8-5 $I = 1.892 \times 10^{-3}$ in^4/in,据美国钢铁协会《排水和高速公路用钢结构产品手册》。

管环刚度的实测值仅为该管道计算理论值的一半左右。

平行板试验数据
波纹钢管;2 2/3×1/2 波纹
含卷边接缝的螺旋管
直径 24,量规 16

经测量:
$L = 47.75$ in 长度
$D = 24.57$ in 平均直径
$t = 0.058$ in 钢材厚度

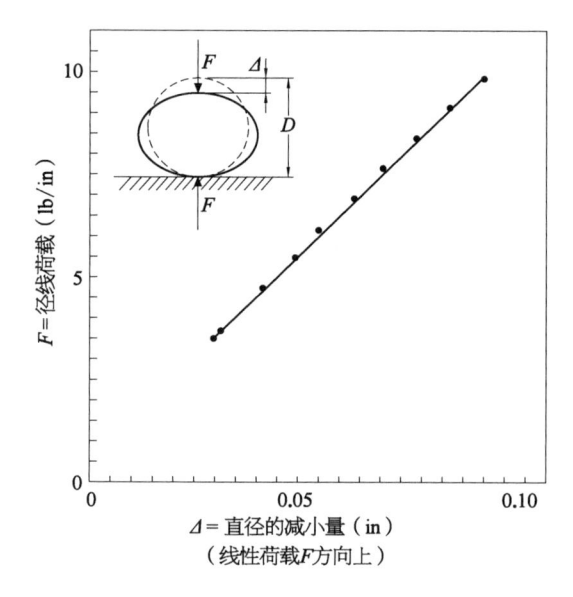

图 8-5 关于 24 D 2-2/3×1/2 螺旋卷边接缝波纹钢管的平行板试验

[例 2]

假设例 1 的管环发生了很大的挠度,使得图 8-5 中的曲线不再呈线性。管环刚度是在预期的管环挠曲处 F—Δ 图的切线斜率。如果管环挠度超过一个范围,则管环刚度是管环挠度范围两端之间的连线斜率。必须指出,仅基于弹性环刚度的管环挠度不是一个恰当的性能极限。

练习题

8-1 图 8-4 是关于 4 英寸 PVC 下水管 DR30 的 F—Δ 图。比较实测管道刚度 F/Δ 和根据公布的值($E = 400 \sim 500$ ksi)计算得出的管道刚度。

8-2 图 8-6 是在试验前细微处理过的 CML/CMC 管的 F—Δ 图。在荷载—挠度曲线的第一处跌落段,都能听到开裂的声音,并出现毛细裂纹。在设计中,管道刚度应该是多少?应该指定什么条件?

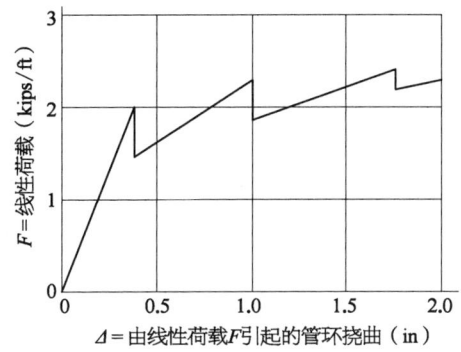

图 8-6 水泥砂浆内衬/水泥砂浆涂层薄壁钢管(CML/CMC)的三边支承试验

内衬在内部离心旋转,涂层是用钢丝加固的喷射混凝土

$(F/\Delta = 450 \text{ psi})$

8-3 图 8-7 是螺旋加劲肋钢管平行板试验的结果。管道刚度是多少?

$(F/\Delta = 72 \text{ psi})$

8-4 根据下列条件,采用平均 D,计算钢筋混凝土管道管环刚度 EI/D^3:

$ID = 60 \text{ in} = $ 内径;
$OD = 72 \text{ in} = $ 外径;
$E_s = 30 \times 10^6 \text{ psi} = $ 钢模量;
$E_c = 2 \times 10^6 \text{ psi} = $ 混凝土模量。

钢筋包括在管壁中心以 3 英寸间距布置的 3/8 英寸的钢筋箍条。假设混凝土不承受张力。

8-5 如果两个钢筋笼由 3/8 英寸钢条组成、间距 3 英寸,但距离内外表面的距离均为 1.0 英寸,计算问题 8-4 的管环刚度。假设混凝土不承受张力。平均 D 为多少?

(55 psi)

这个问题说明了为什么钢筋混凝土管道设计基于 TEB 试验和 F/Δ——而不是管环刚度 EI/D^3。

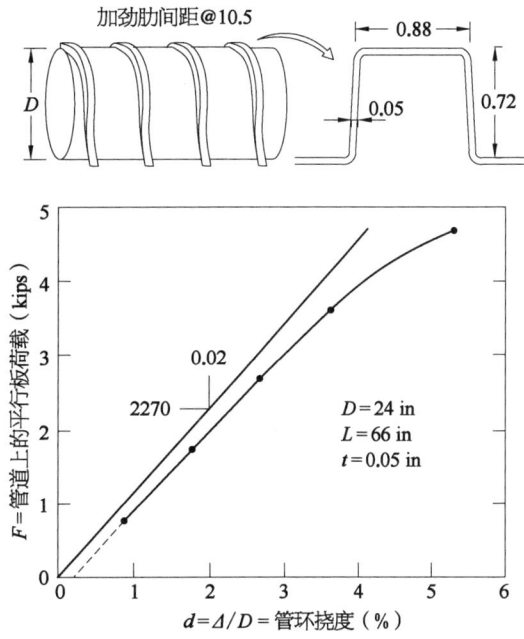

图 8-7 螺旋加劲肋管的荷载挠度图,显示了初始零点校正,这样线性图就会通过原点

第 9 章
非 圆 截 面

如果管道截面不是圆形,则"管环"分析需被修正。对于大多数埋地管道,圆形截面是最有效的形状。但是即使是柔性圆管环,在安装过程中也会因挠曲失圆。此外,对于非圆截面也有需求。一些典型的例子如图 9-1 所示。长期以来公路部门对能降低断面高度的涵洞存在着需求。涵洞的每一英寸高度都需要大量的土体将高速公路予以相应抬高。管拱和低轮廓拱是降低涵洞高度以满足高速公路需求的例子。多种涵洞可以降低高度,但也会增加成本、扩展河床、截留垃圾。

管环分析的一个相关变量是曲率半径 r。柔性环的基本挠曲是从圆到椭圆,其曲率半径见第 3 章。但非椭圆变形曲率半径测量是十分必要的。测量半径的技术已在第 3 章中介绍。

图 9-2 所示为外径向压力 P 作用下的管壁无穷小分段的自由体受力图。弯矩(管环变形)的影响可以通过本章所讨论的叠加进行组合。反力是管壁中的推力 T。根据竖直方向的静力平衡,注意小微分角度 $\sin(d\theta/2) = (d\theta/2)$,竖向力的方程式为 $Prd\theta = 2Td\theta/2$;且,

$$T = Pr \qquad (9-1)$$

式中：T——在管壁中的切向(周向)推力;
P——外部径向压力(加内部真空度);
r——平均曲率半径(假设管道为薄壁圆柱管)。

对于薄壁管的分析,平均半径是足够精确的。外半径更准确——特别是对于厚壁管而言。

管环压应力

对于非圆截面,管环压应力简单表达为 $\sigma = T/A$;或者对于光面管(光滑圆柱表面,没有加劲肋或波纹等),$\sigma = T/t$。在非圆管道中,"管环压缩"是一个不恰当的名称。然

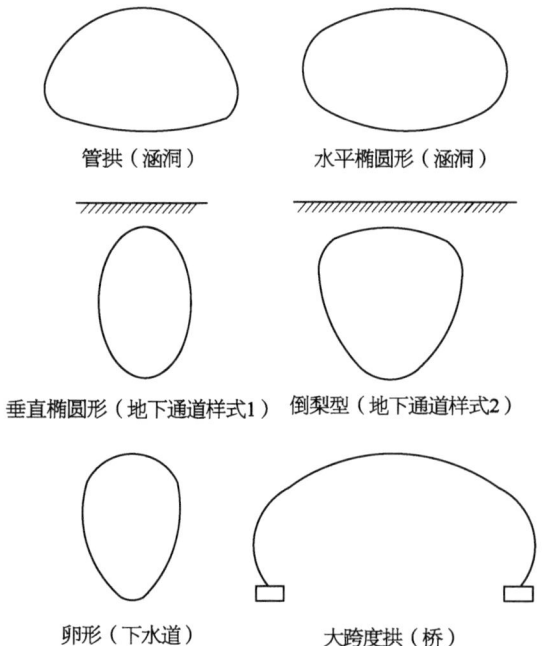

图 9-1 波纹钢管工业中常用管道的非圆截面示例
如美国钢铁协会《排水和高速公路用钢结构产品手册》所述

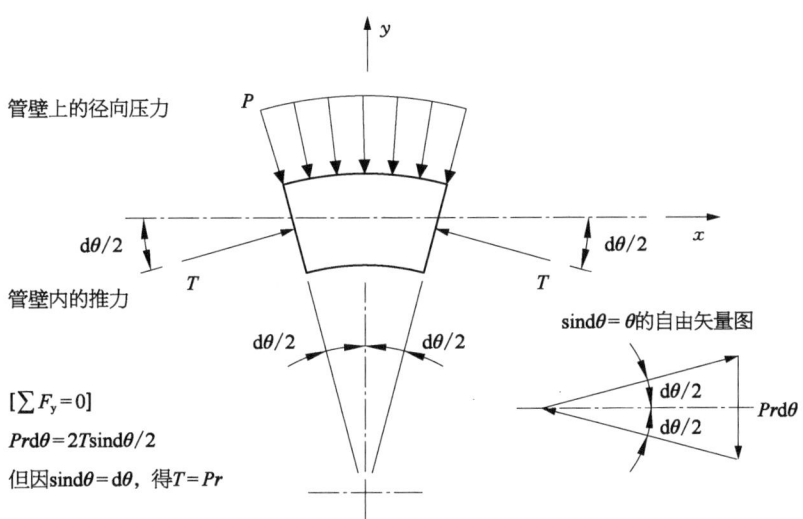

图 9-2 无限小管段的自由体受力图，其中管壁内管环压缩推力为 $T = Pr$

而，管环压应力的表述可以理解为管壁的平均周向应力。

径向土压力

另一个相关变量是管道上的径向土压力 P。由方程式（9-1）可知，如果推力 T 恒定，则 P 的变化与半径 r 成反比。如果管环是柔性的，则土体必须能够提供足够的压力 P 来保持平衡。保守来说，可忽略土体与管道之间的剪应力。剪应力降低了径向应力。此外，在安装过程中产生的任何剪应力都很容易被微地震、温度变化、地下水位的升降、土体的干湿等因素破坏。在没有剪应力的情况下，推力 T 在管道的整个圆周上是恒定的。这一点可以从图 9-3 明显看出，对于静力平衡，$T_1 = T_2 = T =$ 整个圆周上的恒定推力。根据方程式（9-1）可得

$$P_1 r_1 = P_2 r_2 = Pr = T \quad (9-2)$$

只要半径 r 小，外部压力 P 就大。这引入了一个非常重要的概念，即对于柔性非圆截面，只要半径减小，外部土体承载力就必须增大。如果管拱角板（图 9-4）的半径等于

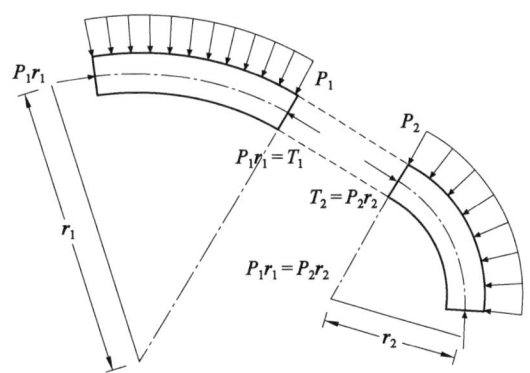

图 9-3 不同曲率半径管壁截面的自由体受力图，其中管环压缩推力恒定，$T = P_1 r_1 = P_2 r_2 = Pr$

忽略土体与管壁之间的剪应力

顶部半径的 1/3，那么外部法向压力（径向土体的支承力）必须是管拱顶部压力的三倍。土体对短半径角板必须有足够的支承强度。值得注意的是，如果静水压力作用在底板上，只有角板略展开一些，才能使底板的曲率发生逆转。角板处的土体支承是必要的。

如果圆形截面挠曲成椭圆，则 $P_x r_x = P_y r_y$，见图 9-5。根据第 3 章内容，半径比为 $r_y / r_x = (b/a)^3$。但是大致 $(b/a)^3 = (1+$

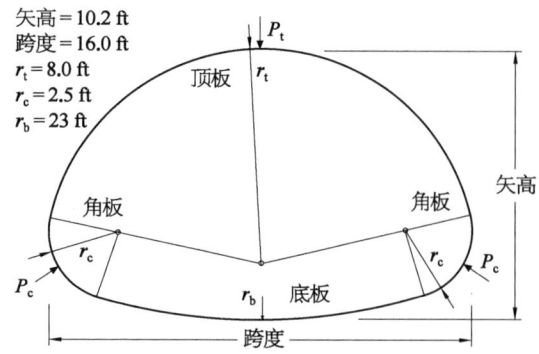

图 9-4 波形钢结构板管拱的典型截面,显示了顶板、角板和底板的半径

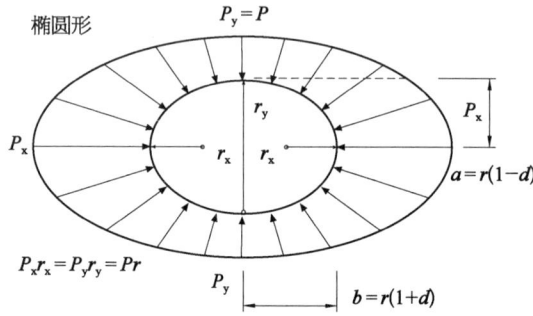

图 9-5 柔性环的椭圆截面,显示了平衡所需的外部压力分布

$d)^3/(1-d)^3$。因此,

$$P_x = P_y(b/a)^3 = P_y(1+d)^3/(1-d)^3 \tag{9-3}$$

式中:$a = r(1-d) =$ 最小半直径;
$b = r(1+d) =$ 最大半直径;
$d = /D =$ 管环挠度。

根据第 3 章,精确解法是

$$P_x = P_y\left[\frac{1+3d+4d^2+4d^3+\cdots}{1-3d+4d^2-4d^3+\cdots}\right] \tag{9-4}$$

方程式(9-4)的准确性很少被证明。下面的示例说明了这一点。

[例 1]

设椭圆截面管环挠度为 $d=10\%$。P_x 用 P_y 表示是多少?

根据方程式(9-3),$P_x = 1.826 P_y$。

根据方程式(9-4),$P_x = 1.826 P_y$。

无论在实践中还是在理论上,许多有效数字的准确性都未予以证明。必须记住:椭圆截面只是一个理论假设;忽略剪应力;周长假设为常数;假定水平环和竖直环的挠度相等,等等。对于椭圆截面,竖直管环挠度略大于水平管环挠度,但如果管环挠度小于 10% 左右,这种差异可以忽略不计。方程式(9-3)对于大多数管环挠度分析是足够精确的。

[例 2]

柔性管挠曲成近似椭圆,如图 9-5 所示。初始管环挠度 $d_o = 15.9\%$。若顶部压力为 $P = 1.0$ ksf,则在起拱线处侧填土的水平承载力要求是多少?由方程式(9-3)可得,起拱线处水平压力 P_x 为:

$$P_x = P_y(r_y/r_x) = P_y(1+d)^3/(1-d)^3 = 2.617 P_y$$

起拱线处土体的水平承载力必须大于 2.62 ksf。若有安全系数,则指定土体承载力为 5 ksf。侧填土必须压实,否则土体会发生初期滑移,管环会发生初期塌陷。管环压应力 $\sigma = P_y r_y/A$,其中 A 是单位长度管壁截面积。

实测半径变化量

如果管环挠曲成椭圆,评估最大和最小曲率半径只需要测量管环挠度。方程式如图 9-6 所示。

除椭圆以外的各种变形,半径的变化量可以根据长度为 L 连线的中距 e 变化量 Δe 进行评估。图 9-7 显示了相关分析,据此,

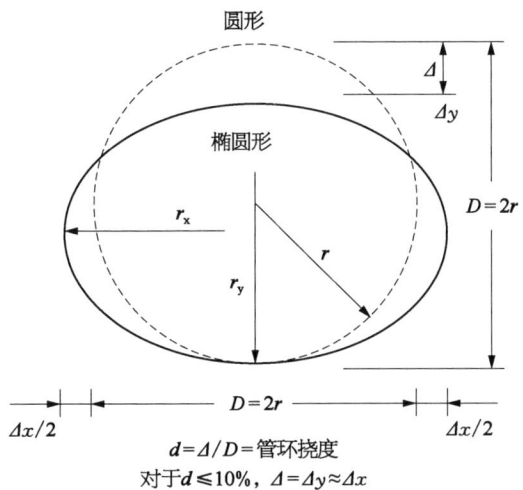

图 9-6 管环从圆到椭圆挠曲的第一模态图,图中显示相关术语和符号

$$r_x = r(1+d)^2/(1-d)$$
$$r_y = r(1-d)^2/(1+d)$$

在 e 与 L 比值较小的情况下,近似曲率半径 $r=L^2/8e$。根据中距变化量 $\Delta e = e - e'$ 可以得出 r 到 r' 半径的变化量:

$$1/r - 1/r' = \Delta e/er \qquad (9-5)$$

在第 3 章中描述了测量 e(管内或管外)的程序。最小半径与土体强度分析相关;最大半径与管环稳定性相关,见第 10 章。两者都与周向应力分析相关。

周向应力

假设在连线长度 L 内,管道初始为圆形,管壁中的环向压应力为 Pr/A。如果现在管环变形,曲率半径的变化会引起 Pr/A 的变化;还引入了挠曲应力 $(E/m)(r'-r)/2r'$,见方程式(5-3)。管环周围的环向压应力基本上是恒定的。不过,挠曲应力最大值在半径变化最大处,即中距 e 变化最大处。已知中距 e 的变化量,连线长度内的周向应力为:

$$\sigma = Pr/A + (\Delta e/e)(Ec/r) \qquad (9-6)$$

式中(见图 9-7): e——初始圆的中距;
e——$L^2/8r$,或者可以在管道变形之前进行测量;
Δe——管环变形导致的中距变化量;
L——连线长度;
t——壁厚;
m——r/t=管环柔性;
r——在管道变形之前某个位置的初始曲率半径;
r'——在管道变形之后相同位置的曲率半径;
A——管道单位长度的管壁截面积;
P——管道上的径向压力;
E——管道的弹性模量;
I/c——单位长度截面模量;
c——从管壁中性面到最远表面的距离。

对于光面管,$c = t/2$,且 $(Ec/r) = (E/2m)$,用于方程式(9-6)。

根据方程式(9-6),对于任何容许应力 σ 或应变 ε 和外部压力 P,可以得出相应的允许中距变化率 $\Delta e/e$。然后,必须控制管环变形,使得实测 $\Delta e/e$ 不超过允许值。

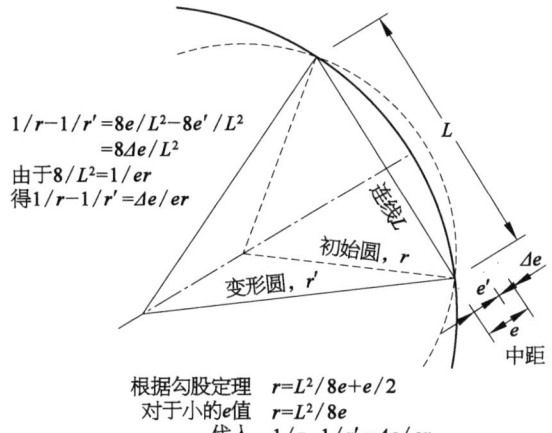

图 9-7 图中几何参数用于根据中距 e 的变化量 Δe 求解 $1/r - 1/r'$

内部压力 P'（没有外部约束）导致环向应力 $\sigma = P'r/A$。一个非圆管环尝试复圆并改变其半径。方程式（9-6）仍然适用。不过必须测量半径的变化，然后用来计算挠曲应力，或者检查人员可以了解许用应力、最大允许半径变化或连线中距的变化，以便在安装过程中用于控制管道形状。

在考虑外部约束的情况下，有时可忽略曲率半径的变化来分析管道的内部压力。假定土体是刚性的。但是，如果管环受到可压缩土体或集中点荷载和反力的约束，则可能需要进行进一步的分析。有限元分析可能是一个不错的选择。

对于柔性管，即使是非圆环，由于半径变化而产生的挠曲应力通常不是性能极限。脆弱的内衬可能是一个例外。许多普通管材都能屈服而不断裂。因此，挠曲应力项可以忽略不计。管环只是遭受没有断裂或反曲的永久变形。

综上所述，非圆管的周向应力分析基于方程式（9-6），该式始终包括管环压应力，也可能包括挠曲应力。

Pr/A = 管环压应力（或环向张力），

$(\Delta e/e)(Ec/r) = (\Delta e/e)(E/2m)$
$\qquad\qquad = (Mc/I)$ = 挠曲应力。

式中，

$(E/2m) = (Ec/r)$ = 弧模量——如果已知曲率半径的变化或 Δe，则可以使用。

(I/c) = 截面模量——如果已知弯矩 M，则可以使用。弯矩 M 可以通过放置在管道内外预期临界弯矩处的电阻应变计所测得的周向应变来计算。在材料屈服段以下时，可以根据这些应变得出推力和弯矩。

由管环变形引起的周向应力取决于截面模量或弧模量。

对于脆性管，管环压应力和管环变形应力必须结合起来进行分析。具有脆性内衬或涂层的钢管不属于脆性管。小裂纹不严重。

对于柔性管，变形是由土体引起的。壁厚的变化对其影响不大。如果土体埋置使得管环挠度恒定，则性能极限为管环压应力 Pr/A 引起的屈服应力处管壁压毁，这是设计的重要基础，见第 6 章。另一方面，如果管环变形应力超过屈服，则变形是永久性的。但是，变形过度之前则并未达到性能极限。对于柔性埋地管道的分析，由管环变形而产生的应力并不是一个合适的设计依据。管环压应力设计和管环挠度设计是两种基本的设计程序。

对于波纹管和异形壁管，管环压应力和管环变形应力的共同作用可能导致波纹凹痕或塑性铰接。但对于埋地管道，凹痕和初期铰接不属于塌陷。

练习题

9-1 推导方程式（9-6）。记住，挠曲应力是 Mc/I，且对于圆，$M/EI = 1/r - 1/r'$，其中 r 为初始半径，r' 为变形半径。

9-2 为了验证假设，即柔性管 $ID = 42$，管环挠度 $d = 10\%$，截面为椭圆，管道内部从 10 英寸长垂线（直边）到起拱线的中距应该是多少？

$\qquad\qquad\qquad\qquad (e = 0.83)$

9-3 图 9-8 所示为波纹钢涵洞的横截面，由圆形板组成，相关半径如下所示：

$r_y = 82.50$ in，顶板和底板；

$r_x = 26.25$ in = 侧板半径。

这条涵洞将安设在较大直径水平的公路下面。覆土厚度为 2 ft，包括沥青混凝土路面,假定该路面足够柔性,使得荷载不会被路面分担。这条路设计用于 HS-20 卡车荷载。土体容重是 135 pcf。因为管道是一个排水涵洞,地下水位永远不会超过管道底板几英寸。如果安全系数为 2.0,起拱线处所需的最小侧填土承载力是多少?

($P_x = 12.2$ ksf)

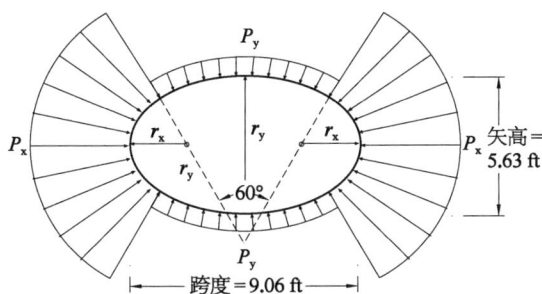

图 9-8 用作涵洞的水平"椭圆"形波纹钢板,其中 $r_x = 26.25$ in,$r_y = 82.5$ in,并显示了作用于其上的径向土压力

9-4 在问题 9-3 中,如果侧填土是无黏性的,且土体摩擦角 $\varphi = 35°$,那么针对土体剪切破坏的安全系数是多少?

($sf = 0.4$,初期塌陷)

9-5 问题 9-3 中椭圆形涵洞旋转了 90°,用作牲畜地下通道,参见图 9-9。当半

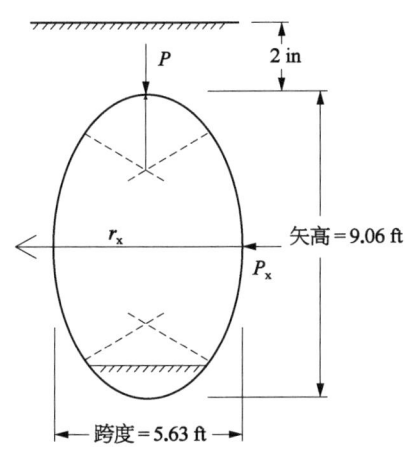

图 9-9 供牲畜使用的波纹钢板地下通道,覆土厚度 $H = 2$ ft

径为 82.5 英寸的侧板发生曲率逆转导致涵洞塌陷时,在起拱线处侧填土的土体摩擦角是多少?忽略 H-20 地表活荷载。为什么?

9-6 在无黏性土体中,为保证管拱埋设时不会发生剪切破坏,需要的土体摩擦角是多少?

已知:

$r_c = 18$ in,在角板处;

$r_t = 60$ in,在顶板处;

$r_b = 180$ in,在底板处;

波纹为 2 2/3×1/2。假设高填土。

忽略管道与埋设土体之间的剪应力。

($\varphi = 33°$)

9-7 在问题 9-6 中,当土体摩擦角为 30°时,以 r_t 表示的 r_c 最小值是多少?

($r_c = r_t/3$)

9-8 在问题 9-7 中讨论了基于土体承载力和土体压缩的性能极限。由于土体压缩,管环的变形如何?

9-9 波纹钢涵洞具有以下特性:

波纹 2 2/3×1/2

$D = 6$ ft;

$t = 0.104\ 6$ in;

$A = 1.356$ in²/ft;

$S = 36$ ksi = 屈服强度;

$sf = 2$;

$d = \Delta/D$;

假定椭圆截面。

当填土高度为 20 ft,土体容重为 125 pcf 时,若该涵洞以挠度 $d = 16\%$ 挠曲为椭圆,则在起拱线上所需的水平土体承载力是多少?参见图 9-10。

9-10 如果问题 9-9 中的埋设土体为粉砂,压实至 80%密度(AASHTO T-180),那么近似管环挠度是多少?

($d = 2.3\%$)

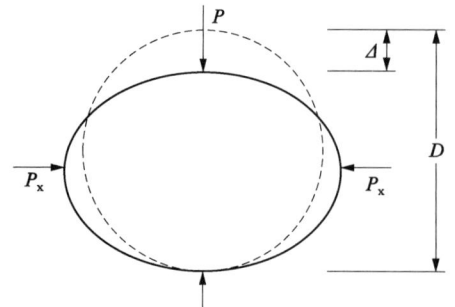

图 9-10 柔性圆环横截面，在安装过程中已变形为椭圆，使得 $d = \Delta/D = 16\%$，且所需的水平土体压力大于顶部的竖向土体压力

9-11 问题 9-9 中最大管环压应力是多少？

($\sigma = 6.4$ ksi)

9-12 在问题 9-9 中，当挠曲管道顶部屈服点应力为 36 ksi 时，该处 12.65 in 长连线的中距是多少？

9-13 问题 9-9 中，管环挠度 $d = 16\%$，如果额外增加 $\Delta d = 2\%$，则需要的水平土体承载力是多少？

第10章
管环稳定性

管环稳定性的性能极限是失稳。管环失稳是一种反向屈曲(曲率反向)发展的自然变形。在最坏的情况下,管环失稳后即会发生塌陷。只有在管环发生挠曲,同时土体发生滑移的情况下,埋地管道才会反向屈曲。因此需采用土体—结构相互作用的形式分析埋地管道失稳。管环刚度可抵抗反向屈曲。土体通过保持管环稳定(接近圆形)的形状来支撑管环。土体可抵抗管环的反向屈曲。

管环失稳的两种基本模式是:(1)管环压缩,即屈服应力下的管壁压毁或压屈;(2)管环变形,参见图10-1。每一个模式都进行单独分析。并且分别分析埋地和未埋地管环的失稳。

未埋地管环塌陷

根据第2章和第5章,从相关方程式中可以得出未埋地薄壁弹性圆环塌陷时的外荷载压力:

$$Pr/A = \sigma_f \quad \text{管环压缩塌陷}$$

$$Pr^3/EI = 3 \quad \text{管环变形塌陷}$$

式中:P——塌陷时外荷载压力;
$\quad r$——管环的平均圆半径;
$\quad A$——单位长度管壁面积;
$\quad t$——光面管壁厚度;
$\quad m$——r/t=管环柔度;
$\quad d_o$——初始管环挠度(椭圆);

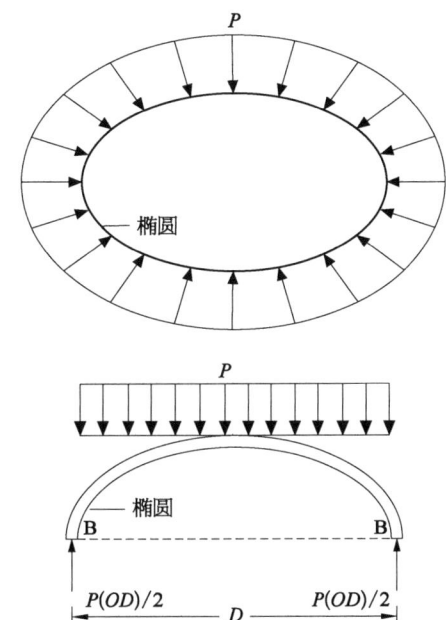

图10-1 上图——椭圆环,均匀径向压力P作用在其上;下图——椭圆环一半的自由体受力图,显示了压力P在管壁中产生的近似管环压缩推力

$\quad E$——弹性模量;
$\quad I$——单位长度管壁截面积的惯性矩;
$\quad \sigma_f$——屈服强度;
$\quad P_{cr}$——圆环上的临界压力。

管环压缩塌陷方程式是管环柔度和屈服强度的函数。

管壁压屈即达到性能极限,此时管环变形塌陷方程式是管环刚度EI/r^3的函数。管道反向变形亦达到性能极限,此时管环刚度与管道刚度有关,即$F/\Delta = 53.77EI/D^3$。管道刚度可以通过平行板试验或三边支承试验来测量。管环变形塌陷方程式建立在管环具有弹性且管道纵向受约束的假设基础上。纵向约束导致可进行平面应力分析。分析中不包含泊松比。

在平面应变分析中,纵向应力为零,包含泊松比,塌陷时的临界压力为

$$P_{cr} = 3EI/r^3(1-v^2)$$

式中:P_{cr}——临界压力,即塌陷时的压力 P;

v——泊松比=0.27(钢材);

EI/r^3——管环刚度。

在管道的顶部和底部之间流体压力差通常被忽略,但有时该差异可能是显著的。对于圆形非埋地管道塌陷临界压力的平面应力分析得,

$$P_{cr} = 3EI/r^3 \quad (10-1)$$

对于光面管(无涂层、内衬、加劲肋或波纹),塌陷时的临界压力为

$$P_{cr} = E/4m^3 \quad (10-2)$$

惯性矩 I

为了求值管环刚度 EI/r^3,必须已知惯性矩 I。对于光面管,$I = t^3/12$。对于波纹管,I 的数值表可在制造商提供的手册中找到。对于有内衬和涂层的钢管,可以考虑管壁的一个单位切片,参见图 10-2。保守来说,若不考虑砂浆与钢材之间的黏结力,惯性矩 I 是钢材、内衬和涂层各自的惯性矩之和。由于砂浆是临界材料,钢材可被转换成其等效宽度 n,在砂浆中,$n = E_s/E_m$。对于各层来说,

$$I_c = t_c^3/12$$
$$I_s = nt_s^3/12$$
$$I_1 = t_1^3/12,$$

且 $I = I_c + I_s + I_1$

对于焊有加劲环的管道,其惯性矩由有效 T 形截面确定,见图 10-3。这一过程在固体力学内容中有描述。对于钢管,T 形截面包括加劲环和管壁的有效宽度(钢材中通常假定为 $50t$)。I 计算中忽略有效 T 形截面之间的管壁。

椭圆管环失稳

非圆未埋地管环的失稳分析比较困难。不过,有一个重要例子可以通过固体力学知识进行分析——即一个管环挠度为 d_o 的初

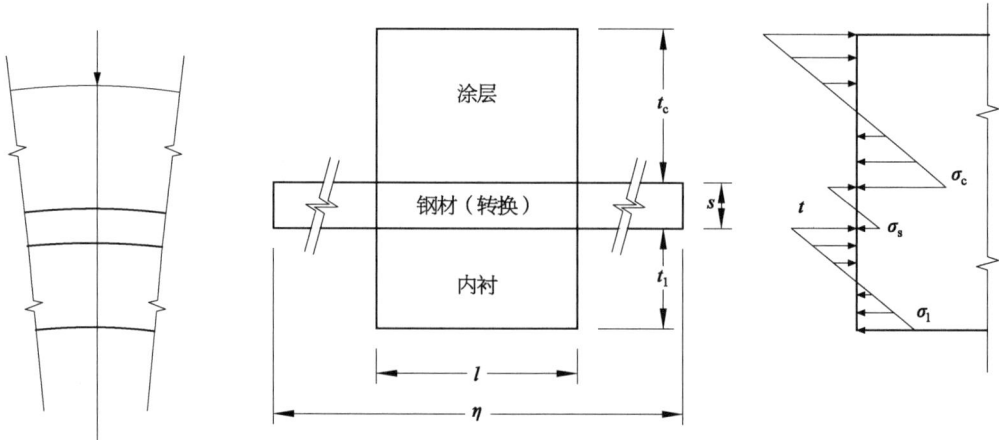

图 10-2 砂浆内衬涂层钢管壁单位切片的截面换算,换算为砂浆的等效截面,用于求值惯性矩。右边是弹性应力分布

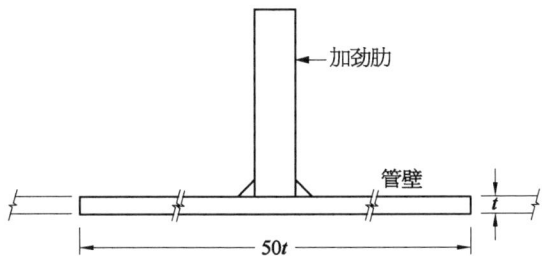

图 10-3 有效 T 形截面，包括加劲肋和管壁的有效宽度(在钢管中通常假定为 $50t$)

始为椭圆形的管环，真空度增加了管环挠度。起拱线 B 处的应力为临界值，此时管环同时承受最大管环压缩应力和最大挠曲应力，参见图 10-1。由下式得出塌陷时的真空度 P：

$$P^2 - [\sigma_f/m + (1+6md_o)P_{cr}]P + \sigma_f P_{cr}/m = 0 \quad (10-3\text{a})$$

通过绘制 P 值应用方程式(10-3a)，其为 m(给定值 4)和 σ_f(常数)的函数。对于设计，墨菲和朗纳(Murphy and Langner, 1985)提出了一种简化方法：

$$P = P_{cr}/(1+40d) \quad (10-3\text{b})$$

[例 1]

一个 18 in 高密度聚乙烯光面管失稳呈非圆(椭圆)的概率为 5%，没有埋地。塌陷时的内部真空度是多少？

$ID = 16.217$ 且 $t = 0.857$，

$DR = 21 = OD/t = 2m+1$，

$m = 10 = r/t$，

$\sigma_f = 3.2$ ksi = 屈服强度，

$E = 110$ ksi = 弹性模量，

$P_{cr} = 27.5$ psi $= E/4m^3$ [根据方程式(10-2)]，

$d_o = 0.05 =$ 初始管环挠度。

代入方程式(10-3a)，塌陷时内部真空度为 $P = 21.5$ psi。由方程式(10-3b)可知，$P = 9.2$ psi，包含足够的安全系数。

[例 2]

计算砂浆内衬和涂层钢管塌陷时的真空度，式中：

$r = 25.5$ in [$D = 51$ in(钢材)]，

$t_c = 0.75$ in, $\quad I_c = 0.035\ 16(cr)$

$t_s = 0.175$ in, $\quad nI_s = 0.003\ 35$

$t_l = 0.5$ in, $\quad I_l = 0.010\ 42$

$E_m = 4 \times 10^6$ psi；

$E_s = 30 \times 10^6$ psi；

$n = 7.5 = E_s/E_m$；

$\sigma_f = 10$ ksi(砂浆，临界)；

$I = 0.048\ 93$ in^3；

$d = 0 =$ 管环挠度(可以忽略)。

根据方程式(10-1)，$P_{cr} = 3\sum(E_m I/r^3)$

假设钢材的平均半径为，$r_s = 25.5$，则 $r_c = 25.962\ 5$ 且 $r_l = 25.162\ 5$。

代入值得，$P_{cr} = 32$ psi。

[例 3]

如果 $P_{cr} = P$，方程式(10-3a)可简化为什么？很容易看出，除了 $6md_oP$ 以外的项都消除了，而该项必须是零。该项是 0 的唯一方法是初始管环挠度 $d_o = 0$。不难得出对于圆形环，$P = P_{cr}$。

埋地管环塌陷

椭圆环的应力分析

图 10-1 是半环自由体受力图。在 B 处，管环压缩应力为

$$\sigma_c = P(OD)(1+d)/2A \quad (10-4)$$

而管环变形应力(挠曲应力)为

$$\sigma_d = Ec(1/r'_x - 1/r_x) \quad (10-5)$$

符号：

P——垂直外部压力；

OD——圆环外径；

d_o——初始管环挠度；

d——施加外力 P 后的管环挠度；

r'_x——由于初始管环挠度 d_o 引起的B处曲率半径；

r_x——施加真空度 P 后B处的曲率半径；

E——弹性模量；

c——从管壁中性面到最远处纤维的距离（光面管为 $t/2$）；

σ_d——管环变形引起的挠曲应力。

代入第3章中椭圆的曲率半径值，挠曲（管环挠曲）应力方程式变为

$$\sigma_d = (Ec/r)3(d-d_o)/(1-2d-2d_o) \quad (10-6)$$

最大应力为方程式（10-4）和方程式（10-6）的和，即 $\sigma = \sigma_c + \sigma_f$。埋地光面管中B处的最大应力为

$$\sigma = Pm(1+d) + (E/2m)3(d-d_o)/(1-2d-2d_o) \quad (10-7)$$

式中 $m = r/t =$ 光面管的管环柔度。从方程式（10-7）可求出脆性（刚性）管道屈服应力处的真空度 P。

但是，对于塑料或弹性塑料（金属），屈服应力不意味着破坏，只有在管环压缩应力（而非挠曲应力）达到屈服强度后才会发生管壁压毁，见第5章。因此，方程式（10-7）是有限的。初始管环挠度 d_o 取决于侧填土的压缩，而侧填土的压缩需要对管土相互作用进行分析。

方程式（10-4）~（10-7）基于弹性理论。在某些情况下，塑性理论是合理的。对于光面管和波纹管，根据弹性理论，塑性弯矩（塑性铰处）是屈服应力弯矩的3/2倍。

埋地管道管环变形塌陷

在接下来的分析中，真空度是管道内部的负压 p 加上外部正静水压力 u，两者都会影响管环塌陷。

刚性管道

由于刚性管道管环挠度可以忽略不计，故除了管道上的垂直压力为 $P+p$ 外，均采用管环压缩进行分析。管环压缩应力为

$$\sigma = (P+p)(OD)/2A \quad (10-8)$$

式中：σ——管壁中的管环压缩应力；

P——管道顶部的总土压力，包括水压 u；

p——内部真空度；

OD——管道外径；

A——管道单位长度管壁面积。

如果管壁采用钢筋混凝土等复合材料，则面积 A 为换算截面积。对于设计，根据方程式（10-8），管环压缩应力 σ 等同于扣除安全系数后的管壁强度。

对于直径非常大的管道，可能需要考虑整个管道深度的液体压力（内部和外部）变化。例如，如果管道是空的，但地下水位高于管顶，通过增加顶部和底部之间的静水压力，将方程式（10-8）应用到管底可能是保守的做法，其中作用于管底的总压力 P 大于管顶上的土棱柱压力。当然，管道内水压会抵消外部静水压力的增量。值得注意的是，内部真空度和外部静水压力对刚性管道裂纹的开展影响不大。0.01 in 的裂纹不是一个合适的性能极限。

柔性管道

埋地挠性管的塌陷原因分为：（1）管壁

压毁（管环压缩）或（2）反向屈曲（管环变形）。纵向弯曲引起的塌陷不包括在本分析中。弯曲使管截面变形为椭圆，其短向直径在弯曲平面内，弯曲强度降低，弯曲破坏属于管壁塌陷。下面是估算埋地柔性环塌陷时真空度的程序。

如果管环可以保持为圆形，分析会是简单的管环压缩——与刚性管道相同。但是柔性环分析预测了在施加真空度之前的管环挠度 d_o。管环挠度取决于管环刚度和埋设土体的刚度。假设管道最初是圆形和空的，管道与回填土之间的摩擦系数为零，因为微地震和温度、湿度和压力的变化不可避免地会破坏剪应力。假定埋设土体是颗粒状。柔性管通常被假设为薄壁管，即 $OD=ID=D=$ 管道平均直径。

性能极限是由于管环压缩导致管环压毁或由于 B 处侧填土滑移导致管环反曲而发生的塌陷，如图 10-4 所示。

$$\sigma_f = (P+p)(1+d)OD/2A$$
(10-9)

管壁压毁导致的塌陷

式中：σ_f——屈服应力下管壁在 B 处的管环压缩应力；
 A——管道单位长度管壁面积；
 t——壁厚 $=A$（光面管）；
 OD——外径；
 P——管顶外部压力；
 p——内部真空度；
 d——管环挠度 $=\Delta/D$。

面积 A 适用于转换的复合截面，或加肋、管环加劲或波纹截面。

在管环变形塌陷处，土体必定发生滑移，这样管环才发生挠曲，参见图 10-4。在左图中，垂直压力包括土体压力和真空度，即 $PA=P+p$。在埋地之前，管环是圆形的，但在回填时，管环挠曲成椭圆形。

若管环是柔性的，且管道与土体之间的剪应力可以忽略不计，则垂直土压力与水平土压力关系如下：

$$P_A r_A = P_B r_B = Pr = 常数$$

式中，Pr 是管环圆周上任意一点的压力和曲

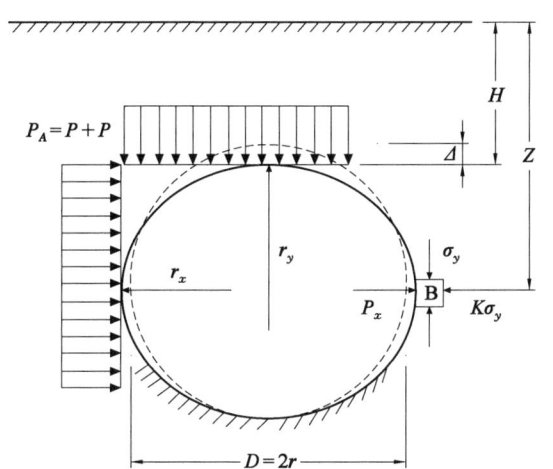
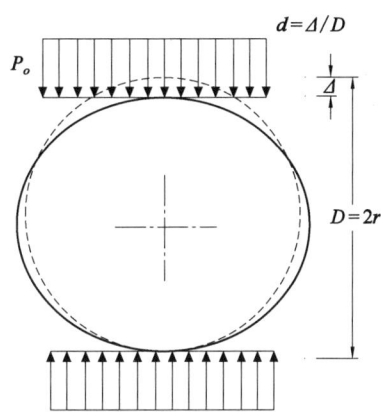

图 10-4　非饱和土——（左图）起拱线上无穷小立方体 B 的自由体受力图，显示了在初期土体滑移时的应力；（右图）垂直土压力 P_o，由于管环刚度由管道承载

率半径的乘积。对于一个椭圆，

$$r_A/r_B = (1+d)^3/(1-d)^3$$

因此，

$$P_B = P_A(1+d)^3/(1d)^3 = P_A r_r$$

(10-10)

式中：r_A——顶部 A 处的平均曲率半径；

r_B——B 侧的平均曲率半径；

P_A——管道在 A 处的压力；

P_B——管道在 B 处的压力；

d——初始管环挠度 $=/D$；

r_r——半径比 $=(1+d)^3/(1-d)^3$。

但对于任何管道刚度 F/Δ（或同等管环刚度 $53.77EI/D^3$），管环发生挠曲时其本身能够承载部分垂直压力。管环刚度承载的部分垂直压力为图 10-4 右图所示的 P_o。对于给定的管环挠度，P_o 可以通过图 10-5 中的自由体受力图根据卡氏定理计算得出。根据左图，B 点处的弯矩 M 可以通过注意到 B 点处的斜率在挠曲过程中没有发生变化来求值。$\theta_{BA} = 0$。已知弯矩 M，可以通过右图再次应用卡氏定理，求得管环象限上的作用力产生的虚拟荷载 p 的垂直挠度 Y_B。已知 Y_B，将管环挠度 d 作为 EI 和 P_o 的函数进行计算，根据该关系式，P_o 可以作为 d 的函数进行计算，结果是：

$$P_o = 96(EI/D^3)d/(1-2d)$$

对于小的管环挠度，保守做法为忽略分母中的 $2d$。因此，

$$P_o = Ed/rm^3 = 96(EI/D^3)d$$

式中：P_o——可由管环刚度承载的管顶垂直压力；

Ed/m^3——P_o（光面管）；

EI/D^3——管环刚度 $=0.0186F/\Delta$；

F/Δ——管道刚度；

I——管道单位长度的管壁惯性矩 $= t^3/12$（光面管）；

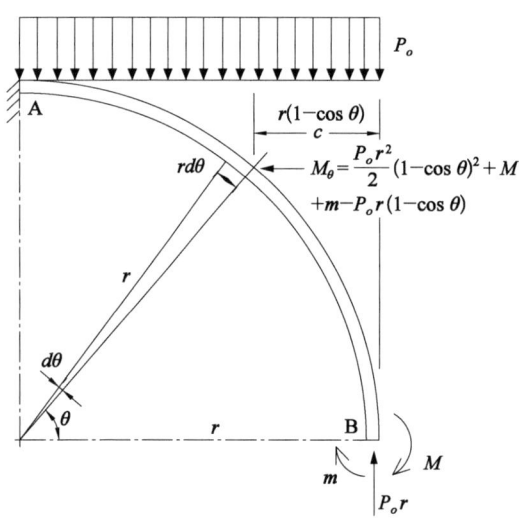
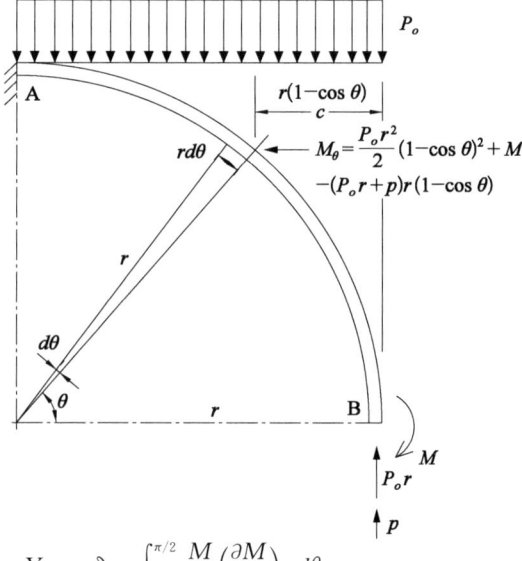

$$\theta_B = 0 = \int_0^{\pi/2} \frac{M}{EI}\left(\frac{\partial M}{\partial m}\right)rd\theta \qquad Y_B = \delta = \int_0^{\pi/2} \frac{M}{EI}\left(\frac{\partial M}{\partial p}\right)rd\theta$$

图 10-5　用卡氏定理求 B 点垂直挠曲的自由体受力图

t——壁厚(光面管);
D——平均直径;
r——圆管的平均半径;
m——管环柔度$=r/t$;
d——管环挠度。

起拱线处对土体的压力

B处管道对土体的水平压力减小了P_o,即

$$P_B = (P_a + p - P_o)r_r - p$$

自由体受力图和假设见图10-6。对于光面管,代入P_o,得

$$P_B = (P_A + u_A + p - Ed/m^3)r_r - p$$
$$P_B = P_A(1+d)^3/(1d)^3 = P_A r_r \quad (10-11)$$

式中:P_B——管道对土体的水平压力;
P_A——A处的垂直土压力;
p——内部真空度;
EI/D^3——管环刚度;
F/Δ——管道刚度$=53.77(EI/D^3)$;
D——圆环的平均直径;
r——圆环的平均半径$=D/2$;
t——光面管壁厚;
m——管环柔度$=r/t$;
d——初始管环挠度$=\Delta/D$;
r_r——垂直和水平半径的比值(椭圆的最大和最小半径)$=(1+d)^3/(1-d)^3$;
μ_A——$\gamma_w h$(洪水位h)。

如果B处的土体没有足够的强度,土体就会滑移,管环就会反曲。

起拱线处土体强度

因为大多数埋设土体为颗粒状,下文为颗粒状(无黏性)侧填土的强度分析,参见图10-6。土体滑移时B点处土体的水平强度,为被动土压力:

$$\overline{\sigma}_x = K\overline{\sigma}_y$$

式中:$\overline{\sigma}_x$——B处水平有效应力;
$\overline{\sigma}_y$——B处垂直有效应力;
K——土体滑移(管环塌陷)时水平有

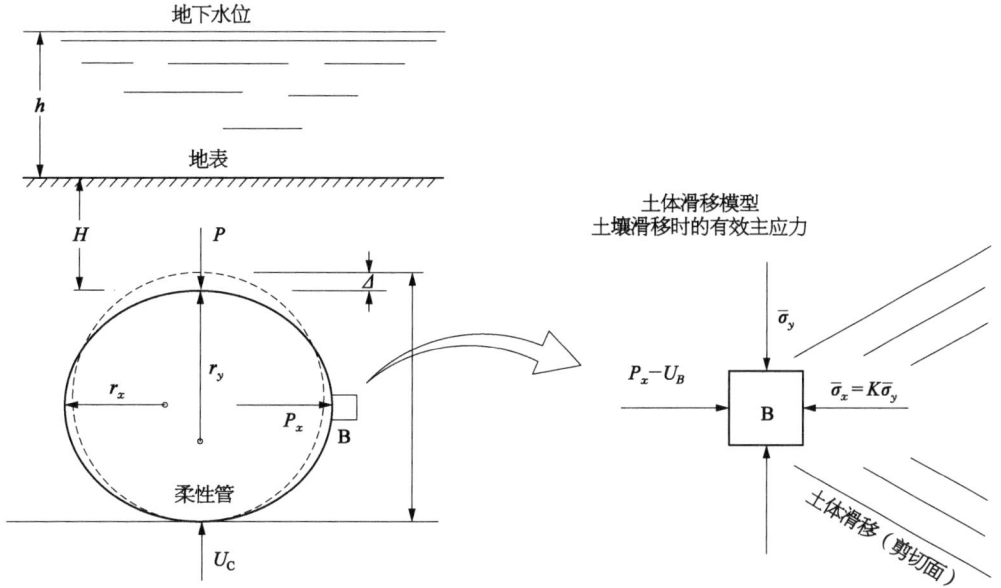

图10-6 饱和土——B处无穷小土立方体的自由体受力图,显示了在初期土体滑移时作用于其上的应力,并显示了土体滑移时的剪切面

效应力与垂直有效应力之比；
$K=(1+\sin\varphi)/(1-\sin\varphi)$；

φ——埋设土体的摩擦角，其值可由试验得出。

可以用第 4 章中的方法在起拱线处求 $\overline{\sigma_y}$ 值。

埋地管道塌陷时的真空度

在土体滑移时，起拱线 B 处管道的总水平土压力为

$$P_B = K\overline{\sigma_y} + u_B \quad (10-12)$$

式中：P_B——B 处土体的总水平压力；

$K\overline{\sigma_y}$——B 处水平有效土体滑移应力；

u_B——B 处土体中的静水压力。

当根据方程式（10-11）求得的水平压力 P_B 等于根据方程式（10-12）求得的水平压力 P_B 时，土体将发生滑移失稳。对于光面管，包括所有相关变量，土体滑移处侧填土平衡方程式为

$$p'(r_r-1) = K\overline{\sigma_y} + u_B - (P_A - Ed/m^3)r_r$$
$$(10-13)$$

管环反向屈曲塌陷

式中：P'——塌陷时的真空度；

r_r——椭圆管的垂直半径与水平半径之比 $=(1+d)^3/(1-d)^3$；

$m = r/t$；

r——圆管的平均半径；

t——壁厚（光面管）；

d——初始管环挠度，通常由于回填所致 $=\Delta/D$；

K——被动抗力系数 $=(1+\sin\varphi)/(1-\sin\varphi)$；

φ——埋设土体的摩擦角；

σ_y——B 处垂直有效应力；

u_B——如果地下水位高于管道，B 处的静水压力（孔隙水压力）；

P_A——A 处的水土压力；

E——管材弹性模量；

I——管道单位长度管壁截面的惯性矩；

E/m^3——$96EI/D^3$，式中，$EI/D^3 =$ 管环刚度；

F/Δ——管道刚度 $= 53.77EI/D^3$。

根据方程式（10-13）可以计算管环塌陷时的真空度。$96EI/D^3$ 可以取代 E/m^3，对于非光面管，则可以 $1.7856F/\Delta$ 取代。

如上述分析所假设的那样，如果埋设土体不是非黏性的，则可采用相同的程序，但对每种特定的埋设土体，必须估算土体滑移时水平和垂直应力之间的关系。在理想黏性土情况下，$\overline{\sigma_y} - \overline{\sigma_x} = 2C$，式中 C 为土体黏结力，见第 4 章。

在地下水位以下，管道底部的静水压力大于顶部。图 10-7 显示了管底上浮压力

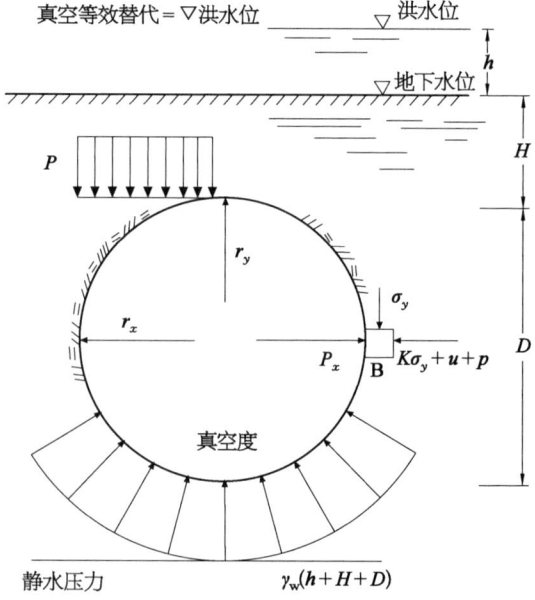

图 10-7 在管环底部反向压曲处分析管底临界静水压力的压力图
$r_r = r_y/r_x$

$\gamma_w(h+H+D)$。空管倾向于浮动，但在本分析中，假定空管受到顶部有效土楔的限制。对于位于地下水位以下的大型柔性空管，塌陷会从底部开始。

[例1]

薄壁焊接压力钢管直径 51 in，壁厚 0.219 in。它被埋在干燥、未压实的砂中，高于管道顶部 2 ft。砂的容重是 102 pcf。土体内摩擦角为 25°。回填过程中管环挠度没有得到控制，因此平均初始管环挠度为 8%。塌陷时的内部真空度是多少？相关数据如下：

$D = 2r = 51$ in；

t——平均壁厚 $= 0.219$ in；

E——弹性模量 $= 30(10^6)$ psi；

I——管道每英寸长度的管壁截面的惯性矩 $= 875(10^6)$ in^3；

EI/D^3——管环刚度 $= 0.198$ psi；

d——施加真空度前的初始管环挠度 $\Delta/D = 0.08$；

H——覆土厚度 $= 2$ ft；

γ——土体容重 $= 102$ pcf；

$h = 0$——没有地下水位；

$u_B = 0$——B 处没有静水压力；

φ——起拱线处的土体摩擦角 $= 25°$；

K——土体滑移时水平与垂直有效应力之比 $= 2.464$。

将数值代入方程式（10-13），$p = 11.9$ psi $=$ 塌陷时的真空度。压实土体增加摩擦角 φ 可以大幅增加管壁塌陷时的真空度。

[例2]

例1压力钢管的规格将管环挠度限制在 5% 以内。如果管环挠度是 5%，塌陷时的内部真空度是多少？据方程式（10-13），$p = 18.7$ psi。因为最大真空度（大气压力）只有 14.7 psi，管道不会塌陷。这说明了在真空条件下，压实土体对限制管环挠度的重要性。

[例3]

若忽略管环刚度，求解例1，即管道非常柔韧，不能依赖管环刚度承载任何土压力荷载。若管环挠度为 8%，塌陷时的真空度是多少？由方程式（10-13）可知，忽略管环刚度项 Ed/m^3，塌陷时的真空度为 $p = 8.0$ psi。管环刚度确实在松散的土体中提供了抵抗反向屈曲变形的能力。

稳定性设计与分析

高填方下的柔性管，没有内部真空度，也没有地下水位

高填方下柔性管的一个例子是卫生填埋场下的排水管。一些卫生填埋场高达数百英尺。它们需要用管道系统排水。渗滤液可能具有很强的腐蚀性，因此指定使用塑料管。对于塑料管，必须精选埋设土体，并小心地放置和压实，这样管环才不会过度挠曲。

管环压缩：

管环压缩应力必须小于短期屈服强度。长期屈服强度不适用，因为在选定埋设土体中的恒定挠度下，塑料松弛的速度快于屈服强度的退化，参见第 20 章。

管环反曲：

在求值临界压力 P 时，假设：

（1）基本变形是从圆到椭圆；

（2）土体和管道之间的摩擦可以忽略不计；

（3）管道里没有真空度，也不存在地下水位。

方程式（10-13）适用，$p = 0$；$u_B = 0$；对于高填方的情况，$\sigma_y \approx P_A \approx P$。临界压力 P 为以下三种不同形式：

$$P = 8Ed/(DR-1)^3(1-K/r_r)$$
$$P = Ed/m^3(1-K/r_r)$$
$$P = 1.7854(F/)d/(1-K/r_r)$$
(10-14)

式中，$K = (1+\sin\varphi)/(1-\sin\varphi)$，且 $r_r = (1+d)^3/(1-d)^3$。由方程式(10-14)可知，当 $K \geq r_r$ 时，无论土压力 P 为多少，均不存在土体滑移，实际对应的 P 为负值。

方程式(10-14)如图 10-8 所示。纵坐标为无量纲临界土压力项 $P/(EI/r^3)$。侧填土摩擦角是 φ。横坐标是管环挠度 d。如果临界土压力项 $P/(EI/r^3)$ 和管环挠度项 d 位于土摩擦曲线（φ 曲线）以下或左边的一个点，则埋地管道是稳定的。如果该点位于 φ 曲线以上并且在其右侧，则处于初期塌陷状态——但仅是处于有可能发生的状态。由于土动力，如微地震、干湿等，塌陷可能会在一段时间内继续发展。

埋设土体的压实对稳定性有重要影响。没有考虑安全系数，土拱作用保证了安全界限。若管环挠度大于 20%，则方程式(10-14)（图 10-8）由于非椭圆环变形和管环应力超过弹性极限而丧失准确度。如果管环挠度小于约 10%，即便在非常松散的颗粒土（$\varphi = 15°$）中，也不存在塌陷的问题。事实上，超过 10% 管环挠度的管道通常被拒绝的原因不是结构不稳定。考虑安全系数的情况下，如果管环挠度大于 10%，应增加最小土体内摩擦角——比如 $\varphi = 30°$。

如果侧填土是良好的颗粒状土体，被仔细压实，并且管环挠度小于 10%，则稳定性的条件是有保证的。在寻求缓解的情况下，可以限制覆土的荷载和高度。

[例1]

建议 PVC 管道用于覆土深度 600 ft 的卫生填埋场下的排水。埋土的容重是 75 pcf。预计 15 年完成填埋。这条管道将使用 100 年。

（1）需要的量纲比（DR）是多少？DR 是管道外径与壁厚之比。假设 PVC 管 15 年的屈服强度为 5 000 psi。安全系数为 1.5。据方程式（10-9），管环压缩应力 $\sigma =$

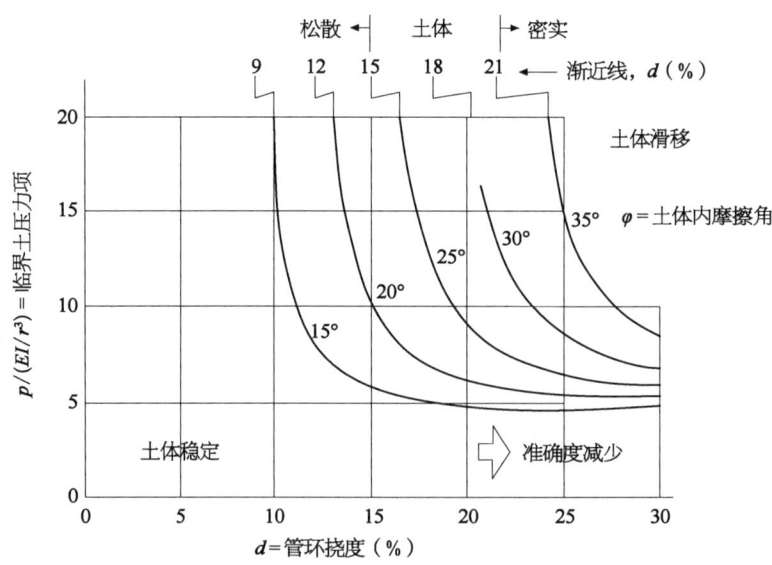

图 10-8 非饱和土——土压力项在土体滑移时是管环挠度和土内摩擦角的函数；空钢管——没有内部真空度。用于设计时，应考虑安全系数

$0.5\gamma H(1+d)DR$。对于长期卫生填埋场而言,为清洁管道,以压实的精选侧填土保持管环挠度接近零是较为谨慎的做法。求解方程式(10-14),$d=0$,安全系数 1.5;$DR=21.3$。指定 PVC 管 SDR 21(200)ASTM D-2241。SDR 是"标准量纲比"。它的定义与 DR 相同,即 $SDR=OD/t$。PVC 管能抵抗腐蚀性渗滤液。

(2) 如果埋设土体松散,土内摩擦角 $\varphi=15°$,则最大允许管环挠度是多少?根据 Uni-Bell 手册,如果 $SDR=21$,$E=400\,000$ psi,管道刚度为 $F/\Delta=234$ psi。据方程式(10-14),如果 $P/\Delta(F/\Delta)=600(75)/234(144)=1.34$,且 $\varphi=15°$,初期塌陷时管环挠度为 $d=11.4\%$。

管环挠度可以由侧填土的质量和密度来控制。据实验室试验,精选的压实至 95% 密度(AASHTO T99,70% 相对密度)的碎石,在容重为 75 pcf 的覆土深度 600 ft 下,能够将管环挠度控制在 $d=5\%$ 以下。

有土体支承——无地下水位或真空度

性能极限是侧填土的土体滑移。在土体滑移时,管道在起拱线上对土体的压力等于被动土压力。

$$Pr_r = K\sigma_y \qquad (10-15)$$

P 是管顶的土压力。$r_r=(1+d)^3/(1-d)^3$。根据方程式(10-15)可知土体滑移时的管环挠度 d。

[例 2]

当 $D=72$ in,$H=4$ ft 时,柔性钢管在侧填土滑移时的管环挠度是多少?埋设土体状况较差,为颗粒状松散土,容重 $\gamma=100$ pcf。假设土内摩擦角 $\varphi=15°$,$K=(1+\sin\varphi)/(1-\sin\varphi)=1.7$。$P=\gamma H=400$ psf。$\sigma_y=\gamma Z=(100\text{ pcf})(4\text{ ft}+3\text{ ft})=700$ psf。对于第一次试验,设 $Z=7$ ft。将这些值代入方程式(10-15),

$$Pr_r = (400\text{ lb/ft}^2)(1+d)^3/(1-d)^3$$
$$= 1\,189\text{ lb/ft}^2$$

求解,$d=18\%$。对于第二次试验,设 $Z=4$ ft$+2.5$ ft$=6.5$ ft,以说明挠曲管环的垂直直径减少了 18%。得出 $d=17\%$。

上述分析是保守的,因为忽略了管环刚度。管环刚度在图 10-8 中予以考虑,其中包括土体滑移时土压力作为管环挠度和侧填土摩擦角函数的曲线图。假设覆土足够高,H 基本上等于 Z。图 10-9 显示了相关变量之间的相互关系。两个重要的结论是:

(1) 埋设土体的压实对引起土体滑移时的压力 P 有显著影响。

(2) 如果管环挠度小于约 10%,土体不会滑移。因此,最大允许管环挠度通常受规

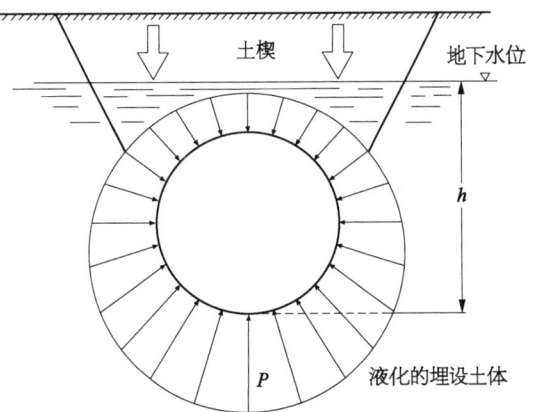

液化土——如果土体饱和并震荡,且密度小于约 80% 密度(AASHTO T-180),则土体可以液化。液化的概念如下。将松散的干砂倒入一夸脱(容量单位)的罐子中,直到顶部。小心地将水灌到顶部。盖上盖子,摇动罐子,打开盖子,把罐子倒过来。液化的土体会涌出,因为砂是"抖下来的"。重复这个实验,但是,这一次,当把砂放到一夸脱的罐子里时,把它分层压实。然后向顶部加水,盖上盖子,摇一摇,把盖子拿开,然后倒过来。湿砂"挂"在罐子里。它没有液化。事实上,土体强度增加了,因为砂被"摇匀了"。

图 10-9 液化埋设土体中柔性环塌陷的条件

格限制到 5%，考虑安全系数——或更少（如果其他性能极限需要）。

[例 3]

如果覆土厚度为 $H=12$ ft，钢管在土体滑移时的管环挠度是多少？$D=72$ in 且 $t=0.245$ in。埋设土体状况较差，为松散土体，$\gamma=100$ pcf 且摩擦角 $\varphi=15°$。$EI/r^3=0.78$ psi。$P=1\,200$ psf$=8.33$ psi。压力项是 $P/(EI/r^3)=10.7$。根据图 10-9，$d=11\%$。即使在这种状况较差的土体中，如果管环挠度小于 5%，也不会有什么问题。

液化埋设土体中的柔性管

如果埋设土体液化，圆管是空的，则管环可能承受静水压力，如图 10-8 所示。如果阻止上浮，根据经典方程式，在底部会发生灾难性塌陷，$Pr^3/EI=3$；或 $h=(E/4\gamma)(t/r)^3$（光面管）。

[例 4]

若埋设土体非常松散，可能液化并导致灾难性管环塌陷，那么埋置钢管底部以上的地下水位高度 h 是多少？

管道参数：

$D=51$ in；

$t=0.219$；

$r/t=117$。

土体参数：

$\gamma=125$ pcf，饱和；

$h=$ 底板以上的地下水位高度；

$P=h\gamma$。

求解，$h=5.4$ ft。这说明了如果埋设土体中地下水位可能上升，加密埋设土体（包括拱腋下的土体）的重要性。

具有土体支承和内部真空度——没有地下水位

内部真空度和/或外部土压力导致的性能极限是管环反向屈曲变形。埋设土体通常可以防止管壁完全塌陷。临界真空度 p 对曲率半径很敏感。管环挠曲降低临界真空度。因为垂直曲率半径 r_y 大于 r；管环刚度 EI/r_y^3 小于 EI/r^3，挠曲管环塌陷时的真空度小于圆形环。

稳定性分析包括内部真空度 p 和管环刚度（光面管）抵抗力 Ed/m^3。图 10-6 中无穷小立方体 B 上的水平应力可以等于被动土压力（土体滑移）。求解土体滑移处的真空度 p，

$$P(r_r-1)=K\sigma_y-(P_A-Ed/m^3)r_r$$

(10-16)

相关符号请参阅更通用的形式，方程式(10-17)。图 10-10 显示在 2 ft 厚的颗粒状埋设土体中光面钢管的方程式(10-16)的曲线，其中 $D/t=288$，管环挠度 $d=10\%$。值得注意的是，临界真空度通过压实埋设土体（增加土内摩擦角 φ）而显著增加。土体容

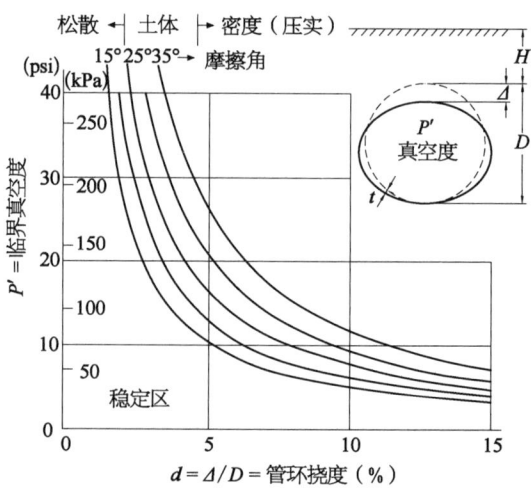

图 10-10 不饱和土——为设计和分析下列埋地钢管而建立的图例：

$D=48$ in
$t=0.167$ in
$H=2$ ft
$\gamma=100$ pcf$=$土体容重

重对临界真空度的影响较小。

[例 5]

一根光面钢管直径 51 in，壁厚 0.187 in。$D/t = 274$。

覆土厚度是 2 ft。土体是粉砂（SM），土体摩擦角 $\varphi = 25°$（轻型压实），容重约 100 pcf。如果发现埋地管环挠度为 $d = 10\%$，那么土体滑移处的内部真空度是多少？因为 D/t 接近 288，所以可以使用图 10-10。$p = 8$ psi。如果土体被压实，$\varphi = 35°$，其他条件不变，则管道可以承受 12 psi 的真空度。如果管环挠度在压实土体中仅为 5%，则管道可以承受 26 psi 的真空度，即高于大气压。通过管环压缩分析，临界真空度可提高 10 倍。

为了设计能够承受内部真空度的管道，建议将安全系数设为 1.5。要求埋设土体的密度大于临界密度的做法是谨慎的。临界密度可在实验室中测定。即使没有地下水位，渗透水和微地震也会抖松土体，从而增加管环挠度，减少塌陷时的内部真空度。

有土体支承——管道上方有地下水位

如果地下水位高于管顶，埋设土体的密度为 90%标准葡氏密度（Standard Proctor）（ASTM D698 或 AASHTO T-99），则土体没有液化的风险。地下水位的高度 h 高于地面，增加了内部真空度。最坏的情况是地下水位高于地面（洪水水位）的空管道，参见图 10-11。临界真空度包含了管道上方的地下水位和有效土压力。采用图 10-6 的稳定性分析，但考虑管环刚度、真空度和地下水位，稳定性方程为

$$P(r_r - 1) = K\overline{\sigma}_y + u_B$$
$$- (P_A + \pi r\gamma_w/2 - Ed/m^3)r_r$$
$$-\text{饱和土}$$

$$(10-17)$$

式中：p——真空度和/或管道上方洪水水位 h 引起的压力；

$\overline{\sigma}_y$——B 处有效垂直土应力；

P_A——A 处总垂直压力；

$K = (1 + \sin\varphi)/(1 - \sin\varphi)$；

φ——土体摩擦角；

$u_B = $ B 处水压 $= (h + H + r)\gamma_w$；

h——地面以上地下水位高度；

γ_w——水的容重 $= 62.4$ pcf；

E——钢材的弹性模量 $= 30 \times 10^{-6}$ psi；

d——管环挠度（椭圆）$= \Delta/D$；

D——圆形管道的直径；

$m = r/t = $ 管环柔度；

$r = D/2$——圆管半径；

t——壁厚；

$r_r = r_y/r_x$；

$(\pi r\gamma_w/2)$ 项是相当于空管的上浮压力。如果管道里充满了水，则该项从方程式 (10-17) 中消除。据图 10-11，显然可得：

(1) 地下水位降低了临界真空度。

(2) 当 D/t 值大于 240 时，D/t 对 p 的影响较小。土体成为主要抵抗真空度的因素。管道相当于内衬。

(3) 重要变量是管环挠度和土体密度。

[例 6]

钢管直径 $D = 51$ in，壁厚 $t = 0.187$ in，埋在 $H = 4$ ft 的覆土下。埋设土体为松散颗粒土，饱和容重为 125 pcf 且 $\varphi = 15°$。地下水位位于地面。管环挠度正好是 10%。管环塌陷时内部真空度是多少？将值代入方程式 (10-17)，临界真空度为 $p' = 0.4$ psi，在洪水中几乎没有塌陷的安全界限。如果管环挠度保持在 5%，即使在这种土体状况较差的情况下，塌陷时的真空度也会达到 3.8 psi，相当于洪水位高出地面 4.8 ft。在上面的示例中，

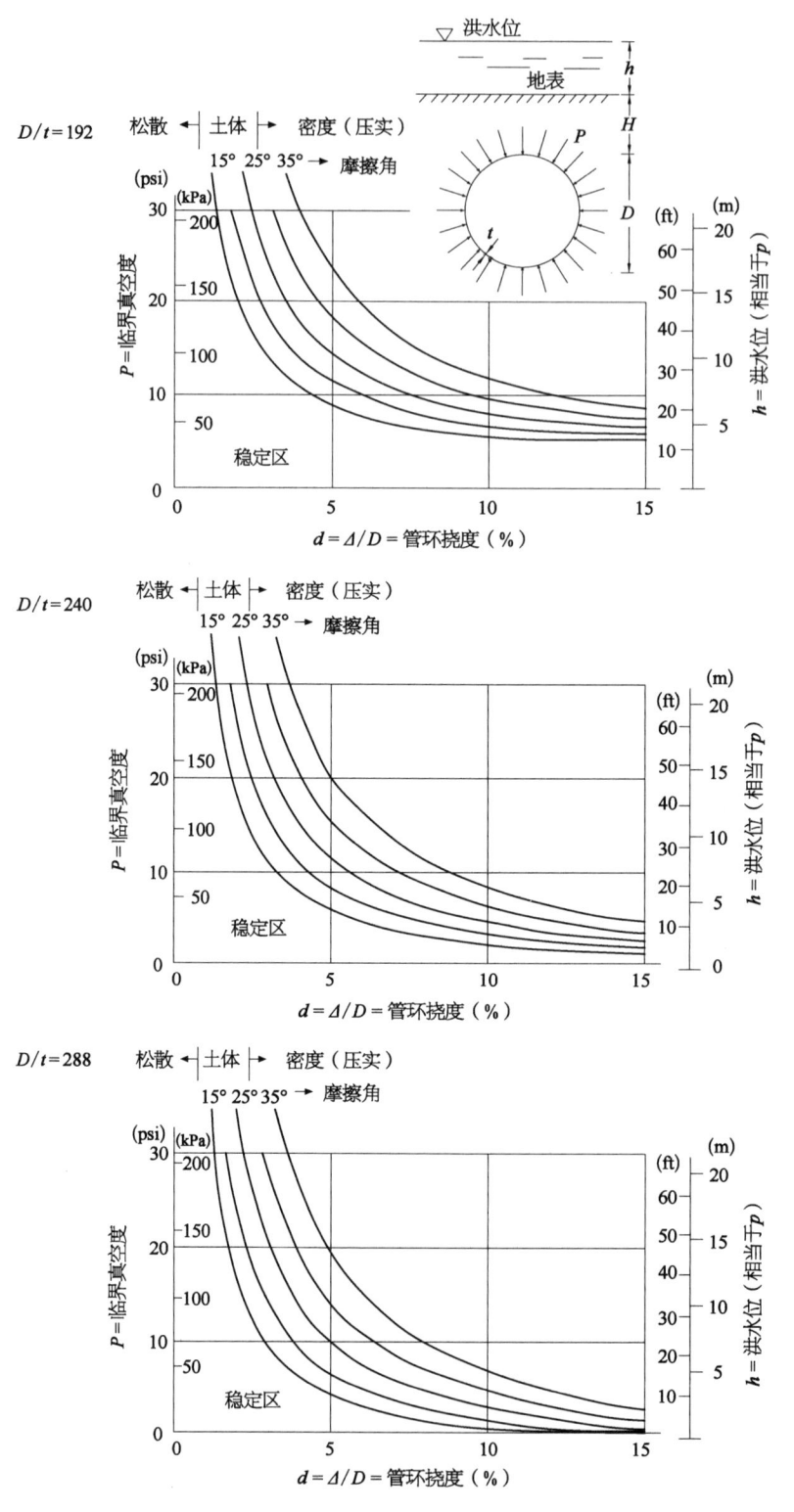

已知：$D = 51\,\text{in}$，$H = 4\,\text{ft}$

图 10-11　饱和——以钢管中的临界真空度为例，它是管环挠度和土体摩擦角的函数；饱和土颗粒的容重为 **125 pcf**

如果埋设土体压实,饱和容重是 130 pcf,且 $\varphi=35°$,则塌陷时真空度为 $p'=6.9$ psi。如果在这种压实土体中的管环挠度是 5%,塌陷时真空度将超过 20 psi。

参考文献

[1] Murphy CE and Langner CG, 1985. Ultimate Pipe Strength Under Bending, Proceedings of ASME 4th International Offshore and Arctic Engineering Symposium, New York.

练习题

10-1 如果 $d_o=0$,且管环压缩应力项 σ_y/m 忽略不计,方程式(10-3)化简到多少?

($P'r^3/EI=3$)

10-2 推导挠曲应力方程(10-6):
$\sigma_f=(Et/D)(3d_o-3d)/(1-2d_o-2d)$

10-3 一根 10-in 的 PVC 管(附表 80)将被用作河道电话电缆的埋地管道。假设由于某种原因,回填土从管道的一个位置被冲洗掉了。管道塌陷时的水头是多少?据 Uni-Bell 手册,$DR=18.13$,且 $F/\Delta=370$ psi。

(380 ft)

10-4 对于一个充满水的压力钢管,
$D=96$ in(直径),
$t=0.375$ in,
$m=128=r/t$,
$E=30(10^6)$ psi,
管道被埋在淤泥和细砂中。覆土厚度为 16 ft。在每年某些时候,地下水位上升到地面以下 2 ft。管道刚度是 $F/\Delta=5.5$ psi。土体干容重为 100 pcf。内摩擦角为 15°。可能产生的最大真空度是 11.4 psi。塌陷发生时的椭圆管环挠度是多少?土颗粒比重为 2.65。

(6.1%)

10-5 在问题 10-4 中,如果管环挠度为 3%,塌陷时的内部真空度是多少?

(39 psi)

10-6 在问题 10-4 中,如果管环挠度为 5%,真空度为 11.4 psi,关于真空度的安全系数为 2,则防止塌陷所需的管道刚度 F/Δ 是多少?

(24 psi)

10-7 在公称直径 10 in 的 150 级 PVC 管道上,允许的外部静水压力加上内部真空度是多少?

(818 psi)

$E=400$ ksi
$\sigma_f=7$ ksi
$ID=9.82$ in
$OD=11.12$ in

假设:温度 40 ℉;安全系数 =2;无土体约束(土体液化)

10-8 如果问题 10-7 中的管道为 10% 失圆(椭圆),那么允许的外部静水压力是多少?

(88 psi)

10-9 对于一根 4D PVC 管(SDR 26),如果突然与外部水头同时出现 12 psi 的内部真空度,则塌陷时的外部水头是多少?$D/t=25$,$E=400$ ksi。

(90.5 ft)

10-10 如果 20D 聚乙烯管(DR 32.5)未埋地,且初始椭圆度(管环挠度)为 5%,那么允许的外部水头是多少?根据制造商的工程数据，短期 $E=115$ ksi。

10-11 36D PVC 管（SDR 41）所需的水平土体承载力是多少？管道刚度是 $F/\Delta=28$ psi？由于安装疏忽导致初始管环挠度为 15.9%，管顶垂直土压力荷载为 $P=1$ ksf。土体是干的。塌陷时的安全系数为 1.0。

第11章
外包柔性管道

外包管道分类如下：
(1) 外包浇筑混凝土的柔性管道。
(2) 插入另一根管道或隧道中的管道。
(3) 损坏管道的内衬。
(4) 外包层内的内衬，在管道和外包层之间的环状空间内灌浆。

上述管道均具有相同的性能极限——外部压力导致的管环反曲。但有一个特例：管道漂浮在外包层内的液体（水或水泥浆）中。分析方程式见附件A。中间涉及两种基本分析：内衬分析和双管壁分析。

内衬分析

管道内部敷设有内衬。鉴于内衬比外包层柔软，可将内衬作为刚性外包层中的柔性环进行分析。性能极限是内衬出现反曲。在持续压力作用下，管道何时塌陷取决于环形蠕变状况。管道塌陷是一种突变反曲。抗反曲能力即管环稳定性，是屈服强度 σ_f、管环刚度 EI/r^3 和管环挠度 d 的函数。一般假设压力持续作用在管环上。

外包管环的内部压力破坏

管道破裂时内部存在持续压力是一种特殊形式的不稳定状况。一旦环形空间的压力开始释放，管环直径扩大，管壁处的破裂力也随之增加。如果内衬经设计可以承受内部压力，管道就不会受到破坏。如果刚性外包层经设计可以承受内部压力，管道亦不会受到破坏。内衬可视为一种内胎。如果内衬和外包层同时膨胀，二者共同承受来自内部的压力。为了便于分析，应了解二者克服膨胀力（由内部压力形成）的强度。若采取保守设计，则可让内衬和外包层均可单独承受完整的内部压力。

外包管环发生反曲时的外部压力

此时的性能极限为在外部压力作用下内衬出现反曲。考虑到外包层的非密封性，在地下水位超过外包层高度时，在外包层和内衬之间会形成水压，见图11-1。尽管内衬粘贴在外包层上，在水压作用下，内衬仍然会从外包层上剥离并发生变形，见图11-2。在内衬缺少外包层的位置会出现空隙——在不大于180°的弧形表面上。该未被外包层覆

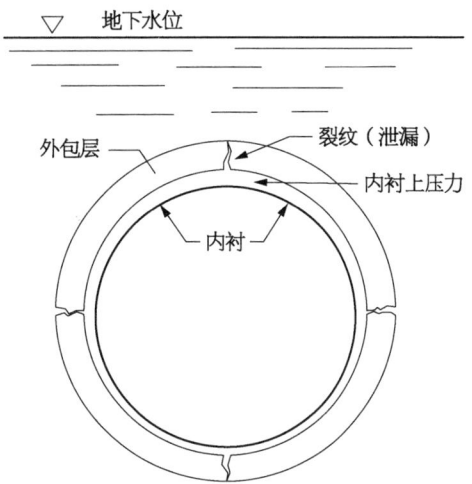

图11-1 外包内置管道（内衬），显示内衬与外包层之间压力的形成

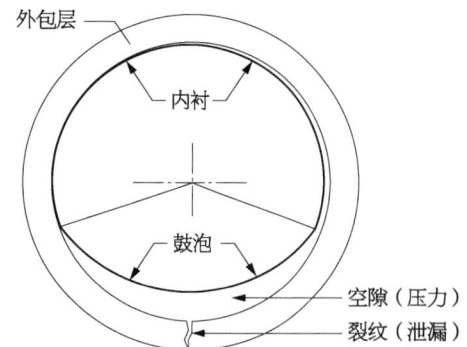

图 11-2 外包柔性内衬的基本变形,显示管环与外包层间串气,导致出现空隙并在内衬上形成鼓泡的情况

盖的部位就是一个环形或近似椭圆形的鼓泡。反曲时的压力 P 要大于内衬完全无外包层时的压力。但内衬的另一部分覆有外包层。

如果内衬完全未加外包层,传统分析方法(见第 10 章)为

$$P_{cr}r^3/EI = 3 \quad (11-1)$$

无外包层圆管环塌陷

P_{cr} 适用于圆管环。如果管环出现变形,使用椭圆分析方法(见第 10 章):

$$P^2 - [\sigma_f/m + (1+6md_o)P_{cr}]P + \sigma_f P_{cr}/m = 0$$

符号见"弧角 2α"小节。图 11-3 显示了适用于光面钢管和光面 PVC 塑料管的方程式(10-3)曲线。由于 PVC 的量纲比 $DR = OD/t$,PVC 管的管环柔度为 $2m = DR-1$。

根据图 11-3,未加外包层管环的挠度对 P 有显著影响。但是,对于内衬内无外包层的鼓泡,其外形是圆形还是椭圆形并无太大区别。滑动式内衬的直径比外包层要小。如下所示,内衬的未加外包层部分呈圆形。

图 11-4 对外包管环的反曲机理进行了

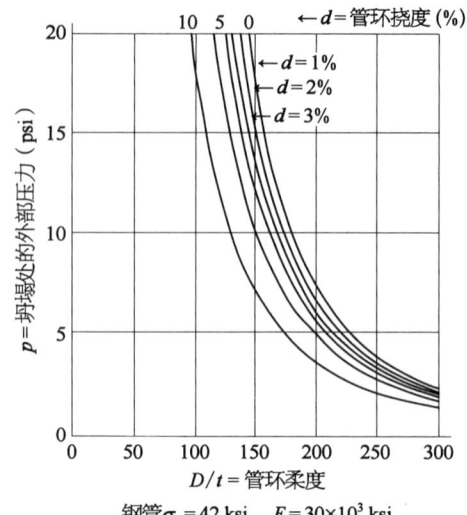

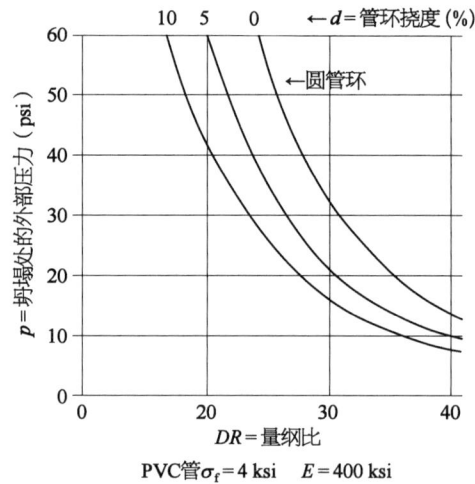

图 11-3 带椭圆横截面的无外包层管道在塌陷处的外部压力示例

总结。如果空隙很小(未形成鼓泡),会出现管环压缩。如果在空隙处出现鼓泡,会出现拱结构或梁结构受力体系。对梁破坏进行分析是一种传统做法。拱结构如不受约束可能会发生反曲。如果空隙很小,可以分析拱结构的不稳定性。如果空隙很大,拱结构呈椭圆形。此时可以采用一种简单且保守的分析方法,即使用椭圆的最大曲率进行圆形分析。

弧角 2α

弧角 2α 的值未知。图 11-5 显示了柔

第 11 章 外包柔性管道

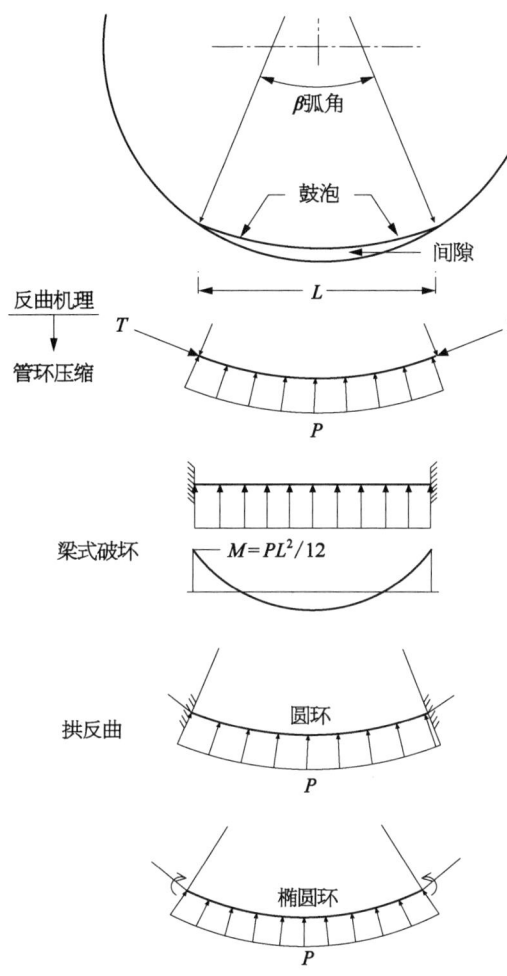

图 11-4 内衬中鼓泡的反曲机理

性圆形铰拱塌陷情形。根据铁木辛柯（Timoshenko）在 1956 年的研究，

$$Pr^3/EI = (\pi/\alpha)^2 - 1 \quad (11-2)$$

符号：
P——反曲处鼓泡上的压力；
D——内衬的平均圆形直径；
r——圆形内衬的平均半径；
m——管环柔度 $= r/t$；
E——弹性模量；
Δ——最小半径的减少量；
d——管环挠度 $= \Delta/D$；
M——管环变形产生的弯矩；

α——半弧角（图 11-5）；
β——鼓泡角（隙角）；
h——内衬上方地下水位高度；
H——管道上方的覆土厚度；
I——管壁截面的惯性矩。

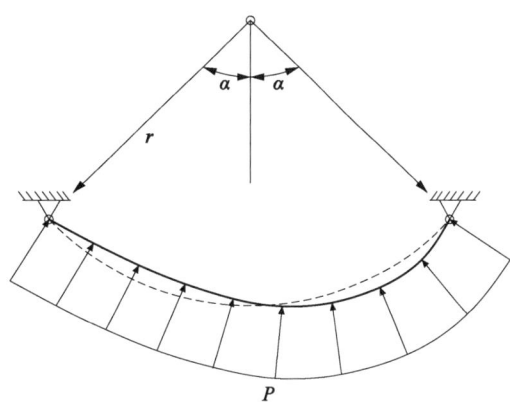

图 11-5 在均匀径向压力 P 作用下圆形铰拱塌陷情形

方程式(11-2)可用于外包柔性环，但需要在管环上选取与图 11-5 中圆形铰拱相同的一部分。图 11-6 显示了柔性内衬的典型反曲现象。图中可见鼓泡在鼓泡拱 β 内。在拱的两端弯矩最大，并可见塑性铰。这些塑性铰在管道内形成一个倒置"船体"的舷缘。第三个塑性铰在船龙骨处形成。图中圆点对

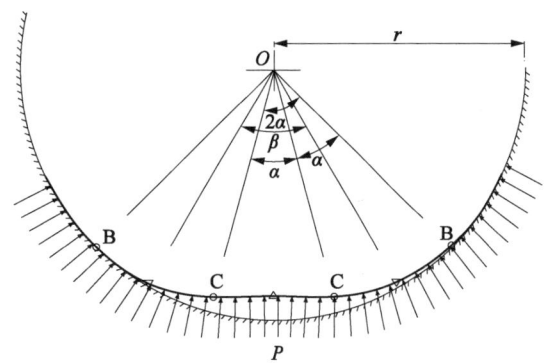

图 11-6 在临界压力 P 下（β = 鼓泡角）柔性内衬的典型反曲现象

应处的弯矩为零,三角形对应处的弯矩为最大值。

B点(圆圈)由外包层的多个切点组成,此处弯矩为零。

C点(圆圈)由多个反弯曲点构成——铰点也是如此——此处弯矩为零。

△点(三角形)为塑性铰,也就是阻隔β角度范围内的拱内塌陷机理的最大弯矩点。

B点、C点和△点一般呈等距分布。因此,$\beta=2\alpha$,与图 11-5 中的弧角相当,可以通过方程式(11-2)分析得出 P 的临界值:

$$P=E[(\pi/\alpha)^2-1]/12m^3 \quad (11-3)$$

α 角未知。根据试验得出,塑料内衬的弧角 α 为 $30°\sim45°$。方程式(11-3)未考虑因管环压缩造成的圆周减小。为了求 α 角,现做最不利条件下的假设。

假设:

(1) 内衬和外包层之间无黏结力、联结或摩擦阻力;

(2) 内衬内部无压力;

(3) 内衬承受外部压力 P;外包层出现泄漏后,在地下水作用下内衬上承受了压力;外部压力包括内衬中的任何真空度;

(4) 内衬是柔性的;最初内衬一般紧贴在外包层上;但是,内衬一旦发生收缩,会在内衬和外包层之间形成一个环形空间;内衬是紧贴的但不是压紧的与外壳接触;

(5) 内衬可以是塑料材质,但在持续压力作用下可能会发生蠕变;

(6) 鼓泡的截面为圆形;鼓泡形成中承受的三维(纵向)阻力未予考虑。

在外部压力作用下,内衬会发生收缩,内衬和外包层之间的黏结力失效。外部压力 P 分布于整个内衬表面。一旦在内衬和外包层之间出现空隙,在内衬中会形成"鼓泡"。在半径最大处或在内衬上承受最大外部静水压力的地方会出现鼓泡。破坏问题主要是鼓泡反向屈曲变形。从管道内部看,反向屈曲变形看起来像带纵向龙骨的船体。

管环周围的管环压缩外力 Pr 是恒定不变的。假设 P 为常数,管环压缩外力为 Pr_y,其中 r_y 是最大曲率半径。

通过分析对反曲处的最小压力 P 进行预测,见图 11-4。基本原理是计算内衬周长的减少量,然后求弧角的函数 r_y,再求管环压缩应力屈服时和鼓泡反曲时的 P 值。两个 P 中较小者为临界值。

符号:

r——受约束时内衬环的平均半径;

r_y——鼓泡的最大半径;

OD——未受压内衬的外径;

t——内衬壁厚;

A——管道单位长度的内衬面积;

A——t,光面内衬;

δ——内衬环的圆周减少量;

DR——内衬的量纲比 $=OD/t$;

α——套管半径 r 的半弧角;

β——鼓泡半径 r_y 的半弧角;

E——内衬的弹性模量;

σ——内衬中的管环压缩应力;

σ_f——屈服应力(设计年限 50 年)。

反曲是通过图 11-4 中三种机理的一种形成的:

(1) 如果管环压缩超过屈服点,管壁压毁;

(2) 拱反曲;

(3) 如果鼓泡变平,梁破坏。

梁的两端是塑性铰,位于鼓泡边缘。塑

性铰的弯矩承载力为 $M_p=3M_e/2$，其中 M_e 是屈服应力下的弹性弯矩；即 $M_e=\sigma_f I/c$。

管壁压毁分析

当管环压缩应力等于屈服值时，即 $\sigma=\sigma_f$，其中 $\sigma=Pr/A$，内衬屈曲。对于光面内衬，

$$P=\sigma_f/(r_y/t) \qquad (11-4)$$

其中，r_y 是在鼓泡处的最大半径，最大应力为 Pr_y/t，参见图 11-7（左图）。管环周围的 Pr/t 是恒定不变的。因此，管环压缩应变导致的内衬周长减少量为

$$\delta=2\pi r Pr_y/Et \qquad (11-5)$$

内衬周长的几何尺寸减少量为

$$\delta=2r\alpha-2r_y\beta \qquad (11-6)$$

鼓泡宽度为 $AB=2r\sin\alpha=2r_y\sin\beta$，从而得出 $r_y=r\sin\alpha/\sin\beta$。将方程式(11-5)和(11-6)中的周长减少量列为等式，得出

$$\beta/\sin\beta=\alpha/\sin\alpha-\pi\sigma_f/E\sin\alpha \qquad (11-7)$$

其可以通过对 α 进行 β 迭代来解决。根据平鼓泡处的角度 α（$\beta=0$ 时的直梁），$\beta/\sin\beta=1$。

从图 11-7 可以看出，鼓泡宽度 $AB=2r\sin\alpha=2r_y\sin\beta$。将 $r_y=r\sin\alpha/\sin\beta$ 代入方程式(11-4)，得出临界压力为

$$P=\sigma_f\sin\beta(r/t)\sin\alpha \qquad (11-8)$$

图 11-7（右图）显示压力 $P=f(\alpha)$。当管环压缩屈服时（管壁压毁），出现反曲序列；$\alpha=\beta$ 时，$P=\sigma_f/(r/t)$。在屈服应力 σ_f 下，鼓泡形成；随着鼓泡半径 r_y 的增大，鼓泡上升，鼓泡角变小。但屈服时并未发生反曲。屈服沿着管壁压毁曲线从右向左发展（如箭头所示）。管壁压毁后，鼓泡以最小值 α 发生反曲。如图 11-7 中的示例所示，$\alpha=33°$。但是，在鼓泡承受管环压缩后发生反曲之前，鼓泡可能以拱反曲或梁破坏的形式反曲。如图 11-7，拱反曲的角度为 $\alpha=34°$。

拱反曲分析

根据方程式(11-3)，圆形铰拱的临界 P 值为弧角 α 的函数。从图 11-6 可以看出，α 值为隙角 B-B（不超过 $180°$）的 $1/3$。图 11-7 以塑料管道举例，图中粗实线为拱反曲。P 值随着 α 的减少而增加。但是，α 只有在管环压缩应变下才会减少（沿管壁压毁曲线）。所以，在管壁压毁处与拱反曲曲线相交处 α

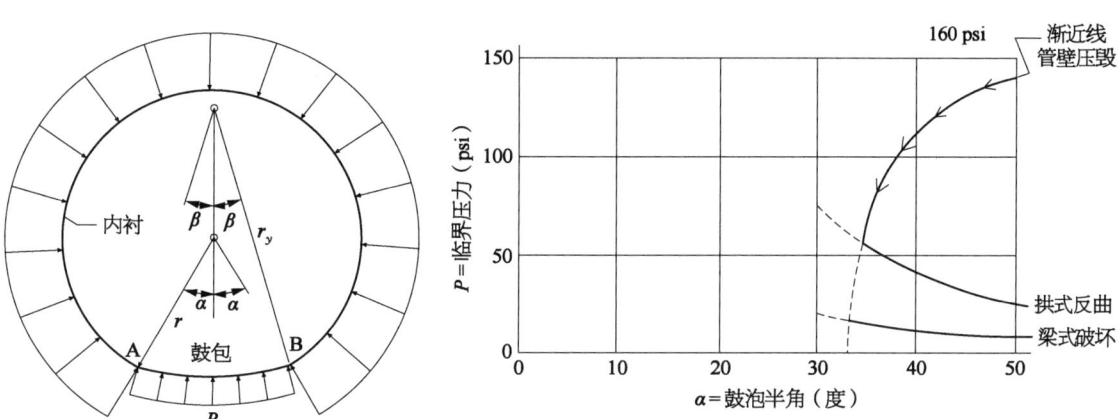

图 11-7 显示了典型塑料管道的三种塌陷机理，其中临界压力 P 是鼓泡半角 α 的函数

塑性蠕变的程度不同，屈服（管壁压毁）的时间也会不同

为临界值。在 $\alpha=34°$ 和 $P=57\,\text{psi}$ 时出现反曲。在保守分析中一般将 α 设置为 60°(隙角上限值 180°的 1/3)。

梁破坏分析

对于低强度材料,反曲有可能表现为梁式破坏。在反曲处,鼓泡的横截面为固端梁结构。根据半径 r 和角度 α 可求得长度,通过如下应力方程式可获得压力值 P,

$$\sigma = M_e c / I \quad (11-9)$$

其中,固端梁的 $M=PL^2/12$。

当 $M_p=3M_e/2$ 时形成塑性铰,代入可得

$$9\sigma_f = 2Pr^2\sin^2\alpha/(I/c) \quad (11-10)$$

如果是光面内衬(不加肋),$I/c=t^2/6$ 且 $(r/t)=m$。代入方程式(11-10),

$$3\sigma_f = 4P(r/t)^2\sin^2\alpha$$

其中,在反曲处,

$$P = 3\sigma_f / 4m^2 \sin^2\alpha \quad (11-11)$$

[例 1]

假设塑料内衬的特性如下:

DR——51;

m——$r/t = 25$;

E——400 ksi = 50 年持续压力作用下的长期弹性模量;

σ_f——4 ksi = 50 年压力作用下的屈服强度。

求:50 年使用周期中导致反曲的持续压力 P。

根据方程式(11-7),由于存在管环压缩应变,$\beta/\sin\beta = \alpha/\sin\alpha - \pi\sigma_f/E\sin\alpha$。$\alpha$ 试验值的对应 β 值可通过迭代获得。当鼓泡为扁平时,也就是当 $\beta/\sin\beta = 1$ 时,管环压缩应力接近无穷大。方程式(11-7)变为 $\alpha/\sin\alpha - \pi\sigma_f/E\sin\alpha = 1$。求解,在反曲处 $\alpha=33°$。但是当 α 值减少至 33°时,反向挠曲以拱式反弯破坏或梁式破坏两种形式出现。根据方程式(11-8),

$$P = \sigma_f \sin\beta / m\sin\alpha$$

图 11-7 是方程式(11-8)的曲线图,图中显示长期临界 P 值是 α 的函数。如图所示,当 $P=160\,\text{psi}$ 时管壁会快速压毁。从长期来看,塑料环会发生蠕变且 α 值会减少,因此反曲压力 P 也会降低。长期试验可获得蠕变量。大多数塑料管道的破坏均为拱反曲。图 11-7 显示,当 $\alpha=34°$ 时反曲发生。临界压力为 $P=57\,\text{psi}$。

在极少情况下,低强度内衬或小尺寸内衬会发生梁破坏式反曲。举例说明,如果内衬中的鼓泡趋平为梁结构,当 $\alpha=33°$ 时,见图 11-7,根据方程式(11-11)可知,在 50 年持续压力作用下 $P=16.2\,\text{psi}$。

上文对内衬反曲做了大致分析。该分析是一种极限分析。由于有纵向阻力和黏结力等存在,在反曲处的临界压力要大于计算压力。与实际试验不同,上述分析更趋于保守。

该分析有助于对相关参数进行修改和完善。例如,如果内衬收缩是由外部压力以外的条件造成的,这些差异可以包含在分析中。可以修改虚拟弹性模量 E(非实际模量——暂且称为长期模量),以延长内衬发生蠕变前的周期。在持续压力作用下,该蠕变会造成内衬的周长减少。

如果内衬在安装初期不呈圆形,在内衬的最大半径处会形成空隙。可以利用最大半径(非圆形半径)对内衬进行分析。在内衬弯曲部位放置一条线,通过测量线中部的偏移量可计算出曲率半径。

该过程可通过计算机进行编程。但对于工作繁重的工程师来说,也许以图表形式展示该过程更为方便。

塑料管道通常用作内衬,通过与损坏的外包层完全贴合来修复损坏的管线。

[例 2]

将用作内衬的 PVC 管插入到内径为 8 英寸的外包层中,然后经过加热和充气膨胀成为套管。求临界压力 P。

P——反曲变形处的外部压力;
E——弹性模量 $= 420$ ksi;
σ_f——屈服强度 $= 3$ ksi;
DR——标准量纲比 $= 35$;
$m = 17 = r/t = (DR-1)/2$;
v——泊松比 $= 0.38$。

短期内临界压力 $P = \sigma_f/m = 176$ psi。在八次试验中,临界压力均为 172 psi,标准偏差为 38 psi。

如果不加外包层,外部最大塌陷压力仅为

$$P = E/4m^3(1-v^2) = 25 \text{ psi}$$

很明显,与静水荷载作用下的管壁塌陷理论相比,观察到的管壁塌陷临界压力更加接近管环压缩理论值。值得注意的是,当鼓泡角 β 小于 $90°$ 处,见图 11-6,内衬向内鼓胀,最终导致内衬试验失败。如果鼓泡角为 $60°$,则 $\alpha = 30°$。根据方程式(11-3),当 $P = 107$ psi 时发生拱反曲变形。此时 $E = 420$ ksi。从长期来看,如果虚拟弹性模量 E 仅为原值的三分之二,则临界压力为 71 psi。

分析方法对比

如下是对关于一些承受外部压力的柔性管道的相关分析方法之间的粗略对比。土体对埋地柔性环施加了很大的均匀外部压力。用于圆形或近圆形(外包)管环设计的两个方程式分别如下:

(1) 一种是 AWWA-M11(1989)中 AWWA C950 公式:

$$P^2 = 0.593 R_w E_s EI/0.149 r^3$$

式中:R_w——浮力系数 $= 1 - 0.33(h/H)$;
E_s——土体刚度 $=$ 割线模量。

(2) 另一个公式与《Uni-Bell PVC 管道手册》(*Uni-Bell Handbook of PVC Pipe*,1986 年)中的方程式(41)相类似,由美国塑料管道协会(PPI)大口径管道分会(the Large Diameter Pipe Division of PPI)提出,

$$P^2 = 1.3225 EP_{cr}$$

式中:P_{cr}——$E(r/r_y)^3/4(1-v^2)m^3$;
P_{cr}——无约束管道的塌陷压力;
E——管道工作温度条件下的弹性模量;
t——平均壁厚;
D——平均直径 $= 2r$;
r——未椭圆化(非圆形或初始形状为椭圆形)时的半径;
r_y——椭圆形管道的最大曲率半径;
v——泊松比;
E_t——埋设土体刚度(切线模量)。

这两个公式的结果几乎相同。为了便于对比,现假设:

m——r/t;
R_w——$0.67 =$ 地下水位在地表的最不利条件;
I——$t^3/12$(用于光面管);
r_y——r(圆形截面);
v——$0.38 =$ PVC 的泊松比。

代入上述值,可得:

$$P^2 = 0.374\,8 E_s E/m^3 \text{ [来自美国自来水厂协会(AWWA)]}$$

$$P^2 = 0.386\,4 E_t E/m^3 \text{ (来自 Uni - Bell)}$$

如果土体割线模量 E_s 与土体切线模量 E_t 相似，则两个方程式基本相同。当然，两个方程式表达的概念也相同。但是，两个方程式都有其自身缺陷，最主要的问题是基本概念和极限如何协调。例如，如果土体割线模量 E_s 或者管道弹性模量 E 接近于零，则压力 P 接近于零。事实情况并非如此。不过，这两个公式可能在一定范围内还是准确的。为了进行比较，这两个公式合并为一个公式，该公式如下：

$$P^2 = 0.38 K E_t E/m^3 \text{ (服务公式)}$$

式中：P——圆环塌陷时的压力；
　　　KE_t——土体水平切线模量；
　　　E_t——土体垂直切线模量；
　　　m——平均半径与壁厚比，$m = r/t =$ 管环柔性项。

另外还有四个方程式可用于对比：

（1）如果管环在加外包层后埋入刚性或相对刚性土体中，均匀外部临界土压力的方程式为

$$P = \sigma_f / m \quad \text{（外包）}$$

式中：σ_f——管壁的屈服强度，这种情况下管环压缩破坏。

（2）如果管环无约束：

$$P = E/4(1-v^2)m^3 \quad \text{（无约束）}$$

这种情况在传统分析中称为屈曲破坏。

（3）如果管环有土体支承，土体中的有效截面刚度通过管环挠度试验反算可获得，

$$P = 0.14 E/m^3 + 0.27 K E_t$$

（经验值）

（4）如果爱荷华公式(Iowa Formula)可以预测管环挠度，则可以获得有效截面刚度，此时

$$P = 0.22 E/m^3 + 0.16 K E_t$$

（爱荷华公式，Iowa Formula）

如果管环挠度作为一种负荷已知，或者可以通过诸如爱荷华公式(Iowa Formula)进行荷载计算，则有效管道刚度 F/Δ 可通过计算得出。根据 F/Δ，管环刚度 EI/D^3 为 $0.018\,6F/\Delta$。荷载 F 为平行板荷载，但 F/Δ 可能与其他荷载有关联，如爱荷华公式(Iowa Formula)中假定的荷载或管环挠度试验中的经验(实测)土压力。通过这些关系，可以计算出有效截面刚度的有效管环刚度 EI/D^3。

图 11-8 对服务公式与其他四个公式做了对比。这种对比适用于埋地圆形钢管（$KEt = 700$ psi）。该公式的值在其他几个公式值的范围内。该外包层方程式(见右上方曲线)适用于极限条件(屈服强度为 42 ksi)。另一个极限条件下的曲线是无约束时曲线。经验公式和爱荷华公式(Iowa Formula)与左侧无约束渐近线和右侧加外包层渐近线交叉。这种合理交叉表明土体的支承力随着管环柔性项 D/t 的增加而增加。该服务公式反应性较差。关于埋地管道塌陷的个别真空试验似乎可以证明经验方程式的有效性。

但是，服务公式一般用于使用埋管工况，对比较关注土体填筑且期望增加安全系数的设计人员而言亦更倾向于该公式。第 10 章列出了一些用于计算 P 值的更准确的方法。

双壁管道和储罐

双壁管道是管道内包含另一个管道的形式。双壁管道主要是为了消除外管泄漏和降

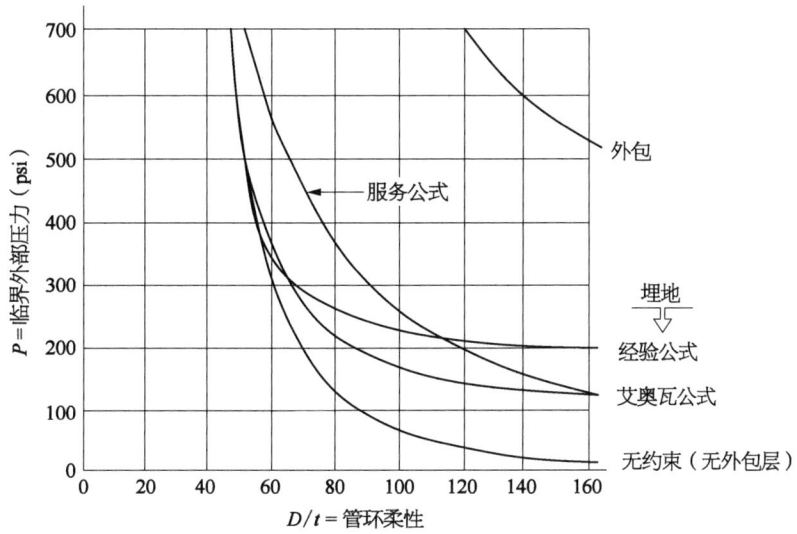

图 11-8 服务公式与其他四种方程式对比，以估算圆形圆柱钢管在初始反曲变形时的外部临界均匀压力

埋地管道公式基于水平土壤模量 $KE_t = 700$ psi

低流体流动时的摩擦阻力。有时候可通过插入小口径管道（滑移内衬）来修复损坏的管道。在下述讨论中，滑移内衬仍称为"管道"，见图 11-9，主管道称为"外套管"。该术语适用于双壁储罐，通常称为双层储罐。这种储罐由双层罐壁构成，除了对泄漏进行双层保护外，还可以及时对内部储罐泄漏进行检测，避免对土壤造成污染。可利用"探测器"检测储罐之间的空间。双层储罐广泛用于地下存储石油产品（加油站）和危险品。

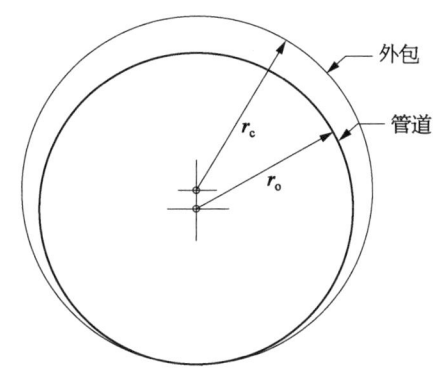

图 11-9 在圆形外套管中用做内衬的管道

由于管道和套管之间存在液体压力，管道在压力作用下移向套管一侧，进而形成如图 11-10 所示的空隙。一般情况下（存在个别情况），该空隙位于底部，该位置承受最大的外部液体压力，且管道在自重作用下曲率半径不断增加。现作如下保守假设。

假设：

（1）管道是柔性的，当管道移向套管一侧时，如果外部压力 P 增加，二者之间的接触角度增加，直到管道与套管保持水平（180°）接触；此时柔性管开始发生反曲，超过 180°后，接触角度沿管道反曲增加，此时压力增加很少或不会增加；

（2）实际上，没有管道是绝对柔软的，梁作用和抗剪力有助于抵消外部压力；性能极限是管道初始反曲变形，阻力为管环刚度——为管壁截面惯性矩和材料弹性模量的函数；

（3）外部压力分布于管道周围，根据保守假设，这说明管道与套管之间的黏结力已

101

全部被破坏；

（4）外套管是圆形的，由于外套管与管道之间存在压力 P，套管半径可能会增加；这种情况发生在一些双层储罐中；

（5）假设空隙部位的管道（未与套管接触的部分）在压力作用下呈半椭圆形，见图 11-10，保守分析则可假定该空隙为水平 (180°)；

（6）最大弯矩点和零弯矩点围绕半椭圆形均匀分布，为了便于进行传统分析，假设拱 A-A（60°铰拱）呈圆形。

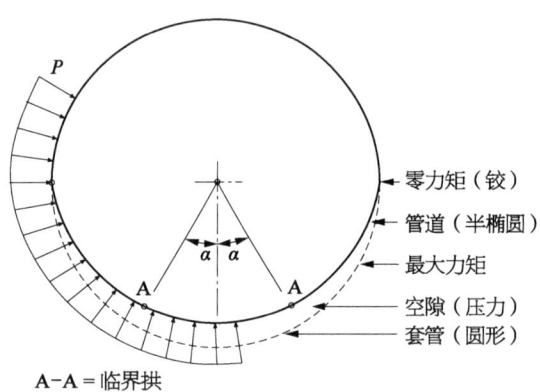

图 11-10 濒临初始反曲前承受外部压力并与套管水平(180°)接触的管道

如图所示，在近似椭圆的位置出现空隙，此时最大弯矩和零弯矩均匀分布
拱 A-A 在分析中可看作圆形铰拱

符号：
P——管道上的临界外部压力；
r_c——圆形套管的内径；
r_p——初始圆形管道的半径；
r_y——椭圆的最大半径；
E——弹性模量；
σ_f——屈服应力；
DR——量纲比；
t——壁厚；
A——单位长度的管壁截面积；

I——管壁截面的惯性矩；
α——临界铰拱的半弧角；
a——椭圆的较小直径；
r_c——椭圆的较大直径。

方程式：

椭圆的周长是 $\pi(a+r_c)$。

根据图 11-11，可得关系式 $r_y = r_c^2/a$。

根据铁梓柯在 1956 年的理论和图 11-10，$Pr_y^3EI = (\pi/\alpha)^2 - 1$。

拱 A-A 的临界 $\alpha = 30°$；可得 $Pr_y^3/EI = 35$。

根据几何原理，管道周长的减少量为 $2\pi r_p - \pi r_c - (\pi/2)(a+r_c)$。

在管环压缩作用下，管道周长减少量为 $2\pi r_p(Pr_y/EA)$。

将周长的减少量列为等式得出 $a = 4r_p(1 - Pr_y/EA) - 3r_c$。

但是根据椭圆的几何原理，$a = r_c^2/r_y$。

将 a 值列为等式并重写，

$$r_y^2 - (EA/P)(1 - 3r_c/4r_p)r_y = -(EA/4P)(r_c^2/r_p) \quad (11-12)$$

方程式（11-12）是一个二次方程式，根据任何假定的 P 值可求值 r_y。

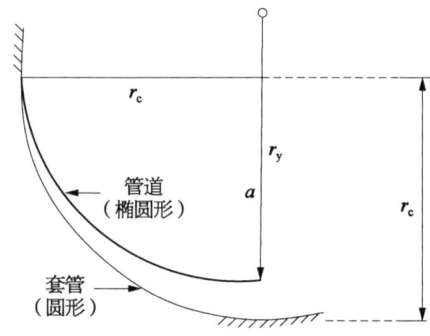

图 11-11 椭圆象限，显示分析用符号

分析：

临界分析就是在估算管道反曲变形处的

临界压力 P。如果 r_y 已知,则可得 P 值。当 $\alpha=30°$ 时,

$$Pr_y^3/EI=35 \qquad (11-13)$$

从方程式(11-12)可以得到最大曲率半径 r_y。但是,由于 r_y 是 P 的函数,最简单的分析方法是迭代。假设 P 值为 P'。方程式(11-13)中假设 r_y 等于 r_c,此时假设的 P 值为 P'。根据方程式(11-12)可得 P' 的 r_y 值。将 r_y 代入方程式(11-13),可得半径 r_y 处的 P 值。求得的 P 值与原来假设的 P' 值不同,但两者应该是相等的。因此,在下一次迭代中,仍旧假设 P' 就是之前求得的 P 值。继续迭代直到两个值相等。

迭代过程如下:

(1) 已知的值分别为 r_c、r_p、E 和 t;

(2) 假设 P 值为 P'。如果 $r_y=r_c$,则将 P' 代入方程式(11-13);

(3) 在二次方程式(11-12)中求解 r_y;

(4) 将 r_y 代入方程式(11-13),求 P 值;

(5) 求得的 P 值就是下次迭代中的 P' 值;

(6) 重复上述过程直到得出的 P 值等于假设值 P';P' 是内衬初始反曲变形处的临界压力。

在压力的持续作用下,塑料会发生蠕变。方程式(11-12)中的 EA/P 量应基于"虚拟"弹性模量,而非实际模量。在一些文献中,虚拟模量被错误地定义为"长期"弹性模量。

如上所述,有可能通过改变套管半径 r_c 并求得对应的 P 值。如果 r_p 保持不变,可以画出 P 曲线和 r_c 曲线。如果套管仍旧保持圆形,但管径变大,套管直径的增量可表示在 P 和 r_c 曲线的相同坐标轴上。两条曲线的交叉点即为临界压力 P。在一些储罐中,比如玻璃纤维外包层双层储罐,套管太柔软无法保持圆形。套管在内部压力作用下发生膨胀,但当管道(内衬)被压成半椭圆形时套管会变形。内衬会施加非均匀的压力给套管,即 $P_x r_c = P r_y$。

如果双层管道和储罐中使用由屈服敏感材料(如玻璃纤维)制成的加肋内衬,铁木辛柯在1956年提出了索思韦尔(Southwell)解决方案,其中临界 P 为

$$Pr/h = \sigma_f/[1+4(\sigma_f/E)(r/h)^2] \qquad (11-14)$$

其中,h 是从内径和外径之间带肋部分的高度。当然,加劲肋可以是波纹状或其他形状。

[例1]

在圆形套管未出现空隙(承受压力前),套管内的PVC管发生初始反曲变形处的外部压力 P 是多少?该管道参数如下:

$r_p = 15$ in(外径);

$E = 400\,000$ psi;

$\sigma_f = 4\,000$ psi;

$DR = 41$;

$t = 0.732$ in;

$A = 0.732$ in^2/in;

$I = 0.032\,685$ in$^3 = t^3/12$;

$\alpha = 30°$(假设临界值);

$EI = 13\,074$ lb in;

$EA = 292\,800$ lb/in。

无空隙时,$r_c = r_p = 15$ in。假设一个 P' 值。如果 $r_y = r_c$,则根据方程式(11-13),$P' = 457\,594/r_y^3 = 135.58$ psi。首先假设 $P' = 130$ psi。根据方程式(11-12),$r_y = 15.42$ in。根据方程式(11-13),$P = 124.71$ psi。

假设 $P' = 124.71$ psi。根据方程式(11-12),$r_y = 15.41$ in。根据方程式(11-13),$P = 125.08$ psi。

假设 $P' = 125.08$ psi。根据方程式(11-14)，$r_y = 15.41$ in。根据方程式(11-13)，$P = 125.05$ psi。只需两次迭代。当 $r_c = r_p$ 时，$P = 125$ psi。

值得注意的是，根据屈服应力（$\sigma_f = 4\,000$ psi）处的管环压缩，临界压力 $P = 195.2$ psi。为了避免管环压缩破坏，管道应约束在一个圆形截面中。没有约束，由 $Pr^3/EI = 3$，最后得出 $P = 11.62$ psi 时管道会发生塌陷。

假设 PVC 材质对屈服较为敏感（实际上并非如此），根据方程式(11-14)，临界压力 $P = 11$ psi。如果管壁加肋后 $h = 1.5$ in，则 $P = 80$ psi。

[例2]

如果 r_c 大于 r_p，求 P 值。为了便于插入，管道比套管直径小。图 11-12 展示了套管半径 r_c 与管道半径 r_p 之间的差别。按照例 1 的过程，如果 $r_p = 15.0$ 且 $r_c = 17$，则 $P = 13.4$ psi。图 11-13 是上述参数的曲线图。

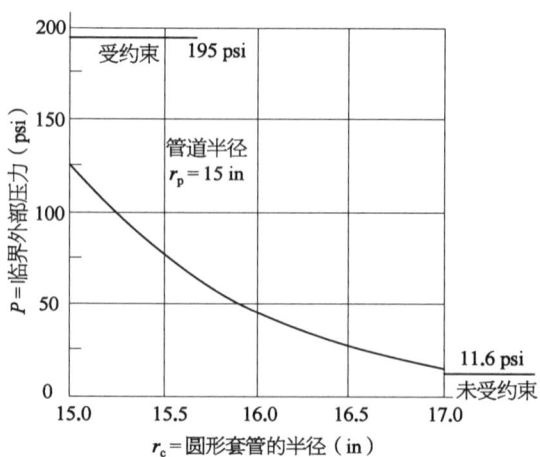

图 11-13　圆形套管（套管内径大于管道外径）内 PVC 管道上的临界外部压力示例

在外部压力 P 作用下，管道会发生初始反曲变形

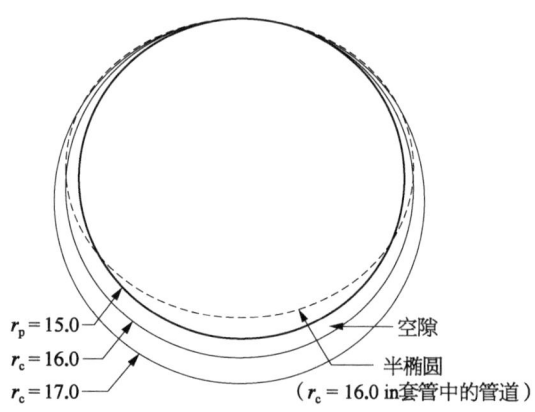

$r_p = 15.0$
$r_c = 16.0$
$r_c = 17.0$

空隙
半椭圆
（$r_c = 16.0$ in 套管中的管道）

图 11-12　15 in 半径管道在 15 in、16 in 和 17 in 半径套管中的比例图示意

假设管道空隙处呈椭圆形，弧角 α 是 30° 且反曲变形是二维的，这影响 P 值的准确性。因此，需要增加一个安全系数。在获得试验数据之前，在设计中的安全系数取 2。

参考文献

[1] AWWA (1989), *Steel Pipe — AWWA Manual M11*, 3ed, American Water Works Association.

[2] Timoshenko (1956), *Strength of Materials*, Part II, 3ed, D. Van Nostrand, p189.

[3] *Uni-Bell* (1986), *Handbook of PVC Pipe*, Uni-Bell PVC Pipe Association.

练习题

11-1　带混凝土外包层 PVC 管（量纲比为 26）塌陷时的临界压力是多少？管道周长的减少量为多少？在承受压力之前，假设管道是圆形的，且 $\alpha = 30°$。如果是 PVC 管道，则 $E = 500$ ksi 和 $\sigma_f = 5$ ksi。

11-2　推导得出方程式(11-3)。

11-3　外包层的内径为 8.5 in。假设 50 年周期内蠕变应变率为 5%，在 25 psi 外部压力作用下，PVD 内衬（外径 8 in）的量纲比（DR）必须为多少？

$E = 400$ ksi(50 年虚拟模量)

$\sigma_f = 4$ ksi $= 50$ 年材料强度

11-4 绘制带混凝土外包层的 HDPE 圆形管道（$DR = 32.5$）受外部作用塌陷时临界压力与塌陷角度的函数曲线。

11-5 图 11-14 是一个带塑料内衬的标准卵形下水道。下水道发生泄漏，地下水位高出下水道 26 ft。在 C 处的空隙宽度 e 是多少？水头高 26 ft 时，

$P = 11.27$ psi；

$r_o = 36$ in；

$T = 0.945$ in；

$E' = 250\,000$ psi $= 50$ 年持续压力下的虚拟模量；

$E =$ 空隙的中距宽度；

周长 $= 100$ in；

弧长的基圆直径（BCD）$= 22.8$ in。假设弧的 BCD 发生环向挠曲。（$e = 0.46$ in）

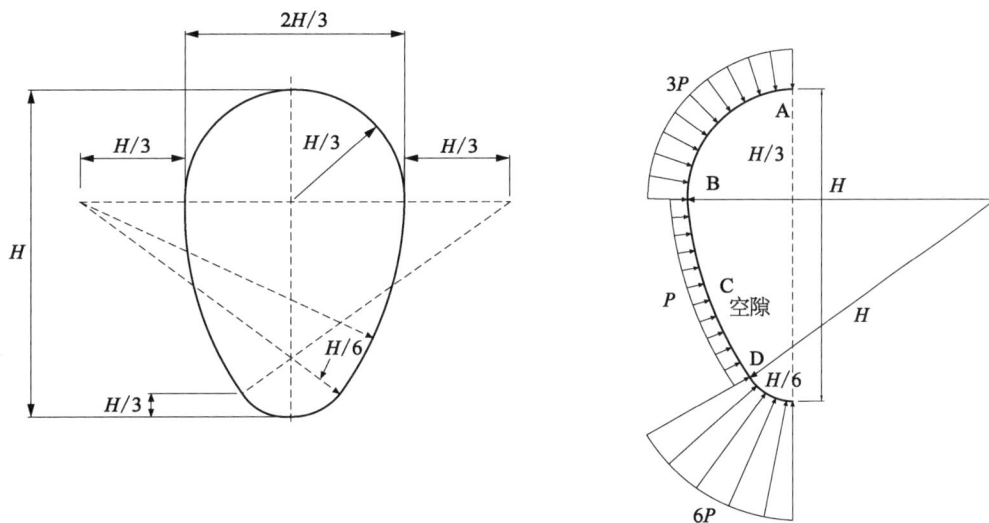

图 11-14 标准卵形下水道截面[内衬上承受外部压力（见右图）]

第 12 章
刚 性 管

刚性管挠曲程度不大,其挠度不会影响作用于管道的土压力。土体仅是管道上的荷载。刚性管包括波特兰水泥混凝土管(钢筋和无钢筋)和陶土管。其他管子在一定条件下也可能是刚性管。水泥砂浆内衬和水泥砂浆涂层(CML/CMC)管道埋置在松散土体内时用作刚性管,原因是管道刚度相对大于土体刚度。在密实土体中,CML/CMC 管道可能是柔性管,或者有些设计人员认为,可能是半刚性管。

美国混凝土管协会出版(American Concrete Pipe Association,ACPA)的《混凝土管设计手册》(*Concrete Pipe Design Manual*,1993)对混凝土管的设计进行了阐述。管道强度由标准规定。ACPA 规定由制造商承担制造管道符合标准的责任。一般而言,性能极限指由内压或外压引起的管壁纵向开裂。

内压设计

设计人员通常假设混凝土和黏土不承受张力。事实上,两者均能承受张力。不过,无钢筋的混凝土管或陶土管通常不用于承受内部压力,因为如果在养护或装卸过程中形成纵向裂纹,环向强度就会损失。若增加抗拉钢筋,刚性管便可作为压力管使用。以钢筋混凝土管为例。如果性能极限是泄漏,钢筋须是先张(或后张)预应力钢筋,使混凝土在施加内部压力之前处于压缩状态。施加内压时,预应力钢筋承受额外的拉伸张力。这样就减轻了混凝土的压缩力。混凝土开始承受张力之前都不会发生泄漏。因此,为了避免泄漏,钢材须承受全部内压。钢材中的预张力为

$$T_s = Pr/(1 + E_s A_s / E_c A_c) \quad (12-1)$$

式中:T_s——单位管长的钢张力;

P——内部压力;

r——内半径;

A_c——单位长度的混凝土面积;

A_s——单位长度的钢面积;

σ——应力;

E——弹性模量。

同时需包含一个安全系数。高强度钢具有成本效益。小直径钢条增加了钢材和混凝土之间的黏结。预应力管道生产程序规范通常由制造商执行。管道工程师负责编写性能规范。

对于典型的钢筋混凝土管,如果 $A_c/A_s = 100$,$E_s/E_c = 5$,则预张力为 $T_s = 0.95 Pr$;或者保守地说,$T_s = Pr$。对管道施加压力 P 时,钢材中的张力增加了一倍。保守做法是检查混凝土和钢材的最大应力:

$$\sigma_c = Pr/A_c$$
$$\sigma_s = 2Pr/A_s$$

外压设计

对于刚性管,外压设计基于管道荷载—

而不是应力或应变,见图 12-1 和图 12-2。以下为历史性分析和简单化分析。不再由 ACPA 提出,而是作为分析的基本原理在这里阐述。就设计而言,

$$施加荷载 = 容许荷载 \quad (12-2)$$

$$施加荷载 = (W_1 + W_d) \quad (12-3)$$

式中：W_1——单位管长的管道活荷载;
W_d——静荷载;
sf——安全系数;

OD——外径;
ID——内径;
L_f——荷载系数;
D——荷载是三边支承试验的破坏荷载 = 单位管长的 F—荷载;
L_f——荷载系数,取决于垫层和钢筋。

三边支承(TEB)试验按图 12-1 所示进行。TEB 破坏荷载又称 D—荷载。一般来说,管道破坏是指由 TEB 试验管上的极限(最大)荷载造成。但在钢筋混凝土管中,破坏通常定义为 TEB 荷载下纵向裂纹宽度达到 0.01 in。0.01 in 裂纹这一结论诞生于 20 世纪 30 年代,当时一位名叫比尔·施利克的研究生正在检查钢筋混凝土涵洞,估算它们的性能。这项任务是艾奥瓦州艾姆斯市爱荷华州立大学工程学院的院长马斯顿布置给他的。施利克发现涵洞唯一缺陷迹象就是开裂。于是他在口袋里放了半英寸宽的 0.01 in 钢垫片,然后根据他能够插入 0.01 in 钢片的裂纹宽度对适当性进行分类。慢慢地这成为

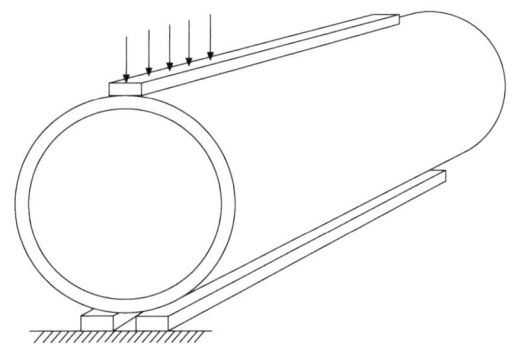

图 12-1 刚性管三边支承(TEB)试验程序。单位管长的破坏荷载称为 D—荷载

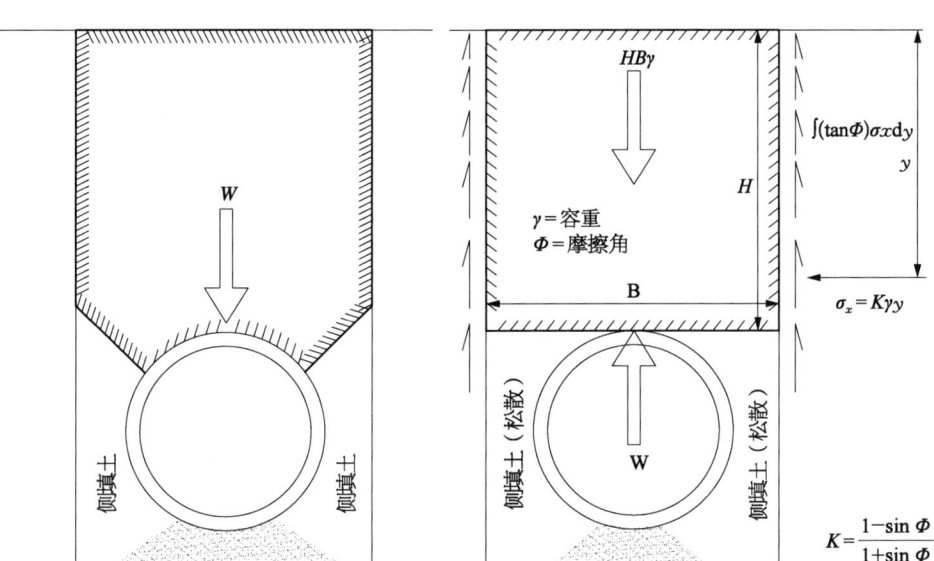

图 12-2 刚性管;左图显示,侧填土不够密实时,管环如何被迫支承回填土重量 W
右图为马斯顿(Marston)荷载分析的依据

了标准。经证明,该做法是合理的。小于 0.01 in 的裂纹可通过自行愈合,也就是硅胶在波特兰水泥中的持续水化作用而闭合。大于 0.01 in 的裂纹可能会导致氧气进入并腐蚀钢筋。

在方程式(12-3)中,活荷载 W_l 是指地表活荷载在管顶产生的活荷载效应。公路荷载等于轮压×冲击系数 1.5。静荷载 W_d 是管道的垂直土压力,通常被视作管道上方的土棱柱重量。但图 12-2 显示了在侧填土未充分压实的情况下,沟槽中的全部回填荷载如何施加到管道上,因此很难预测施加在管道上的回填荷载是多少。马斯顿首先提出荷载分析。马斯顿理论荷载不考虑土体异常现象,如直接在管顶压实土体。这里土拱作用被忽略了。侧填土压实,即可形成土拱。土拱支承着沟槽内的大部分回填土。管道最多只需要支承其上方的土棱柱 $\gamma H(OD)$。事实上,除了管道上方第一个土层的松散土体外,压实土拱消除了管道上的几乎所有垂直压力。可压实侧填土至管顶上方的一个土层实现土拱作用,但是要避免压实管道上方紧邻的第一个土层,这会导致背部填料。上述做法防止管道遭遇土压力集中作用,并形成土拱作用。

$$容许荷载 = 破坏荷载 \quad (12-4)$$

破坏荷载基于三边支承试验。三边支承破坏荷载为 D—荷载。对于无钢筋刚性管,D—荷载等于每 1 ft 管长的最大荷载(单位:lb)。对于钢筋混凝土管,D—荷载等于每 1 ft 管长上每 1 ft 内径产生的荷载磅数。埋设管道时,外土荷载要小于 D—荷载。因此,荷载系数 L_f 增加了容许外土荷载(大于管道强度对应的 D—荷载)。图 12-3 显示了刚性管上的四种历史荷载。左边是平行板荷载,根据分析,相当于 TEB 荷载。另外三种假定为使用中的外土荷载。不考虑水平土体支承,原因是刚性环不挠曲,不会形成被动土压力。这三种垫层类型中每一种的理论破坏荷载 W_f 见附件 A。在所有情况下,W_f 都大于 D—荷载;因此,每一种垫层的破坏荷载 W_f 均等于 D—荷载×荷载系数 L_f。

[例]

A 类垫层的荷载系数包含侧填土支承。修正后的理论荷载系数是多少?据图 12-3,A 类垫层的荷载系数 L_f 为 2.546。临界弯矩是 $M_A = W_f r/8$。包括侧填土支承在内,土压力详见附件 A 中的第三种情况,其中 $M_A = W_f r(1-K)/8$。侧填土支承至少为主动土压力,在这种情况下,$K = (1-\sin\varphi)/(1+\sin\varphi)$。如果 $\varphi = 30°$,$K = 1/3$,$M_A = W_f r/12$,包括侧填土支承时,修正后的 $L_f = 3.820$。侧填土将 L_f 从 2.546 增加至 3.820,大幅增长了 50%。

估算所需 D—荷载

考虑到荷载系数,刚性管设计的基本原理是将施加荷载等同于允许荷载;即,

对于无钢筋管,

$$(W_l + W_d) = (D—荷载)L_f$$

对于钢筋混凝土管,

$$(W_l + W_d) = (D—荷载)L_f(ID)$$

求解这些方程式,可知埋地刚性管所需的 D—荷载为

$$D—荷载 = (W_l + W_d)/L_f$$

无钢筋刚性管

$$D—荷载 = (W_l + W_d)/L_f(ID)$$
$$= P(OD)/(ID)L_f$$

钢筋混凝土管

(12-5)

第 12 章 刚 性 管

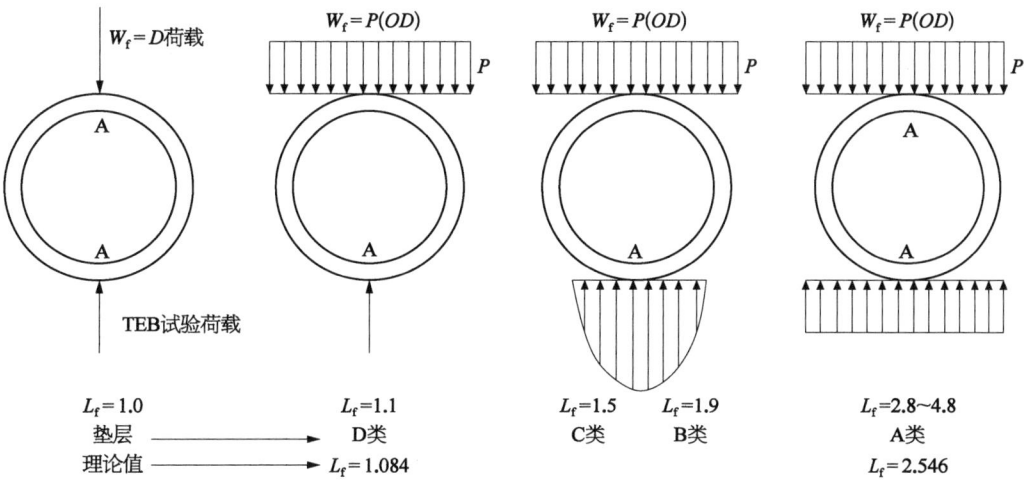

图 12-3 刚性管荷载,显示三边支承(TEB)试验荷载和美国混凝土管协会(American Concrete Pipe Association)确定的三种外土荷载,显示每种荷载的原始荷载系数 L_f

W_f = 破坏荷载;破坏体现在 A 点处的纵向裂纹

C 类到 B 类的 L_f 值随垫层宽度变化:

B 类垫层宽度为 0.6(OD);
C 类垫层宽度为 0.5(OD)。

A 类 L_f 值随钢筋面积百分比变化:

钢筋面积 $A_s = 1.0\%$,$L_f = 4.8$;
钢筋面积 $A_s = 0.4\%$,$L_f = 3.4$;
钢筋面积 $A_s = 0$,$L_f = 2.8$。

荷载系数的理论值取决于 A 的弯矩,即:

对于 TEB 荷载,$M_A = 0.318 W_f r$;
对于 A 类垫层,$M_A = 0.125 W_f r$;
对于 D 类垫层,$M_A = 0.293 W_f r$。

P 表示管上的垂直压力。荷载 W 取决于复杂的管土相互作用,如管道沉降与土体沉降(相对管道正向或负向)、压实技术、地下水位、垫层等。由于边界条件(沟槽与路堤)、不完善的沟槽条件(可压缩的顶部填土)、沟壁土的特性、隧道(顶管就位)等因素,W 变得更加复杂。

意识到土荷载的复杂性和重要性后,在 1993 年之前,美国混凝土管协会(ACPA)基于图 12-3 所示的 ACPA 沟槽垫层分类发布了荷载系数 L_f 的数值。请注意荷载系数 L_f 与理论值大致相同。ACPA 荷载经验系数基于管顶土压力近似均匀的假设。垫层导致压力集中。大多数工程师认为 D 类垫层是不允许的,这是马斯顿首先提出的一个术语。值得注意的是,方程式(12-5)一般不需要包括安全系数。主要因为安全富裕度已足够——如土拱、侧填土对管道的水平支承等。设计人员利用这些安全富裕度的一个有效方法是选定一层压实的埋置土体,然后通过检测来确保相关要求的强制执行。该过程由经验丰富的安装人员遵守执行。

另外一个安全富裕度由于 ACPA 的荷载 W 定义是根据外径确定的。事实上,平均

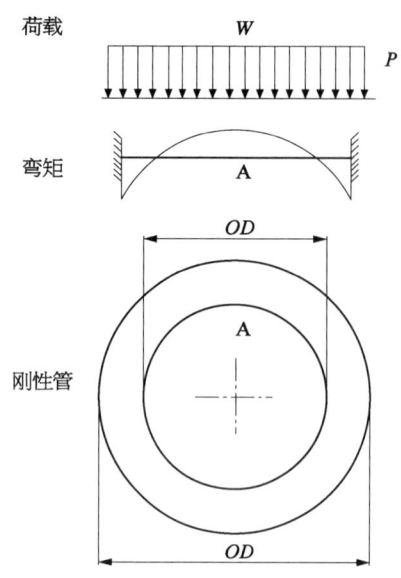

图12-4 直径对在A点开裂的等效梁荷载能力的影响,外径为过于保守的梁长

直径或内径更接近准确值,见图12-4。破坏指弯矩在A点引致的裂纹。产生弯矩的净跨距是内径(ID)或者可能是平均直径,但不是外径(OD)。对于钢筋混凝土管,D—荷载要保守地乘以ID,而不是OD或平均直径。

[例1]

如果土重为125 pcf,垫层为B级,24 in标准强度的釉面陶土管允许的土堤高度是多少?管道的公称尺寸为24 in。从图12-3看出,B类荷载系数为1.9。从表12-1看出,标准强度为2 600 lb/ft。忽略活荷载,将数值代入方程式(12-5),土体允许高度为$H=19.76 \text{ ft}$或$H=20 \text{ ft}$,显然,活荷载的影响可以忽略不计。此例中不需要安全系数。

表12-1 D—荷载——刚性管制造商ASTM标准

壁厚/in	三边支承试验中刚性管的最小压毁强度(ASTM C-14)/plf				
	陶土管		无钢筋混凝土管		
	ASTM C700-74		管道内径(ID)		
	超强	标准强度	1类	2类	3类
3	2 000				
4	2 000	1 200	1 500	2 000	2 400
6	2 000	1 200	1 500	2 000	2 400
8	2 200	1 400	1 500	2 000	2 400
10	2 400	1 600	1 600	2 000	2 400
12	2 600	1 800	1 800	2 250	2 500
15	2 900	2 000	2 000	2 500	2 900
18	3 300	2 200	2 200	3 000	3 300
21	3 850	2 400	2 400	3 300	3 850
24	4 400	2 600	2 600	3 600	4 400
27	4 700	2 800	2 800	3 950	4 600
30	5 000	3 300	3 000	4 300	4 750
33	5 500	3 600	3 150	4 400	4 875
36	6 000	4 000	3 300	4 500	5 000
39	6 600				
42	7 000				

钢筋混凝土管最小压毁强度
三边支承法中每英尺管长每英尺直径产生相应磅数所需的 D—荷载

类　别	尺寸范围/in	0.01 in 裂纹	极　　限
Ⅰ	60～144	800	1 200
Ⅱ	12～144	1 000	1 500
Ⅲ	12～144	1 350	2 000
Ⅳ	12～144	2 000	3 000
Ⅴ	12～144	3 000	3 750

背部填料

背部填料可使埋地刚性管的允许荷载翻倍。背部填料是靠在管道上的可压缩材料。使用泡沫聚苯乙烯和未压实的土体,或尝试用稻草和树叶捆扎成捆,这些做法是否有效有待商榷。这个概念被称为不完美沟槽法,即背部填料类似于保护易碎货物的运输用包装。使用有机材料存有疑虑,但未压实的土体是有效的。假设埋置层是无黏性的,当最大主应力与最小主应力之比大于 $K=(1+\sin\varphi)/(1-\sin\varphi)$(其中 $\varphi=$ 内摩擦角)时,土体破坏(土体滑移)现象便会发生。

刚性管的性能极限取决于侧填土的破坏情况,见图 12-5 中起拱线处单位土体立方体 B 处。土体破坏分为主动和被动破坏。如果在 B 处,管道对土体的水平压力 P_x 小于 σ_y/K,则土体在主动阻力作用下发生滑移,管壁向内塌陷,如图 12-5 左侧所示。如果在 B 处,管道对土体的水平压力 P_x 大于 $\sigma_y K$,则土体在被动阻力作用下发生滑移,管壁向外塌陷,如图 12-5 右侧所示。如果背部填料的高度等于 OD,刚度为埋设土体的一半,则管道所受压力是不设置背部填料时的一半。在图 12-5 中,一半的背部填料位于管道上方,另一半在管道下方。因此,一些设计人员保守地指定上下背部填料高度等于直径的一半。可压缩性不应大于埋设土体可压缩性的一半。为了防止 B 处发生被动土体滑移,埋设土体不可过度压缩。背部填料须在管道上下方留置土拱。这种基本原理属于保守范畴。

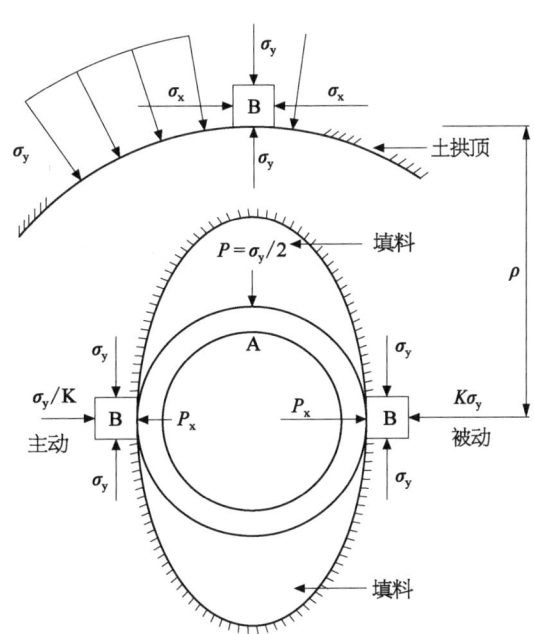

图 12-5　背部填料图,显示了环上降低的垂直土压力以及起拱线处的土体强度极限

即左边主动,右边被动

背部填料高度的备选估算法是孔周应力的经典方程式,其中包括径向应力 σ_y 和切线应力 σ_x。

$$\sigma_x/\sigma_y=(\rho^2+r^2)/(\rho^2-r^2) \quad (12-6)$$

见图 12-5 中虚拟土拱顶的立方体 C。假设土体内摩擦角为 30°，$\sigma_x/\sigma_y=3$ 时，半径 ρ 是多少？基本原理是，背部填料上方形成一个土拱顶。拱顶在该半径 ρ 是稳定的，即 $\sigma_x < K\sigma_y$。但是为了防止土颗粒从拱顶掉落，需要进行背部填料。根据方程式(12-5)，$\rho = 1.414r$。安全系数为 2，管道保护的经验法则为，*背部填料高度至少等于管道直径的一半*。管道下方不必设置背部填料。

另一个经验法则是，背部填料可以承受管顶两倍的压力 P。深埋时，管道上方的最大土体高度可以增加一倍。

[例 2]

采用典型值，设管顶的背部填料压力为 $\sigma_y/2$。对于起拱线处的埋设土体，$K=3$。高覆土层下作用于管道的水平土压力与垂直土压力的极限比是多少？见图 12-5。

对于主动土压力，比率 $=2\sigma_x/\sigma_y=4/3$；这是不可能的，因为刚性环通常足够坚硬，能承受水平压力和垂直压力 4/3 的比率。

对于被动土抗力，比率 $=2\sigma_x/\sigma_y=6$；这是不可能的，$\sigma_y/2$ 小于 σ_x。如果顶部的 $\sigma_y/2$ 小于侧面的 σ_x，环的破坏方向无法向外。因此背部填料容许的公差范围较广。

马斯顿荷载

在埋地刚性管的土荷载分析中，马斯顿荷载仍被一些管道工人采用。以图 12-2 所示的沟内刚性管为例。荷载 W 等于沟内回填土的重量减去沟壁的摩擦阻力。

仅根据土体内摩擦角进行 W 的估算是符合逻辑的。假设是不符合逻辑的，包括刚性沟壁、没有侧填土支承、没有管道沉降、管道上方没有土拱等。在没有形成土拱的情况下，管道荷载随着覆土厚度的增加而增加。这种关系有局限性。马斯顿基于其他假设提出了调整系数。土体性质、密度和填筑等导致的不精确度通常大于应用调整系数所达到的精确度。关于马斯顿荷载的介绍，见第 25 章和第 26 章的斯潘格勒理论(1973)。

ACPA 设计程序

刚性管性能的上述基本原理已经由 ACPA 进行了调整和改进，考虑被忽略的因素并改进简单化的假设。现在包括了侧填土支承，考虑了土体类型等。

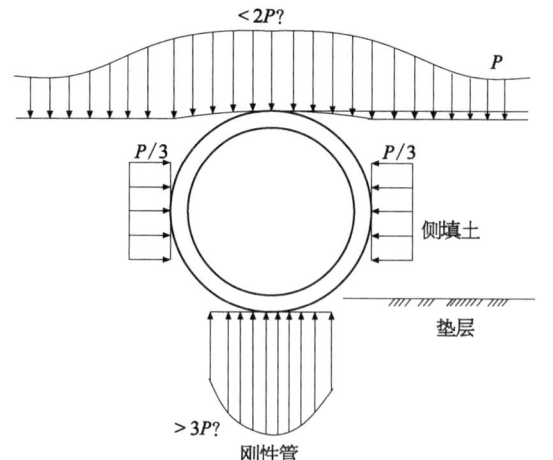
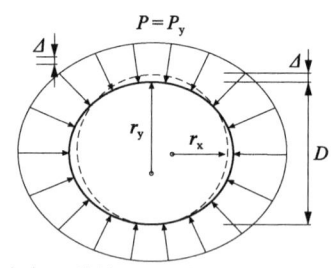

图 12-6　刚性管和柔性管所受土压力的比较

刚性管和柔性管所受土压力的比较

图 12-6 所示为刚性管和柔性管的横截面。在回填过程中,管环挠曲了 6%。假设发生椭圆挠曲,柔性管上的水平压力为 $P_x = 1.5P$。

刚性管上的水平压力为主动压力 $P/3$。顶部的垂直压力大于 P,但不超过 $2P$。有一个例外情况是,如果管道上方的第一个土体分层被紧密压实,贴紧管道,管顶的集中压力可能会超过 $3P$。底部压力往往更为关键,因为将土体置于腋下有一定难度。这些问题是设计人员可预料到的。

参考文献

[1] ACPA (1993), *Concrete Pipe Technology Handbook*, American Concrete Pipe Association.

[2] Spangler, M. G. and Handy, R. L., (1973), *Soil Engineering*, 3ed, IEP.

练习题

12-1 如果回填土是松散倾倒的沙子,则图 12-2 和图 12-3 所示刚性管上的马斯顿荷载是多少? 数据如下:

管道	沟槽	土体
$OD = 36$ in	$H = 8$ ft	$\varphi = 20°$
		= 摩擦角
$ID = 30$ in	$B = 5$ ft	$\gamma = 100$ pcf

所需的管道强度(D—荷载)是多少? 假设土体倾倒到沟槽中,在主动水平土压力作用下,土体沿管道和沟壁滑入;即水平应力为 σ_y/K,其中 $K = (1+\sin\varphi)/(1-\sin\varphi)$,$\varphi =$ 摩擦角。

12-2 在 2.5 ft 的颗粒状覆土下,用一根 4 ft (ID) 钢筋混凝土管作为涵洞。如果安全系数为 2,垫层为 B 类,需要哪一类的管道? $t = 4.8$ in。性能极限为 0.01 in 的裂纹。假设 HS-20 双轮荷载和土体容重为

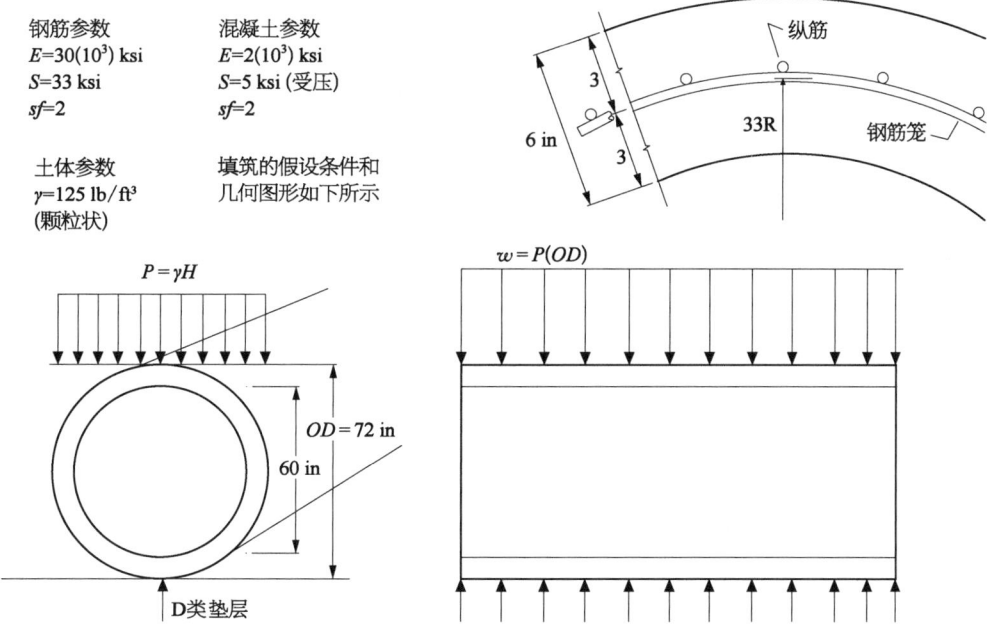

图 12-7 钢筋混凝土管详情

120 pcf。

(类别四)

12-3 使用可编程计算机进行迭代,求棱柱形覆土的最大允许高度 H,假设 $\gamma = 125$ pcf,对于图 12-7 中所示的采用最少钢筋量的混凝土涵洞,只有一个♯3 周向钢筋笼置于 6 in 厚管壁中心,钢筋间隔 3 in,笼外有 26 条均匀放置的纵向钢筋。材料特性如图所示。

12-4 使用计算机求管壁平衡设计所需的每 ft 管长的钢筋笼面积,即题 12-3 中的 $\sigma_s/\sigma_c = S_s/S_c$。

12-5 如果土体被仔细地放置并压实在腋下,管环所受的土体支承得以形成,使侧填土的水平土压力 $P_x = P_y/3$,则题 12-3 中的允许覆土厚度是多少?

12-6 推导方程式(12-1)。

第 13 章
最小覆土厚度

随着覆土厚度 H 的减小,活荷载对埋地管道的影响逐渐增大。覆土厚度 H 存在最小值,低于此值,地表活荷载会压坏管道。最小覆土厚度对埋地管道上静荷载(仅土荷载)的影响不那么明显。本章中对刚性和柔性管道均作相关讨论。仅考虑无黏性土。车辆在不良土体(如淤泥质土)上通常无法行驶,会陷在泥里。

在以下分析中,地表活荷载对管道的影响基于棱锥体/圆锥体模型。布辛内斯克(Boussinesq)和纽马克(Newmark)计算埋管活荷载法的根据,是假设土体为弹性体。这个假设对于埋地管道破坏分析是不够充分的。由于地表荷载作用之处的覆土深度低于最小值,使管道受到穿通破坏。覆土发生剪切破坏前(如车轮穿过覆土,使埋地管道破裂或变形),管道不承受破坏荷载。在此模型的基础上,埋地管道承受的土应力称为棱锥体/圆锥体土壤应力。

棱锥体/圆锥体土应力

截棱锥体/圆锥体土应力模型如图 13-1 所示。地表活荷载只有在穿透覆土后才会损坏埋管。载荷地表区域为圆形时,形成圆锥体穿透。载荷地表区域为矩形时,形成棱锥体穿透。由于不能形成锐边,棱锥体是不完整的。尽管如此,细微调整棱锥角后,这一分析还是适用的。双轮胎印更近似矩形,而非

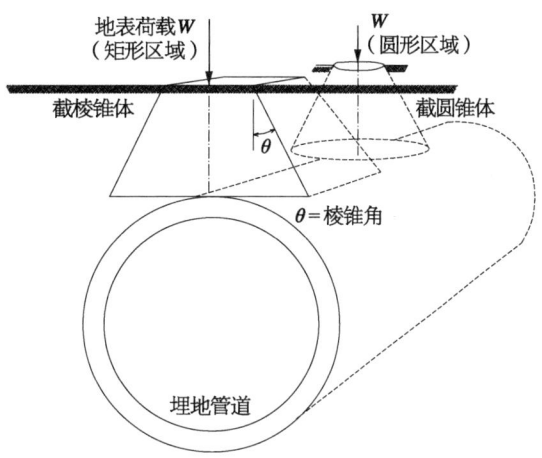

图 13-1 最小覆土高度的土壤应力模型—截棱锥体和截圆锥体的自由体受力图

显示"穿透"时的剪切面将活荷载引导到管道上

圆形。因此,下列分析基于棱锥体进行。

如图 13-2 所示为作用在宽为 B、长为 L 的矩形区域上的双轮胎印。如地表荷载可以穿透覆土压坏管道,在土壤内必会形成剪

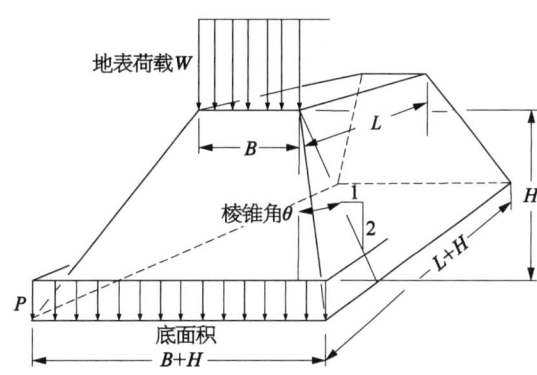

图 13-2 截棱锥体,显示地表荷载 W 穿透锥体的过程,荷载于深度 H 处分布在 $(B+H)(L+H)$ 的底面积上

切面，游离出一个截棱锥体，就像支承荷载的支座。

管道上的总荷载等于地表荷载 W 加上棱锥体土重。棱锥体重量可以忽略不计，因为它比任何能穿透的地表荷载都小得多。管上的竖向土压力等于荷载 W 除以棱锥体的底面积。剪切面与垂线的夹角 θ 即棱锥角 $\theta = 45° - \varphi/2$，方程式中 φ 指土壤内摩擦角。在深度 H 处，荷载所分布的底面积等于 $(B+2H\tan\theta)(L+2H\tan\theta)$。根据无黏性土试验，棱锥角约为 35°，对应的底面积约等于 $(B+H)(L+H)$。这个精度足以用典型的试验装置来证明。分析结果是偏于保守的。正在进行这方面的改进。土壤破坏时，管上的压力即是棱锥底上的压力，即

$$P = W/(B+H)(L+H) \quad (13-1)$$

对于作用在坚实地面上的 HS-20 双轮荷载，$B=7$ in，$L=22$ in，轮胎压力为 105 psi。

符号：

P——由矩形面积上的均布地表荷载所引起管顶水平面上的竖向土压力；

W——地表荷载；

γ——土容重；

σ_y——屈服点处应力；

σ——管环压缩应力；

D——管道的平均直径；

r——管道的平均半径；

c——从管壁截面中性面到表面最外侧纤维的距离；

A——单位管长的管壁截面积；

I——单位管长的管壁截面积的形心惯性矩；

M——由管环变形产生的管壁弯矩；

T——管道环向推力；

S——管壁抗压强度；

E——管材的弹性模量；

H——覆土厚度；

H'——覆土的车辙深度；

H''——车辙深度（见图 13-3）；

ρ——管顶和管底的土壤密度，根据标准（AASHTO T-99）。

双卡车轮经过压实地面时，轮胎印面积约为 7 in×22 in，典型轮胎压力如下：

双轮荷载(kips)　5.5　7　9　16
轮胎压力(psi)　36　45　58　104

载荷地表面积可根据不同的荷载和轮胎压力进行调整。对于路面上的卡车，7 in×22 in 的接触面积与观察情况吻合。

最小覆土厚度

若已知地表荷载 W，并且在已知管道及其性能极限（例如反曲或屈服时的管环压缩）时，能计算出管上的容许压力 P，则可通过方程式(13-1)求 H，可算出最小覆土厚度。接下来的问题是如何计算容许压力 P，此时必须考虑管环抗压强度、管环刚度和荷载临界位置等，详见本章后续内容。

[例]

考虑完全柔性环。

假设公路上卡车的双轮荷载 W 为 10 kips。反曲时的管上竖向压力 P 为 0.8 ksf。若双轮胎印的 B 和 L 分别为 7 in 和 22 in，在方程式(13-1)中，$H=28.6$ in，即为防止管道塌陷所需的最小覆土厚度。这不包括安全系数，但如果基于完全柔性管环（类似链环表带），那么安全界限就取决于管环刚度。完全柔性环并不符合实际。此外，还忽略了管道的纵向强度。

覆土厚度

在最小覆土厚度分析中,目前需要考虑的问题是覆土厚度的定义。对于铺装公路而言,覆土厚度在车轮活荷载经过时保持不变。但在施工阶段,经过埋地管道的重荷载会压出车辙,见图 13-3。实际上,荷载连续经过会加深车辙深度。如果随着经过次数的增加,车辙深度达到一个极限,则管—土系统会趋于稳定。但若在地表荷载每次经过时,车辙深度不断增加,很明显管道会承受不断增加的不利荷载,处于棘轮效应引起的反曲过程,即荷载每次经过都会增加管环变形量。不管最终破坏状况如何,已经超过极限性能。因此最小覆土厚度的定义是,小于覆土厚度 H 时,管—土系统在地表荷载 W 多次经过时变得不稳定。在方程式(13-1)中用于求管道上土应力的覆土厚度为车辙深度 H'' 达到最大值时的覆土厚度 H'。在图 13-3 中,$H=H'+H''$。根据级配良好的颗粒状湿粉砂(SM 分类)雨后(田间水分当量)试验,双轮车辙深度一般不大于

$$H''=0.315(\log W - 0.34)(103.9 - \rho) \tag{13-2}$$

其中 H'' 单位为 in,W 单位为 kips。土壤密度 ρ(用百分比表示)基于 AASHTO T-99。下表的数值来自现场试验,其中约 90% 的车辙深度小于所列数值。方程式(13-2)的量纲不是齐次的。它通过以下轮胎压力 p 的现场数据图回归得到。

H'' = 车辙深度(in)

p(psi)	36	45	58	104
$\rho=$ 土壤密度(%)	$W=$ 5.5 kips	$W=$ 7.0 kips	$W=$ 9.0 kips	$W=$ 16.0 kips
80	3.0	3.8	4.6	6.5
85	2.4	3.0	3.7	5.1
90	1.8	2.2	2.7	3.8
95	1.1	1.4	1.7	2.4

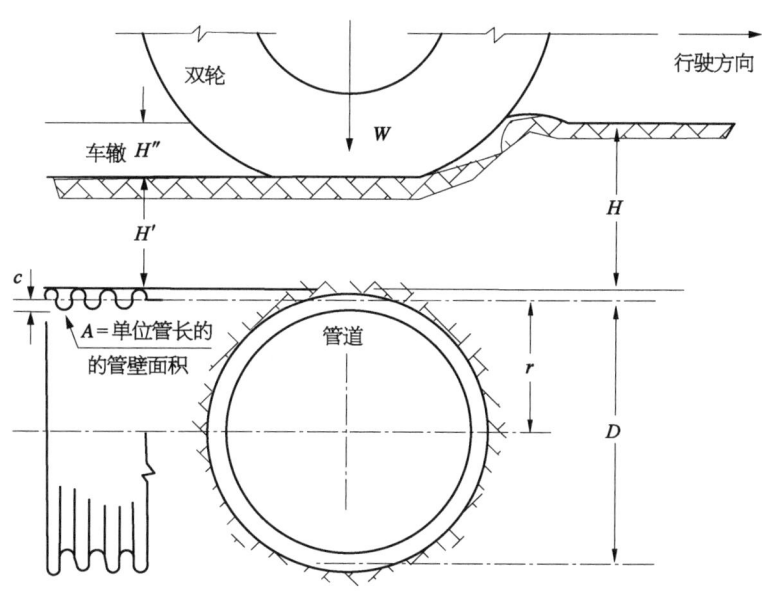

图 13-3 地表车轮活荷载 W 经过埋在松散土内管道的示意图

静荷载

当管道无法承受周边土压力的变化时，则对埋管上无黏性覆土的厚度有最小值要求。这个概念见图13-4，图示顶部压力为γH，但肩部压力大于γH。如果管道无法承受此压力差，肩楔土将滑向管道，使管环变形，而变形的管环将顶楔土举起，如图所示，管道的塌陷将是灾难性的。如果管道是刚性（脆性）的，将呈碎裂塌陷。如果管道是柔性的，则土楔的静态平衡方程式提供最小覆土厚度H值。对于普通颗粒状回填土，H的计算结果约为$D/10$。实验证实了上述对于颗粒状干燥回填土中极柔性管道在$H=D/10$时遭遇静荷载时塌陷的分析。最小覆土厚度的建议允许值为$D/6$，此数值考虑了安全系数。但这一分析只适用于完全柔性环。实际上，管道具有管环刚度，因此能够抵抗静荷载塌陷。

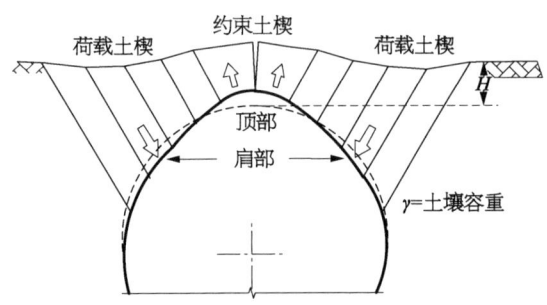

图13-4 在最小静荷载覆土下的柔性管环塌陷过程

显示荷载土楔对管环环施压时较轻的约束土楔即被举升

活荷载

无黏性土的最小覆土厚度并非按照图13-1所示的活荷载直接作用在管道拱顶的位置计算，临界位置是图13-5所示的驶近荷载。截棱锥体底面导边压在管顶。如图所示，管环有变形趋势。大跨度波纹钢拱的破坏试验表明，对称布置在管顶的表面静荷载比单侧荷载大很多倍。静荷载造成的破坏主要包括土体穿透破坏和管环塌陷。

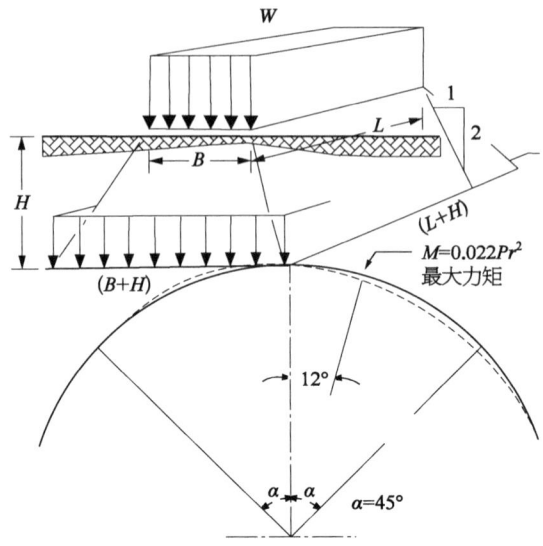

图13-5 被行进地表轮压W穿透最小覆土厚度H时的截棱锥体

剪切面形成1:2坡度；反曲弧为2α；典型角$\alpha<45°$

对于易碎刚性管，管道破坏通常是管子破裂及潜在塌陷。

对于柔性管，管道破坏是由于变形引起的反曲，如图13-5所示。其机制是管环左肩在荷载作用下向下变形，导致右肩向上挠曲。对于颗粒状回填土，观测到的反曲角约为$\alpha=40°$。为了方便和安全起见，假定图13-5所示的截棱锥体压力对应的塌陷角为$\alpha=45°$。对于图13-6所示的半无限表面压力，荷载土楔接触管环的整个象限。

分析计算出活荷载引起的最大弯矩。静荷载忽略不计。与活荷载相比，楔重及其剪切阻力较小。此外，在图13-6中，荷载土楔重量与约束土楔趋于平衡。管道与土壤间的剪力忽略不计。管环固定在塌拱的两端。竖向土压力P成为柔性环上的径向压力P，见

图 13-7。用卡氏方程式求反力、最大弯矩 M 和推力 T，见附录 A。将 M 的导数为零做成等式，求出最大弯矩位置。若管壁压毁为临界状况，则推力 T 与之相适应。若要求出

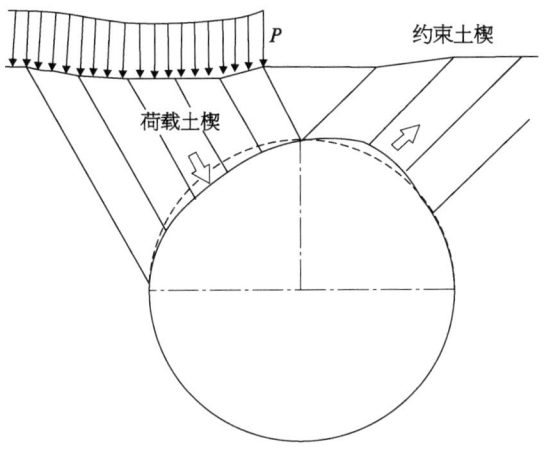

图 13-6　由半无限土压力 P 引起的最小覆土厚度下柔性环的塌陷过程

图示为荷载"土楔"向管环推进，约束"土楔"被管环举升

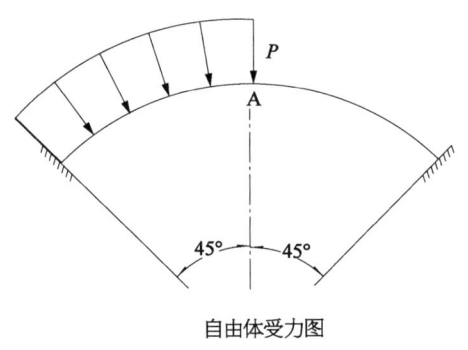

自由体受力图

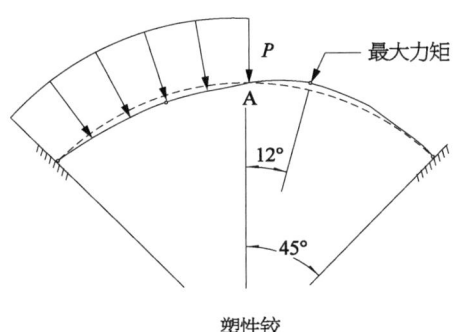

塑性铰

图 13-7　由于地表双轮荷载 W 驶近最小覆土厚度为 H 的管道，产生压力 P，求最大弯矩 M 的反曲拱自由体受力图

图示的潜在塑性铰位置如圆圈，铰点始于最大弯矩处

周向应力，

$$\sigma = T/A + Mc/I \quad (13-3)$$
弹性极限

推力通常比弯矩小，可忽略不计。

临界性能极限很可能是反曲。反曲是塑性铰的结果，最终形成一个三链机构，见图 13-7。推力项较小，可以忽略不计。塑性铰为 Mc/I 项的函数，除非 M 处在塑性极限，而非弹性极限。

对于光面管和波纹管，塑性铰处的弯矩约为屈服应力下弹性弯矩的 3/2 倍。因此，

$$\sigma = 2Mc/3I \quad (13-4)$$
塑性铰

截棱锥体荷载（地表轮压）

截棱锥体压力的自由体受力图呈 90°的固端拱形，见图 13-7。静荷载土压力可忽略不计。活荷载土压力是在拱顶 A 点左侧 45°范围内的径向恒压 P。从卡氏方程式得出，最大弯矩产生在最小曲率半径点，位于拱顶 A 点右侧约 12°处，为

$$M = 0.022 Pr^2 \quad (13-5)$$
轮压

周向推力 $T = \gamma H r$，由拱顶右侧的覆土静重产生。基于屈服应力 σ_f 设计管道时，所需的最小截面模量 I/c 为

$$I/c = (0.022 Pr^2) sf/\sigma_f \quad (13-6)$$
弹性极限

$$I/c = (0.015 Pr^2) sf/\sigma_f \quad (13-7)$$
塑性铰

其中，sf 为安全系数。试验显示，上述方程式所得的 I/c 值偏于保守。一般情况下，安全系数 1.5 已足够，公路涵洞的安全系数没

有必要大于 2。

在管内有内衬的情况下,已知 M 和 T 的值,若需要应力(或应变),可用方程式(13-3)求得最大应力。

半无限表面压力

对于图 13-6 所示的半无限均匀表面压力,荷载土楔下的塌拱为 90°。即使是柔性环,径向恒压的假设也较保守。根据卡氏方程式求得的最大弯矩为

$$M = 0.08Pr^2 \quad (13-8)$$

半无限表面荷载

处于拱顶右侧约 12°处。

方程式(13-3)采用 $T = \gamma Hr$。

由于管环压缩应力 T/A 通常比 Mc/I 应力小,可忽略不计。设 Mc/I = 屈服强度/安全系数,求解截面模量 I/c,

$$I/c = (0.08Pr^2)sf/\sigma_f \quad (13-9)$$

弹性极限

$$I/c = (0.05Pr^2)sf/\sigma_f \quad (13-10)$$

塑性铰

I/c 为所需的截面模量,对于金属波纹管,可查数值表,对于其他管道,可通过计算得到。I/c 方程式偏保守,但对于最小覆土厚度的极柔性管在地表重荷载作用下的反曲是有效的。值得注意的是,H 在方程式(13-7)和(13-8)中没有出现。根据方程式(13-1)计算的截棱锥体穿透高度,推定覆土厚度已经是最小值。推测管顶水平面的半无限表面压力 P 等于地表压力。

[例 1]

假设埋在最小覆土厚度下的管道受到半无限表面压力的作用,使荷载底面的边缘处在埋管拱顶,见图 13-6。管壁所需的截面模量 I/c 为多少?该管属于直径 6 ft 的波纹钢管,颗粒状覆土厚度为 2 ft,半无限表面压力 $P = 900$ psf。管道的屈服强度为 36 ksi。由于钢材会屈曲,假定性能极限是从最大弯矩点开始形成塑性铰。方程式(13-10)适用。假设安全系数为 2。代入数值,所需的 $I/c = 0.27 \text{ in}^3/\text{ft}$。根据美国钢铁协会《排水和高速公路用钢结构产品手册》,0.109 in 厚的 3×1 波纹钢管便足够。对于这根 3×1 管子,I/c 取值为 0.335 8 in^3/ft。

[例 2]

同例 1,但本例考虑的是光面钢水管。截面模量 I/c 可按照关系式 $I = t^3/12$ 和 $c = t/2$ 转化为所需的壁厚。但是根据例 1,$I/c = 0.27 \text{ in}^3/\text{ft}$。所需壁厚是 $t = 0.367$ in。规定壁厚为 0.375 in。

在地表车轮重荷载条件下,增加覆土厚度来减少管道反曲概率的做法往往更为经济。在某些情况下,可以在管道上增加加劲环,以提高截面模量,见第 21 章。

[例 3]

求直径为 18 in(内径)的聚乙烯波纹管上颗粒状土壤最小覆土厚度。聚乙烯为高密度聚乙烯(HDPE)。将覆土压实到 85% 密度(AASHTO T-99)。HDPE 在突然反曲时的屈服强度为 3 ksi。地表荷载为公路载重卡车,双轮胎印面积为 7 in×22 in。程序是把方程式(13-1)得出的 P 值代入方程式(13-5),$M = 0.022Pr^2$。考虑 HDPE 管的 r 和 I/c 值,得出一个二次方程式:

$$(H + 14.5 \text{ in})^2 = 56.25 \text{ in}^2 + 25W \text{ in}^2/\text{kip}$$

求解如下:

W(kips)	5.5	7	9	16
H'(in)	−0.6	0.7	2.3	6.9

W——双轮荷载(16 kips = HS-20 荷载);

H'——有车辙的覆土厚度。

H' 的安全系数一般取 2。有些规范要求压实的颗粒状回填土的最小覆土厚度为 1 ft。设计最小覆土厚度时,安全系数是一个重要因素,因为荷载往往呈动态,而非静止不动。

在 $W=5.5$ kips 时为 -0.6,表明此类轻荷载不需要设计覆土厚度。即使因车辙裸露在外,管道也能承受 5.5 kip 的双轮荷载。当然,还是要针对辙深 H'' 保证足够的覆土厚度 H,防止地表石子压凹管道,破坏波纹。对 24 HDPE 管进行的相似分析,结果与上表 18 HDPE管所示的基本相同。显然,制造商就各种尺寸的管道提供了相同的性能保证。安装技术对直径 18 in 和 24 in 的 HDPE 波纹管而言都是一样的。

管环挠度

例 3 是现场安装的结果。在最小覆土厚度情况下管环出现挠曲。双轮荷载的变化最大至标准 H-20 荷载。图 13-8 是标准卡车重量和尺寸的示意图。

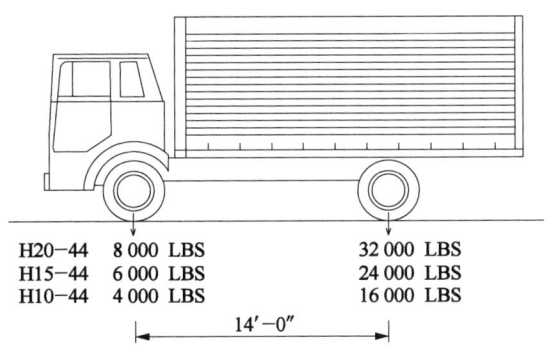

图 13-8 AASHTO 标准 H 型卡车

试验结果表明,管环挠度由管环永久挠度 d′ 和管环回弹挠度 d″ 两部分组成。管环回弹挠度为弹性挠度,在每次双轮荷载通过后,可充分回弹。图 13-9 总结了 18 根 HDPE 管道埋在最小密度为 85% 的颗粒状土壤(AASHTO T-99)中并且最小覆土厚度为 7 in 时轮压通过前的管环挠度。注意以下观察结果:

(1) 在双轮荷载第一次通过时,管环挠度小于 2%;

(2) 多次通过时,若双轮荷载小于 12.5 kips 左右,则管环回弹挠度保持稳定;

(3) 对于大于 12.5 kips 左右的双轮荷载,管环回弹挠度可能会逐渐增加,这种现象被视为失稳;

(4) 在没有足够的试验数据来精确确定边界条件的情况下,意味着有可能存在不稳定区域。

在额外的试验中观察发现,85% 密度和 12 in 的覆土厚度在双轮荷载不超过 16 kips 的情况下,荷载每次通过之前,没有任何迹象表明存在失稳区。

[例]

聚乙烯波纹管广泛用于排水,管道开槽埋设在砾石中,内径从 3 in 到 18 in 不等。由双轮荷载引起的随覆土厚度变化而变化的管环挠度是多少?对 12 in 的管道进行试验,并于 1980 年 6 月向美国农业工程师协会(American Society of Agricultural Engineers)报告。结果和建议见图 13-10。

存在直径较大的聚乙烯波纹管,广泛应用于道路下方的涵洞。动态荷载等其他因素往往标示着最小覆土厚度应大于 1 ft。

上浮

在水下土层埋设管道时,为了防止空管上浮,最小覆土厚度约为 $H=D/2$。但土壤

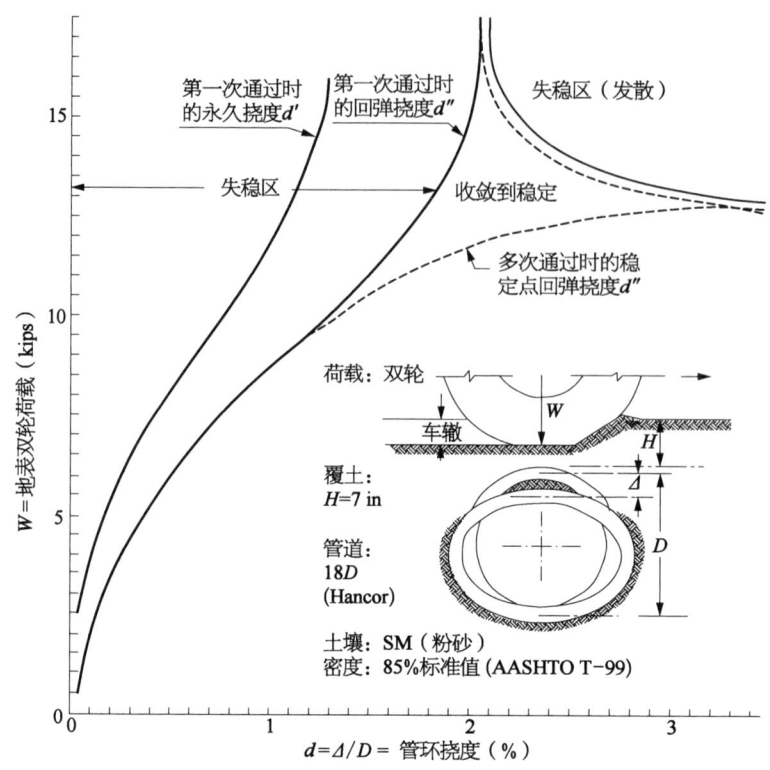

图 13-9　7 in 颗粒状覆土厚度下 18D HDPE 波纹管在 85％密度（AASHTO T-99）时的试验荷载—挠度曲线图

显示了管环永久挠度 d' 和回弹挠度 d'' 以及失稳区

的密实度应高于临界值，以防止液化，详见第 21 章。

刚性管最小覆土厚度

最小覆土厚度下刚性埋管承受地表重荷载时有两项基本性能极限，分别是纵向断裂和承口破裂。周向断裂发生的概率较小。半个承口面临周向剪切。如果在管道端部提供良好的垫层/埋置支承，在重轮荷载作用下管道中段发挥梁的作用，可能出现周向裂纹，但其他地方不会。

纵向断裂

纵向断裂发生在竖向压力 P 超过管环强度时。对于柔性管而言，最不利的地表临界活荷载位置是管道正上方，而非驶近位置，见图 13-1。最小覆土厚度 H 根据棱锥体/圆锥体的穿透情况得出。纵向断裂出现在 12 点钟和 6 点钟及 9 点钟和 3 点钟的位置，不属于管道塌陷。许多重力流管道在开裂后仍能继续使用。

土壤包层裹住管环，使其大致保持圆形，见图 7-2。但对有些刚性管，如压力管，纵向裂纹不允许出现。若管道敷设在硬质垫层上，有时在 12 点钟或 6 点钟处会出现纵向丝状裂纹。如果埋设土层为压实的筛选土，在 12 点钟处出现裂纹，可能由于地表轮压或尽责的施工人员直接压实了管顶正上方的第一层覆土造成。谨慎的做法是压实侧填土，而管道正上方的第一层覆土不压实。如果管道是涵管或雨水管，单条丝状裂纹不属于性能

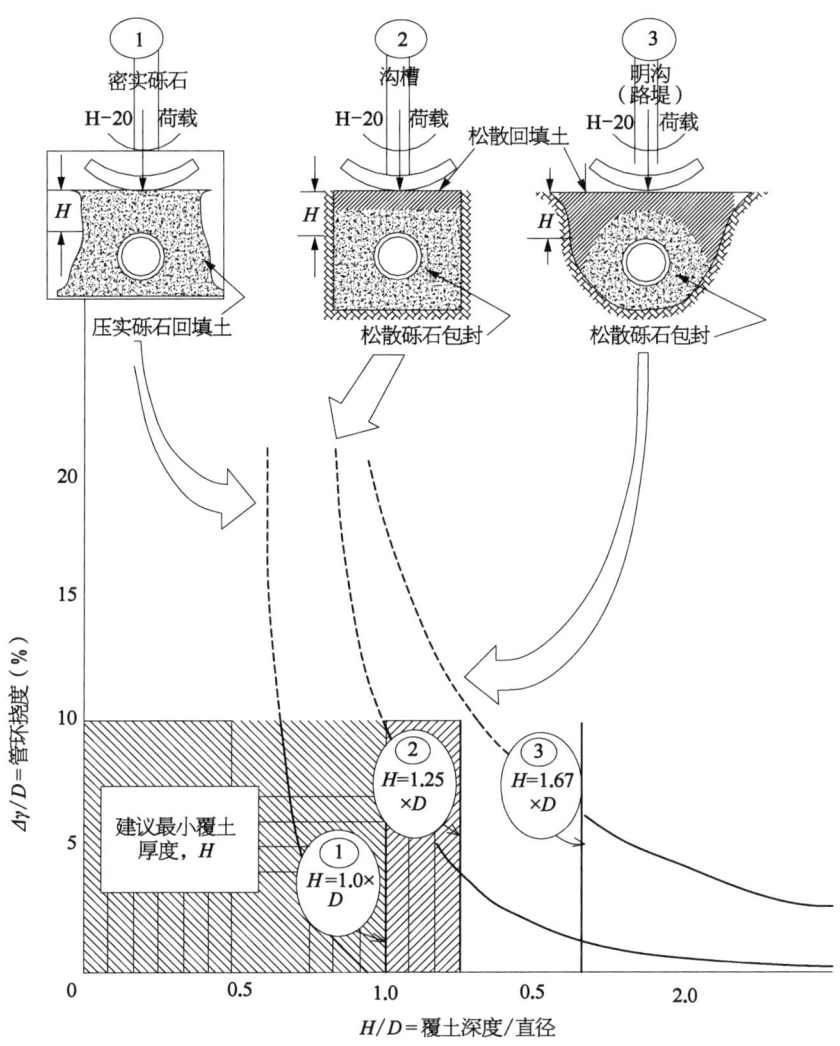

图 13‑10 试验结果表明，在 AASHTO H‑20 标准卡车荷载作用下，聚乙烯波纹排水埋管的管环挠度随覆土厚度的变化而变化

每次安装均指明建议的最小覆土厚度

极限。状况良好的埋设土壤使管道处于环压状态，而非挠曲。它与巴黎和伦敦的古砖砌下水道一样，功能良好，但可能无法防漏。

对刚性管的最小覆土厚度和最大外部压力的分析也是一样的，详见第 12 章。竖向压力 $P = P_1 + P_d$，其中活荷载压力 P_1 由棱锥体/圆锥体理论求得。分析最小覆土厚度时，静荷载压力 P_d 可以忽略不计。活荷载压力 P_1 是覆土厚度 H 的函数。方程式 $P_{cr} = P_1$ 可求出最小覆土厚度，其中临界压力 P_{cr} 是垫层级别和管道级别的函数，详见第 12 章。

[例 1]

素混凝土管，15 ID，有承插口，C‑14，3 级，用作雨水管。外径 $OD = 19\ \text{in}$。试验结果表明，三边支承（TEB）强度为 D—荷载 = 3 k/ft。若 CAT 633 铲土机由上方经过，最小覆土厚度 H 应是多少？埋设土壤是经过 1/2 in 筛网筛选的压碎（有角）颗粒状材料，细骨料含量低于 5%。铲土机的轮压为 $W=50$ kips,圆形轮胎印面积为 800 in^2。圆形轮胎印区域的直径为 32 in。管顶的活荷载压力为 $P_1=4(50\text{ k})/\pi(32+H)^2$。根据第 12 章所述,临界活荷载压力为 $P_{cr}=3kL_f/\text{ft}$ (OD),其中荷载系数 L_f 取决于垫层级别。令 $P_1=P_{cr}$,求出最小覆土厚度 H,

垫层级别	L_f	$H(\text{in})$
A	2.5	12.0
B	1.9	18.5
C	1.5	24.8
D	1.1	34.3
D—荷载	1.0	37.6(TEB 试验)

对于典型的 C 级垫层,最小覆土厚度约为 25 in。这属于管环分析。因此,假设垫层是不可压缩的。忽略水平管环支承。承受活荷载的管段不会在两个相邻的管段之间受到向下压力,从而起到梁的作用。

承口破裂

管段形成支梁时,其性能极限一般是承口破裂。在重活荷载和最小覆土厚度条件下,刚性管需要腋下土壤支承。若腋下土未压实,管下会形成空隙,见图 13-11。例如,埋设土壤的休止角为 $\varphi'=40°$,空隙宽度将大于外径的一半 $0.643(OD)$。管上的活荷载使管顶下移,出现裂纹或将管子压入垫层内。在腋下,休止角处的松散土无任何抵抗力。当管段被下压时,在管段两端反力 Q 的作用下,形成简支梁,见图 13-12。正是反力 Q 使承口破裂。抗张强度低的陶土管和素混凝土管容易损坏。最大张应力出现在起拱线附近的承口处。一旦开裂,碎片的长度与直径相当,如图 13-12 所示。近似分析是令承口能承受的 Q 与作用于作为支梁的管段上的地表活荷载引起的反力 Q 相等。

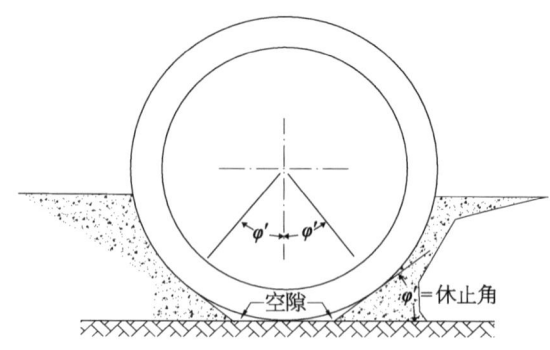

图 13-11 刚性管截面,显示若土壤未推入下方,在管道基础支承角范围形成空隙的过程

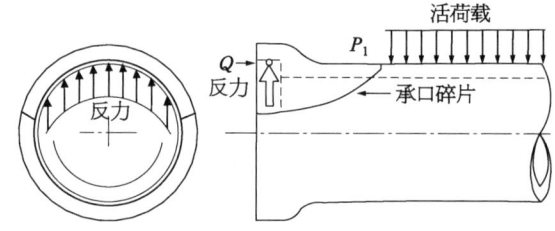

图 13-12 管段承口端承受活荷载压力,但仅由相邻管段两端的反力 Q 支承

[例 2]

若承口破裂,上例中的最小覆土厚度 H 是多少? 素混凝土管长度为 $L=8$ ft。假设承口较薄部位的截面积 $A=5\text{ in}^2$。起拱线处的张应力为 $\sigma=Q/2A$,Q 的最大值 $=2A\sigma_f$,其中 $\sigma_f=$ 混凝土的抗张强度。混凝土的抗张强度为 $\sigma_f=1.0$ ksi。由三边支承试验得出,试验中的 D—荷载 $=3$ k/ft,见图 13-13。因此,破裂时的反力 $Q=2A\sigma_f=10$ kips。但 Q 是由于地表活荷载 W 引起的管道压力 P_1 的反力。从圆锥体穿透分析可知,$P_1=4W/\pi(32+H)^2$。受压区域将大于管长的一半。因此,在误差较小的情况下,假设 W 位于跨中,反力 $Q=0.5P(OD)(32+H)$。代入 P,令两个 Q 的值相等,

$$W(OD)/\pi(32+H) = A\sigma_f \qquad (13-11)$$

根据方程式(13-11)得出，最小覆土厚度为 $H = 28.5$ in。

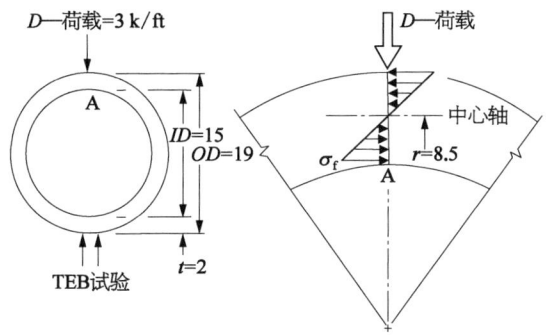

注：r 为圆心到管道中心轴的长度。

$M_A = (D—荷载)r/\pi$ ——见附录 A

若 $r = 8.5$ in，D—荷载 $= 3\,000$ lb/ft，$M_A = 676.4$ lb。

$\sigma_f = 6M/t^2 = 1\,014.6$ psi ——抗张强度为 $\sigma_f = 1.0$ ksi。

图 13-13 根据三边支承（TEB）试验评估典型 15 in 3 级素混凝土管的抗张强度，其中 D—荷载 $= 3\,000$ lb/ft

在此分析中，管段是一个简支梁，垫层或管道下土均未提供支承力。根据支承情况，最小覆土厚度将小于 28.5。该分析属于近似分析，因此谨慎做法是指定良好垫层和埋设土壤，规定施工交通车辆的冲击荷载对应的最小覆土厚度为 3 ft。为埋置和压实管道基础支承角范围土壤，施工人员可以在管道顶部使用 J 形棒将一叠土壤沿着管道推入到位，或者使用高压喷水器冲入，或手动操作机械夯土机。有些施工人员在管道基础支承角范围灌入水泥土浆，其坍落度应为 10 in，见第 16 章。刚性管通常具备足够的强度，可作为支梁抵抗跨中的周向断裂。制造商会限制管长，以防止支梁破坏。下面的例子对梁分析进行了相关比较。

[例 3]

简支梁底部最大纵向拉应力为 $\sigma = Mc/I$，上例中管道的最小覆土厚度 H 是多少？均匀荷载 w 作用在跨中时，$M = wL^2/8$，其中 w 为单位梁长的荷载，即 $w = P(OD)$。$P = 4W/\pi(32+H)^2$。$I/c = (\pi/32)[(OD)^4 - (ID)^4]/(OD)$。若抗张强度为 $\sigma_f = 1$ ksi，将数值代入方程式中，$\sigma_f = M/(I/c)$，$H = 26.2$ in。承口破裂造成的破坏稍微超出临界范围。

练习题

13-1 带橡胶轮胎铲土机一个车轮的荷载为 25 kips。如果轮胎压力为 30 psi，地面上轮胎印直径是多少？

($D = 32.6$ in)

13-2 如果要保护 6×2 波纹结构钢板涵洞（钢材厚度为 0.134 5 in），那么压实到可以忽略辙深的颗粒状回填土的最小覆土厚度是多少？半径是 $r = 48$ in。沥青路面上的最大双轮荷载为 16 kips，沥青路面不会分散轮压。安全系数是多少？$I = 0.938$ in^4/ft，$I/c = 0.879$ in^3/ft。

(11.8 m)

13-3 问题 13-2 的解与根据《美国钢铁协会——排水和高速公路用钢结构产品手册》的解对比情况如何？安全系数是否需要取 2？（参考手册 p.258）

13-4 采用塑性铰分析时，颗粒状回填土中柔性埋管破坏时的半无限表面活荷载是多少？

管道钢材	土壤
3×1 波纹	滩砾
$t = 0.109$	$H = 15$ in
$D = 96$ in	$\gamma = 125$ pcf
$I/c = 0.335\,8$ in^3/ft	
$\sigma_f = 36$ ksi	

(1.26 ksf)

13-5 如果 HS-20 卡车双轮荷载通过，3 级素混凝土管的最小覆土厚度 H 是多少？$W = 16$ kips。

管道
$OD = 19$ in
$ID = 15$ in
$\sigma_f = 1.0$ ksi

土壤
压实颗粒状土壤
$\varphi = 40°$

第 14 章
纵 向 力 学

埋地管道纵向力学是对纵向变形与变形性能极限进行比较的研究。过度变形会造成管道断裂,此时可确定该管道的应变极限。如果管道纵向变化太大,导致配件脱落或者接头处出现泄漏,说明管道发生过度变形,此时可确定对应的应变极限。如果可以得到管道的应变值,则对应的管道应力可以作为设计依据。引起纵向应力(应变)的主要原因包括:

(1)温度和压力变化,导致在土壤和推力约束下管道长度发生相对延长或缩短;

(2)轴向推力,由内部压力或真空度作用下在"助推件"(阀门、管帽、大小接头、Y形管接头、三通和弯头等)上产生;

(3)纵向弯曲,会形成挠曲应力,典型原因有:① 为保持垂直对齐将管段码放在枕木、土堆或支墩上;② 垫层不均匀沉降;③ 山坡土体蠕动或滑坡,以及土体大面积位移或沉降。

本章分别对这三种引起纵向应力的原因进行了分析,再对得出的结果进行耦合分析。文中对法兰连接和连续焊接这两类管道(例如焊接钢水管和焊接聚乙烯管)分别分析。下面对导致纵向应力(和应变)的三个主要原因分两类进行探讨。

纵向受约束管道

如图 14-1 所示,温度应力是由管道端部受到约束导致其无法伸缩产生的。对于普通埋地管道,温度变化必须非常大才能形成临界纵向应力。对于端部受约束管道,其温度应力为

$$\sigma_T = E\alpha(\Delta T) \qquad (14-1)$$

式中:σ_T——因温度变化在受约束管道内形成的纵向应力;

E——弹性模量;

A——热膨胀系数;

T——温度变化值。

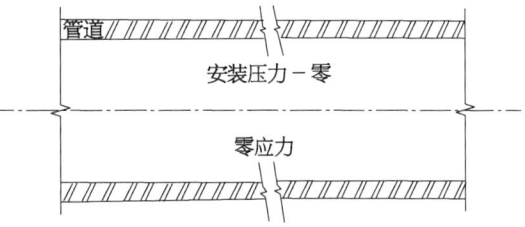

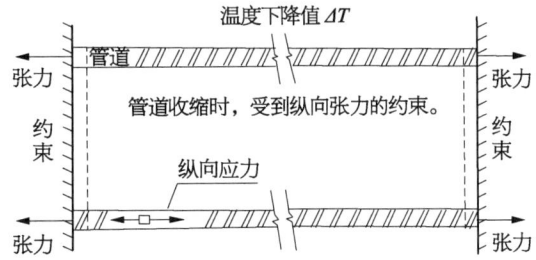

图 14-1 受约束管道由温度下降导致的纵向应力

以焊接接头为例,对于端部受约束钢管,为了在管壁上形成 36 ksi 的屈服应力,温度变化应为约 185 °F。若管段不太长,则以垫

片连接的承插接头可避免该问题。

端部受约束管道在内部压力作用下还会承受纵向张力,见图 14-2。橡皮筋在拉伸作用下会变细,管段同样如此:在内部压力作用下管壁因发生膨胀而变薄。这就是泊松效应。纵向张应力为

$$\sigma_\rho = vP'r/t \qquad (14-2)$$

式中:σ_ρ——因内部压力在管道内形成的纵向应力;
v——泊松比(大多数管材的泊松比为 0.25~0.4);
P'——内部压力;
r——管道内半径;
t——光面管壁厚。

σ_p 值并不总是临界值。钢管在加管帽或加管塞后,经加压使管道承受周向屈服应力 P',此时的纵向应力为屈服应力的一半。

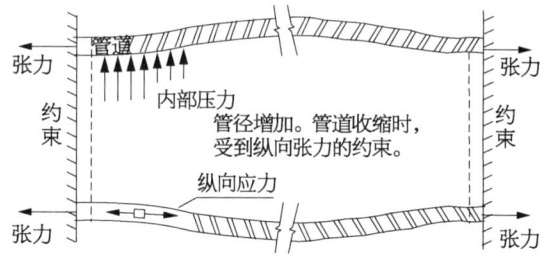

图 14-2 受约束管道内部压力(泊松效应)形成的纵向应力

焊接埋地管道如果长度过长,会受到来自土壤摩擦(如果没有端部约束力)的约束,在温度降低和内部压力作用下承受推力(张力)。

[例 1]

在温暖气温条件下安装一段 12D PVC 管(DR26)。当用作供水管线时,管道温度降低 50 ℉,管道内部压力增加至 160 psi。受到纵向约束的管道纵向应力是多少?

$DR = 26 = OD/t$;
$r/t = 12.5 = (DR-1)/2$;
$E = 400$ ksi = 弹性模量;
$\alpha = 3(10^{-5})/℉$ = 热系数;
$v = 0.38$ = 泊松比;
$P' = 160$ psi = 内部压力;
$\Delta T = 50$ ℉。

合并方程式(14-1)和(14-2),$\sigma = E\alpha\Delta T + vP'(r/t)$ 代入数值后得到:$\sigma = 600$ psi $+ 760$ psi $= 1.36$ ksi。

在管道突然破裂处,屈服应力为 $\sigma_f = 6$ ksi。在 50 年持续压力作用下,$\sigma_f = 4$ ksi。受约束管道承受的应力随时间会减少至 1.36 ksi 以下。如果管段不是太长,以垫片连接的接头可避免发生温度和泊松效应。如果管段很长,在温度和泊松效应下,管段会出现长度变化,进而产生明显纵向应力。管段一旦长度发生变化,会受到来自土壤的摩擦阻力的部分约束。就像在拔河比赛中,双方参赛者的手与绳子的摩擦力在绳子中段累积成最大的拉力,埋地管段在土壤摩擦力作用下在中间部位承受最大推力。这个推力会产生纵向应力,

$$\sigma = LH\gamma\mu'/2t \qquad (14-3)$$

式中:σ——因土壤摩擦阻力在管道内形成的纵向应力;
L——管段长度;
H——管道上方的覆土厚度;
γ——覆土容重;
μ'——管道上土壤的摩擦系数;
t——光面管壁厚。

部分管道工程师假定颗粒土壤与钢管之间的摩擦系数如下:

外缠玻璃纤维布钢管　　$\mu'=0.2$

外覆砂浆钢管　　　　　$\mu'=0.4$

[例2]

管道埋地后收缩,此时管道中段的纵向应力是多少？该管道外缠玻璃纤维布,采用垫片连接,壁厚为 0.50 in,全长由多根 120 ft 管段组成,其 $\mu'=0.2$。覆土厚度 $H=6$ ft,容重为 125 pcf。将数值代入公式(14-3),土壤摩擦导致的纵向应力最高为 1.5 ksi。虽然该应力值不算太大,但会与其他纵向应力结合,如纵向弯曲形成的弯曲应力。

纵向弯曲

如图 14-3 所示,如果一条直管弯曲成半径为 R 的圆弧,这说明管道外侧纤维材料发生纵向应变。如果 R 值太小,管道发生屈曲;此时在管道塑性铰处发生扭曲。与应力相比,应变更易于分析。下文中会对应变和应力做分析,因为在一些情况下屈服应力值表示性能极限。在纵向弯曲情况下,纵向应变和应力值(弹性理论)为

$$\varepsilon = r/R \text{ 和 } \sigma = Er/R \quad (14-4)$$

式中：ε——最大纵向应变,弯曲处的外部张力和内部压缩力；

σ——最大纵向应力；

r——管道截面外半径；

R——弯曲处管道轴线的纵向半径；

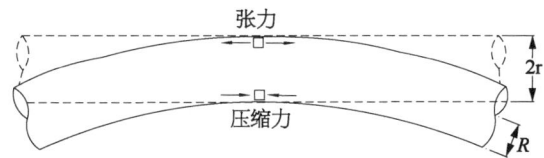

图 14-3　管道弯曲成纵向平均半径 R 时张力和压缩力中的纵向应力(和应变)

E——弹性模量；

R'——弯曲处的初始半径(若管子弯管)。

[例]

为了方便运输,聚乙烯输气管道弯曲成管卷的最小半径是多少(或下放连续管到管沟所需的最小纵向半径)？如果允许应变为 2%,且管道外径为 2 in,则根据方程式(14-4)可知,$R=50$ in。

如果管道的初始半径为平均半径 R,则方程式(14-4)须考虑曲率变化：

$$\varepsilon = r(1/R - 1/R') \text{ 和 } \sigma = Er(1/R - 1/R')$$

弯管的平均曲率半径可通过已知长度 s 的拉线(直尺)测得——沿弯管内壁拉线(如图 14-4 所示)并测量拉线中间位置的偏移量 e。弯管的平均半径 R 为

$$R = s^2/8e + e/2 + r \quad (14-5)$$

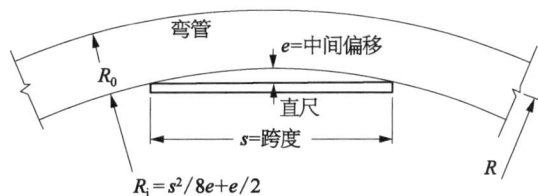

图 14-4　弯管内部纵向曲率半径 R_i 的测量技术(该技术还可用于求管道的外部曲率半径 R_o)

在 R 值已知的条件下,纵向应力(和应变)可通过方程式(14-4)计算出。上述分析可用于对照允许值检查弯管安装半径。R 值可根据管道内部测量值计算得出。

纵向弯曲因以下原因造成：① 土壤位移；② 不均匀垫层。

土壤位移由地表重型荷载、路基土不均匀沉降和滑坡等造成。土体沉降一般是可预测的。

尽管有相关规范对垫层平整度做出了

规定,但不平整垫层在实际施工中不可避免。在土压力及管道和内水重量的综合作用下,管道会发生挠曲,并产生纵向应力。加筋管的制造商一方面对管道做纵向加固,另一方面限制管段的长度。波纹管道可有效降低纵向应力,因为波纹管道通过自身弯曲可与垫层贴合,不会刚性跨越软弱处。

管道上出现弯曲时会形成弯矩 M,对应的纵向应力为

$$\sigma = Mr/I \quad (14-6)$$

式中：σ——纵向应力；

r——管道截面外半径；

I——光面管截面的形心惯性矩,$I = \pi t r^3$；

t——光面管壁厚；

M——管道(起梁的作用)某点上的弯矩。

弯矩 M 可通过分析管道上的荷载和支承力获得。支承力来自管道沿线间断性应力集中点。如果垫层敷设平整,管道不会如同梁结构一样发生挠曲。不过,垫层完全平整是不可能实现的,在管道上总会存在一定的挠曲和弯矩 M。将通过梁分析获得的最大弯矩值,代入方程式(14-6)。设计中,最大组合纵向应力须小于考虑安全系数后的管道强度。

对于绝大多数情况而言,管道在无支承,或布置在柔软垫层软点上时,实际上形成了刚性梁结构。如果反力只发生在管段端部或中间部位,见图14-5,则管段的最大弯矩在中间部位,可通过公式 $M/wL^2 = 1/8$ 获得。图14-5中的反力只有在最不利条件下才会产生,一般不太可能出现——一根管段具有一个支承。

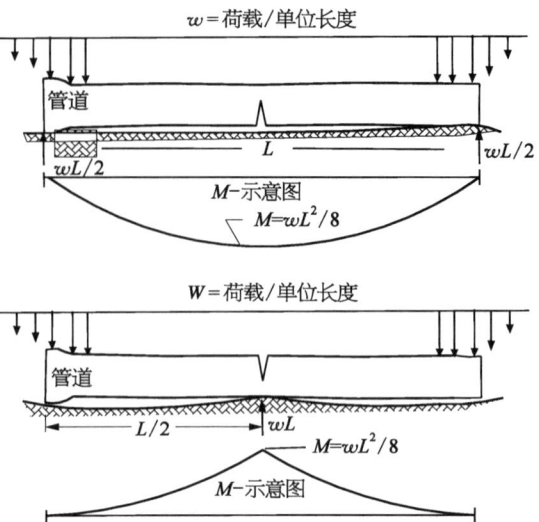

图14-5 两个弯矩示意图：每根管段一个反力的最不利情况和每根管段两个反力时情况一种的极限情况(这些可能是最大弯矩)

另一个极端情况是,管道承受多个紧密布置的反力,这也是不太可能的。例如,假设一条大口径管道放置在一组辊轴支架上,辊轴支架位于水平混凝土地面上,如图14-6所示。管道被辊轴托起时,只有两个辊轴承担着管道荷载和滚动力。其他辊轴未与管道接触,因此未承担任何力。两个最高的辊轴形成反力。很明显,这两个反力作用于荷载重心的不同侧,见图14-7。每根管段有两个支承点是最可能发生的。

根据上述原理,可将每根管段上的反力数减少至1个,多数情况下减少至2个。如果挖了承口坑,反力就不会作用于管段两端。如果两个反力作用于管段中段的同一侧,此时无法控制纵面线形。

如果反力位置与最大弯矩的形成有关系,则通过方程式(14-6)可以获得最大应力,然后可以得出管段的允许长度及其纵向强度。

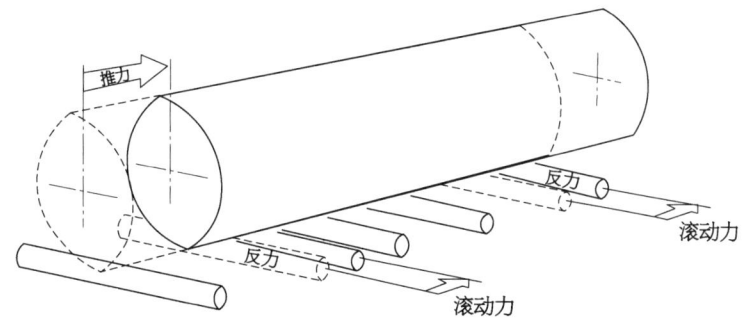

图 14-6 大口径管段置于多个辊轴支架上（实际最可能只有两根辊轴在同时支承管道）

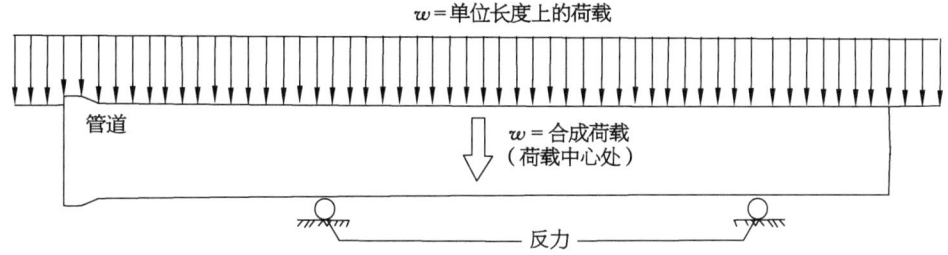

图 14-7 维持管段稳定所需的两个反力

图 14-8 和图 14-9 是反力位置产生无量纲影响的示意图。根据临界影响数 M/wL^2 可计算出最大纵向应力。如果每根管段只有一个反力，则最大弯矩 $M = 0.125wL^2$，且总是位于管段中段，但影响曲线未提供。每根管段上承受的反力最可能为两个。坚硬的支承点一般考虑为集中反力。每根管段上的两个反力可位于任何相对位置上。但是，临界位置出现在以下三种情况下。

情况一：反力位于梁的端部或附近。这种情况类似于上面讨论过的一根管段只有一个支承的情况，见图 14-5。

情况二：反力位于距离管段端部均为 kL 的两个 B 点，见图 14-8。

情况三：反力位于管段中段（$L/2$），但左侧反力与梁左端的距离是 X，见图 14-9。值得注意的是，最大弯矩位于 $X=0.2L$ 处。

管桩上管道

情况一的一个例子是：为了获得纵向面内变形将埋地管道置于管桩（排架）上。使用管桩是因为土体沉降。土体相对于管道发生沉降后，管道会以 $45°+\varphi/2$ 的楔角在顶部形成一个土楔。无黏性土壤的楔角大约为 $1h:2v$。

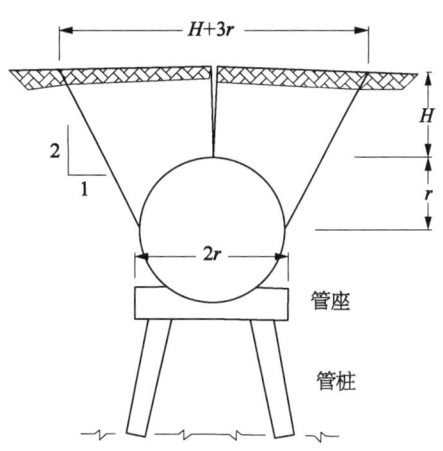

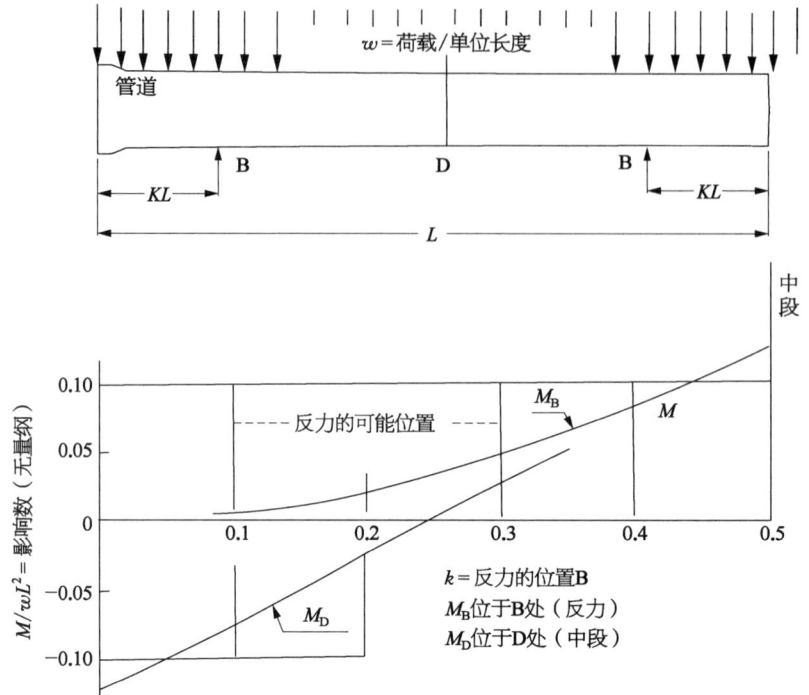

图 14-8 情况二中的弯矩影响图,其中反力矩管道两端的距离相等

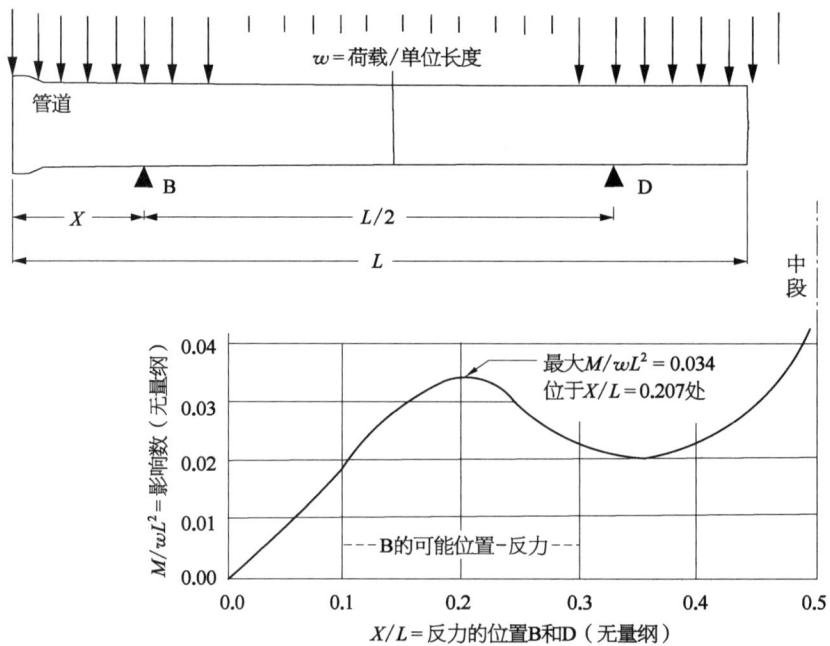

图 14-9 情况三中的弯矩影响图,其中反力位于管道中段两边且与管端的距离 X 不同

管道单位长度上的荷载等于土体重量加上管道及其内容物的重量。

[例 1]

在一个土体沉降区，将 120 in 长钢管（壁厚 0.75）埋在 120 pcf 土壤下方 6 ft 处的管桩上。如果管道内充满水，此时管道单位长度的荷载 w 是多少？

$w_s = \gamma_s(131.23 \text{ ft}^2) = 15.75 \text{ k/ft}$;
$w_p = 0.96 \text{ k/ft}$;
$w_w = \gamma_w(\pi r^2) = 4.90 \text{ k/ft}$;
$w = 21.6 \text{ k/ftw}$。

上述分析适用于理想化最不利条件下的集中反力。实际上，反力分布在有限的区域内。即便反力之间的管道未接触垫层，埋设土壤会沿管道下沉至拱腋下方，从而产生部分土壤支承力。反力的合理分布形成正弦曲线反力，如图 14-10 所示，具体表现为：正弦曲线反力的弯矩、应变、应力和挠度值为集中反力条件下对应值的十分之四。

不利安装条件下也可能出现例外情况，如埋地管道位于管墩上。虽然相关规范已经要求平整的垫层和压实的埋设土壤，管道制造商仍应控制管段长度或提供足够的纵向强度。管道制造商和管线设计人员应了解管道满足上述要求所需的纵向应力和强度。

纵向应力是累加的，即梁应力，加上特殊截面形成的轴向推力和土壤位移，再加上温度和内部压力引起的土壤摩擦力。

[例 2]

一根 120 in 钢水管段，壁厚为 0.75 in，长为 120 ft，两端采用垫片（或滑动接头）连接。该管段覆土厚度为 6 ft，管道需要穿越一个可能发生土体沉降的冲沟。弯曲引起的应力是多少？管道按简支考虑。$\sigma = Mc/I$。

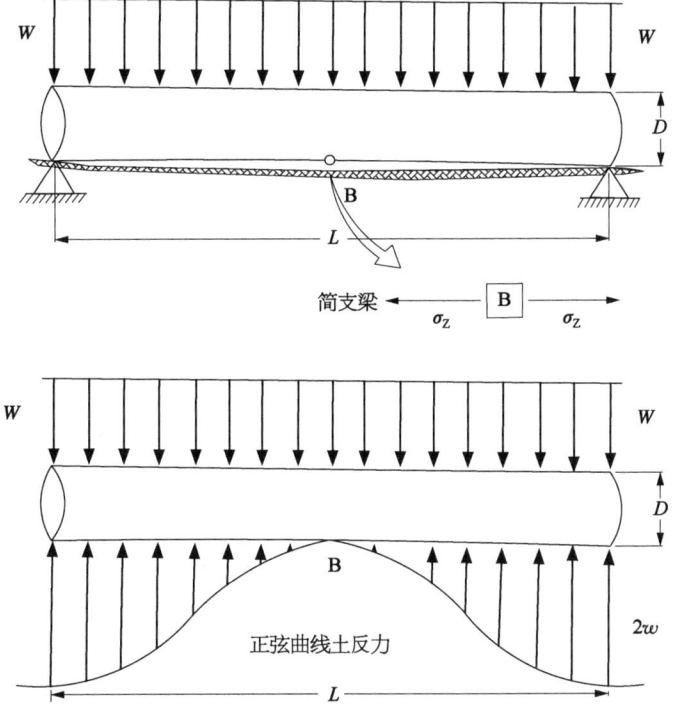

图 14-10 最不利条件下双反力简支梁（顶部）及其可能的正弦曲线反力（底部），其中应力和挠度值为简支梁对应值的十分之四

其中：

$M = wL^2/8$；

$w = 21.6 \text{ kips/ft}$（根据上例）；

$L = 120 \text{ ft}$；

$I = \pi r^3 t$；

$t = 0.75 \text{ in}$；

$c = r = 60 \text{ in}$。

代入相应值后，$\sigma = 55 \text{ ksi}$。该应力超过了屈服应力。但是，土壤沉降必须为 6.6 in 或更大。如果沉降太小，梁上的应力会小于 55 ksi。另外，屈服应力并不表示管道破坏。在屈服条件下，梁破坏的塑性弯矩增加了 50%。

纵向挠曲

管道的纵向刚度为 $EI = \mathrm{d}M/\mathrm{d}\theta$；

式中：M——梁的阻抗弯矩；

E——弹性模量；

I——管道截面围绕其形心轴的惯性矩，$I = \pi r^3 t$；

θ——管道作为梁的圆形弯曲角。

在如下两种情况中，多数设计人员认为刚度与管道的梁挠曲有关：① 管道作为梁承受荷载，或者② 在屈服位置存在最大纵向应力。这些分析说明，管道可以有效跨越垫层上的柔软支点，见图 14-11。

[例]

一条 120 in 直径的埋地钢水管线，由 60 ft 长（垫片连接）管段组成，干覆土厚度 6 ft。如果土壤发生沉降，简支管段跨中的挠度值是多少？假设：

$y = $ 中段的垂直挠度；

$D = 120 \text{ in} = 2r$；

$t = 0.75 \text{ in}$；

$L = 60 \text{ ft}$；

$H = 6 \text{ ft}$；

$\gamma = 120 \text{ pcf} = 0.12 \text{ kcf}$；

$w = 21.6 \text{ k/ft}$；

$I = \pi t r^3$；

$E = 30(10^6) \text{ psi}$；

$\sigma_y = 36 \text{ ksi} = $ 屈服强度。

根据上例，对于土楔荷载、管道和内容物，$w = 21.6 \text{ k/ft}$。简支管道的跨中挠度值为 $y = 5wL^4/384EI$。代入相应值后，得出 $y = 0.41 \text{ in}$。关于梁挠曲公式的介绍在力学部分。对应的最大纵向应力为 13.5 ksi。该应力出现在由硬支点支承的管段，且在管端之间，在土体沉降作用下管道下部出现一个 0.41 in 的空隙。这是一种纵向刚性管。

挠曲值与长度的四次方成正比。如果管段长度为 80 ft（而不是 60 ft），则挠曲值将增加 80/60 的四次方，即 3.16。0.41 in 挠度值变为 1.3 in，而应力值——按照同一个系数增加——为 43 ksi（大于屈服应力 36 ksi）。在屈服条件下，在应力值为 43 的三分之二时会

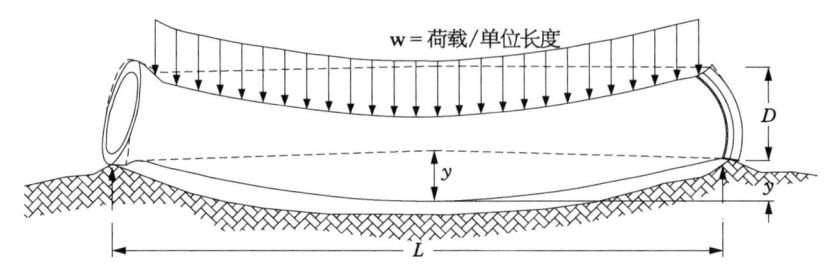

图 14-11　两端支承管段的梁挠度值 y

发生塑性破坏,此时塑性塌陷的安全系数仅为1.26。为获得L的四次方效应,应注意土体沉降的跨度不要太大。

垫片连接管段

在连续焊接管道中,纵向应力不可避免。但是,在垫片连接的管线设计中,纵向应力通常很小,可以忽略不计。一般认为垫片连接接头不传递弯矩,但会传递剪切力。在规范规定的均匀垫层和压实埋设土壤条件下,可以获得足够的纵向强度。在普通埋地管道装卸、运输和安装过程中,管道制造商应确保管道具有足够的纵向强度。一般来讲,管线设计人员不太关注纵向应力问题,除非出现不利情况,如管桩或管墩上的埋地管线出现梁式作用。在接头吊装、码放和入扣过程中,管线设计人员应遵循制造商的建议,避免出现过大的纵向应力。

在内部压力(或真空度)作用下,以及流体方向发生变化时,特殊管段(弯头、Y形管接头、三通、阀门、管帽和大小头等)处会产生纵向推力。在连续焊接管线中,推力被管道内的纵向应力抵消。垫片连接管线中,纵向应力一般可忽略不计,除非出现特殊情况。管道需要外部推力约束来抵抗纵向推力(见第15章)。

如果管道和埋设土壤出现相对纵向位移,土壤与管道之间的摩擦力在下列情况下会引起纵向应力:① 土壤大面积位移;② 温度变化和内部压力造成管道伸缩。推力约束可减少此类相对位移。

[例]

假设一条垫片连接管线穿过一个正在沉降的土质路堤。在安装时该管线未发生弯曲,但在土壤沉降作用下会向下挠曲成拱形(悬链线)。由于拱的长度大于直线的长度,会将管道从插口稍微拉出一些。但在这个过程中,由于土壤摩擦力,每根管段都会承受张力。公路工程师为了补偿路堤下的管道挠曲,一般会给管道设置弧拱——反向(向上)挠曲,这样在土壤沉降条件下管道不会发生弯曲。

山坡上发生土方滑坡会使管线形成悬链线,导致管道被拉伸和从插口拉出。若管线上有垫片连接管段时,在垫片连接处可能会出现插口与承口分离的严重后果。

连续(焊接)管道

在焊接埋地管线中,纵向应力不可避免。造成这些应力的原因如下:

(1) 特殊管段:阀门、管帽、大小头、三通、Y形管接头和弯管(包括弯头)等;

(2) 固定端口或土壤与管道之间的纵向摩擦;

(3) 梁弯曲(纵向管道挠曲)。

下面对造成应力的各种原因做了单独分析,并在必要时做耦合分析。

(1) 特殊管段

流体方向改变和内部压力(或真空度)会引起纵向应力。例如,在管帽或关闭阀门处,管道的内部压力被纵向张力抵消。根据静态平衡方程式,破裂力 $\pi r^2 P$ 与抵抗力 $2\pi rt\sigma$ 相当,或者,

$$\sigma = PD/4t \qquad (14-7)$$

式中:σ——纵向应力;

D——内径=2r;

P——内部压力或真空度;

t——光面管壁厚。

对于一条10 ft的管道(壁厚0.75 in),在

承受 100 psi 内部压力的情况下,管帽或关闭阀门处的纵向应力为 $\sigma=4$ ksi。环向应力是纵向应力的两倍。该纵向推力如果不会引起其他纵向应力,其影响有限。除非管道内含有高速流体,否则流体方向改变导致的冲击效应可忽略不计。关于推力约束详见第 15 章。

(2) 固定端口和土壤摩擦

固定端口或土壤摩擦一般会造成管线伸缩,进而引起纵向应力。温度变化和管道内部压力(或真空度)会造成管道长度改变,而土壤大面积位移会改变管道线形或长度。

一条连续焊接管线中,温度发生任何改变都会引起纵向应变和应力:

$$\varepsilon = \alpha(\Delta T)$$

$$\sigma = E\alpha(\Delta T) \quad (14-8)$$

另见方程式(14-1),式中:ε——纵向应变;

α——热膨胀系数;

T——温度变化;

E——弹性模量;

σ——应变引起的纵向应力。

温度应力本身造成的影响有限。但是,值得注意的是在一些情况下,温度应力会引起不良影响。举例来说,一条 9 ft 钢水管在一个温暖的下午完成焊接。然后该管道用土壤覆盖,只留 200 ft 跨河段未加覆盖。当天晚上,气温骤降,张应力在管道与承口的过渡半径处造成管道周向破裂。

另一个例子是,一座核电站内的 10 ft 焊接埋地钢水管经反应堆与冷却塔以直线方式相连。当管道内引入热水后,管线被拉长,造成与之刚性连接的冷却塔基础被破坏。

[例 1]

如果温升为 $T=50$ °F,在管道(直径 $D=$ 10 ft,壁厚 $t=0.75$ in)受到端部约束时的纵向力 Q 是多少?根据方程式(14-8),管壁内的纵向温度应力为 $\sigma=E\alpha(\Delta T)$。总力 Q 等于应力乘以钢材面积,因此,

$$Q = E\alpha(\Delta T)\pi Dt \quad (14-9)$$

当钢材 $E=30\times10^6$ psi 和 $\alpha=6.5$ 微单位/华氏度时,$Q=2\,756$ kips。其足以破坏钢筋混凝土基础。

消除固定端口推力的方法之一是使用伸缩节;或者安装滑动接头,如垫片接头,或者插入波纹管。该伸缩插入件可减少端口处管道内的纵向应力。但是,在距离接头 L' 处,由于存在土壤摩擦力,应力会在管道内再次形成。

连续焊接管任何线性变化都会引起管线长度增加,进而产生纵向应力。管道线形的改变通常由大面积土壤位移造成。一条长度为 L 的管道在安装时是直管,但在大面积土壤位移作用下挠曲成圆拱(半径 R),此时可通过三角法计算管道长度的变化值 ΔL。

$$\Delta L = R[2\sin^{-1}(L/2R)-(L/R)] \quad (14-10)$$

应变为 $\varepsilon=\Delta L/L$,应力为 $E\varepsilon$。该应力可与其他纵向应力叠加。

(3) 梁弯曲

连续焊接埋地管线发生挠曲后,产生的纵向应力包括:① 挠曲应力,σ_F,由纵向弯曲造成;② 张应力,σ_T,由管道弯曲处的拉伸造成。形成纵向弯曲的原因通常为:① 可压缩垫层上的埋地管道上承受重车轮压;② 埋地管道下方开挖时未恰当回填,导致支承管道的回填土发生沉降。更为不利情况为上述两种情况的组合,即开挖后未恰当回填加上重车轮压,见图 14-12。

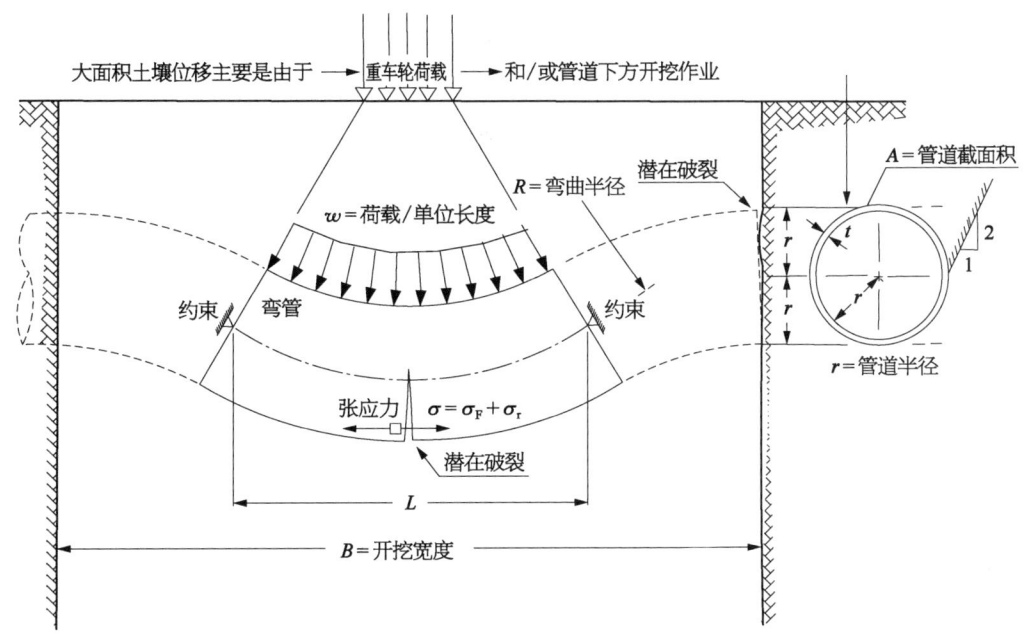

图 14-12 大面积土壤位移导致的管道弯曲处自由体受力图

这种情况特指由非常典型的管道上重车轮压和/管道下开挖作业中回填土沉降造成的大面积土壤位移

如果管道的弯曲半径 R 和土压力 w 已知，则纵向应力为

$$\sigma_F = Er/R$$
$$\sigma_T = wR/A \quad (14-11)$$

其中，σ_F 和 σ_T 分别为挠曲和拉伸引起的纵向应力；

E——弹性模量；

r——管道外半径；

w——管道单位长度上的土压力；

R——弯曲处的曲率半径；

A——管道截面积；

L——管道弯曲处的长度。

图 14-12 显示了管段（长度为 L）两端受到的约束力。对于承受高土摩擦力的拉紧直管，这些约束也许是正确的。w 为土压力。这些约束力位于反挠曲点处，此处的弯矩为零，反力为旋转铰。这种情况下，纵向应力可简化为 $\sigma_F + \sigma_T$。但约束力可能会发生滑移，此时分析会变得非常复杂。

[例 2]

一条埋在地下的 4D PVC(DR-51)电气穿线管在表面荷载作用下发生了破坏，破坏位置出现在与 4 ft 宽的管沟中铺设的另一条下水管的交叉处。该交叉处在导管下方，而管沟在导管就位后挖掘的深度比导管更深。管沟沟壁处管道顶部发生断裂，并形成周向裂纹，见图 14-12。造成管道断裂的原因有哪些？

（1）悬链线张力和挠曲造成管道断裂。但悬链线引起的应力可忽略不计；

（2）导致断裂的荷载是持续性的，有车辆不断通过；

（3）发生断裂的场景可能是这样的：起到梁作用的一条管道穿过一个管沟，而管沟内填土因未压实造成土壤沉降并在梁上形成荷载。

温度降低也会造成管道断裂。管道安装完后管道温度下降17 °F会形成2 ksi的张应力。虽然2 ksi与5 ksi的强度相比不算大的应力,但它会与其他张应力叠加。

管道在埋深1.5 ft处完成安装后,又在深度6.5 ft处铺设了一条下水管线。下水管沟宽4 ft,回填后未做压实处理。实际上,随着回填土的沉降,管道垫层变得松散并出现空隙。之后,混凝土搅拌车经过该路面,见图14-12。沟壁的反力值未知。因此,极限分析应考虑最不利条件下,梁的端部发生滑移但未旋转的情况。

为了便于分析,假定固端梁上存在静荷载,固端梁跨度4 ft,覆土厚度1.5 ft,覆土容重100 pcf。管道参数包括:$OD=4.13$,$t=0.081$,$r=2.0245$,$I/c=\pi r^2 t=1.043$ in^3。土壤沉降会在起拱线上方形成土楔,剪切面$1h:2v$;此时土壤容重为100 pcf,管道单位长度承受的重量为$w=194$ lb/ft,两端弯矩为$M=wL^2/12$,应力为$\sigma=3$ ksi。该应力比破坏应力(5 ksi)要小。但是,在7×22 in 矩形面积上的地表活荷载为16 kip时,会管道上荷载为$w=192$ lb/ft,与静荷载基本相同。因此,组合应力为6 ksi。这是上限值。由于实际应力比快速屈服应力小,管道会经过一段时间后才会显示出被破坏。

长管道

下面一个例子是,一条长直管道,在使用了伸缩节后其端部不再受约束。但是,由于管道长度过长,土壤摩擦力积聚在管道端部,并约束管道中段的长度变化,见图14-13。只有在距离接头L'长度范围内的管段发生伸缩时才会引起土壤摩擦。根据静态平衡方程式,对于任何纵向应力,

$$L'=\sigma t/P\mu' \tag{14-12}$$

式中:L'——从管道伸缩节到有效约束点的距离;

σ——温度变化和内部压力在管道中间受约束段上引起的纵向应力;

t——光面管壁厚;

P'——管道内部压力;

P——管道上的平均有效土壤压力;

γ——土壤的有效容重;

H——覆土厚度;

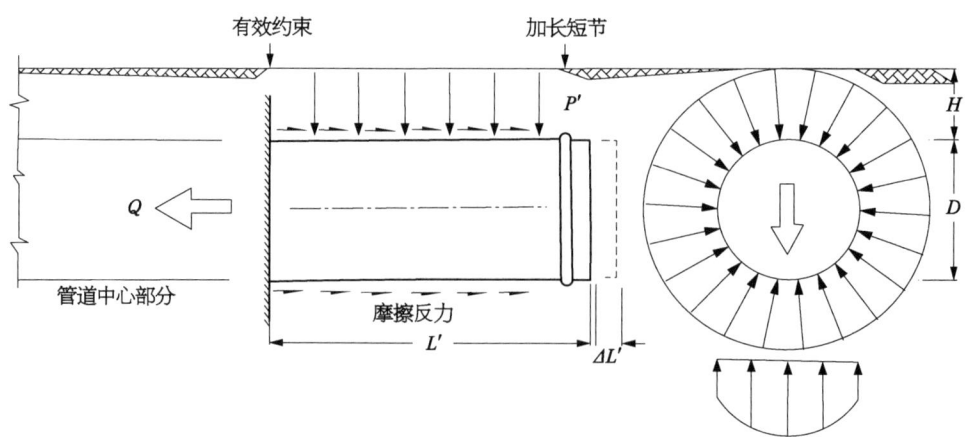

图14-13 伸缩节到有效约束点之间距离L'上管道伸缩造成的土壤摩擦反力

E——弹性模量;

α——热膨胀系数;

T——温度下降值;

μ'——管道上的土壤摩擦系数;

v——泊松比。

[例]

现有一条 120 in 钢制市政冷水管线。水厂一侧接口为套筒伸缩接头。如果温度下降 60 °F 且内部压力为 125 psi,则套筒伸缩接头到有效约束点的距离 L' 是多少? 该管道的覆土厚度为 6 ft。

$P' = 125$ psi;

$D = 120$ in;

$H = 6$ ft;

$\gamma = 120$ pcf;

$E = 30(10^3)$ ksi;

$\alpha = 6.5$ 微单位/°F;

$t = 0.75$ in;

$T = 60$ °F;

$\mu' = 0.2$(包缠带管道);

$v = 0.3$。

L' 可根据方程式(14 - 12)得到。该柔性钢管的有效径向土壤压力 P 是 0.72 ksf。在温度降低和内部压力(均引起张力)作用下,纵向应力为

$$\sigma = E\alpha(\Delta T) + vPD/2t = 14.7 \text{ ksi}$$

将对应值代入方程式(14 - 12),得出 $L' = 919$ ft。在距离伸缩节 919 ft 以外,纵向应力为全值 14.7 ksi。

如果允许纵向应力为 $\sigma = 36/2 = 18$ ksi,根据方程式(14 - 12),L' 值增大为 1 225 ft。由此得出:如果焊接管道的 σ 超过 18 ksi,则伸缩节之间的最大允许间距为 2 250 ft。该例子表明,摩擦系数是不可靠的。如果 μ' 大于 0.2,则允许间隔以同反比值减少。

赖斯纳效应(Reissner Effect)

管道发生弯曲时,截面变形为近似椭圆形,见图 14 - 14。如果忽略管道内部压力,则管环挠度 d 是弯曲半径 R 的函数,如下所示

$$d = 2Z/3 + 71Z^2/135 \quad (14 - 13)$$

其中 $Z = 1.5(1 - v^2)D^4/16t^2R^2$。

[例]

如果管环挠度 $d = 5\%$,则钢管的弯曲半径是多少?

D—— 平均直径 $= 109$ in;

$t = 0.25$ in;

$r = 54.5 = D/2$;

d—— 管环挠度 $= \Delta/D$;

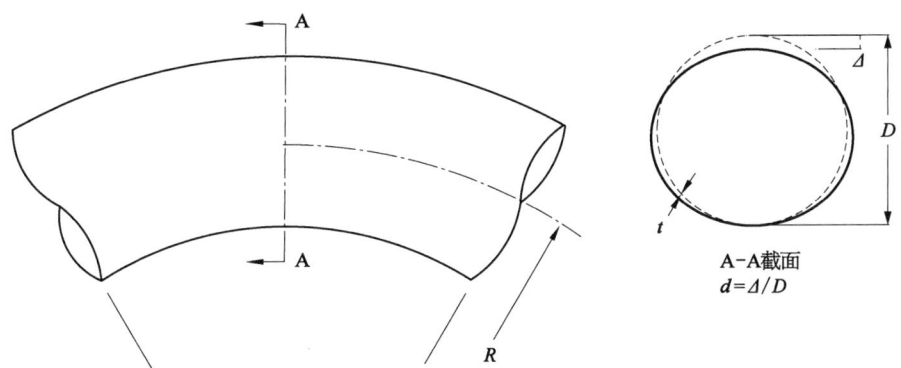

图 14 - 14 赖斯纳效应(弹性理论),显示弯曲光面直管(纵向半径为 R)后导致的管环挠度 d

Δ——直径变化值；
R——弯曲半径；
σ_f——屈服应力；
E——弹性模量 $= 30 \times 10^6$ psi；
v——泊松比 $= 0.25$。

代入对应数值后，得出 $Z = 200 \times 10^6$ in^2/R^2。

根据方程式(14-13)，$R = 4\,420$ ft。最大纵向应力为 $\sigma = Er/R = 30.8$ ksi。

练习题

已知：钢水管道长度为 12 000 ft。

$D = 42$ in——直径；

$t = 0.25$ in 壁厚；

$L = 60$ ft 长管段。

承插接头连接，外敷煤焦油磁漆，且外包毡套。

$E = 30(10^6)$ psi；

$\sigma_f = 45(10^3)$ psi；

v——泊松比 $= 0.25$；

a——热膨胀系数 $= 6.5(10^{-6})/℉$。

土壤：颗粒状，$c = 0$；

$\gamma = 120$ pcf；

φ'——土壤摩擦角 $= 30°$；

μ'——管道上的土壤摩擦系数 $= \tan 30°$；

$\mu' = 0.4$（水泥砂浆），$\mu' = 0.2$（缠带）。

管底下方地下水位：

H——覆土厚度 $= 5$ ft；

B——管沟宽度 $= 6$ ft。

为了保持垂直线形，在每根 60 ft 长管段两端设置土墩，这样管道不是置于垫层上，而是由拱腋下方的土壤分担部分支承力。

14-1 仅在土压力下发生梁弯曲时，在管道内引起的最大纵向应力是多少？

已知：替代方案除了管线回填前所有接头通过焊接连接以外，其他条件全部一样。

14-2 安装后温度下降 40 ℉ 和管道内部压力为 175 psi 时引起的最大纵向应力是多少？

(11.5 ksi)

14-3 路基土壤发生沉降时，两个连续土墩的最大允许沉降是多少？

（$y = 8.2$ in）

14-4 如果覆土厚度为 5 ft，并在管道中使用冷水，距离滑动接头多远才能导致全值纵向荷载约束？

(507 ft)

14-5 在管段回填前，多少根 60 ft 长的管段可以焊接在一起？假设有明显的降温。温度降低后，连续管段焊接在一起。

14-6 根据最不利地震条件设计接头焊接结构。

已知：在圣诞前夕，一条钢水总管发生脆性断裂，初期在管道顶部形成周向裂纹，随后向起拱线扩散，最后沿着两条起拱线纵向传递。该断裂发生在 100 ft 管道中段，相应管道位于一条向一个水厂（位于密西西比河洪泛平原）输送化学品的铁路下方。该管道在铁路下方钻孔就位和灌浆。为了在铁路下方顶管推进，在管段两端进行了坑道开挖。随后坑道回填石灰石；石灰石的干容重为 135~140 pcf，孔隙比为 0.4，压实密度大约为 90%（AASHTO-T99）。钢管直径为 72 ft，壁厚 0.375。洪泛平原的饱和淤泥重 103 pcf。

14-7 回填的石灰石沉降达到多少时，管壁应力会达到屈服值？

(4 in)

14-8 内部压力为 125 psi 时的泊松效应是多少？

14-9 72 in 钢管位于 7 ft 隧道衬砌套

管中,管道和套管间灌浆。为了在 7 ft 套管顶部安装一根横向 3 ft 管道,需要在中跨的套管和灌浆处开孔。在中跨的灌浆包层顶部开孔对管道有什么影响?

14-10 一条管线埋设于潮水土壤中。如采用钢制水管,直径 7 ft,垫片连接,由长 20 ft 的管段(带加劲环)组成,壁厚 0.5 in,置于桩排架(间隔布置于各接头附近)上,并埋设在 120 pcf 沙子下方,埋深 6 ft。那么,该管道内的最大应力是多少?

14-11 如果直径 10 ft 柔性管的周向容差为 3/32 in,那么承插接头处累积空隙内的泄漏面积是多少?

(5.6 in²)

14-12 在问题 14-11 中,空隙的宽度是多少?需要垫片的尺寸是多少?

(0.06 in)

14-13 用驳船将连续聚乙烯管道铺设于水下管沟中,需要的最小纵向曲率半径是多少?$R=(D/2)(E/\sigma_y)$

14-14 问题 14-13 中,在最小曲率半径下,聚乙烯管道的管环挠度是多少?

14-15 如果不使用弯头,PVC 管道 ($OD=24$ in,$DR=32.5$) 的可能最小水平曲率半径是多少?

14-16 求在临界纵向温度应力下垫片连接管段的最大长度。$T=40$ °F,$D=10$ ft,$t=0.5$ in,$c=0$,$\varphi=\varphi'=30°$,$H=6$ ft,$\alpha=6.5\times10^{-6}$。

(225 ft)

14-17 推导方程式(14-3)。

14-18 推导方程式(14-5)。

14-19 在反力间隔为 $L/2$ 且与接头的距离为 X 时,垫片连接管段长度为 L,单位长度上承受均匀的土压力,推导出承插口处剪切荷载 Q 的表达式。

14-20 证明正弦曲线反力引起最大弯矩,且弯矩为集中反力对应弯矩的 0.4 倍。

第 15 章
推 力 约 束

在内部压力作用下,带端部密封件(阀门或管帽)的直管段会承受纵向力。如果是静态压力,纵向力 F 仅为内部压力乘以面积,即

$$F = P\pi D^2/4$$

式中:F——管道中的纵向推力;
P——内部压力;
D——内径 $= 2r$。

假设管道在端部由承插连接,见图 15-1。因管道无法承受推力 F,需要在管道两端增加推力约束(止推墩)。

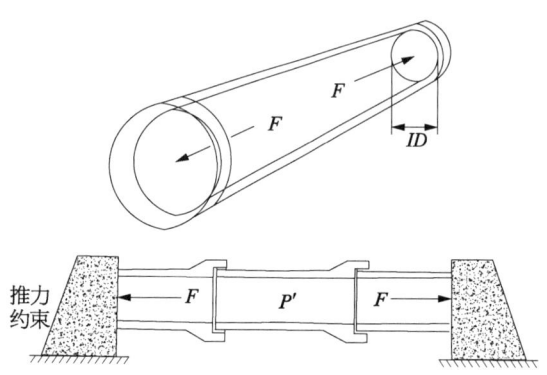

图 15-1 内部压力 P' 在管道端部引起的力 F

推力 Q 计算

推力约束应能够抵抗力 F,同时不会使管道发生位移,造成接头处发生泄漏。除了压力 P 外,假设管道内流体在压力梯度 ΔP 作用下移动,力 F 的增加值为 $\Delta F = \Delta P \pi D^2/4$。对于大多数埋地管线,流体摩擦力 ΔF 可忽略不计,因为垫片之间的长度很短,很容易被管道与土壤的摩擦力抵消。

现在假设承插连接的管道非直管。管道上的弯头(或弯曲处)会引起流体方向的改变。弯头处的侧向推力 Q 由压力和流体方向改变的冲击引起。Q 是弯曲处流体的冲力 Q_i 和压力 Q_p 的矢量和。分别计算这两个力。

冲击推力 Q_i

见图 15-2 自由矢量图。

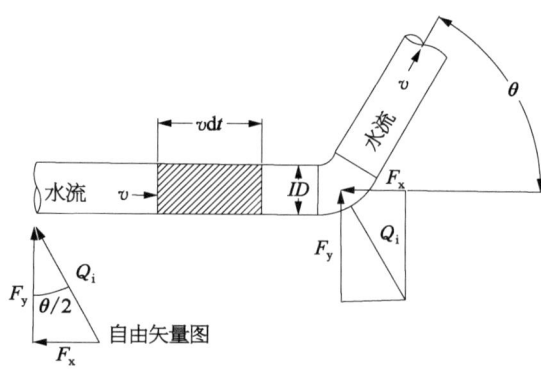

图 15-2 流体方向变化在管道弯头处形成的冲击推力 Q_i,显示 F_x 分量和 F_y 分量的自由矢量图

F——冲力(矢量);
Q_i——冲击产生的推力;
Q_i——冲力 F_x 和 F_y 的矢量和;
θ——弯曲处的偏移角度;
v——管道中流体的平均流速;
F_x——弯头处流体的轴向力;
D——内径;

ρ——流体的质量密度，$(v - v\cos\theta)$ = 液柱绕弯曲处流动引起的流速 x —分量的变化。

根据原理"冲量等于动量变化"，可得 F_x 和 F_y 值。冲量和动量都是矢量。图 15-2 显示了液柱（阴影部分）的自由体受力图。面积为 $\pi D^2/4$，长度为 $(v\mathrm{d}t)$。冲量等于力乘以时间 $\mathrm{d}t$，动量变化等于质量乘以速度变化。在 x 方向：

冲量 = $F_x\mathrm{d}t$

动量变化 = $(\pi D^2/4)v\mathrm{d}t\rho(v - v\cos\theta)$。

将 x 方向上的冲量和动量变化列为等式，

$$F_x = \pi(Dv)^2\rho(1-\cos\theta)/4$$

但 F_x 只是 X 分量。同样，将冲量的 y 分量与动量变化列为等式，

$$F_y = \pi(Dv)^2\rho(\sin\theta)/4$$

根据图 15-2 的自由矢量图，F_x 和 F_y 的合量为

$$2Q_i = \pi(Dv)^2\rho\sin(\theta/2) \quad (15-1)$$

Q_i 和 F_y 之间的角度为 $\tan^{-1}(F_x/F_y) = \theta/2$。考虑到管道关于 Q 矢量是对称，可直接写出方程式(15-1)，因为在 Q 方向上的流速变化量只有 $2v\sin(\theta/2)$。

压力推力 Q_p

见图 15-3。其中：

D——内径 = $2r$；

P——内部流体压力；

Q_p——内部压力形成的推力；

θ——弯曲处（弯头）的偏移角度。

承压流体弯头自由体受力图见阴影部分。如果忽略弯曲处的流体摩擦损失，根据自由矢量图，

$$2Q_p = \pi D^2 P\sin(\theta/2) \quad (15-2)$$

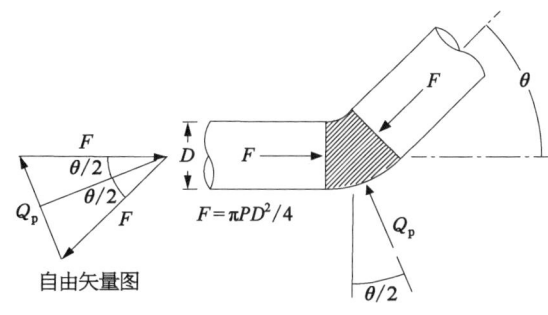

图 15-3 管道弯曲处（弯头）在内部压力 P 作用下形成压力推力 Q_p，显示计算 Q_p 的自由矢量图

Q_p 与 y 轴之间的夹角为 $\theta/2$。因此，推力 $Q = Q_i + Q_p$；即

$$2Q = \pi D^2(P + v^2\rho)\sin(\pi/2) \quad (15-3)$$

式中：v——流体的平均流速；

ρ——流体的质量密度；

θ——弯曲处的偏移角度。

[例]

求水管 90°弯头处的推力 Q，其中：$\theta = 90°$；

$D = 30$ in；

P—— 内部压力 = 200 psi；

v—— 流速 = 15 ft/s；

ρ—— 水的质量密度 = γ_w/g；

γ—— 水的容重 = 62.4 lb/ft^3；

g—— 重力 = 32.2 ft/s^2。

将相应值代入方程式(15-1)，得出 $Q_i = 3$ kips。

将相应值代入方程式(15-2)，得出 $Q_p = 200$ kips。

合并计算得出：$Q = 203$ kips。冲击推力 Q_i 通常可忽略不计。

一条大口径高压管道在与一个弯头以较大角度 θ 连接时，会产生很大的推力 Q。

特殊管段

特殊管段一般会改变流体方向。特殊管

段包括弯头、Y 形管接头、三通、阀门、大小头、管帽、管堵等。下面关于弯头的分析适用于任何特殊管段。在任何情况下,推力 Q 是冲击推力 Q_i 和压力推力 Q_p 的总和。

常见推力约束

1. 特殊管段采用焊接或螺栓连接

在一条承压管道内,在承插连接的弯头处,Q 必须受到土壤或推力约束(止推墩)的限制。焊接弯头的 Q 受到管道约束。关于焊接弯头的两种分析如下:

(1) 如果相邻的管道不受约束且未加盖(如橡胶软管),法向力 F 和剪切力 S 会作用在弯头上。分析较为保守,因为土壤阻力会减小 F 和 S。

σ—— 平均法向应力 $= F/2\pi rt$

τ—— 平均剪切应力 $= S/2\pi rt$

根据静态平衡方程式,

$$\sigma/P(r/t) = (1-\cos\theta) \quad (15-4)$$
法向应力项

$$\tau/P(r/t) = \sin\theta \quad (15-5)$$
剪切应力项

这些应力项为上限值(是每个单位面积上受力的 2 倍),主要引起 F 力偏心距和应力重新分布。弯曲处的外部伸长量比内部要大。因此,弯曲处的内部应力更大(见问题 15-12)。弯头处的壁厚有时候会增加。一般来说,壁厚增大是不合理的。

(2) 根据平衡方程式,受到约束并加管帽的相邻管道上的纵向应力为

$$\sigma = Pr/2t \quad (15-6)$$

该应力仅为周向应力的一半,且与偏移角度 θ 无关。如果做更精确的分析,会发现弯曲处内侧的应力 σ 随偏移角度 θ 的增大而略有增加。大多数管道具有足够的延展性,材料达到屈服极限时会发生塑性形变,且不会导致性能失效。此外,土壤摩擦力可限制推力。实际上,相邻管道很少加管帽。纵向应力对各向同性光面管和塑料管影响不大。当然,管道连接须选择合适的接头。

对于非各向同性管道(波纹管、加肋管或包扎玻璃纤维或金属丝网的管道),应保证有足够的纵向强度。如果未加管帽且未受约束相邻管道的冲力和土壤阻力可忽略不计。则根据弯头处的纵向设计,

$$P\pi r^2(1-\cos\theta) = A\sigma_f/sf \quad (15-7)$$

式中:A——纵向纤维的面积;

σ_f——纤维强度。

根据阀门或管帽(不是在弯曲处)处的设计,

$$P\pi r^2 = A\sigma_f/sf \quad (15-8)$$

2. 埋设土壤提供推力约束

如果推力 Q 不够大,埋设土壤可提供足够的被动阻力。这时可能不需要额外提供推力约束。图 15-4 显示了一个弯头和一根管段两侧的自由体受力图。接头处加垫片密封,这样可以避免管道承受任何纵向力。推力 Q 只受管道上的土壤承载力的约束。在平均深度 $(H+OD/2)$ 土壤处,土壤施加到弯头上的最大压力,即被动阻力 P_x 为

$$P_x = (2H+OD)\gamma/2K$$

式中:$K = P/P_x = (1-\sin\phi)/(1+\sin\phi)$;

ϕ——土壤内摩擦角;

γ——土壤容重;

OD——外径;

H——覆土厚度;

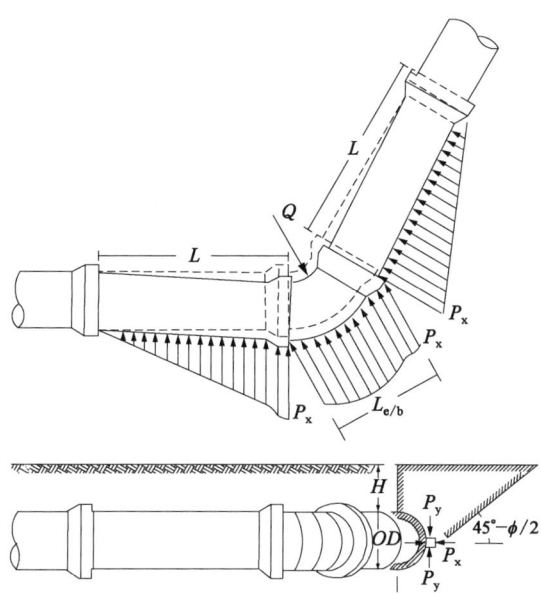

图 15-4 施加在弯头和相邻管段(承插连接)的被动土壤阻力,显示周围土壤提供推力约束的过程

L——管段长度。

土壤对弯头的约束能力为 $Q_{elb} = ($面积$) \times P_x$

式中:(面积)$= (OD)L_{elb}$,L_{elb} 为弯头两个接口之间的(近似)线长,如图所示。将(面积)乘以 P_x,$Q_{elb} = (2H + OD)\gamma L_{elb} OD/2K$。

此外,还应考虑弯头两侧第一根管段的约束能力。在每根管段的弯头一端会产生完整的土壤被动阻力。在弯头另一端,管段可以旋转(因为加了垫片)。但不应有侧向位移。此处不会产生被动土壤阻力。根据一项合理和保守的粗略假设,弯头一端的被动阻力和另一端的被动阻力从 P_x 到零,呈线性变化。由于土壤支承两根管段,Q 方向的约束分量为

$$Q_{secs} = (OD)LP_x \cos(\theta/2)$$

或者将 P_x 替换,

$$Q_{secs} = (OD)L(2H+OD)\gamma \cos(\theta/2)/2K$$

将弯头和两个管段处的推力约束合并,

$$约束力-Q = OD(2H+OD)\gamma[L_{elb} + L\cos(\theta/2)]/2K$$
(15-9)

重写方程式(15-3),

$$推力\ Q = \pi(ID)^2(P+v^2\rho)\sin(\theta/2)/2$$
(15-10)

推力 Q 方程式(15-10)适用于水平弯曲。对于垂直弯曲(垂直平面上),推力 Q 含有一个垂直分量。如果由覆土来单独承受推力 Q 的向上分量,覆土厚度 H 应足够大,以便压住管道。垂直弯曲的保守约束力 Q 为

$$约束力\ Q = OD(2H+OD)\gamma[L_{elb} + L\cos(\theta/2)]/2 \quad (15-11)$$

除了没有 K,其他与方程式(15-9)一样。在设计中,约束力 Q 须大于推力 Q,并包含一个安全系数。

3. 止推墩提供推力约束

在承插连接承压管道中,止推墩常用于提供约束力,见图 15-5。止推墩通常用混凝土制成。进行设计合理性分析通常需要绘制自由体受力图。假设有一个立方体止推墩,

B——立方体的边长;

γ——土壤容重;

γ_c——止推墩容重;

jB——从止推墩顶部到推力 Q 的距离;

$K = (1-\sin\phi)/(1+\sin\phi)$;

ϕ——土壤内摩擦角。

其他数据见示意图。止推墩侧面的摩擦力不可预测,因此保守而言可忽略不计。

有两种破坏方式:在 O 点发生倾覆和滑

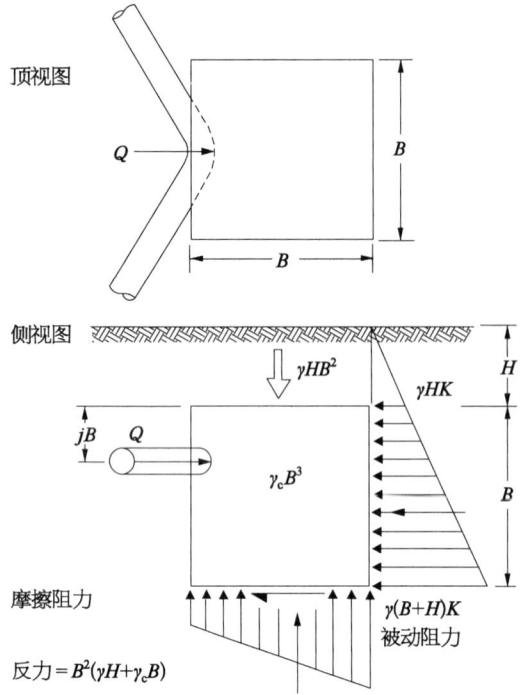

图 15-5 立方体止推墩的自由体受力图

移。现在以立方体止推墩为例对这两种破坏形式进行分析。

[例]

假设：

h——覆土厚度 H 与边长 B 的比率 $= H/B$；

j——止推墩顶部和推力 Q 之间距离与边长 B 的比值；

ϕ——土壤内摩擦角 $=30°$；

$K = 1/3 = (1-\sin\phi)/(1+\sin\phi)$；

γ——土壤容重 $=120$ pcf；

γ_c——混凝土容重 $=144$ pcf。

取倾覆支点 O 处弯矩的总和，

$$Q/\gamma B^3 = (2h+1.10)/(1-j) \text{（倾覆）} \quad (15-12)$$

取水平力之和，

$$Q/\gamma B^3 = (3.577h + 2.193) \text{（滑移）} \quad (15-13)$$

无量纲量 $Q/\gamma B^3$ 是止推墩约束力的数量。根据上述假设进行典型设计，设计值见表 15-1。

表 15-1 当混凝土容重为 144 pcf，土壤容重为 120 pcf 且 $\phi=30°$ 时，立方体止推墩的约束力数量 $Q/\gamma B^3$（不包括安全系数）

$h = H/B$	滑移 $3.577h + 2.193$	@j	倾覆 $=(2h+1.1)/(1-j)$					
			$j=0$	$j=0.1$	$j=0.2$	$j=0.3$	$j=0.4$	$j=0.5$
0	2.19	0.498	1.10	1.22	1.38	1.57	1.83	2.20
0.1	2.55	0.490	1.30	1.44	1.63	1.86	2.17	2.60
0.2	2.91	0.484	1.50	1.67	1.88	2.14	2.50	3.00
0.3	3.27	0.480	1.70	1.89	2.13	2.43	2.83	3.40
0.4	3.62	0.476	1.90	2.11	2.38	2.71	3.17	3.80
0.5	3.98	0.473	2.10	2.33	2.63	3.00	3.50	4.20
0.6	4.34	0.470	2.30	2.55	2.88	3.29	3.83	4.60
0.7	4.70	0.468	2.50	2.78	3.13	3.57	4.17	5.00

倾覆

为了设计具有上述分析中假定的典型土壤特性的立方体止推墩，只需根据 B 的试验值来计算 h 和 j 的值。在表 15-1 中输入 h

和 j，可在倾覆列中找到约束力数量 $Q/\gamma B^3$。

如果土壤容重 $\gamma = 120$ pcf，$Q/B^3 =$ (120 pcf)(约束力数量)/sf。求解 B。如果 B 值与假设的 B 值不同，用新的 B 值重新计算 h 和 j 的值。在表15-1中输入约束力值进行第二个尝试，来计算出新的 B 值。如果算出的 B 值等于输入的 B 值，说明得出了最终结果。如果算出的 B 值和输入的不同，则不是最终值，需用算出的 B 值进行重新分析。

滑移

表15-1的两个滑移列中的左列为方程式(15-13)中的约束力数量值。右列为滑移临界点的最小 j 值。

不包括安全系数。因为是保守分析，安全系数不必太大。但是，因为存在破坏风险，保证一定的安全系数还是有必要的。

还有一种新的概念，那就是在设计中使用止推销来节省空间，见图15-6。止推销可设置在弯曲处内部，然后用预应力筋绑缚。

4. 预应力筋

不同于止推墩或止推销主要通过在弯曲处外侧施加压缩力来约束承插连接的弯头，张力预应力筋在弯曲处内侧施加约束力。预应力筋主要固定在埋地混凝土块、巨石、梁和销等固定物上面。预应力筋可以是钢筋、钢索和钢丝等。

或者，预应力筋除了可以固定在固定物上，也可以固定在弯曲处对侧的弯头两侧管接头上，见图15-13。如果没有其他约束力，比如土壤和管道之间的纵向摩擦力和土壤承载力，这些"预应力线"无法承受推力。

陡坡段管道

坡段上管道的推力约束分析方法同上；

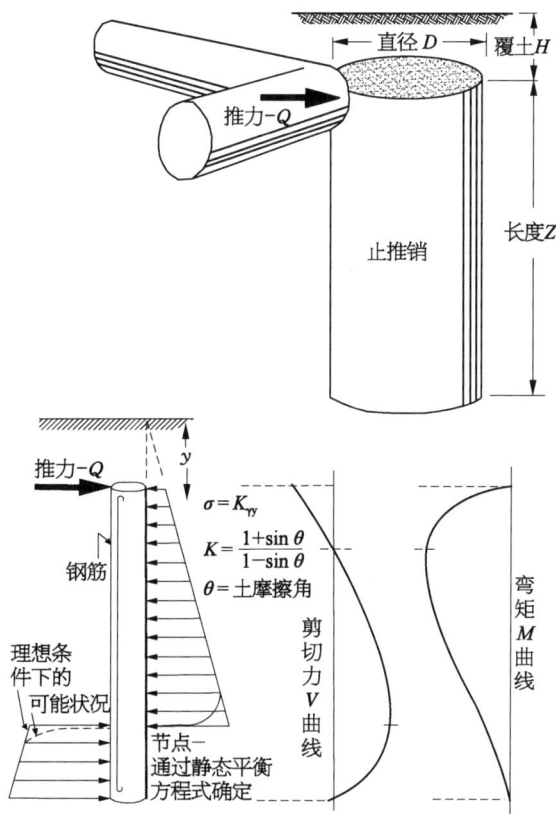

图15-6 使用止推销在管线弯头处形成推力约束，并节省空间和混凝土用量

钻孔并放置钢筋后，浇筑混凝土

但除此之外，分析中应包含重力引起的纵向力。大多数管道在使用中长度会缩短，因为管道内压力不断增加，而温度不断下降。因此，比较好的做法是在设计中考虑约束力，让管道长度在下坡段缩短。管道缩短的摩擦阻力是沿坡向上的，可部分抵消管道重量沿坡向下的分量。

推力约束（锚）固定在管道上坡段，并采用滑套与其下坡管段连接。下坡段可以自由滑向下一个锚固的下坡段。伸缩接头允许管道发生滑移。较短的管段如需要滑移，可采用套筒型接头连接。

大多数管道接头的两侧需要支承，否则管道可能发生偏移。土壤回填良好有助于管

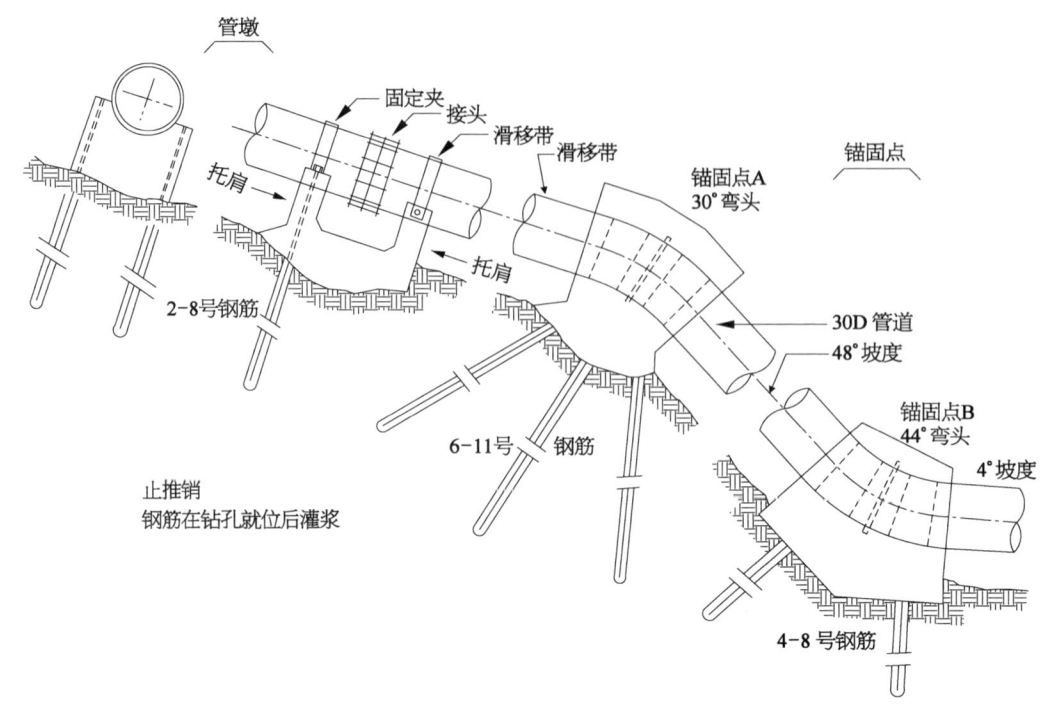

图 15-7 斜坡段压力管道使用混凝度管墩示例：管墩带两个托肩（用于保持接头线形）和弯头处的若干锚固点（推力约束）

道保持线形对齐。如果回填不实或管道置于管墩上，为了保证管道线形，需要在每个管墩上使用两个托肩，见图 15-7。大多数接头在设计上未考虑纵向弯矩或横向剪切力。接头的偏移角度需控制在一定范围内。例如，直径为 30~54 in 的钢管，其允许偏移角度约为 3°。具体限定要求和应用方法应咨询接头制造商。如果管道置于管墩上，接头不应布置在管墩的跨中位置。

考虑到安装困难和推力约束上承受额外荷载，应特别注意在陡坡段上安装大口径管道。在坡度约大于 45°的坡段上，管道一般放置在地面管墩上。因为坡度太陡，无法开展挖掘作业，无法将管道固定到位进行焊接和回填，回填土也不能压实。此外，陡坡段上的管道承受表面土壤蠕动引起的下坡拉力（下坡段发生冻结和解冻时），导致坡段底部的锚固点上会承受过大的荷载。坡度超过 45°的坡段通常为岩石露头，须将岩石破开或爆破，否则无法进行挖掘作业。在陡坡段或人员无法进入的区域，施工中可能需要通过缆绳将施工人员、平台和设备下放到管线位置。岩石锚固插筋打眼后，灌浆就位。平台下降时，将管道置于下坡段。出于经济考虑，人们更倾向于采用架空线缆，或借助直升机进行施工。虽然直升机费用高昂（每小时 1 000~2 000 美元），只要避免了地面人员的施工延误，便可快速将管道和管墩安装就位。在一些情况下，也可以挖掘隧道。

[例]

本例展示与陡坡段管线相关的一些问题。

假定在寒冷气候和位置偏远的条件下，需要安装一条 30D 压力钢管。该管线全长

4 800 ft,其中大部分铺设在坡度小于 10°的坡段上,沿坡土壤可开挖回填,从而有效保护埋地管线不受雪崩、倒落树木和极端温度的破坏。但是,部分地面管线铺设在陡坡段(坡度 48°)上,且管道下方垫有管墩和锚固点,陡坡为岩石露头,见图 15-7。该区域树木繁茂,人员无法进入。管线上的弯头锚固在 48°坡段的顶部和底部。那么,对管墩和锚固点有什么要求?

这种情况下,使用直升机装运管道、设备和混凝土最为划算。所需的管道壁厚为 0.375 in。如果管段的最大长度为 30 ft,则重量约为 3.6 kips,这在直升机的承载能力范围内。选用螺栓连接套筒式接头可免除现场焊接的麻烦——在陡坡段焊接效率低下且工序烦琐。而使用接头连接,不仅组装快,也无需使用重型设备。对于 30 ft 长的管段,普通的套筒接头足以承受因地面温度变化较大引起的纵向膨胀和收缩。100 °F的温度变化会使每根 30 ft 长的管段长度改变 1/4 in。长管段连接的情况下,应使用专用的伸缩接头。

在直升机运输管道前,管墩或管座须就位并固定良好。如果不能提供较深的基础,需要使用岩石锚固插筋。在管墩的上坡侧,应在岩石上钻孔。如图 15-8 所示,将变形钢筋在钻孔内就位后开始灌浆。为了确保足够的黏结力,孔的深度应至少为钢筋直径的 50 倍。如果使用 8 号钢筋,则钻孔的深度须

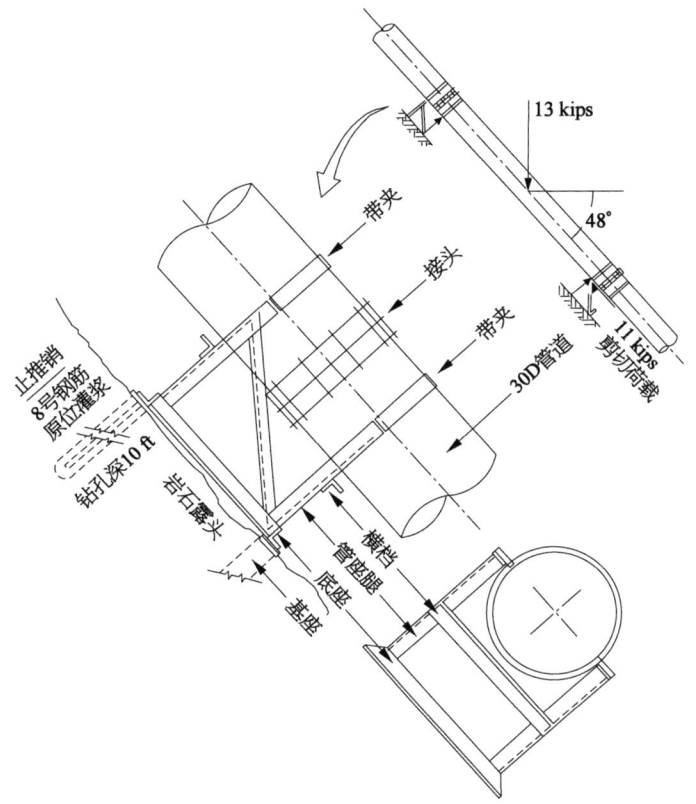

图 15-8　48°斜坡段(岩石露头)管座:使用岩石锚固插筋将管座固定到岩石露头,并在斜撑下坡端用螺栓连接——作为转轴便于管座下坡支腿轻微旋转,这样可不必使用滑移带

为 50 in。在寒冷的气候条件下，霜冻可穿透超过 50 in 的厚度，因此应谨慎选择 10 ft 深钻孔。使用直升机向管墩灌注混凝土时，应使用漏斗管，天时地利的同时也需要操作人员具有专业的技能。管墩的模板应为轻型的，并可重复使用。每个管墩应为一个完整的浇筑体。钢筋上端可带螺纹，这样管夹带在固定管道的同时，还可以将管道与管墩固定在一起。

使用预制管座可减少混凝土的使用量。在此示例中，管座空运到现场后，将其固定在岩石锚固插筋（钻孔并灌浆）上，或固定在混凝土底座（锚定于止推销）上。必须有两个止推销来支承管座、底座和充水管道重量的沿坡向下分量，法向分量通过摩擦阻力抵消。管座重量约为 0.5 kips。如果管墩需要两立方码的混凝土，则其重量约为 7.5 kips。如果整条管段的重量为 430 lb/ft，则其重量应为 13 kips。总重量约为 21 kips。基本摩擦系数是土壤内摩擦角（如 30°）的正切值。产生的下坡剪切荷载为 11 kips，见图 15-8。0.785 4 in² 的 8 号钢筋所承受的剪切应力为 11/1.57=7 ksi，该应力值不算太大。但是，应检查钢材对灌浆层的载荷是否合理。8 号钢筋上端带有螺纹，可将管座与止推销用螺栓固定。下坡段管座底座可与止推销螺连（如必要）——使用一个止推销与底座中心连接，或使用两个止推销与底座两端连接。

管夹带除了将管道固定在管座上，还应卡住管道，防止在剪切荷载（11 kips）作用下管夹带发生滑移，见图 15-9。为了防止滑移，每根管夹带承受的拉力应为 4 kips（假设管夹带与管道之间的摩擦系数为 1/3）。应及时清理表面，并将表面粗糙化处理，或者在带金刚砂粉尘的表面上使用环氧树脂和"盐"。拉紧管夹带时应留有一定的安全裕量，如 3/4 螺栓的抗拉强度为 6.19 kips，则该螺栓可承受的拉力应为 5 kips。管夹带为 1/

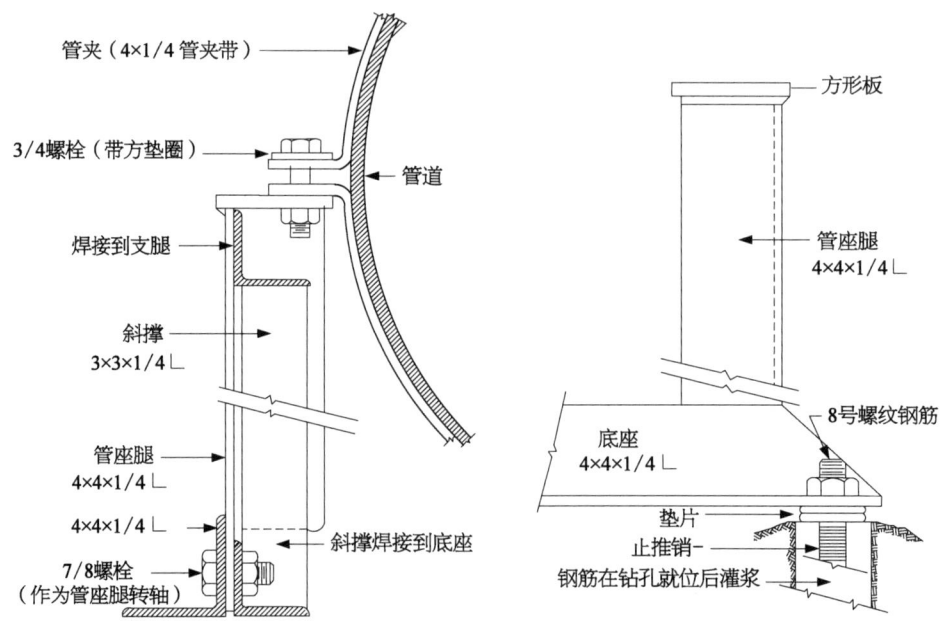

图 15-9 使用直升机将管座吊运就位并通过螺栓与岩石锚固插筋连接的部分详图

4 in 钢带，宽 4 in。钻孔处的管夹带宽度只有约 3 in，这时需要放置一个方垫圈来分散荷载并消除弯曲力。

管夹带和管座以及管座与止推销（或底座）之间的配合调整方式如下：通过螺栓孔开槽进行水平调整，插入垫片进行垂直调整和旋转。通过旋转下坡段管座腿下端的转轴，可调整下坡管段相对于上坡管段的纵向位移，见图 15-9。7/8 螺栓足以承受双剪力。须切除垂直支腿，以便轻微旋转。

如图 15-7 所示，弯头处需要提供推力约束（锚固点）。在倒置弯头处设置锚固点 A 非常重要，因为止推销承受着拉力。必须确定六个钻孔的深度。如果管道内的压力为 433 psi（1 000 ft 静压头），则弯头处向上的推力为 Q_p = 158.56 kips。流体的平均流速为 15 fps 时，Q_i = 1.12 kips，可以忽略不计。假定弯头和锚固点的重量为 50 kips，则 Q = 160 − 50 = 110 kips。为了向下固定住弯头，六根变形钢筋均应该可以独自承受 20 kips 的拔出荷载。考虑到拔出荷载可能分布不均，假设该荷载为 30 kips。选用 11 号钢筋（截面积为 1.485 in^2），其拉应力为 20 ksi。如果钢筋与灌浆之间的剪固结力为 100 psi（相当于重叠 50 倍直径），则每根钢筋的灌浆深度为 6.2 ft。考虑安全裕量后，将灌浆深度设定为 12 ft。弯头的流体动力学设计应在允许范围内（见第 18 章）。弯曲处的平均半径大于 2.5 倍管径（约为三倍直径），每个斜接段的内部长度大于 1/2 管道半径，连续斜接段的偏移角度仅为 7.5°。

每个管座的高度应与岩石露头匹配。可用激光束测量每个管座。如果管座太高，应设置管塔。预制的管塔各段可通过空运。如果现场条件允许使用混凝土，可使用立管当作管塔，并灌注钢筋混凝土。

膨胀嵌件

膨胀/收缩嵌件允许轻微的纵向膨胀或收缩，同时不会对管道或接头造成过大的应力。滑动接头和垫圈可基本消除管道中的所有纵向推力。但是，在某些情况下，使用波形管嵌件或波纹管段可将推力减小到可接受的值。现在有两个问题：

(1) 在屈服极限或耐久极限下，单位长度管道上的嵌件伸长率是多少？

(2) 在屈服应力或耐久极限下，嵌件单位圆周长度的纵向力是多少？

上述分析主要基于图 15-10 波形嵌件自由体受力图和图 15-11 波纹管自由体受力图。

符号：

T——单位周长的推力；

x——T 作用下嵌件的伸长率；

b——波形嵌件（或波纹管）的波距；

c——波形嵌件（或波纹管）的波深；

t——嵌件材料厚度；

σ——嵌件内的最大应力；

E——弹性模量；

σ_f——屈服应力。

根据对称和静态平衡，对波距的四分之一处（$b/4$）进行分析，如图 15-10 所示。最大应力为

$$\sigma = T/t + 3Tc/t^2 \quad (15-14)$$

对于波形嵌件来说，如果 b/c = 3，则轴向项 T/t 小于挠曲项 $3Tc/t^2$ 的 6%，可忽略不计。根据弹塑性管道的弹性理论可以缓解这种情况。轴向应力与挠曲应力之比为 $t/3c$。如果 c = 2 且 t = 0.134 5 in，则轴向应力与挠

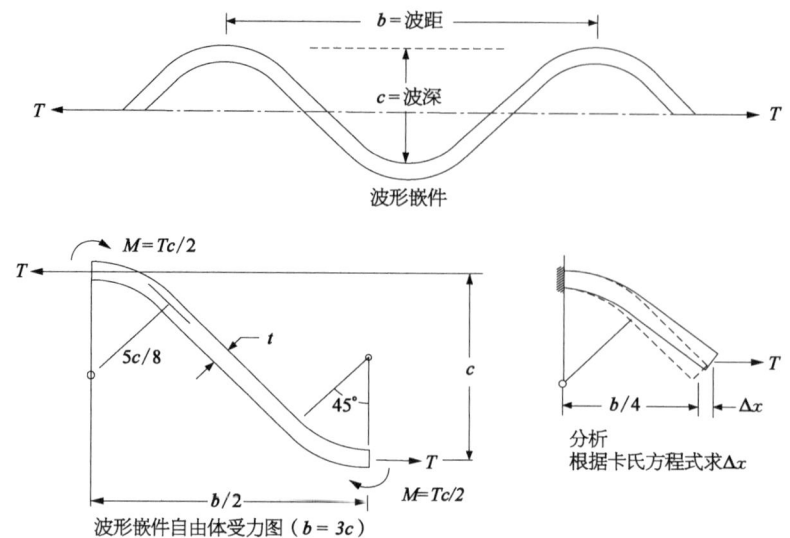

图 15-10 通过分析波形嵌件求推力与伸长率之间的关系

曲应力之比为 0.02。轴向应力可忽略不计。

根据卡氏方程式可求得由 T 引起的波形嵌件四分之一处的伸长率 Δx，据此，实际上完整波形的 $x = 5.273(T/E)(c/t)^3$。

$$x = 5(T/E)(c/t)^3 \quad (15-15)$$

其中，x 是单位波形嵌件长度 b 的伸长率——由单位周长上的推力 T 引起。E 是弹性模量，$b/c = 3$。

对于波纹管来说，根据卡氏方程式，重复管段伸长率为 $\Delta x = (3\pi/2)(T/E)(c/t)^3$。但是，在波深 c 相同的情况下，波纹管重复管段的长度仅为波形嵌件波距 b 的 2/3。因此，与 3×1 波形嵌件相比，每单位波距 b 波

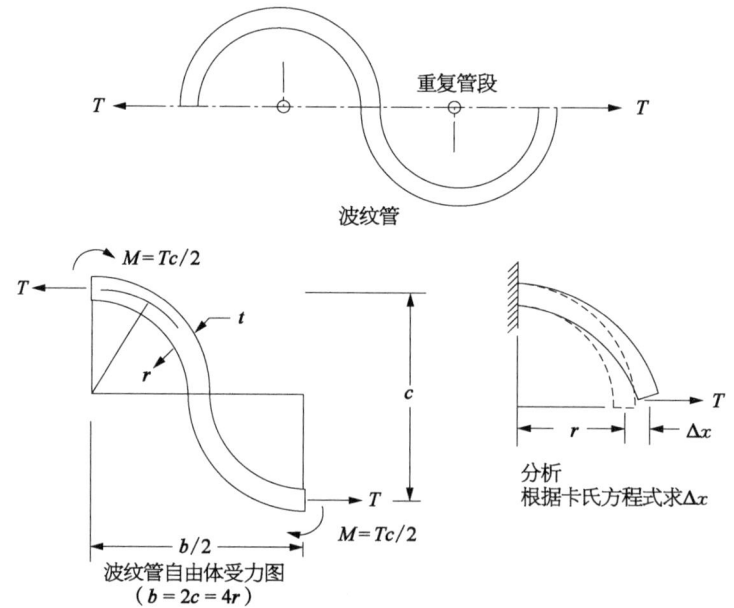

图 15-11 通过分析波纹管求推力与伸长率之间的关系

纹管的伸长率为

$$x = 7(T/E)(c/t)^3 \quad (15-16)$$

波纹管膨胀嵌件与波形嵌件单位长度伸长率的比率为 7/5。x 的性能极限为屈服应力（或耐久极限）。

对于波形嵌件，

每波距 b 的 $x = 5\sigma_f c^2/3Et$。

$$(15-17)$$

对于波纹管，

每波距 b 的 $x = 5\sigma_f c^2/3Et$。

$$(15-18)$$

其中，波纹管和波形嵌件的波深 c 和厚度 t 相同。

根据方程式（15-14），可得屈服应力或耐久极限下的推力 T。轴向应力 $\sigma_f = 3Tc/t^2$ 可忽略不计。

[例]

如果 $t = 0.1345$ in 且 $\sigma_f = 36$ ksi，则 6×2 波形嵌件在屈服应力下的推力 T 是多少？$T = \sigma_f t^2/3c = 108.5$ lb/in。根据方程式（15-17），波形嵌件的长度增加量为 $x = 5\sigma_f(c^2/3Et) = 0.06$ in。需要八个波形嵌件来提供 0.5 in 的伸长量。

在依据耐久极限设计时，应考虑全反向应力或周期应力对长驻应力的叠加。具体详见固体力学部分。上述分析属于保守分析，因为波形管嵌件或波纹管涉及三维问题，而不仅仅是二维截面。实际上，管环约束很明显。

练习题

15-1 证明冲击推力 Q_i 的角度 $= \theta/2$。

15-2 水管弯头上承受哪些力？

D——内径 $= 6$ ft；

P'——内部压力 $= 120$ psi；

θ——偏移角 $= 60°$；

v——平均流速 $= 10$ ft/s；

ϕ——土壤内摩擦角 $= 30°$；

C——土壤内聚力 $= 0$。

15-3 设计问题 15-2 中管道上 60°弯头的推力约束。假设推力约束由一个坚固的钢筋混凝土立方体（块）提供（顶部在地表）。假设推力 $Q = 500$ kips，土壤的 $\gamma = 120$ pcf，钢筋混凝土的 $\gamma_c = 144$ pcf。

15-4 假设钻孔达到的最大深度为 25 ft，问题 15-2 中止推销的直径是多少？

15-5 在图 15-8 中，48°坡段上岩石锚固插筋到管道底部的垂直距离必须为 12 ft。设计一座管塔，采用空运吊装，其上附有管座。岩石锚固插筋上的荷载是多少？管塔是否应垂直？

15-6 在 48°的坡段上，如果 30 ft 管段通过焊接而非接头连接，两个锚固点（见图 15-7）之间会出现什么问题？假设平均安装温度的最大温度变化为 + 或 − 100 °F，且钢管的热膨胀系数为 6.5×10^6/°F。

15-7 如果问题 15-6 中的焊接管道安装伸缩接头的间距为 90 ft，则伸缩接头的膨胀（收缩）量应为多少？

15-8 6×2 波形嵌件（钢材厚度为 0.1345 in）的纵向弹簧常数 T/x 是多少？屈服应力处的伸长率（%）是多少？承插连接管道使用砂浆包封，且具有 90°弯头，如图 15-12 所示。

已知：

$ID = 60$ in；

$t = 0.375$ in；

$L = 30$ ft；

P'——内部压力 $= 100$ psi；

v——流速 = 12 ft/s；
μ'——管道上土壤摩擦系数 = 0.4；
H——覆土厚度 = 4 ft；
γ——土壤容重 = 120 pcf。

代替。设计和详细显示足够数量的系筋以及在接头处将系筋固定于管道的管卡（管夹带）。土壤摩擦可忽略不计。

15-12 如下图所示，在最不利（三角）应力分布情况下，应力项是偏移角度 θ 的函数，此时的最大应力是平均值的 2 倍。

法向应力项为 $\sigma/P(r/t)$，剪切应力项为 $\tau/P(r/t)$。可忽略剪切应力项，因为管道受土壤约束，且最大剪切应力靠近弯头中性面，此处的法向应力最小。复合应力分析是不合理的。该 90°弯头上的最大法向（纵向）应力是多少？[Pr/t]

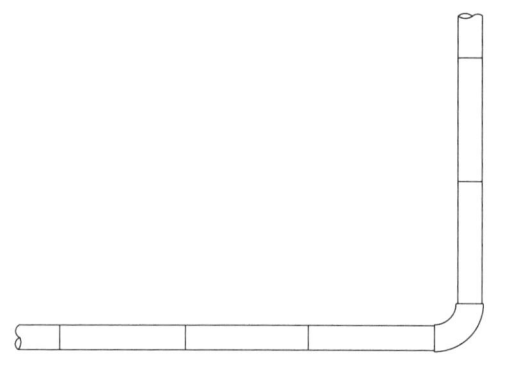

图 15-12 90°弯头，说明存在推力 Q 的情况下，两侧的相邻管段必须被焊接起来

15-9 存在推力 Q 条件下，图 15-12 中的弯头两侧须焊接多少相邻管段？

15-10 如果温度降低和压力升高导致管道长度收缩，这对问题 15-8 中焊接管段有什么影响？

15-11 若不采用问题 15-8 和 15-9 中的焊接管段，可以系筋连接（见图 15-13）

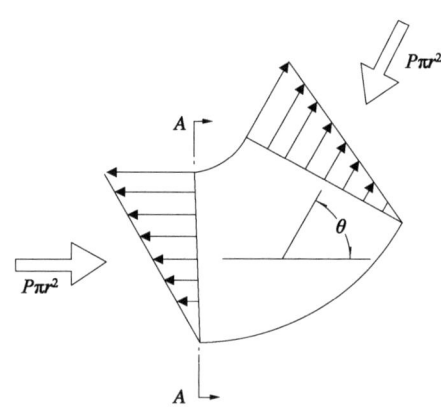

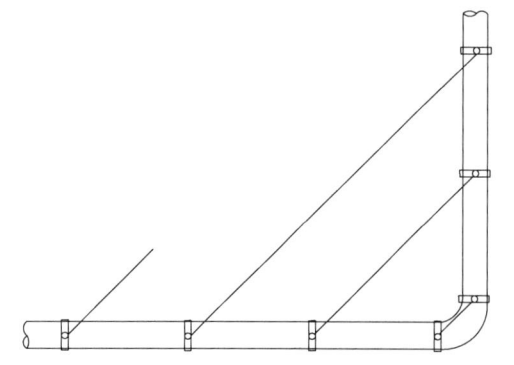

图 15-13 90°弯头，说明存在推力 Q 的情况下，两侧的相邻管段必须通过系筋连接。管夹带应卡在接头的哪一侧？

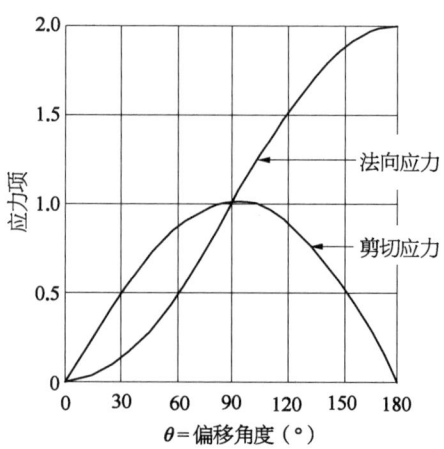

第 16 章
埋 设 土 壤

埋管的土壤不仅仅是管道上的荷载,同时土壤也是管土结构的主要组成部分。

以下是几个基本概念,有助于评估土壤对埋地管土结构性能的影响。

1. 大多数原状土(即使是低强度的土壤),都是稳定土。除了地震和山体滑坡外,都已沉降到位,为埋管提供了稳定介质。管道和土壤的重量差异一般不大。在饱和土壤中,多数管道趋于上浮,而不会下沉。

2. 对原状土扰动最少的埋管安装质量最好。钻挖隧道直径恰好等于管外径,将管道插入时,扰动最少。微型隧道的钻孔只比插入的管道稍大,有一定应用前景。管道通常在窄的管沟中安装,两边间隙只够顺下管道,压实埋设土壤。无论管沟宽度或形状如何,埋设土壤都是使管道适应管沟并稳定管土相互作用的传递介质。

3. 土拱作用有助于支承负荷,见图 16-1。土壤的作用类似于砌石拱,不需要水泥,因为土壤通过压力形成土拱。土壤可以保护管道。

4. 为了形成土拱,垫层必须压实。垫层为土拱提供拱座,侧填土就是土拱,必须压实在管道上方。

5. 如果采用机械压实,土拱应在管道两侧分层压实,每层厚度小于 1 ft,使两侧压实面高度相等,形成平衡土层。不得在管顶上直接进行夯土,见图 16-2。这样做的目的是形成基座,使马斯顿荷载集中在管上。通过压实土拱,可避免产生最不利情况的马斯顿荷载。

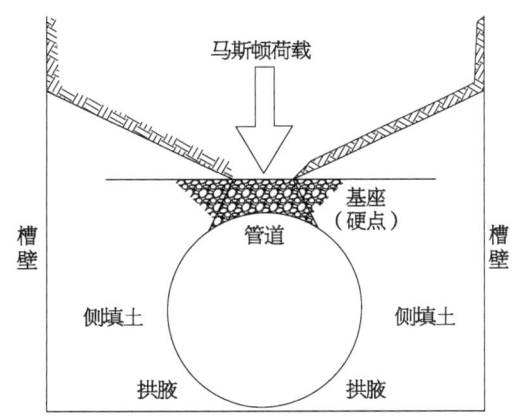

图 16-2 管顶土壤压实"基座",显示马斯顿荷载集中于管上的趋势

6. 回填土应与管道充分接触,目的是:

(a)消除空隙,因为空隙可能会变成沿管地下水流的通道(在拱腋下),并且(b)降

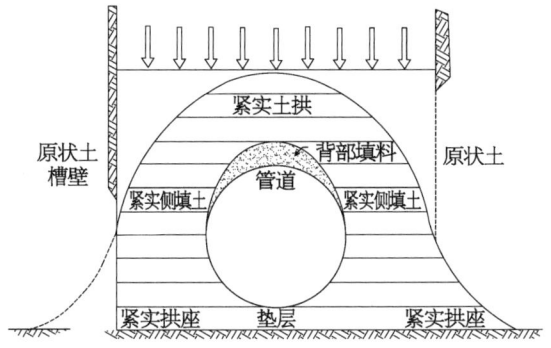

图 16-1 埋设土壤,显示支承荷载并保护管道的密实土拱

低土壤压力在管上的集中程度。

在所有结构设计中,埋地结构的基本目标是以最低的成本获得足够的性能。最低成本是结构成本和安装成本之间的权衡。安装成本包括:选择土壤包封层(如有需要);土壤压实、挖掘、定线、推力约束、截面形状控制等。当然,项目成本还包括责任、风险、使用寿命、维护、维修、更换、间接费用、保险、保证金等。

有一种极端情况是,可以设计一种全焊接、无腐蚀性、不可坍坏的管道,除了推进挖掘和回填之外,不需要任何安装费用。不过这种管道的成本通常极高。另一种极端情况是,管道设计成本极低,但只能抵抗内部压力。这种管道一般非常脆弱,因此埋设土壤必须像砌石拱一样一粒粒地铺设起来。砌石拱可承受荷载,保护脆弱的管道。管道可能需要由心轴或支柱支承,以便为土拱搭设提供框架。管道作为砖石管的内衬,安装这种管道的成本极高。

最小成本点介于这两种极端情况之间。制造商提供管道成本。设计工程师需要分析土壤埋设及布置的成本数据。埋设土壤的土壤基本性质是密度。对于诸如豆粒砾石这样的精选埋设土壤,只需将砾石移动到与管道接触的位置即可实现压实。对于不良埋设土壤,可能需要机械压实,通常需要一段缓慢期,等待土壤干化,使水分含量达到最佳值,方便压实。以下是埋设土壤设计的建议。

压实技术

土壤压实非常重要。在土槽试验中,直径 3 ft 的柔性管埋设在松散粉砂中,仅仅通过压实拱腋下的土壤,管环挠度就减少了一半左右。管环挠度与竖向土壤压缩直接相关。在给定的竖向土壤压力下,松散土壤压缩量是压实土壤的五倍以上。地下水位以下的土壤密度为临界点。土壤密度低于临界密度时,由于土壤运动(振动、震动)引起的土壤颗粒相对移动,往往会使土壤颗粒"抖落",体积变小。如果这种松散土壤饱和,土壤骨架的体积减小,只留下不可压缩的水分来承受荷载。土体液化,管道可能会塌陷。

另外,土壤密度高于临界密度时,土壤颗粒的移动只会使土粒发生"震荡",从而使土壤体积增大。但饱和的承压埋设土壤不增加体积。因此,粒间应力增加,剪切强度增加。根据土壤类型,临界密度不超过 85%(AASHTO T-99 或 ASTM D698)。在地下水位以下,通常谨慎的做法是将土壤压实到临界密度以上。提高安全系数的规定密度一般是 90%。侧填土应堆置在平衡土层内,以保持截面和管道线形。

用水压实土壤时有一个提醒建议。土壤必须能自流排水,并且经过脱水,使渗流应力有助于压实土壤。同时应避免管道上浮。

另一个提醒适用于所有压实技术。随着埋地结构物规模的增加,承包商往往会套用他们根据小型结构物建设经验掌握的安装技术。安装技术不能如此简单地按比例扩大。蚂蚁可以承受数倍于自身重量的重量,大象无法承受与其体重相当的重量,鲸鱼不能承受自重,必须靠水浮起。根据放大比例的相似性,土壤容重随长度尺度比的变化而变化,见附录 C。例如,假设承包商有直径为 6 ft 柔性管的顺利回填经验,管环挠度小于 2%。现在他要回填一根直径 12 ft 的管道。为了将自己 6 ft 管道的经验按比例放大到 12 ft,他必须设想填置在 6 ft 管道周围的土壤重量为之前的两倍,例如铁屑或滚珠。显然,他在安装 12 ft 管道时必须更加小心,要控制管环挠度。

以下是土壤压实技术。

1. 精选回填土

精心分级选择的土壤采用大于临界值的密度回填。唯一的要求是将土壤真正填入管道周围,包括拱腋下难以触及的区域,使埋设土壤与管道充分接触。

2. 喷水法

喷水法能使土壤密度大于临界密度。这一技术特别适于大型埋地结构物周围土壤的压实。土壤的分层较厚,例如 3～5 ft,或达到大口径管的起拱线(半高)。"托架"管直径为 1 in,长 5 或 6 ft,与软水管相连,垂直向下插至靠近土层底部处。如土壤自流排水,且立刻将水排掉,则高压喷水可将土壤移送到位,其密度即大于临界密度值。喷水按几英尺的格网进行。对 5 或 6 ft 的无黏性土层,5 ft 的格网效果良好。成套喷水器可安装在牵引车上,见图 16-3。可深入侧填土的土层,到达起拱线。为了填充撤出喷水器留下的孔洞,需振动托架管。第二次以同样方式进行喷水,将土壤铺到顶部。这种技术在砂中也很有效。

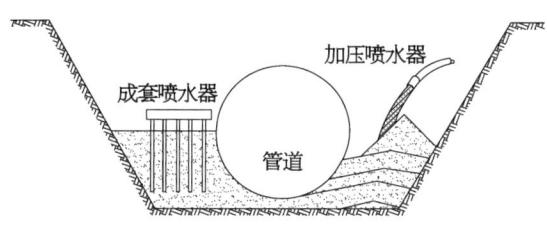

图 16-3 通过喷水法(左)和冲水法(右)压实回填土

3. 冲水法

如采用高压喷水器(消防软管)将土壤斜冲填入管道四周,土壤密度会大于临界密度。

这种方法的示意图见图 16-3 的右边,图中土料堆置在管道附近。操作高压喷水器的工人将水流喷射到土堆的内部斜坡上,直到产生土壤滑移。滑移土壤由喷水作用引导就位,贴向管道,同时以足够能量填充空隙。当然,水必须快速疏干,以便达到最佳的压实效果。两边同时堆放土堆,使土壤保持平衡。这种方法在山地土壤中非常有效,这类土壤因翻滚的河川径流的冲刷作用而沉积。

4. 积水法(灌水法)

积水法或灌水法是效果最差的压实方法(但有时也适用)。将一层自流排水的土壤填埋至管道起拱线处,然后灌水。水必须加足,使土层达到饱和。土壤须自流排水,并且经过脱水,使土壤沉降。管道不得浮动错位。往往还规定在结构顶部进行二次加土,用于积水。压实机制是向下的渗透应力将土壤压实。土壤被冲刷进空隙和管道拱腋下方。

5. 高速冲击法

土壤压实和填置控制可通过吹土、抛土或落土完成。只要土壤颗粒级配适当,加上适量的水,土壤就能具有混凝土的稠度。如果这种"混凝土"从足够高的地方坠下,将会因为冲击力在管道拱腋下形成流动。它就像低等级的混凝土。如果从足够高的地方坠下,风干后的无黏性土将以均匀密度反弹并滚落到拱腋下方,见图 16-4。如果埋设土壤被喷送到位,或将干土吹送或抛送到位,可更好地进行控制。

6. 振动法

松散土壤可用振动板及振动辊分层振动压实。有些回填土壤压实依靠管道振动即可实现。

混凝土振捣器专用于混凝土浇筑,作用是使混凝土"流"入空隙并消除气袋。填筑管

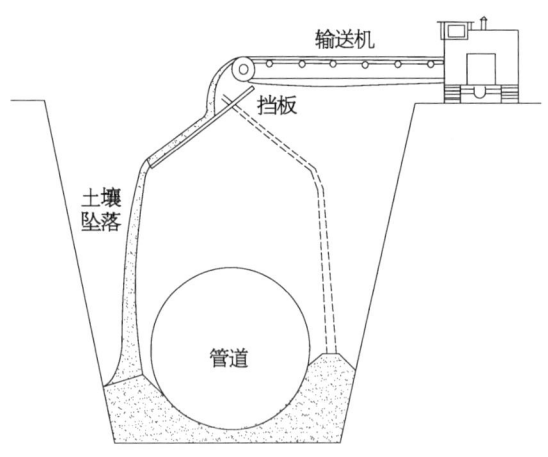

图 16-4 通过高速冲击(坠落)法压实土壤

道周围的回填土壤时,如果土壤与足够的水混合,形成类似混凝土的黏性混合物,混凝土振捣器也适用。承包商可对一层侧填土加水至其饱和,然后用混凝土振捣器使之沉降。这种工艺可以用于填置,但不能压实土壤。饱和土壤不可压缩,因此"无法压实"。

饱和内振动法(SIV)是混凝土振捣器对饱和埋设土壤进行振动的方法,这种工艺成本昂贵。如果土壤没有自流排水,颗粒物流动到位,却只在浮重作用下沉降,结果与积水法一样。土壤级配必须像混凝土骨料一样加以控制,应避免上浮。

7. 掺土水泥(流动填料)和泥浆

在某些情况下,保证拱腋下支承的最好方法是使用流动填料(掺土水泥或泥浆)。管道在土堆上定位,向管道一侧的拱腋区域灌注流动填料。当流动填料在管道另一侧上升时,即可保证充分接触。

建议坍落度约为 10 in 或 12 in 直径的流动性。流动填料可现场混合搅拌,或用预拌卡车运送灌浆。流动填料的最小高度约为底弧的 60°(即 $D/10$),埋设土壤休止角在拱腋下填充。如果流动填料的深度需大于上浮深度,可以分层浇注。一些机构规定抗压强度为 200 psi。低强度(如 40 psi)有助于降低应力集中程度,方便日后进行挖掘。流动填料不应过度收缩。但裂纹不会造成管道损坏。

8. 机械压实

对土壤进行分层机械压实是一种压实土壤的有效方法。机械压实通过滚压、揉捏、挤压、冲击、振动或任意组合作用,使土壤密实。关于压实机械及其规程,例如土壤最佳分层厚度和含水量等,均有销售说明可循。不同压实机对不同土壤的效率各有不同。为了保护结构物的外形和线型,重型设备(压实机、装载机、铲土机等)不得靠近结构物(特别是柔性结构)工作。

轻型及重型设备区

如果埋地结构物过于柔性,重型压实机会使之变形,故只有轻型压实机可在其附近作业。具有较长侧向半径的柔性结构物,如盖形铁路地下通道和卵形下水道,特别容易遭到破坏。重型压实机应处于与结构相切,与水平方向的倾斜角度小于 $45°+\varphi/2$ 的平面外,见图 16-5。结构物上方的覆土厚度 H 须比最小值大。重型设备区通常如图 16-5 所示。应提醒作业人员,大型结构物会给人以强度大的错觉。只有安置好埋设土壤后,结构物才具有强度和稳定性。因为填筑土壤时,结构物无法抵抗较高的侧填土压力,作业人员应当考虑:"如果它不在那里,我该让这台设备离侧填土边多远,才能不造成土坡坍坏呢?"答案是根据经验和相切平面概念得出的。通常规定 45°相切平面,使安全系数适用 $45°+\varphi/2A$ 平面。对各种类型和重量的设备,最小覆土厚度 H_{min} 可用第 13 章中建议的方法得出。根据经验,对于 H-20 卡车荷载和 D8 牵引车等,最小覆土厚度不应小于 3 ft。对于铲土机和超大型压实机，5 ft 的最小覆土厚度可能更适合。

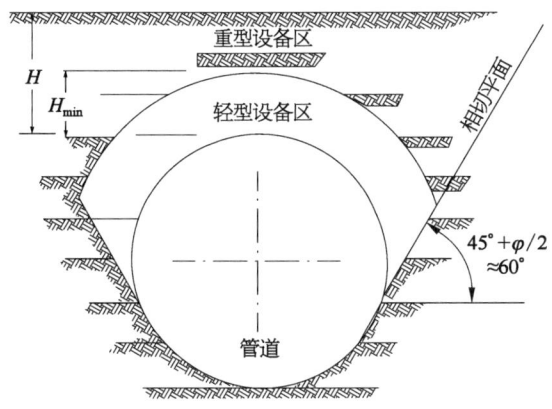

图 16-5 压实回填土时的轻型和重型设备区，特别显示不允许重型设备进入的轻型设备区

槽宽

管沟宽度需足以放下管道，并且可压实管道和管沟沟壁间的回填土。如果管环挠度过大或管道的最小覆土厚度小于最小值，当地表荷载通过时，两边的土壤会发生滑移。初期会出现管环反曲。如果有任何土壤液化的可能，埋设土壤密度应比临界密度大。设有安全系数时，通常规定 90% 标准密度（AASHTO T-99 或 ASTM D698）。在松散饱和土壤中，液化可能由于微地震造成。是否需要进行土壤压实取决于埋设土壤质量。例如，碎石以大于 90% 的密度坠落就位。应避免埋设土壤(管涌)流失。管涌是由地下水流冲刷土壤颗粒造成。

管上的马斯顿荷载是管沟中回填土重量减去管沟壁摩擦阻力。管沟越窄，管上荷载就越小。管道必须有足够强度支承荷载。马斯顿略去侧填土强度的影响（即管道的水平支承）和回填土的垂直支承。刚性管的管沟较窄。

柔性管道面世后，斯潘格勒观察到柔性环依靠侧填土的支承。他的发现得到一种推断，即在不良土壤中开挖管沟时，管沟沟壁无法提供足够的水平支承力。看来补救方法可能是铺宽埋设土壤（开宽槽），特别是在状况较差的原状土中。实际上，无论是根据经验还是稳定性原理，都很难证实宽槽的合理性。

根据第 9 章，$P_x r_x = P_y r_y$。如果挠曲管环呈椭圆形，则 $r_y/r_x = (1+d)^3/(1-d)^3$。考虑管环刚度时，$P_x r_x$ 小于 $P_y r_y$。如果管环挠度大，分析时可考虑管环刚度对支承荷载 P 的影响。但在保守的柔性管设计中，忽略管环刚度。

理论上，只要管环呈圆形，埋设土壤只需要很小的水平强度。实践中，良好的侧填土会增加安全系数，见图 16-6，图中显示，只要管压 P_x 不超过侧填土强度 σ_x，无穷小土立方体 B 处于平衡状态。对于稳定性，

$$P_x < \sigma_x = K\sigma_y \quad (16-1)$$

其中 $K = (1+\sin\varphi)/(1-\sin\varphi)$，$\varphi$ 为土壤滑移处的摩擦角。如果侧填土为颗粒状，密度大于临界值，其摩擦角不小于 30°，此时 $K=3$。根据方程式(16-1)，由于 $P_x=P$，土壤抗滑移的安全系数不大于 3。

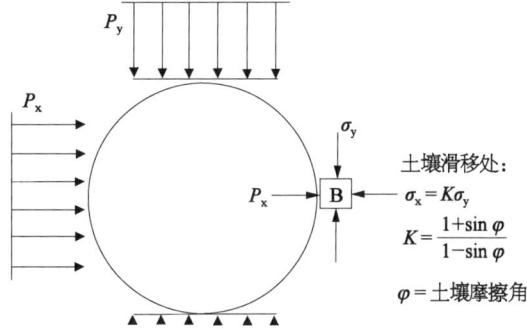

图 16-6 起拱线处的无穷小土立方体 B，显示 $P_x = K\sigma_y$ 时土壤滑移的条件

[例]

假设槽壁为不良土壤，锤击次数少于 4

次。柔性管的槽宽应该是多少？见图 16-7。如果侧填土摩擦角为 $\varphi=35°$，土壤剪切面角度为 $(45°-\varphi/2)=27.5°$，P_x 通过 1∶2 斜率的土楔转移到槽壁上，如图所示。如果管环挠度小于 5%，侧填土宽度为管径的一半，则槽壁上的压力约为 $P/2$，如图所示，并且可通过捶击次数小于 4 的槽壁支承。不良土壤中的槽宽不必大于柔性管直径的两倍。通过管环刚度、土壤对管道的剪切阻力和土拱作用增加安全系数。如果需要更高的精确度，P_x 分析可以同时考虑管环刚度和挠度。

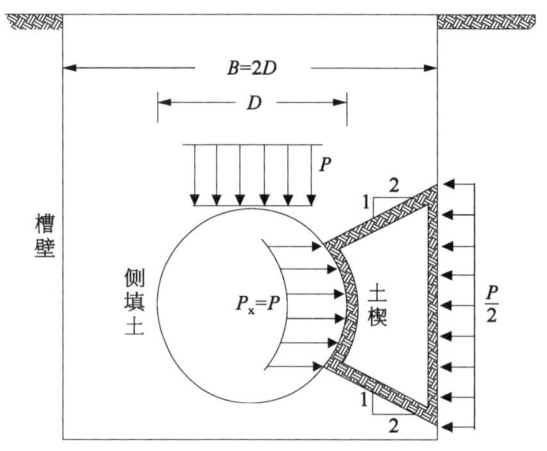

图 16-7 近似穿透式土楔，显示压力 P 传递到槽壁的过程，压力在 **2D** 宽度的管沟分散，减少了大约一半

事实上，图 16-7 中槽壁上的压力 $P/2$ 仅为近似值。根据布辛内斯克和纽马克理论，槽壁上的压力不均匀，最大压力为 $0.7P$。但这些弹性分析既不能体现颗粒力学，也不能表征穿透时的被动阻力。此外，根据实验，图 16-7 中的土楔在穿透过程中不会保持原状，将被剪切成三个土楔，如第 17 章所述。

只要管道近似圆形，在状况较差的原状土中，管沟在刚性管和柔性管两侧的宽度不需要超过管径的一半。如果柔性管的管环挠度不大于 5%，管环挠度的影响可以忽略不计。刚性管上的 P_d 为马斯顿荷载（Marston 1930），柔性管上的 P_d 更接近棱柱体荷载 γH（Spangler，1941 和 1973）。柔性管上的静荷载约为刚性管的 3/4。

在槽宽分析中，覆土厚度 H 并非相关变量。土荷载增加时，管上压力增加，但侧填土强度也呈正比增加，见方程式（16-1）。

侧填土宽度的一条良好经验法则为：

在不良土壤中，针对路堤工况，规定从管到槽壁或从管到埋设土堆土坡的最小侧填土宽度为直径的一半，即 $D/2$，见图 16-8。

在良好土壤中，侧填土宽度可略低，但埋设土壤的密度必须足够大。

以下是对回填土的五个考虑因素：

（1）覆土厚度小于最小值时管上的轮压。

（2）地下水位高于管道和/或管中真空的情况。

（3）埋设土壤中的土壤颗粒移出。

（4）开沟用防护屏或板桩留下的空隙。

（5）山坡上的回填土。

1. 轮压

图 16-9 显示了覆土厚度为最小值时管上的轮压。无黏性土中的穿透角约为 1 横∶2 纵。单轮胎形成近似截圆锥的穿透，双轮胎形成近似截棱锥的穿透。管上的垂直压力为 $P=P_d+P_1$，其中 $P_d=\gamma H$，为静荷载，P_1 为活荷载。矩形轮胎印面积 $L\times B$（HS-20 双轮胎的面积约为 22 in×7 in）上的荷载 Q 对应的 $P_1=Q/(B+H)(L+H)$。在这种活荷载作用下，侧填土的强度须能支承住管道。但对于 HS-20 双轮胎，压实颗粒状土的最小覆土厚度约为 $H=1$ ft，铲土机的单轮胎为 $H=3$ ft。带砂浆内衬的大口径钢

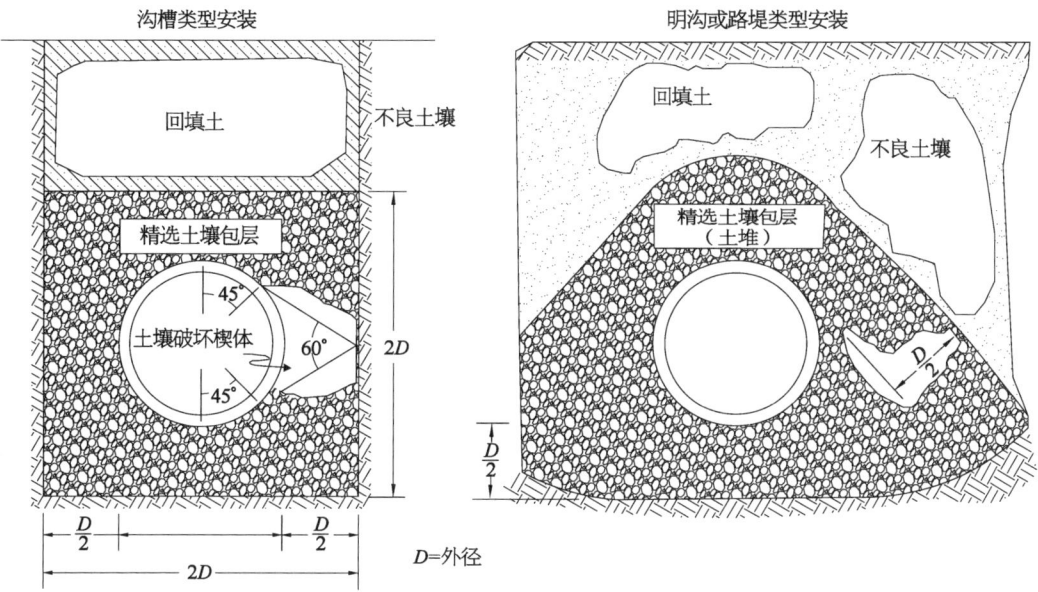

图 16-8 横截面示意图,显示管沟和路堤工况下,埋置在不良土壤中时,回填覆土的建议宽度为 $D/2$

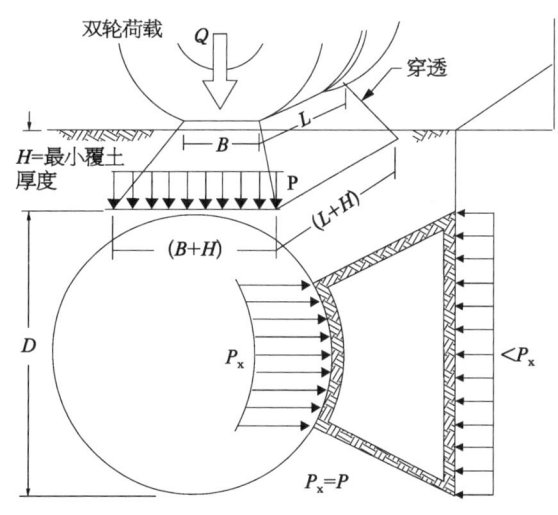

图 16-9 双轮荷载通过埋在最小覆土层下的管道,显示在初期土壤滑移时形成侧填土楔

管制造商建议为最小覆土厚度增加 1.5 ft 的安全系数。对于 HS-20 荷载,建议的最小覆土厚度为 2.5 ft,对于铲土机轮压为 4.5 ft。覆土厚度大于最小值时,轮压压力小于 $P_1 = W/2H^2$。事实上,土拱就可以承受轮压,不会发生穿透。如果侧填土埋设质量过差,无论如何都无法承受轮压,此时槽宽就非常关键了。

2. 地下水位

见图 16-10。地下水位高于管道时,侧填土强度为有效(上浮)强度,$\sigma_x = K\sigma_y$。有效垂直土壤应力为 $\sigma_y = \sigma_y - u$,其中 u 为孔

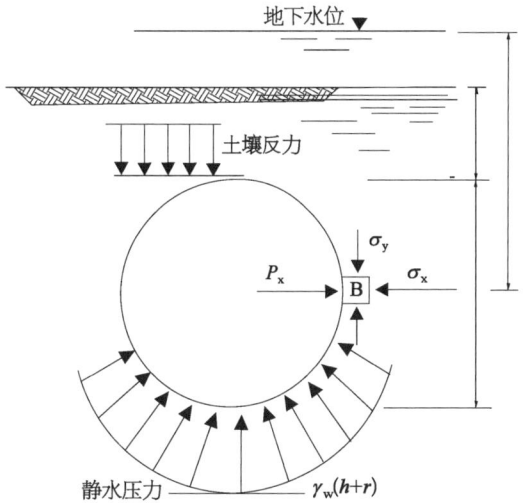

图 16-10 埋在地下水位以下的空柔性管的自由体受力图

隙水压力,即 $u = \gamma_w h$,其中 γ_w 为水的容重,h 为地下水位(水头)在管道起拱线以上的高度。如果管道趋于上浮,分析时,P 为管底的静水上浮压力,$P = \gamma_w(h+r)$,而不等于管顶的土壤压力。

3. 土壤颗粒移动

土壤颗粒移动通常是:将槽壁细土冲入较粗埋设土壤空隙中的地下水;或将粗颗粒从埋设土壤推动或摇动进入槽壁细土的轮压和微地震的作用结果。如果细土从槽壁移入埋设土壤,槽壁可能会沉降,但管道不受影响。如果埋设土壤颗粒移动到槽壁中,侧填土支承的移动可允许轻微的管环挠曲。这种情况只有在槽壁土壤足够松散或塑性足以使埋设土壤颗粒移动到其中时才会发生。土壤颗粒移动并不常见,但必须予以考虑。补救措施包括:回填土中有足够细土,可过滤掉地下水流中移动的颗粒;管沟加衬里。必要时可使用土工布。

4. 移动式管沟支承(埋设土壤中的空隙)

土壤应与管道紧密接触,避免在拱腋下发生管涌(地下水流通道)。如果回填土用的是流动填料,就可避免产生空隙——当槽宽过窄,在拱腋下回填土有困难时,这是一个好办法。

柔性管有微微下沉入垫层的趋势。对于增加的底部半径 r_y,不能使其大到引起砂浆内衬剥落,也不能大到使 $P_y r_y = P_x r_x$ 这一关系式导致 P_x 超过侧填土的支承能力。施工人员能够巧妙地向拱腋下"抛掷"土壤,包括使用 J 型棒阻止、振动、冲刷等。有时建议将槽底做成贴合管道的形状。但是,这种方法的成本较高,也不能保证支承完全均匀。

如果板桩或开沟防护屏的顶部高出管道的起拱线,则撤出板桩或防护屏时留下的空隙不会影响管道的性能,见图 16-11。

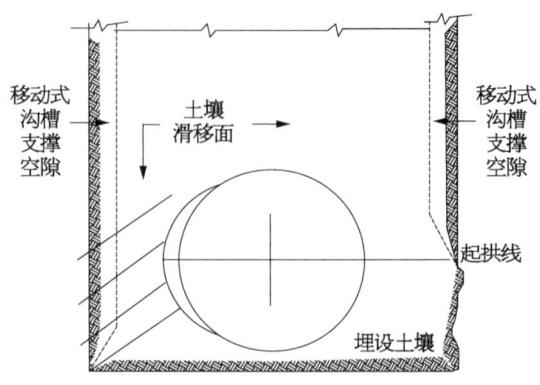

图 16-11 移动式管沟支承从槽底(左侧)和起拱线(右侧)撤出时的土壤滑移面比较。土壤滑移面位于管道上方,对管道无影响。如果移动式管沟支承位于槽底,则侧填土可能出现空隙,导致管环挠曲

5. 山坡回填土壤

图 16-12 所示为山坡上的一根管道。保持该管稳定的最小覆土厚度是多少?水泥稳定土可以作为一种补救措施。假设管道是柔性管。如果没有覆土厚度 H,则土坡会滑入柔性管内。由朗肯对共轭轴的分析可知,

$$F/P = K = \frac{\cos i - (\cos^2 i - \cos^2 \varphi)^{1/2}}{\cos i + (\cos^2 i - \cos^2 \varphi)^{1/2}} \quad (16-2)$$

环上土压力见图 16-12 左侧。P_y 取决于棱柱荷载。管环提起土楔荷载更为合理。平均 $P_x = \gamma K(H+r)$。它在略低于起拱线的地方起作用。采用棱柱荷载,管环稳定度 $\gamma H \cos^2 i = \gamma K(H+r)$,据此,

$$H(\cos^2 i - K) = Kr \quad (16-3)$$

[例 1]

在最不利情况下,假设角度 i 等于边坡的休止角,几乎等于土壤内摩擦角 φ。令 $\varphi = 30° = i$, $K = 1$, $H = -r/\sin^2\varphi$。H 为负数。柔性环不稳定。抬升的土楔荷载更为合理。但楔高 H 未知。假设荷载值,即 $P_y = \gamma H \cos^2\varphi$。

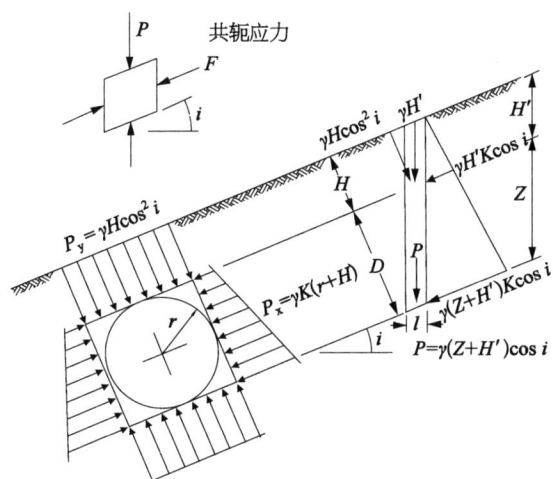

图 16-12 埋设在无黏性土无限边坡上的管道,显示共轭应力的无穷小立方体和环上近似应力的结果图

代入方程式(16-3)中,$H=2r=D$。根据这一 H 值,可以计算土楔荷载,看看是否如假设的那样是棱柱荷载的两倍。多数迭代不合理,因为假设条件为松散。如果角度 i 小于休止角 $\varphi=30°$,则保守棱柱荷载的典型计算结果为:$i=20°$ 时,$H=5.7r$;$i=10°$ 时,$H=1.9r$。

对于这种最不利情况而言,这些都是不太可能的上限值。土楔荷载的迭代会使 H 值更低、更合理。任何管环刚度都会进一步降低 H 值。

[例2]

如果对于滑移处埋设土壤,$K=(1+\sin\varphi)/(1-\sin\varphi)=2$,则柔性管能够承受多大的活荷载 P_1(除静荷载外)?在起拱线处,垂直土压力不小于土重,即 $\sigma_z = \gamma(H+D/2)$。如果柔性管环保持圆形,土壤滑移时对土壤的水平压力为 $2\gamma(H+D/2)$。如果圆环为完全柔性环,则管顶的垂直土压力等于水平压力,也等于 $2\gamma(H+D/2)$。管顶的静荷载压力为 γH。因此管道能够抵抗的活荷载为 $P_1 = 2\gamma(H+D/t) - \gamma H = \gamma(H+D)$。

参考文献

[1] Marston, Anson (1930). *The Theory of External Loads on Closed Conduits in the Light of the Latest Experiments*. Bul. 96, Engr. Exp. Sta., Iowa State College.

[2] Spangler, M. G. (1941). *The Structural Design of Flexible Pipe Culverts*. Bul. 153, Engr. Exp. Sta., Iowa State College.

[3] Spangler, M. G. and R.L. Handy (1973). *Soil Engineering*, 3ed. Intex Educational Publishers.

[4] Watkins, R. K. and M. G. Spangler (1958). Some characteristics of the modulus of passive resistance of soil: A study in similitude. *Proceedings*, Highway Research Board 37, 576.

练习题

16-1 管道埋设并用干砂回填至管道上方约 $H=1+$ m 的高度后,当管沟防护屏被拉到管道前面时,极柔性管的管环挠度会增加多少?管道直径 2 m,位于宽 2.6 m 的管沟内,垂直槽壁由 100 mm 厚的防护屏支承。屏壁一直伸到管底。休止角(土壤摩擦角)为 30°。土壤容重为 120 pcf。

16-2 对于问题 16-1 中的柔性管,在起拱线层面,对槽壁的水平压力是多少?

16-3 在一个位置,柔性雨水沟刚好埋在两侧的软黏土中(侧填土),见图 16-13。通过分析起拱线处无穷小黏土立方体的自由体受力图,管道上方回填砂引起管道塌陷的安全系数是多少?地表荷载不可预测,雨水沟可防止水进入回填砂。

假设：

管沟：深度＝8 ft（$H=6$ ft）

管道：直径＝24 in，管道刚度＝0

黏土：容重＝120 pcf，内聚力＝100 psf，$\varphi=0$

回填土：比重＝2.7，孔隙比＝0.4，$\varphi=30°$

16-4 问题 16-3 中，在管环初期垂直塌陷时，管道的直径是多少？假设回填砂覆土厚度仍为 2 m。

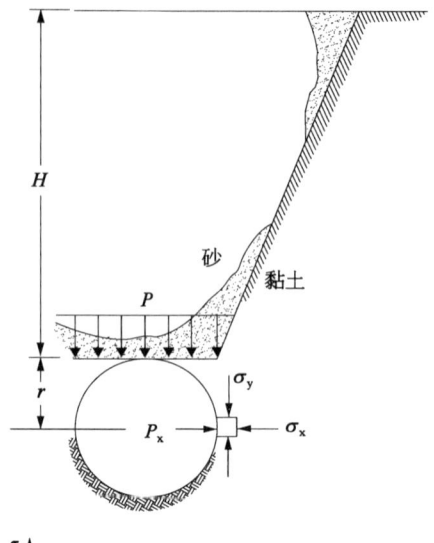

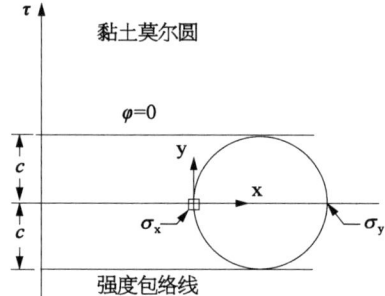

图 16-13 埋入黏土中的极柔性管横截面（上）和黏土的莫尔圆（下）

第17章
平行管道及管沟

埋地管道平行安装时,仍然适用单管道分析原理。覆土厚度应大于最小值。但埋地平行管道的设计需对地表重荷载进行补充分析。两根平行管道间的管覆土柱的自由体受力见图17-1。截面AA是最小截面。柱子必须能承载土体的全部重量(用阴影表示)加上在活荷载压力图中的部分地表荷载W。起拱线处最小截面AA上的土柱具有临界性。设计时,截面AA上土柱的强度必须大于竖向荷载。

强度

土柱的性能极限为:1.管壁的管环压缩强度;或2.截面AA的土体抗压强度(竖向

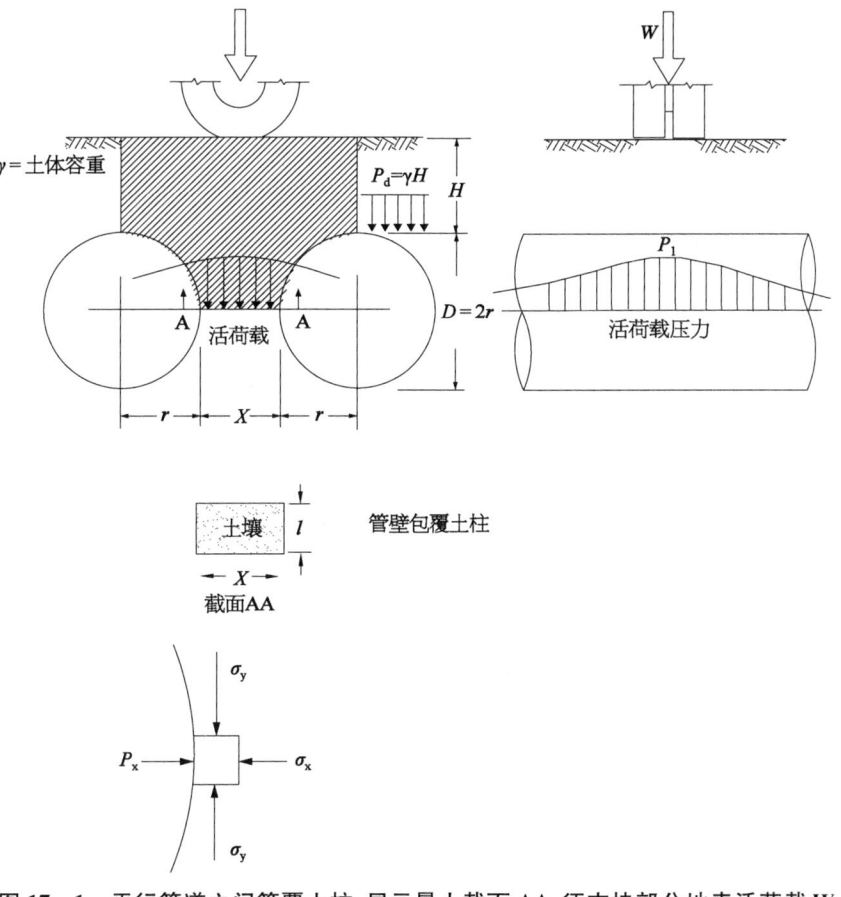

图17-1 平行管道之间管覆土柱,显示最小截面AA,须支持部分地表活荷载W及静荷载,用阴影表示

被动阻力)。

管壁的管环压缩强度为屈服强度 σ_f。钢管的 σ_f 值通常是 36 或 42 ksi。刚性管的 σ_f 值为管壁的压毁强度。塑性管的 σ_f 值取决于温度、应力和使用寿命。这些具体参数由生产厂家提供。

土体强度按下述过程得出。假设埋设土体为压实颗粒状土。滑移时的土体强度为竖向应力 σ_y。管壁提供水平土应力。通过三轴试验可知近似的土体强度，试验时采用的室间压力等于管道对土体的水平压力 P_x。对于土体滑移时的圆形柔性管，$P_x = P_d = \gamma H$。由于活荷载不在管道正上方，活荷载压力 P_1 无影响。如果地下水位高于截面 AA，在被破坏时，土体抗压强度为有效竖向应力 σ_y，受限于水平应力 $\sigma_x = K\sigma_y$。$P_x = P = \sigma_x + u$，其中 u 是截面 AA 的水压力。

应力

如果可以确保土体和管壁之间的黏结，则可像分析钢筋混凝土柱一样分析土柱，这是基于等效(转换)截面的方式。但由于温度、湿度和荷载的波动会破坏黏结性，土体和管道之间的黏结无法得到保证。假设黏结力为零。因此，管道和土体中的应力分别独立计算。

管道设计

对土柱进行分析之前，管道条件必须充分，见第 6 章。从管环压缩方程式开始设计，

$$P(OD)/2A = \sigma_f / sf$$

式中，

OD——管外径；

A——每个单位管长的管壁面积；

σ_f——管壁的管环压缩强度；

sf——安全系数；

P——管顶的最大竖向土压力。

对于最不利情况的管环压缩，活荷载 W 直接作用在管道正上方，此时 $P = P_1 + P_d$。活荷载作用 P_1 可通过布辛内斯克或纽马克理论获得。如果假定 W 为一个点荷载，根据布辛内斯克理论，$P_1 = 0.477W/H^2$，见第 4 章。如果假设活荷载 W 为分布式地表压力，则可采用纽马克积分法。根据第 13 章的棱锥/圆锥分析，覆土厚度必须大于最小值。在下文中，假设管道条件是充分的。

土柱设计

下面是对柔性管的分析，刚性管需要修改分析方法，见图 17-1。截面 AA 上两个柔性管壁所承受的竖向荷载不小于 $2PD/2 = PD$。因此，在土柱设计中，保守地假定管壁包覆层承受竖向荷载 PD。但这只是总荷载的一部分，其余荷载由土体支承。当重活荷载 W 集中在截面 AA 上，而不是管顶时，会出现最大荷载。这个位置不仅有最大活荷载压力，而且由管壁包覆层支承的荷载部分是最小的。管壁承受静荷载，$P_d D = \gamma HD$。管上活荷载 P_1 小到可以忽略不计，这部分荷载已经由最小覆土所需的管环刚度承受。截面 AA 上的布辛内斯克活荷载不可忽略。土应力 σ_y 必须小于强度 S'。竖向应力等于土荷载除以横截面积。

$$\sigma_y = Q'/X = S'/sf \qquad (17-1)$$

式中，

σ_y——截面 AA 上的竖向土应力；

S'——竖向土体压缩强度；

X——管间截面 AA 的宽度；

sf——安全系数；

$Q' = Q - \gamma HD$ = 截面 AA 上土体支承的荷载 = 总荷载减去管壁支承的荷载；

γ——土体容重；

H——覆土厚度；

D——管径 = $2r$；

Q——截面 AA 的竖向荷载 = $w_d + w_1$。

在每个单位管长，Q 为阴影部分土体自重恒载 w_d 与作用在截面 AA 上的部分地表活荷载 W_1 之和，见图 17-1。每个单位管长(1)的静荷载 w_d 等于土体容重乘以阴影面积；即，

$$w_d = (1)[(X+2r)(H+r) - \pi r^2/2]\gamma \quad (17-2)$$

活荷载 w_1 是图 17-1 中活荷载压力图中作用于截面 AA 的量，采用第 4 章所述布辛内斯克或纽马克方法估算得出。棱锥/圆锥穿透应力分析不适用，因为覆土厚度不小于最小值。如果布辛内斯克法可行，则每个单位管长的活荷载 w_1 为

$$w_1 = 0.477 WX/(H+r)^2 \quad (17-3)$$

[例 1]

图 17-1 中截面 AA 的竖向土应力是多少？管道是波纹钢管，直径 72 in，波形为 2-2/3 × 1/2，$t = 0.0598$，由 $X = 1.0$ ft 的土体隔开，覆土厚度为 1.5 ft，容重为 120 pcf。预计地表轮压 $W = 20$ kips。通过管环压缩分析，20 kip 荷载可以通过每根管道，不超过管道的屈服应力。覆土厚度大于最小值。根据方程式(17-2)，截面 AA 的静荷载为 $w_d = 2.08$ kips，以此估算截面 AA 的土应力。

活荷载 w_1 可用布辛内斯克方程(17-3)或纽马克法计算，见图 4-6。如果双轮胎印面积为 1 ft × 2 ft，根据纽马克理论，

$w_1 = 4MWX(1\text{ ft})/2\text{ ft}^2$，其中，

X——截面 AA 宽度 = 1 ft，

w_1——截面 AA 上的总活荷载，

W——地表轮压，

$M = f[(L/B), (B/H)]$ = 纽马克图(图 4-6)中的系数，对于地表荷载 W 的 1/4 面积，其中，

$B = 0.5$ ft，

$L = 1.0$ ft，

$H = 4.5$ ft = 纽马克 H（至截面 AA 的深度） = 1.5 ft + 3 ft。

纽马克分母 2 ft² 为地表荷载 W 的作用面积。代入数值，$L/B = 2$，$B/H = 0.111$，纽马克 $M = 0.012$，$w_1 = 0.48$ kip。截面 AA 的总荷载为

$$Q = 2.08 + 0.48 = 2.56 \text{ kips}$$

土体独自支承的荷载为

$$Q' = Q - \gamma HD = 2.56 - 1.08 = 1.48 \text{ kips}.$$

γHD 为管壁支承的荷载。截面 AA 上的竖向土应力为

$$\sigma_y = 1.48/(1\text{ ft})(1\text{ ft}) = 1\,480 \text{ psf}$$

布辛内斯克法的使用是否没有重大错误？根据第 4 章，如果 H/B 大于 3，则布辛内斯克法适用。在这种情况下，$H/B = 4.5/0.5 = 9$。验证一下该方法是否适用。由方程式(17-4)计算得出，$w_1 = 0.477(20\text{ kips})(1\text{ ft})(1\text{ ft})/(4.5\text{ ft})^2 = 0.47$ kips，纽马克法的计算结果为 0.48 kips。毫无疑问，布辛内斯克法适用。

[例 2]

对于前例中的平行管道，截面 AA 的竖

向土体强度是多少？土体摩擦角为 $\varphi=30°$。截面 AA 上，管壁对土体的水平压力为 $\sigma_x = \gamma H = 180$ psf。土体滑移时的竖向强度为 $\sigma_x K$，其中 $K=(1+\sin\varphi)/(1-\sin\varphi)=3$。竖向土体强度为

$$S' = 180 \times 3 = 540 \text{ psf}$$

例 1 中的竖向土应力为 1 480 psf，远大于土体强度 540 psf。有必要使平行管道间的间距增至三倍，或在管道之间填筑混凝土，或规定使用更坚硬的管道。

储罐间距：

对于多个平行储罐，以下是必须根据容纳锚桩或锚板的需要增加的最小间距。参阅关于罐锚的第 21 章。如果必须允许有足够间隙使锚桩可以设置在储罐遮蔽处之外，平行储罐间的间距应不小于储罐直径的 1/4。假定活荷载为 HS-20 双轮荷载，最小覆土厚度为 2.25 ft。

刚性管：

与柔性管不同，刚性管不对土体施加压力，$P_x = P$。处于管环压缩状态中的管壁以及处于竖向被动阻力状态中的土体可为总荷载 Q 提供支承。可以通过柱设计去分析等效截面，详情参见有关钢筋混凝土的内容。管壁的弹性模量与土体的弹性模量（压缩率）存在较大差异。

安全系数：

管壁包覆土柱的分析较为保守。管道和覆土的纵向阻力可忽略不计。同时忽略了覆土的土拱作用。安全系数可能很小。

平行管沟

埋地柔性管的稳定性取决于埋设土体。两侧压实的土体可为顶拱支承与加固。开挖的管沟与管道平行时，埋地柔性管会发生什么情况？管沟的稳定性如何？管道和平行管沟之间的最小距离达到多少时管道会塌陷？影响管道塌陷的变量是什么？1968 年在犹他州立大学进行的一项实验目标正是这些问题的答案。为了减少变量个数，假设管环刚度为零。结果为保守结果，因为没有管道的刚度环向刚度为零。对于最柔性的素钢管，$D/t < 300$。对于测试管，$D/t = 600$，接近零刚度。在回填过程中，需要在中心轴上保持管道原形。

竖向槽壁

图 17-2 所示的是一根埋地柔性管的横截面，有一处明挖竖向槽壁与之平行。如果槽壁 AB 回挖，越来越靠近埋地管道，侧覆土厚度 X 缩减到侧填土无法再提供保持柔性环所需的侧向支承的点为止。管环挠曲，推出一个如图 17-3 所示的土楔。由于管环挠曲，土棱柱直接在管环上方松脱，破坏了柔性环。为了用 π 项来研究这一现象，必须确定相关的基本变量。管环刚度被忽略，因为管环为柔性环。实际上，当管环挠度为零时，管环刚度无论如何都不会有任何影响。其余的基本变量是：

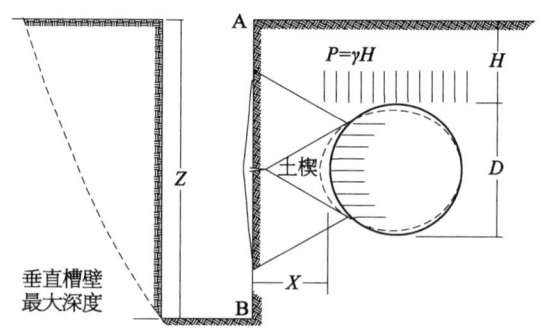

图 17-2 与埋地柔性管平行的竖向槽壁，显示管道塌陷时形成的土楔和剪切面

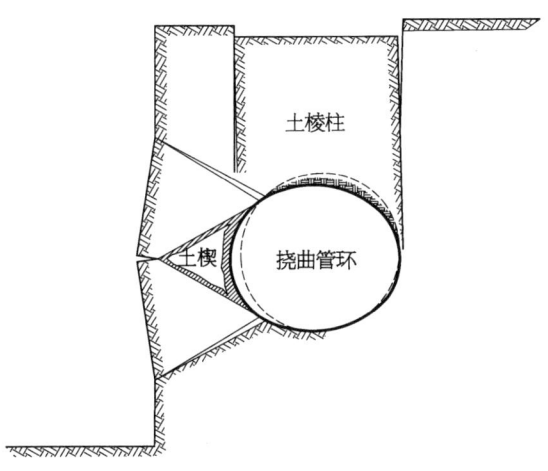

图 17-3 当土楔被推入管沟时,管环挠曲过程中在管道上形成一个土棱柱

基本变量　　　　　　　　　基本量纲

X——侧向覆土最小厚度　　　L
　　　（塌陷时管道与管沟
　　　间的最小水平间距），
D——管径，　　　　　　　L
H——管顶上的覆土厚度，　　L
Z——竖向开挖槽的临界深　　L
　　　度（竖向侧壁）。

临界深度 Z 是简便的土体强度测定方法。它的定义是竖向开挖槽壁所在管沟的最大深度。超过这一深度,槽壁会滑移或塌陷。临界深度 Z 可在现场开挖时确定,也可根据无量纲稳定数 $Z\gamma/C$ 计算,见图 17-6。

$$2C/\gamma Z = \tan[45°-\varphi(2)] \quad (17-4)$$

式中,

Z——竖向开挖槽临界深度;
γ——土体容重(pcf);
C——土体内聚力(psf);
φ——槽壁的土体内摩擦角。

若实验室试验提供土体特性 γ、C 及 φ 值,则可由方程式(17-4)求得 Z 值。

为了研究这四个基本变量,需要三个 π 项。可能的集合是 (X/D)、(H/D) 和 (H/Z)。试验表明 (H/D) 是不相关的。只有 (X/D) 和 (H/Z) 仍然是相关 π 项。试验结果如下。

对于与柔性管平行开挖的竖向槽壁,

(1) 破坏为突然的完全塌陷。

(2) 管环在一根独立的土棱柱下塌陷,土棱柱从管顶脱落。

(3) 如果管环具有一定的刚度,且如果覆土厚度 H 不足以使管环塌陷,则土体可能会沿管道落入管沟。这不被认为是破坏,因为土体可以在回填时更换。

试验数据绘制在图 17-4 中,其中 (X/D) 为 (H/Z) 的函数。最佳拟合直线方程式为 $X/D=1.4(H/Z)$。X/D 的可能误差是 ± 0.1,所以侧覆土厚度 X 的可能误差大致是 $\pm D/10$。由于现场条件可能不如实验室条件可靠,因此安全系数应取 2。因而可指定最小侧覆土厚度 X 为

$$X/D = 3H/Z \quad (17-5)$$

图 17-4 中值得关注的是用方块表示的数据点。这些数据并不代表管道塌陷。试验管的管环刚度足以保证土楔掉入管沟后,部分浅层覆土只会从管道周围散开。如果管环刚度要作为一个基本变量,管环挠度也应同时纳入。那么管道和土体之间的摩擦系数也要作为一个基本变量。

如果管道的管环刚度较大,则在无侧向支承的情况,并且在均匀竖向压力的作用下,可求得能提供支承且不使管道塌陷的覆土厚度。见附录 A,据此弯矩 = $Pr^2/4 = \sigma I/c$。对于基于弹性理论的素钢管,在屈服应力下,

$$P = 16\sigma_f I/cD^2 \quad (17-6)$$

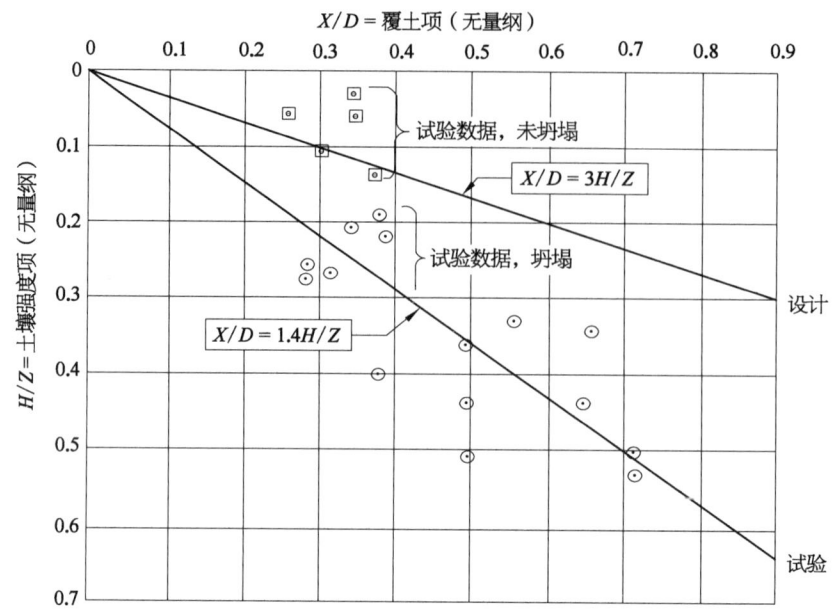

图 17-4 对于与极柔性埋地管平行开挖的竖向槽壁,覆土项 X/D 为土体强度项 H/Z 的函数

式中,

P——塌陷时的竖向土压力;
I——管壁横截面的惯性矩;
D——管径 $=2r$;
c——从中性面到壁面的距离的一半 $= t/2$(光面管);
t——光面管壁厚;
σ_f——管道屈服强度;
m——$D/t=$ 管环柔韧性(光面管)。

$$P = (8\sigma_f/3m^2) \text{(光面管)} \quad (17-7)$$

根据塑性理论(塑性铰)

$$P = 24\sigma_f I/cD^2 \quad (17-8)$$

$$P = 4\sigma_f/m^2 \text{(光面管)} \quad (17-9)$$

塑性铰处的竖向管环挠度为 $d = 0.01PD^3/EI$

式中,

d——管环挠度 $=\Delta/D$;
Δ——竖向直径减小值;

P——管环竖向压力;
D——圆管直径;
EI——每个单位管长的管壁刚度。

斜槽壁

图 17-5 所示为无黏性土中的柔性管,其倾斜角为休止角$\approx\varphi$。管环上的压力分布呈三角形,如图所示。A 点的最大弯矩可用卡氏方程式求出。但对于均匀压力,求等效弯矩 $M_A = Pr^2/4$ 便足够精确,$P_x = r\gamma$,见附

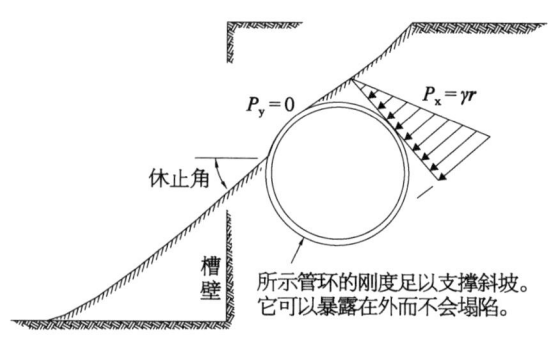

图 17-5 槽壁倾斜角为休止角,对应的土体呈稳定状态,但柔性环需要有一定刚度或最小覆土厚度

录 A。所需截面模量为

$I/c = M_A(sf)/\sigma_f$，其中 σ_f 为屈服应力。

开挖

开挖深度必须包括清除不稳定底基土所需的"超挖"深度。应更换为认可的垫层材料。一些储罐制造商认为，根据无侧限抗压试验，如果内聚力小于 $C = 750$ psf，或承载能力小于 3 500 psf，土体是不稳定的。在现场时，如果工作人员能在开挖地面上行走而不留下脚印，那么承载能力便是足够的。泥泞的开挖地面可用砂砾填塞，直到达到稳定状态为止。这些是土体稳定性的保守标准。

更值得关注的是《职业安全与健康标准》(OSHA)对保持或倾斜槽壁的安全要求。通常情况下，储罐的开挖深度小，足以为 OSHA 管沟要求留下较大的安全裕度。纵向和水平土拱作用显著。

这些承载力和内聚力标准相当于 20 ft 深的竖向槽壁。当土体容重为 120 pcf 时，3 500 psf 的承载力可支承超过 29 ft 的管沟。750 psf 的内聚力可支承竖向深度超过 20 ft 的明挖槽壁。

竖向槽壁临界深度

无内聚力的颗粒状土无法在竖向开挖时直立。埋设管道和储罐的原状土大多具有内聚力。因此，在一定的临界深度 Z 内，开挖槽壁可在竖向明挖时直立，见图 17-6（左）。超过这一深度，将导致从底角 O 开始"塌落"，此处的破坏面倾斜角为 $(45° + \varphi/2)$。对于二维管沟分析，无穷小土立方体 O 承受竖向应力 γZ，其中，

γ——土体容重；

Z——竖向槽壁临界深度；

φ——土体内摩擦角；

C——土体内聚力。

莫尔圆如图 17-6（右）所示。应力作用平面的方位图 $(x-z)$ 叠加在一起，显示原点 O 的位置。按照土体摩擦角 φ，强度包络线

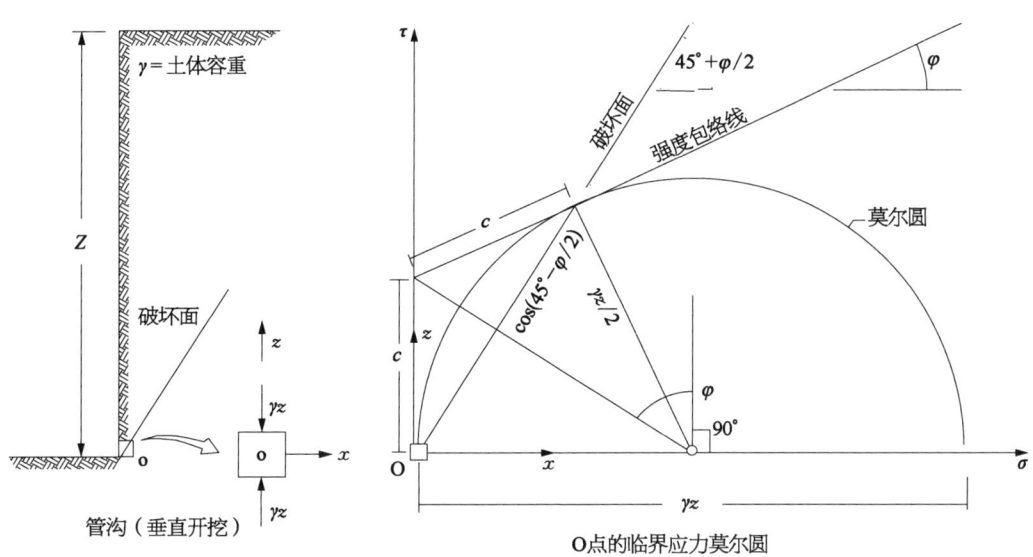

图 17-6 在已知土体内聚力 C 和土体内摩擦角 φ 的情况下，求脆性土体中竖向明挖的槽壁临界深度 Z 的原理图；$2C/\gamma Z = \tan(45° - \varphi/2)$

从内聚强度 C 开始倾斜。在土体滑移处,莫尔应力圆与强度包络线相切。根据三角学,$\tan(45° - \varphi/2) = 2C/\gamma Z$。

这是临界深度方程式(17-4)。

试验结果表明,方程式(17-4)为脆性土提供了合理的分析方法。如果土体为塑性,则土体在剪切应力达到抗剪强度 C 时才会发生滑移,因此,在塑性土中,临界深度方程式为 $2c/\gamma Z = 1$。在地下水位以下,临界深度基本上增加一倍。

[例1]
$C = 750 \text{ lbs/ft}^2$,
$\gamma = 120 \text{ lbs/ft}^3$,
$\varphi = 30°$?
若
$C = 750 \text{ lbs/ft}^2$,
$\gamma = 120 \text{ lbs/ft}^3$,
$\varphi = 30°$,

竖向明挖槽壁的临界深度 Z 是多少?

将数值代入方程式(17-4)中,$\underline{Z = 22 \text{ ft}}$。如果土体有一定塑性(非脆性),此为下限值。储罐的开挖深度几乎从未超过 20 ft。

[例2]
假设斜槽壁暴露了一根管道,如图 17-5 所示。必须通过管环刚度抵抗压力 P_x。72 in 的素钢管所需的壁厚是多少?

假设土体为颗粒状,容重为 120 pcf。

从附录 A 可知,管环中的最大弯矩为 $M = P_x r^2/4$。根据弹性理论,管环阻力应为 $I/c = t^2/6 = M/\sigma_f$。屈服应力为 $\sigma_f = 42 \text{ ksi}$。允许应力从 42 ksi 减少为 21 ksi。据第 16 章所述,$P_x = \gamma r$。代入数值,$t = 0.48 \text{ in}$,此时 $D/t = 150$。

管环刚度小,对斜槽壁(山坡)上的柔性环稳定性有很大的影响。如果是钢管,砂浆内衬会显著增加管环刚度。

上述原理基于无限边坡法。对于斜槽壁,管环上的压力要小得多。对于大多数管道,适当的做法是根据熟悉的经验法则去判断安装所需的管环刚度,即最小覆土厚度为 $D/2$。对于在无黏性土中平行于斜槽壁的管道,至槽壁斜面的最小覆土厚度为直径的一半。

练习题

17-1 若槽壁竖向,且
土体摩擦角 $\varphi = 30°$
土体内聚力 $C = 400 \text{ psf}$
管径 $D = 6 \text{ ft}$
管壁厚 $t = 3/8 \text{ in}$
覆土厚度 $H = 4 \text{ ft}$
土体容重 $\gamma = 125 \text{ pcf}$
则埋地柔性素钢管与平行管沟间的最小允许间距(侧覆土厚度 X)是多少?

$(X = 6.5 \text{ ft})$

17-2 若土体为无黏性土,即 $c = 0$,请重新思考问题 17-1。

17-3 壁厚 $t = 10 \text{ mm}$,直径为 2 m 的钢管埋于压实细砂中,覆土厚度为 1 m,有时地下水位处于地表。如果在高地下水位的土体中可以挖掘一条最大深度为 4 m 的带竖向侧壁的管沟,那么平行开挖管沟与管道间的最小间距 X 是多少?

$(X = 1.5 \text{ m})$

17-4 问题 17-3 中管道在塌陷时的竖向压力是多少?弹性屈服应力 $\sigma_f = 290 \text{ MPa}$。

(19.3 kPa)

17-5 如果问题 17-3 中的管道不会坍坏,已知 X 为最小值 1.5 m,$P = 19.3 \text{ kPa}$,

那么最大覆土厚度是多少?

($H = 2.9$ ft)

17-6 证明对于光面管,塑性铰处的竖向土压力是弹性极限下竖向土压力的 3/2 倍。假设屈服强度在弹性和塑性分析中相同,假设弹性极限等于屈服强度。

17-7 两根直径为 14 ft 的平行柔性钢管埋在 $H=4$ ft 的丘砂下,$\gamma=120$ pcf,$\varphi=25°$,间距为 $X=3$ ft,最大允许轮压是多少?土体滑移时的静荷载。假如压实土体,$\varphi=38°$,间距增加为 $X=6$ ft 呢。

($W = 70$ kips)

第 18 章
特 殊 管 段

管道中的特殊管段包括：阀门、三通、Y形管接头、弯头、管帽或管塞、变径过渡段（改变流速）（如锥形体）以及不同形状或尺寸管道间的过渡段（如从矩形管道过渡到圆形管道）。对于常见的标准特殊管段，相关经验和专业知识可咨询制造商。但是，管道工程师经常会遇到使用非常规管段的情况。特殊管段的部分初步设计规则和程序介绍如下。现在以Y形管接头为例进行说明。

Y形管接头用于管道分叉，即从较大口径的主管线过渡到两个较小口径的支管道，见图18-1。Y形管接头可以分为三个叉，或者用于连接不同口径的支管，或者适用于不同的偏移角等。Y形管接头可以模制（翘曲面）或斜接（圆柱或圆锥形）而成。下面的示例是一个带有相同偏移角度的双叉斜接Y形管接头。接头主要由两个截圆锥——大口径一端为D_i，小口径一端为D_o（见图中虚线部分）——组成，并与入流端（主管线）和出流端（支管）连接。锥体经切割后在岔口焊接成Y形管接头；然后通过焊接的方式与主管线和支管连接（如图所示）。应注意，岔口处，也就是两个切割锥体的交叉位置，在平面上呈椭圆形，就像牛仔裤的裆部缝合处。椭圆形易于分析和制造。由于切口在同一平面上，通过内部加翼板、外加加劲环，或岔口板，焊缝交叉处成为加固。对于高压管道，制造商倾向于将岔口处的切割面焊接到重型岔口板上，然后在斜接口外侧焊上加劲环。

符号和术语

D——内径（钢制管道标称直径）= ID

D_i——入流管道内径（主管线）

D_o——出流管道内径（支管）

t——壁厚

R——管道或锥体的弯曲半径

δ——连续斜接段的偏移角

L——管段长度

L_T——截锥长度

θ——主管道与支管之间的夹角

设定岔口处的水平断面 0-0，见图18-1。根据半个横截面的自由体受力图，破裂力等于压力乘以切口的跨度。该破裂力是单个支管管环破裂力的两倍以上，会引起横截面鼓胀，因此需要使用翼板（在内侧）或者岔口板（在外侧）将管环一起固定在中心。岔口板实际上是一种C形卡，其内切面为椭圆形，如图18-2所示。岔口板位于两个支管的相交平面处（岔口切口）。

内部压力在岔口板上引起的作用力

见图18-3。根据第2章关于管环分析的介绍，在顶点截面 A-A-A 处，每个圆锥壁上的岔口板每个单位管长承受的力是 Pr_A。岔口板（或翼板）每个单位长度上承受的作用力为

第 18 章 特殊管段

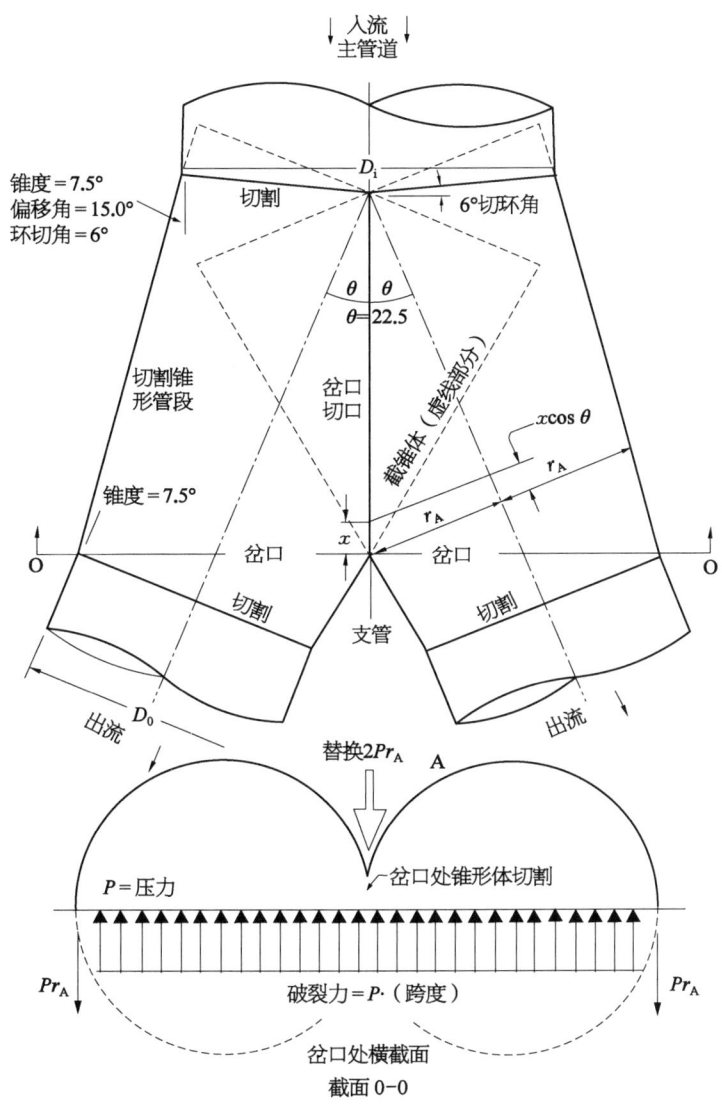

图 18-1 Y 形管接头,显示从主管道(入流)到两个支管(出流)的过渡流。(实际上,流体方向可以相反。)锥体的单位长度是 $x(\cos\theta)$

$$w = 2Pr_A(\cos\theta) \qquad (18-1)$$

式中,

 w——岔口板(翼板)每个单位长度上的竖向力;

 P——内部压力;

 r——圆锥体(一些情况下为圆柱体)的半径;

 θ——支锥(或圆柱体)轴线相对于主管轴线的偏移角;

 α——从垂直轴线到岔口切口的圆锥横截面夹角;

 L_i——斜接锥形段内侧的纵向元件长度。

但是,作用力 w 仅出现在岔口切口顶部的截面 A-A-A 上。在图 18-3 中,截面 B-B 上的环向力不是竖向力。如果岔口板(或翼板)只承受垂直分量,则岔口板每个单位长度

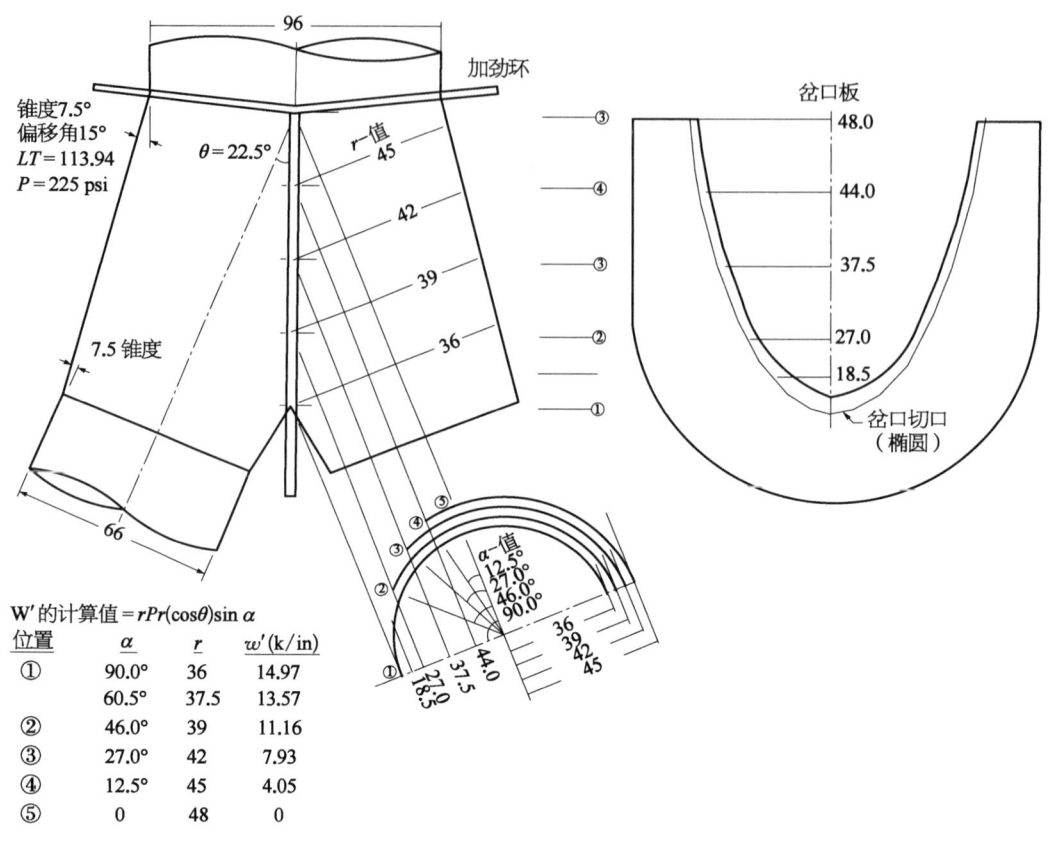

图 18-2 岔口切口和岔口板与加劲环一起，为切口处的环向张力(所有切口均为椭圆形)提供支承

上的竖向力为：$w' = 2Pr_B(\cos\theta)\sin\alpha$；其中，$\alpha$ 是截面 B-B 中竖向与两个支管交点之间的角度。由于对称性，环向力 Pr_B 的水平分量是平衡，即两个支管的压力、直径和偏移角相等。

图 18-4 为在图 18-3 中岔口切口整个长度上的 w' 曲线图。显然，曲线相对于直线的偏移量不大。因此，假设图中曲线为一条直线，则角度 α 可忽略不计；方程式(18-1)中的 w 值用于分析岔口板上的作用力。通过受力分析，可设计岔口板。

流体动力学导则

对于运输高速水流的压力管线(如水力发电厂的压力管道)，应谨慎避免由湍流和能量损失引起的流速或流向的突变。流体动力学家用于最小化能量损失的导则如下，见图 18-5～图 18-7。

(1) 使主管线的横截面面积约等于支管横截面面积。对于 Y 形管接头(分叉)，$D_o^2 = D_i^2/2$。

(2) 在斜接弯管上，将弯管内侧的偏移角度控制在最小范围内。内侧偏移角是造成湍流的主要原因。内侧偏移角不得大于 $\delta = 15°$，最好保持 $\delta < 10°$。大部分情况下保持在 $\delta < 7.5°$，对于超高速流体管道甚至 $< 6°$。

(3) 设定弯管半径大于管道直径(或任何斜接锥体段的平均直径)的 2.5 倍，即 $R > 2.5D = 5r$。最好将高速流体管道控制为 $R > 3D$ 甚至 $R > 4D$，见图 18-7。

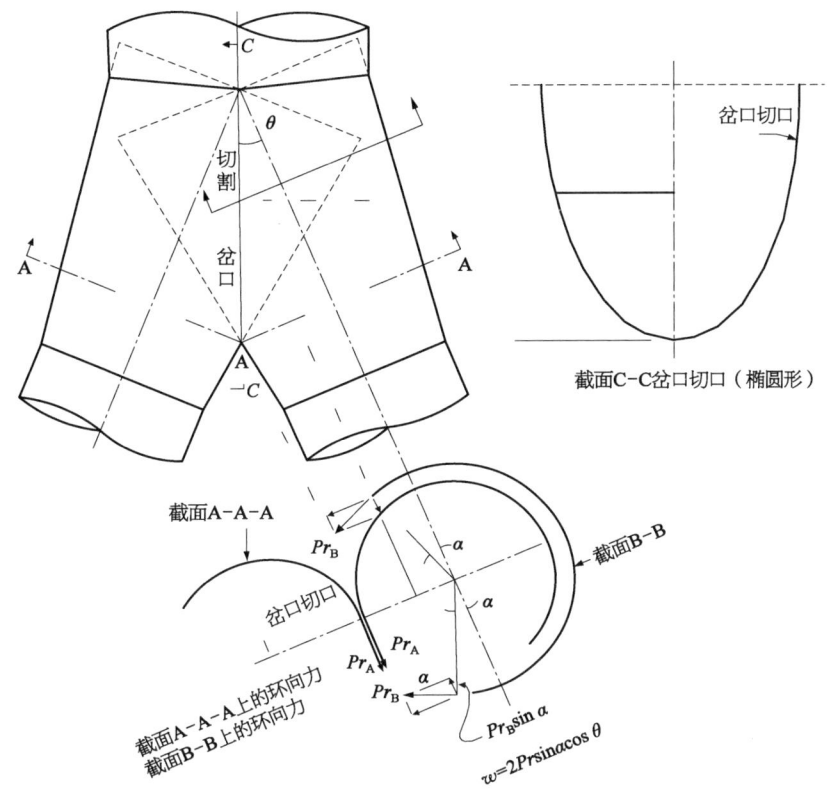

图 18-3 圆锥体截面的自由体受力图,显示岔口切口位置以及作用于截面 A-A-A 的环向力 Pr_A 和作用于截面 B-B 的环向力 Pr_B

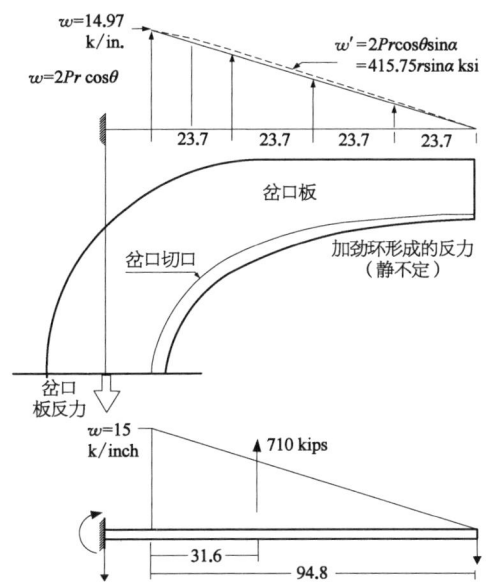

图 18-4 岔口板单翼的自由体受力图,显示用于分析单翼受力情况的近似过程,假设岔口板单翼为悬臂梁(下图),负载于加劲环静不定约束力 Q 的自由端

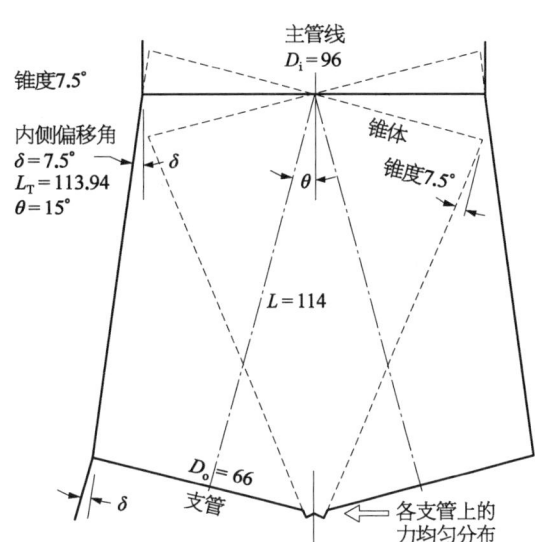

图 18-5 内侧偏移角最大为 7.5°的 Y 形管接头。应注意:在下端,各支管上的力均匀分布

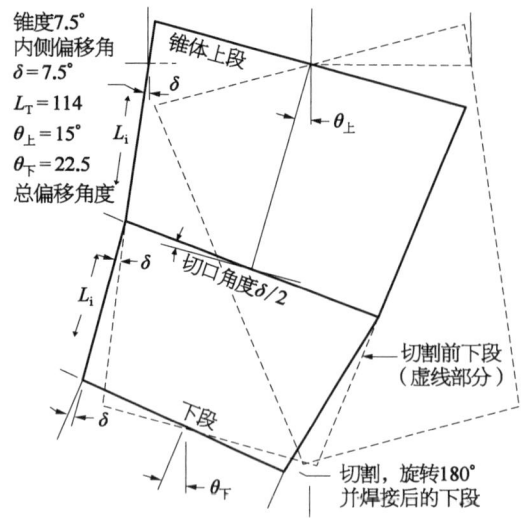

图 18-6 同样的 Y 形管接头，但以斜接方式连接，即在锥体中部切割，旋转 80° 并焊接。应注意：各支管单独承受作用力

(4) 保持各斜接段弯管内侧的长度 L_i 大于该管段（管道或圆锥体）平均半径的一半。

(5) 保持圆锥锥角最小。锥角越大，连续圆锥（或管道）段的长度 L_i 越短，这意味着弯管角度更大（弯曲半径 R 更短）。另外，锥角越小，岔口板长度须越长。因此，岔口板的悬臂必须能够支承更大的荷载。岔口板是 Y 形管接头的重要结构元件，但也带来了矛盾：一方面，需要较大的锥角让岔口板更短；另一方面，需要较小的锥角将弯曲半径和内侧长度 L_i 控制在流体动力学导则要求的范围内。因此，需要通过试验完善设计。现在通过示例来描述流体动力学导则与 Y 形管接头结构完整性之间的关系。

[例]

在设计水力发电厂的压力管道时，假设主管道为 96 in 钢管，分出两个支管以高压和高速为两台相同规模的涡轮机供水；钢管直径为内径，屈服强度为 45 ksi。在初步设计中，考虑 100% 水击情况，压力 $P = 225$ psi。

首次试验

首次试验使用 Y 形管接头，见图 18-1。设定锥角为 $7.5°$，截圆锥体长度为 $L_T = 113.94$ in。为了便于制造和焊接，所有管道和圆锥段 Y 形管接头处选用相同厚度的钢材。主管道上的环向应力最大，为 $\sigma = PD_i/2t$。因此：

$$t = PD_i(sf)/2S \qquad (18-2)$$

式中，

T——壁厚（待定）；

σ——管壁内的环向应力；

P——内部压力 $= 225$ psi；

D_i——主管道内径 $= 96$ in；

S——钢的屈服强度 $= 45$ ksi；

sf——安全系数，取 1.5。

得出：$t = 0.360$ in。但这不是标准值，应使用标准值 $t = 0.375$ in 进行分析。

根据导则 1，$D_o^2 = D_i^2/2$。因此，支管的 $D_o = 67.88$ in。现将支管（出流）的直径规定为标准值，即 $D_o = 66$ in。入流面积与出流面积之比为 1.058——这对管道施工比较有利。另外，如果出流面积比标准面积略微偏小，则流体进入涡轮机的流速会略有增加，这样可有效提高涡轮效率。

根据导则 2，内侧偏移角 δ 应小于 $7.5°$ 左右。图 18-1 中试验 Y 形管接头的 δ 值大于 $7.5°$——实际上是 $15°$。如果 δ 值减小到 $7.5°$，则支管偏移角 $\theta = 15°$，见图 18-5。很明显，在下端，出流管道上的力呈均匀分布。为了让各支管单独承受作用力，可考虑如下两种方法。

(1) 通过减少锥角来增加锥体的长度，但需要增加岔口板的长度，这不利于管道施工。

（2）另一个解决方法是：将锥体斜接，如图 18-6 所示。采用这种方法后，岔口板的长度不会增加太多。这对管道施工还算有利。主管线的轴线与支管的总偏移角为 $\theta_\text{下} = 22.5°$。

应注意，与管道内弯曲部位的内侧偏移角相比，从楔形圆锥至管道的内侧偏移角较为次要，因为从锥体向圆柱体过渡时，流体的向下压缩力是对称的，但是弯管不对称。如果必须减少其中之一，则锥度（不是弯管的内侧偏斜角）可以大于建议的最大允许值。

图 18-7 显示了如何斜接弯管。考虑到平面切割圆锥（或管道）后都会形成完整的椭圆截面，可以按照 $\delta/2$（与直径之间的夹角）角度切割，然后将一个管段旋转 180° 之后与

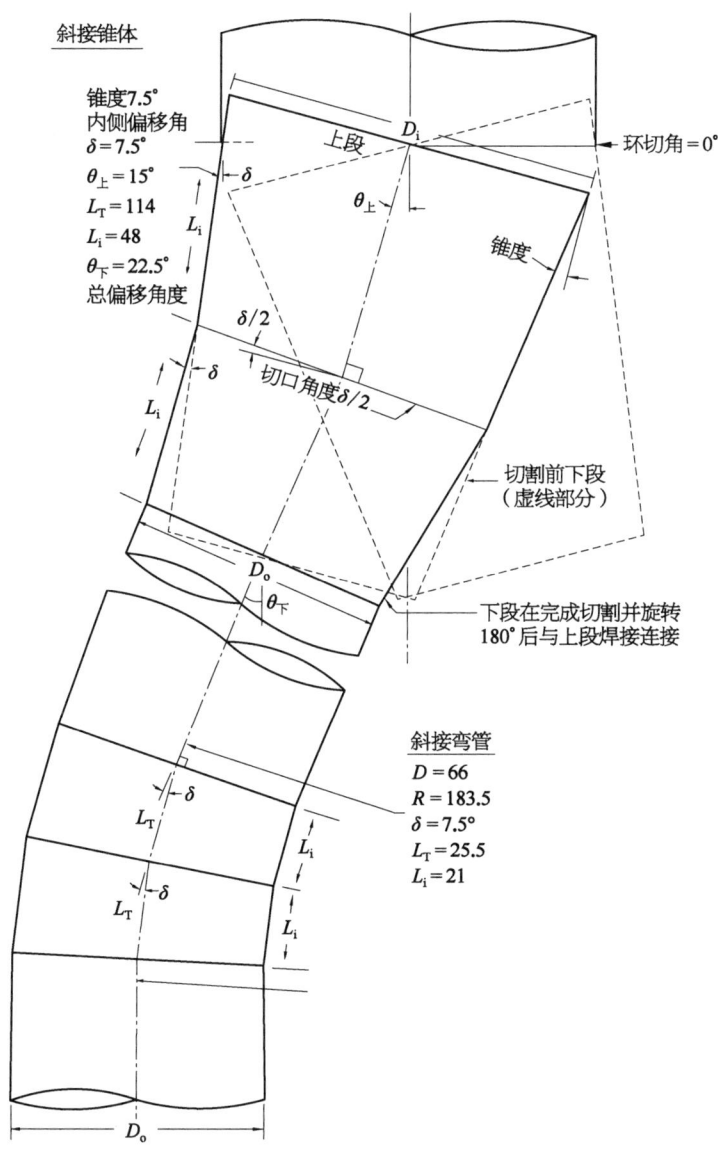

图 18-7 斜接锥体和斜接弯管，显示以 **$\delta/2$** 角度切割，然后下段旋转 **180°** 后与上段焊接，从而实现斜接

弯管通过焊接方式斜接。椭圆截面能互相匹配,产生的偏移角为 δ。

但是,在一些情况下不需要斜接主管道。具体参见图 18-7——关于如何在主管道—锥形管段的中间段完成切割。如果个别锥体的倾角为 $\theta=15°$,其水平半径与主管道半径几乎一样。锥体的切口呈椭圆形(近似圆形),锥体与管道之间可完成焊接。如果环形切口需要斜接,应在切口一定角度(如图 18-1 中的 6°)上使用加劲环。过渡段的上部加劲环 A 呈圆形——易于切割,见图 18-8。下部加劲环 B(在锥体斜切处)以所示角度相交。

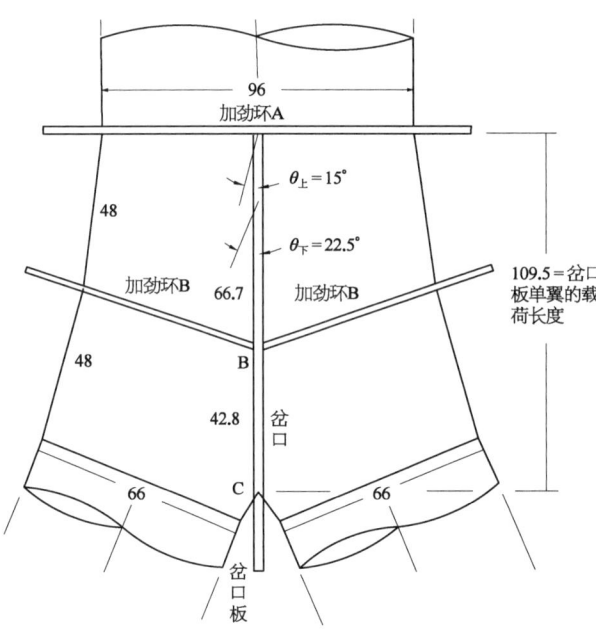

图 18-8 第二次试验中斜接 Y 形管接头的配置,显示岔口板和加劲环以及 A 处完整圆形加劲环

第二次试验

图 18-8 中对 Y 形管接头做了第二种分析和设计。该分析和设计的关键是岔口板。岔口板翼长为 109.5 in。这与图 18-1 中首次试验长度(94.8 in)的效果相差无几。根据方程式(18-1),109.5 in 岔口板单翼所承受的作用力 w 的自由体受力图通过计算可得出。该分析中有两个 θ 值,分别为上段和下段。对于上段,$\cos\theta=\cos15°=0.966$。对于下段,$\cos\theta=\cos22.5°=0.924$。尽管上段和下段 θ 值都可以通过方程式(18-1)求得,但两者之间并无直接关系。我们采用保守分析,使用较大的值 $\cos\theta=0.966$ 对 109.5 in 岔口板单翼长度(自由体受力图)做整体分析,其中 w 力在悬臂上呈直线分布。岔口切口顶部的锥体半径约为 33.5 in。因此,$w=2Pr(\cos15°)=14.6$ kips/in。最后可得出岔口板上各作用力的值。

上述求得 w 的简化方法是通过方程式(18-1)得到的,这个方法同时适用于岔口板和加劲环。实际上,加劲环就是将两块岔口板的端部焊接而成。所有斜接切口处两个连续段的相交平面上会形成作用力 w。如果斜接段的任何一部分并非构成完整环(张力环)的一部分,施加的压力 P 须由岔口板或加劲环支承,如图 18-9 所示。当阴影所示区域的面积乘以压力 P 时,它表示位于岔口板或加劲环所在的每个切口上的 w 力分布图。这些区域虽然在纸面上以二维方式显示,实际上表示垂直方向的作用力。右侧空白处显示的数值乘以恒定压力 P,通过方程式(18-1)即可得到 w 值。很明显,A 和 B 处的加劲环须能够承受来自斜接头的力 w 和来自岔口板的互作用力。但是,A 切口和 B 切口处的面积比岔口切口处的面积小,通常可忽略不计。另外,在 A 切口处的加劲环通过合理布置可有效吸收力 w。在 B 处的力 w 可忽略不计。B 处的加劲环仅用来支承岔口板。此外,B 切口处的半径 r_B 减小,但壁厚仍为

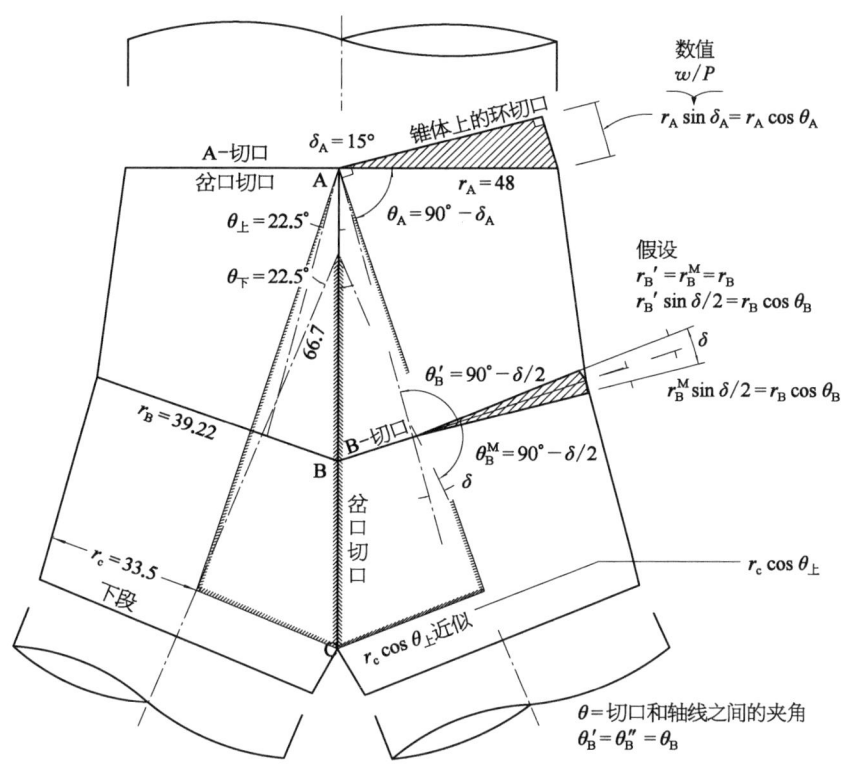

图 18-9 斜接 Y 形管接头,显示阴影区域,其面积×压力 P = 斜接切口处的荷载,该切口处需要用加劲环和岔口板加强

0.375 in时,会导致 B 切口处的锥度比 A 切口处的锥度大很多。

岔口板设计

图 18-10 是岔口板(作为悬臂)的自由体受力图,其中显示了力 w 和 A、B 和 O 处的反力。A 处和 B 处的反力为加劲环的约束力,加劲环在 Q—荷载下会发生变形。因此,此类静不定分析取决于 A 处和 B 处加劲环的弹簧常数。在实际情况中,加劲环(比如 A)的弹簧常数为

$$Q/\Delta = 6.72EI/r^3 \quad (18-3)$$

式中,

Q——加劲环上的径向荷载;

Δ——径向荷载的挠度;

E——钢制加劲环的弹性模量;

I——加劲环壁截面积的惯性矩;

r——至加劲环截面中性面的半径。

由于加劲环 B 和岔口板的形状复杂,其弹簧常数往往难以确定。在初步设计中,可简化岔口板的形状,这样加劲环 A 至少可以防止 B 段岔口板悬臂旋转,见图 18-11。在 B 段左侧,岔口板呈半环形,B 段在荷载作用下不会发生旋转。因此,可以通过等效圆环来分析岔口板的弹簧常数。在分析该环之前,只需忽略 Q_A,并在该环上施加双倍的荷载 Q_B。弹簧常数可通过方程式(18-3)求得。假设岔口板在 B 处不旋转,使用加劲环(承受两倍 Q 荷载)来模拟岔口板。要证明 B 处的旋转角很小需要更准确地分析。

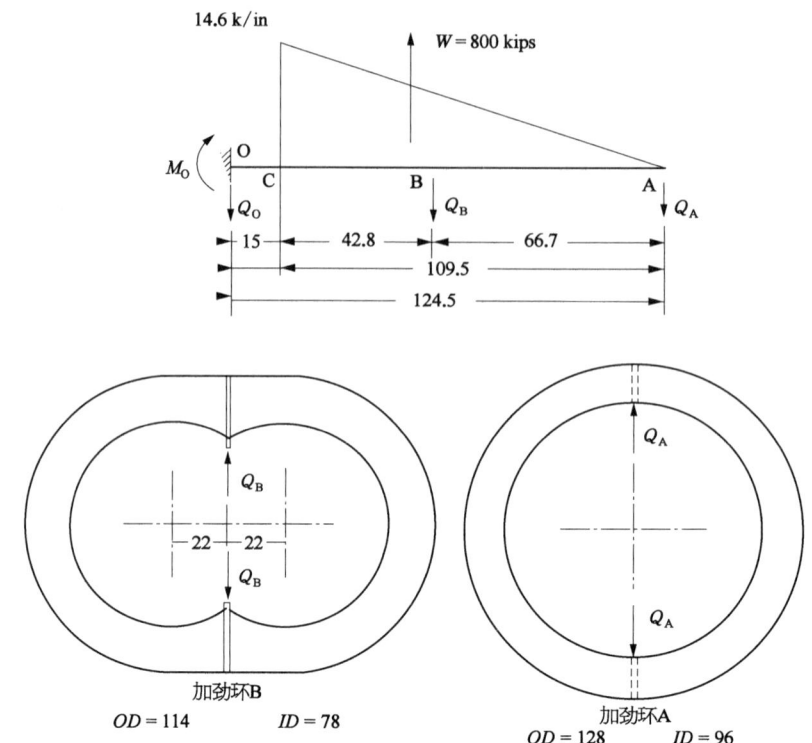

图 18‑10 悬臂梁(近似岔口板上翼)上的作用力,(下图)显示加劲环 A 和 B 在通常情况下的形状

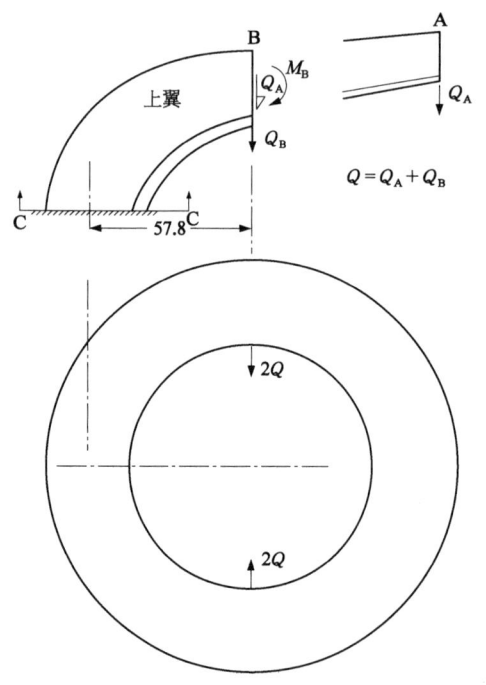

图 18‑11 岔口板上翼:显示通过等效加劲环(承受荷载为 $2Q$)分析荷载 Q 作用下弹簧常数的过程

图 18‑12 显示了截面 C‑C 上岔口板的合理试验截面。试验中使用了 1.5 in×30 in 腹板,外加一个 12 in 法兰。腹板内侧是钢制锥体壁,通过双面焊与岔口板和分隔板牢固连接,提供法兰当量和对来水水流(含沉淀物)的抗磨蚀能力。图中的岔口截面不是标准的工字梁截面。现假设锥体壁和分隔板的组合与 1×12 in 法兰的钢筋断面面积相当,则可计算出惯性矩 I 的近似值。

对加劲环 B 的弹簧常数进行分析需要计算机辅助。到目前为止,经过一系列简化,在初步设计中完全可以通过等效圆环来模拟加劲环 B。加劲环 B 仅用来支承岔口板。

岔口切口的布置可以通过多种方法(画椭圆)确定。图 18‑13 所示的方法主要基于大半径和小半径的计算。切割平面以 $\theta = 18.26°$ 的角度穿过右侧锥体。θ 可以根据阴影

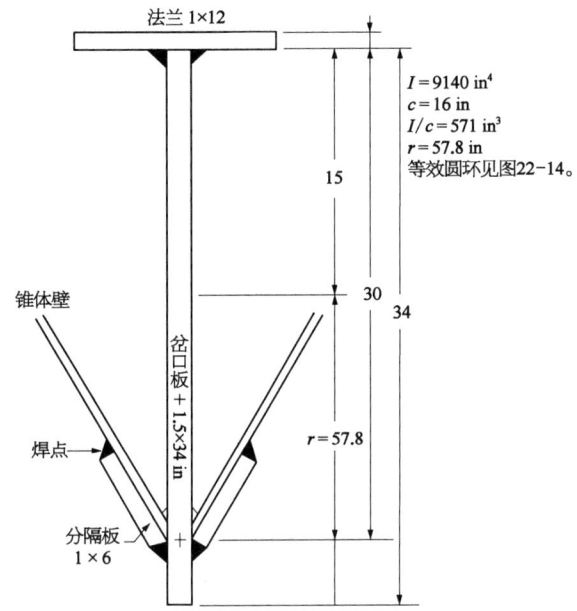

图 18-12 截面 C-C 的岔口板试验截面

所示三角形或通过正弦定律求得。大直径为切割平面的长度，小直径是从椭圆几何中心 G 点穿过垂直于页面的锥体的线段长度，具体参见锥体下方的投影图，或者通过三角法求得。在半径已知的情况下，椭圆形岔口切口如左图所示。上述过程主要基于两个圆都以 G 为中心，半径分别为大半径和小半径。如图所示，从 G 点出发的任何径向线都与两个圆相交，横纵距交点位于椭圆上。左下角显示了部分横纵距数值。这是岔口切口。

锥体壁厚或岔口板厚度目前不包含裕量。如果将岔口切口布置在锥体内部，则锥体壁厚不存在问题。根据在锥体上布置切口的方法，岔口板的厚度可为原来的一半。或者，借助图形分析新的岔口切口，使岔口板在

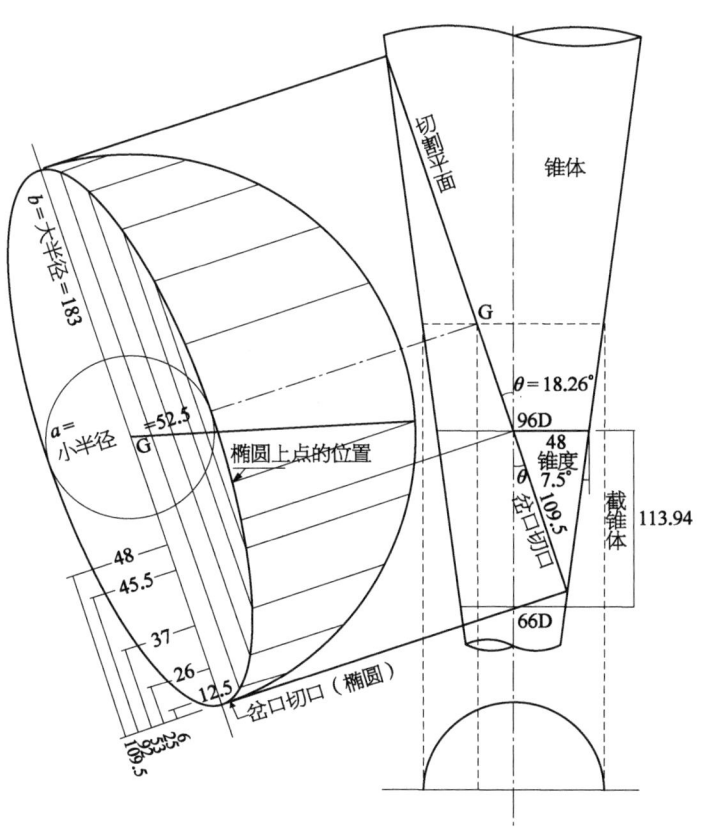

图 18-13 岔口切口（基于其为椭圆形的事实）图解（采用多种方法之一构建）

锥体内椭圆切口中时的厚度为原来的一半。

根据按比例绘制的岔口切口,可布置试验岔口板,见图 18-14。应注意:岔口板应在岔口切口线的内侧完成切割,这样在将锥体和分隔板焊接到岔口板上时可确保有足够的焊接面。焊点质量必须合格,因为焊缝要承受锥体壁中的全部环向张力。

在对岔口板和加劲环进行应力分析之前,应先假设尺度参数,见图 18-12、图 18-14 和图 18-15。图 18-14 显示了岔口板上翼(作为悬臂)的自由体受力图。由于 M_o、Q_o、Q_B 和 Q_A 未知,分析结果静不定。此外,Q_A 和 Q_B 是来自加劲环的反力,Q—荷载下加劲环会发生挠曲。现做合理简化分析如下:假设 BA 段为悬臂,如图 18-14 下图所示,且 A 点和 B 点的竖向挠度相等,则最终得出 $Q_A = 59.3$ kips。剩余荷载为 $Q_B = 800 - 59 = 741$ kips,分布在岔口板和"加劲

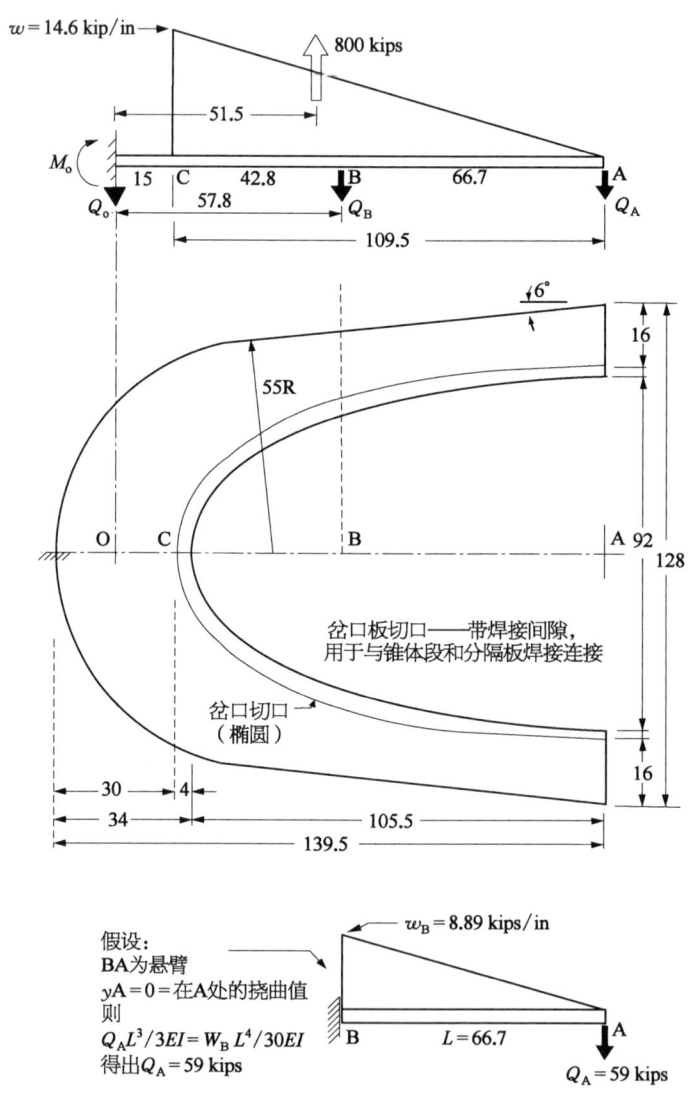

图 18-14 拟议岔口板尺度参数、上翼(上图)上的荷载以及加劲环之间 BA 段(下图)上的荷载

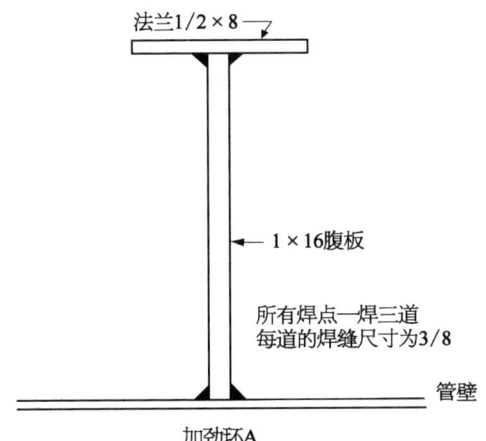
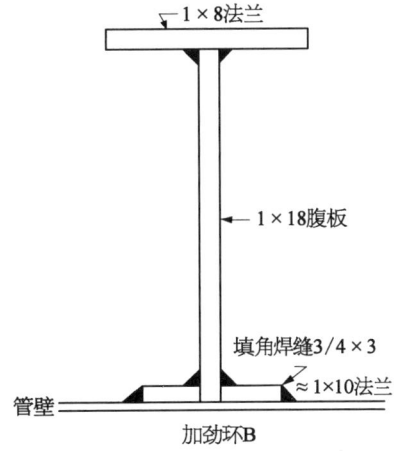

加劲环 A

$I = 886 \text{ in}^4$
$c = 8.5 \text{ in}$
$I/C = 104.24 \text{ in}^3$
$A = 24 \text{ in}^2$
$M = 0.318rQ$
$Q = 59.3 \text{ kips}$
$r = 56 \text{ in}$
$\sigma = 1.24 + 10.13 = 11.37 \text{ ksi}$

对于最大环向应力，$\sigma = Q/2A + M/(I/c)$

加劲环 B

$I = 2\,239 \text{ in}^4$
$c = 10 \text{ in}$
$I/C = 229 \text{ in}^3$
$A = 38 \text{ in}^2$
$M = 0.318r_{max}Q$
$Q = 235 \text{ kips}$
$r = (70 + 48)/2 \text{ in}$
$\sigma = 3.09 + 22.84 = 25.94 \text{ kips}$

图 18-15 加劲环 A 和 B 的试验截面

环"B 上。这是一种保守的假设，因为 800 kip 的总作用力实际上，而非集中式；假设总作用力集中于 A 和 B 处，岔口板和加劲环 B 会比在力 w 呈分布式时承受更大的应力。岔口板和加劲环 B 之间的 Q_B 划分与其弹簧常数成正比。岔口板和加劲环 B 的试验截面数据见图 18-12 和图 18-15。假定加劲环 B 为近似圆形，环内切口和环外切口均不是圆形，加劲环的两个半面甚至不在同一平面上。通过平均半径 r 可计算出弹簧常数的近似值。根据方程式(18-3)，岔口板和加劲环 B 的弹簧常数之比为

$$(Q/\Delta)_r = [9\,140/(2 \times 2\,293)]$$
$$\times (59/57.8)^3 = 2.12$$

从这个比率可以看出，岔口板必须能够承受 741 kip 荷载的 68%(506 kips)，加劲环 B 环必须承受 32%(235 kips)。可计算出岔口板和加劲环 B 试验截面上承受的应力，因为集中 Q—荷载在加劲环内的弯矩为

$$M = 0.318Qr \qquad (18-4)$$

其中，

M——Q 处和加劲环上与 Q 处呈 90°角位置的弯矩；

Q——集中径向荷载；

r——至加劲环中性面的半径。

岔口板

$I/c = 571 \text{ in}^3$
$A_o = 75 \text{ in}^2$
$Q_o = 506 \text{ kips}$
$r = 57.8$(均值)

$M = 20\,333$ kip in

$\sigma = 2Q_o/2A_o + M/(I/c)$

$\sigma = 6.75 + 35.61 = 42.36$ ksi

加劲环 B

$I/c = 229$ in^3

$A_B = 38$ in^2

$Q_B = 235$ kips

$r = 59$(均值)

$r_{最大} = 70$ in

$M = 5\,231$ kip in

$\sigma = Q_B/2A_B + M/(I/c)$

$\sigma = 3.09 + 22.84 = 25.94$ ksi

岔口板上的应力很高；屈服应力为 45 ksi。但是，由于不存在因弯曲屈服应力导致管道破坏（破坏是一种塑性现象，而不是弹性现象）的问题，而且借助缓闭阀门和控制涡轮机的响应可减少 100% 的水击压力，因此，岔口板的初步设计是可接受的。建议再做一次最终分析。

加劲环 B 上的应力大于典型允许应力，为 $45/2 = 22.5$ ksi，其安全系数为 2。同时，也适用相同的缓解论证。加劲环 B 的初步设计是可接受的。

加劲环 A 上的应力为

$\sigma = Q_A/2A + M/(I/c) = 1.24 + 10.13 = 11.37$ ksi

式中，

$I/c = 104.24$ in^3；

$A = 24$ in^2；

$Q_A = 59$ kips；

$r = 56$(均值)；

$M = 0.318 Q_A/(I/c) = 1\,056$ kip in。

因为应力很低，可以不必带法兰。如果没有法兰，并忽略管壁的影响，此时 $I/c >$ $(16)^2/6 = 42.67$ in^3，$A > 16$ in^2 且 $\sigma < 1.85 + 24.75 = 26.60$ ksi。基于适用于岔口板和加劲环 B 的相同论证，可不加法兰。但是，在 9 点钟和 3 点钟方向压缩力作用下可能会发生腹板屈曲的问题。另一方面，屈曲一般只发生在承压管道内；压力作用下，加劲环 A 内的压曲应力会大大减小。在初步设计中应取消法兰。

[例]

图 18-16 显示的是水力发电厂内供水管道（压力管道）三叉管的初步布置图。压力管道内的流量应在三个涡轮机中平均分配。建议使用一束出流管，而不是将多根出流管轴线呈叉状布置于同一平面。从流体动力学方面来看，这有助于高效过渡。如图所示，岔口板为三块厚重的翼板，以 120° 角度焊接到龙骨上，然后将 120° 方向上的过渡锥体焊接到岔口板上。入流管道为 126 in 直径钢管。三条出流管道的直径均为 72 in。管道静压力为 106 psi（包含水击压力），因此管道的设计压力为 212 psi。初步设计中推荐的壁厚为 0.375 in。管壁的屈服强度至少为 42 ksi。如果三叉管外包钢筋混凝土，则可能不必与短锥体段斜接。无论锥体长短，如果锥体有钢筋混凝土外包从外部提供支承，则不需要使用岔口板。见图 18-17。所有流体动力学原理均适用于高压和高流速管道。

支管段

支管段也需要使用岔口板或加劲环加固。图 18-18 显示了两根普通支管的示意图——具体参见由美国钢铁协会的《埋地压力钢管：钢板工程数据（第 4 卷）》。书中对设计过程以及相关图纸作了详细说明。

第18章 特殊管段

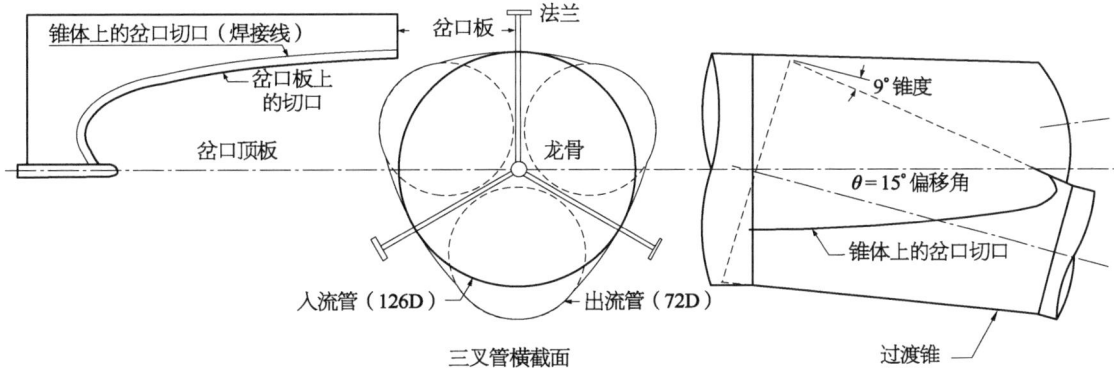

在图纸上,岔口切口线垂直于岔口顶板(见本图)轴线,然后使切口线在上锥体的两个视图(未显示)中穿过上过渡锥;一个视图以图纸平面为轴,另一个视图以该轴为轴点。穿叉点位于岔口切口上。详细信息请参阅有关描述性几何文本。

图 18-16 束状三叉管(从一根 126 in 直径入流管到三根 72 in 直径出流管)布置,其中,岔口顶板见左图,底部过渡锥见右图

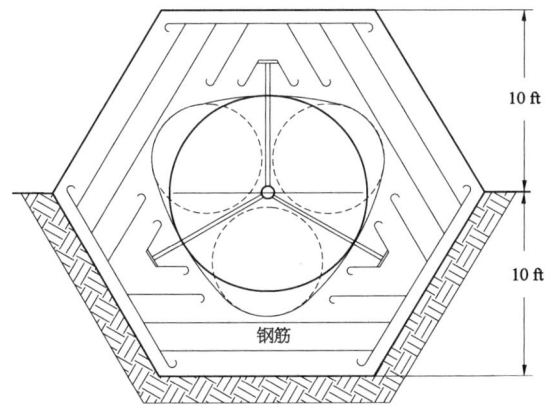

图 18-17 六角钢筋混凝土包封横截面(用于 126D 管道至三根 72D 管道的三叉管)

其他特殊管段

除了 Y 形管接头和支管,还有其他特殊管段。但是,大多数特殊管段实际上都是 Y 形管接头的不同形式。例如,三通(T)与歧管类似,都是由三根管段结合而成。三通的加固方式也和 Y 形管接头一样:在结合处使用加劲环和岔口板加固。

特殊管段都是根据现场实际开发出来的。由于特殊管段制作成本高,制造商更倾向于对管道做"特殊加固",防止管道"被轻易破坏"。例如,与其使用斜接管段(带加劲环),不如增加钢材的壁厚。但是,激烈的竞争让人们开始重新考虑这样的做法。

对于特殊管段——制作成本高或者破坏后维修成本高——人们进行了一系列物理测试。一般来说,缩尺模型测试就可以。附录 C 对特殊管段的相似条件做了分析,但还不足以进行流体动力模型研究。不过,多数关于流体动力学的书籍中都描述了流体动力学相似性。流体动力学家在物理模型研究方面取得的成绩处于世界领先地位。

安全系数

安全系数的确定主要基于折算出的等值货币价格。风险成本分析不在本书的讨论范围内。但是,如果成本可确定,安全系数(安全区域)也就能够随之确定。在法律诉讼中,相对损害是基于不利条件侵害安全区域的百分比来确定的。例如,埋地压力管道接头破裂,制造商、设计人员、焊工和安装人员对安全区域的侵害占比分别是多少?

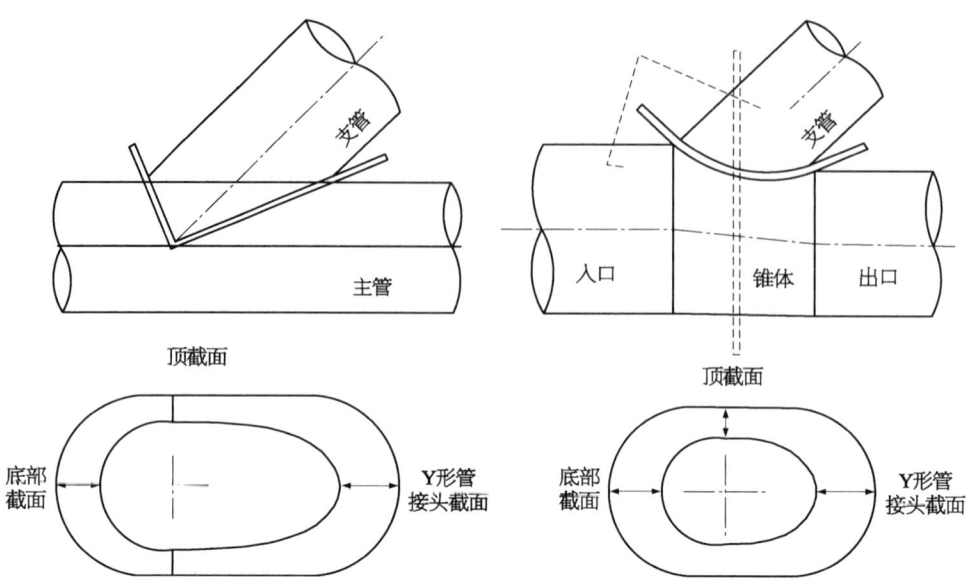

图 18-18 压力钢管支管,显示同等直径管道中布置一对岔口板(左图)和弧形板做成的加劲环(右图)。如果是高压管道,可以加一块平板(如虚线所示)。建议建一个缩尺模型,用于核对尺寸、检验制造或组装的合理性以及测试特殊管段破裂的情况

练习题

18-1 图 18-1 中岔口切口的最大直径和最小直径是多少?

18-2 如果流体出流量相等且流速保持恒定,则与 3 m 钢制入流管道连接的三个出流管道(三叉管)的直径应该是多少?

(1.732 m)

已知:焊接钢制水管线中设置了斜接 Y 形管接头,且,

内径(入流管道)$D_i = 51$ in

内径(出流管道)$D_o = 36$ in

设计压力(含水击力)$P = 196$ psi

过渡锥的锥角锥度 $= 9°$

18-3 如果钢管的允许环向应力为 20 ksi,则壁厚应为多少?

($t = 0.250$ in)

18-4 两个过渡锥的长度是多少?

($L_T = 47.35$ in)

18-5 岔口板上的作用力 w 是多少?

($w = 6.6$ k/in)

18-6 如果出流端需要焊接 5 in 长过渡段,则过渡锥的斜切角应为多少?

第 19 章
应 力 分 析

管道是生活的重要组成部分。如果生活质量得到改善,部分原因是更好的管道系统在更长的使用寿命期间能安全运行。管道的破坏可能是灾难性的,一些(并非全部)破坏可以进行应力分析,见图 19-1。破坏分析不仅对管道维修、损坏评估、责任分担很重要,对未来管道和管道系统的改进也同样重要。

第 2 章分析了柔性管爆管时的应力极限问题,第 6 章分析了管壁压毁情况,对于这些情况,破坏修复很简单,但刚性管道破坏的修复就不那么简单了。在某些情况下,柔性管道会像刚性管道一样发生破坏,例如,有的柔性管突然爆裂,造成脆性断裂而不是塑性屈服,水锤作用是常见的原因。纵向应力或外部荷载可能会影响内部压力从而引起爆裂。管道破坏通常发生在应力集中或材料强度不足的接头或构件处。对于管道的设计,一般基于简单的应力和变形力学进行分析,但对于管道的破坏,可能需要按相应的性能极限进行组合或复合应力分析。应力理论并不是破坏分析的唯一理论,但是关于破坏的问题总是出现在应力、应变和三轴应力弹性材料的性能极限领域。塑性材料和应力退化材料有更完善的理论体系。

下面是一些最常见的组合和复合弹性应力分析过程。

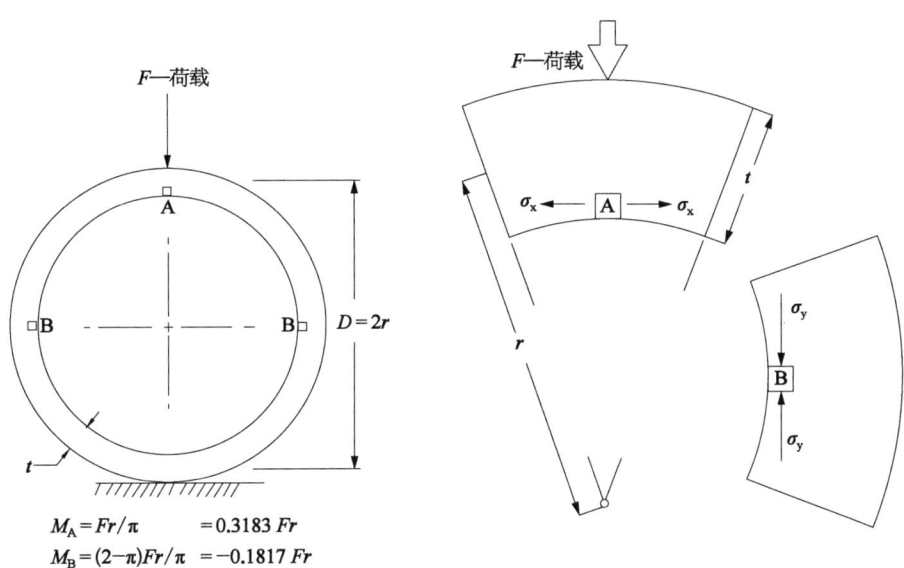

图 19-1 圆环 F—荷载(平行板荷载),显示在 A 点和 B 点处的最大主应力 σ_x 和 σ_y
平行板荷载是外力破坏的基本试验

$M_A = Fr/\pi = 0.3183\,Fr$
$M_B = (2-\pi)Fr/\pi = -0.1817\,Fr$

组合应力分析

组合分析是作用于同一个点上同一方向的所有应力的叠加，这些应力可以是法向应力，也可以是剪应力。

破坏（临界）应力是最受关注的问题。图 19-1 所示为荷载 F（平行板荷载）。对内表面的 A 点施加荷载 F，由挠曲引起的最大主应力为

$$\sigma_x = Mc/I$$

其中

σ_x——最大主应力；

M——截面 A 的弯矩；

I/c——单位管长的管壁截面模量；

A——单位管长的管壁横截面积；

P'——内部压力（或真空度）；

P——外部垂直土壤压力；

D——平均管径 $=2r$；

t——光面管壁厚（光滑圆柱面）；

c——从管壁中和轴到最远端纤维的距离 $=t/2$（光面管）；

d——$\Delta/D=$ 管环挠度；

Δ——垂直直径减小量；

S——法向屈服强度；

S'——剪切屈服强度；

τ——剪应力；

E——弹性模量；

C——材料的黏结强度。

但现在假设除了荷载 F 外，管道还受到内部压力 P' 的作用。显然 σ_x 随附加应力 $P'r/A$ 增加。在管顶上，

$$\sigma_x = P'r/A + Mc/I \quad \text{A 点}$$

这就是组合压力，内部压力可以是负压（即真空度）或外部压力。但是 A 点处的应力 σ_x 是临界压力吗？B 点的环向压应力由荷载 F 产生。所有应力都包括在内，应力的临界组合可能发生在 B 点，其中荷载 F 形成的环向压应力 $F/2A$、外部流体压力 $P'r/A$ 和挠曲应力 Mc/I 共同构成最大负（压缩）主应力。在起拱线处，

$$\sigma_y = Pr/A + P'r/A + Mc/I \quad \text{B 点}$$

B 点处的应力可能比 A 点处的最大应力更接近临界值，具体取决于管壁的抗拉强度和抗压强度。但这些荷载并不总是同时发生。例如，当管道内部出现真空时，管道的环向截面会略微收缩并降低环向压应力；只要土壤保持住管环形状，挠曲应力即为零。对于应力分析而言，比 $\sigma=Mc/I$ 更有用的公式是基于环向挠度的 σ 近似公式。在起拱线处：

$$\sigma_y = 8Ecd/D$$

系数 8 为保守值。事实上，它随着环向挠度而变化。如果管环保持椭圆形，则系数变化范围为

从 $d=5\%$ 时的 6.7；

变为 $d=10\%$ 时的 7.5；

再到 $d=12.5\%$ 时的 8.0。

对于集中力的荷载 F，系数为 9，原因是管道的环向挠曲不够椭圆。但当管道埋入地下时，荷载是分散的，管道的环向挠曲基本上呈椭圆。

在弹性理论的组合应力分析中，破坏是最大应力（法向应力或剪应力）与材料相应屈服强度的关系式。假设弹性极限为破坏情况不一定准确。

断裂发生在哪个平面？这个答案有助于重建管道破坏的原因。例如，图 19-1 中 B 点的脆性材料在哪个平面上发生压缩断裂？从莫尔圆分析中可以找到近似答案。

第19章 应力分析

莫尔圆分析

附件E描述了莫尔应力圆、方位图和强度包络线的构建、应用和分析技术。这三张图的相互关系通过叠加在一张图上实现。

构建

应力图

绘制无穷小单位立方体O上应力的自由体受力图。图19-2a是立方体O的一个

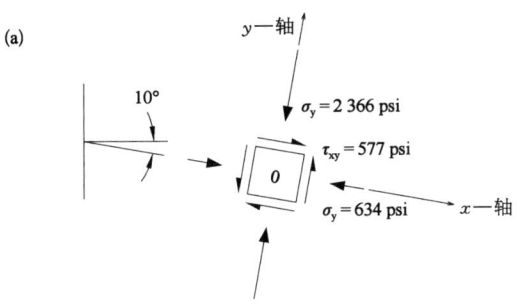

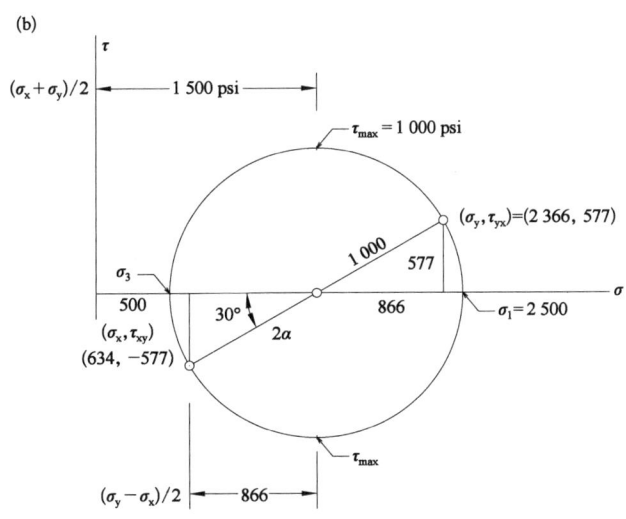

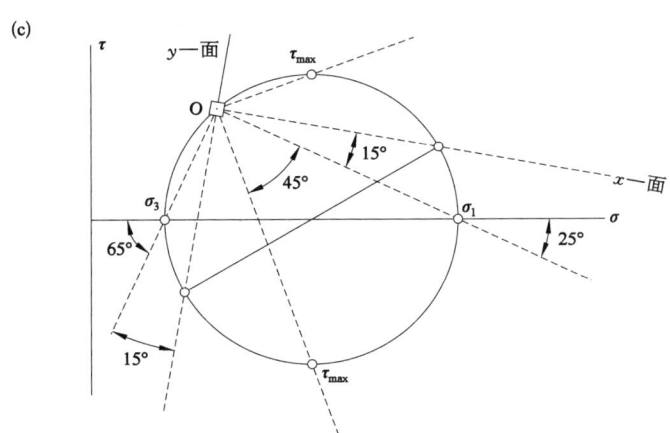

图19-2 在应力图上叠加方位图来计算通过无穷小立方体作用于各平面上的应力

示例,显示了应力的数值。

绘制 σ 和 τ 轴,如图 19-2b;绘制莫尔应力圆。需要做到三点:

圆心落在 σ 一轴上;

圆经过 (σ_x, τ_{xy}) 点;

圆经过 (σ_y, τ_{yx}) 点。

注意,$\tau_{yx} = -\tau_{xy}$;符号惯例对于压缩时的法向应力和逆时针剪切偶是正数。这是正确的符号惯例。拉力(负)是压缩的分子间键的减少值。

方位图

坐标轴 x 和 y 的方向与单位立方体的方向相同。叠加在应力图(图 19-2c)上时,y 轴在点 $(\sigma_y, -\tau_{yx})$ 处与应力圆相交。轴仍然与单位立方体的轴平行。

轴的原点 O 是单位立方体所处的位置,该位置叠加在图 19-2c 的应力轴上,方位正确。原点(立方体 O)始终落在应力圆上。

强度包络线

对于大多数土壤和许多建筑材料,破坏指剪切面上的滑移,如图 19-3a 所示,由于剪切力 F,块体发生滑移。滑移时,F 等于内聚力 C(滑移面上的胶体)和摩擦力 $N\tan\varphi$ 之和,其中 φ 为摩擦角,$N = \sigma A$。除以 A,注意 $F/A = S'$,破坏时的剪应力称为库仑强度,即,

$$S' = C + \sigma\tan\varphi = 抗剪强度$$

在 σ—τ 轴上的库仑抗剪强度曲线为强度包络线,见图 19-3b。强度包络线外侧的任何应力点均为破坏点,材料发生滑移(剪切)。

应用

通过 O 垂直于页面的任何平面(被视为一条线)的方向与无穷小立方体相同。

通过 O 绘制的任何平面都与应力圆相交,相交点的应力坐标为该平面上的应力。

当应力圆与强度包络线相切时,在相切点处与应力圆相交的平面上开始发生剪切滑移。这些是 β 角的破坏面,见图 19-3c。

分析

到应力圆圆心的水平距离为 σ_x 和 σ_y 的平均值。

即到圆心距离 $= (\sigma_x + \sigma_y)/2$

在图 19-2b 中,根据勾股定理,莫尔圆的半径为

圆半径 $= \sqrt{(\sigma_x - \sigma_y)^2/4 + (\tau_{xy})^2}$

任何圆心角都是相应圆周角的两倍,两个角截取相同的弧。

主应力、最大剪应力的值及它们作用的平面可以通过叠加图的三角法计算出来。例如,对于图 19-2 中的单位立方体,相关应力为

$\sigma_1 = 2\,500$ psi = 最大主应力;

$\sigma_3 = 500$ psi = 最小主应力;

$\tau_{最大} = 1\,000$ psi = 最大剪应力。

主平面和最大剪应力平面如图 19-2c 中虚线所示。

[例 1]

图 19-1 中无钢筋混凝土管 B 点处的垂直应力处于初始破坏状态。在 B 处,如果发生管道破坏,预期的破坏面角度 β 为多少?β 为斜裂缝的角度。根据实验室数据,抗张强度为 $\sigma_T = 2$ ksi,抗压强度为 $\sigma_c = 12$ ksi。

先从无穷小立方体 O,画出应力轴 σ 和 x,如图 19-4 所示,并绘制拉力破坏和压缩破坏的应力圆,破坏圆的切线为强度包络线。

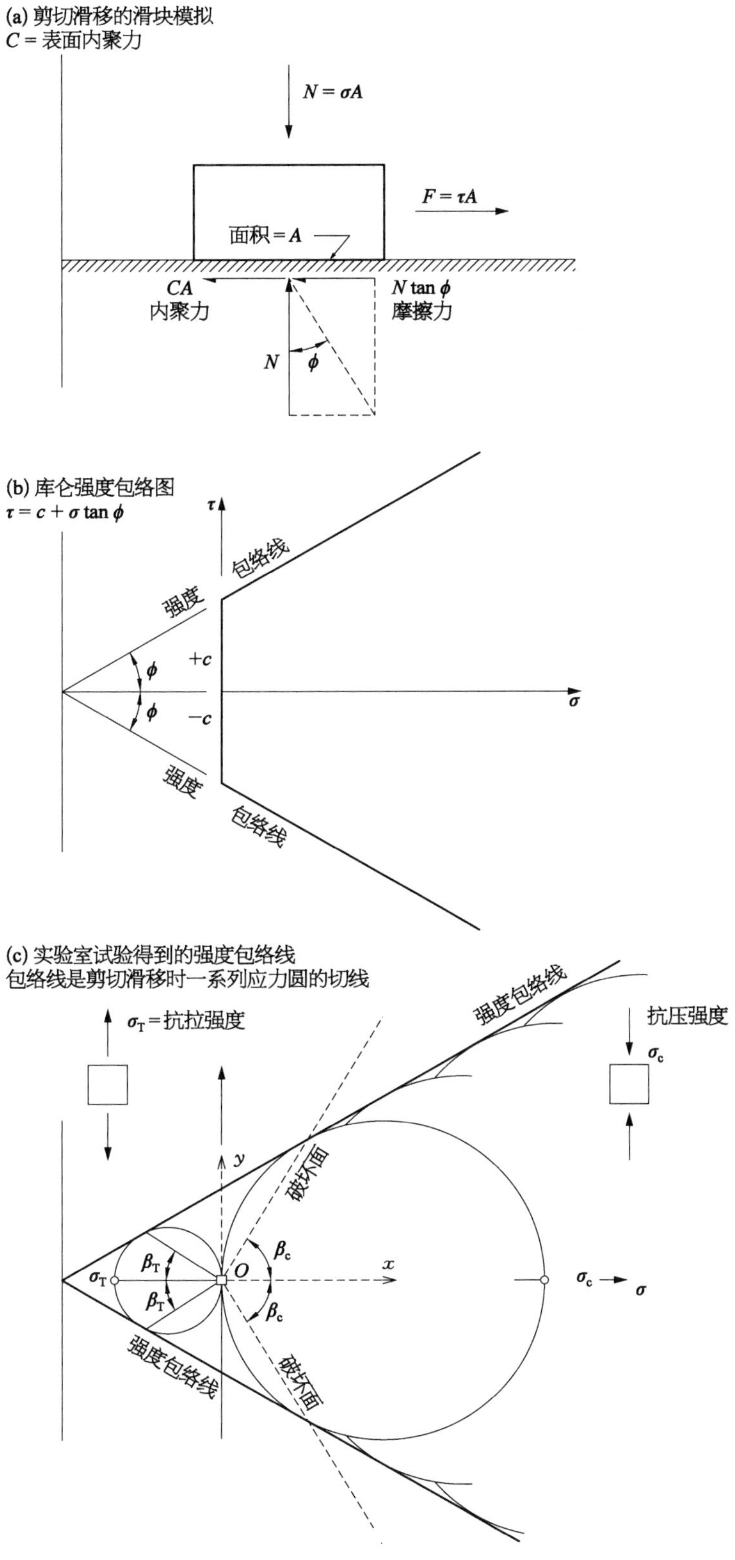
(a) 剪切滑移的滑块模拟
C = 表面内聚力
N = σA
F = τA
面积 = A
CA
内聚力
N tan ϕ
摩擦力
N
ϕ
(b) 库仑强度包络图
τ = c + σ tan ϕ
τ
包络线
强度
ϕ
+c
ϕ
−c
σ
强度
包络线
(c) 实验室试验得到的强度包络线
包络线是剪切滑移时一系列应力圆的切线
σT = 抗拉强度
强度包络线
抗压强度
σc
y
破坏面
βc
βT
O
x
σT
βT
βc
σc
σ
强度包络线
破坏面

图 19－3　强度包络线

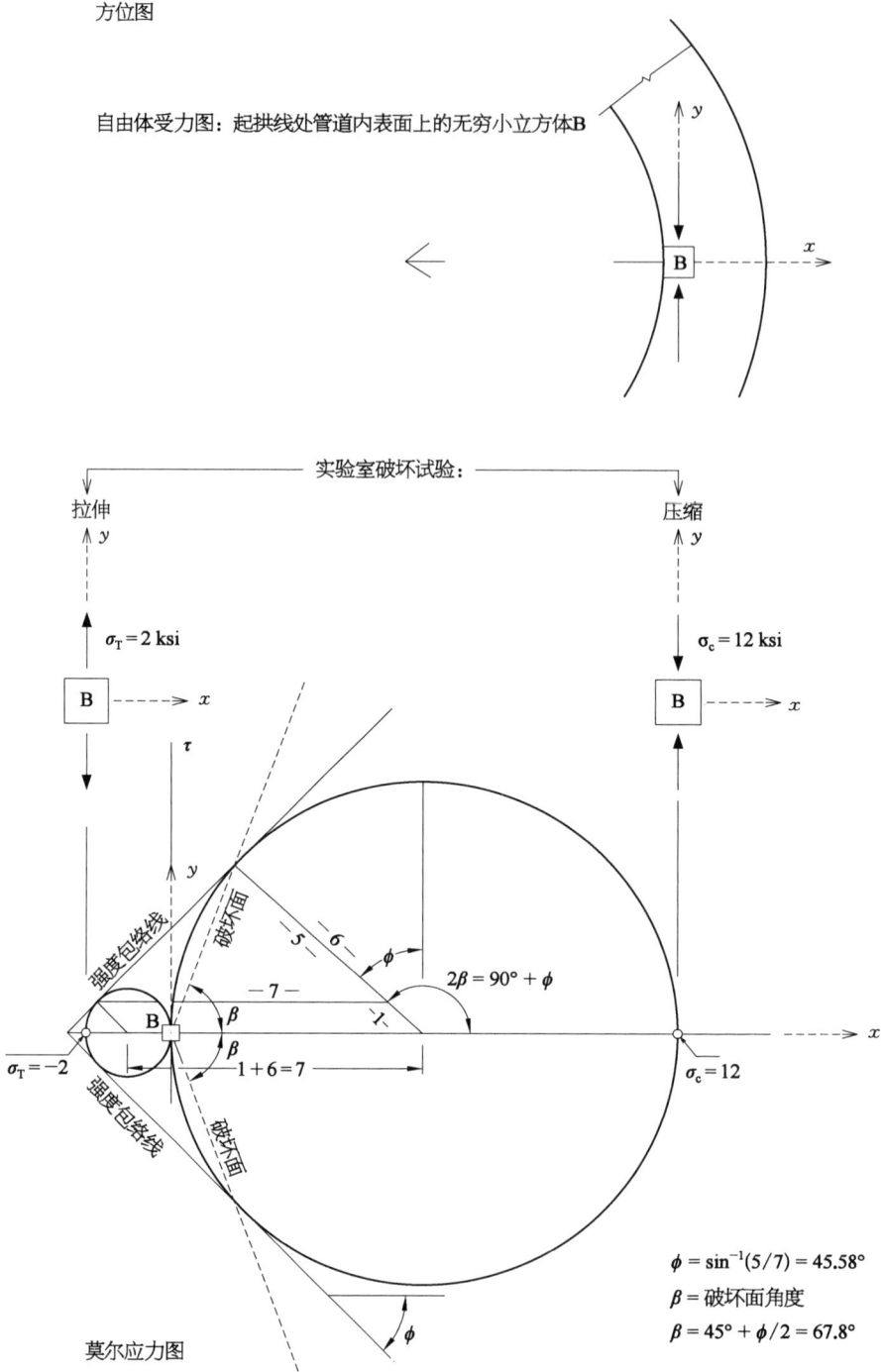

图 19-4 起拱线处无钢筋混凝土管内 B 点的破坏(开裂)莫尔分析

再将立方体 B 及其方位图叠加到应力图上。保持方向相同,x 轴水平,y 轴垂直。立方体 B 必须位于其轴线(通过立方体 B 的主平面)与莫尔圆在主平面上的应力相交的一点上。立方体 B 总是落在莫尔圆上。由于拉伸荷载和压缩荷载都作用在水平面上,因此

x—面通过破坏应力点 σ_t 和 σ_c 绘制。

水平应力（垂直面上）均为零，因此 y—轴处于零应力状态。

要求得破坏面通过 O 点的角度 β，通过强度试验得到混凝土的摩擦角为 $\varphi=45.58°$，根据莫尔图，破坏面角度为 $\beta=45°+\varphi/2\approx 68°$。

[例 2]

如果无黏性土承受垂直荷载，应力为 σ_z，在土壤主动阻力作用下，防止剪切破坏面在土壤内发展所需的最小水平应力是多少？如果水平阻力不足，剪切破坏面发展的角度是多少？假定土壤摩擦角为 $30°$。

图 19-5 中，应力圆与强度包络线相切，

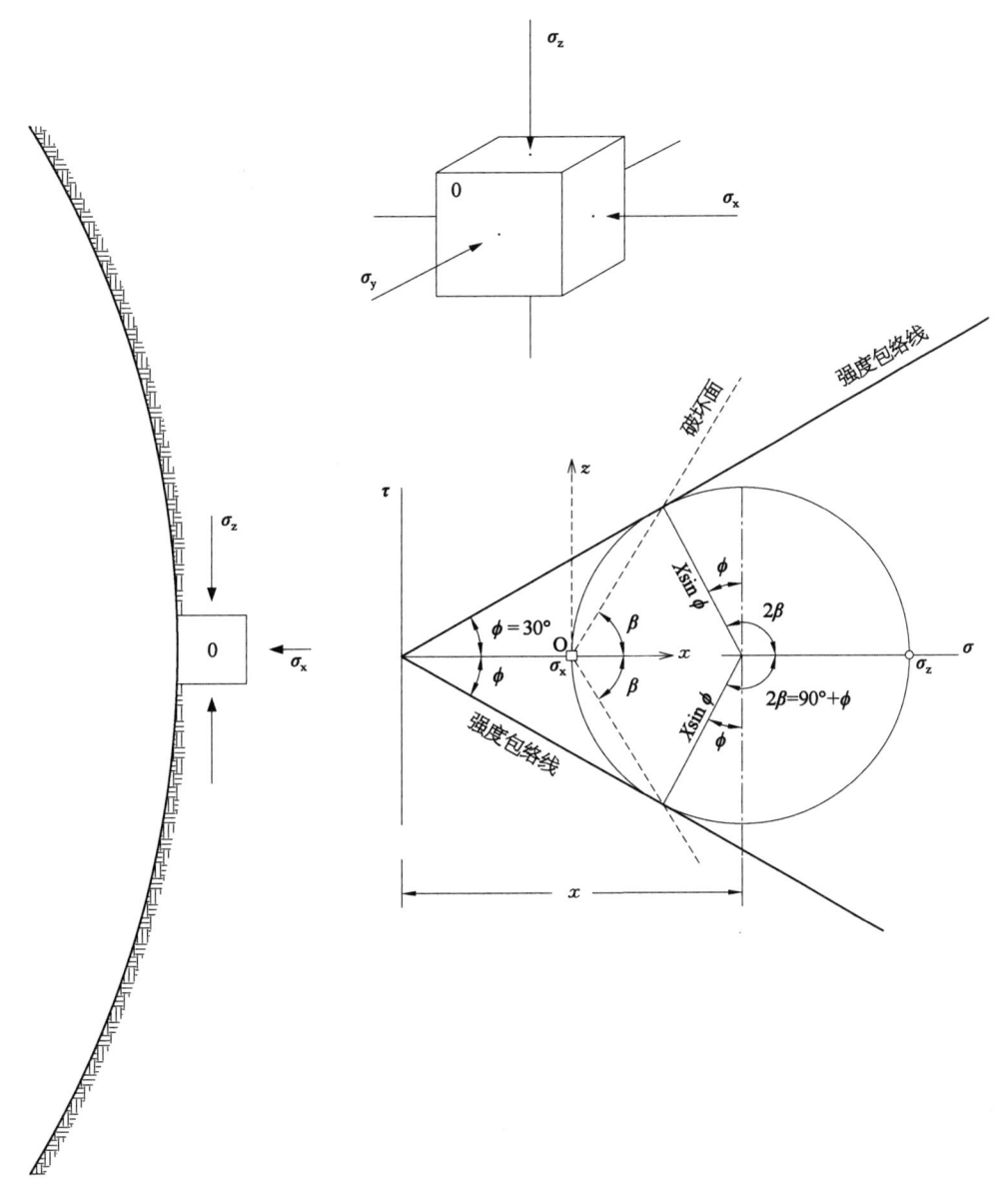

图 19-5　用莫尔分析法估算土壤在剪切破坏时的最小（主动）阻力

破坏面呈 β 角

对于无黏性土,强度包络线是零应力的直线,角度为 $\varphi=30°$。最大主应力为应力圆右侧的 σ_z,由于它作用于一个水平面上,所以 x—面会通过这个点。如图所示,最小主应力为应力圆左侧的 σ_x,由于它作用于一个垂直面上,所以 z—面会通过这个点。z 轴和 y 轴的交叉点是无穷小立方体 O 所在的原点,设原点到圆心的距离为 X,圆半径为 $X\sin\varphi$,$\sigma_1=X+X\sin\varphi$ 且 $\sigma_3=X-X\sin\varphi$。比值为 $\sigma_1/\sigma_3=K=(1+\sin\varphi)/(1-\sin\varphi)=3$。防止剪切滑移所需的水平应力为 $\sigma_x=\sigma_z/K=\sigma_z/3$。

剪切破坏面从原点 O 到破坏应力圆与强度包络线的切点呈 β 角,角度为 $\beta=45°+\varphi/2$。$\varphi=30°$ 时,破坏面角度为 $\pm60°$。

七种不同的组合破坏现象如图 19-6 所示,这些破坏现象均在内径为 12 in 的石棉水泥管中观察得到,这些破坏现象通常是无钢筋脆性管道的典型破坏,破坏面(斜角)的示意图按比例绘制。

上述分析仅为示例,但可采用相同的程序重建组合应力破坏。

复合应力分析

有时,某一点的应力状态较为复杂,所以仅对同一方向的应力进行组合是不够充分的。复合分析研究了多方向应力引起的临界应力,包括法向应力和剪切应力。对于平面应力(双轴),不需要引入新概念。对于三轴应力,将无穷小单位立方体的三个视图独立视为双轴情况,以确定哪个视图形成最大的应力圆,这样便足够精确了,即最接近强度包络线的切线,这成为分析和设计的临界情况。一般来说,复合应力分析适用于如下具体情况。

应力集中源

应力上升是一种不连续性,会导致应力集中。在不连续处,集中的应力有时会超过最大允许应力。可采用加装鞍座、加劲环和岔口板等措施加固,然而,只用通过凸台或板加厚管壁可能就足够了。对于应力集中源导致的破坏分析从基本应力分析开始,见附件 E。

复合应力分析的自由体受力图是承受六对力作用的无穷小立方体。图 19-7 为压力容器壁的横截面,最大应力出现在立方体 O_p 的内表面上,三对法向应力和三对剪切应力偶的符号如下。

σ_r——作用在 r—面(垂直于径向应力)上的径向应力,

σ_t——作用在 t—面(垂直于切向应力)上的切向应力,

σ_z——作用在 z—面(垂直于纵向应力)上的纵向应力,

τ_{rt}——作用于 z—轴的两个相等和相反剪力偶,

τ_{tz}——作用于 r—轴的两个相等和相反剪力偶,

τ_{rz}——作用于 t—轴的两个相等和相反剪力偶。

剪应力的双下标表示每个应力的方向及其作用的平面。在接下来的讨论中,假定剪应力为零,只有当 O_p 上的法向应力是主应力时,这种假设才成立,这是压力容器的常见情况。对于容器上的扭矩等荷载或集中力,上述剪应力不为零。例如,如果对薄壁管的纵轴施加扭矩 T,则产生的剪应力约为 $\tau_{tr}=T/2\pi r^2 t$,参见有关材料力学的内容。基于莫尔圆的复合应力分析可以考虑剪应力。

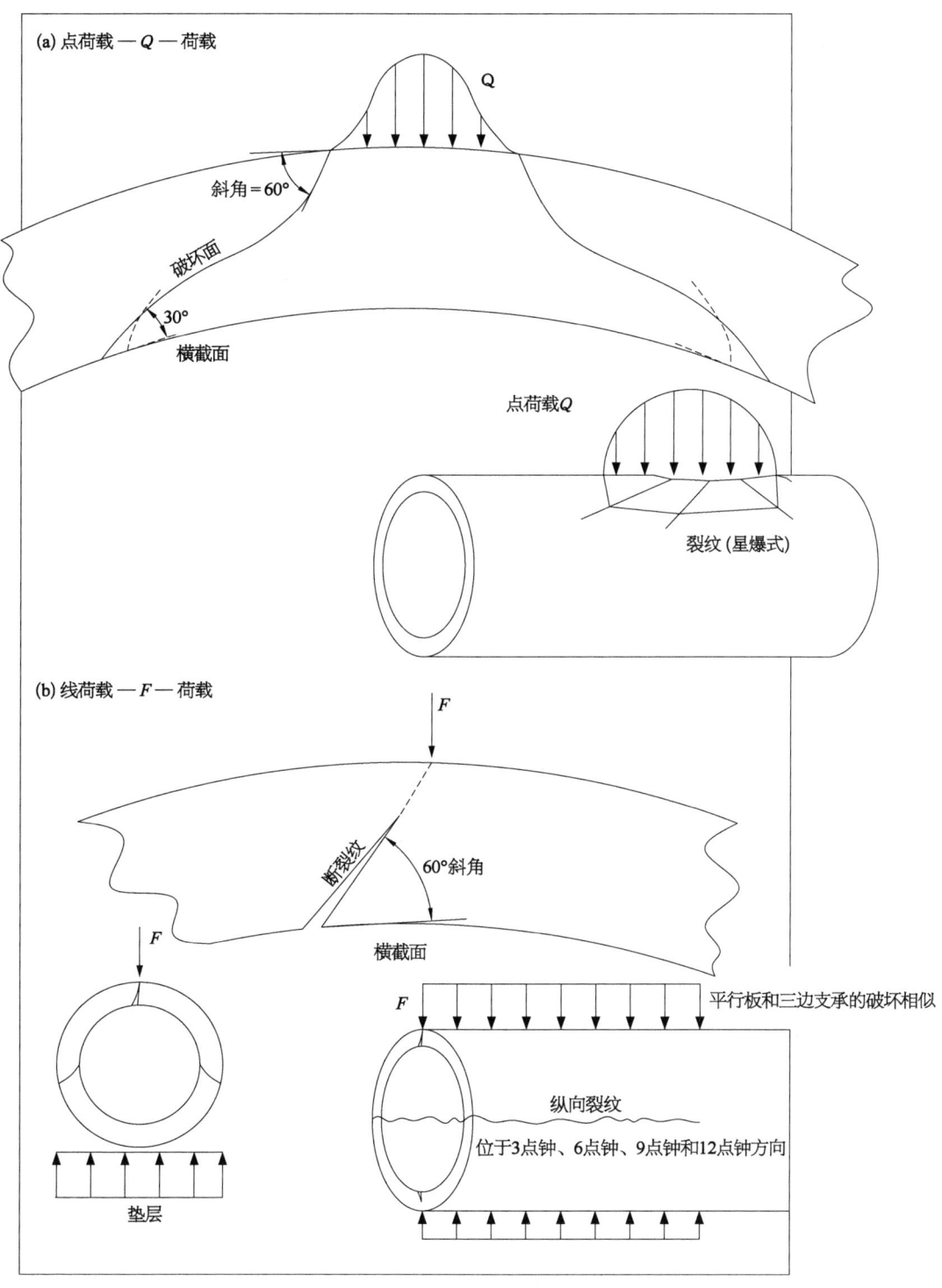

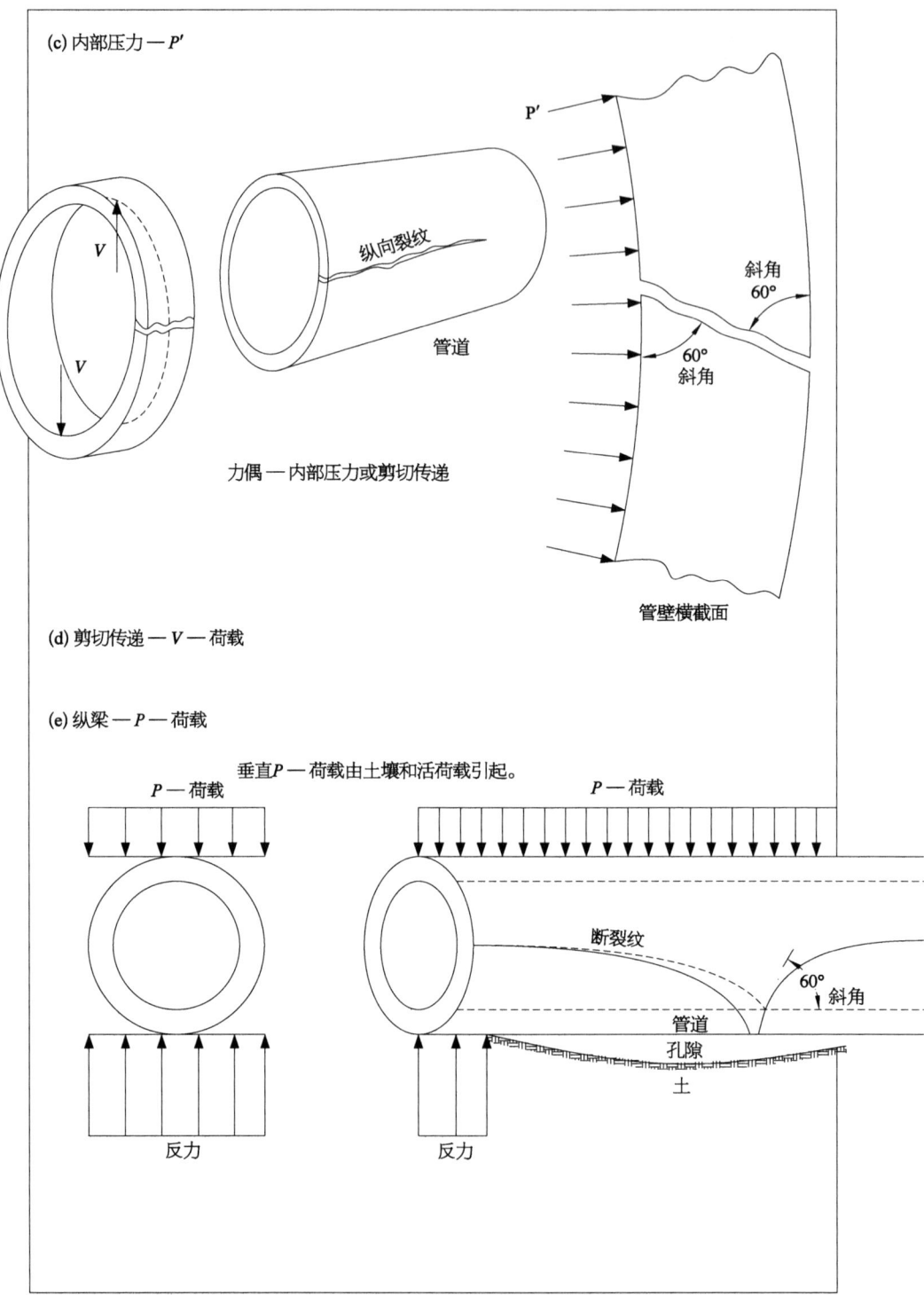

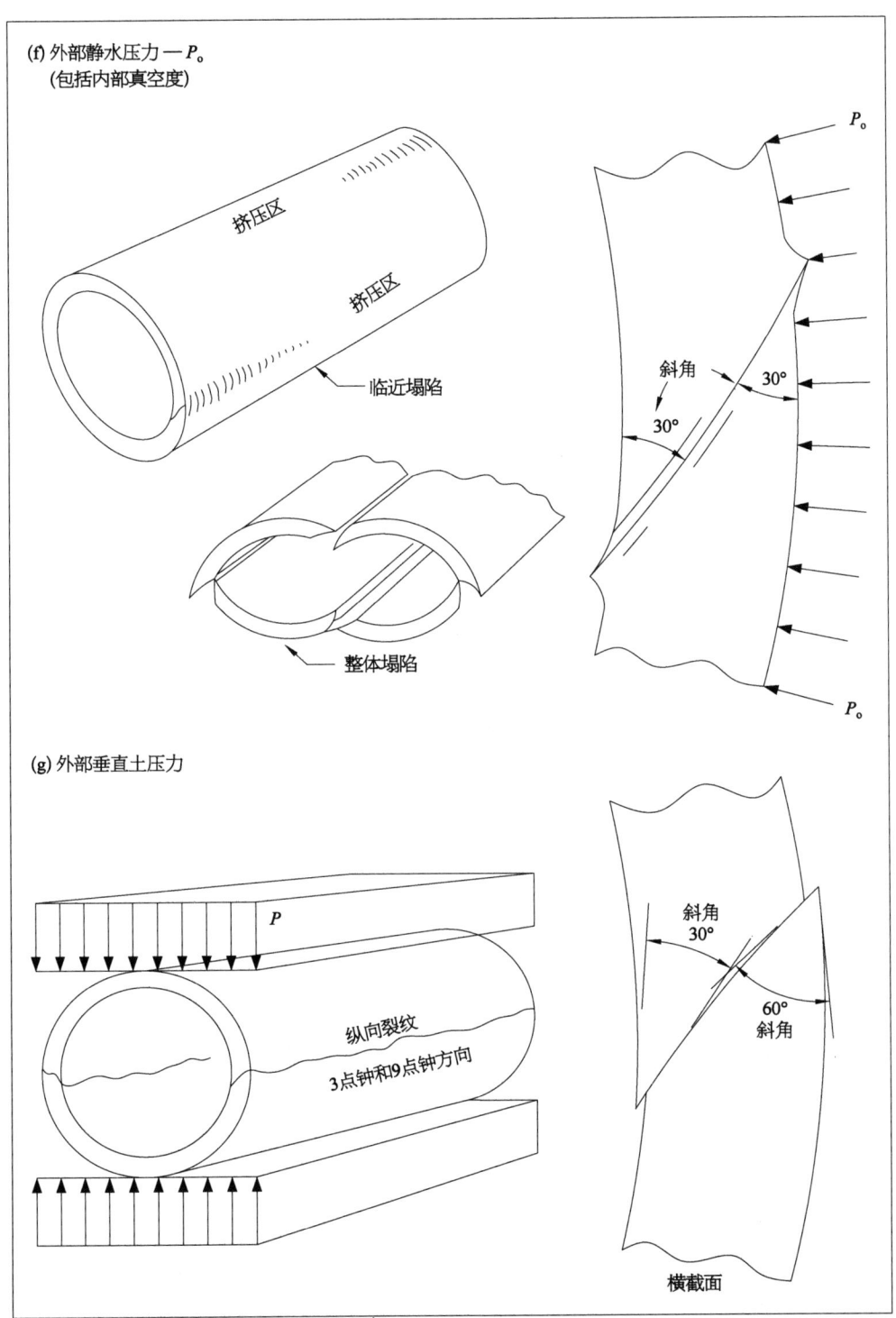

图 19-6 现场记录中石棉水泥(AC)管道断裂的示意图和说明,这些断裂是典型的脆性管断裂

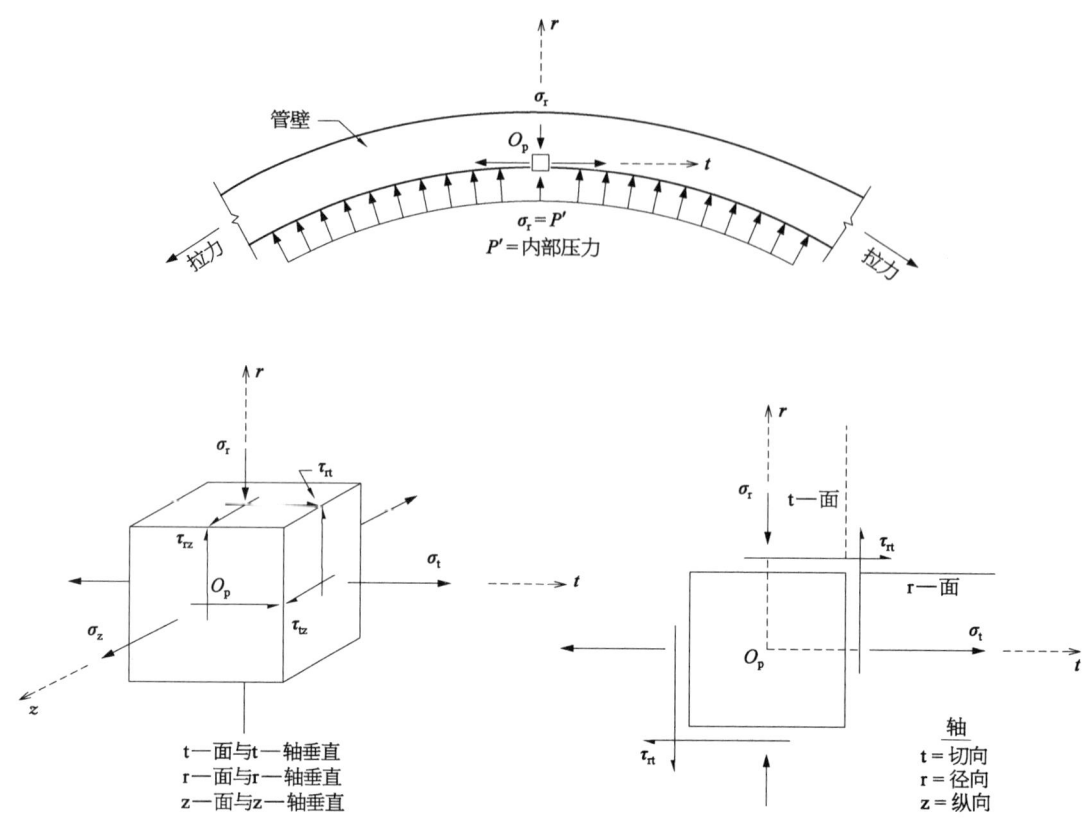

图 19-7 压力容器(上图)壁段的横截面,内表面上有一个无穷小的立方体,用于应力分析,显示应力作用下的放大效果(下图)前视图(右下图)是用于莫尔应力分析的典型自由体受力图

图 19-8 和图 19-9 显示了压力容器内表面上的点 O_p 及其相应的莫尔圆。莫尔应力坐标为法向应力(横坐标)和剪应力偶(纵坐标)。如果 O_p(平面原点)叠加在莫尔圆上,且轴是定向的,则通过 O_p 绘制的任何平面在应力坐标法向应力 σ 和剪应力 τ 处(作用在该平面上)与莫尔圆相交。强度包络线可以显示在相同的应力轴上。如果受力物体中的应力增加,使得莫尔圆与强度包络线相切,则产生初期破坏。破坏面是指通过 O_p 并在圆与强度包络线相切点处与圆相交的平面。

理想的压力容器是一个薄壁球体,壁面起着薄膜的作用,玩具气球就是这样一种容器。球体的体积与表面积之比大于其他任何容器。壁面的切向(周向)应力 σ_t 均为拉力,在所有方向上相等,见图 19-10,这是一种最有利的压力关系。容器壁上唯一的压缩应力是径向压力,$P' = \sigma_r$,法向作用于容器内部压力内壁。最大剪应力 τ 是径向应力和切向应力之差的一半,即 $2\tau = \sigma_t - \sigma_r$,并适当考虑了符号。但径向压缩应力 σ_r 远小于切向张应力 σ_t,可以忽略不计,因此,$\sigma_t = P'r/2t$,最大剪应力 τ 等于拉应力 σ_t 的一半,这也是球体与其他容器相比最有利的应力关系。

薄壁压力容器的断裂面以破坏角 θ_f 斜切,对于假设的材料,图 19-8 的莫尔应力圆上显示了两种可能性。对于钢材和一些塑性材料,强度包络线几乎是水平的,即 $\varphi = 0°$。

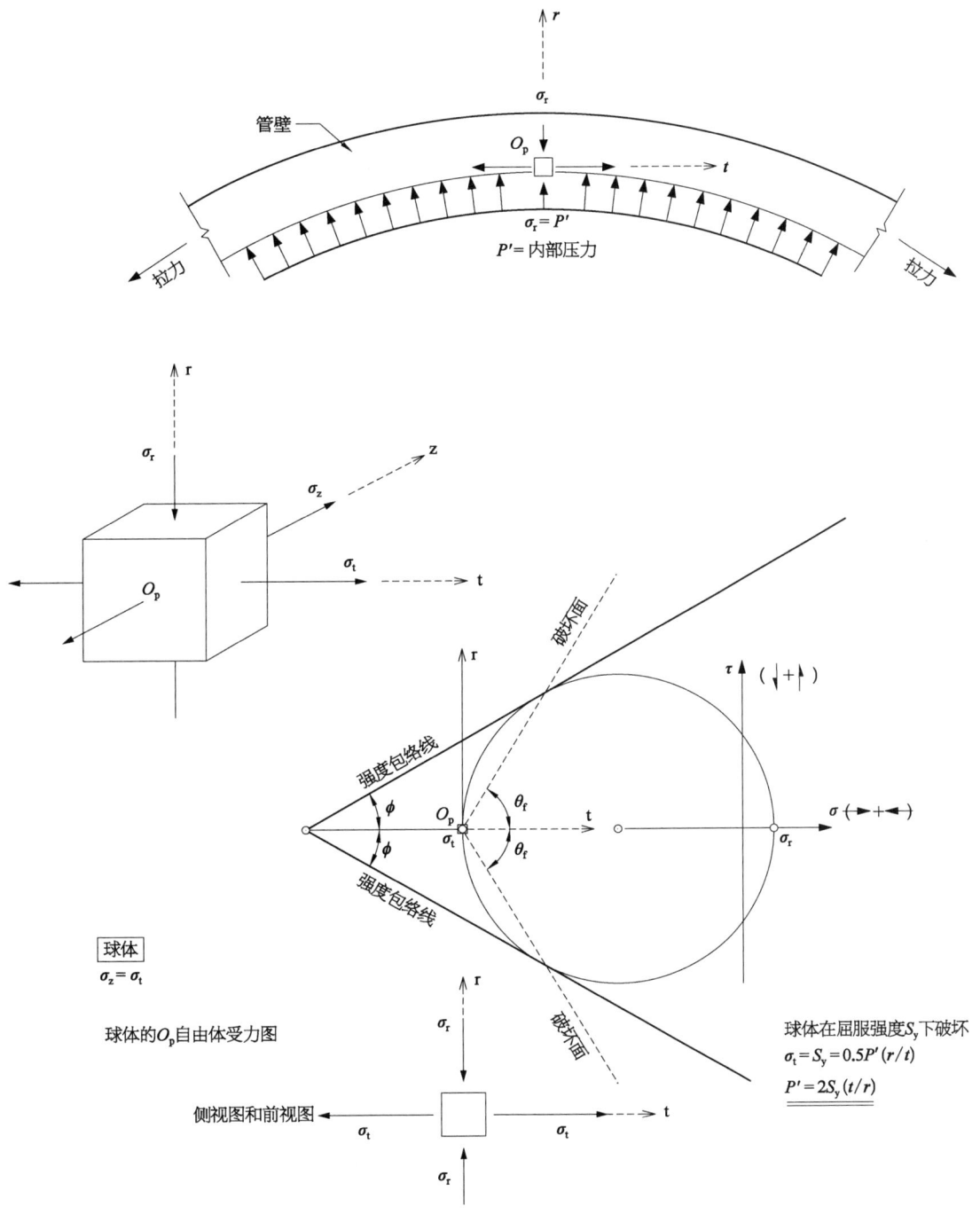

图 19-8 内部压力为 P' 的薄壁球体内部无穷小立方体破坏时的莫尔应力圆

莫尔圆的坐标轴对于压缩的法向应力（横坐标）为正，对于逆时针力偶的剪应力（纵坐标）为正

因此，破坏面角度为 $\theta_f = 45°$。对于无钢筋混凝土，强度包络线的角度约为 $\varphi = 45°$，对应的 $\theta_f = 45° + \varphi/2 = 67.5°$。

在结构上，圆柱形容器的效率不到球体的一半。纵向应力和切向应力不相等，见图 19-9。圆柱体的切向应力是相同直径和壁

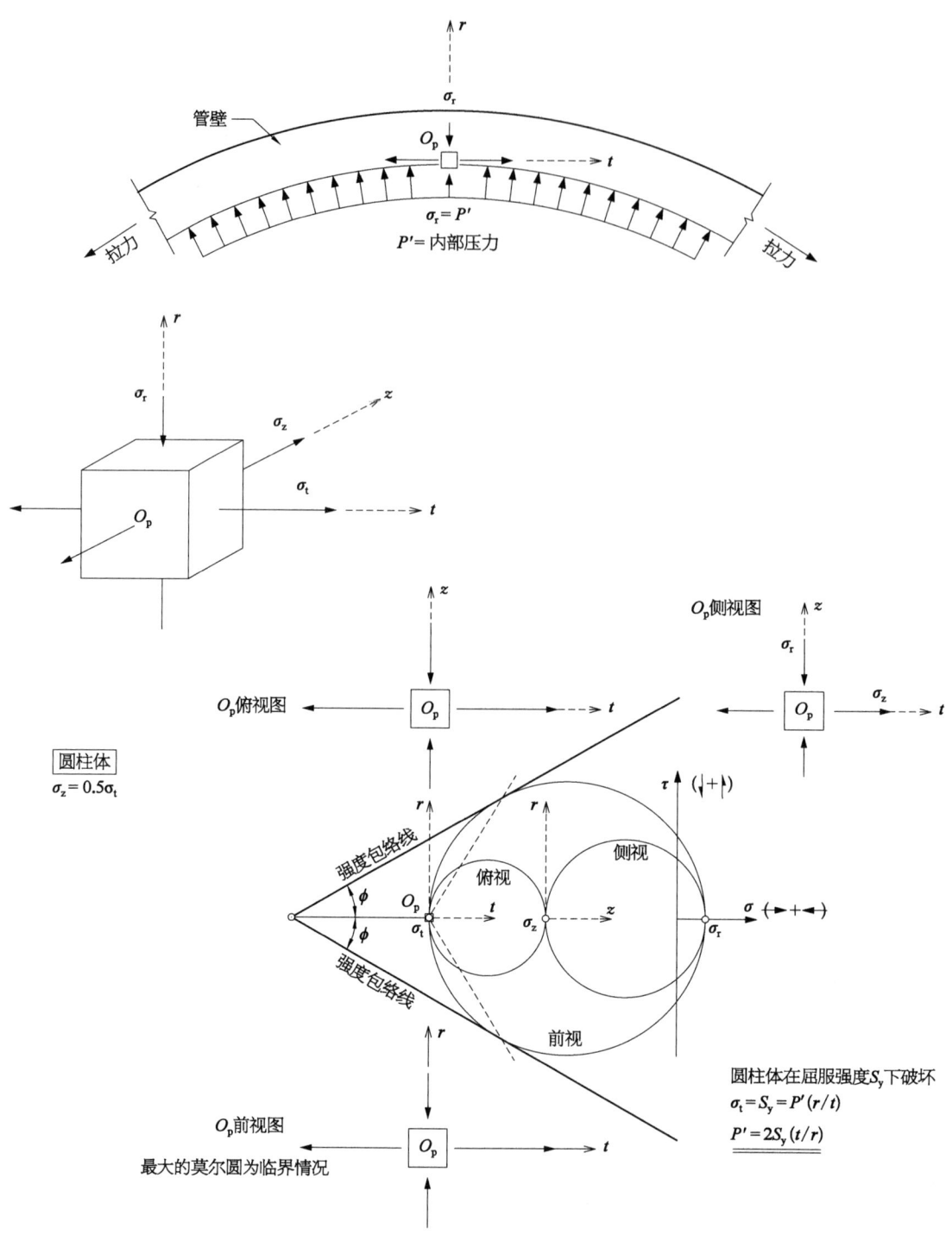

图 19-9 受压闭端圆柱体内表面上无穷小立方体 O_p 破坏时的莫尔应力圆，显示了 O_p 与相应莫尔圆的三个正交视图

最大的圆为临界情况，也就是说，它将是第一个与强度包络线相切的圆

厚的球体切向应力的两倍。当然,圆柱体的体积与表面积之比小。圆柱体和球体一起使用时,会出现不连续性,例如圆柱形储罐和半球形端盖之间。类似的应力集中源出现在 Y 形管接头、三通、阀门、异径管等中。管道之后延伸时有时会加插接帽。攻丝导致螺纹孔边缘产生应力集中。厚壁容器内部的切向应力比薄壁环向应力 $\sigma_t = P'(ID)/2t$ 高。下面讨论这些应力集中源情况。

在半径 r 处,

切向应力

$$\sigma_f = P(a/r)^2(r^2+b^2)/(b^2-a^2)$$

纵向应力

$$\sigma_z = Pa^2/(b^2-a^2)$$

厚壁圆柱体

承受内部压力的厚壁圆柱体的内壁最大切向应力(环向应力):

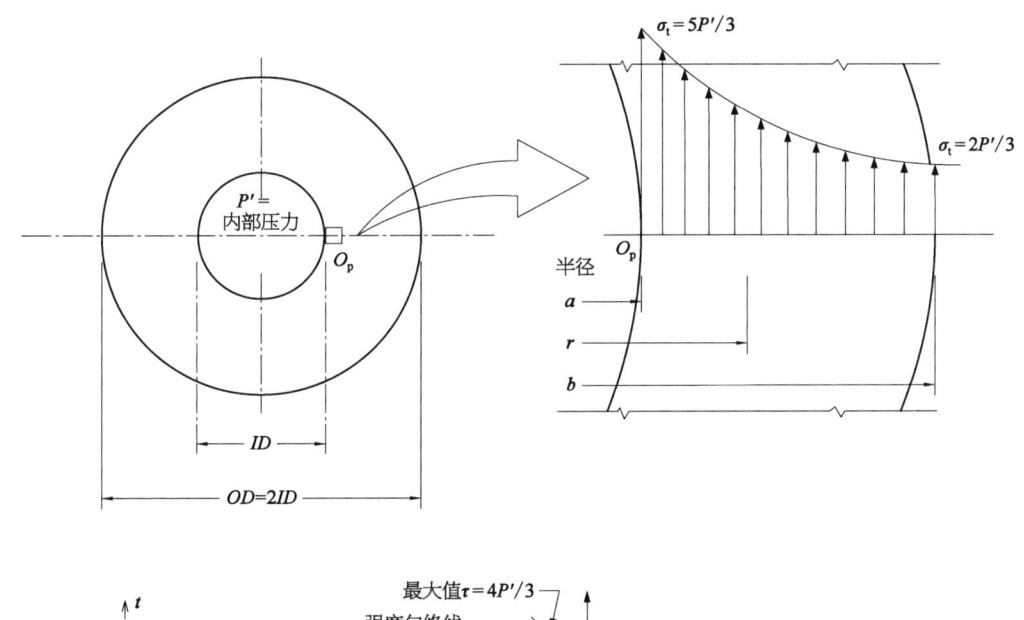

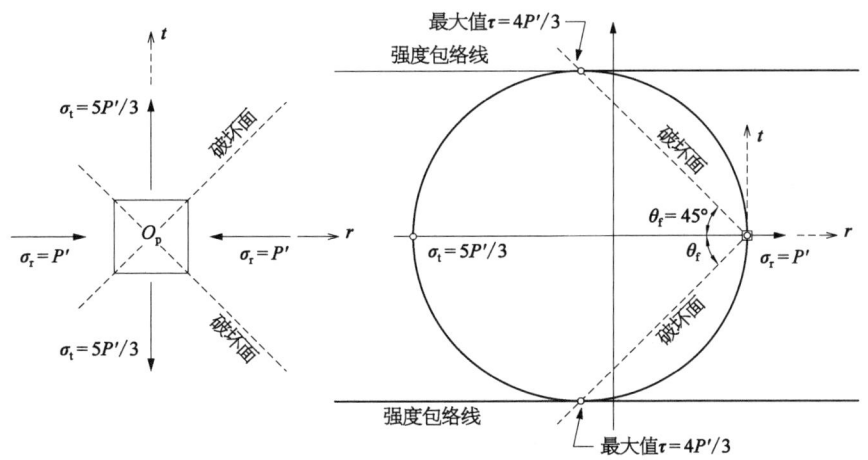

图 19-10 直径为 $OD=2(ID)$ 的厚壁钢制圆柱体的横截面图,显示了在承受内部压力 P' 时整个圆柱体壁切向应力 σ_t 的变化

(下图)莫尔圆,具有钢材的强度包络线(接近水平),显示破坏面角度为 45°

$$\frac{\sigma_t}{P'} = \frac{(OD)^2 + (ID)^2}{(OD)^2 - (ID)^2} \quad (19-1)$$

其中,

σ_t——最大切向应力(环向应力);

OD——外径;

ID——内径;

P'——内部压力。

[例]

图 19-10 为厚壁高压管道的横截面。最大切向应力 σ_t 和最大剪应力 τ 是多少? $OD = 2(ID)$。根据方程式(19-1),$\sigma_t = 5P'/3$。平均环向应力 $\sigma = P'(ID)/2t = P'$。显然,最大应力为平均值的 5/3。从莫尔圆来看,最大剪应力为 $4P'/3$。如属钢制圆柱体,强度包络线接近水平,如图所示,破坏面角度为 45°。

厚壁圆柱体和薄壁圆柱体的纵向应力计算方法相同。见第 14 章和第 15 章。

内壁径向应力为最大值,恰好等于受压时的内部压力 P'。当管道受到内部压力或外部压力时,内部切向应力最大。有关于厚壁管和储罐的外部压力分析,请参考材料力学相关内容。

攻丝

管道最常见附件连接方式为通过攻丝连接,应力集中发生在压力容器壁的开孔处。连接分水栓、小管、排气阀(ARV)、压力表等都需要攻丝,应力集中在螺纹孔周围的管壁上,如果内部压力较高且管道材料为非塑性材料,则应力为临界应力。塑性材料包括大多数弹塑性的管材,在断裂前会发生塑性屈服。然而,对于承受冲击荷载、极低温度或重复荷载的管道,事实并非如此,在这些荷载作用下,即使是塑料也会因脆性断裂而破坏。一个补救办法是把孔周围的管壁加厚。例如,可以在孔边缘做焊珠或凸台,如图 19-11 所示。工程师根据经验法则,焊珠或凸台的体积必须等于开孔切除材料的体积。

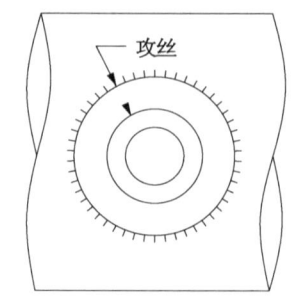

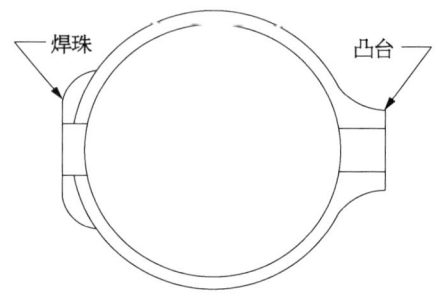

图 19-11 替换螺丝孔切除金属的两种工艺—焊珠和凸台

根据弹性理论(和试验),中间有孔的超大板的切向应力变化如图 19-12 所示。板中无穷小立方体上切向应力 σ_t、径向应力 σ_r 和剪应力 τ 的弹性方程式为

$$2\sigma_t = \sigma_o(1 + \rho^2/r^2) - \sigma_o(1 + 3\rho^4/r^4)\cos 2\theta \quad (19-2)$$

$$2\sigma_r = \sigma_o(1 - \rho^2/r^2) + \sigma_o(1 - 4\rho^2/r^2 + 3\rho^4/r^4)\cos 2\theta \quad (19-3)$$

$$2\tau = \sigma_o(1 + 2\rho^2/r^2 - 3\rho^4/r^4)\sin 2\theta \quad (19-4)$$

其中(见图 19-12),

σ_r——相对于孔的径向应力;

σ_t——切向应力(垂直于任意点的径向应力);

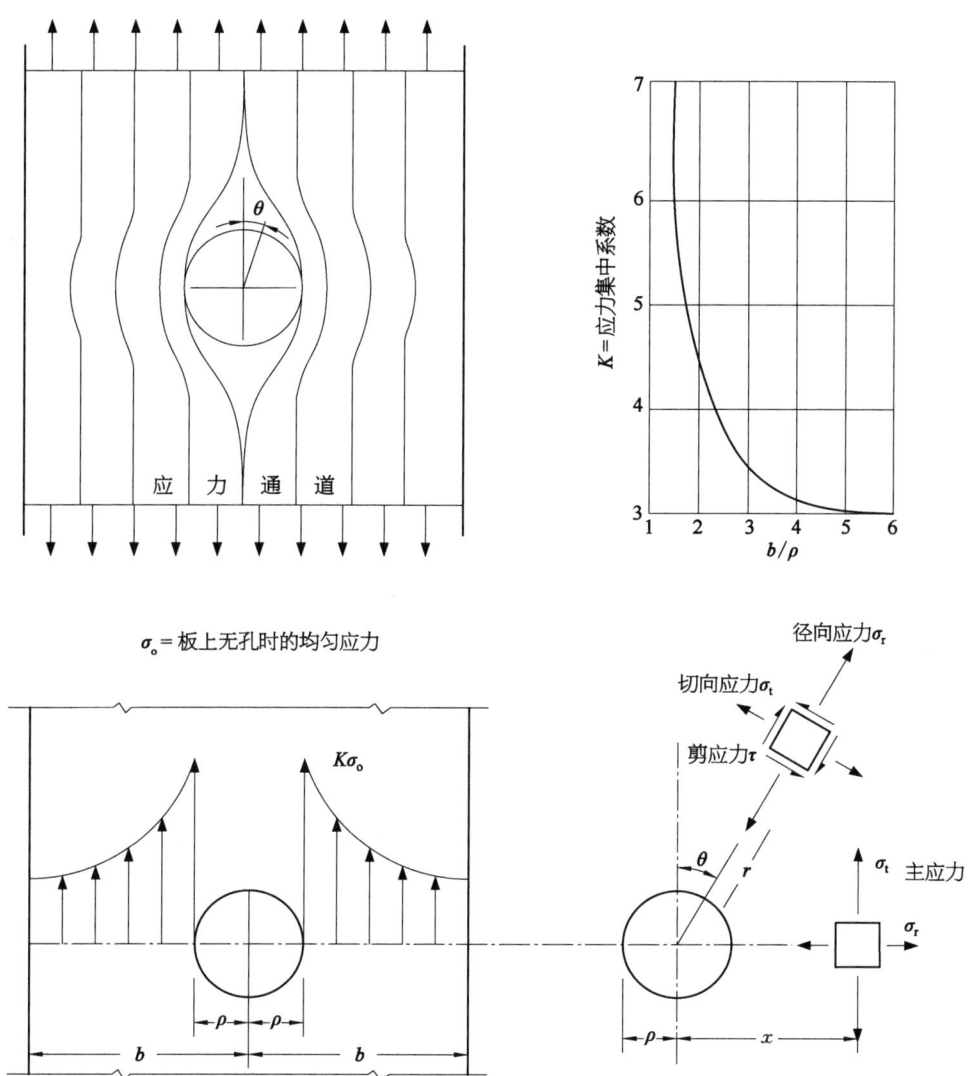

图 19-12 有孔板上的应力图,显示应力通道聚集在孔周围,就像道路开挖时周围的交通状况一样,在孔边缘产生应力集中 $K\sigma_o$。

如果孔很小,则 $K=3$, $\sigma_t = 3\sigma$

τ——剪应力;
b——板宽;
ρ——孔半径;
r——至板上应力点的半径;
θ——半径与平均应力 σ_o 方向的夹角;
σ_o——无孔板的平均均布应力。

与孔边缘相切的应力应特别注意,此时 $r=\rho$。如果板无限宽,则 ρ/b 约为 0,σ_o 不受孔的影响。根据方程式(19-2)到方程式(19-4),

$$\sigma_t = -\sigma_o,\text{在}\ \theta = 0°\ \text{时压缩力}$$
(19-5)

$$\sigma_t = 3\sigma_o,\text{在}\ \theta = 90°\ \text{时拉力} \quad (19-6)$$

剪应力 τ 在孔边缘为零,在与纵轴呈 45°的平面上的孔相距很远时,增至最大值 $\tau = \sigma_o/2$。

在垫片连接压力管道无纵向应力的情况下，管道攻丝的设计遵循上述单轴荷载的基本原理，见图 19-15 中的上图。如果孔径远小于管径，则方程式（19-5）和方程式（19-6）适用。根据方程式（19-6），垫片连接管道螺丝孔边缘的最大应力为切向应力，

$$\sigma_t = 3P'(ID)/2A, \text{在 B 点的拉力} \quad (19-7)$$
垫片连接压力管道

式中，

σ_t——孔边缘切向应力；
P'——管道内部压力；
ID——内径；

A——单位管长的管壁横截面积；
A——t（平壁管）。

对于封闭式管道或储罐，见图 19-13。在下图中，结合方程式（19-5）和方程式（19-6）分析切向应力。例如，根据方程式（19-5），承受纵向应力导致的压缩力时，B 处的切向应力为 $-\sigma_o/2$，承受拉力时为 $\sigma_o/2$。在同一 B 点上，根据方程式（19-6），承受环向应力 σ_o 导致的拉力时，切向应力为 $3\sigma_o$。结合 B 处的两个切向应力，对于闭端管，

$$\sigma_t = 5P'(ID)/4A, \text{B 处承受拉力时} \quad (19-8)$$
闭端压力管道

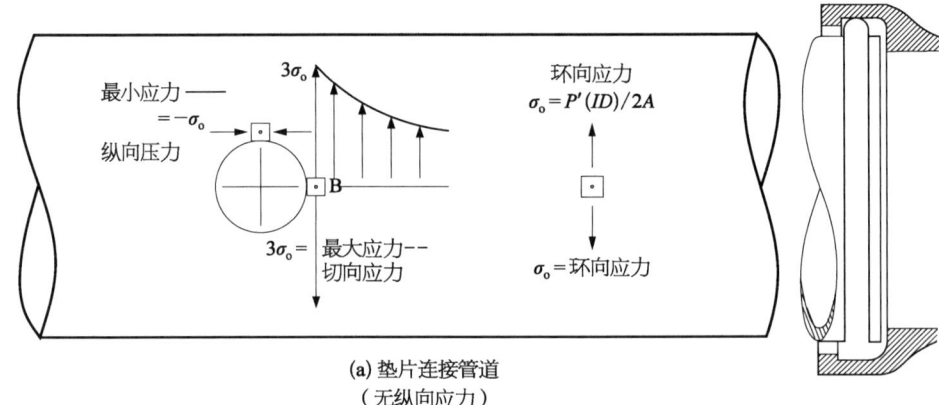

(a) 垫片连接管道
（无纵向应力）

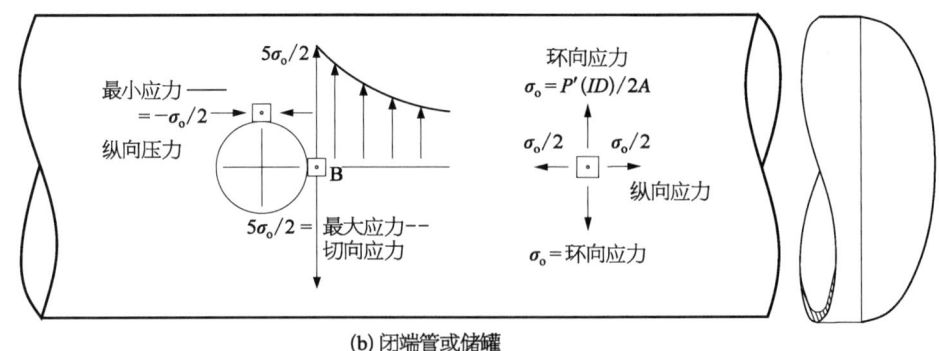

(b) 闭端管或储罐
（因端盖产生纵向应力）

图 19-13　管壁上和压力管壁螺丝孔周围的主应力和应力集中

显然，垫片连接管道孔周围的应力集中最大

[例1]

如果壁厚为 0.125 in，内部压力为 400 psi，那么 ID 为 6 in 的钢管中 1 in 小孔（攻丝）边缘的最大切向应力是多少？滑动联轴节，如 Dresser 或 Baker，可消除管中的纵向应力。根据方程式（19-7），

$$\sigma_t = (3 \times 400\ \text{psi} \times 6\ \text{in})/(2 \times 0.125\ \text{in})$$
$$= 28.8\ \text{ksi}$$

如果屈服应力为 42 ksi，则安全系数为 42/28.8=1.46。如果 P' 是重复压力，则应考虑钢材的疲劳强度。疲劳强度通常低于屈服强度，特别是当压力循环相反并且孔为螺纹孔时，螺纹为应力集中源。

如果管道不是垫片连接，则纵向应力 σ_z 通常为拉力，此时攻丝处的应力集中源小于垫片连接管道。

攻丝分析是基于大口径管道中的静压和小口径攻丝进行，分析优化逐渐完善。20 世纪 80 年代，犹他州立大学的杰普森对标称直径为 6 in 带有连接螺纹的 AWWA C-900 PVC 管道进行了维修连接的测试，荷载为受 100～200 psi 周期性内水压力冲击（速率为每分钟 300 次水击）。随着荷载连续施加，且全程不停机，加载期间管道的塑性变形可能会部分恢复。通过水中的染料来观察最细微的裂纹，五次 0.75 in 的攻丝或五次 1 in 的攻丝在 150 万次压力循环后都未发生泄漏。在较大的 24 in PVC 管上进行了类似的冲击试验，发现一些泄漏点。虽然这些结果只是定性结果，但可以得出结论：在压力冲击下，有攻丝的大口径 PVC 管的使用寿命仅略低于无攻丝的管道，但两者都超过了正常的预期使用寿命。意外发现了另一个问题：试验段的垫片连接端盖泄漏量超过了分水栓的泄漏量。

[例2]

在杰普森博士对 AWWA D-900 PVC 6D 管进行的压力试验中，攻丝边缘的最大切向应力是多少？假设（不完全确定）与管径相比，攻丝孔径较小。

$OD = 6.900\ \text{in}$（平均值），
$t = 0.276\ \text{in}$（最小值），
$DR = 25 = $ 量纲比，
$P' = 200\ \text{psi}$（最大值）。

管壁环向应力为

$$\sigma_\circ = P'(ID)/2t = [200\ \text{psi} \times (6.900 - 0.552)]/(2 \times 0.276)$$
$$\sigma_\circ = \underline{2\,300\ \text{psi}}$$

由于试验管是垫片连接管道，根据方程式（19-7），最大切向应力为 $3\sigma_\circ = 6.9\ \text{ksi}$，这比 PVC 的屈服强度要高，说明管径无限大于孔径这一假设可能过于保守。此外，方程式（19-7）基于弹性极限，而 PVC 是塑性材料。

如果攻丝或任何应力集中源位于除圆柱体以外的任何管段中，则必须对该管段的环向应力 $\sigma_\circ$ 进行计算。例如，求带阀盖的阀门壁上的最大"环向"应力，$\sigma_\circ = P'(ID)2t$，其中 ID 是可通过阀盖和管道的平面的最大宽度。

在易弯材料（如塑料，包括钢材）中，应力集中源并不一定是临界情况。在卫生垃圾填埋场下需要铺设耐腐蚀的聚乙烯管，而且这些管道必须开孔或开槽，以排放渗滤液和收集甲烷气体，因此进行了试验以明确小开孔或环形开槽（圆锯片宽度）对管道结构完整性的影响。显然，管环强度会因表面切除面积而降低，管环刚度也随之降低，但幅度相对较小。当管环载荷且变形为椭圆时，开孔边缘和锯槽端的可见翘曲反映出应力集中。塑性

材料会屈服、松弛，但不会断裂，管道的完整性不会受到影响。

端盖

本节分析应力集中源的端盖。从管道到另一管段（Y形管接头、三通、异径管、阀门等）的任何过渡都会导致类似的应力集中源，程度一般较小，并且可以用类似的方式进行分析。

如图19-14所示，考虑薄壁圆柱体上的半球形盖，内部压力为P'。符号解释如下。

P'——内部压力，
r——薄壁容器的平均半径，
t——壁厚，
σ_r——壁内侧的径向应力，
σ_t——壁内的切向应力，
σ_z——壁内的纵向应力，
E——弹性模量，
v——泊松比，
ε_r——径向应变＝半径增加百分比，
ε_t——切向应变，
ε_z——纵向应变，

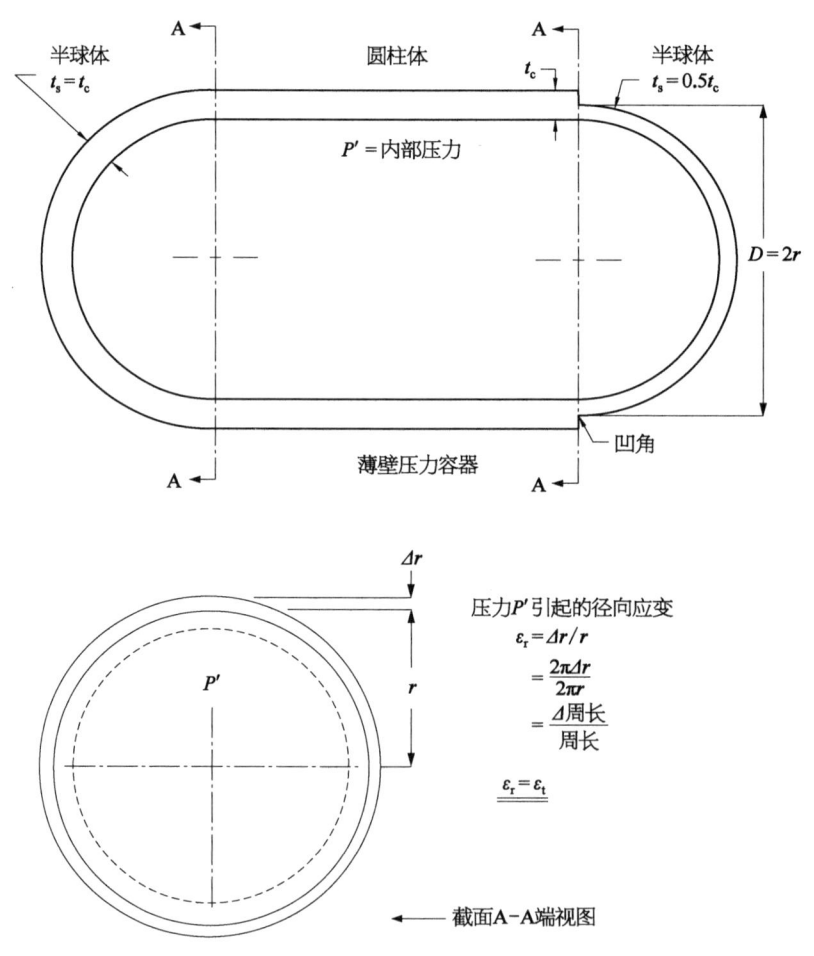

图 19-14 带有半球形端盖的加压薄壁容器，其中：（下图）内部压力P'使半径增加的百分比等于切向应变；以及（上图）如何通过减小半球体壁厚消除截面A-A处的剪切不连续性，但会保留一个作为应力集中源的凹角

切向应力为

圆柱体　$\sigma_t = P'/(r/t)$

半球体　$\sigma_t = 0.5P'(r/t)$

如果圆柱体和半球体的壁厚相同，如图 19-14 左侧所示，半球体的切向应力只有圆柱体的一半。因此，球体中半径的增加量比圆柱体要小，径向剪应力出现在截面 A-A 处。不连续处即为应力集中源。

如果半球体壁厚只有圆柱体壁厚的一半，切向应力相等，如图 19-14 右侧所示，剪切不连续性减少但没有消除。问题仍然是半径增量之间的差异。忽略径向压力对薄壁容器壁的较小影响，切向应变 ε_t 是周长增加的百分比，即半径增加的百分比，也就是径向应变，因此，径向应变为 $\varepsilon_r = \varepsilon_t$，应力—应变关系为 $E\varepsilon_t = \sigma_t - \upsilon\sigma_z$，如下所示：

圆柱体，$E\varepsilon_t = \sigma_t - \upsilon\sigma_t/2$

$$E\varepsilon_t = P'(r/t_c)(1 - 0.5\upsilon) \quad (19-9)$$

其中 t_c 为圆柱体厚度。

半球体，$E\varepsilon_t = \sigma_t$

$$E\varepsilon_t = P'(r/t_s)(1 - \upsilon) \quad (19-10)$$

其中 t_s 为半球体厚度。

如果径向应变相等，方程式（19-9）和方程式（19-10）应当等同；壁厚比必须为

$$t_s/t_c = (1-\upsilon)/2(1-0.5\upsilon)$$

例如，如果泊松比为 $\upsilon = 0.25$，则半球体壁厚与圆柱体壁厚之比为 0.428 6，这个数值甚至小于相等切向应力所需的原始比值 0.5，基本上解决了剪切不连续性问题。但这种连接现通过凹角与两种不同的壁厚相匹配，而凹角本身就是一个应力集中源。对于脆性材料，凹角可能是临界状况。但如果材料是易弯材料，并且设计中包含了安全系数，则凹角可通过良好的焊接和/或延性管道材料来缓解，因为材料屈服时没有断裂。或者可以通过将端盖做成除半球形以外的形状进行补救。火箭发动机的端盖为椭圆形，可减少应力集中源。

钢管焊接接头强度

若焊缝为对接满焊缝，其纵向强度不低于钢管。如果对焊接工艺有任何疑问，一些设计人员假定强度为钢材强度的 90%。

如果焊缝为搭接焊缝，且空隙不大于 0.125 in，则单面焊搭接接头的纵向强度约为管道强度的 75%。双面焊搭接接头的强度不低于管道强度的 80%。搭接接头角焊缝上的作用力是剪切力，而不是力偶。承插口的曲面可防止焊缝产生弯矩（力偶）。

钢管应力

根据弹性理论（在以屈服应力为性能极限的钢结构分析）中取得的进展，不是非常适用于钢管的应力分析。对于钢管，性能极限是变形（应变），而不是弹性极限（屈服）。事实上，有些钢管在制造过程中承受的应变远远超过弹性极限，但应力理论依然成立。下面是一些常见的应力分析。

性能极限

性能极限是弹性极限下的强度 σ_f。通常笼统地称为屈服应力，通过标准单轴应力—应变试验测得，见图 19-15。管道用优质钢的典型性能如下。

管钢性能

弹性极限下的应力（破坏）$\sigma_f = 42$ ksi，

弹性模量 $E = 30(10^3)$ ksi，

低于弹性极限时的应变 $\varepsilon = F/E$，

近似断裂伸长率 $\varepsilon_u = 21\%$，

泊松比 $\upsilon = 0.27$ 至 0.30，

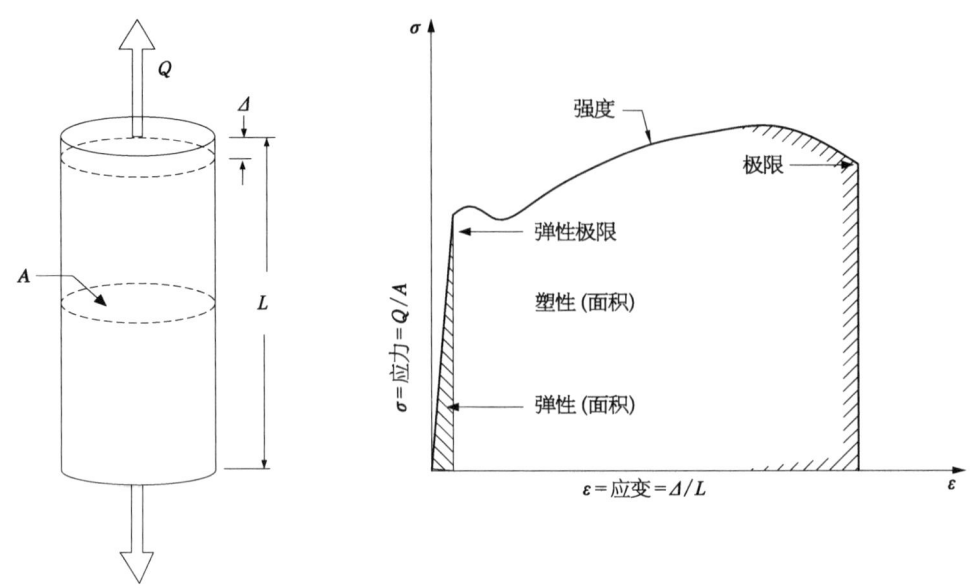

图 19-15 钢材的标准拉力试验,显示弹性极限和极限强度的应力—应变图

夏比韧度 $U=15$ lb.ft a 0 ℉。

对于应力设计,应力必须小于安全系数降低的强度。

强度

从图 19-15 可以看出,极限钢强度大于屈服强度。对于某些分析,除了安全系数外,这种差异还提供了安全裕度。能源分析的安全裕度要大得多。能量输入 U_e 达到图 19-17 中试样单位体积的弹性极限,等于平均作用力 $P/2 \times$ 距离 Δ,再除以体积 AL。如果 $\sigma_f = 42$ ksi,$E = 30\,000$ ksi,

$$U_e = P\Delta/2AL = (1/2)(P/A)(\Delta/L) = 0.5\sigma\varepsilon$$

$U_e = \sigma_f^2/2E$。$U_e = 29.4$ ksi = 弹性 = 应力应变图下达到弹性极限的面积。

达到极限强度时的能量 U_u 是整个应力—应变图下破坏伸长率(应变)对应的面积,约为 21%;$U_u = 8.800$ ksi = 韧性 = 整个应力—应变图下的面积。

钢材的极限能量 U_u 是弹性能量 U_e 的三百倍,按弹性能量(弹性)进行设计是非常保守的。以上仅适用于单轴应力。关于复合应力的能量研究如下。

应力

复合应力分析以弹性理论(弹性极限)为依据。复合分析很少适用于埋地钢管。首先,一个主应力通常比其他足以进行单轴应力分析的应力大得多。其次,埋设土壤的性质不确切,无法预测荷载,管土相互作用是无限度的超静定作用。再次,钢材为弹塑性材料,不受弹性极限的限制。屈服应力由仅提供法向破坏应力 σ_f 的拉力试验(非三轴试验)确定,性能极限为剪切破坏,非拉伸破坏。剪切破坏面呈 45°斜角。

莫尔应力圆

图 19-16 显示了标准拉力试验中管破坏时的莫尔应力圆。纵坐标为剪应力 τ。横

第 19 章 应力分析

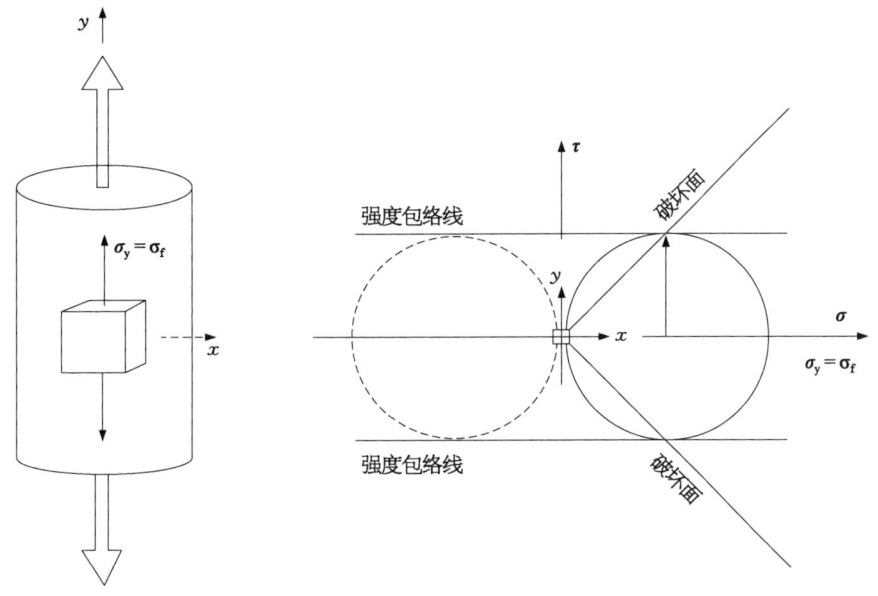

图 19-16 钢材的标准拉力试验,显示承受拉力和压缩力时弹性极限处的莫尔圆(虚线)以及剪切(滑移)时的强度包络线和破坏面

坐标为法向应力 σ。对于钢材,假设拉力为正,顺时针剪切力为正。

通过定向主应力作用的平面,将无穷小立方体叠加在应力圆上。穿过立方体的任何平面在其自身的应力坐标上与莫尔圆相交。交点处的剪应力和法向应力作用在该平面上。所有平面的方向都正确。对于压缩试验,屈服时的剪应力几乎与拉力时的剪应力相同,如虚线莫尔圆所示。两个莫尔破坏圆的切线为*强度包络线*,强度包络线以外的任何剪应力都属破坏情况,破坏面与主应力呈 45°角。

弹性应力分析——组合应力

在组合应力分析中添加各应力,例如,在图 19-17 中,$\sigma_y = P'r/t - Pr/t$,其中 P' 为内部压力,P 为外部土壤压力。然而,保守设计时分别对 P 和 P' 进行分析。纵向应力 σ_z 是由于温度降低、内部压力的泊松效应以及阀门、弯头等产生的推力引起的纵向应力的总和。对于外部荷载,如纵梁弯曲和止推墩,有可能会影响组合纵向应力,必须视情况予以考虑。

弹性应力分析——复合应力

性能极限为剪切破坏。最大剪应力等于抗剪强度,即 $\tau = \tau_f$。

为了将破坏时的剪应力与破坏时的标准拉力试验联系起来,根据图 19-16 中的莫尔圆,$\tau_f = \sigma_f/2$。

图 19-17 所示为管壁内部的一个承受主应力的无穷小立方体。水平应力为内部压力 P,比其他应力小,如果该立方体位于管壁外侧,P 为零。分析时,$\sigma_x = 0$,无穷小立方体的三个视图中显示了莫尔圆。如果管道不受扭矩或点荷载的影响,则剪应力不会作用在立方体上,这三个应力均为主应力。前视图为临界状况。分析中,破坏时的剪应力等

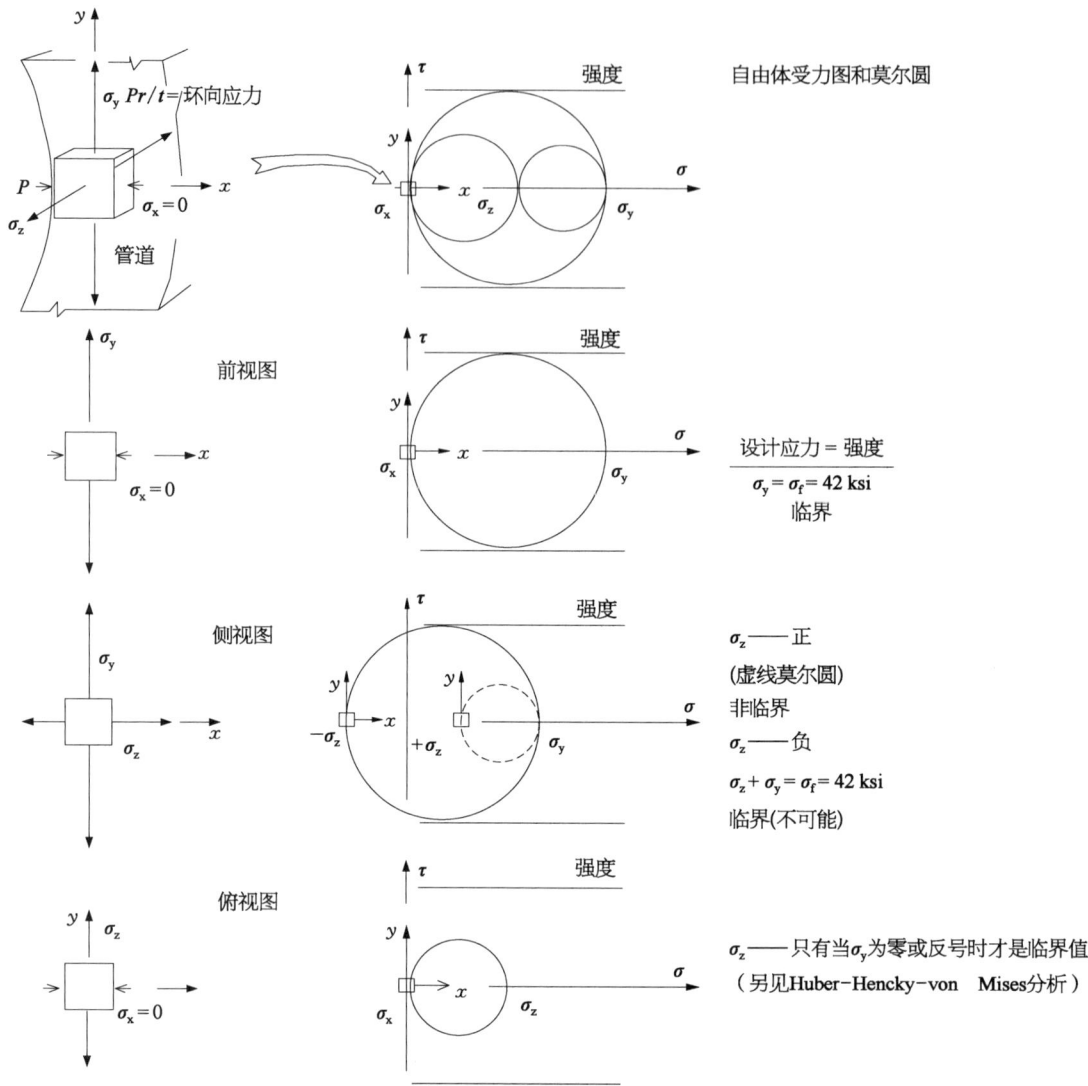

图 19-17 基于抗剪强度的钢管复合应力分析。莫尔圆表示作用于管壁内表面上无穷小立方体的主应力

于屈服时法向应力的一半，$\sigma_f/2$。因此，$Pr/t = \sigma_f = 42$ ksi。设计采用安全系数（通常取 2）；即 $Pr/t = 21$ ksi。

侧视图非临界状况。所示的临界圆是一个不可能发生的假设条件，对应的纵向和周向应力的符号相反。管中的真空、外部高填土和高地下水位可能会组合形成此类应力，但管破坏可能是塌陷破坏而不是应力破坏。钢管塌陷通常是管环刚度的函数，而非屈服应力。

只有当纵向应力过大或内部压力为零或负数（真空）时，俯视图才为临界状况，这通常需要进行塌陷分析，而非应力分析，见第 10 章管道环向稳定性。复合应力分析中不包含此应力。

根据弹性理论，图 19-18 显示屈服应力下作为 σ_z 函数的 σ_y 强度包络线。剪应力分析用虚线表示。最大应变能的分析更准确，

第19章 应力分析

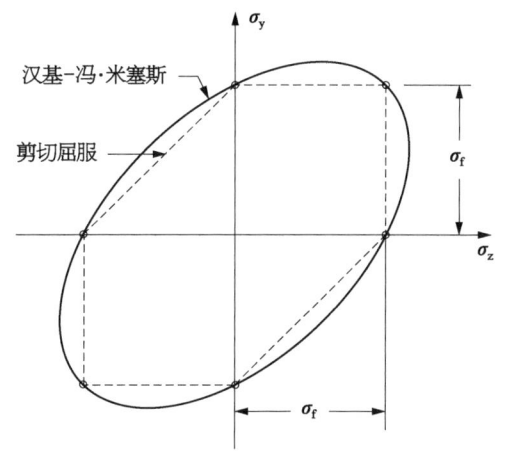

图 19-18 弹性极限时的强度包络线 σ_f

$U=\sum f(\sigma/2)\varepsilon$。破坏时的应变能分析见附录 F。应变能结果与钢材试验结果不完全一致。

对钢材而言,休伯-汉基-冯·米塞斯方程式(Huber-Hencky-von Mises)更准确,它减少了只引起体积变化的应变能的参与。方程式见附录 F,二维复合应力椭圆强度包络图见图 19-18。大多数埋地管道不需要进行上述分析。由于 $\sigma_x=P$ 相对较小,因此二维分析足矣。举例来说,如果 $\sigma_z=\sigma_f/2$,根据休伯-汉基-冯·米塞斯方程式,$\sigma_y=1.155\sigma_f$。显然,这会产生比屈服点稍大的应力,但增幅很小。通过单轴应力分析进行设计是保守做法,即在 $P=0$ 时,临界应力为 $\sigma_y=\sigma_f$。一般来说,对于埋地管道,不需要进行复合应力分析,因为复合应力分析基于弹性极限,可能会产生误导。

塌陷分析

对于非埋地钢管,塌陷度为 $Pr'/EI=3$,其中,I 是单位管长管壁截面的惯性矩。塌陷度是外部压力 P 和管环刚度 EI/r^3 的函数,而不是屈服应力的函数。管环挠度和土壤强度是相关的,但通常受规范限制。

混凝土管应力

混凝土管道过于复杂,进行应力分析不切实际。性能极限通常是通过试验确定。

破坏面

具有锋利边缘的表面表示瞬时荷载(如水锤)作用导致的突然断裂。高强度钢(如螺栓)在高拉力下可能因氢脆而破裂。有些塑料会因"脆性断裂"而破裂,特别是在冲击荷载和低温下。

光滑表面表示会出现快速断裂。

长断裂面(撕裂)表示管道中储存的应力能导致的裂纹扩展。

波纹表面(特别是在管道表面附近发生氧化时)表示疲劳。

压力管道从外向内磨损出来的孔洞可能是由泄漏引起,泄漏的高压射流在埋设土壤内引起湍流,使管道"喷砂",来自外部的切割作用非常迅速。

沿破损表面的人字形断口指向断裂开始出现的部位。

氧化材料的麻点表明发生了腐蚀。流道外观中存在底板内侧材料损失,表明发生了侵蚀。

练习题

19-1 无钢筋混凝土管的壁厚为 $t=3$ in,$ID=36$ in,管长为 $L=11$ ft。12 kip 的双轮荷载经过跨中。覆土厚度可忽略不计。如果管道周围的土壤被冲走,只有管端留有支承土壤,那么管道破坏时的内部水压是多少?接头用垫片连接。混凝土容重为 144 pcf,水容重为 62.4 pcf,混凝土的抗张强度为 2 ksi,抗压强度为 12 ksi。

$(P=300 \text{ psi})$

19-2 如果 $OD=1.4(ID)$，在内有小攻丝孔的厚壁闭端圆柱体中，最大切向应力是多少？

$(\sigma_t=8P')$

19-3 聚乙烯管拟安装在河底。在河底定向钻出一条比管道稍大的隧道，钻机产生的泥浆留在隧道内，防止隧道坍塌，直到管道贯通。当管道铺拉到位时，用灌浆替换钻机的泥浆。当灌浆容重为 95 pcf、深度为 80 ft 时，在外部静水压力下，聚乙烯管壁的最大应力是多少？假定管道内空，管内的压力为大气压。厚壁管的 $DR=9.5=OD/t$，铺拉管道期间的纵向作用力忽略不计。

$(\sigma_t=280 \text{ psi})$

19-4 纵向应力等于 500 psi，将聚乙烯管铺拉到位时，求解问题 19-3。监测拉力情况，确保管子拉入隧道时不会黏结和破裂。

$(\tau=375 \text{ psi})$

19-5 若将管道铺拉到位时，管内填充满了钻机泥浆，钻机泥浆的容重为 75 pcf。重新求解问题 19-4。

$(\sigma_t=100 \text{ psi})$

19-6 问题 19-3 到 19-5 的聚乙烯管的攻丝、开孔或周向开槽有什么影响？小开孔或窄锯槽是制造聚乙烯管的常见做法，用于收集卫生垃圾填埋场下的渗滤液和甲烷气体。

19-7 如果端盖为半球体，装在圆柱体内侧，并朝着反方向（如喷漆罐底部），端盖和薄壁承压圆柱体的厚度比应为多少？承受剪切不连续性需要满足什么条件？焊缝的尺寸和类型是什么？约束环的尺寸和设计是什么？等等。

第20章 塑 料 管

目前，管道施工中使用埋地塑料管已经相当普遍并且还在日趋增加。在侵蚀性环境中，以及用于收集和输送具有磨蚀性和/或腐蚀性的液体时，更倾向于使用塑料管。大多数小口径输气管道都是塑料材质，波纹塑料管更是广泛用于地面排水和涵洞。

塑料具有相对较好的耐化学腐蚀性和抗流体内沉积物磨蚀性。塑料管具有很好的柔韧性，可随管道与土壤相互作用情况自动适应，减少应力集中。塑料可承受变形，也对疲劳应力（循环荷载）具有很好的耐受性。塑料在持续变形作用下会变得松弛。

塑料管一般重量很轻，流动阻力小，使用寿命长。同时，塑料管易于制造和现场连接。塑料管的形式也是多种多样的，如波纹管、加肋管等。

另外，与传统的管道材料相比，塑料具有强度低和弹性模量小的特性。塑料对温度（如太热或者太冷）敏感。另外，高泊松比和高热膨胀系数也是塑料的特点。塑料管在高压（内部和外部）以及大荷载的工况下其性能出现了问题。这些问题会造成很大影响，因为在填埋很深的垃圾填埋场（如卫生垃圾填埋场）和在含有具侵蚀性渗滤液和具磨蚀性的沉积物的矿山中，都十分需要安装耐腐蚀/磨蚀的排水管道。

下面对塑料管可承受内部压力和外部荷载的条件，以及时间效应对管道性能的影响进行讨论。大多数性能数据属于经验数据，在试验和实际管道应用中获得，许多有用数据通常都来自对管道破坏案例的经验教训的总结。关于塑料管的术语见图 20-1。

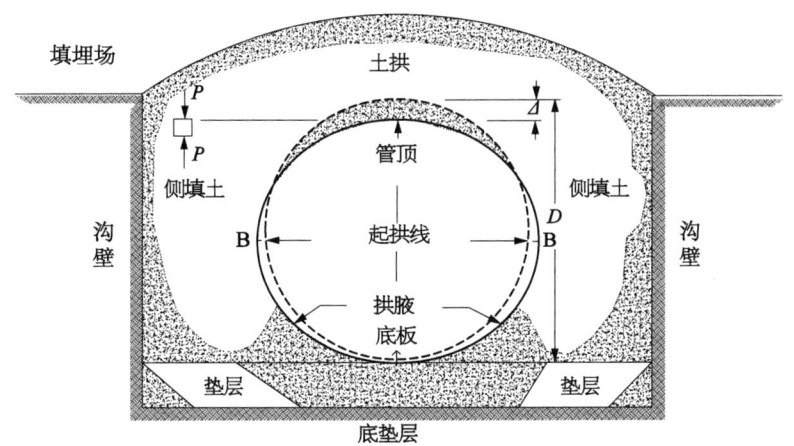

图 20-1 适用于埋设在管沟内特定土壤中的塑料管的术语，显示填埋场竖向压力引起的管环挠度 $d = \Delta/D$

塑料特性

A. 在恒定应力作用下

1. 塑料蠕变

蠕变是持续应力作用下随时间发生的应变。塑性蠕变会逐渐引起应力平衡或管道断裂。持续应力可以是恒定的或反复出现的。

2. 强度衰退

强度等于管道发生断裂时的应力。断裂时间一般呈指数分布，如图 20-2 双对数坐标图所示。

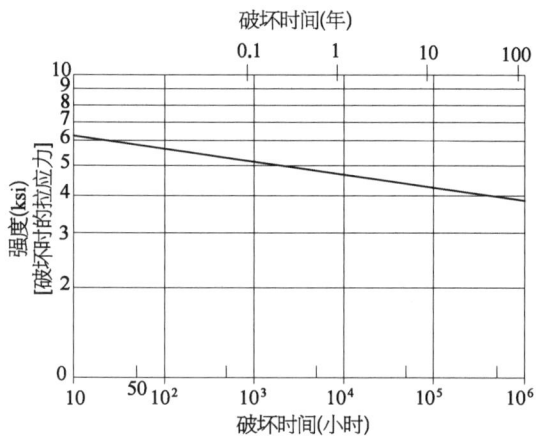

图 20-2 70°F 下 PVC 管道的典型抗拉强度回归线，显示双对数坐标图中强度随时间呈线性降低

B. 在恒定变形（应变）作用下

1. 应力松弛

应力会随着时间以递减速率逐渐发生松弛，直到实现一种应力平衡状态——应力基本保持恒定，但小于初始应力。由于变形恒定，应变值是恒定不变的。

2. 强度不变

在恒定变形（应变）下，管道承受压力或荷载的能力不会随时间减弱。只有在持续的应力下产生蠕变后，管道强度会衰退。

C. 应力—应变关系

1. 塑性不变

管道设计中使用的塑料是不可降解的，因此，材料特性随时间不会发生改变（不会发生衰退）。最相关的特性包括强度、弹性模量和泊松比。这些特性即使在长期持续压力和/或恒定变形条件下仍保持不变。唯一例外是在极端温度条件下，会发生塑料降解以及长期持续应力作用下的强度衰退。

2. 应力松弛率大于强度衰退率

在恒定应变下，应力松弛要快于强度衰退。因此，塑料管不会发生破坏。若塑料管承受应力的同时不断发生变形，如压入包层中。如果管道在被挤入包层时没有发生破坏，那么管道中的应力会松弛，并且管道在长期使用中不会发生破坏。一些严重变形，如塑料燃气管道端部凹陷，表明塑料管应力发生"松弛"。

[例 1]

图 20-3 显示了塑料管的典型强度衰退。如果管道中的应力为 $\sigma=S_1$，则一年后管道会发生破坏。如果 $\sigma=S_{50}$，则 50 年后管道会破坏。根据该示例，在恒定内部压力

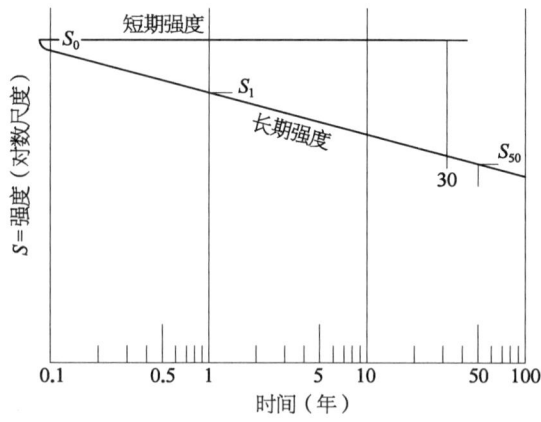

图 20-3 塑料的典型强度衰退曲线，显示短期强度（初始）不变，直至长期破坏状况

$\sigma = S_{50}$ 下，管道一定会在 50 年后破坏。但是，假设在 30 年后，管道承受的内部压力突然增大，要承受该应力需要的管道强度是多少？根据图 20-3，管道强度，也就是初始强度，为 S_0。

3. 蠕变量根据虚拟模量确定

一些分析中使用虚拟长期弹性模量。也就是说，该模量并非真实模量，真实模量保持原始值不变。可有效对塑性材料的弹性模量进行定义的参数是刚度，即应力—应变图上割线的斜率，具体示例见图 20-4。在持续应力作用下，可通过虚拟模量 E' 来预测长期应变（蠕变）值。但虚拟模量不适用于管道塌陷。塌陷一般会突然发生——是塑料初始刚度的函数。

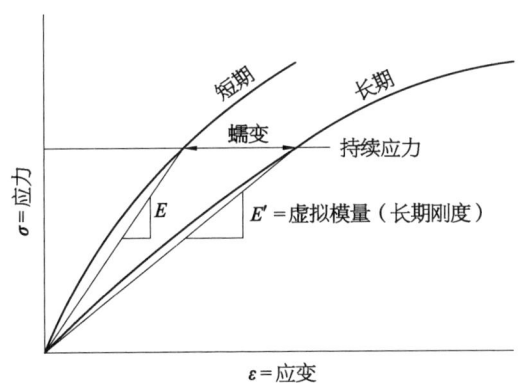

图 20-4 典型塑料应力—应变图，显示长期蠕变的影响与虚拟模量

[例 2]

一段塑料管作为梁支承一个恒定荷载。那么，在长期作用下，管道的挠度是多少？在恒定荷载（持续应力）下，塑料会发生蠕变，挠度也会逐渐增加。梁的挠度与弹性模量成反比，弹性模量是应力—应变图上割线的斜率。图 20-4 显示的是短期真实模量 E。长期的虚拟模量比真实模量要小。虚拟模量可用于预测梁在恒定荷载下的长期挠度。

4. 塑料对压迫具有记忆性

这主要是指"荷载记忆"。塑料管受到荷载压迫后，继续施加荷载会以同样的方式压迫塑料管，但塑料的初始特性未发生改变。这主要是由预应力造成的，预应力在一段时间蠕变作用下会变得恒定。荷载消除后预应力会发生反转，此时塑料管会试图恢复到其初始形状。

5. 恢复时间等于蠕变时间

导致变形的力消除后，变形的塑料管趋于逐渐恢复到其初始形状。根据经验方法所做的分析认为，塑料变形后恢复到其初始形状所需的时间等于应力松弛过程中管道变形的持续时间。这说明，压迫记忆持续的时间与压迫的时间大致相当。但这一概念是不准确的，因为塑料（受到压迫后）不可能完全恢复原形。

6. 拉力和压缩力的性能极限不同

在恒定拉力作用下，塑料发生蠕变（伸长），同时横截面变小。管道会在屈服应力下破坏。在恒定压缩力作用下，塑料会发生蠕变，横截面增大，抗破坏性的阻力也随之增大。这时，在拉伸屈服应力下管道不会发生破坏。因此，基于拉伸屈服强度来确定允许抗压强度有些过于保守。

塑料管术语

在塑料管开发过程中出现了一些专门的符号和术语。

DR——量纲比 $= OD/t$，

SDR——标准量纲比，

t——壁厚或单位管道长度的等效面积，

OD——外径，

ID——内径，

D——平均直径（至中性面）$=(OD-$

t）（光面管），

r——平均半径 $=D/2$，

d——管环挠度 $=\Delta/D$，

Δ——直径在垂直方向上的减小量，

S——塑料的允许应力，

P'——内部压力，

P——外部土壤压力，

p——内部真空度+外部静水压力。

最早期的商用塑料管一般通过挤压成型，管道外径保持恒定不变。不同"系列"（压力等级）管道的壁厚通过调整内径得到。尽管塑料管的制造工艺在不断发展，如管道吹塑和螺旋焊，但管道压力等级仍然基于固定外径。$DR=OD/t$ 为量纲比，更精确一些，应该是平均外径与最小 t 之比。分析中使用了校正因子：$(OD_{min}/OD_{max})^3$ 和 $(t_{min}/t_{max})^3$。这些校正因子虽然不够准确，但提供了一定的安全裕量，便于管道工人注意管道尺寸的精确性。杜邦公司的奥尔曼认为指数 3 偏低。经过试验，他认为指数值为 4.6 更准确。通过控制塑料管尺寸，可不必再使用校正因子。

根据上述符号，塑料管的设计方程式重写如下：

关于内部压力的巴罗公式从 $\sigma = P'(ID)/2t$ 变为

$$P' = 2S/(DR-1) \quad (20-1)$$
允许内部压力

在允许应力 S 中包含一个安全系数。

关于外部土壤压力的管环压缩公式从 $\sigma = P(OD)/2t$ 变为

$$P = 2S/(DR) \quad (20-2)$$
允许外部土壤压力

在允许应力中包含一个安全系数 sf，但可能并不需要设置这样一个安全系数。压缩屈服应力大于拉伸屈服应力（来自拉伸试验）。

塌陷时的真空度公式从 $pD^3/EI=24$ 变为

$$p = 2E/(DR-1)^3 sf \quad (20-3)$$
允许内部真空度

包括外部流体压力。

塑料管性能

在埋地塑料管的设计和分析中，会涉及如下关于管道性能的一些概念。

1. 一般来说，当地原状土壤的性能是稳定的。原状土壤长期保持在原位（发生地震和滑坡等时除外），是管道与土壤相互作用的稳定介质。具体的例外情况包括：土壤呈流体状时，管道在外部流体压力作用下下沉、上浮或塌陷。

2. 埋地管道安装的最佳效果是尽可能地减少对原状土壤的干扰。要实现这样的效果，可将管道挤入或插入一条按照精确直径钻挖的隧道中。这时，管道的作用相当于隧道衬管。这种设计理念是一种理想化的状态，在实际中行不通。还有一种更实用的安装方法，对原状土壤的干扰很小：挖一条管沟，两侧带一定间隙，用于对齐管道和土壤回填。回填土可衔接管道和原状土壤。这样可保证管道与土壤之间相互作用，同时可稳定柔性管道。

3. 塑料管稳定后，管道形状几乎保持不变。应力会发生松弛，管道在长期使用中不会破坏。但也有例外情况，如在异形或加肋管壁出现严重管环变形时，管道会破坏。最高应力条件下应力松弛也最快，这时中性面会发生移动，使中性面另一侧承受的应力增大,在长期使用中,会在管道上形成裂纹。

4. 为了确保塑料管在持续荷载下可长期保持性能,在设计中可考虑选用可衰退的长期强度值。比如,管道经设计可承受恒定的内部压力。塑料经长期使用后会发生蠕变,导致管道直径增大和壁厚减小,虚拟强度会随之降低。在恒定外部压力作用下,会发生上述过程的相反情况,塑料在长期压缩力作用下会发生蠕变,管道壁厚会增加,虚拟强度会随之增加。在设计中,管环压缩力的值不能根据长期抗拉强度的衰退趋势(得出的值会过于保守)确定。长期(虚拟)模量仅适用于持续荷载下的长期变形(蠕变)。

5. 如果荷载快速作用到管道上,管道的强度和弹性模量是其初始的短期强度和弹性模量值。这与之前的应力变化无关,需要加以注意。例如,管道在长期承受内部压力的条件下,仍保持其初始的快速加载强度和弹性模量。因此,水锤分析应基于初始强度。第10章中使用初始弹性模量对真空塌陷进行了分析。

6. 塑料管的柔韧性使其能够很好地与土壤契合。压力集中情况通过压力分布来缓解,见图 20-5。除了管道内的集中应力可以得到缓解,其他所有应力随着时间都会松弛。应检查是否存在土壤滑移的风险(见第10章)。

7. 土拱作用支承了部分荷载,见图 20-6。土壤此时的作用相当于砌石拱。由于管道约束了土壤位移,且保持了土拱效果,因此不需要浇筑水泥。土拱可为管道提供保护。但是,地表车辆、管道和土壤容重之间的差异以及管道挠度(纵向和管环)可能会对管道施加额外的荷载。塑料管承受的基本荷载是土棱柱荷载。

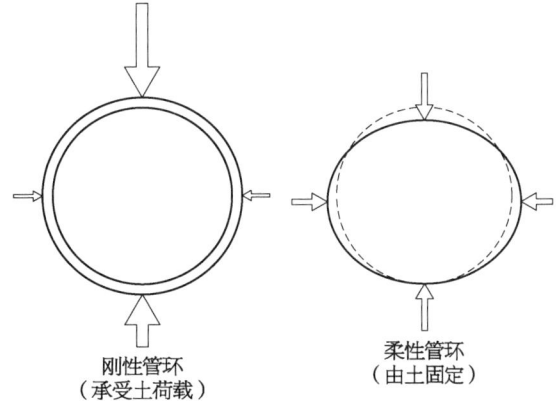

图 20-5 刚性管环和柔性管环上典型土荷载的对比,显示柔性管环的挠度恰好可平衡水平和垂直作用力

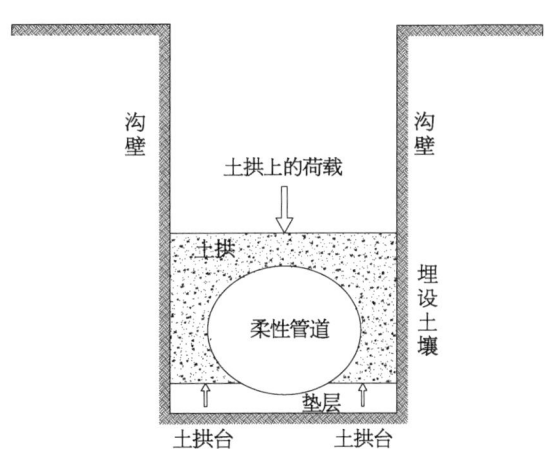

由于被管道和沟壁约束,土壤起到砌石拱的作用。

图 20-6 埋地柔性管道,显示埋设土壤在管道上形成土拱

8. 柔性管道借助土壤保持原形。管环稳定后起到拱的作用,可支承垂直荷载。如果没有土壤支承,管环会在较小的荷载下发生塌陷。

9. 塑料管在恒定变形(良好埋入土壤)条件下,管壁上的应力会发生松弛。由于土壤可保持固定管环形状,塑料在使用过程中会出现松弛,这减轻了管壁上的一些应力。在恒定变形条件下,应力松弛的速率要大于强度衰退的速率。

10. 对于安装在管沟内的管道,埋设土壤作为传递介质,可实现管道与原状土壤之间的紧密契合。紧密契合可保持管道的初始形状,同时可避免地下水在管道外侧形成流道。

11. 在良好埋设土壤条件下,管环挠度大约等于或小于侧填土的垂直应变(压缩)。

埋地塑料管设计

埋地塑料管的完善性能主要基于以下四个性能极限:

1. 周向强度(屈服应力)——抗拉(环向)强度和管环压缩强度;
2. 挠度——管环挠度和纵向(梁)挠度;
3. 稳定性——以初期管环塌陷为限;
4. 管道—土壤之间的连续性——管道与土壤紧密贴合。

周向应力

内部压力—设计中使用方程式(20-1)。如管道突然承受内部压力(如水锤),可使用初始(短期)抗拉强度。承受持续内部压力的管道应使用长期抗拉强度。设计中常设定安全系数为2。

外部压力—设计中使用方程式(20-2)。塑料管在埋设土壤良好的情况下,可以使用初始(短期)抗压强度。如果管道在安装过程中没有破坏,则在长期使用中不太可能破坏。管道安装过程中,9点钟方向和3点钟方向的性能极限为管壁压毁,此时管环压缩应力达到屈服强度,见图20-7。压缩屈服强度要高于拉力屈服强度。根据拉力屈服强度通常确定安全系数为2(尽管偏大)。建议对管道的压缩屈服强度进行试验。在高填垃圾埋场条件下,地表活荷载对埋地塑料管的影响可忽略不计。

管环挠度会引起周向挠曲应力,该应力在9点钟方向和3点钟方向最大。挠曲应力是管道内部的压缩力和管道外侧承受的拉力。只有在整个管道壁厚上承受压缩屈服应

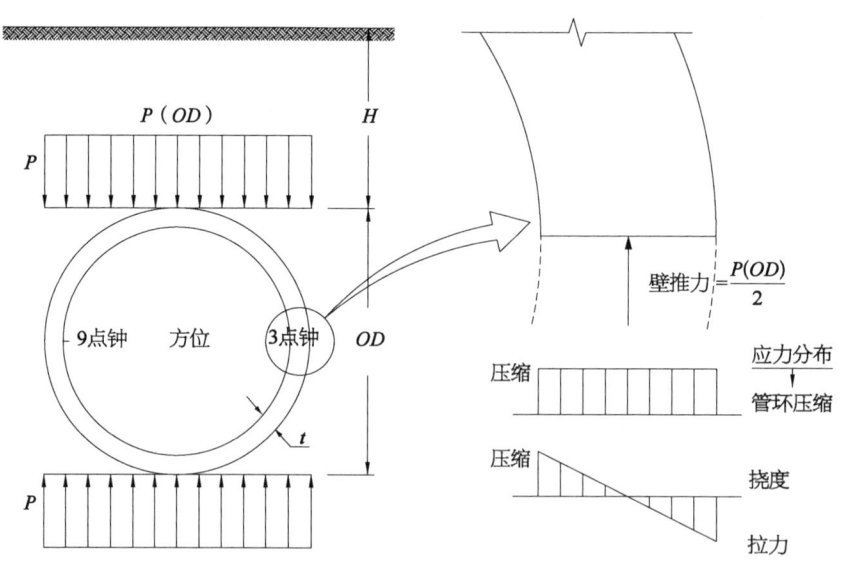

图 20-7 土壤压力 P 荷载下圆形管道的管环压缩,显示管壁上的管环压缩应力和挠曲(管环挠度)应力分布

力时,才会发生管壁压毁。因此,挠曲应力不会引起管壁压毁,但会影响管道稳定性和塑性铰。具体参见下文中"稳定性"部分。

[例]

将聚乙烯管道埋设在垃圾填埋场下,此时管道上的垂直土壤压力是 280 psi。该管道的量纲比为 $DR=9.2$。经"弹丸"试验,管道的管环挠度不大于 10%。假设聚乙烯的短期屈服强度为 2 300 psi,则管环压缩应力的安全系数是多少? 根据方程式(20-2),管环压缩应力为 1 417 psi,安全系数为 $sf= 2\ 300/1\ 417=1.6$,适用于短期。屈服强度通过拉力试验确定。此外,在垃圾填埋场完工后,若埋设土壤为良好颗粒状,可保持管道横截面形状不变,则应力会发生松弛。因此,对于长期而言,安全系数 1.6 更适用。

挠度

纵向(梁)挠度通常不会引起大的问题。只要谨慎铺设垫层,管道起梁的作用时一般不会产生太大的挠度。管道制造商会指定最小纵向曲率半径 R。过度纵向弯曲会在梁上形成塑性铰。在长期恒定变形条件下,纵向应力会发生松弛。

管环挠度 $d=\Delta/D$,应引起足够重视,见图 20-8。过度管环挠度会引起附件和接头处泄漏,同时会影响管环的稳定性,也会堵塞清洗设备和摄像机的通道。管环挠度通常会通过规范加以限制。根据第 7 章中描述的方法可预测管环挠度。

稳定性

失稳指的是管环初期塌陷。初期意味着塌陷并不是不可避免的,不过管环已达到极限,进一步阻止塌陷取决于土拱作用。实际

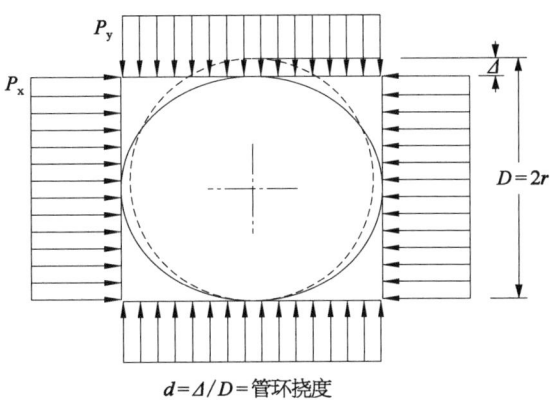

图 20-8 管环挠度 $d=\Delta/D$(在典型水平和垂直土壤压力下,典型塑料管横截面挠度成椭圆形时)

上,在安装和受荷过程中,柔性环内有足够的刚度来保持其形状。管道刚度有助于阻止管道与土壤系统发生塌陷(见第 10 章和第 11 章)。由于塌陷是一种突发现象,初始(短期)管道刚度是适用的。通常在 9 点钟方向和 3 点钟方向出现塑性铰后,会引起塑性管道塌陷。塑性铰不仅是管道中的一种破坏机制,而且其曲率半径过小还会在起拱线处形成很高的水平土壤应力,进而导致土壤滑移。

显然,使用良好的颗粒土壤进行侧填土谨慎压实,并对管环挠度加以限制(通常小于 10%),可确保管环的稳定性。如果只是寻求缓解方法,那么可以限制覆土厚度。

[例]

使用 PVC 管道在 600 ft 高的卫生垃圾填埋场下排水。填埋土壤容重为 75 pcf。垃圾填埋场填满大概需要 15 年时间。管道的使用寿命至少为 100 年。

(a) 所需的量纲比(DR)是多少? DR 与管道刚度成反比。假设 PVC 的 15 年压缩屈服强度为 5 000 psi。该值根据拉伸屈服确定,实际值要大于 5 000 psi。在良好颗粒状埋设土壤条件下,管环挠度保持恒定,长期应

力会发生松弛。使用的安全系数为 $sf=1.5$。根据方程式（20-2），$P=312.5\,\text{psi}$，管环压缩应力为 $\sigma=0.5P(1+d)(DR)sf$。对于长期卫生垃圾填埋场，宜通过压实侧填土，使管环挠度接近于零。如果 $d=0$，则根据上述方程式得出：$DR=21.3$。建议选用 ASTM D 2241 的 SDR 21（200）PVC 管。$SDR=OD/t=$ 标准量纲比。

（b）如果埋设土壤松散（$\varphi=25°$），最大允许管环挠度是多少？根据 Uni-Bell PVC 管道协会发布的《Uni-Bell PVC 管道手册》，如果 $SDR=21$，则 $E=400\,000\,\text{psi}$ 时管道刚度为 $F/\Delta=234\,\text{psi}$；$E=500\,000\,\text{psi}$ 时 $F/\Delta=292\,\text{psi}$。采用 234 psi（保守值）得出：$EI/r^3=(F/\Delta)/6.72$ 和 $P/(EI/r^3)=9$。根据图 10-9，假如 $\varphi=25°$ 且 $P/(EI/r^3)=9$，则初始塌陷时的管环挠度大约为 $d=20\%$。很明显，当管环挠度小于 $d=10\%$ 时，安全系数大于 2。

管环挠度可通过侧填土的质量和密度来加以控制。实验室试验数据显示，选用碎石回填，并压实至 95% 密度（AASHTO T99，70% 相对密度），在覆土（容重为 75 pcf）高度 600 ft 条件下，管环挠度可保持在小于 $d=5\%$ 的水平。

排水管道注意事项

1. 在 100 年使用周期内，埋设土壤不得发生溶解或分解，或堵塞管道。例如，在卫生垃圾填埋场中石灰石会被渗滤液溶解，再沉积在管道内部。再比如，细土壤颗粒通过管上的开槽或开孔运移到排水管道内部，导致侧填土流失。因此，在设计中应选用级配良好的土壤颗粒或者使用土工布来防止土壤颗粒迁移。

2. 在高密度聚乙烯波纹管（HDPE）安装过程中，若管道受到纵向拉伸，会导致管道刚度降低，并可能导致失稳。制造商会提醒：在安装过程中不得将管道长度延长超过 10%。聚乙烯波纹管具有较短的纵向曲率半径 R，波纹管可通过卷盘运输。在挖沟机挖斗后可直接设置溜槽下放管道。波纹管可以较短的半径绕管鞍铺设，在管沟内铺设后可立即回填。但是管道不得固定在管沟内，或者拉伸。

管道—土壤连续性

管道和埋设土壤之间紧密贴合有助于固定管道的位置和线形。但是，如果管道沿线在地下水流侵蚀下形成水槽，管道—土壤贴合度和土壤密度会遭到破坏。与土壤贴合可保持管道的圆形截面。管环形状固定后，应力会在长期使用中出现松弛。

采用挖铲切削，J 型挡墙或者水砂充填等方法将精选的颗粒状埋设土壤设置在管道的拱腋下方，可以确保土壤与管道之间紧密贴合。但是，当管环挠度可忽略不计且管环刚度很大时，对于管道的结构完整性而言，与土壤是否密切贴合可能不再是必要条件。例如，对于置于良好埋设土壤中尺寸比较小的塑料管，侧填土可通过土拱作用（无论是否有管道自身的支承）承受土荷载。

这种情况相当于在垃圾填埋场下方开挖隧道，然后将管道插入其中。管道仅需支承岩屑堆，如果管道出现轻微挠曲，该岩屑堆会沿管道发生滑移。因此，在一些情况下，可不必依赖管道与土壤保持紧密贴合来确保管道的结构稳定性。但是，良好的侧填土对土拱作用非常重要。

温度

塑料的性能受温度影响。管道制造商可提供必要的设计数据。例如,如果 PVC 管道的工作温度为 120 ℉,则可以谨慎假设弹性模量为 $E=400\text{ ksi}$,而不是 $E=500\text{ ksi}$,屈服强度为 4 ksi 而不是 5 ksi。卫生垃圾填埋场中的生物质在分解过程中会释放热量,曾经有过达到 120 ℉ 的情况,但并不常见。类似调整也适用于其他需要考虑温度因素的塑料。

[例]

现在以两种高密度聚乙烯管(HDPE-SDR11)举例,在竖向土壤压力为 12.7 ksf 的工况下埋设时,管道被加热到超过 140 ℉。在该压力下,两种管道的管环挠度分别是 7% 和 9%。埋设土壤为压实的细沙。并未出现由于温度升高导致的管环挠度明显变化。一种管道的管环挠度增加了 1%,另一种管道的管环挠度减少了大约 1%。

塑料管特性

在埋地管道安装中会用到各类特殊的塑料管。图 20-9 中随机挑选了四种特殊塑料管。设计中,每种特殊管道可能需要对设计原则进行修改。

[例]

图 20-9a 显示的是边侧排水。边侧排水用管道呈狭窄的圆柱形,沿铺设的路面板(如公路和机场跑道)边缘垂直布置,这样可以截留和排净积水,避免积水浸透基层土壤,进而降低土壤的支承强度。边侧排水管高为 12 in,覆土厚度 2 in。排水管位于公路面板的边缘,公路面板最大荷载为 HS-20 双轮荷载。那么,设计中边侧排水管道的试验力应为多少?

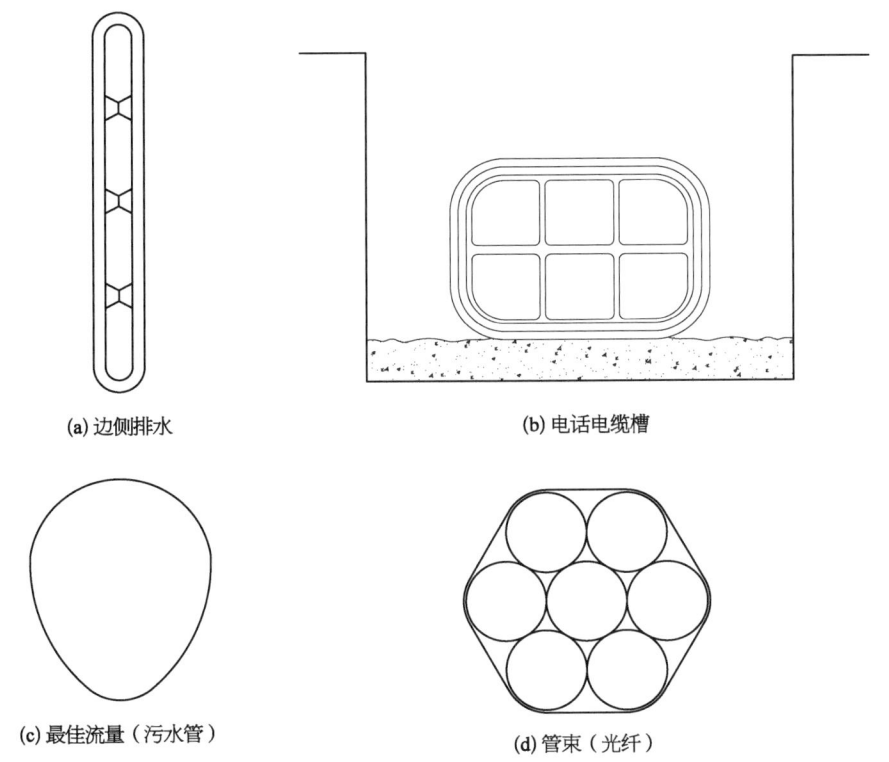

(a) 边侧排水 (b) 电话电缆槽

(c) 最佳流量(污水管) (d) 管束(光纤)

图 20-9 四种随机选择的塑料管形状

图 20-10a 显示了最不利条件下管道可能承受的荷载情况。在最不利情况分析中，假设土壤松散，在双轮荷载挤压下形成截棱锥体，如图 20-10b 所示。垂直土壤压力（深度的函数）为

$$P_y = 2W/[(2L+y)(B+y)] \quad (20-4)$$

式中，

y——距土壤表面的深度；
P_y——深度 y 处的垂直土壤压力；
W——16 kip（矩形轮胎印上的荷载）；
L——双轮胎印的长度；
B——双轮胎印的宽度。

方程式（20-4）基于如下假设：土壤为颗粒状，棱锥体的坡度约为 2 纵∶1 横。不论深度 y 为多少，边侧排水管道上的水平（主动）土壤压力为

$$P_x = P_y/K \quad (20-5)$$

式中，

K——$(1+\sin\varphi)/(1-\sin\varphi) = 3$（假设），
φ——土壤摩擦角 $= 30°$（假定为上述土壤）；
P_x——边侧排水管道上的水平压力；
Q——边侧排水管道上的水平合力（假设压力呈梯形分布）。

P_x 曲线见图 20-11（左图）中的虚线。假设边侧排水管道上的土壤摩擦系数为 $\varphi'=$

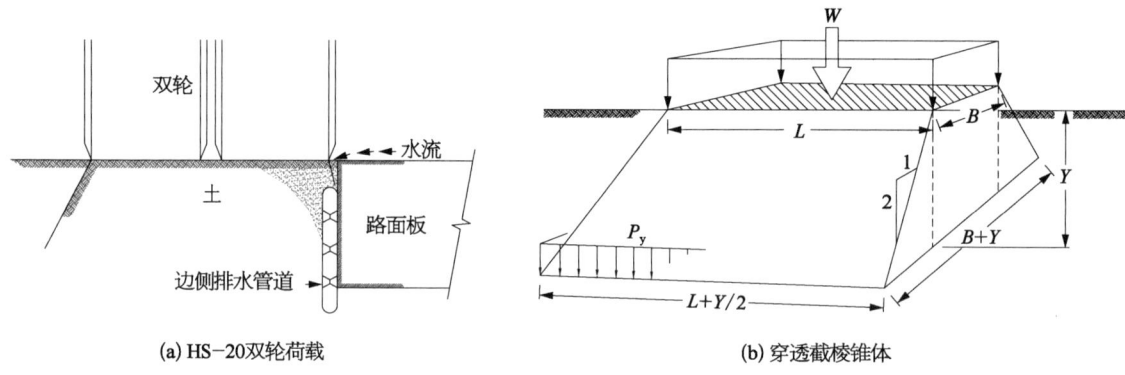

(a) HS-20 双轮荷载　　(b) 穿透截棱锥体

图 20-10　沿公路面板安装的边侧排水管承受的最不利工况荷载

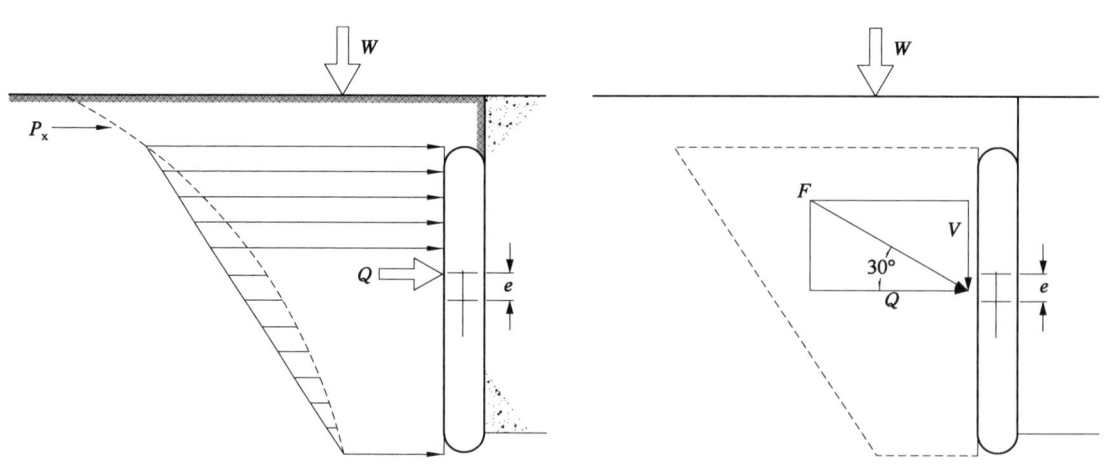

图 20-11　边侧排水管道压力分布和承受的合力

30°，则排水管上的垂直剪切力为 $V = Q\tan\varphi'$。Q 和 V 的合力 F 见图 20-11（右图）。如果要对边侧排水管道的强度进行试验，可选一段排水管，将其夹在两块糙面平行垫块之间，同时向该排水管施加荷载 F。F 的倾斜角度为 φ'，距边侧排水管道中心的距离为 e，因此 e 位于梯形压力图的形心。排水管道承受的最大试验力 F 须大于用于设计边侧排水管道的 HS-20 作用力 F。

练习题

20-1 8D 聚乙烯波纹管的实测管道刚度为 $F/\Delta = 70$ psi。该管道拟用于卫生垃圾填埋场地下，土壤容重 $\gamma = 75$ pcf。拟在地下水位以下进行安装和回填。因此，该管道可能在瞬间会承受来自饱和砂土的外部静水压力（120 pcf）。那么，液化回填砂土的深度为多少时管道会发生塌陷？假设在最不利条件下，管道内无流体。

(37.5 ft)

20-2 一条 6D HDPE 管道（SDR9）拟通过定向钻孔铺设于一条河的下方。该管道将位于水面下方 80 ft。河岸高于水面 10 ft。使用钻机泥浆（液）将钻孔延伸至河岸水平，钻机泥浆容重为 80 pcf。管道内充水后穿过钻机泥浆中的钻孔。然后将钻机泥浆用水泥浆（容重 95 pcf）替换。待水泥浆固化后，将管道中的水抽出，使该封闭管道通过水泥浆中的裂纹处于河水静水压力下。如果管道刚度为 $F/\Delta = 600$ psi，防止管道塌陷所需的安全系数是多少？

(a) 在安装过程中？
(b) 在灌浆过程中？
(c) 在河水外部压力作用下？

20-3 如果 HDPE 波纹管的最大允许伸长率和收缩率均为 10%，则该管道的纵向曲率半径 R 与管道半径 r 的比率是多少？

($R/r = 10$)

20-4 根据上述示例中在 12 in 边侧排水管上进行的平行垫块试验，试验强度 $F = 395$ lb/in。如图 20-10a 所示，若将边侧排水管铺设于 2 in 覆土厚度下，并施加 HS-20 荷载，22×7 in 轮胎印上的 $W = 16$ kips，则防止管道破坏所需的安全系数是多少？埋设土壤摩擦角 φ 和边侧排水管上的土壤摩擦角 φ' 均为 30°。假设梯形压力图如图 20-11a 所示。

($F = 240$ lb/in；$sf = 1.65$)

第 21 章
外部静水压力

当存在外部静水压力时,埋地管道分析和设计会变得很复杂。第 10 章介绍了管道在均匀外部压力作用下失稳和塌陷的情况。实际上,静水压力不是均匀分布的。此外,失稳仅仅是静水压力(包括内部真空度)导致的问题之一。

在外部静水压力作用下,管道可能会发生塌陷、压毁、上浮或变形。对这些达到管道性能极限的情况需要逐个进行分析。管环压缩应力基于总外部压力(包括外部静水压力)。管环挠度基于有效土体应力,为总外部应力与外部静水压力的差值。第 9 章,针对非圆管道曲率半径的影响进行了讨论。显然,当管拱底板具有较大的曲率半径,且承受外部静水压力时,底板会发生反曲。在外部静水压力作用下,管道会上浮,偏离其正常的安装线形。

下面对外部静水压力引起的问题进行分析,并提出相应的解决方法。

管道上浮

造成管道上浮并偏离其垂直线形的原因是什么?应如何防止发生管道上浮?

这是由上举力(浮力)W_b造成的,该力的大小为单位长度管道可替换出的液体重量。图 21-1 显示了水下管道的情况。如果浮力超过管道及其内容物的重量 W,管道会上浮。在最不利条件下,如果管道内无流体,则

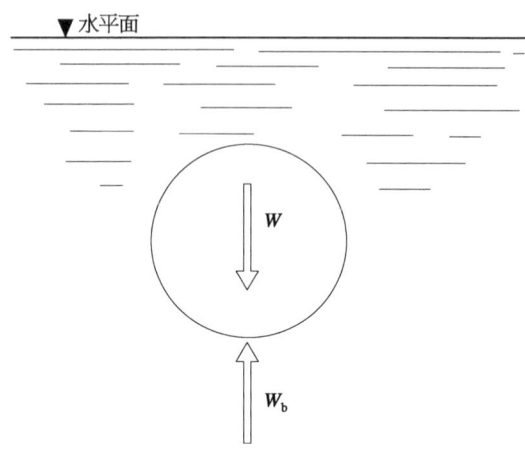

图 21-1 水下管道的自由体受力图,显示上举力(浮力)为 $W_b = \pi r^2 \gamma_w$,如果 W_b 大于管道及其运输物的重量 W,管道会上浮

其内容物的重量可忽略不计。对于单位长度管道,

$$W = W_p + W_c \qquad (21-1)$$

符号:

W_b——作用于管道的浮力(上举力),

W——管道及其内容物的重量,

W_p——单位长度管道的重量,

W_c——单位长度管道内容物的重量,

W_s——单位长度埋地管道上土楔的浮重,

OD——管道外径,

ID——管道内径,

D——平均直径,

γ_b——土体浮容重,

γ_w——埋地管道上方水或任何其他液

体的容重，

sf——安全系数。

单位长度管道的浮力（上举力）W_b等于置换液体的重量。液体可能是泥浆或水泥浆。

$$W_b = \pi(OD)^2 \gamma_w / 4 \quad (21-2)$$

如果要保持静态平衡，浮力不得大于采用安全系数折减后的管道重量，

$$W_b = W/sf \quad (21-3)$$

设计水下管道时，只需将相应值代入方程式（21-3）。管道上浮说明管道性能已达到极限。克服管道上浮的一般措施包括加管道凸缘或者选用厚壁管道，并用管卡或者管锚固定。

通常，水下管道应铺设于水体下方的土体中。如果土体密度超过临界密度，破坏情况为形成一个向上提升的土楔，如图 21-2 所示。临界密度与孔隙比有关：孔隙比过大时，土体松散，受到应力干扰土体会收缩；孔隙比过小时，土体非常密实，在应力作用下会发生膨胀。临界孔隙比约为 AASHTO T-99（ASTM 698）规定密度的 85%。根据该规范，最小允许密度通常为规定密度的 90%。颗粒状土体的疏松度超过临界值时并不会破坏土楔，但会围绕管道像液体或塑性材料一样流动，使管道上浮。这一现象可借助近似理论进行研究，但很难找到一个精确的模型，因为其中涉及的变量太多。下面介绍一种简化的理论分析。该分析可通过试验大致证实。

图 21-2 显示的是土楔的自由体受力图。土楔为梯形，底宽为 D，高度 $Z = H + D/2$；土体滑移面的坡度为滑移面平面长度和竖向高度的比值（$45° + \varphi 2$）$v:h = 2:1$；梯形下部宽度变小，此处为直径为 D 的半圆。

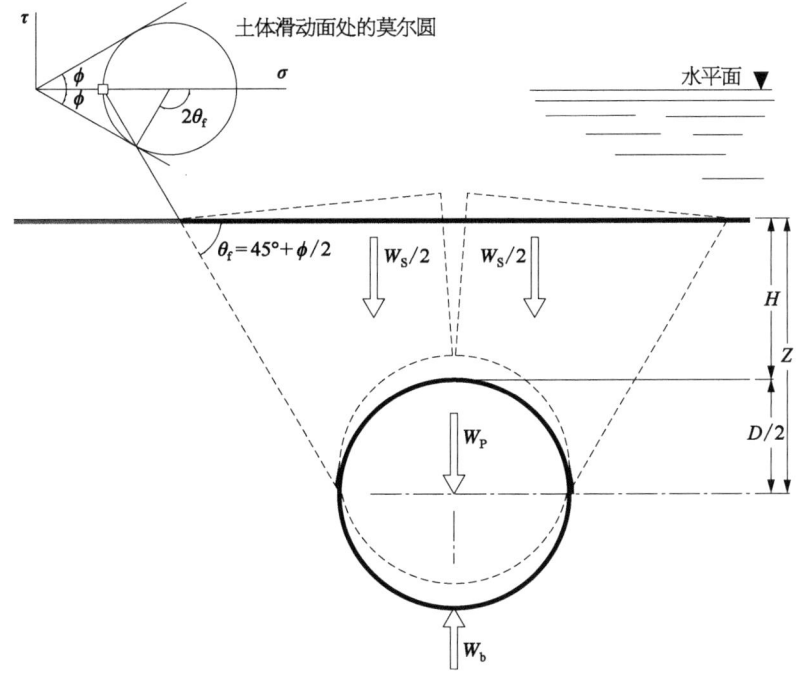

图 21-2 水下管道开始上浮时的自由体受力图

土楔的浮重为

$$W_s = \gamma_b [Z(D+0.5Z) - \pi D^2/8]/sf \qquad (21-4)$$

为进行颗粒状土体的近似分析,在该方程式中,设定滑移坡度 $(45°+\varphi/2)$ 为 2:1(见第 13 章)。

为了研究最不利情况,令空管道的 $W_c=0$,且假设管道的重量小于土楔的重量,令 $W_p=0$。如果管道(如混凝土管道)的重量很大,则将管道重量包含其中。根据静态平衡方程式:

$$W_b = W_s/sf \qquad (21-5)$$

下面介绍一个简化的最不利情况示例。

[例]

为了防止管道上浮,水下埋地管道上方的颗粒状回填土体压实后的高度 H 应该是多少?假设为空管道,重量可忽略不计,即 $ID=D=OD$;土体剪切面的坡度为 2:1。将 W_b 和 W_s 的值代入方程(21-5),

$$\gamma_w \pi D^2/4 = \gamma_b [Z(D+0.5Z) - \pi D^2/8] sf,$$

其中,γ_b 值可参考第 4 章关于土体力学的内容。在该示例中,假设 $\gamma_b = \gamma_w$。由于 $Z=H=D/2$,可得出 H 与 sf 之间的关系如下:

| $sf=$ | 1 | 2 | 3 |
| $H=$ | 0.33D | 0.72D | 1.05D |

如果无法控制回填,根据非常保守的经验方法,可使覆土厚度等于管道直径。考虑到管道重量和其他有助于缓解管道上浮的特性,覆土厚度应至少为管道直径的一半。但土体夯实后的密度须大于临界密度——特别是当覆土厚度仅为 $H=D/2$ 时。通过物理试验可确定 $D/2$ 的临界值。

意外发现,松散的砂土在震动作用下会液化(流砂状态),这时管道开始上浮。由于靠近管道的砂土密度小于临界密度,这种情况在压实砂土中也有可能发生。微地震(地震)或冲击波会使砂土液化。这时管道开始上浮。不过,震动消失后,悬浮的土体颗粒会重新沉降,这时管道停止上浮。如果震动反复出现,管道会逐渐上浮,直到完全浮出水面。如果震动作用很剧烈,土体发生隆起,密实饱和砂土会在震动下变得松散(流态),但前提是要有足够的时间让水在隆起期间渗入土体。

补救措施包括使用砾石进行埋设,这样当震动波穿过时不太可能发生液化。由于在水下很难压实土体,所以砾石更适用。砾石就位时的密度要大于临界值。经验表明,若最小覆土厚度等于管道直径,且土体压实良好,即使遇到中等震动也不会造成管道位移和上浮。但是,如何在水下进行土体压实呢?如果土体呈颗粒状,会受到震动或水流冲力的影响。最有效的办法是:填充一定颗粒度的砾石或砂,就位后可保持足够的密度。

设定一定的震动波渐近角有助于进一步减少由于液化引起管道上浮。实际上,波头一般不会同时冲击整个管道,而是有 90°的渐近角。无论渐近角为多少,液化仅发生在管道与波头的交点处。液化区域的长度一般很短,因此纵向梁作用可以防止管道上浮。

加劲环

在柔性管道上安装加劲环后,可显著提高关于外部静水压力和内部真空度导致的管道塌陷的抵御能力。虽然相关理论分析很复杂,但可利用经验和实验数据。部分研究中

涉及水下薄壁钢管上加劲环(无限刚度)在无土体支承的情况下的安装间距问题。其中，最相关的基本变量为

P'——塌陷时的真空度，

E——弹性模量，

D——管道直径，

t——壁厚，

L——加劲环间距。

根据这五个基本变量(基于两个基本量纲，即长度和作用力)，可以写出三个无量纲 π 项。这些 π 项之间的关系可通过分析或实验进行研究。一组三个 π 项(用括号括起来)组成的方程式如下：

$$(E/P') = f[(D/t),(L/D)]$$

π 项无量纲，尺寸大小对其没有影响。因此，试验中可以使用较小的物理模型。

[例1]

根据较小的模型研究，如图 21-3 所示，在无土体支承的条件下，水下薄壁钢管(带无限刚度加劲环)塌陷方程式是什么？

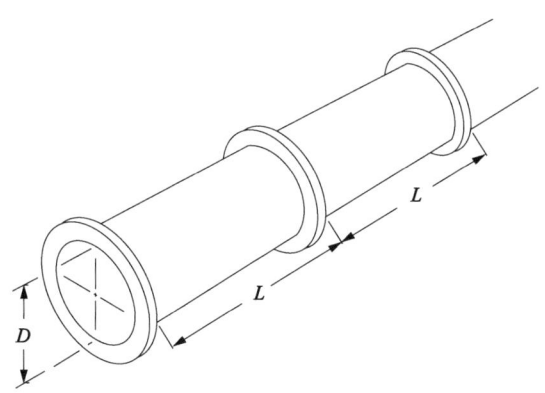

图 21-3 直径为 D 的柔性薄壁管道上按照 L 间距布置加劲环

铝制饮料罐呈圆柱体，且壁厚均匀，可用来模拟钢制原型，其中 $D/t = 492$。将饮料罐末端切除，然后用钢塞(经机加工并带有垫片)插入，将饮料罐密封，并使其内部保持真空——这样可以模拟无限刚度加劲环。

试验结果见图 21-4。各数据点的最佳拟合曲线呈线性分布，且在 $D/t = 492$ 条件下，显示各曲线相应范围适用的方程式。但是，考虑到加劲环的刚度并不是无限的，而且管道也不是 100% 呈圆形和圆柱体，应考虑添加一个安全系数。出现性能极限的情况为模型管道在加劲环之间压皱。

塌陷的一般方程式为

$$10^6(P'/E) = (D/L)/m \quad (21-6)$$

其中，m 是最佳拟合直线的斜率。根据图 21-4 中的数据曲线，在 $D/t = 492$ 和 $E = 30 \times 10^6$ psi 时，加劲钢管的塌陷方程式为

L/D	真空度	方程式
$0 \sim 5/3$	$P' = 14.3 D/L$ psi	(21-7)
$5/3 \sim 10/3$	$P' = 8.6 D/L$ psi	(21-8)
大于 $10/3$	$P' = 0.504$ psi	(21-9)

这些方程式均较为保守，特别是在每个方程式的左侧区域。

当 $0 < L/D < 5/3$ 时，方程式(21-7)的下方直线对应的值是恰当的。当 $5/3 < L/D < 10/3$ 时，方程式(21-8)的上方直线对应的值是更恰当，但也趋于保守。方程式(21-9)是无限长度管道(无加劲环)的理论解，即 $P'D^3/EI = 24$ (见第10章)。

在获得更多数据之前，对于钢管，应将方程式(20-7)、(20-8)和(20-9)(基于 $D/t = 492$)中的临界真空度通过一个系数(D/t 的三次方)调整为 D/t 的关联值；即

$$P'/P'_{492} = [492/(D/t)]^3 \quad (21-10)$$

但对于带加劲环的钢管(D/t 小于 240)，该校正因子太大，无法保证准确度。如

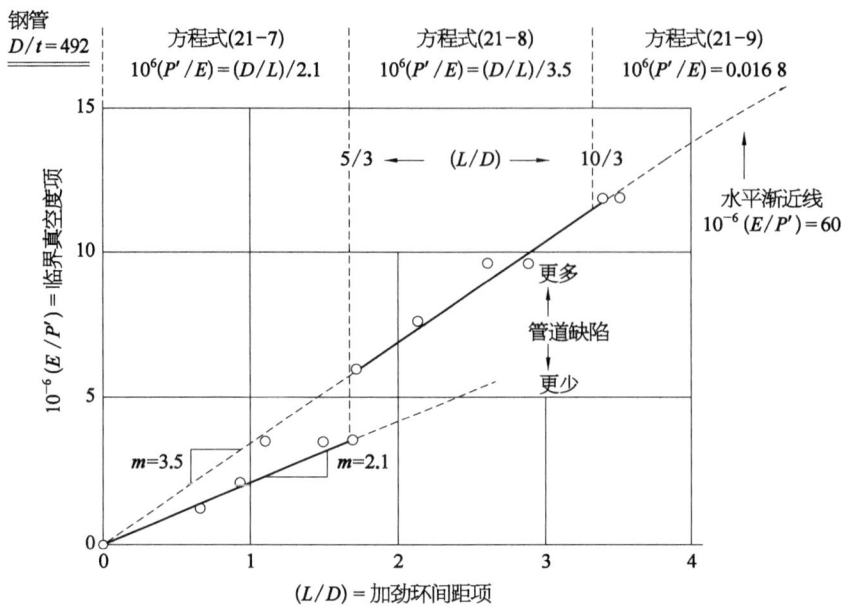

图 21-4 临界真空度项(加劲环间距项的函数)的试验数据图,显示最佳拟合直线及三个区域的方程

在对钢管进行的这些试验中,D/t 为常数 492

果 $D/t=240$,则校正因子为 $P'/P'_{492}=8.6$。假设储罐的端盖相当于加劲环,根据方程式 (22-3) 对储罐进行分析可以获得更准确的数值。储罐塌陷时的真空度为

$$P'=0.403E(1-v^2)^{-3/4}(D/L)(t/r)^{5/2}.$$

[例2]

在 144 in 直径和壁厚为 0.375 in 的薄壁钢管上,加劲环的布置间距为 20 ft,其中 $L/D=20/12$ 且 $D/t=384$。临界真空度是多少?假设能够很好地控制管道缺陷,根据方程式(21-7),$D/t=492$ 时的临界真空度为

$$P'=14.3(D/L)=8.6 \text{ psi}$$

根据方程式(21-10)中 $(D/t)^3$ 比率的调整因子,以及 144 in 钢管的 $D/t=384$,可以得出

$$P'=8.6(492/384)^3=18 \text{ psi}$$

该值要高于大气压力(14.7 psi)。但是,如果外部水压和内部真空度形成的合力大于大气压力,而且/或者管道缺陷没有得到很好控制,应使用更保守的方程式(21-8),根据 $D/L=12/20$ 和方程式(21-10)中的调整因子,可以得出

$$P'=8.3(D/L)(492/384)^3=10.5 \text{ psi},$$

该值比大气压力要小,但可能过于保守。根据更精确的储罐方程式(22-3),

$$P'=0.403E(1-v^2)^{-3/4}(D/L)(t/r)^{5/2}$$
$$=15 \text{ psi}$$

实验可以从两个 π 项开始,$(P/E)=f(Lr/t^2)$。然后在实验中可以考虑加劲环的柔韧性(Pr^3/EI)和土体支承力(φ)等。上述示例关于非埋地管道。如果是埋地管道,根据土体压实度,对于外部静水压力(和真空度)的抵御能力会大幅度升高(见第 10 章)。

静水压力不仅仅指水压。在容重为 145 pcf 的混凝土"浇筑"到 144 in 管道的周围至管道顶部后,管道底部的外部静水压力为 12 psi。保持 20 ft 的间距应该足够;但是,与一次灌浆(一次 12 ft)相比,分两次灌浆(每次 6 ft)可以获得更大的安全性。

需要注意的是,根据方程式(21-9),$D/t=492$($D=144$ in,当 $t=0.293$ in)时,长钢管(未加劲)在发生塌陷时的理论真空度为 $P'=0.49$ psi。根据方程式(21-8),在 $D/t=492$,且 144 in 管道上按照 20 ft 间隔布置加劲环时,

$$P'=8.3(D/L)=5.0 \text{ psi}.$$

加劲环管的抗真空破坏能力是光面管的十倍以上。

练习题

21-1 将 2 m 长薄壁光面钢管(壁厚为 $t=10$ mm)铺设在压实的细砂下方,覆土厚度为 1 m,且有些地方的地下水位在土体表层。管道内可能有无流体工况。该管道会发生上浮吗?在什么条件下会发生上浮?是否会出现土体液化情况?如果外部水位处于地表以上的洪水位,管道上浮的可能性会增大吗?

比重 $G=2.65$,
孔隙比 $e=0.4$,
土体内聚力 $c=0$,
摩擦角 $\varphi=30°$。

$(sf=1.78)$

21-2 如果题 21-1 中的管道要承受 14.7 psi 的试验真空度,加劲环的布置间距为多少?

$(L=0.7D)$

21-3 如果加劲环按照 3 m 间距焊接固定,则题 21-1 中管壁的截面模量是多少?加强环横截面呈 120 mm×25 mm 矩形,且长轴与管壁垂直。

$E=207$ GPa = 弹性模量,
$S=248$ MPa = 屈服应力。

$(I/c=3\ 850 \text{ mm}^3)$

21-4 除了 14.7 psi 真空度,题 21-3 中管道还可以承受多大的外部静水压力?

$(P=660 \text{ kPa})$

第22章
埋地储罐及储舱

储罐通常是带有端盖的圆柱体或球体,见图22-1。储罐埋设时轴线水平。储舱(以及储箱和沉箱)埋设时轴线垂直。储舱顶部可能有也可能没有封盖。它们作为进出通道、矿井和储存矿石、煤炭、骨料等的料仓或料斗。料仓底部有一个出口,可向下方管道或隧道内的输送机输送物料。储罐用于储存液体,但也可放置危险材料。

埋地储罐分析

针对内部压力或外部荷载情况进行储罐设计。对于最不利情况下的内部压力,外部土体支承可忽略不计。对于最不利情况下的外部压力,通常假设储罐为空的,埋设土体状况不良,地下水位高于储罐,储罐内可能存在真空度。储罐性能极限是壁板塌陷。精确模型较为复杂,即使模型设计出来了,也无法广

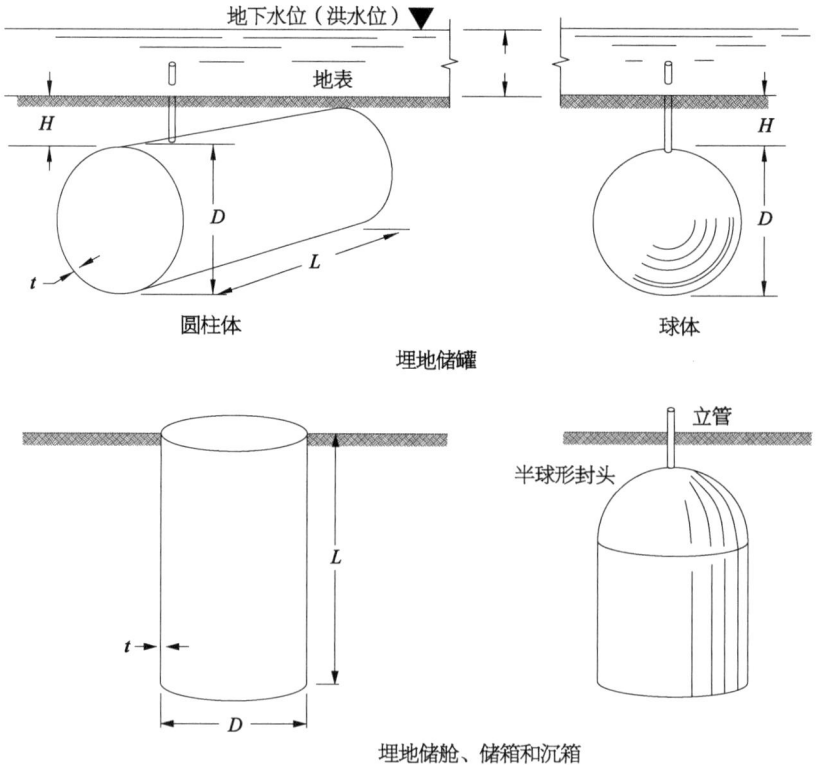

图22-1 一些典型的埋地储罐和储舱

泛应用,而且它可能意味着精确度超出实践水平。土体特性是相互作用的主要因素,但在正常安装流程下无法精确量化。边界条件很少是精确的。因此,工程力学的基本原理做了充分的分析。在任何情况下都要有安全系数。自由体受力图和静态平衡原理有助于直观显示罐土相互作用和消除错误观念,其中一些错误观念来自关于评估埋地储罐泄漏责任的法医论证。泄漏的分析见第 24 章。相关术语详见图 22-2。

最大内部压力

对于最不利情况内部压力分析,通常忽略埋设土体的支承力。分析的依据是储罐内

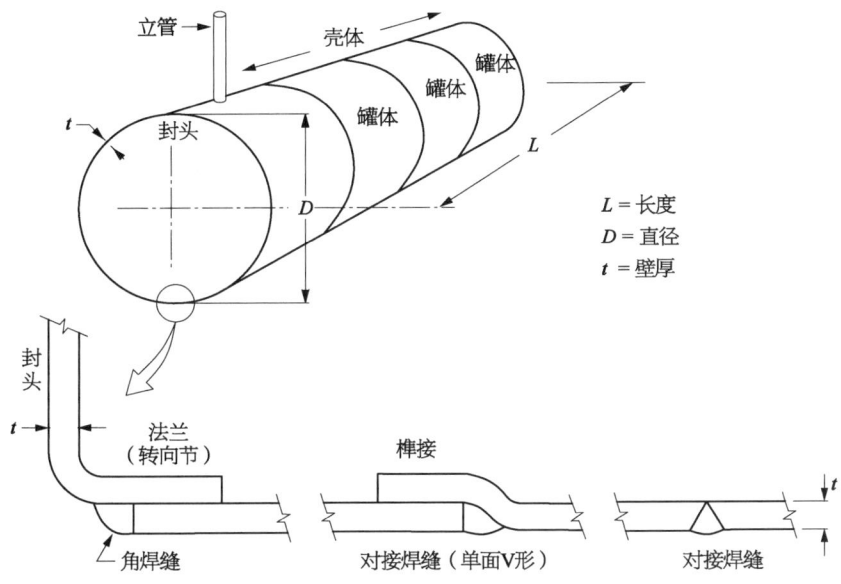

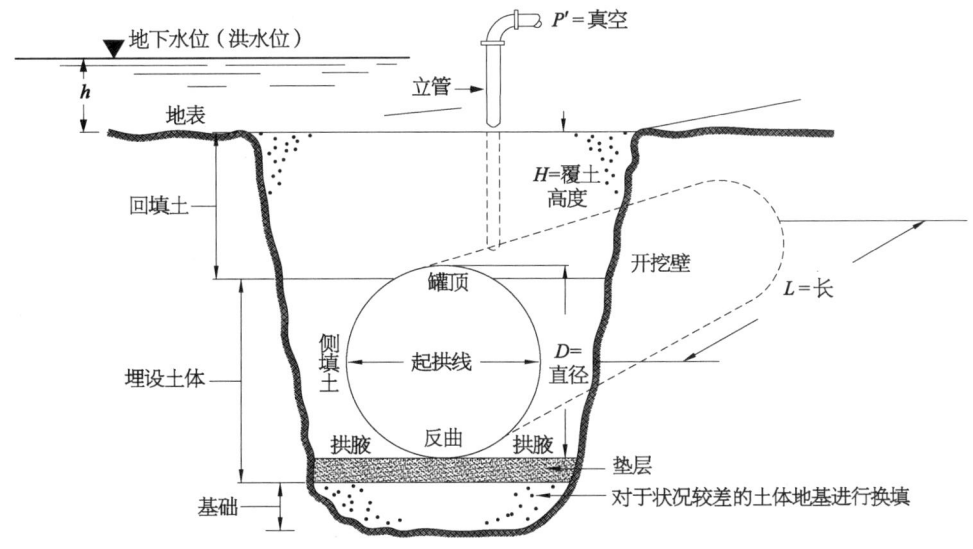

图 22-2 钢储罐(上图)和埋地储罐(下图)的相关术语

表面的临界主应力,见图 22-3 中的无穷小立方体。与周向应力和纵向应力相比,P' 值很小,因此通常忽略不计。最大主应力为周向应力。厚壁储罐($D/t < 10$)的应力分析见第 19 章。薄壁储罐($D/t > 10$)的最大主应力为周向应力。以下适用于薄壁储罐。

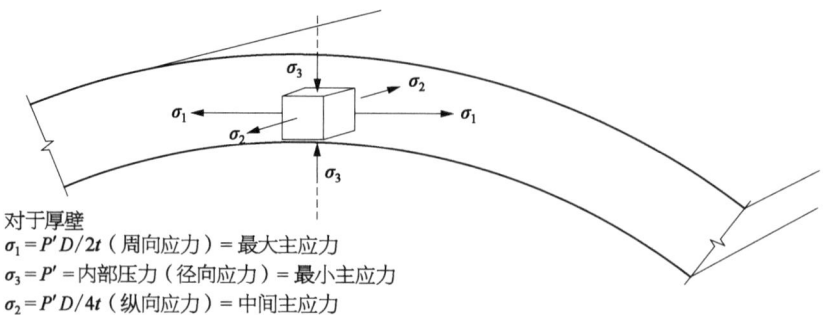

对于厚壁
$\sigma_1 = P'D/2t$(周向应力)= 最大主应力
$\sigma_3 = P'$ = 内部压力(径向应力)= 最小主应力
$\sigma_2 = P'D/4t$(纵向应力)= 中间主应力

图 22-3　内部压力为 P' 的罐壁内部主应力。同样的应力分析适用于负内部压力(真空度),正负相反

球体

根据固体力学,直径和壁厚相同时,球体中内部压力引起的环向应力只有圆柱体的一半。因此,对于球体而言,

$$\sigma = P'(ID)/4A \quad (22-1)$$

其中,

σ——环向应力;

P'——内部压力;

ID——内径;

t——壁厚;

A——单位长度的罐壁横截面积,对于光面圆柱体壁,$A = t$。

圆柱体(壳体)

圆柱形储罐为短管,其临界周向应力为

$$\sigma = P'(ID)/2A \quad (22-2)$$

纵向应力只有周向应力的一半。端盖是有助于承受内部压力的加劲环。但膨胀时,端盖会导致应力集中在壳体端部的接缝处。

方程式(22-2)对于设计来说已足够精确,但安全系数必不可少。端盖(端部)进行单独分析。

最大外部压力

以下是最不利情况分析,包括埋设在饱和土体内。主要问题是上浮,下文假设覆土厚度足以防止储罐上浮,根据第 21 章,覆土厚度应至少为储罐直径的一半。储罐、土体和地下水之间的相互作用较复杂。水下土体强度降低,荷载必须考虑外部水压。由于壳体、封头、立管和焊缝之间的相互作用,储罐本身结构很复杂,见图 22-2。有关规范和标准可从 ASME"锅炉规范"、保险商实验室和 ASTM"储罐标准"中获得。相关建议可从行业"水厂、天然气和石油"规范中获得。规范最初是针对承受均匀内部压力的储罐而制定的。对于承受外部压力的储罐,这些规范仅涵盖部分性能要求。

符号

几何符号:

D——圆壳直径;

H——覆土厚度；

h——地下水位高程；

L——储罐长度（或储舱高度）；

r——圆柱体半径 $=D/2$；

t——壁厚；

A——单位长度的罐壁横截面积；

R——封头在包含旋转轴的平面上的曲率半径。

材料特性：

E——储罐材料的弹性模量；

υ——泊松比；

φ——土体摩擦角；

S——屈服应力。

作用力、压力和应力：

P——外部压力或内部真空度；

γ——土体容重；

σ——储罐中的应力（图22-3），下标指方向。

球体

海洋工程师分析了均匀外部压力引起的球形潜水装置塌陷。若考虑土体支承，分析便比较复杂。不仅球体的周向应力是圆柱体的一半，而且由于双向土拱作用（土圆顶）的效果是圆柱形土拱的两倍，垂直土体压力较小。设计埋地管道时，土拱效应的作用往往被忽略，但这对于保守分析来说是一个重要附加项。在埋地球体的设计中，可能需要测试或估算土圆顶的土拱作用。但目前几乎没有关于埋地球体的资料。

圆柱体（壳体）

对无土体支承的圆柱形储罐塌陷时的均匀外部压力进行了理论分析。事实上，土体提供了支承。此外，外部水压的分布并不均匀，而是由储罐顶部至底部逐渐增加。里斯（1993）研究了下放到水中的卧式钢储罐在塌陷时的底部静水压力。他得出的结论是，根据杨氏方程式（1989），按外部压力均匀分布这一假设设计储罐得到的结果便足够精确，

$$P = 0.807E(1-\upsilon^2)^{-3/4}(r/L)(t/r)^{5/2}$$
(22-3)

其中（在下文的示例中），

P——储罐塌陷时（突然反曲）的罐底水压；

E——弹性模量 $=30\times 10^6$ psi（钢材）；

t——光面罐壁的壁厚；

L——储罐长度；

D——储罐直径；

r——壳体半径；

υ——泊松比 $=1/4$（钢材）。

π 项 (r/t) 比常用项 (D/t) 更适合，因为半径包括不圆度。壳体某个位置的半径可能大于 $D/2$。对于埋在饱和土体中的钢储罐，设计师采用下列形式的方程式（22-3）：

$$P = 72\times 10^6 \text{ psi}(D/L)(t/D)^{5/2}$$
(22-4)

钢材的泊松比通常约为 $\upsilon=0.27$。有些设计师会在方程式（22-4）中采用 $\upsilon=0.3$。差异不明显，即，

如果 $\upsilon=0.25$，系数为 71.87，

如果 $\upsilon=0.27$，系数为 72.52，

如果 $\upsilon=0.30$，系数为 73.54。

如果泊松比从 0.25 增至 0.30，P 仅会增加 2.3%。泊松比常忽略不计。根据管道理论，无封头支承壳体在 $D/t=575$，求得的 $P=2E/(1-\upsilon^2)(D/t)^3$，

$P=0.34$ psi。

[例1]

如果将一个 12 000 加仑的空钢罐下放

到水中直至其塌陷,塌陷时,罐底外部压力是多少? 直径 $D=96$ in,壁厚 $t=0.167$ in,长度 $L=32$ ft, $D/t=575$, $L/D=4$。

代入方程式(22-4)中,塌陷压力为 $P=2.27$ psi,等于罐底上方 5.25 ft 的水深。该值小于储罐的直径。方程式(22-3)和方程式(22-4)不适用。如果壁厚增加到 0.239 1 in,则 $P=5.56$ psi。塌陷时,水面高出储罐 4.83 ft。

图 22-4 显示了方程式(22-4)的曲线。注意储罐壁厚和长度对塌陷压力的影响。为了进行比较,底部曲线是管道塌陷时的压力(无封头或加劲环)。尽管方程式(22-3)和方程式(22-4)较保守,但还是推荐使用安全系数,因为储罐不可能呈完美圆形。

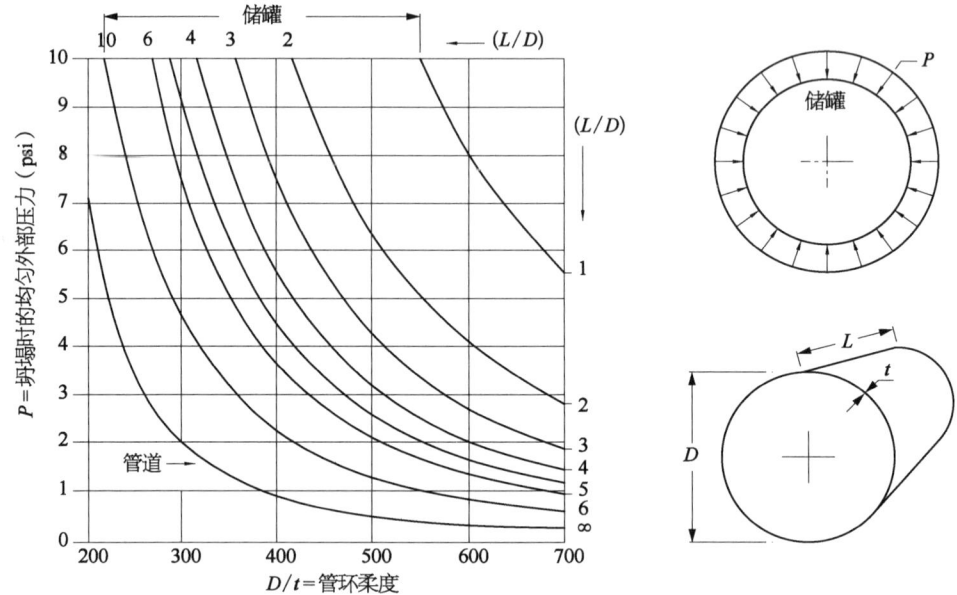

图 22-4 塌陷时钢储罐上的均匀外部压力——方程式(22-4)的曲线

封头(端盖)

封头一般单独分析,而不是进行封头与壳体的复合分析。荷载是外部静水压力加上储罐中的内部真空度。如果地下水位高于储罐,假设压力为均匀分布在封头上的平均压力,则分析便足够准确。封头形状有半球形、碟形(凹进或凸出)、平头形(带或不带加劲环)。

半球形封头

半球形封头很容易用经典方法进行分析(铁木辛柯,1956)。半径和壁厚相等时,半球体的周向应力是圆柱体的一半。加压时,封头和壳体的半径变化情况不同。圆柱体的半径变化为 $(P/E)(r/t)(1-v/2)$,球体的半径变化为 $(P/2E)(r/t)(1-v)$。当 P、E、v 和 r/t 值相等时,壳体的半径增量大于半球形封头。如果封头与壳体内部适配,内部压力往往会使壳体与封头之间形成空隙。为了避免这种情况,许多埋地储罐的封头是一个封在壳体外部的盖子。应该研究封头通过外壳向下剪切的可能性。

考虑等半径球体和圆柱体上受均匀外部压力情况。泊松比为 1/4。如果半球体的厚度与圆柱体相同,则半径减小的趋势是圆柱体的 3/7。如果封头的厚度是壳体的一半,则壳体和封头之间的应力较小,见第 24 章。这并非多数储罐制造商的优先考虑的事项。封头与壳体连接处的应力和应变不连续性可通过良好适配和良好焊接进行调节。

椭球形封头或复合旋转面(碟形)可以减少壳体与半球形封头的某些不相容性。

为了进行分析,无穷小单元被两个经向切口和两个平行切口隔开,如图 22 - 5 所示。该单元见自由体受力图,其应力关系如下:

$$\sigma_t/r_t + \sigma_m/r_m = P/t \quad (22-5)$$

其中:

σ_t——平行方向的切向应力;

σ_m——经向的应力;

r_t——平行方向的曲率半径;

r_m——经向的曲率半径;

P——封头外部压力;

t——封头厚度;

S——屈服应力。

如果封头为半球形,根据方程式(22 - 5),$r_t = r_m$,$P = 2St/r$。

[**例 2**]

图 22 - 6 所示为一个钢储罐,减少经向曲率半径 r_m,使封头与壳体相连。所有钢材的厚度相同。当壳体中的环压缩应力达到屈服强度时,封头 A 点的经向和切向应力是多少?

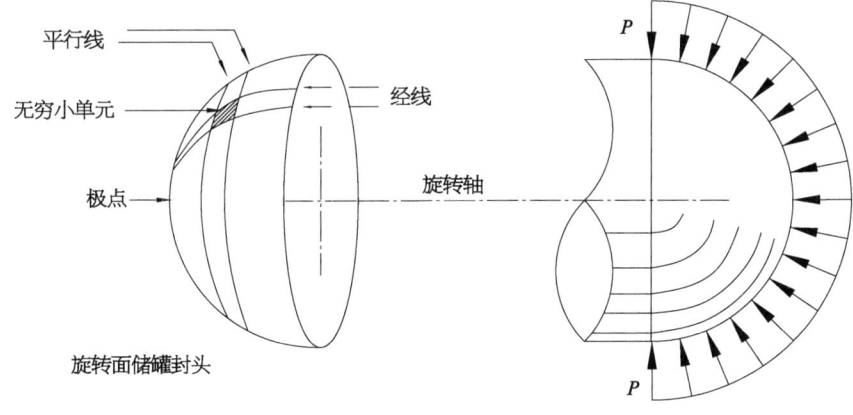

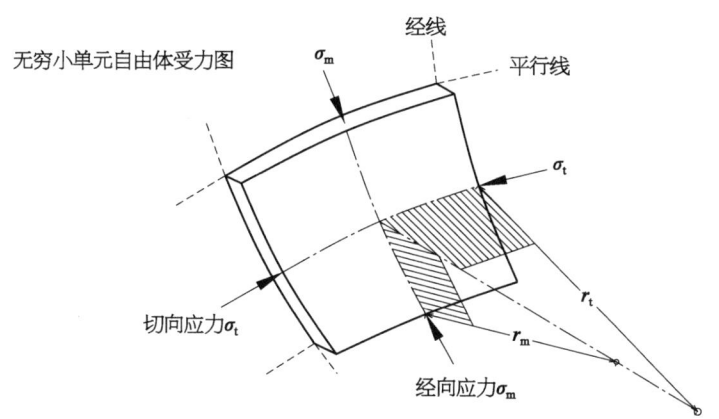

图 22 - 5 承受外部压力的旋转面上的无穷小单元,显示经向应力和切向应力以及相应的曲率半径

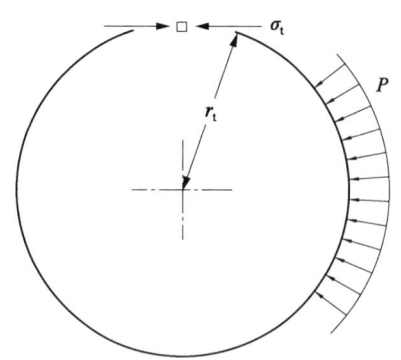
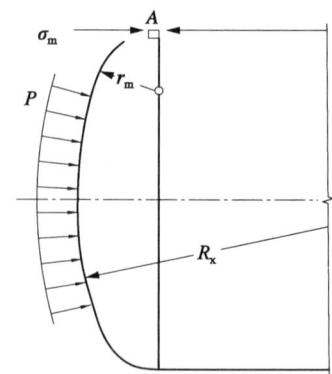

图 22-6 两种不同曲率半径的钢罐封头

已知：

$t = 0.1875$ in，

$r_t = 36$ in $= D/2 =$ 壳体半径，

$r_m = 12$ in，

$S = 36$ ksi $=$ 屈服应力。

在壳体屈服应力下，外部压力为 $P = St/r_t = 187.5$ psi。将数值代入方程式 (22-5)，$P/t = 1$ ksi/in，且

$$\sigma_t/36 + \sigma_m/12 = 1\,000 \text{ lb/in}^3 \tag{22-6}$$

方程式 (22-6) 有两个未知数。第二个方程式基于封头的自由体受力图，被一个穿过 A 点的平行切口切割面隔开，如图 22-6 所示。使封头上的水平作用力相等，

$$P\pi r^2 = \sigma_m 2\pi rt \tag{22-7}$$

据此，$\sigma_m = Pr/2t = 18$ ksi（压缩应力）。代入方程式 (22-6)，封头的切向应力为 $\sigma_t = -18$ ksi（张应力）。要注意封头 A 处的应力反号。剪应力为临界应力，见第 19 章。

平封头

如果加压封头的性能极限是屈服应力，则可基于板理论或薄膜理论进行分析，以较高应力为准。但如果性能极限是变形（破裂），则薄膜理论的适用反馈性更高。在薄膜的拉伸屈服应力下，整体厚度处于屈服应力状态下。破裂处于初期阶段。另外，在板的挠曲屈服应力下，只有一个面达到屈服应力，而不是整个厚度范围。破裂不处于初期阶段。表面屈服允许圆盘变形，偏向于应力在整个厚度上更均匀分布的薄膜。极厚盘 ($D/t < 10$) 和厚壁圆柱体一样，证明板分析成立。

平封头的薄膜分析

根据薄膜理论，一侧的均匀压力使圆盘挠曲，呈半径为 R 的球截形，见图 22-7。

令：

E——弹性模量；

r——盘半径；

R——对圆盘加压形成的球截形半径；

t——盘厚；

δ——圆盘中心挠度值；

ε——球膜的切向应变；

σ——薄膜的拉伸应力；

θ——球体经向弧的半角；

υ——泊松比。

根据几何学，由于从线到弧的 r 长度增加而引起的应变为

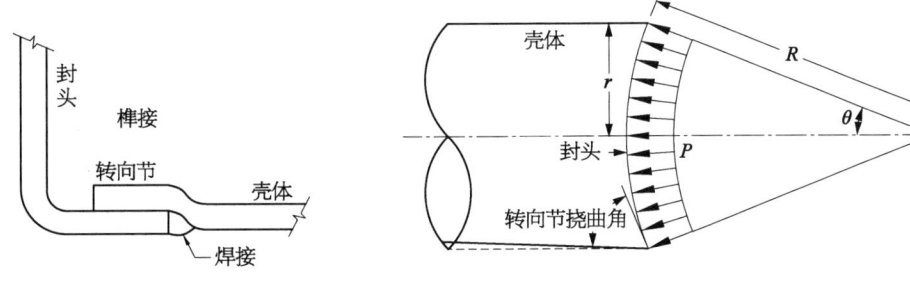

图 22-7 用于分析薄壁平封头（或储舱底部）在外部压力 P 作用下挠曲成球截形的应力和挠度值的几何结构

焊接转向节应力在底部剧增，封头和壳体的挠度都会增加此处的挠曲

$$\varepsilon = R\theta/r - 1 \quad (22-8)$$

根据弹性应力应变关系，

$\varepsilon = \sigma(1-\upsilon)/E$。对球体而言，$\sigma = PR/2t$。代入数值，

$$\varepsilon = PR(1-\upsilon)/2Et \quad (22-9)$$

令方程式（22-8）和方程式（22-9）的应变相等，求解 R，

$$R[2Et\theta - Pr(1-\upsilon)] = 2Etr \quad (22-10)$$

由于 $\theta = \sin^{-1}(r/R)$，方程式（22-10）中只有两个未知数 R 和 P。闭型解较混乱，所以用迭代法求解 R。

根据薄壁压力容器的弹性理论，在屈服应力下，$\sigma = S$，且，

$$P = 2tS/R \quad (22-11)$$

如果 R 已知，便可求解。但根据方程式（22-9），R 是 P 的函数，因此，需要二次迭代，通过方程式（22-10）求解 P。

[例3]

例1中钢罐平封头的应力是多少？钢制平封头通常很薄，分析时可视作薄膜，受到均匀压力时，薄膜会变形成球截形。通过薄膜分析，拉伸应力为 $\sigma = PR/2t$，其中 R 是球截形的半径。在例1中，假设封头平均压力（保守程度较高）$P = 2.27$ psi，$R = 48/\sin\theta$，令球体应变相等，求解 θ，即

$$R(\theta - \sin\theta)/r = PR(1-\upsilon)/2Et$$

化简为

$$(\theta - \sin\theta) = 3.59 \times 10^{-6} P/\text{psi}$$

求解，$\theta = 2.0958°$，$R = 1\,312.5$ in，封头的拉伸应力为 $\sigma = 8.92$ ksi。如果屈服应力为 36 ksi，则封头的应力不是临界应力。12 000 加仑埋地钢制汽油罐的典型长径比范围为 $1.76 < (L/D) < 5$。在此范围内，因均匀外部静水压力（加上内部真空度）导致壳体从内部开始塌陷。因封头为受张薄膜，所以不会引发塌陷。

头壳焊缝必须有很好的质量，因为当封头变形时，焊缝容易弯曲。若壳体被吸起，加大了焊缝和转向节的挠曲角度，这是储罐底部出现的最不利情况，见图 22-7。以例1中的储罐为例。在压力作用下，封头的半径 r 减小了 1.2‰，壳体的半径 r 减小了 0.8‰。每英寸 0.4‰ 的相对偏差可以忽略不计。封头均匀压力和梯形压力之间的差异也可以忽略不计。它相当于两根相同的梁，一根承受均匀荷载，另一根承受三角荷载。最大应力

差仅为 2.6%。最大挠度值仅相差 0.15%。当水面高出储罐时,封头上的压力可视为均匀分布在封头上的平均压力。

平封头的板分析

厚壁封头 ($D/t < 10$) 可用于证实板理论分析。圆盘边缘为固定或有简支,也就是说,在板和壳体端部之间有一个衬垫。

固定边分析法是头壳连接良好的典型储罐分析方法。假设均匀平均压力为 $P_{av} = P$。根据铁木辛柯理论(1956),通过弹性理论得出的最大应力出现在圆盘边缘,为

$$\sigma = (3/4)(r/t)^2 P \quad (22-12)$$

其中,等效厚度 t 基于换算截面。最大挠度值位于圆盘中心,为

$$\delta = (3/16)(P/E)(r/t)^3 (1-v)r \quad (22-13)$$

简支案例通常没什么意义。但为了进行比较,承受均匀压力 P 的简支圆盘中,最大应力出现在中心,为

$$\sigma = (3/8)P(r/t)^2 (3+v) \quad (22-14)$$

若泊松比为 1/4,简支圆盘的最大应力是固定边圆盘最大应力的 1.625 倍。

简支圆盘的最大挠度值大约是固定边圆盘的四倍。

加肋平封头

加肋平封头可以按具有等效壁厚的板式圆盘进行分析。对于等效圆盘,封头单位宽度的惯性矩为 $t^3/12$,等于加肋封头横截面的惯性矩,按等效厚度 t 进行求解。最大应力位于距中性面最远的表面。

埋在饱和土体内的储罐

储罐埋设在地下使之承受大范围土体和水荷载以及土体反作用力。实际上,如果荷载包括车辆、内部真空度或外部水压,则土体会提供支承(反作用力)而不是荷载,并且可能是比储罐本身更重要的结构元素。数十年的经验和数百万个埋地储罐证明了罐土相互作用的成功。根据现场经验和基本力学原理可以预测储罐在良好干式回填土中的性能。但如果条件不利,性能极限是什么?塌陷的条件是什么,可以采取什么措施整改或不时缓解不良安装状况或不良饱和土体情况?

刚性储罐

忽略埋设土体支承,可对埋在地下水位以下的刚性储罐进行保守分析。储罐不发生挠曲,不会出现裂纹,因此不依赖土体提供的支承力。在最不利情况下,上述均匀外部压力的分析已足够。板理论适用于封头设计,但有注意事项。如果封头采用钢筋混凝土,则必须计算换算截面的惯性矩,如钢筋混凝土设计章节中所述。

柔性储罐

柔性埋地储罐与土体相互作用。土体使储罐与地表活荷载隔绝。土体是主要的结构组成。储罐是一个防漏内衬,在土体中保持一定的形状。土体使外壳保持圆形,令其稳定在最强有力的结构形式中。土体不再是需要抵抗的荷载,而是对交通、真空度、地下水位等荷载产生反作用力。即使是状况较差的土体也能提供一定的支承。储罐看起来像一个可以承受高压的钢板锅炉,那么它肯定能承受储罐上方的地下水位和不利的安装状况(仅磕进土体),这是很常见的误解。这一观念类似于这样一种印象,即当打开时会喷出气体的碳酸饮料罐,在内容物从罐子里转移

到消费者体内之后,必须能够支承踩在罐上的消费者的重量。事实上,饮料罐是钢罐的近似模型。当消费者站在罐子上吮吸饮料时,真空度可使 12 000 加仑的钢罐坍陷,前提是用户始终采用封闭吸管吮吸。

球体

埋地球体的常见例子是塑料化粪池。300 加仑的典型化粪池由聚乙烯(PE)或玻璃钢(FRP)制成,外径为 4.5 ft 到 5 ft 不等,见图 22-8 的示意图。储罐埋置之前,一些制造商试验的荷载可能达到 8 kips,同时保持 5 in 汞柱(高于罐底 5.7 ft 的水头)的内部真空度达到一段规定时间,来检查储罐是否存在泄漏。经验表明,一旦储罐被埋置,土体支承可将允许外部水头提高到 7 ft,即高于罐顶 2 ft 的地表水位。罐底为临界状态。不仅外部水压是最大的,而且底部通常会压平为储罐提供底座,从而容易破损,如图 22-8 所示。

[例 4]

某球形聚乙烯储罐的直径约 51 in,配有

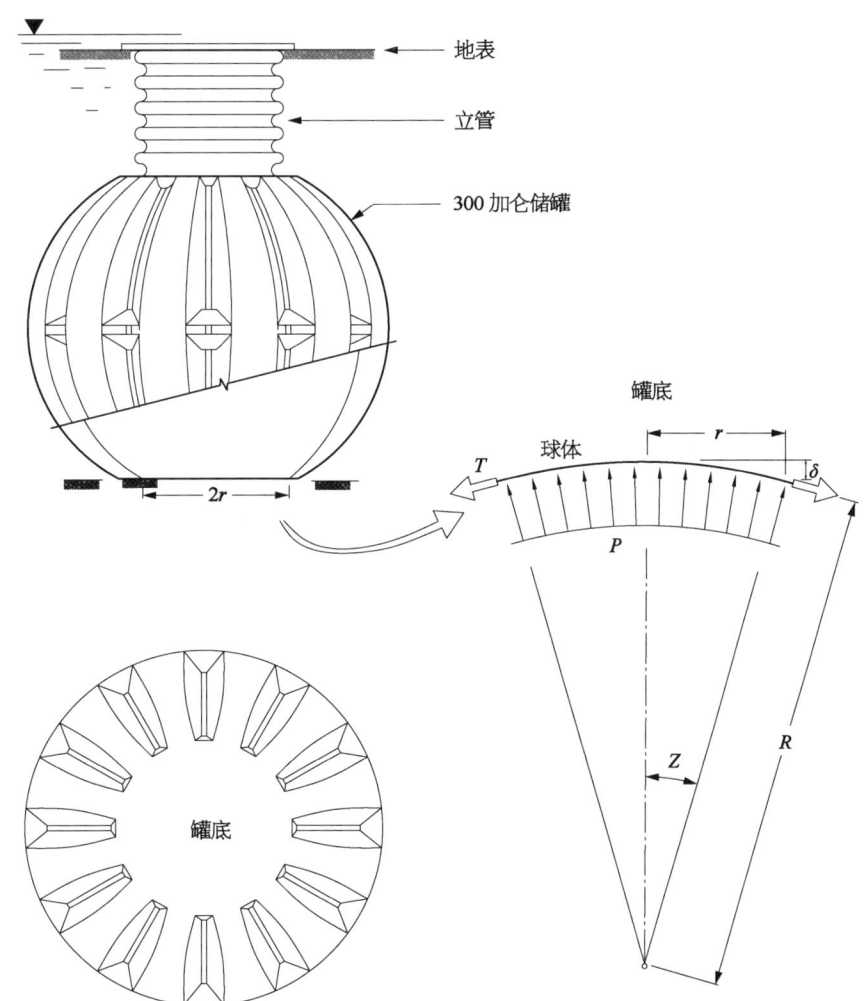

图 22-8 关于球形 PE 化粪池平底的薄膜分析,得出与压力 P 存在函数关系的拉伸应力 σ 和中心挠度值 δ

经向肋,像一个南瓜。该储罐能承受 5 in 汞柱的试验真空度。底部是一个圆盘,直径 21.25 in,见图 22-8。如果地下水位在地表,高于底部 6.33 ft,并且储罐为空罐,则圆盘上的外部压力为 2.74 psi。圆盘的数据如下。

已知:底部圆盘
$D = 21.25 =$ 直径,
$r = 10.625 =$ 盘半径,
$h = 6.33$ ft 水头,
$P = 2.74$ psi $=$ 圆盘上的上浮压力,
$t = 0.35 =$ 壁厚,
$Q = 973$ lb $=$ 圆盘上的总作用力,
$V = 14.58$ lb/in $=$ 边缘剪力 $= Pr/2$,
$E = 97$ ksi $=$ 真模量,
$E = 30$ ksi $=$ 虚拟长期模量,
$S = 2\,600$ psi $=$ 短期屈服强度,
$S = 700$ psi $=$ 表征的长期屈服强度,
$\upsilon = 0.4 =$ 泊松比,
$\sigma =$ 应力,
$\varepsilon =$ 应变。

根据方程式(22-12),圆盘固定边缘处的应力为 3.2 ksi,超过屈服值。边缘形成一个塑性铰,圆盘起着薄膜作用。薄膜分析基于应变 ε。根据弹性理论,$\varepsilon = \sigma_1/E - \upsilon(\sigma_2 + \sigma_3)/E$。对于大多数压力容器,压力 σ_3 的应变效果可以忽略不计。在球体中,$\sigma_2 = \sigma_1 =$ 均匀薄膜拉伸应力 σ。应变为 $\varepsilon = \sigma(1-\upsilon)/E$。

如图 22-8 的几何结构所示,
$$\varepsilon = (R\theta - r)/r = R\theta/r - 1$$

令两个应变量(弹性和几何)相等,求解 R,
$$R[2Et\theta - Pr(1-\upsilon)] = 2Etr$$
(22-15)

其中 $\theta = \sin^{-1}(r/R)$。基于长期作用的虚拟模量 $E = 30$ ksi(非真值),通过迭代求解,半径 $R = 62$ in。已知长期 R,应力为 $\sigma = PR/2t = 243$ psi,小于 700 psi 的长期强度。根据图 22-8,薄膜中心的长期挠度值约为 $\delta = r^2/2R = 0.9$ in。

注意塑性蠕变之前的短期应力。$R = 92$ in 时,在塑性蠕变之前,根据方程式(22-15)得到的半径值更大。产生的应力为 $\sigma = 360$ psi,大于长期应力 243 psi,但仍小于 700 psi 的抗拉强度。

圆柱体

假定平均外部静水压力均匀分布,对埋地柔性圆柱形储罐的封头进行分析。由于封头偏离土体,失去了土体支承。如果是塑料储罐,土体颗粒会滑落到偏离的封头上,并且因循环"挤压"储罐,产生棘轮效应。然而,如果基于 S 和虚拟模量 E 的长期值进行设计,应力最终会低于蠕变阈值,挠度值的棘轮效应停止。详见关于蠕变的第 20 章。

与封头不同,壳体同时承受水压和土体压力。它会负担覆土的重量。此外,壳体底部的上浮水压使其向侧填土膨胀。这种现象非常复杂,有关物理试验对设计者来说很有价值。

[例 5]

覆土厚度为 4 ft,地下水位处于地表时,埋在未压实粉砂(SM 类,含 30%粉土)中的 12 000 加仑薄壁钢储罐塌陷时的内部真空度是多少?对基于无量纲参数的缩尺物理模型(无尺寸)而言,设计条件为:

带比例长度的真比例模型,
模型和原型的材料相同,
模型和原型中相应位置的压力相同。

见图 22-9。模型罐底的外部压力必须

等于原型罐底的压力。这可以通过水模型或土体模型实现。水模型如图22-9所示,通过对模型试验台底部的水加压,使模型和原型中的水压相等。由于向上的渗流应力,储罐有上浮趋势,但受到被多孔盖压住的顶部土体限制,水会渗出,土体不会。在模型和原型中,罐底的上浮水压相等。在*土体模型*中,模型试验台底部施加真空度,土体下吸而变重了。预先确定真空度,使模型和原型中相应位置上的土体压力相等。

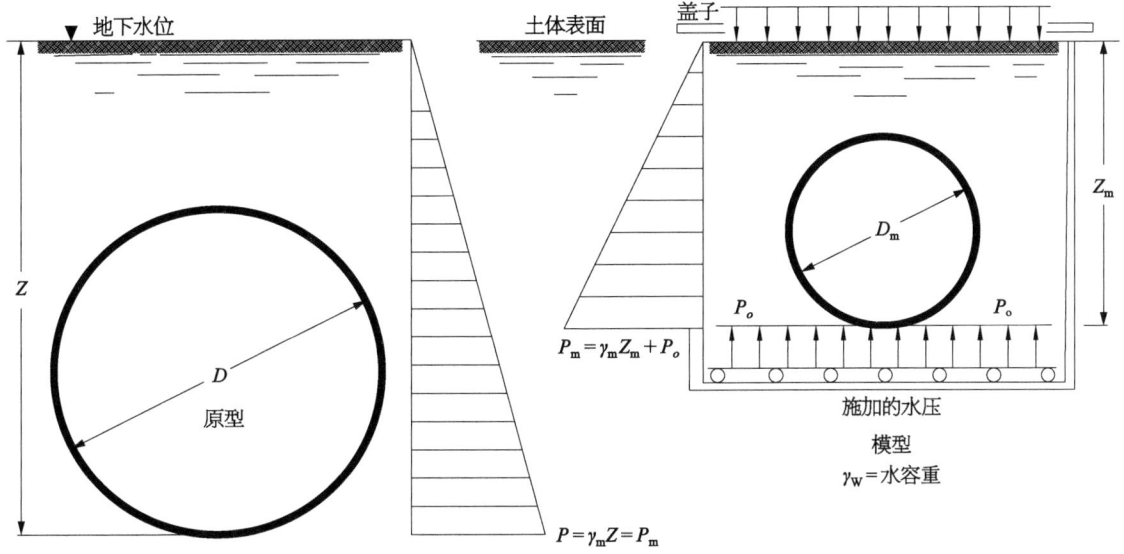

图 22‑9　水模型——模型和原型中外部水压和内部真空度的相似性条件,使得 $P_m = P$

如果埋地钢储罐的壳体与平头之间的焊缝性能良好,则不会从平头处开始塌陷。但在真空度低于塌陷真空度的情况下,可以听到封头突然翻转的声音(油罐),然后处于类似受张薄膜的状态。壳体发生塌陷。塌陷随着真空度降低而突然发生,并可以听到声音。

这个例子中,试验使用的土体都是松散饱和土体。含30%粉土,埋设土体为泥浆。性能极限达到塌陷时的情况如下文所述。

塌陷通常始于底部的一个平点,见图22‑10。肩处形成次要平点,使储罐的横截面呈粗糙三角形,顶部有塑性铰。如果 L/D 约小于4,刚性封头可有效地将塌陷限制在靠近中部的单个屈曲环上。如果 L/D 大于5,刚性端的作用在中部减弱,可能形成两个屈曲环。试验结果总结如下。值得注意的是,结果为塌陷而不是焊缝泄漏,具体分析见第24章。

图22‑11所示为埋在松散砂质粉土中的12 000加仑钢储罐塌陷时的真空度 P',覆土厚度为4 ft,地下水位处于地表。见沃特金斯(Watkins, 1992)的分析。P' 不是无量纲 π 项。正确的 π 项是 P'/E,其中 E 为弹性模量。但钢储罐的 E 是恒定的,因此为了方便起见,降低了图22‑11中的 E 值。

1. 即使在状况较差的饱和土体中,这些12 000加仑的钢储罐也能承受外部水压和内部真空度。土体支承很重要。

2. 试验表明,L/D 不是预测等容储罐临界真空度的主要参数。一张图表可列明 L/D 的所有值。由于直径增加,壳体底部的

243

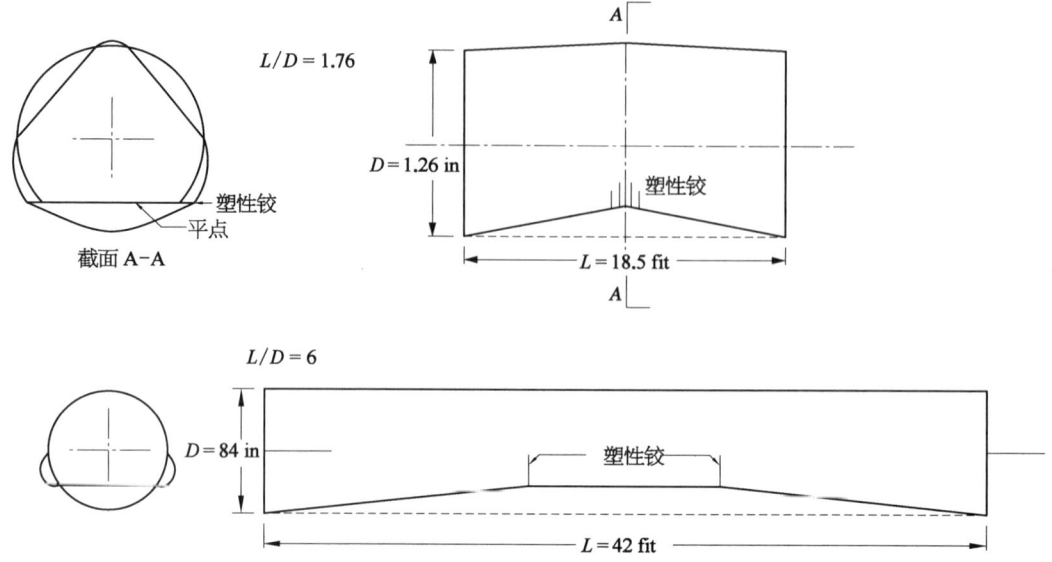

图 22-10 两个 12 000 加仑钢储罐的塌陷模型,主要平点在底部,次要平点在肩部,显示在形成平点和塑性铰的中部附近有屈曲环

水压增加,被更大的封头支承力抵消,封头对于等容储罐来说靠得更紧密。

3. 塌陷是伴随着"砰"的一声突然发生的。塌陷可能在使用多年后发生。土体逐渐沉降或棘轮作用都会导致储罐缓慢变形,因而每个荷载循环都会使储罐变形,同时土体颗粒滑入储罐,使储罐无法回弹。如果是塑性储罐,则在每次荷载循环后,储罐中的应力会随时间松弛。然后颗粒会沿储罐滑入。能量被储存起来,直到储罐在将来的某个时候破裂或反曲。

在使用中,塌陷发生的频率低于焊缝泄漏。泄漏分析见第 24 章。

双壁储罐

双密封容器常用于将危险液体储存于地下。储罐内的储罐不仅具有双重防漏功能,还能方便地通过"嗅探器"监测储罐之间的环形空间来检测储罐内部的泄漏情况。见第 11 章。

埋地储舱分析

环分析

埋地储舱的环分析基于水平土体压力和外部水压。水平土体压力是静态不确定的。假设埋设土体质量良好,压实且与储舱接触。为了简化分析,假设外部土体压力是主动压力。这是非常保守的,因为储舱周围土体有水平土拱作用。理论上,如果储舱环由于纵向压缩的泊松效应和内容物的内部压力作用而膨胀,则土体压力可能大于主动压力。实际上,舱环的膨胀可以忽略不计,主动土体压力为上限。事实上,充分压实的精选颗粒状埋设土体的土拱作用显著降低了储舱承受的土体压力。如土体中的垂直圆孔(如钻井)非常稳定。

主动水平土体压力等于垂直土体压力乘以系数 K,其中 $K=(1-\sin\varphi)/(1+\sin\varphi)$。在地下水位以下,主动土体压力等于垂直有效(上浮)土体压力乘以 K。如果储舱是空的,

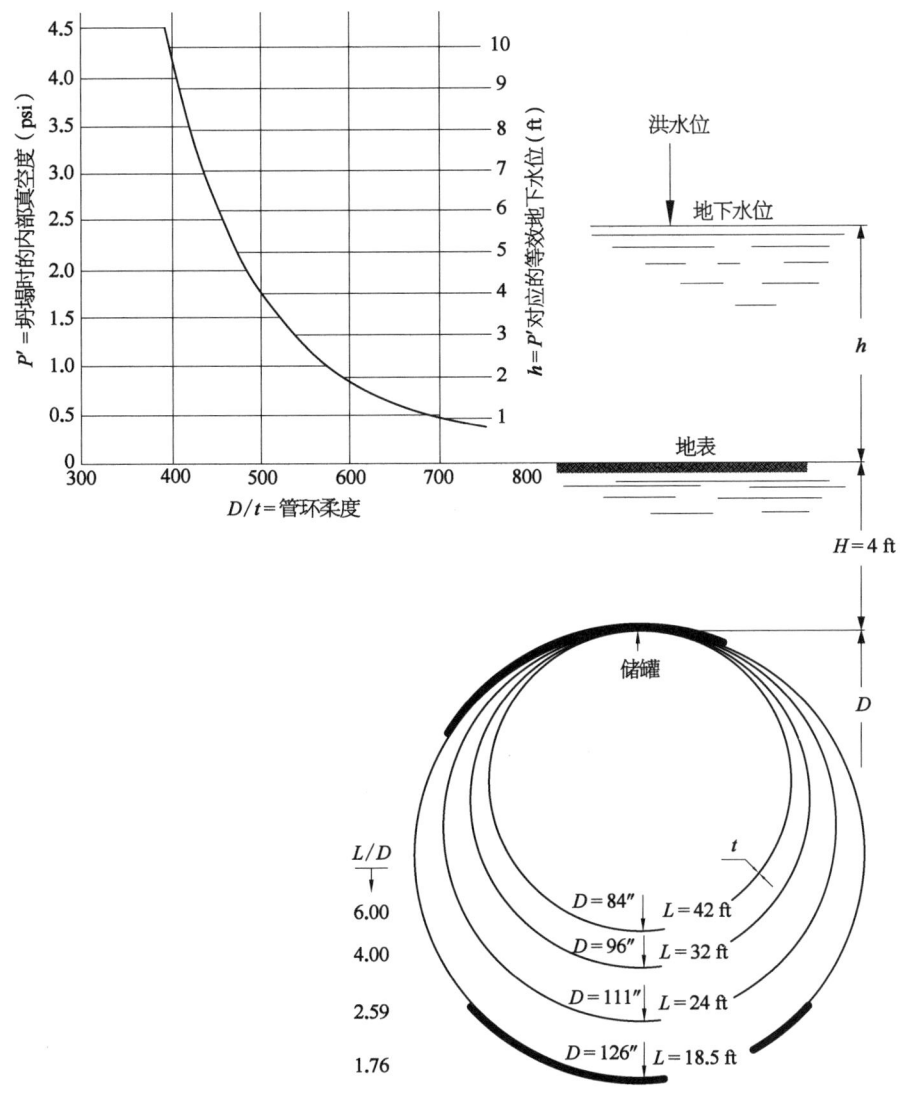

图 22-11 地下水位处于地表且在储罐上方 4 ft 处时，埋在粉砂中的 12 000 加仑钢储罐塌陷的条件

按比例显示塌陷时的真空度 P' 和地下水位的等效高度 h，设计需要取一个安全系数，h 的标准偏差为 ±1 ft

则必须增加水压进行舱环压缩分析。不存在环屈曲的问题，因为没有储舱水平环向挠曲。如果储舱保持圆形，则性能极限为舱环压缩屈服强度。

纵向（垂直）分析

纵向应力分析基于储舱外部的垂直摩擦力加上储舱内部材料柱下拉时产生的垂直摩擦荷载。如果储舱很高，可以加上储舱自身的重量。

图 22-12 所示为最不利的情况。假设储舱设在不会沉降的重型基础上。假设土体未充分压实，无法防止由于自身重量加上地表活荷载产生的压缩。地表活荷载可能会使储舱环顶部发生挠曲，破坏水平土拱起作用。

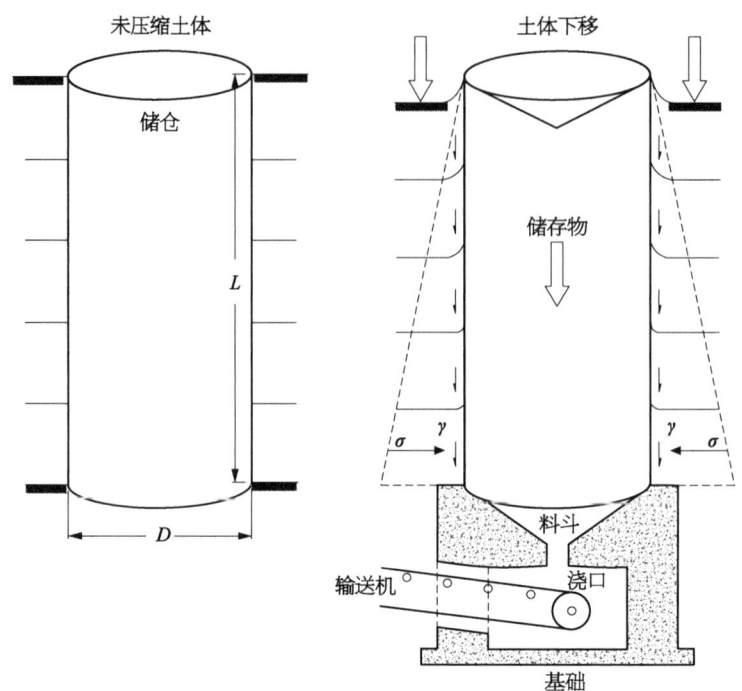

图 22-12　埋地储舱的最不利情况,显示可压缩性外部土体和内容物的下降都会对储舱产生剪切荷载

储舱中的滑动联轴器、波纹构造和土体压实可减少荷载

因此,如果预计有重型活荷载(如运矿卡车)经过,应小心地在储舱顶部周边浇筑钢筋混凝土圈梁。圈梁不得与储舱相连。如果预计有很重的活荷载经过,应小心压实土体。但如果土体未压实,地表轮压会导致径向土体压力 $K\gamma z$ 对舱体产生剪应力 $K\gamma_s\mu_s z$;其中,

σ ——针对舱壁的法向土体应力,

σ_{AV} ——深度为 $L/2$ 时的平均法向土体应力,

τ_{AV} ——储舱上的土体平均剪应力,

σ_z ——底部舱壁的垂直应力,

K ——$(1-\sin\varphi)/(1+\sin\varphi)$(适用于主动土压力),

φ ——土体摩擦角,

γ_s ——土体容重,

γ_c ——储舱和内容物的容重,

μ_s ——储舱上的土体摩擦系数,

L ——储舱长度(高度),

D ——储舱平均直径,

t ——光面舱壁的壁厚,

V_s ——可压缩性土体产生的总剪切荷载,

V_c ——储舱内容物的总剪切荷载。

求储舱整个表面上的剪应力,得到储舱底部的总垂直荷载 V_s。如果是无黏性土,则储舱的平均水平土体应力为 $\sigma_{AV}=L\gamma_s K/2$,土体对舱壁产生的总剪切荷载为

$$V_s = \pi DL\sigma_{AV}\mu_s = \pi DL^2\gamma_s K\mu_s/2 \quad (22-16)$$

这是一个极限值。事实上,储舱上的剪切荷载使储舱略微向下,从而使舱底附近的剪切应力方向发生反转。这种情况可以用传统技术来分析。有一个例子是科斯坦蒂诺和朗吉

诺夫的解法(Constantino & Longinow，1964)。

但在良好的基础上，储舱不会明显向下移动，因此在最不利情况下，向上的剪应力可忽略，零剪力的水平面位于储舱底部，如图 22-12 所示。

在最不利的情况下，假设通过料斗和浇口将储存物下拉。下拉使料斗中的材料(储存物)松动。如果下拉期间，材料的强度足够(内聚力和/或摩擦角)在储舱底部的料斗上方"拱起"，则储舱的全部储存物受到储存物和舱壁之间的剪应力提供的垂直支承，即储存物悬挂在舱壁上，且，

$$V_c = \gamma_c L \pi D^2 / 4 \quad (22-17)$$

如果舱壁是光滑的，则舱壁底部的垂直法向应力是 $\sigma_z = V/\pi D t$，其中 $V = V_s + V_c$，且，

$$\sigma_z = L(2L\gamma sK\mu s + D\gamma c)/4t \quad (22-18)$$

[例 6]

图 22-12 所示为一个光面壁钢制储舱。该储舱本身的重量可以忽略不计。

储舱：
$D = 12$ ft = 直径，
$L = 30$ ft 长度(高度)，
$t = 0.375$ in = 壁厚。

土体：
$\gamma_s = 120$ pcf = 土体容重，
$c = 0$(无黏性土)，
$K = 1/3 = (1-\sin\varphi)/(1+\sin\varphi)$，
$\varphi = 30°$ = 土体摩擦角，
$\mu_s = 0.5$ (管上土体摩擦系数)。

储舱储存物(煤)：
$\gamma_c = 60$ pcf。

储舱底部钢壁的垂直应力是多少？将上述数值代入方程式(22-18)，$\sigma_z = 3.2$ ksi。如果屈服强度为 36 ksi，则安全系数为 11。

参考文献

[1] Reese, R. Allan (1993), *Full Scale Buckling Study of Steel Underground Storage Tanks*, Steel Tank Institute, Lake Zurich, IL.

[2] Young, Warren C. (1984), *Roark's Formulas for Stress and Strain*, 6th ed., McGraw-Hill, 1989, table 35.

[3] Timoshenko, Stephen P. (1956), *Strength of Materials*, Part II, 3rd ed., D. Van Nostrand.

[4] Watkins, Reynold K. (1992), *Structural Performance of Buried Steel Tanks*, Sponsored by Steel Tank Institute.

[5] Costantino, C. J. and Longinow, (1964) A., *Theory of Limiting Equilibrium for Axisymmetric Problems; A Comparison with Experiment on Silo Skin Friction*, Proceedings, Symposium on Seil-structure Interaction, Univ of Arizona, Sept. 1964.

练习题

22-1 从工程力学原理出发，根据弹性理论，推导在相同外部压力作用下，求出等半径、等壁厚的球体和圆柱体半径减小量之差的方程。

22-2 采用内真空法对平头圆柱形钢罐进行试验。塌陷时的真空度是多少？

(5 psi)

$D = 84$ in = 直径，
$t = 0.167$ in = 壁厚，
$L = 18$ ft = 罐长。

22-3 题 22-2 的储罐水平埋在状况不良的土体中,覆土厚度为 $H=4$ ft。如果地下水位处于地表,塌陷时的内部真空度近似估计值是多少?

(0.2 psi)

22-4 求题 22-3 中的储罐容积。

22-5 在安装之前,对平头钢制圆柱形储罐进行泄漏和抗外部静水压力的单体试验。施加内部真空度并保持指定的一段时间。内部真空度不得导致储罐塌陷。崩塌时的真空度 P' 是多少?已知:$L=42$ ft,$D=9$ ft,$t=3/16$ in,容积约为 20 000 加仑。

(2 psi)

22-6 设计最经济的埋地光面钢储舱,用于带式输送机的煤矸石上料。通过 H-20 卡车倒车卸煤。双轮卡车有可能压到储舱边缘。格筛保护顶部开口,防止卡车掉入。如果出现由卡车运输引起的问题怎么办?当安全系数为 2 时,求 t。

已知:

土体	煤	储舱
$c=0$	$c=0$	$D=12$ ft
$\gamma_s=120$ pcf	$\gamma_c=80$ pcf	$L=36$ ft
$\varphi=30°$	$\varphi=40°$	$\sigma_f=36$ ksi
$sf=2$		屈服

22-7 重新考虑题 22-6。绘出地表活荷载导致的作用于舱壁外侧的垂直剪切荷载,作为深度的函数。

22-8 储舱拟通过一根吸入管从筒体内挖出饱和砂,然后沉入砂中。每个储舱由混凝土环组成,环长 2 m,榫槽接头用胶泥密封,见图 22-13。混凝土用钢丝网

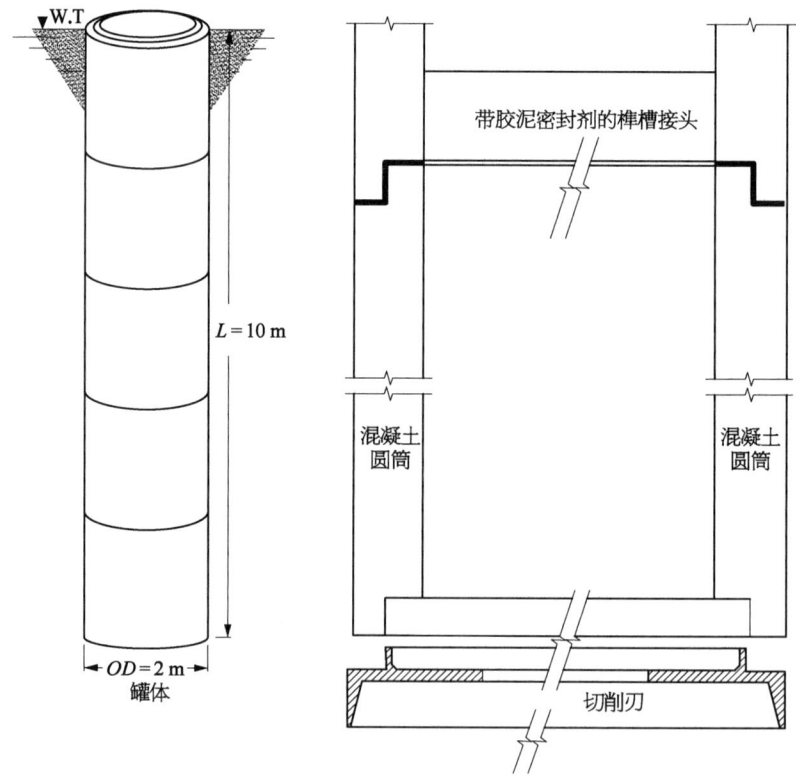

图 22-13 埋在砂内的储舱,显示在储舱下放过程中吸取饱和砂的钢切削刃。沉箱下沉亦相同

加固，钢丝网在结构上可以忽略不计。储舱就位后，底部用现浇楼板堵住并密封。储舱是空的。地下水位在地表。混凝土中的容许压应力（通过安全系数降低折减）为 $f_c = 5$ ksi。

(a) 储舱要求的壁厚是多少？

(7.5 mm)

(b) 混凝土中的最大垂直应力是多少？

(c) 储舱上浮的可能性有多大？壁厚取值 $t = 150$ mm。

已知：

储舱	土体
$OD = 2$ m	$e = 0.56$
$L = 10$ m	$G = 2.65$
	$\varphi = 34°$
	$\mu = 0.5$

混凝土	海水
$\gamma = 22$ kN/m³	
$f_c = 34.5$ MPa	$G = 1.025\ 6$

22-9 如果 $L/D = 1$，就方程式(22-3)绘图，求具有刚性封头的圆柱形储罐在塌陷时的 P/E。泊松比为 0.28。

第 23 章
上　浮

埋地储罐在加油站广泛使用。遗憾的是，地下水位不是加油站迁移的正当理由。因此，当储罐位于地下水位以下时，可能需要压块、重物等防止上浮。高覆土可以防止上浮，但不够经济。储罐上的钢筋混凝土铺装可以帮助抗浮。压块必须锚固，如混凝土板或锚桩。存在地下水位问题时，开挖底土太湿，需要铺上混凝土板，用作业平台。在有些情况下，两块纵向基脚板（锚桩）足够形成锚固。用拉条将储罐栓固在锚上，见图 23-1。

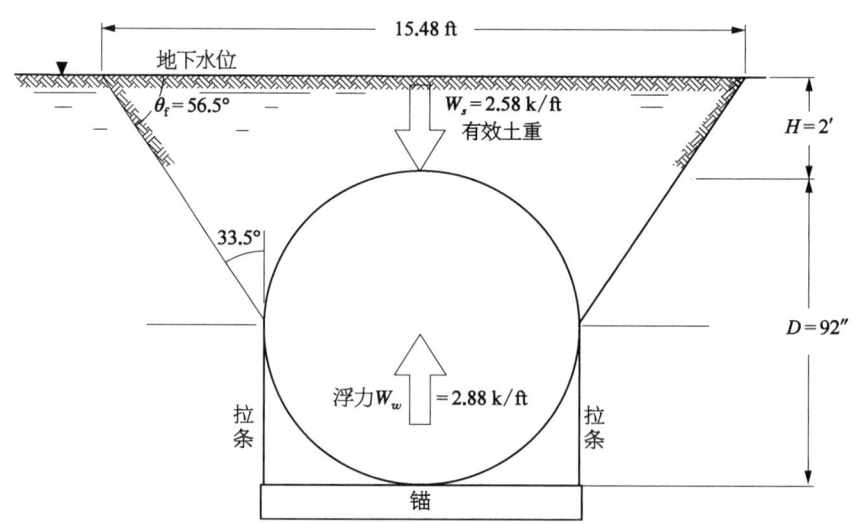

图 23-1　92D 埋地储罐用拉条栓固在下方混凝土锚上，显示空罐浮升力 W_w（储罐重量忽略不计）及土楔有效阻力 W_s，覆土厚度为 2 ft。锚和拉条必须能防止上浮

压块

通常使用拉条代替锚索和钢条，因为拉条可以最大限度地减小储罐或管道中的应力以及对涂层的破坏。问题来了，需要多少根拉条？尺寸多大？间距多大？覆土层提供了重量。锚提供重量和土壤阻力。土壤阻力是多少？两种机制是土楔和土壤承载力。

土楔

如果埋设土壤为颗粒土且被夯实，则上浮储罐必然会抬升土楔，见图 23-1。若储罐的上浮力超过土楔的有效重量时，锚应能抵消二者之差。土的有效容重见第 4 章。

[例 1]

加油站常使用 12 000 加仑的储罐。假设一个 12 000 加仑的钢罐埋在 2 ft 的覆土层下。当地下水位上升到地表或高于地表时,如果储罐是空的,需要多大的锚固力?

储罐

$D = 92$ in
$L = 35$ ft

土壤

$\gamma_d = 100$ pcf = 土的干容重,
$e = 0.5$ = 孔隙比*,
$\gamma_b = 58.4$ pcf $= \gamma_d - \gamma_w/(1+e)$,
$\varphi = 23°$ = 实验室试验提供的土壤摩擦角,
$\theta_f = 56.5°$ = 土滑移角 $= 45° + \varphi/2$,
$H = 2.0$ ft = 覆土厚度。

* $G = (1+e)100/62.4 = 2.4$ = 土壤颗粒比重。多数土壤的比重范围为 2.65 到 2.7。因此,这种土壤很可能含有机物质。

锚需抵抗的力是多少?

$$\Delta W = W_w - W_s \quad (23-1)$$

其中,

$W_w = 2.881$ kips/ft = 单位罐长的上浮力,
$W_s = 2.579$ kips/ft = 单位长度罐顶上的有效土楔(压载)(此时 $\theta_f = 45° + \varphi/2$),
$\Delta W = 0.302$ kips/ft(拟由拉条约束)。

对于这个 35 ft 长的储罐,
上浮力为 101 kips。
抵抗(压载)力为 90 kips。

忽略罐重和储罐端部的土楔,锚的抵抗力为 11 kips。

[例 2]

工程师使用滑移面坡度为 2∶1 的普通土楔进行颗粒状埋设土壤的大多数分析。在例 1 中,假设使用有效(浮)容重的普通土楔,

$W_w = 2.881$ kips/ft = 单位罐长的上浮力,
$W_s = 2.257$ kips/ft = 罐顶上的有效普通土楔(压载),
$\Delta W = 0.624$ kips/ft(拟由拉条约束)。

上浮力为 101 kips。
土楔抵抗力为 79 kips。

忽略储罐端部的土楔,拉条约束的总上升力为 22 kips。由于使用保守假设,特别是对于普通土楔,保守分析(22∶11)是合理的。图 23-1 所示为从储罐起拱线到地表的土滑移面。试验表明,靠近储罐的"平面"较为完善,但地表的并不完善。事实上,"平面"可能更接近于一个螺旋形圆筒,在地表上所示的出露宽度为 15 ft。对于普通土楔(2∶1),地表出露宽度为 13.5 ft。忽略管道上的土壤剪应力和罐重,不考虑土壤液化。如果存在土壤液化的可能性,则需要考虑上浮。

土壤承载

如果工人在泥浆上行走时陷入泥浆中,土壤承载力可能比土楔的抗浮更接近临界值。工人鞋印上的压力约为 2 ksf。就像工人的脚会陷进泥里一样,浮着的储罐也会从泥里浮起。假设土壤的上下承载力相同。

[例 3]

在前例中,假设土壤状况较差,承载力仅为 250 lb/ft²。土壤阻力为 $W_s = $ (92D 罐径)(250 lb/ft²) $= 1.917$ kips/ft。忽略罐重,

$W_s = 1.917$ kips/ft,
$\Delta W = 0.964$ kips/ft(拟由拉条约束)。
上浮力为 101 kips。
土壤抵抗力为 67 kips。

锚上总作用力为 35(0.964) = 34 kips。四条拉条中每条作用力为 8.5 kips。

拉条设计

继续上例的分析，初试时使用两条由 0.25×1.25 热轧钢制成的吊索（四条拉条），屈服强度为 42 ksi，允许应力为 21 ksi，见图 23-2。如果四条拉条中每条的作用力为 8.5 kips，则每条拉条产生的应力 $\sigma = 27$ ksi，这是过高的。应谨慎增加拉条尺寸或数量。试试四条 0.25×1.75 的拉条。应力为 $\sigma = 19.4$ ksi。这是可以接受的，除非紧固件为临界状态。如何将拉条拴固在板上？拉条如何拴紧？需要多少预应力？储罐有上浮趋势时，预应力减少土壤滑移程度。但预应力可能会导致罐底出现平点。预应力由于"紧箍"而在储罐上产生剪应力。对于双剪力（拉条两侧），罐壁的剪应力为

$$\tau = T/tD \quad (23-2)$$

其中，

$T = 8.5$ kips（拉条张力）；
$D = 92$ in；
$t = 0.187$ = 罐筒壁厚（假设为薄壁）。

代入数值，$\tau = 494$ psi。即使预应力是剪应力的两倍，也不可能发生破坏。

下一个问题是用拉条固定储罐时产生的弯曲引起的纵向应力，特别是接头处。假设拉条暂时位于距 35 ft 长储罐末端 7 ft 处，见图 23-2。从上述土壤承载情况来看，如果产生的上举力为 $\Delta W = 964$ lbs/ft，则弯矩图中在 B 处为最大值，其中 $M = 23.62$ kip·ft。最大纵向应力 σ 出现在 B 处的罐顶和罐底，其中，$\sigma = M/(I/c)$。

$$\sigma = M/(I/c) \quad (23-3)$$

代入 $I/c = \pi r^2 t$ 等数值；纵向应力为 $\sigma = 230$ psi。除非 B 附近的环形焊缝质量差，否则纵向应力无关紧要。

由于土壤与结构之间的相互作用是一个复杂多变的过程，因此安全系数至关重要。前例忽略了储罐端部的土楔。它们应该加以考虑吗？如果图 23-1 中的土楔不是真楔，而是在螺旋的短凹段向上弯曲，则可能不用考虑土楔。如果颗粒状土壤松散，则螺旋的可能性更大。如果土壤是塑性土或含有超过 10% 的细土，则可能是临界承载力。承载力必须抵抗平板（或锚桩）上通过土壤向上"拉"

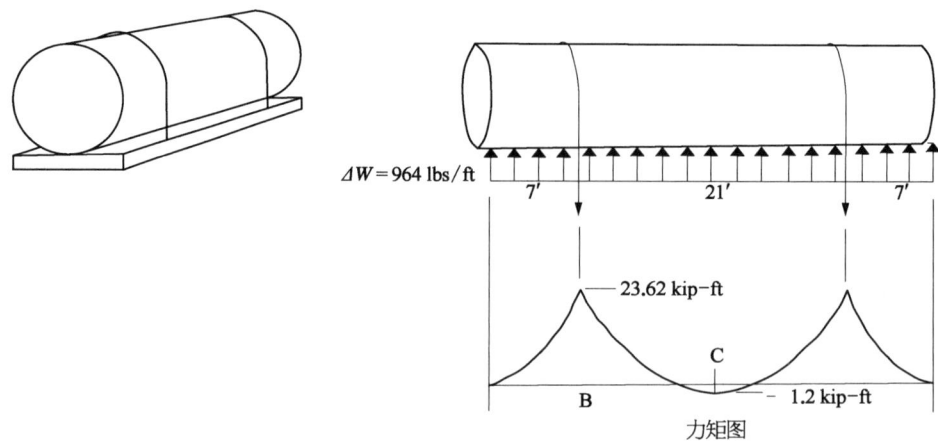

图 23-2 1.2 万加仑的 92D 储罐栓固在下方平板上，显示净上升力 ΔW、栓固拉条的初试位置以及弯矩图

的垂直力。对于细土含量小于 10% 的颗粒状土,承载力超过 2 kip/ft², 具体取决于土壤的压实度。塑性土壤或含有高比例细土或有机质的土壤的承载力可能较小。

锚设计

锚可以是岩石锚杆、混凝土板、钢筋混凝土梁(锚桩)等。下面会讨论板和锚桩。典型板是钢筋混凝土板,宽度和长度与储罐差不多,最小厚度为 8 in, 见图 23-3。锚桩可由两根或两根以上的横梁组成,梁上放置储罐。更常见的是两根纵梁组成的锚桩,如图 23-4 所示。

压紧能力是指锚桩(或板)的有效重力加

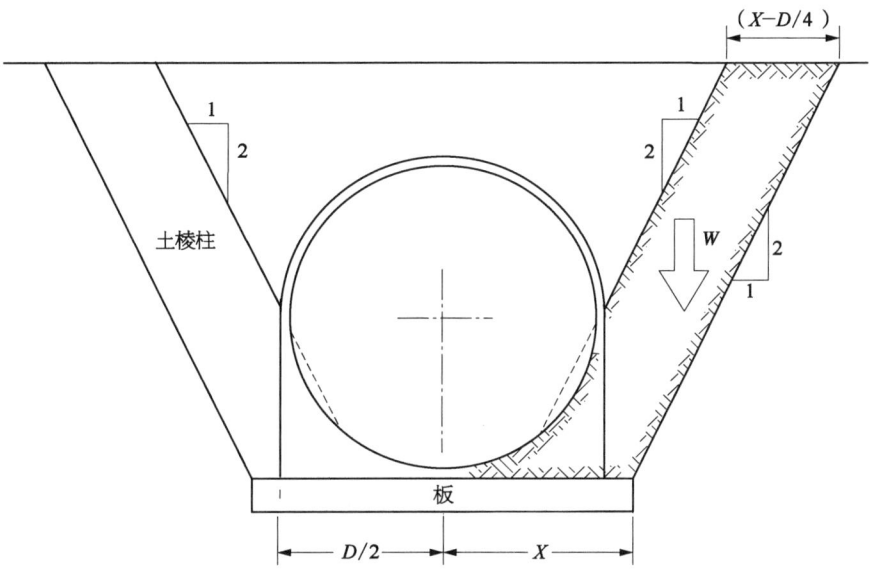

图 23-3 拉条栓固在板上,显示土棱柱(虚线部分)有助于抵抗拉条的上举力。拉条的总抵抗力等于板和土棱柱的有效(浮)重力

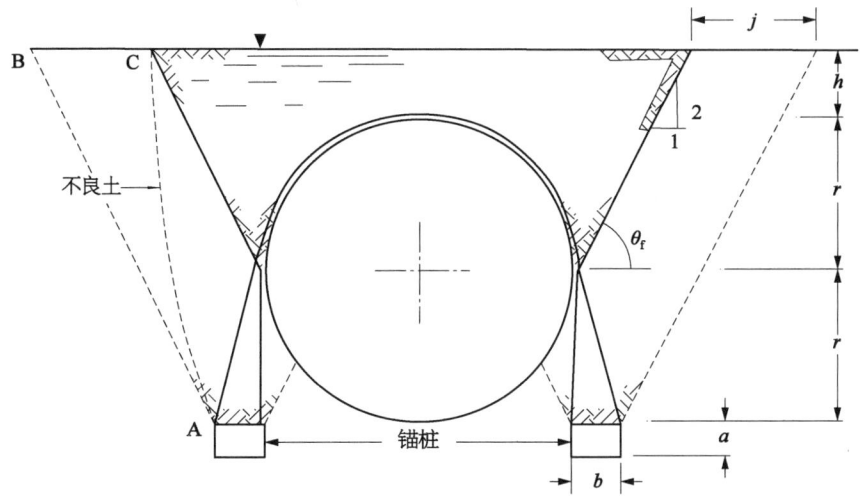

图 23-4 拉条栓固在纵向锚桩上,(虚线)显示非精选土壤的棱柱剪切面 AB 和螺旋剪切面 AC

上土壤阻力—土楔的有效重力(在这种情况下,为土棱柱)或土壤承载力。以下是分析过程。

土棱柱

剪切面为2∶1时,板抬升的土重为棱柱体积(图23-3中虚线部分)乘以土壤有效容重。假定土壤为颗粒状并压实。

[例]

土楔分析

以1.2万加仑储罐为例,直径$D=7.667$ ft,长度$L=35$ ft,覆土厚度$H=2$ ft。根据上例,埋设土壤的有效容重为58.4 lb/ft^3。抗浮安全系数是多少?

尝试按板进行分析,见图23-3。

$L=35$ ft=长度,

$2X=8$ ft=宽度,

$t=8$ in=厚度。

8×35 ft板应加钢筋,使其能够抵抗拉条的集中力。求四条拉条对张力的反作用力。两个土棱柱的体积各为704 ft^3。两个棱柱的有效重力为$2\times704\times58.4=82$ kips。这个重力加到位于储罐之上的普通土楔的有效重力79 kips之后,抗浮力为161 kips。由于上浮力为101 kips,抗浮安全系数为165/101=1.6。

尝试用纵向锚桩进行分析,见图23-4。假设锚桩和储罐的长度相等,即35 ft,且,

$a=12$ in,

$b=12$ in,

$r=46$ in,

$h=24$ in,

$j=35$ in$=(b+r/2)$,

$\gamma=58.4$ pcf=前例中土壤的有效(浮)容重。

各锚桩抬升的土棱柱面积约为$j(2r+h)=28.2$ ft^2。各棱柱长35 ft。因此,各棱柱体积是987 ft^3。各棱柱的有效重力为115 kips,两根棱柱则加倍。但在不太理想的埋设土壤中,土壤剪切面并非平面AB,而是更接近螺旋形的AC,这种情况下,抬升的体积约为棱柱的一半。因此,锚桩抬升的土壤总有效重力为115 kips。这个重力加到位于储罐之上的土楔的有效重力79 kips之后,抗浮力为194 kips。储罐的上浮力为101 kips。抗浮安全系数为$194/101=1.9$。

土体承载分析

如果饱和土体状况较差,导致工人陷入泥里,储罐和锚桩(或板)可在泥中向上浮起。假设泥浆的承载力为250 lb/ft^2。

尝试按板进行分析。

如果板长35 ft,板宽8 ft,土壤承载力可在一半的面积上发挥有效抵抗作用。8 in厚混凝土板的浮重加上81 pcf,拉条的抗张力为$(4\text{ ft})(35\text{ ft})(0.25\text{ k/ft}^2)+8(35)(2/3)(0.081)\approx35+15=50$ kips。覆土的抵抗力为$(8\text{ ft})(35\text{ ft})(250\text{ lb/ft}^2)=70$ kips。两者之和是120 kip。上浮力为101 kip。抗浮安全系数为$120/101\approx1.2$。如果存在土壤液化的可能性,则应谨慎指定精选埋设土壤。

尝试按两根纵向锚桩进行分析。

如果锚桩长35 ft,横截面积为1 ft$\times$1 ft,则土壤承载力加上锚桩的浮重为$2(35)(0.250)+2(35)(0.081)=23$ kip。向覆土增加70 kips的抵抗力后,总抵抗力为93 kip。上浮力为101 kip。空罐会浮在泥里。

从经典土壤承载原理反向入手,这也是一种可能的锚桩抵抗力分析方法。当锚桩升起时,顶部形成土楔,一般剪切力将土壤向外挤出。详细解释见土力学章节。锚桩一路"犁"过土壤。

练习题

一个2万加仑的钢罐,直径9 ft,长42 ft,埋在 $H=2$ ft 的颗粒状土壤下。采用拉条和 9 ft×42 ft×9 in 厚钢筋混凝土板设计,以防在安全系数为1.2时上浮。储罐为空罐时,地下水位有可能到达地表。假设淹水土壤的有效容重为 60 lb/ft³。如果允许抗拉强度为 20 ksi,钢拉条的数量和尺寸必须是多少?如果混凝土容重为 142.2 lb/ft³,为了防止上浮,板厚必须是多少?(混凝土的淹水容重是多少?)

第 24 章
埋地管道及储罐泄漏

埋地构筑物的性能极限是过度变形。这类变形的现象之一就是泄漏。泄漏不仅会导致产品丢失,而且可能使土体(或产品)受到污染。大规模的泄漏形成过山坑,造成过山体滑坡。漏油、漏气和火灾都可能是燃料管线和燃料罐泄漏的后果。

由于在垫片连接接头处采用夹紧垫片或轧制垫片或垫片下方存在砂粒,可能会发生泄漏。泄漏可能会通过裂纹出现。高压管线中的泄漏是一种流体喷射现象,可将砂子反冲到管道上,对管道进行喷砂,从外部磨穿管壁,导致爆裂。由于圆筒与埋设土体接触,圆筒变形伴随着土体移动,包括土体滑移或压缩。土体为竖向荷载和圆筒提供支承。但如果未谨慎铺设良好土体,就像不合脚的鞋,会对圆筒产生应力。埋地管道和储罐的安装人员应采用尽可能减少圆筒变形的工艺技术。安装人员的跟踪记录很重要。一些埋地油罐公司现在对安装人员有证书要求。

储罐焊缝

如果经过压力测试的圆筒在埋地后发生泄漏,则泄漏可能由焊缝变形(如平点或杠杆铰)引起,见图 24-1 和图 24-2。导致焊缝断裂的通常是局部变形,一般发生在圆筒中。管道和储罐的分析类似,但由于储罐更复杂,以下示例以储罐为主。

如果性能极限是塌陷,则封头会使壳体

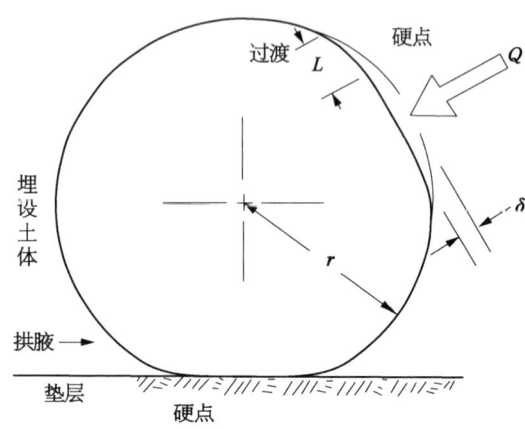

图 24-1 埋设土体中硬点引起的柔性环反应(压扁)

变得足够坚硬,所以罐壁通常比管壁薄。因此,在相同的埋设条件下,与管道相比,罐壳对非均布荷载引起的局部变形更敏感。

比较罐壳和管道的敏感度需要模型和原型的相似性。这样才有可能去对比等效变形状态下的压力。此类压力与敏感度测量相反。令储罐作为原型,管道作为模型。基于模型管道经验,相对敏感度可显示出原型储罐在搬运和安装过程中所需的防护水平。

相似性

将变形方程式用无量纲 π 项表示,然后令相应的壳体和管道 π 项相等,得到相似性,见附录 C。导致临界变形的压力是以下相关基本变量的函数。

基本变量:

P——储罐外部压力,

Q——储罐外力,
δ——任何和所有挠度或位移,
S——壁屈服强度,
E——弹性模量,对于钢材,$E=30\times 10^6$ psi,
D——平均直径,
r——半径,
w——榫接头搭接宽度,
x——从最大曲率半径到最小曲率半径的过渡长度,
I——壁横截面的惯性矩,对于光面壁罐筒,$I=t^3/12$,
L——储罐长度,
t——壳体厚度,
V——封头剪切力,
σ——法向应力,
τ——剪应力,
υ——泊松比 $=0.25$(钢材)。

下标 r 指模型与原型的比值。

相关无量纲 π 项包括:

(P/E)——外部压力项,

(δ/t)——变形量项,

(r/t)——环柔韧性项,

(L/r)——储罐长度项,

(r_r)——平点或不圆处最大半径与最小半径之比,

$(1-\upsilon^2)$——15/16=泊松项,其中

υ——泊松比(设为 1/4),

(d)——环挠度 = 竖向直径减小量与原始直径之比。

以下是两种情况下原型钢罐和模型管的敏感度:无土体支承和有土体支承。

I. 无土体支承

变形是在均匀外部压力下发生塌陷。经典方程式包括:

储罐:

$$(P/E)(L/r)(r/t)^{5/2}=0.8/(1-\upsilon^2)^{3/4}$$
$$=0.84 \quad (24-1)$$

管道:

$$(P/E)(r/t)^3=1/4(1-\upsilon^2)=0.234 \quad (24-2)$$

波纹管:

$$(P/E)(r^3/I)=3/(1-\upsilon^2)=3.33 \quad (24-3)$$

[例 1]

某一钢罐的 $L/r=42$ ft/4.5 ft,$r/t=54$ in/0.187 5 in。其塌陷压力与 $r=78$ in 且 $I=0.938$ in^4/ft 的波纹钢管进行比较。相对敏感度是多少?即塌陷时的压力 P_r 之比。根据方程式(24-3)和(24-1)的商,$P_r=8.24$。管道塌陷时的压力是储罐塌陷时压力的 8 倍。在没有土体支承的情况下,原型储罐的塌陷敏感度是管道的 8 倍。储罐封头贡献了高刚度,但良好的埋设土体是必不可少的。

II. 有土体支承

敏感度是土体中的一个硬点引起的环变形,见图 23-1。根据附录 A,局部环变形的形式为 $\delta=kQr^2/EI$,其中 Q 是集中力,k 是常数,r^2/EI 是柔韧性系数(AISI,1994)建议的具有上限的处理系数。在无量纲参数中,$\delta/r=k(Qr/EI)$。在上述例 1 中,模型和原型的 δ/r 值相等时,原型和模型的荷载比为 $Q_r=I_r/r_r=68$。储罐对埋设土体中硬点的敏感度是管道的 68 倍。架子不能靠在储罐上。垫层必须均匀。

埋地储罐的大多数结构性泄漏由焊缝变形引起。在均匀内部压力或外部压力下,

环形焊缝必须抵抗纵向应力,但纵向应力仅为周向应力的一半。对接焊缝的弹性几乎与母材一样大,并且能够承受变形,但价格昂贵。因此,纵向接头常使用榫接头,一般仅焊接在外部,见图 24-2。如果缝隙未严重变形,则此类焊缝足够。焊缝变形时,会出现三种可能导致焊缝断裂的情况:杠杆、剪切和空隙。

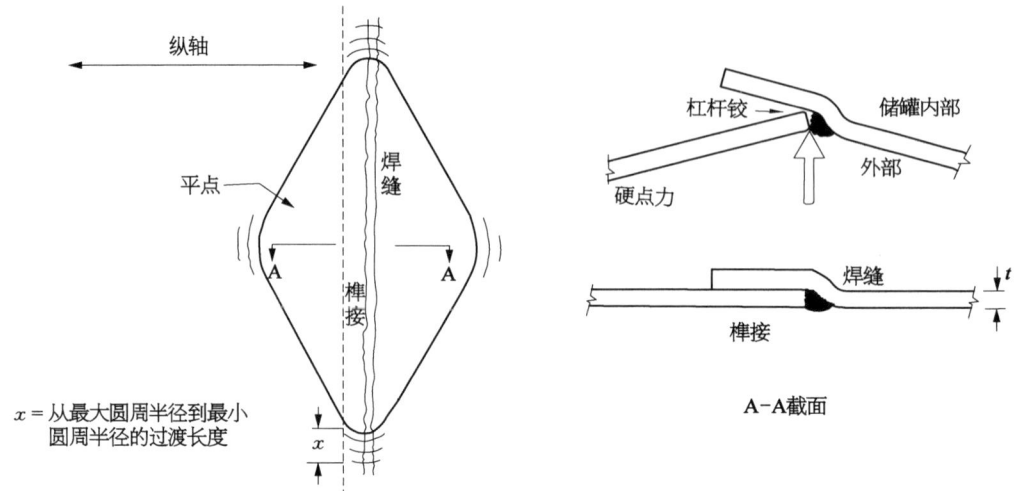

图 24-2 榫接焊缝,显示引起铰形成和旋转的外力导致的纵向杠杆作用

杠杆—榫接头上的硬点力导致形成杠杆铰,如图 24-2 所示。试验中,1/4 in 钢制榫接头,用 E-6024 焊条焊接,作为 3 in 跨度的简支梁;当跨中的线性力达到每英寸焊缝 230 lb 时,焊缝断裂。应力集中在焊缝的拐角处,易受杠杆影响,这是油罐泄漏的典型原因。

剪切—筒体变形时,筒壁中性面上产生周向剪应力 τ。如果壁厚加倍,变形量不变,则剪应力加倍。在榫接头中,焊缝剪切力增加得更多。对于图 24-3 中的典型榫接头,

$$\tau = Ewt^2(1/r_0 - 1/r)/2bx \quad (24-4)$$

其中 x 是最小曲率半径到最大曲率半径的过渡长度。这种过渡通常表现为局部卷曲,其长度 x 在平点端部非常短,为 1 英寸或两英寸。

[例 2]

钢罐的榫接处有一个平点。焊缝的剪应力是多少?剪切屈服应力通常约为 20 ksi。

已知:

$E = 30(10^6)$ psi,

$w = 1$ in = 榫接头插口进入承口的最小

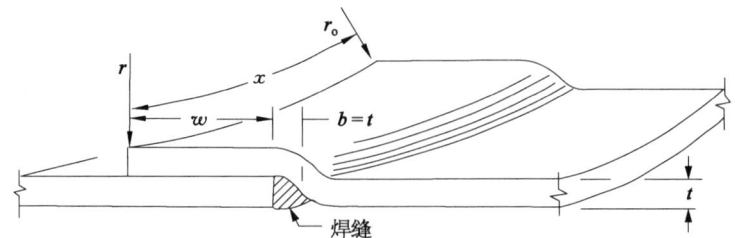

图 24-3 榫接,x=最小半径 r_0 到最大半径 r 的过渡长度

建议穿透度，

$t=0.187\,5$ in(3/16 in)，

r_o——原始曲率半径，$=54$ in(最小值)，

r——平点处的无限距(最大值)，

x——最小半径到最大半径的过渡长度。

数值代入方程式(24-4)，$\tau=52$ kips/x(in)。如果过渡长度 $x=2.5$ in，则焊缝剪应力为 20 ksi(剪切屈服应力)。对于 3/16 钢材，x 小于 2.5 in 的可能性更大。在这种情况下，如果超过其延性极限，则焊缝会屈服且可能开裂。

如果"平点"不平，但曲率半径是原储罐半径的两倍，则剪应力为 $\tau=26$ kips/x(in)，等于平点应力的一半。如果曲率半径反转，则焊缝剪应力较大。平点端部的曲率半径小于原始半径。因此，实际剪应力大于上述值。

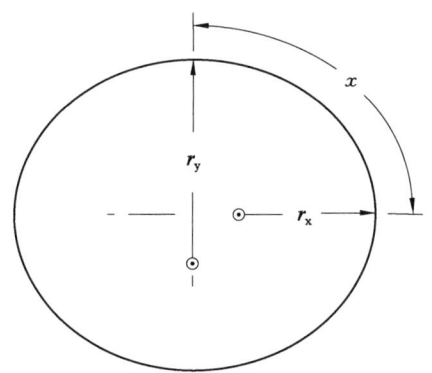

图 24-4　柔性环，环埋于均匀土体中时，基本挠曲形式为椭圆形

如果环挠曲成椭圆形，见图 24-4，

$$\tau=(Ext/\pi r)(1/r_\mathrm{x}-1/r_\mathrm{y})$$
(24-5)

其中最小和最大曲率半径为

$$r_\mathrm{x}=r(1-d)^2/(1+d)$$

$$r_\mathrm{y}=r(1+d)^2/(1-d) \quad (24-6)$$

代入例 2 的值，屈服时的环挠度为 76.8%。显然，某些小椭圆环挠曲并非产生焊缝剪切裂纹的原因。需要注意的是，壳体的环挠曲会诱发其他并发情况，如封头剪切(剪断)和反曲可能性增加，这两种情况都可能导致焊缝开裂。分别在"封头剪切"和"反曲分析"部分进行分析。

空隙—形成榫接头时，罐体一端变形为直径较小的插口，从而能够插入对接罐中，见图 24-5。这个过程一般会留下如图所示的空隙。当土体中的一个硬点使环变形时，硬点下方的空隙呈缩窄趋势，其他位置的则变宽。空隙扩大可能会使焊缝开裂，或至少会使半径变化引起的剪应力产生复合影响。比所示椭圆环更糟糕的是，平点卷曲端出现空隙累积，这里也是剪应力最大的地方。一旦焊缝开裂，裂纹便会蔓延扩张。同时，如果有一个硬点抵住榫接罐，而不是对接罐，裂纹往往会张开。无论哪种情况，裂纹都会变宽，泄漏量也会增加。

为了尽可能减小空隙的影响，典型标准要求榫接插头的外周长比对接承口的内周长小 1/32 至 3/32 in。如果接头采用连续焊接，未先用垫片(或螺丝刀)对空隙进行"定位点焊"或"楔固"，即使是 3/32 in 的差异也会导致空隙累积。有时会在大空隙中"加入嵌条"，即在焊接之前，用一根钢筋填充部分间隙。应避免塞焊。

储罐的安装人员，特别是长储罐，应尽量避免埋设土体中出现可能导致罐内出现平点的硬点。必须整平垫层并小心地将埋设土体置于罐腋下，以限制储罐的纵向挠曲。平坦坚硬的垫层、埋设土体内的岩石、冻土和拱腋下的松散土体都会在罐壳中形成平点。

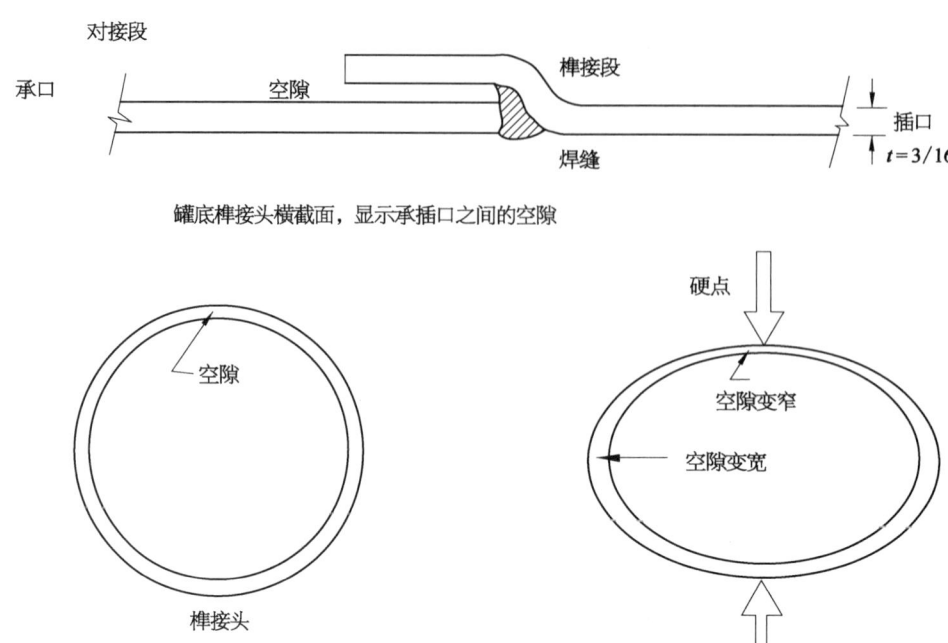

图 24-5 罐内榫接,显示硬点下方的间隙缩窄及埋设土体中软点处空隙变宽的过程

宽空隙也容易在连续焊缝末端积聚

反曲分析

关于平点的一个主要问题是反曲的可能性。保守分析中,平点是一根两端固定的梁,见图 24-6。最大弯矩出现在端部,对应 $M_{max}=PL^2/12$。但在塑性铰形成时,$M=3SI/2t=St^2/4$。进行等化,

$$(L/t)^2 = 3S/P \quad (24-7)$$

根据图 24-6 的几何结构,

$$(L/t) = (D/t)\sin(\theta/2) \quad (24-8)$$

其中 θ 是塑性铰之间平点的弧角。消去两个方程式之间的 L/t,代入已知值 S,得出压力 P 是角 θ 和环柔韧性(D/t)的函数。

图 24-7 所示为 $S=36\,\text{ksi}$ 的钢筒解图。分析属保守分析,因为忽略了土体支承。即使"平点"并非完全平坦,但也忽略了圆筒顶部的土拱作用。需要注意的是,当 D/t 降低时,反曲处的压力 P 增加。光面管的一般上限为 $D/t=288$。砂浆内衬管的上限通常不超过 $D/t=240$。需要注意的是,角 θ 随 D/t 的减小而增大。随着 θ 的增大,土体支承力增大,但梁分析不具备精确性。梁反曲模型在 $\theta=45°$ 的大致范围内是足够精确的。此外,由于土体支承和管顶土拱作用,稳定性分析更具相关性。

封头剪力

封头使壳体变硬,但在土荷载作用下,当封头像剪断机一样向柔性壳剪下时,也会引起封头剪力。壳体在回填土荷载作用下易发生挠曲。但封头仍然为圆形。这会破坏罐底的头—壳焊缝,此处的封头剪力使凸缘(转向节)卷曲,焊缝开裂,如图 24-8 所示。如果

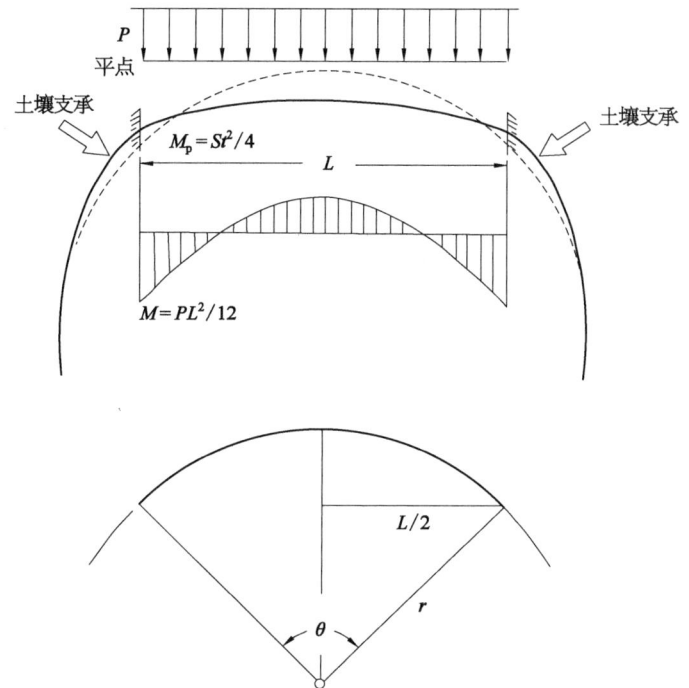

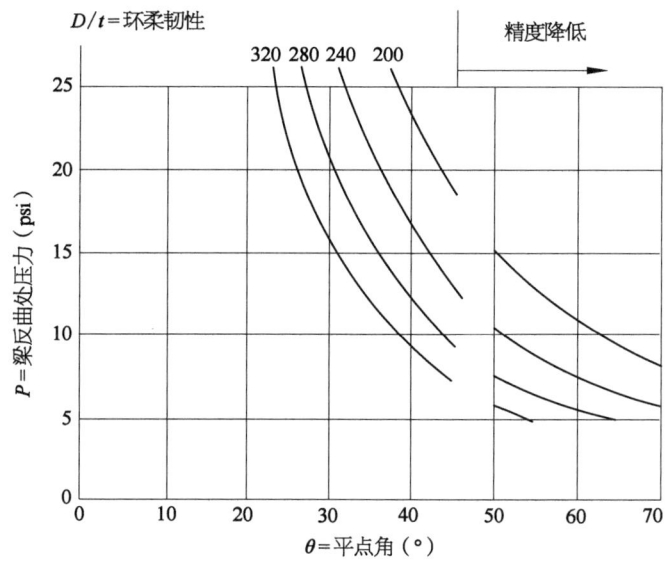

图 24-6 柔性圆筒中平点(放大)的梁分析模型,显示弯矩图和几何结构

平点显示在圆筒顶部,但可能出现在任何地方,当平点确实出现时,通常位于底板处

图 24-7 钢筒上平点的梁反曲处压力,作为环柔韧性 D/t 和平点角 θ(梁长)的函数

接缝为榫接缝,则可能形成杠杆铰。为了进行分析,每个封头上的有效剪切荷载等于作用于储罐直径乘以约为一个直径的纵向长度的面积上的土压力 P。$P = P_d + P_1$,其中 P_d 为静荷载压力,P_1 为活荷载压力。剪切荷载为

$$V = PD^2 \qquad (24-9)$$

壳下形成反作用力。如果侧填土竖向压缩,则壳体挠曲,封头向下剪切壳体。分析应当考虑焊接强度和凸缘的抗弯性。封头和壳体的挠曲使凸缘弯曲,加剧了焊缝的破坏程度。90°凸缘角在底板处弯曲(减小)最明显,此处的封头剪力最大。

[例 3]

以钢罐为例,$D = 9$ ft,$L = 42$ ft,$t = 3/16$ in。覆土厚度为 3 ft,容重为 120 pcf 时,封头和壳体之间的剪切力 V 是多少?根据方程式(24-9),$V = 29.16$ kip,足以扭曲 3/16 厚的转向节和焊缝。

根据现场经验,封头的第一个接头处也有剪切荷载 V。钢制油罐的多数泄漏都发生在这个接头底部的裂纹处。第一个和第二个罐体之间的接合处没有封头提供的强度。但它可能要承受大部分剪切力 V。

注意事项

为避免焊缝开裂,应注意以下事项:

1. 小心搬运和安装,避免出现平点。
2. 埋设土体压实良好,在预期荷载下不会压缩或滑移。
3. 焊缝质量良好,具有足够韧性,在轻微变形下会屈服,但不开裂。
4. 控制内部真空度和外部高地下水位。

防止或减轻泄漏的额外保护措施包括:

1. 使用双密封罐或涂层罐。
2. 建立嗅探系统,例如在产品罐和双密封罐之间开一个通风口。
3. 仔细监测内容物,以发现任何损耗情况。
4. 在任何可能泄漏羽流的路径上安装传感器设备。
5. 控制地表荷载和高地下水位。

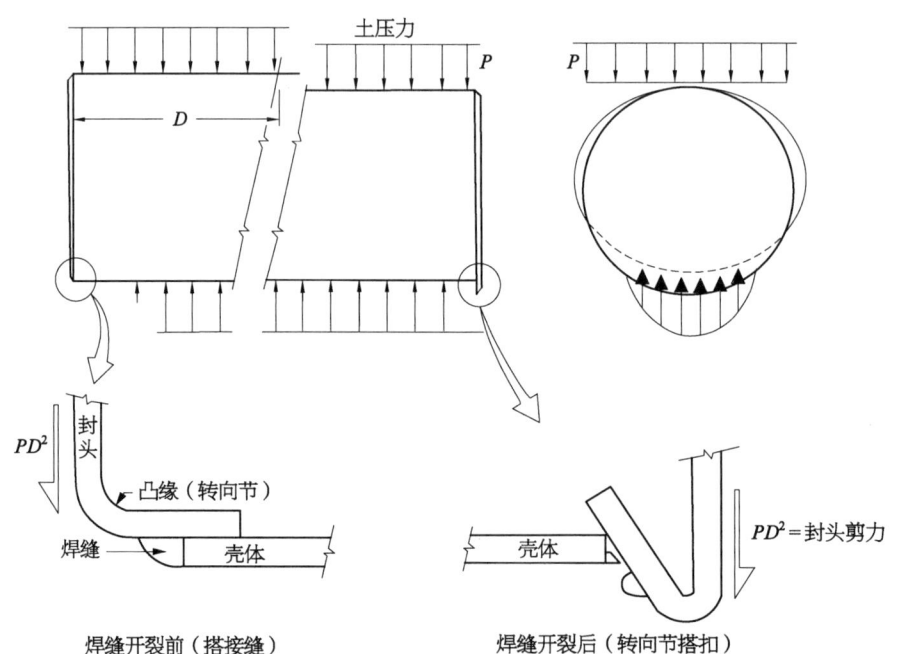

图 24-8　坚硬封头向下剪切柔性壳体导致的环形焊缝破裂

钢罐标准要求至少有 1.5 in 的凸缘和 0.5 in 的穿壳长度

纵梁作用

纵梁作用会增加焊缝中的应力,见图 24-9。最常见的不良情况是两端有简支但未加垫层的储罐底部出现张力。在接近中段的底部可能出现开裂焊缝。受力分析是求梁中段最大应力和挠度的标准程序。图 24-9 亦显示了栓固处的集中反作用力,导致洪涝期间罐顶和罐底产生纵向应力。具有单面焊接头和集中反作用力的长储罐最有可能发生焊缝开裂。

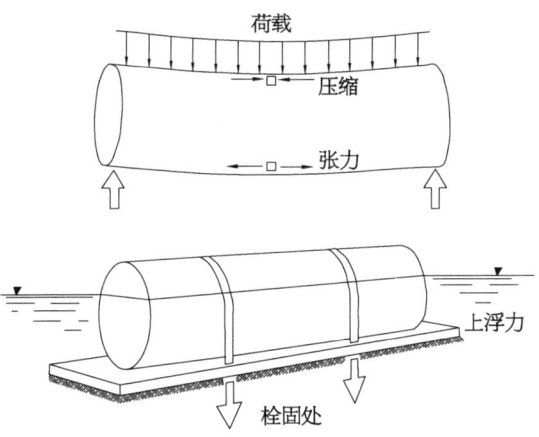

图 24-9 由高地下水位或洪水引起的储罐两端(罐顶)和栓固处(底部)集中支承产生罐内纵向应力的典型条件

泄漏试验

在储罐掩埋之前,通常进行出厂前泄漏试验。其中一个试验是内部压力试验,试验压力一般为 5 psi 或 6 psi。试验时关闭压力阀,在规定的时间内(以分钟计)监测罐内的压力。压降是测定泄漏量的一种方法,可作为指定允许泄漏量的依据。将肥皂水倒在储罐上,便可根据肥皂泡找到泄漏的地方。但是,内部压力试验并不表明储罐耐真空。真空试验更能确定储罐的耐真空性(外部压力)。真空试验可以测定泄漏量。

安全系数

风险分析经常忽略泄漏时间。埋设土体的压缩和固结可能随时间推移而增大。例如,如果交通运输荷载加剧侧填土压缩,则储罐的环挠曲值增加(梁的挠度也可能增加)。应力会一直增加,直到焊缝在未来某天断裂,通常伴随着"砰"的一声。安全系数还应考虑评估侵入安全裕度(安全区)的可能性。一旦发生争议,安全区就像停火线一样。

它能隔开侵占物并容纳轻微侵占。法律风险以对安全区的侵占程度进行衡量。共同过失的裁决依据是业主、工程师、制造商、安装工等各方的侵占百分比。

规范(程序或性能)可确定各方的相关责任以及各方在安全区域内的风险。公众的关注加强了污染(特别是危险材料)控制的责任。例如,泄漏时间通常必须大于传统的 50 年使用寿命。泄漏羽流的控制和污染排除规程成为重点。

管道泄漏

管道中常见的泄漏现象如下。

刚性管

刚性管对水锤、垫片处泄漏和管段移动较敏感。

1. 水锤

如属脆性管,水锤会引发纵向裂纹。如果水锤重复发生,分析以疲劳强度为主。疲劳分析见有关材料强度的章节。

2. 垫片

高压管道中垫片的微小泄漏最终会导致严重破裂。轧制垫片可能会从接头("鱼口")处爆裂,发生泄漏。垫片下面的砂会导致泄漏。开裂承口可能导致通过垫片泄漏。起初渗漏量很小,但之后会使土体饱和。高压射流的湍流沿管道产生旋涡,从外到内对管道"喷砂"并磨损管道,直到出现大范围泄漏。试验表明,喷砂泄漏的规模以指数率增大。应及时监测管线情况,尽快查明此类泄漏。

即使埋设土体使用精选砾石,管顶的泄漏也会将回填土中的颗粒冲刷到埋设土体中,颗粒陷入射流湍流中,进而对管道喷砂。

3. 管段移动

刚性管段通过垫片连接。长度较短。如果管段偏移错位,侧填土必须起到止推作用。侧填土被泄漏物冲走,或在饱和时失去支承强度时,就会出现问题。

[例]

石棉水泥(AC)管线呈圆曲线。位于精选垫层材料上,但侧填土和回填土使用风成粉砂。防止接头脱离的安全系数是多少?安全系数等于侧填土强度除以圆曲线上两个相邻管段的侧向推力,见图 24-10。

管道:

L——管段节距 $=13\ \text{ft}$,

ID——内径 $=24\ \text{in}$,

t——壁厚 $=3\ \text{in}$,

R——曲线半径 $=457\ \text{ft}$,

P'——内部压力 $=350\ \text{psi}$,

z——外半径 $=1.25\ \text{ft}$,

Q——推力。

土体:

P——管上土压力,

H——覆土厚度 $=1.75\ \text{ft}$,

γ——土体容重 $=100\ \text{pcf}$,

σ_f——平均水平土体强度(饱和并承载 $3\ \text{ft}$ 覆土)$=400\ \text{psf}$,

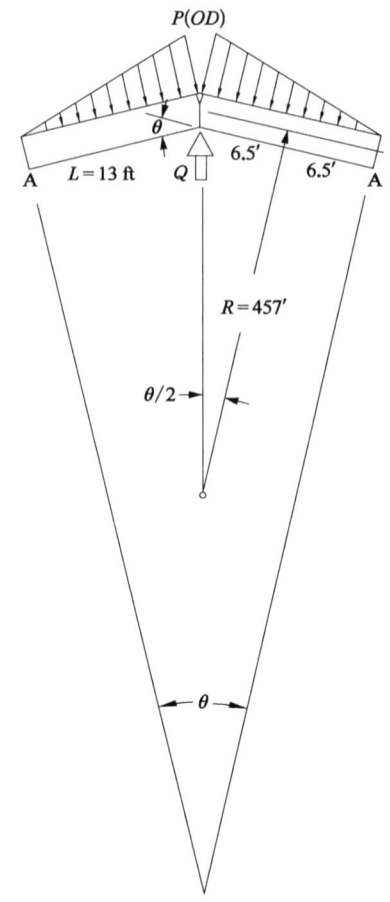

图 24-10 垫片连接压力管道中错位偏移角为 θ 的相邻管段;显示推力 Q 和近似土体阻力 $P(OD)$

安全系数为 $sf=\sigma_f/P$。

根据三角学,角度 $\theta=1.63°$。

根据第 15 章,推力为 $Q=4\ \text{kip}$,必须由所示的两个 $P(OD)$ 抵抗。取点 A 的弯矩,$P=3Q/2L(OD)=416\ \text{psf}$。由于土体强度为 $400\ \text{psf}$,安全系数略低于 1.0。破坏处于初期阶段。

在本例中,有两种可能的破裂原因:喷砂和相邻管段的移动。需要注意的是,根据平面图,角度 $\theta=1.63°$。但管线中的某些安装角度偏移可能更大。

柔性管

当管道发生径向或纵向挠曲时,柔性管

中的泄漏会发生在焊接接头处。以钢管为例。钢管柔韧,强度高。钢管通常用于高压输送。焊缝处的应力集中源会导致开裂。典型应力集中源之一是上文有关刚性管段的内容中提到的角度偏移。焊接钢管中偏移角的示例是斜接接头。图 24-11 是一个放大的斜接接头。由于管内的压力 P',$Q = 2P'\pi r^2 \sin\theta$。由于流向改变,冲量 Q_i 相对较小,可忽略不计。管内平均纵向应力为 $Pr/2t(\sin^2\theta)$。水力设计的偏移角上限为 $15°$,以尽量减少湍流。Q 由管壁抵抗,管壁上的剪力 V 和推力 T 分量为

$$V = P'\pi r^2 \sin\theta\cos\theta = 0.406\ 6Pr^2(\theta = 15°\text{时}),$$

$$T = P'\pi r^2 \sin^2\theta = 0.053\ 5Pr^2(\theta = 15°\text{时})。$$

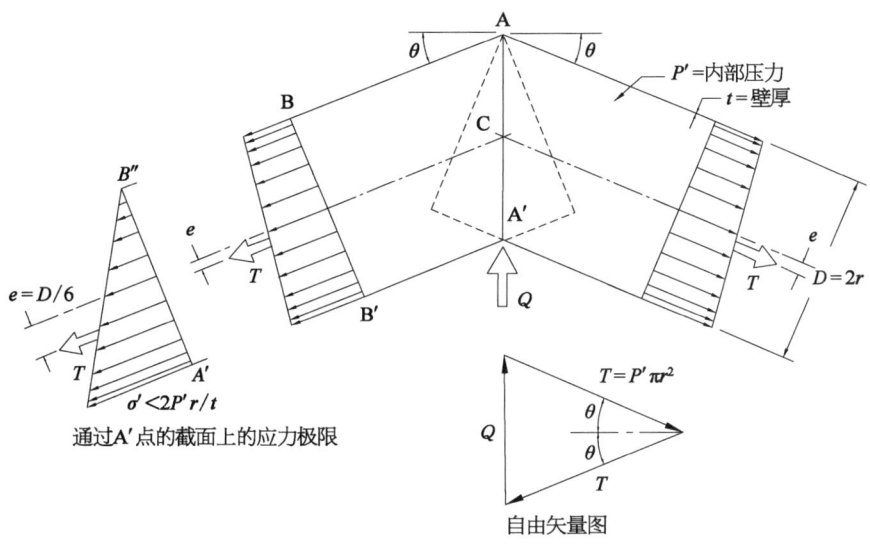

图 24-11 管道中斜接接头(弯头)的自由体受力图,显示弯头上作用力的自由矢量图和 A' 处的应力上限

如果是刚性管,则 T、Q 和 T 等作用力在 C 点同时存在,但钢管并非刚性管。纵向应变将使 BB' 略微旋转。旋转受到弯管一侧管道的限制。由此产生的弯矩为 Te,即管壁中的推力 T 乘以其相对于中性轴的偏移量 e。切口 BB' 向上移动至焊缝,使 B' 落在 A' 上时,出现最大值 e。此时纵向应力图呈三角形,最大应力在 A' 处,$e = r/3$,纵向应力是平均应力的两倍。因为弯管可以轻微变形,并且应力发散(圣维南原理),A' 处的纵向应力可能小于平均应力的两倍,但大于平均应力。这种理论未下定论,因为对于焊接质量良好的钢材,只要应变不接近 21%(伸长率),A' 处的屈服应力便不会导致断裂。

值得注意的是,由于接头处的斜切(斜接),环向强度缺失。环在图 24-11 用虚线表示的三角形内被切割。缺失的环向强度必须由接缝提供。如果管道是薄膜,则接缝上的合力将构成图 24-12 所示的应力三角形。大于屈服应力的环向应力会产生相似的应力分布。图 24-12 所示为一个 $30°$ 的斜角,对应的椭圆缝的椭圆度为 $d = 7.2\%$。每单位缝长的最大作用力为 $\max w = Pr\cos\theta$。这

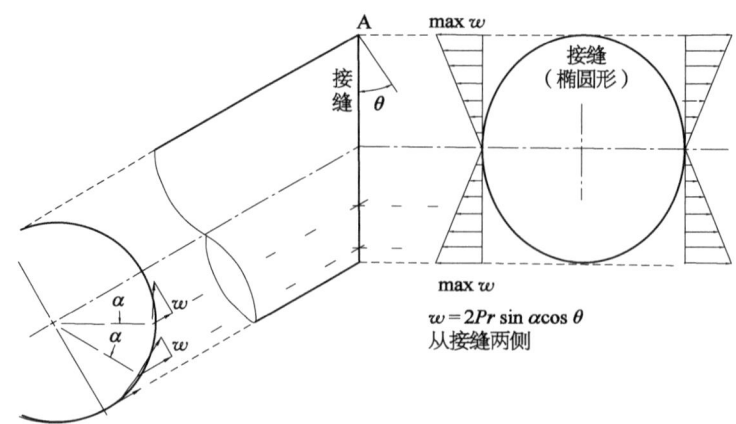

图 24-12　由于被切割完整圆环的强度缺失而在斜接接缝处产生的作用力 w
这是基于薄膜理论的保守分析。接缝上的加劲环可以抵抗这些力

是针对最不利情况的设计,因为管道不是薄膜。

当应力接近屈服应力时,接缝处的加劲环可抵抗 w-力。加劲环的作用类似 Y 形接头内的岔口板。环向应力小于屈服应力时,接缝本身提供了足够的加劲环。对接管壁相交于具有较大管环刚度的 V 型对接处。因为管道不是薄膜,所以管壁的抗剪强度能抵抗接缝上的大部分力。对于大多数斜接接头,如果角度偏移不大于 15°,管道设计人员会增加斜接管段的壁厚,并指定采用满对接焊。斜接接头在钢管中很常见。

搭接焊缝的强度小于钢管。来自 USX 的布洛背布罗(Brockenbrough,1990 年)对搭接接头进行了试验,报告了以下情况中的纵向强度:单面焊,管道强度的 75%,双面焊,管道强度的 83%。

这些百分比称为焊接效率。

参考文献

[1] AISI (1994), *Handbook of Steel Drainage & Highway Construction Products*, 4ed, American Iron and Steel Institute.

[2] Brockenbrough, Roger L. (1990), *Journal of Structural Engineering*, Vol. 116, No.7 July 1990 ASCE.

练习题

24-1　3/16 in 钢板的榫接头中焊缝挠曲对应的理论弯矩(抗挠曲)是多少?参见图 24-2 的杠杆铰。焊接强度为 20 ksi。

(117 lb)

24-2　假设有一个 42 ft 长的钢罐,直径 9 ft,壁厚 3/16,由七个 6 ft 长的罐体组成,罐体之间通过榫接头连接。钢罐下放入一个开挖口,放置在储罐端部的预整平木料上。土体采用后倾法倾倒(松散埋设土体)。考虑到土体支承力不足,焊缝断裂时的覆土厚度是多少?焊缝的拉伸屈服应力为 20 ksi。土体容重为 100 pcf。内容物(汽油)的容重为 42.4 pcf。钢材的容重为 490 pcf。

(11.2 ft)

24-3　如果在储罐各端用两条 12 ft 的拉条将储罐栓固,在回填之前将空储罐浸入水中(洪水),则问题 24-2 中的焊缝最大应力是多少?

(780 psi)

第 25 章
大 跨 度 结 构

"大跨度"一词指大直径波纹钢管。非圆形"管道"比圆形的更常见。最常见的形状有管拱形、水平椭圆形、低轮廓拱形、高轮廓拱形、地下通道形和倒梨形,用于小型桥梁和立体交叉结构中。该结构由现场螺栓连接的波纹钢板(结构板)组成。该类结构特征是半径较大,因而管环柔性低。此外,由于钢板是通过螺栓连接,因此管环柔性小于美国钢铁协会《排水和高速公路用钢结构产品手册》中所列的理论值。现场试验表明,实际管环向刚度约为理论值的80%。

对于标准波纹圆钢管的搬运和安装,建议采用最大柔性系数 FF,即,

$$FF = D^2/EI \quad (25-1)$$

其中,

E—— 弹性模量 $= 30 \times 10^6$ psi;
D—— 直径,即水平跨度(in);
I—— 管壁惯性矩(in^4/in)。

根据 AISI 手册,普通安装的最大 FF 建议值为:

$FF = 0.043\ 3$ in/lb,适用于工厂制造的铆接、焊接或螺旋缝管道。

$FF = 0.020\ 0$ in/lb,适用于带螺栓缝的现场组装管道。

尽管现场组装管道的最大 FF 值为 $0.020\ 0$,但如果注意土体包埋并压实,大跨度管道的 FF 值可以超过 0.02 in/lb。例如,对于跨度为 30 ft 的 6×2 结构板,$t = 0.218$ in;理论 I 值 $= 0.127\ in^3$;柔性系数 $FF = 0.035$ in/lb。达到理论 I 值的 80% 时,$FF = 0.043$。在本例中,如果跨度增至 50 ft,则 $FF = 0.118$ in/lb。目前跨度为 50 ft。成功的基础是妥善安装。对于除圆形以外的形状,AISI 会发布修正系数。

根据相似性原理,对于管环上分布有土压力的埋地管道,FF 并非适用的参数。FF 适用于管环上受集中力的情况,对管环而言,受搬运荷载作用的工况比土压力工况更典型。

一些设计程序将管环柔性作为爱荷华公式的依据,见附录 B。这些设计程序建议分母中的 EI 项(结构)必须超过 $0.061E'r^3$ 项(土体)的某一建议百分比。这是土—结构相互作用的最小管环刚度。事实上,爱荷华公式只推算管环挠度,未推算安装所需的管环刚度。当然,设计人员指定了最大允许管环挠度,但是出于其他原因,而非为了方便安装。在安装过程中,如果缺少一个由横撑、支柱和拉杆组成的精细脚手架来保持管道结构的形状,则需要确保最小管环刚度。因此,所需的管环刚度是经济性与安装成本之间的权衡。

爱荷华公式适用于圆环。多数大跨度结构都不是圆形。然而,与圆环的情况类似,刚度越大,越无须关注安装过程中结构形状的保持。

性能极限

安装后的基本性能极限在第 9、10 和 13 章中讨论,包括管环压缩、土体支承、最小覆土厚度等。但对于极柔性大跨度结构,在安装过程中需要采取额外的预防措施。结构施工和埋设土体回填期间有可能已出现破坏。安装性能极限包括:结构形状;土—结构相互作用不稳定;最小覆土厚度。

1. 形状

在沟槽回填的过程中,必须保持结构的形状。可在适当的位置(如顶部)和板的半径变化处悬挂铅锤来监测形状。由于铅锤易受风的影响,采用激光束更适于作为监测形状的基准。采用钢卷尺对从激光束到结构上预先确定的点按任一角度进行测量。由于波纹结构会纵向挠曲,因此应在结构全长的多个测点监测横截面的变形情况。

水平椭圆和轮廓拱的顶半径通常对应 80°左右的圆弧,但弧角却不固定。管拱的顶部弧角大于 80°。

安装人员采用各种技术使结构在土体埋置期间保持形状。一旦将结构安放在平面垫层上,支承设置必须是无缝衔接的。

(a) 对垫层进行预成形,使之匹配结构的过程烦琐,不够完善,无法保证支承的连续性。在某些情况下,结构会在纵向上被前后拖拉几英尺,以便坐落在预先成形的垫层上。

(b) 级配良好的土体可通过高压喷射(通常使用水力,有时使用空气)从土堆冲到结构下方。对于在 2×4 支柱底板下方夯实土体的要求,现场实施存在一些困难。

(c) 流动性水泥土成为越来越热门的选材,见第 16 章。

另一种方案是移除底板,并用基脚代替,见图 9-1 中的轮廓拱。由于半径为 r_y 的结构顶部压力 P,基脚必须能够抵抗推力 Pr_y。基脚上的推力 Pr_y 呈一定角度,因此基脚的底基层支承须考虑到基脚的剪力和倾覆以及底基层的竖向承载力。

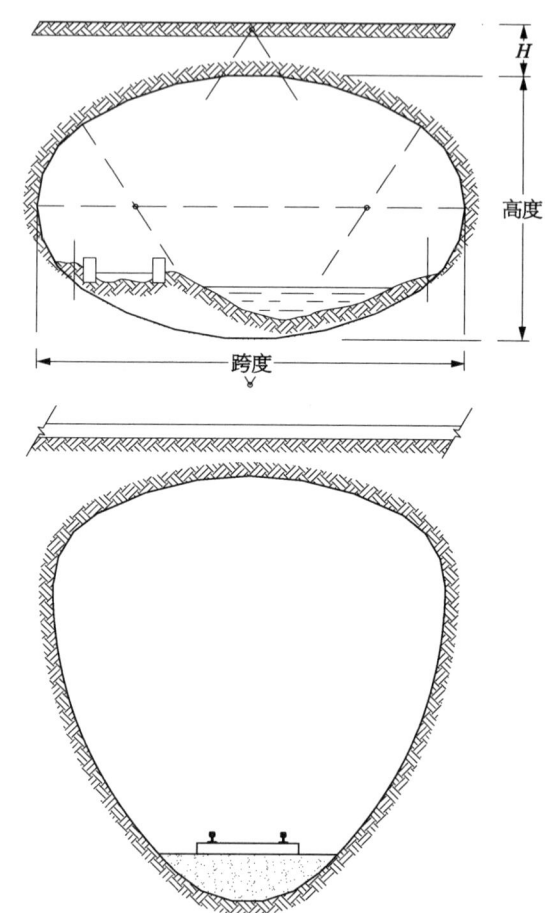

图 25-1 两种典型的大跨度结构—水平椭圆形(上图)和倒梨形(下图,作为公路与铁路相交处的立体交叉结构)

一旦结构安设垫层后,按第 16 章所述,分层填筑并压实土体,保持结构两侧的土体分层平衡,以防止侧向移动。重型压土机应按第 16 章所述,处在 45°切面之外。即使在埋设土体时小心谨慎,结构两侧的土压力仍会导致结构顶部拱起(隆起)。隆起要得到限制和控制。制造商对安装过程中允许的隆起百分比提出建议值。当土体填置于结构顶部之上,但并不依附于土体时,部分隆起会发生反转。侧填土使结构接近其"隆起"形状。

在某些情况下,在沟槽回填期间,结构设有横撑、支柱和/或绑扎线,以保持其形状。在结构顶上填筑回填土时,应注意防止结构损坏,如横撑和支柱造成的凹痕或穿孔。绑扎线(对角线和水平线)可设置一种监测水平线张力(甚至是第一次断裂时的张力)的测量仪。例如某一个项目中,通过监测线受拉力时的发音的高低观测绑扎线的张力。

如果结构接近其隆起极限,可(利用起重机)在顶部填置土料堆。或者可以从顶部到底板或从顶部到角板或基脚对角拉设额外的绑扎线。

2. 稳定性

沟槽回填质量必须良好,以保证发生洪涝(地下水位高)、微地震、地表超载时的管道结构性能。存在地下水问题时,土体在饱和和干燥时均应具有足够的强度(承载力)。土体密度应足够大,不会因微地震而液化。这些是使水平椭圆和低轮廓拱侧面保持较小半径的必要预防措施。高轮廓拱、地下通道和倒梨形则需采用相反的预防措施。由于两侧曲率半径较大,极小的水平土压力便会令结构变形。在回填侧填土的过程中,无顶部填土来抵抗隆起效应。在这种情况下,可在结构中放置水平支柱,防止水平挠曲。在某些情况下,挠度较大时,侧板可栓固在锚桩上。如果在侧填土回填期间,隆起开始接近管道最大允许值,在结构顶部填筑土堆可阻止或减少隆起。

结构内的任何脚手架结构(横撑、支柱、拉杆)应在达到稳定后拆除,除了在高覆土(顶部填土)铺在结构上以及较重的地表荷载通过之前。稳定性的基本准则是最小覆土厚度。当然,还应小心谨慎地在结构上直接压实顶部填土,见第16章。

3. 最小覆土厚度

结构的稳定是通过最小覆土厚度使结构免受地表轮压的影响。第13章分析了圆形柔性管的最小覆土厚度。同样的分析也适用于临界半径为顶板半径的大跨度结构。从环压缩角度分析时,直径 D 即为跨度。还需研究另外两个问题:多轴荷载和结构上的轮压分布。

(a) 多轴荷载会影响结构顶部的土压力分布。谨慎的做法是分析轮距对轴的影响,特别是当荷载会沿管道纵向移动时。轮距的有限元分析或卡斯蒂利亚诺分析采用的土压力图比第13章中圆管分析采用的更复杂。

(b) 第13章中,地表活荷载引起的管上临界压力基于覆土截棱锥体穿透这一原理确定。活荷载对管道的影响是超过半个管环有均布压力。如大跨度结构,顶拱可能过大,致使穿透压力面积小于顶拱,需要进行更复杂的分析。

[例]

某铁路立体交叉设计成倒梨形。术语和尺寸如图 25-2 所示。具体数据为:

结构:6×2 波纹截面板

$D = 28\ \text{ft}$(跨度),

$r_y = 25\ \text{ft}$(顶半径),

$\sigma_f = 36\ \text{ksi}$(钢材强度),

$E = 30 \times 10^6\ \text{psi}$(弹性模量),

$t = 0.218$(钢材公称厚度),

$A = 3.2\ \text{in}^2/\text{ft}$(壁横截面积),

$I = 1.523\ \text{in}^4/\text{ft}$(理论惯性矩),见美国钢铁协会《排水和高速公路用钢结构产品手册》,

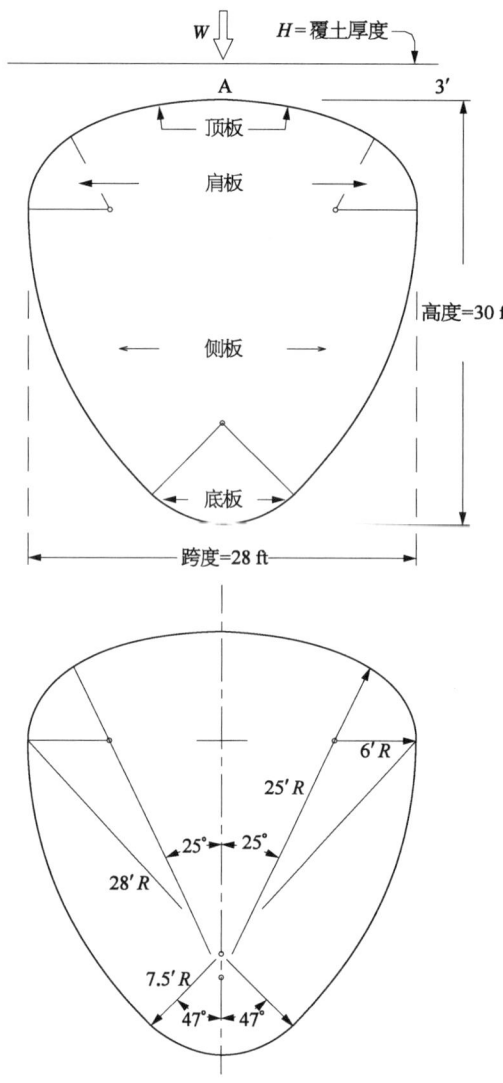

图 25-2 道路立体交叉采用的大跨度梨形结构参数和尺寸。本章例子和问题使用了此类尺寸。该结构符合美国铁路工程协会(AREA)的净空要求。(a) 如果指定的覆土厚度为 **3 ft**,基于环压缩的容许地表荷载 W 是多少?

$S = 1.376\ \text{in}^3/\text{ft} = I/c$.

土壤:

$\gamma = 100\ \text{pcf}$ (土壤容重),

$\varphi = 30°$,

$H = 3\ \text{ft}$ (覆土厚度),

荷载:

(a) 如果假定双轮荷载集中在跨中,求双轮荷载 W。

$\sigma = PD/2A$,其中 $P = P_d + P_1$,

$P_d = 300\ \text{psf}$ (覆土静荷载),

$P_1 = 0.12W/\text{ft}^2 = 0.477W/H^2$ (根据布辛内斯克理论)。

代入数值并求解,<u>$W = 66\ \text{kips}$</u>。如果轮压为 HS-20 荷载(16 kips),则管环压缩的安全系数为 4。多轴工况如何?

(b) 在安装期间,压实的覆土厚度只有 2 ft,同时需要一辆双轮卡车经过该结构。根据土楔的滑移情况,允许的双轮载荷 W 是多少?假设结构没有变形,刚度可忽略不计。从图 25-2 的尺寸来看,结构的土压力如图 25-3(上图)所示。临界土楔如图 25-3(下图)所示。忽略剪力,角板(肩板)C 点处的土体阻力为 4.745 ksf = 33 psi。假设双轮胎印面积为 $7 \times 22\ \text{in}^2$,且截棱锥体斜度为 1∶2,则 A 处的活荷载面积为 $(7+24)(22+24) = 1\ 426\ \text{in}^2$。穿透时,

$$P = P_d + P_1 = 1.39\ \text{psi} + W/1\ 426\ \text{in}^2$$

因为 Pr 沿柔性结构的周长是恒定的,拐角处 C 的 $P_c = 4.17P$。代入数值并求解,<u>$W = 9.3\ \text{kips}$</u>。允许 18 kips 的轴荷载经过,要求小心并有拐角约束(肩板)。

安全系数

所幸大跨度结构的问题便是最不利情况。通常要小心谨慎地做土体铺设和压实。分析忽略了纵向土拱效应。同样被忽略的还有波纹结构的纵梁强度。尽管波纹结构呈折叠式,但结构仍具有一定的纵向强度。因此,安全系数可取较小值。在最小覆土厚度试验中,系数取 2 时的穿透荷载比土体滑移分析的预测值大。对一个 6×2 大跨度波纹结构上进行地表荷载试验,结构板为 0.218,顶部

半径为 12 ft,充分压实的覆土厚度为 20 in。当轴重最终提高到 168 kip 时,单轴双轮荷载可穿透覆土,造成突变性破坏。

练习题

25-1 如果假设覆土厚度为规定的最小值 $H=3$ ft,则上例中梨形结构在土体滑移时的最大双轮荷载是多少? 轮胎印面积为 7×22 in^2。

(a) 检查 A 处的管环压缩,
(b) 最大跨度下的管环压缩,
(c) 覆土厚度最小时的荷载 W 是多少?

($W = 7.6$ kips)

25-2 题 25-1 只考虑顶拱。本题考虑半径为 6 ft 的角(肩)板。如果肩板由 100 pcf 的土体支承,摩擦角为 30°,则最大双轮荷载 W 是多少? 从水平平衡和竖向平衡角度进行分析。考虑顶拱对肩板的压紧力。

($W = 1.6$ kips)

25-3 大跨度椭圆形结构为河流上方的桥梁。洪涝期间,桥梁部分堵塞,导致地下水位溢出路面。当 16 kips 的 HS-20 双轮荷载通过时,颗粒状土体在起拱线处的摩擦角需满足多少? 见示意图。椭圆结构的内部基本上为空的。

($\varphi = 32.6°$)

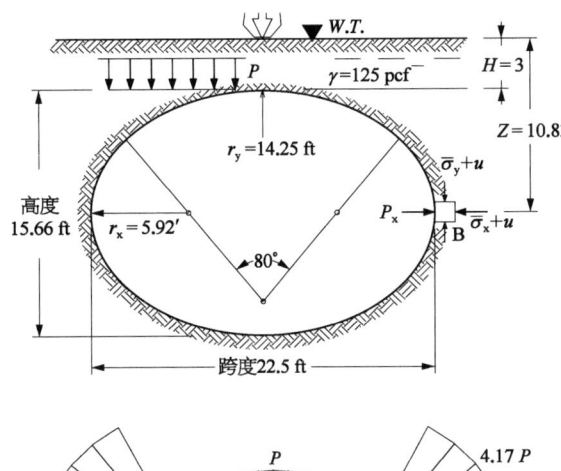
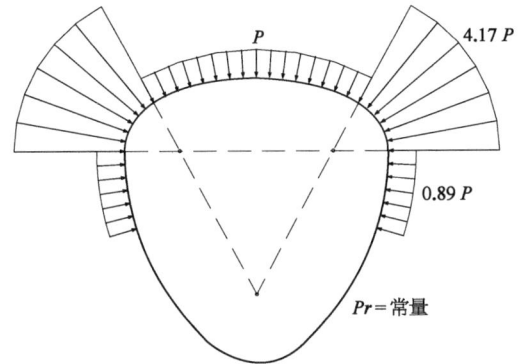
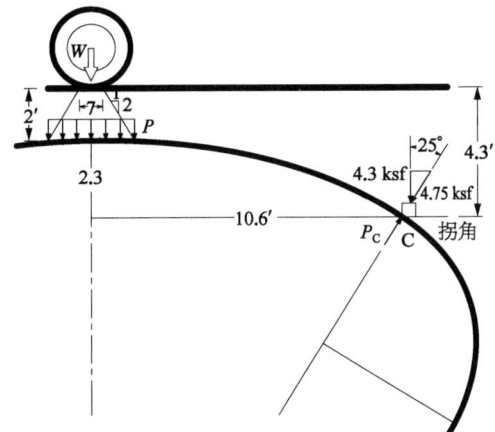

图 25-3 梨形大跨度结构,显示土楔滑移分析时的土压力(上图)和的压力图(下图)。本例中,$H=2$ ft 的覆土厚度小于最小值

第 26 章
非圆内衬和涂层

内衬和涂层的横截面并非总是圆形。非圆管的讨论见第 9 章。第 11 章讨论了圆形内衬(包在主管内)。下面讨论不圆度对内衬和涂层的影响。

涂层可防止主管外部腐蚀,增加管环的刚度。性能极限状态为裂缝超过限值。内衬可防止泄漏,增加管环的刚度。内衬的两个基本性能极限状态是开裂和塌陷(反曲)。下面是*刚性*和*柔性*非圆内衬和涂层的分析。

刚性内衬和涂层

刚性内衬和涂层适用于待埋置的薄壁钢管。内衬和涂层采用高强度硅酸盐水泥砂浆。内衬和涂层设置的目的是:

(1) 提供足够管道刚度,以便装卸和运输以及安装和回填;

(2) 保护钢材不受流体中的沉积物和可能的气蚀引起的腐蚀和磨损。

设计的前两个性能极限是抗内部压力的环向强度和抗外部压力的管环抗压强度。第三个性能极限是管环刚度。管道必须具备装卸和安装所需的足够刚度。第四个性能极限是砂浆裂缝超限。管道工程师考虑的性能极限是裂缝宽度超过 1/16 in。这是一条经验法则,旨在避免内衬破裂成碎片并防止腐蚀性液体通过裂缝流入钢材。碎片通常由管壁上的凹痕或反曲引起。涂层裂缝宽度超过 1/16 in,可能会使导电的地下水和瞬态电流进入钢材。

一些管道工程师仍然坚持将极保守的 0.01 in 裂缝作为性能极限。与 1/16 in 的裂缝(0.062 5)相比,安全系数大于 6,显然为缓解不利状况提供了较大管环刚度和砂浆开裂之间存在矛盾。由于砂浆比钢材厚,因此管环刚度主要受砂浆厚度影响。但砂浆越厚,在任何给定的管环挠度下,裂缝越宽。介于理想的刚度和非理想的裂缝宽度之间的最佳涂层厚度由经验确定。最小刚度和最大裂缝宽度均与管环变形有关。当然,管环变形也取决于荷载和埋设填土。

以下分析中的管环变形为:a) 椭圆变形,或 b) D-管基变形,见图 26-1。椭圆变形是土体竖向压力作用下的基本变形。D-管基变形(刚性管行业所称)是最不利情况下的变形(通常标记为"不允许")。当地表活荷载通过时或挠曲管因内部压力复圆时,压力 P 可大于土竖向荷载。

符号:

r —— 圆管中性面半径,

r' —— 最大(或最小)半径,

d —— 管环挠度 $= \Delta/D$,其中 $D = 2r$,

Δ —— 挠曲环直径的竖向减小量,

t —— 管壁各层的厚度,

w —— 砂浆裂缝宽度(见图 26-2),

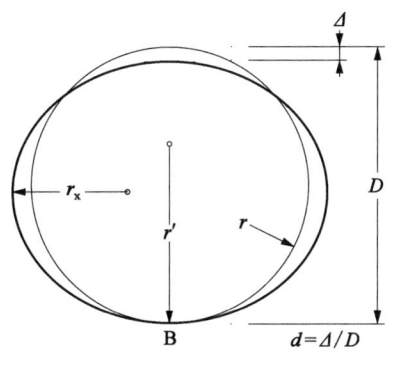
(a) 椭圆形—基本挠曲

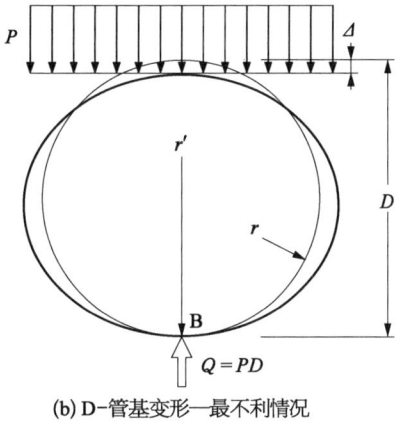
(b) D-管基变形—最不利情况

图 26-1 埋地柔性管的两种重要变形。

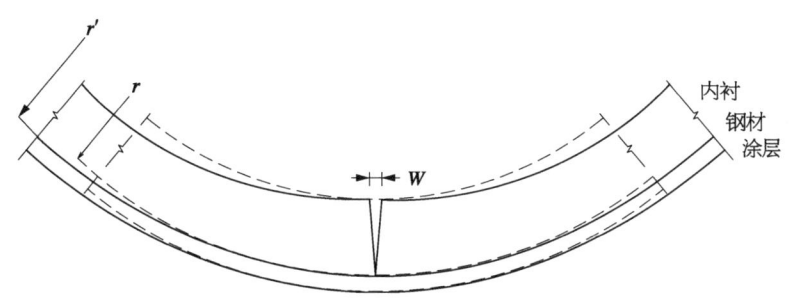

图 26-2 曲率半径增大导致内衬底板处出现裂缝

c——管壁中性面至外露砂浆面距离。在最不利情况的分析中,此为内衬或涂层的砂浆厚度。

钢材构成中性面这一假设便足够准确。至中性面半径为至钢材内表面半径或外表面半径,两者差别不大。

裂缝宽度

根据图 26-3 的几何结构,保守假设裂缝穿透了钢材,c 为涂层砂浆厚度,裂缝宽度为 $w = c\Delta\theta$,其中 $\Delta\theta = (1/r' - 1/r)$ in。代入单位为英寸的 r 值,

$$w = c(1/r - 1/r') \text{in}^2 \quad (26-1)$$

曲率半径

在 6 点钟方向,最大曲率半径 r' 如下:

椭圆变形,

$$r'/r = (1+d)^2/(1-d) \quad (26-2)$$

D-管基变形,

$$r/r' = 1 - 5d \quad (26-3)$$

关于方程式(26-3)的推导,见图 26-1a。根据附录 A,最大弯矩出现在底板 B 处,大小为 $M = 0.5872Pr^2$

根据固体力学,
其中,

I——惯性矩;
E——弹性模量;
r——圆形半径;
r'——B 处半径。

代入 M,求解,

$$r/r' = 1 - 0.5872(Pr^3/EI)$$

根据附录 A,

$$d = 0.116(Pr^3/EI)$$

其中,

$d =$ 管环挠度。

代入 d,消去 (Pr^3/EI),

$r/r' = 1 - 5d$

椭圆变形的最小曲率半径出现在起拱线处（9 点钟和 3 点钟方向），根据图 26-1a,$r' = r_x$,且

$$r'/r = (1-d)^2/(1+d) \quad (26-4)$$

D-管基变形的最小半径 r_x 与椭圆变形无显著差异。

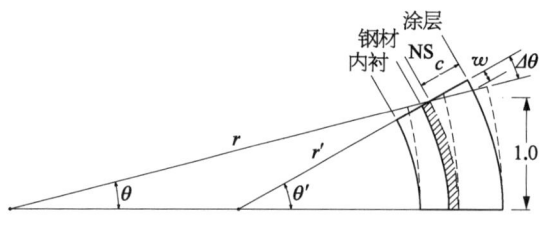

图 26-3 起拱线处管壁截面的自由体受力图。所示符号用于分析砂浆涂层中的裂缝宽度 w, $w = c\Delta\theta$

砂浆内衬裂缝

如果破裂,内衬中的结构裂缝可能为性能极限。可通过检查和敲击管道内衬来检测是否有碎片。内衬通常采用优质砂浆。通过离心旋转掺砂水泥浆实现相关密度要求。水分被挤出。管道内部是一个光滑、高水泥含量的表面。如果内衬变干,会出现发丝裂缝。为了储存和运输管段,管端通常用塑料片密封,以减少干燥程度。

回填过程中,由于管环挠曲,可能出现发丝裂缝。管道中的压力使管道复圆,并使挠曲裂缝闭合。当砂浆湿润时,宽度小于 1/16 in 的裂缝会自行愈合。自行愈合是通过水合作用形成硅胶的过程。内衬中的小裂缝通常不会穿透钢材。

砂浆内衬裂缝宽度

管环挠曲时,裂缝张开。一般最宽的裂缝出现在管道内部的 6 点钟和 12 点钟方向,见图 26-2。可合理假设钢材内表面为中性面。以下分析对椭圆变形和 D-管基变形这两种变形进行了比较。从方程式（26-1）、(26-2)和(26-3)可以看出裂缝宽度 w 与管环挠度 d 的关系。如果管环变形,w 和 r' 之间的关系可能更可靠。在管道内部的 B 处拉一条水平线（直尺）并测量线到内衬表面的垂直中距,求得 r' 值。$r' = L^2/8e$,其中 L 是拉线长度,e 是拉线到管道表面的中距。假定半径 r' 为圆形半径。

注意事项

一旦内衬开裂,钢材内可能会形成塑性铰,半径小于拉线所覆盖的平均半径。根据钢材的屈服应力和曲率半径可以分析塑性铰。可观察到的塑性铰为凹痕周围的卷曲边缘。

[例]

管道底板的内衬裂缝宽度是多少？管道的公称直径为 42 in（内径）。

$r = 21.5$ in（至中性面,假设中性面为钢材内表面）,

c—— 内衬厚度 $= 0.5$ in。

根据方程式（26-1）、(26-2)和(26-3),表 26-1 列出了管环挠度 d、最大曲率半径 r' 和相应的裂缝宽度 w。

表 26-1 砂浆内衬厚度为 0.5 in 的 42D 管道底板的管环挠度与内衬裂缝宽度的函数关系

d(%)	椭圆变形		D-管基变形	
	r'(in)	w(in)	r'(in)	w(in)
1	22.154	0.000 7	22.632	0.001 2
2	22.825	0.001 4	23.889	0.002 3
3	23.515	0.002 0	25.294	0.003 5
4	24.223	0.002 6	26.875	0.004 7
5	24.951	0.003 2	28.667	0.005 8
6	25.700	0.003 8	30.714	0.007 0
7	26.468	0.004 4	33.077	0.008 1
8	27.258	0.004 9	35.833	0.009 3
9	28.070	0.005 4	39.091	0.010 5

D-管基变形中的裂缝宽度大约超出一倍。在 $d=8.6\%$ 的管环挠度下，D-管基变形会出现 0.01 in 的裂缝。在底板测量以拉线（直尺）为起点的中距得到大约 37 的长半径，此为更可靠的等效值。

砂浆涂层裂缝

有些钢管的涂层采用胶带。提高保护性能推荐采用胶带。但如果需要考虑管环刚度或有增加管重的需求，则使用砂浆涂层。

裂缝超限引起管材性能极限。裂缝超限会导致腐蚀性地下水和土体中的电流腐蚀钢材。与内衬一样，裂缝由管环挠曲或平点（凹痕）造成。

椭圆变形和 D-管基变形的管环挠曲：

由于管环挠曲，涂层中最宽的裂缝出现在起拱线附近。图 26-4 是一个放大的示意图。在最不利情况分析中，假设中性面与钢材外表面足够接近，使涂层完全处于受张状态。需要注意的是，对于椭圆变形和 D-管基变形，起拱线的挠曲半径大致相同。椭圆变形的分析如下。

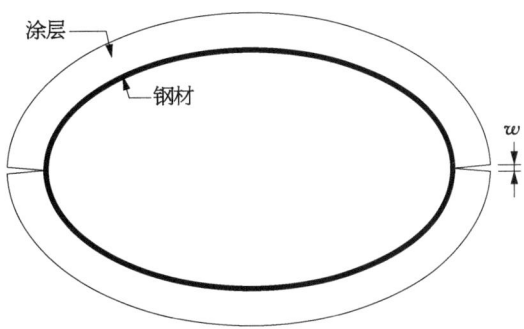

图 26-4 挠曲成椭圆形的涂层外露裂缝的放大图示

[例]

下列管道上 1.5 in 砂浆涂层的裂缝宽度是多少？

- ID——标称直径 $=72$ in，
- D——钢材外径（假设中性面 NS）$=74$ in，
- w——裂缝宽度，
- R——中性面的初始圆形半径 $=37$，
- r'——起拱线处的椭圆中性面挠曲半径，
- c——从中性面至涂层外表面（涂层厚度）$=1.5$，
- d——椭圆横截面的管环挠度（%）。

根据图 26-3，$w=c\Delta\theta$，其中，

$$\Delta\theta=\theta'-\theta=(1/r'-1/r)\text{in}。$$

$$w=c(1/r'-1/r)\text{in} \quad (26-5)$$

图 26-1a 中的 $r'=r_x$。对于图 26-1 中的椭圆和 D-管基变形，r' 值大致相同。椭圆变形的挠曲半径 r' 为

$$r'/r=(1-d)^2/(1+d)$$

将数值代入方程式（26-1），d^2 数值较小，忽略不计，

$$w=(r/c)[3d/(1-2d)]=K(r/c) \quad (26-6)$$

其中 K 是括号[ ]中的管环挠曲系数。数值见表 26-2。

表 26-2 砂浆涂层厚度为 1.5 in 的 42D 管道起拱线处的椭圆挠曲与涂层裂缝宽度的函数关系

d (%)	K	w (in)	r' (in)	e (in)
0		0.000 0	37.00	0.500
1	0.030 6	0.001 2	35.90	0.516
2	0.062 5	0.002 5	34.84	0.532
3	0.095 7	0.003 9	33.80	0.549
4	0.130 4	0.005 3	32.79	0.566
5	0.166 7	0.006 8	31.80	0.584
6	0.204 5	0.008 3	30.84	0.603
7*	0.244 2	0.009 9	29.91	0.623
25**	1.500 0	0.060 8	16.65	1.150

* $w = 0.01$ in 裂缝。

** $w = 1/16$ in 裂缝。更准确地说，$d = 25.34\%$，但此精度不合理。这些近似椭圆变形的误差随着管环挠度的增加而增加。此外，椭圆变形的假设是有问题的，特别是砂浆在较大管环挠度时开裂后。

K——椭圆变形的管环挠曲系数 $= 3d/(1-2d)$。

r'——起拱线处半径。

e——从 12 in 拉线到内衬的底板中距。

在表 26-2 中，e 是从管道内侧的 12 in 拉线到管道内表面的中距，见图 26-5。中性面(NS)大致位于钢材外表面，$r = 37$ in。如果钢材加上内衬的厚度为 1.0 in，则对于涂

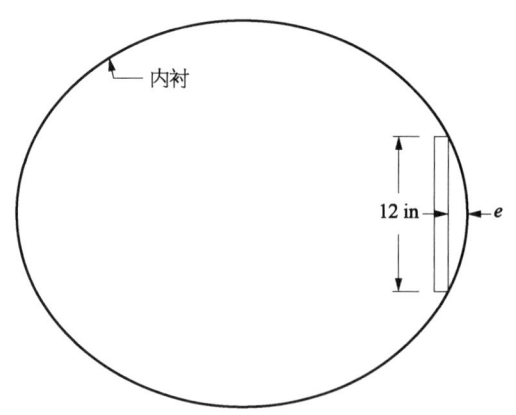

图 26-5 通过在起拱线处拉 12 in 线并测量 e 值求椭圆管道管环挠曲值的过程

层厚度为 1.5 in 的 72D 管道，内半径为 $r' - 1$ in。本例中，根据几何结构，考虑 12 in 拉线到内衬的中距 e，

$$r' - 1 = 18 \text{ in}^2/e \quad (26-7)$$

方程式(26-7)提供一种从管道内部估算涂层裂缝宽度的方法。在本例中，如果在管道内，$e = 0.625$，根据方程式(26-7)，$r' = 29.8$ in，代入方程式(26-5)中，求得 $w = 0.01$ in。表 26-2 列出了这一具体例子的数值。该计算过程亦适用于其他砂浆涂层管道。

裂缝宽度过大

什么是裂缝宽度过大？对于内衬，经验丰富的管道工程师认为是"任何宽度超过 1/16 in 的裂缝"。更保守的规格是 0.01 in 的裂缝。管道中的水会使内衬膨胀，裂缝闭合。自行愈合(砂浆中硅酸盐发生水合作用)使小裂缝闭合。对于涂层，0.01 in 的裂缝也是保守概念。对于 1/16 in 的涂层裂缝，腐蚀条件受接地电流、地下水位和水质等因素影响。

如果荷载只有土压力，则涂层中的裂缝不会穿透钢材。有观点认为，当管道承受内部压力时，钢材会拉伸，涂层中的裂缝会<u>扩大</u>并穿透钢材。然而，管道中的压力会使管道复圆，所以涂层裂缝受压力作用而<u>缩小</u>。

需要注意的是，水压试验后，管道排空时裂缝最宽。使用时，管线内有压力，裂缝较窄。脱水循环使管土相互作用，在裂缝宽度小于水压试验后的裂缝宽度时保持稳定。随着时间的推移，土体向压力管移动。此后，土体使管道保持近乎圆形的形状。因此，脱水循环不会缩短管道的使用寿命。

平点

管道中的凹痕通常称为"平点",即使它们不是平的。可在管道内部测量"平点"的曲率半径,然后根据方程式(26-1),估算砂浆裂缝的宽度。另一种原理见图 26-6,即涂层中一个平点的放大示意图。不存在平点中间的 B 处裂缝问题,因为它向钢材开裂,而非地下水。平点端部的两条裂缝开度大约为中间裂缝宽度的一半。因此,如果内衬厚度是涂层厚度的一半,则涂层中的裂缝宽度 w 大致等于在平点中间的内衬中测得的裂缝宽度。如果平点为圆形,而不是长条形的,则内衬中的裂缝会呈星状爆裂。当然,裂缝宽度无法精确预测。上述原理分析较为保守。

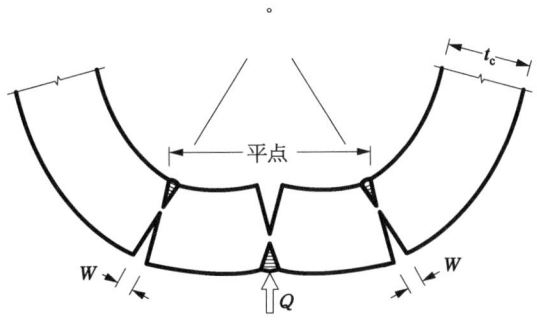

图 26-6 砂浆内衬内平点的放大示意图

柔性内衬和涂层

开发环氧树脂和胶带等柔性内衬和涂料具有重要意义,它们不仅具备耐腐蚀性,而且具有显著的抗冲击和抗管道变形能力。反铲齿会使砂浆内衬钢管产生凹陷,使砂浆内衬形成星状的裂缝,但不会损坏胶带涂层。

反曲分析

反曲的原因之一是集中反作用力 Q(硬点),见图 26-7。根据附录 A,B 处的弯矩为

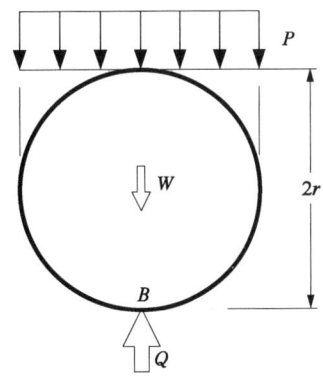

图 26-7 埋地管道的最不利情况反作用力出现在底板 B 处。如果反作用力 Q 不连续且 P 对初始挠曲管道施加压力超过竖向荷载,则 B 处的管壁可能反曲

$M_B = 0.3Qr$。 最不利情况分析忽略砂浆与钢材之间黏结力。反曲分析见图 26-8。以下示例中的数据为

$Q = P(OD) +$ 单位长度的 W,

P——作用于管底的土压力,

W——单位长度的自重 wt(管道+内容物),

σ_f——砂浆屈服强度 $= 1\,200$ psi,

$n = 7.5 = E_s/E_m$,

E_s——钢材的弹性模量 $= 30 \times 10^6$ psi,

E_m——砂浆的弹性模量 $= 4 \times 10^6$ psi,

t_l——内衬厚度 $= 0.75$,

t_s——钢材厚度 $= 0.32$,

t_c——涂层厚度 $= 1.50$,

r_l——至内衬中心半径 $= 36.38$,

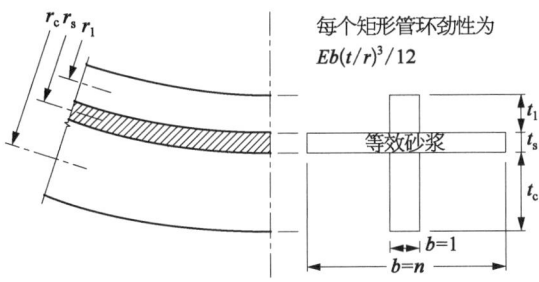

图 26-8 用于底板 B 处的砂浆涂层刚度分析的等效砂浆管壁截面

r_s——至钢材中心半径 $=36.91$,
r_c——至涂层中心半径 $=37.82$。

[例]

反曲时的线性反作用力是多少？首先，求出临界砂浆涂层的抗管环刚度的弯矩，作为抵抗弯矩 $M_B=Qr/4$ 的总管环刚度的一部分，见图 26-7 和附录 A。总管环刚度 $=\sum E_m b(t/r)^3/12$。

	b	t	r	$E_m b(t/r)^3$
内衬	1	0.75	36.38	35
钢材	7.5	0.32	36.91	20
涂层	1	1.50	37.82	250
			合计	305

最后一列 $E_m b(t/r)^3$ 是管环刚度 $12EI/r^3$，其中惯性矩为 $I=bt^3/12$。就比率而言，12 作为因数被析出。

涂层弯矩：(临界涂层)
$$M_c=(250/305)M_B=0.82M_B=Qr/4.$$
当 $M_c=\sigma_f(t_c)^2/6=450$ lbin/in 时，涂层屈服（即开裂）。由于涂层的 $r=37.82$，$Q=570$ lb/ft。Q 是导致涂层开裂的临界线荷载。管道和内容物的重量为 $W=2\,370$ lb/ft。显然，反作用力不是图 26-7 中的集中反作用力 Q。管道必须由拱腋下方的土体提供支承。一旦涂层在底板开裂，内衬和钢材便会松动，Q-反作用力分布在一个区域内。

补救措施

涂层

内衬在潮湿环境中容易膨胀，从而缩小裂缝宽度。一个基本隐患是裂缝太宽（>1/16 in），导致水可以通过裂缝进入钢材。另一个基本隐患是内衬碎片可能会破出。破出需要诸如伯努利效应的吸力。用坚硬物体在多处平行或星爆状裂缝的位置敲击内衬时，可通过平稳、中空的声音检测到松动的碎片。宽裂缝可能与反曲(Q-反作用力)或平点(凹痕)有关。如果管道管基并非均匀铺设，而导致管环支在高点上，并且安装时的管环挠度过大，则水压试验会通过将管道压向高点，使管道复圆。其结果可能是高点出现反曲以及可能形成碎片。

综述

均匀铺设的管基是必不可少的。安装时的管环挠度应受到规范的限制。进行回填埋设时应小心谨慎。埋设土体的要点可按 P[5] 口诀记忆，即用于放置(placing)、定位(positioning)和保护(protecting)管道(pipe)的填料(packing)。事实上，管周回填土可认为是管道的一部分，而不仅仅是管道上的压力。

[例]

安装一根带胶带涂层和砂浆内衬的钢管，并进行水压试验。然后对其进行检查，发现拱腋下的不同位置出现过大的管环挠度和平点。最大允许管环挠度保守地规定为 3%。埋设土体的回填方法是用砂子覆盖管道，然后用高压喷水器将拱腋下的土体冲到底板。是什么原因导致过大管环挠度和平点？如何补救或缓解？

管道级：150 至 200

$D=43$ in(至管壁中性面)，

t——钢材厚度 $=0.175$，

t_1——内衬厚度 $=0.500$，

E——钢材弹性模量 $=30\times 10^6$ psi，

E_1——砂浆内衬弹性模量 $=3\times 10^6$ psi，

v——泊松比 $=0.3$，

r_s——钢材平均半径 $=21.59$，

r_m——砂浆内衬平均半径 $=21.25$，

r——至中性面的近似半径 = 21.5，
t——等效无内衬钢管壁厚 = 0.264 5。

管道设计——合理

1. 内部压力作用下的环向张应力不应过大。

2. 由外部土压力引起的管环压应力是合理的。

3. 复合管环刚度约为 $EI/r^3 = 4.59$ psi。$EI/r^3 = 1.33$ psi 仅适用于钢材。$EI/r^3 = 3.26$ psi 仅适用于砂浆内衬。复合管环刚度为二者之和，等于 4.59 psi。假定砂浆内衬和钢材之间没有黏结。由于两者可能存在黏结，并且未考虑收缩裂缝，因此管环刚度值并不精确。复合管环刚度 4.59 相当于无内衬钢管的 $D/t = 163$。钢管工程师建议最大值 $D/t = 288$，或在小心谨慎安装条件下，最大可达 $D/t = 325$。管环刚度也在合理范围。

4. 管环挠度受规范限制，最大值为 3%，以确保内衬不会过度开裂。小裂缝（宽度小于 1/16 in）可通过自行愈合（水泥中的硅酸盐发生水合作用）及时闭合。

5. 裂缝宽度不应超过 1/16 in。图 26-2 所示为底板的内衬裂缝。图 26-9 所示为管道挠曲成椭圆形时裂缝宽度 w 与管环挠度 d 的函数关系。右边的纵坐标是半径的比值，即 r_y 最大值与平均圆形半径 r 的比值。裂缝宽度 w 可按半径比值 r_y/r 或管环挠度 d 的函数求出。通过测量从长度已知的拉线中点到管壁的纵坐标，可以求出管中平点或反曲的最大半径 r_y。在这根管道（$r = 21.5$，$t = 0.59$ 内衬至钢材中心）中，若裂缝宽度要达到 1/16 in，管壁必须反曲至半径 $r_y = -17$ in，见图 26-10。对于钢材中出现的裂缝，半径 r_y 须小于 $2.5t$。制造商建议的下限

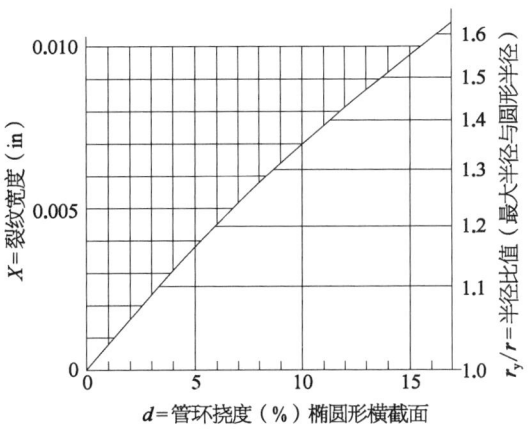

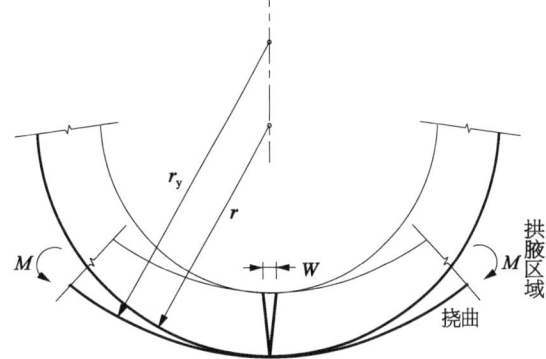

图 26-9 从圆半径到反曲半径（或测得的最大值）和从圆形到椭圆形的管环挠曲造成的管道底板内衬裂缝宽度 w。对于该管道，$r = 21.5$，$t = 0.59$（至钢材中心）

值为 $r_y = 7t$。

6. 纵向应力由温度变化、内部压力变化和纵向弯矩引起。如果管道由土体管基和拱腋下的土体支承，则不考虑梁作用的效应。纵向设计合理。

安装与水压试验

1. 埋地管道—土体的相互作用趋于稳定。侧填土压实至 90% 的标准密度，实现了土拱作用。预计变形量或应力不会增加。在安装或水压试验期间出现最大管环挠度和平点。

2. 在底板发现平点，见图 26-11。其结果可能是由于伯努利升力和水流中的振动（湍流）而导致内衬剥落和剥离。如果长平点的

裂纹宽度为1/16 in时的砂浆内衬临界反曲$r_y=-17$ in $r=21.5$ in

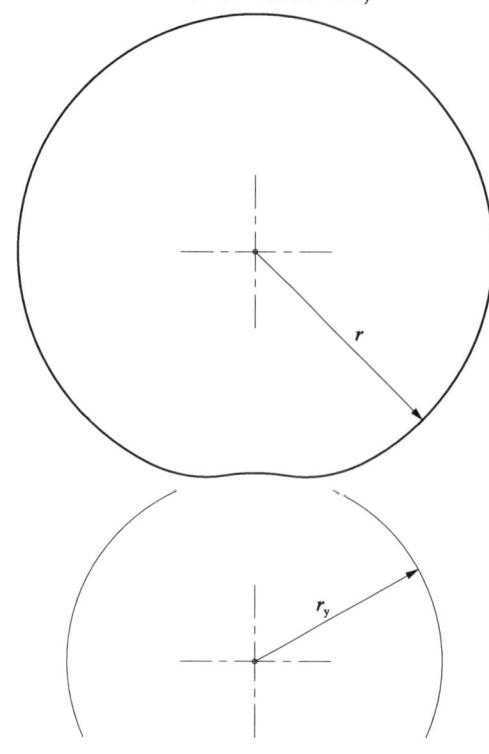

应变为20%时的钢材临界半径，$r_y/t=2.5$

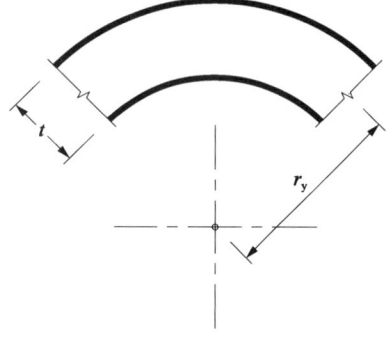

图 26-10 管道底板反曲，上图显示半英寸厚砂浆内衬 1/16 in 裂缝处圆形半径 r 和底板反曲半径 r_y（$r=21.5$，$r_y=17$）；下图显示临界应变为 $\varepsilon=20\%$ 时，开裂钢材的临界半径

宽度约大于 $b=5$ in，则应复圆长平点并更换内衬。如果圆平点的直径约大于 $b=7$ in，则应复圆圆平点并更换内衬。对于不同的数据，特别是大于 100 psi 的压力，必须重新计算 b 值。

3. 在安装过程中，管道下面留有空隙。图 26-12 所示为管道下方反作用力之间的空隙，使管道构成横梁如果梁的长度约大于 $L=58$ ft，则钢材的纵向应力超过屈服强度。若拱腋下铺设松散土体可减少了梁效应。拱腋下铺设压实土体则可完全消除了梁效应。

4. 管道下方的空隙有助于管道底板的反曲。如果荷载和反作用力如图 26-12 所示，则线性反作用力为 $F=wL/L_B$。如果容重为 110 pcf 的覆土厚度为 6 ft，且管道内充满水，则 $w=3\,076$ lb/ft。在拱腋下松散土体以休止角提供支承，净荷载减少至 40%（或更少），且 $w=1.2$ k/ft。假设 $L/L_B=2$，则反作用力为 2.4 k/ft。如果反作用力为图 26-12 右侧所示管道横截面下的线性反作用力，则在 $F=1.4$ k/ft 时发生反曲。显然，2.4 k/ft 会使管道反曲。如果反作用力以 90°分布在管基上，则在大约 $F=3$ k/ft 时发生反曲。如果反作用力分布得更合理，对管道进行水压试验之前不可能发生反曲。

5. 如果管环挠度很大，则管道进行水压试验（压力为设计内部压力的 125%）后可能会发生反曲。如果管环挠度为 3%，内部压力将使管道复圆，并使竖向直径增加 1.3 in。如图 26-13 上下横截面所示，当管道试图抬升土楔或压缩土体时，该管道上的荷载增加 1 k/ft。假设 $L/L_B=2$，反作用力为 $F=3.2$ k/ft。F 约等于 3 k/ft 时底板有可能发生反曲。

运行期间的结构性能和性能极限

1. 运行使管土相互作用达到平衡状态。水压使管道复圆，并在侧面留下空隙，见图 26-13。湍流振动管子，将土体抖落至空隙处。脱水循环将管环挠度降至零与水压试验

第 26 章 非圆内衬和涂层

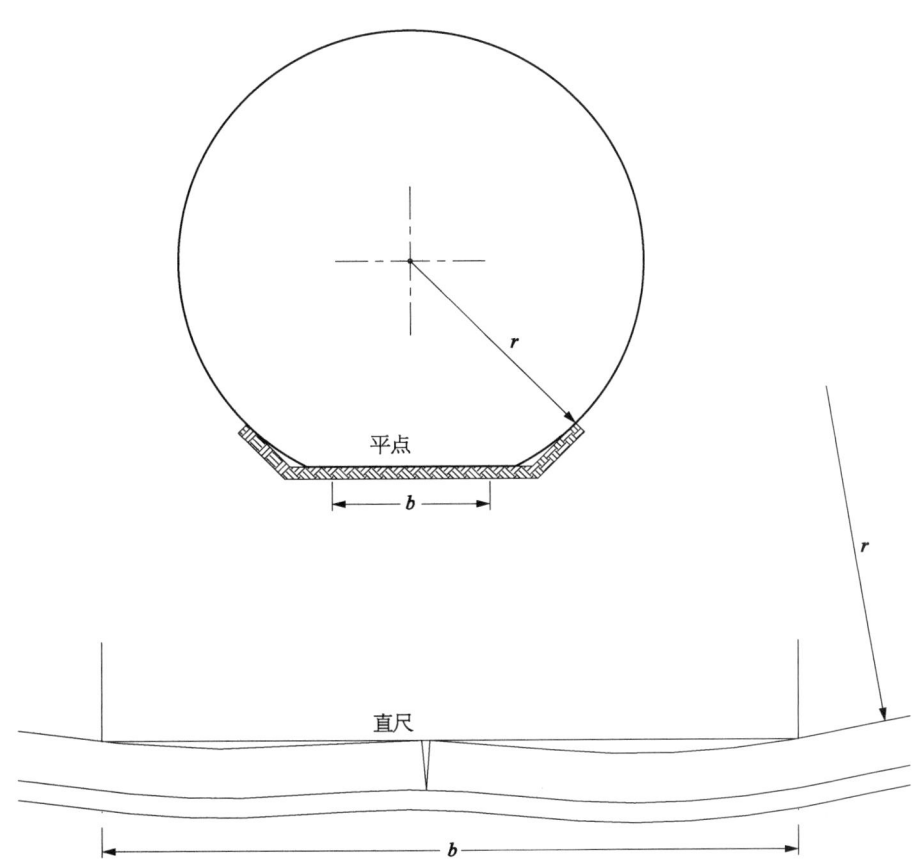

图 26‑11 管道底板的平点

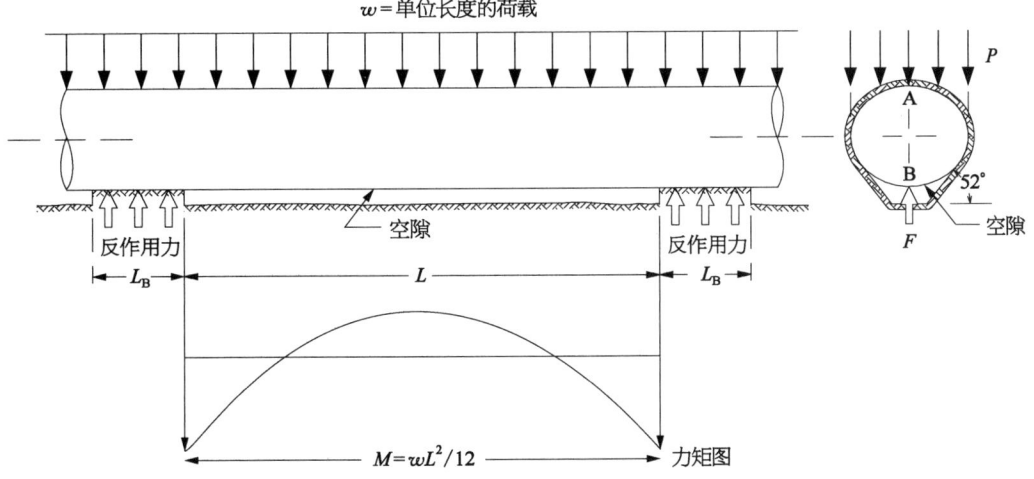

图 26‑12 将管道作为反作用力的梁，显示反作用力处的 F 力以及固定端梁的弯矩图

281

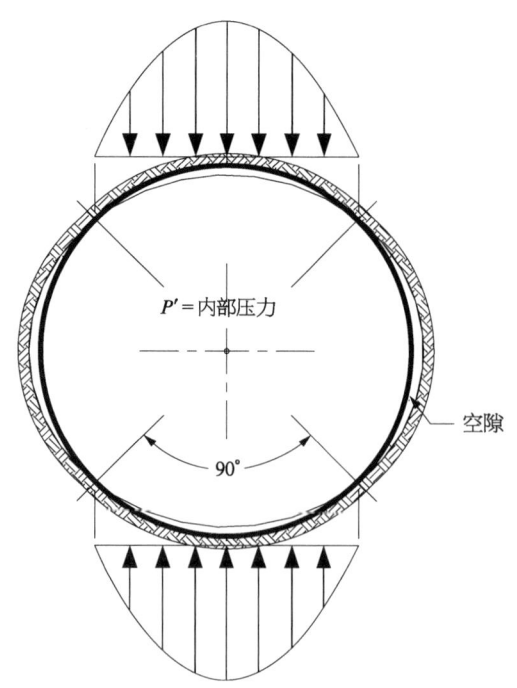

图 26-13 内部压力复圆管道导致的管上土压力

时管环挠度之间的平衡点。如果在安装或水压试验过程中或在运行短期内发生碎片破裂后未出现破坏情况，则可能之后不会再出现破坏情况。

2. 规定管环挠度 $d=3\%$，旨在保护管道的砂浆内衬。管环挠度本身并不是性能极限，而是导致平点和内衬开裂的条件。

平点补救措施

1. 应发现并定位平点。在该管道中，临界平点为宽度大于 6 in 的长平点以及直径大于 7 in 的圆平点。如果平点一侧管道下方的空隙较大，则应使用低强度、可流动的水泥土填满。如果在水（重量和压力）进入管道之前填充空隙，反作用力 F 将显著减小，见图 26-12。平点的诱因将被消除。

2. 对平点进行检查，确定曲率半径是否过小，以致钢材可能开裂并削弱环向抗拉强度。管道钢材的临界半径为 $r_y=2.5t$，见图 26-10（下图）。钢材工程师建议曲率半径应大于壁厚的 7 倍。

3. 修复宽裂缝（宽度 $>1/16$ in）或显示剥离和碎片破裂的裂缝集中处。

4. 可以研究法律补救措施，例如延长期限的质保。

[例 1]

根据临界裂缝宽度，临界曲率半径和管环挠度是多少？管环挠度不是唯一的临界值，而是联系临界裂缝宽度等其他临界条件的依据。由临界曲率半径可知临界裂缝宽度。

已知：

r——圆管半径，

r_y——最大曲率半径，

d——管环挠度 $=\Delta/D$，

w——内衬裂缝宽度，

t——内衬厚度。

求：

r_y/r——半径比。

根据椭圆变形的几何结构，

$$r_y/r=(1+d)^2/(1-d) \quad (26-8)$$

求：

w——裂缝宽度。

根据管环分析力学，

$$w=t(1/r-1/r_y) \quad (26-9)$$

方程式（26-8）和（26-9）将 w、r_y 和 d 这三个变量联系起来。由于 d 适用于椭圆管环挠曲，因此只作为结构完整性的标准。只要管下的土体支承是均匀的，管环挠度即是结构完整性的一个相关标准。管环挠度应受到规范的限制。管道工程师指定要求并始终预期管道受到均匀支承作用。

但在平点或反曲的情况下，相较于管环

挠度,半径比 r_y/r 是一个更相关的管道结构完整性标准。这种情况假定管下的支承不均匀。反作用力由硬点施加。半径比 r_y/r 是一种根据内衬裂缝和使用寿命缩短来估算管道缺陷的方法,也是在管下支承不均匀时,估算管道安装人员对安全裕度(安全系数)减小程度的依据。

[例 2]
42D 水泥砂浆内衬管道由于内部压力导致的复圆程度如何?

数据:
$ID=42$ in,
t——钢材厚度 $=0.175$,
t'——砂浆内衬厚度 $=0.5$,
B——平点宽度(或直径),
σ_f——钢材屈服应力 $=42$ ksi,
P——复圆管环的内部压力 $=100$ psi,

钢材在塑性铰时的弯矩为屈服应力下弯矩的 3/2 倍。

一些平点的纵向长度大于周向宽度。如果长度约等于宽度,则平点呈近似圆形。以下例子对每种情况分别进行分析。

长平点

在塑性铰时,$(B/d)^2 = 3\sigma_f/P$。如果 $P=100$ psi,且 $\sigma_f=42$ ksi,则 $B=6.21$ in。

如果长平点的宽度超过约 6.21 in,100 psi 的内部压力将使钢材复圆。内衬脆性过大,开裂,无法在不剥落的情况下复圆。因此,宽度大于 5 in 或 6 in 的长平点应复圆,凿除内衬并重新设置。内部压力大于 100 psi 时,临界平点宽度减小。

圆平点

对于圆平点,上述方程式大致为 $(B/d)^2 = 6\sigma_f/P$。求解时,临界直径为 $B=8.8$ in。因此,直径大于约 7 in 的圆平点应复圆,内衬应凿除并重新设置。

用顶托法复圆时需小心。如果管道不埋设,80 lb/in 的线性作用力即可使管环发生挠曲约 3%。钢材复圆所需的 100 psi 内部压力依 6.21 in 的临界平点宽度转换为 621 lb/in。稳妥的做法是在较小的区域上施加复圆力或使用尖圆锤头,将平点锤击成圆形横截面。千斤顶的反作用端应支承在一个面积较大的可压缩材料上,该材料应与内衬相一致,且不会将压力集中在内衬上。这需要纵向木背板或强力背衬,并且可能需要在木材和管道内衬之间使用可压缩填料。最好使用 6×6 或 8×8 木材进行复原程序预演。

卵形内衬

为了改善污水管等变流量管道的水力性能,管道的横截面做成卵形,见图 26-14。这类管道的修复导致内衬的半径不一。下面对这种内衬进行讨论。由于卵形内衬涉及许多变量,建议进行试验。需要注意的是,下述分析具有偶然性。从相似性来看,基本变量可组合成对尺寸不敏感的无量纲 π 项。因此,如果在试验模型中使用与原型相同的材料,模型的观测结果(测量结果)适用于任何尺寸的"标准卵"。一种尺寸的模型可预测多尺寸原型的性能。相似性的条件是:

1. 模型和原型相关的材料应相同。
2. 相应的长度在比例、角度上相等。模型为符合比例尺的模型。
3. 相应的压力相等。

模型的挠度与原型的比例挠度相符。

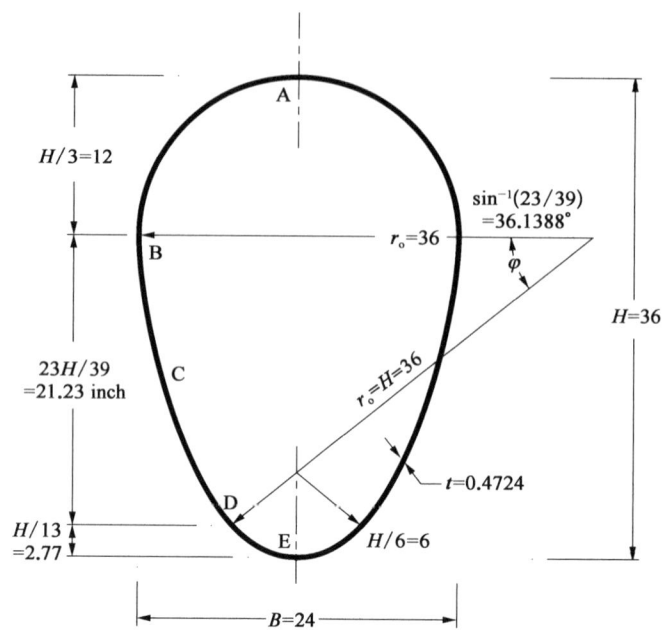

图 26-14　内衬试验中标准卵形主管的横截面（取自实验室记录）

原理

当外部压力作用于卵形内衬时，内衬会受到周向压缩。周长变短，最大曲率半径处（在这种情况下，为长半径的一侧）的内衬和主管道之间形成空隙。空隙中的压力将内衬的其余部分"吹"到紧靠主管道的位置。空隙中的内衬半径增大，管环压力增大，内衬对主管施加的压力增大。破坏情况是空隙中的内衬反曲。如果外部压力持续存在，内衬就会起皱。

物理试验

1. 物理试验很重要，特别是内衬为塑料内衬且发生蠕变的情况下。梁式挠曲为近似现象，通常在塌陷过程中才会出现。试验过程中应该注意这一点。长半径弧内的压缩屈服应力是发生塌陷的一个相关条件。应力是弧形挠度的函数，弧形挠度是内衬周长缩短的函数，而内衬周长又是外部压力和弹性模量的函数。弹性理论只适用于塑料，需要进行物理试验。

2. 性能极限可通过试验确定。卵形内衬的长半径挠度是设计的唯一性能极限，这并非不争的事实。在试验内衬中，一段时间后，在屈服应力作用下变形发生突变。变形突变是内衬塌陷的先兆。

3. 主要的性能极限是过度变形。最相关的基本变量为变形。破坏由过度变形引起，即反曲和塌陷。

4. 过度变形包括内衬泄漏以及当周向压应力超过屈服应力（基于屈服强度）时的管壁压毁、圆弧变形突变（基于弹性模量）和可能发生的梁式破坏（基于屈服强度和弹性模量）。其他相关基本变量依据几何结构和压力。共有三类相关变量：几何变量、荷载变量和材料特性变量（模量、强度和虚拟长期模量）。泊松比仅在塑料中起次要作用。时间是荷载(压力)和蠕变(几何结构)的函数。

5. 时间是一个相关基本变量,原因是塑料会在持续压力下蠕变和变形。时间的影响是降低虚拟弹性模量。关于时间和虚模量的关系,有相关可应用的数据。因此,使用"虚模量",可以将时间的影响纳入分析模型中。虚模量仅适用于计算长期蠕变引起的周长缩短量。持续压力包括间歇压力。当然,如果是间歇压力,虚模量的减少速度就会减慢。在间歇压力的作用间隙中,塑料会部分反弹。

6. 塑料的性能保持原始状态。变形突变的真模量是短期模量,而不是虚模量。

7. 必须考虑模型的精度。经典方程式通常基于弹性理论。内衬为塑性内衬,并非弹性内衬。

标准卵形内衬分析

以下是在内衬和主管道之间施加压力时,紧贴包裹在刚性标准卵形主管道中的塑料内衬性能的基本原理。最不利情况的假设是:

1. 内衬为圆柱形,无弯管或其他特殊管段。

2. 内衬无周向剪应力。这是一个保守的最不利情况假设,但经证实该假定是准确的。

3. 卵形内衬上的外部压力垂直于表面。在使用过程中,可能会出现内衬与主管道黏结的地方,但黏结往往会随时间破裂。

4. 在外部压力作用下,内衬的周长缩短。在最大曲率半径处,内衬与管道之间形成空隙。除空隙外,内衬与主管道紧贴而保持一致,见图 26-15 和图 26-16。

5. 内衬壁上的周向推力 T 在内衬周围是恒定不变的,且,

$$T = PR = P_i r_i = 常量,$$

其中,在内衬的任意一点,

T——单位长度的周向推力,

P——外部压力,

r——形成空隙的内衬中心面半径(最大半径),

R——空隙形成后,空隙处内衬半径,

t——壁厚,

σ——管环压应力 $= PR/t$。

6. 周长减小量是周向应变(应力除以*虚拟弹性模量*)的函数,与时间有关。

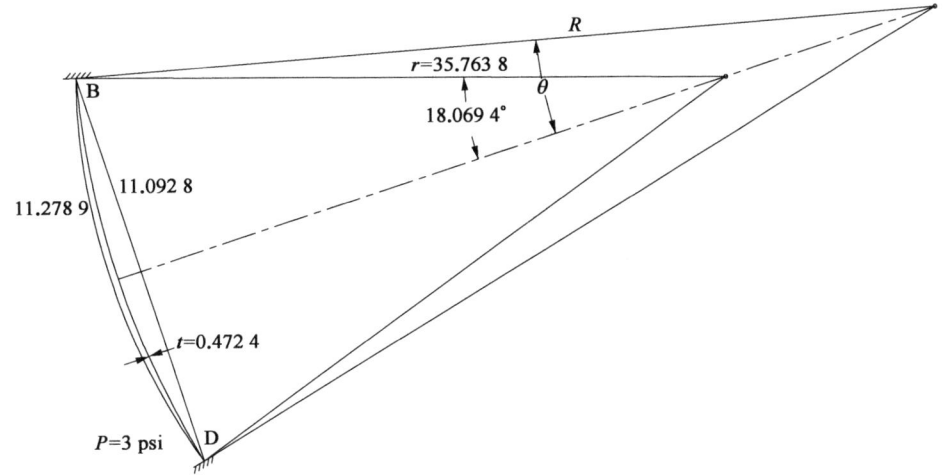

图 26-15 临界长半径 BCD 弧,显示内衬中心面的基本几何结构。长度以英寸计

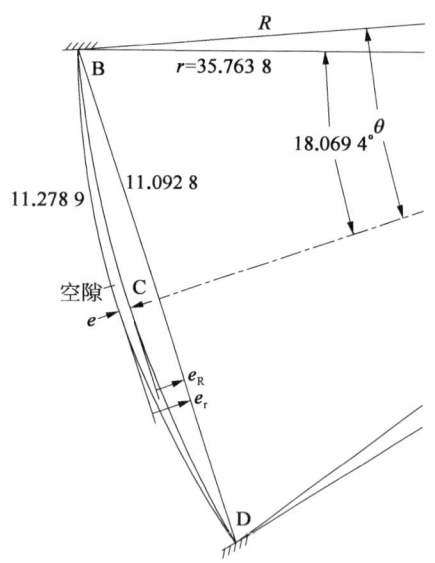

图 26-16 临界 BCD 弧,显示由外部压力引起的虚线和实线之间的空隙。长度适用于内衬的中心面

7. 由于材料是塑性的,非弹性材料,因此*虚*模量是应力—应变图上的割线在应力从零到压应力期间随时间变化(考虑蠕变)的斜率,$\sigma = PR/t$。此为近似和保守分析,因为应力—应变图对应受张拉的状态,而内衬是处于压缩状态的。当受到持续压力时,塑料内衬会在一段时间内"蠕变"。但蠕变会减小周长,从而增大曲率半径和空隙宽度。这是一个渐进的过程,收敛过程见下例。

[例] 地下水水头为 7 ft 时的 12 mm 内衬。

因内衬承受的外部压力,从原半径 r 增至挠曲半径 R,曲率半径增量是多少?以下标准卵形内衬的空隙宽度 Δe 是多少?

符号:

$H = 36$ in = 标准卵形主管内高,

$B = 24$ in = 标准卵形主管内宽,

$P = 3$ psi = 空隙内压力 = 7 ft 水头(容重 62.4 pcf),

$t = 0.4724 = 12$ mm = 内衬壁厚,

$C = 93$ in = 内衬平均周长(92.91),

$r_o = 36$ = 内衬长半径侧的外半径,

$r = 35.7638 = r_o - t/2$ = 长半径侧的平均半径(至中心面),

R = 空隙处长半径侧的平均挠曲半径,

$\sigma_f = 5000$ psi = 屈服应力,

$E = 500$ ksi = 弹性模量(短期),

$E' = 250$ ksi = *虚拟弹性模量*(长期),

$\psi = 36.1388°$ = 见图 26-14,

$\sigma = 229$ psi = Pr_o/t = 壁周向应力,

弧 BC = 11.2789 = $r(\psi)/2$ = 挠曲前的平均弧长,

线 BC = 11.0928 = $r\sin(18.0694°)$ = 拉线长度,见图 26-15,

e = 从拉线到弧的中距,

Δe = 空隙宽度 = $e_r - e_R$,见图 26-16。

假设弧 BCD 为圆形。

求:挠曲的弧 BCD 半径 R——短期 $E = 500$ ksi

第一次试验 $r = 35.7638$

$\Delta C = Pr_o C/Et = 0.0425$ in

弧 BC = 11.2789 - 0.0425/2 = 11.2576

$$\sin\theta = 11.0928/R \quad (1)$$

$$\theta = \text{弧 BC}/R = 11.2576/R \quad (2)$$

迭代求解(θ 值必须相等),

试验 R	$\sin\theta$ (2)	$\sin\theta$ (1)
50	0.2233	0.2219
40	0.2777	0.2773
38	0.2919	0.2919

$R = 38$

第二次试验 $r = 38$;$r_o = 38.2362$

$\Delta C = Pr_o C/Et = 0.0452$

弧 BC = 11.2789 - 0.0452/2 = 11.2562

$$\sin\theta = 11.0928/R \qquad (1)$$

$$\theta = \text{弧 } BC/R = 11.256 \qquad (2)$$

试验 R	$\sin\theta$ (2)	$\sin\theta$ (1)
40	0.2777	0.2773
39	0.2846	0.2844
38.5	0.2882	0.2881

<u>$R=38.7$,最大值,短期</u>

求:空隙宽度 Δe,见图 26-16。

$$\Delta e = e_r - e_R \qquad (3)$$

$$\Delta e = 61.5251[(1/r)-(1/R)] = 0.13$$

$$\Delta e \approx 1/8 \text{ in}$$

其中:

(线 BC) = 11.0928

$e_r = (\text{线 } BC)^2/2r = 61.5251/r$

$r = 35.7638$

$e_R = (\text{线 } BC)^2/2R = 61.5251/R$

$R = 38.7$

求:$\sigma = P(R+t/2)/t = 3(38.7+0.2362)/0.4724$。

$\sigma \approx 247$ psi。屈服强度为 5 ksi 时,安全系数为 20。

求:圆弧变形突变(反曲)处的 P。

根据有关材料力学的章节,

$$P = (k^2-1)(EI/R^3)$$

其中(见附录 A),

$k = 15$ at $\theta = 17°$,

当 $\theta = 17°$, $k = 15$

$\theta = 15°$, $k = 17.2$

$\theta = 30°$, $k = 8.62$

$I = t^3/12$,且 $\theta = \sin^{-1}(\text{线 } BC/R)$

$\theta = \sin^{-1}(11.0928/38.7) = 16.66° \approx 17°$

代入数值,

$P \approx 16.98$ psi,但只是近似值。

$\underline{P \approx 17 \text{ psi}}$。压力 $P = 3$ psi 时,安全系数取 5.7。

求:弧 BCD 的挠曲半径 R—<u>长期 $E = 250$ ksi</u>

第一次试验 $r = 35.7638$。

$\Delta C = Pr_o C/Et = 0.0850$ in

弧 $BC = 11.2789 - 0.0850/2 = 11.2364$

$$\sin\theta = 11.0928/R \qquad (1)$$

$$\theta = 11.2364/R \qquad (2)$$

继续迭代求解(θ 值必须相等),

<u>$R = 41.5$,最大值,长期</u>

<u>$\Delta e = 1/4$ in</u>

$\sigma = 265$ psi。由于屈服强度为 5 ksi,因此壁内周向(管环压缩)应力的安全系数为 19。

求:圆弧跳跃变形(反曲)处的 P。

$$P = (k^2-1)(EI/R^3)$$

其中 $\theta = 15.5°$ 时,$k \approx 15$(近似)。

$\theta = \sin^{-1}(11.0928/41.5) = 8.5°$

$I = t^3/12$,

$t = 0.4724$,

$R = 41.5$,

$R/t = 87.85$,

$E = 250$ ksi,

代入数值,$P = 13.77$ psi。

<u>$P = 14$ psi</u>

这相当于 32 ft 的水头。水头为 7 ft 时的长期安全系数为 4.6。

结论

上述基本原理为大致描述,但较保守。忽略了以下几方面内衬结构完整性的作用。

1. 圆柱形内衬的纵向作用有助于减少挠曲。上述基本原理只考虑横截面上的两个维度。

2. 内衬的环刚度有助于减少挠度。一旦发生挠曲，环刚度便开始施加影响。挠曲之前，刚度对性能没有影响。

3. 弹性模量基于张力试验。压缩模量大于张力模量。

4. 屈服强度基于张力试验。抗压屈服强度更大。

练习题

26-1 求砂浆内衬裂缝示例中涂层裂缝的宽度。

26-2 求砂浆涂层裂缝示例中内衬裂缝的宽度。

26-3 砂浆内衬钢管底板的砂浆内有一条 0.01 in 的裂缝，此时曲率半径是多少？砂浆厚度为 1.0 in，薄壁钢管的内径为 36 in。管道承受外部静水压力，但不承受内部压力。

26-4 问题 26-1 中的砂浆内衬管道发生泄漏。内衬为紧贴的高密度聚乙烯（HDPE）内衬，厚度 0.9 in。长半径弧度为 60°。50 年内，HDPE 内衬在变形突变时承受的持续外部压力是多少？

第27章
立 管

立管一般是竖向或近似竖向埋设的管道。但在实际应用中,一些立管是倾斜布置的。之所以称之为立管,是因为这些管道从埋地储罐或管道向上引出。立管的用途有多种:通道(如人孔和矿井)、清洗孔、通风口、(卫生填埋场甲烷的)气体收集口、(用于控制水压的)直立管道、(为地下输送机供料)的投料口、(收集水管中积存的空气的)储集器等等。多数立管呈圆柱体(通常为管道),见图27-1。与立管相关的主要问题是管环压力和纵向(竖向)推力。同时受这两种作用力的关键位置一般位于或靠近立管底部。

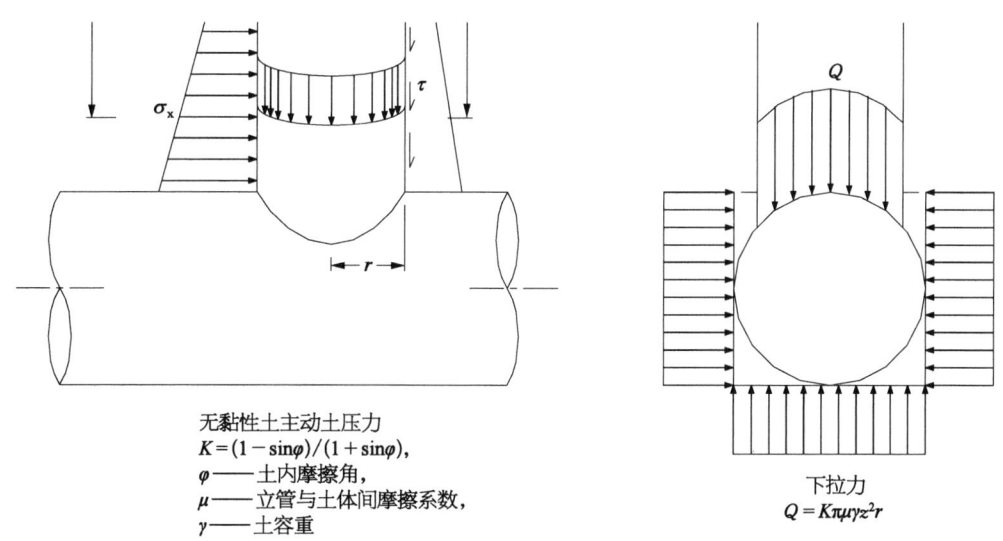

无黏性土主动土压力
$K = (1-\sin\varphi)/(1+\sin\varphi)$,
φ——土内摩擦角,
μ——立管与土体间摩擦系数,
γ——土容重

下拉力
$Q = K\pi\mu\gamma z^2 r$

图27-1 立管中的符号,左图显示径向压力,右图显示土压力引起的剪应力(下拉力)

管环压力

根据第6章,管环压应力为

$$f_c = r\sigma_x/t$$

其中,

f_c——薄壁立管中的周向应力,
σ_x——立管承受的外部径向压力,
r——立管的外部曲率半径,
t——立管壁厚。

设计中,f_c 必须小于立管的屈服应力。由于土体特性和土体埋设对压力 σ_x 有很大影响,导致压力 σ_x 无法保持均匀,因此需要设定一个安全系数。在土拱作用下,σ_x 既不是主动土压力,也不是径向弹性应力。这两种力只是限值。在下限值时,将立管小心滑入地面竖向钻孔后,在地下一定深度处的 σ_x

值为零；在该深度以下，未加支承的钻孔在土体自重作用下会发生塌陷。在该塌陷深度以上，立管承受的唯一压力是静水压力（若地下水位处于此塌陷深度上方）。这时需要对立管做稳定性分析，具体详见第 10 章。管道中的"真空度"属于外部静水压力。现在的问题是：如何确定无支承条件下钻孔的临界深度。最可靠的方法是试孔。

在上限值时，在无黏性土情况下，立管会承受径向主动土压力，

$$\sigma = K\sigma_z$$

其中，

σ_x——在深度 z 处立管上的径向压力，

K ——$(1+\sin\varphi)/(1-\sin\varphi)$（根据莫尔圆），

φ——土体摩擦角，

σ_z——土体压实引起的等效竖向应力。

如果土体松散并沿立管滑移，可假定为主动土压力。土体压实后，σ_z 大致相当于压实土体应力—应变图上反曲处的预压缩应力，见图 27-2。该分析结果仅作为上限值，因为未考虑管道周围土体的土拱作用力（σ_x）。实际上，土拱作用力很大，设计人员可通过弹性分析来考虑土拱作用的影响。

弹性理论提供了一种保守应力分析。立管在深度 z 处的径向压力为 σ_x。图 27-3 显示了土体无穷小立方体承受的主应力。根据弹性理论，应变为

$$E\varepsilon_z = \sigma_z - \upsilon(\sigma_x + \sigma_y)$$
$$E\varepsilon_y = \sigma_y - \upsilon(\sigma_x + \sigma_z)$$
$$E\varepsilon_x = \sigma_x - \upsilon(\sigma_y + \sigma_z)$$

其中：

E——弹性模量，

υ——泊松比，

ε——指定方向上的应变，

σ——指定方向上无穷小土体立方体承受的主应力。

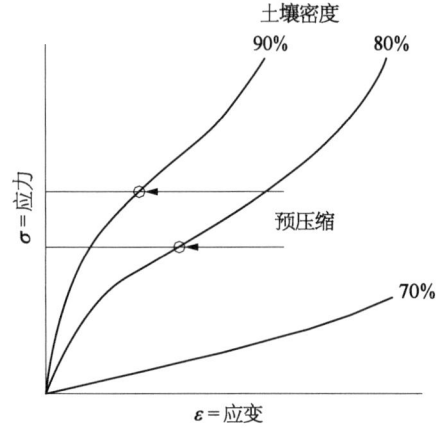

图 27-2 土体应力—应变图，显示反曲处的预压缩应力。预压缩应力大约等同于压实效果（土体密度）。如果没有压实（70%密度？），不会发生反曲

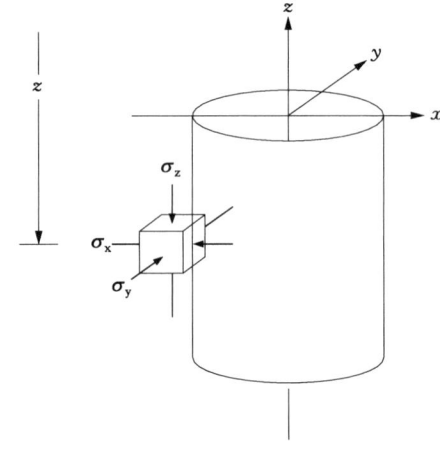

图 27-3 立管表面上的无穷小土体立方体，所示为主应力。竖向土体应力 σ_z，立管上的径向土压力为 σ_x，产生土拱作用的周向应力为 σ_y

由于土体受到水平约束力，可以假设水平应变 ε_x 和 ε_y 为零。因此，$\sigma_y = \sigma_x$。计算立管上的压力，

$$\sigma_x = \upsilon\sigma_z/(1-\upsilon) \qquad (27-1)$$

根据弹性理论,立管上的压力对泊松比 υ 具有敏感性:

υ	σ_x	适用于:
0.00	0	软木和垃圾。
0.1	$0.11\sigma_z$	
0.2	$0.25\sigma_z$	
0.3	$0.43\sigma_z$	
0.33	$0.50\sigma_z$	假设为 $0.5\sigma_z$(废料)。
0.4	$0.67\sigma_z$	适用于部分塑料。
0.5	$1.00\sigma_z$	定容弹性材料。

径向应力 σ_x 的变化范围为 $0 - \sigma_z$。部分设计人员在弹性模型中选用的泊松比为 0.33,立管上的径向压力为 $\sigma_x = \sigma_z/2$,但这仅适用于弹性材料。土体不是弹性的。根据立管上的主动土压力,

$$\sigma_x = \sigma_z(1-\sin\varphi)/(1+\sin\varphi)$$

如果土体摩擦角为 $\varphi = 30°$,则 $\sigma_x = \sigma_z/3$。尽管系数 1/3 偏于保守,但比一些设计人员采用的 1/2 更合理。

如果立管发生横向挠曲,其移动会引起被动土体抗力。根据第 4 章,在被动土压力作用下,

$$\sigma_x = \sigma_z(1+\sin\varphi)/(1-\sin\varphi)$$

如果土体摩擦角为 $\varphi = 30°$,则 $\sigma_x = 3\sigma_z$。

这种分析适用于压力作用于立管一侧时,见图 27-4。该力的唯一反作用力为悬臂作用力,如果立管出现横向挠曲,悬臂作用力可能比管环压力更加关键。在设计中对竖向悬臂一般使用经典分析。可能需要在发生挠曲的立管中确定反向弯曲点。

推力

推力是作用于立管上的竖向力。推力由土体压缩时产生的向下摩擦力形成。推力取决于:立管上的压力、立管上土体的摩擦系数以及土体相对于立管的相对运动(压缩)。需要设定一个安全系数。对下拉力的分析与第 22 章中的储舱分析相似。由于立管周围的土拱作用在计算下拉力时忽略不计,下述设计程序较为保守。下面假设土体为无黏性土体。分析中考虑了两种土体条件:压实和未压实。假设土体受到水平约束,此时的(径向)应变为零。因此,$\sigma_y = \sigma_x$。然后通过侧限压缩试验来建模,见图 27-3。在设计中,竖向应力 Q/A 必须小于屈服应力 f_c,并附带一个安全系数。

$$Q/A = f_c/(sf) \tag{27-2}$$

符号:

Q——立管上的总下拉载荷,
A——立管的横截面积 $= 2\pi r t$,
f_c——立管的纵向屈服应力,
f_z——立管的纵向(竖向)应力,
r——立管平均半径,
t——立管壁厚,
σ_x——立管上的径向(主动)土压力,
σ_z——深度 z 处的竖向土压力,
z——至土体立方体的深度(图 27-3),
K——土体滑移时 σ_x/σ_z 的比值,$= (1-\sin\varphi)/(1+\sin\varphi)$(颗粒状土体),
φ——土体摩擦角,

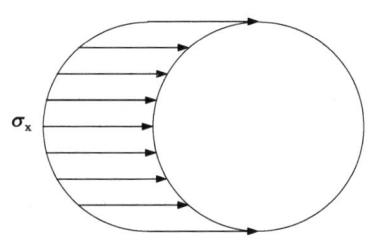

图 27-4 水平应力 σ_x 等于抵抗立管向土体中水平移动的土体承载力。这是立管在土体中发生横向挠曲产生的最大应力

μ——立管上土体的摩擦系数，
sf——安全系数。

如果土体具有黏性，则必须修改 K 值，见第 4 章。由于水平土拱作用力 σ_y 忽略不计，立管在深度 z 处的竖向应力 f_z 为上限值。Q 是土体在压缩时立管上承受的总土体下拉力。假设立管的长度固定，且立管下方的管座不会发生沉降，见图 27-2。在深度 z 处，下拉力在立管壁上引起的竖向应力为

$$f_z = Q/A = Kz\mu\sigma_z/2t \quad (27-3)$$

未压实土体

其中，

τ——立管上的竖向剪应力 $=\mu\sigma_x$，
σ_x——立管上的径向土压力 $=K\sigma_z$，
Q——下拉力 $=\pi rz\tau = \pi rz\mu K\sigma_z$。

在回填过程中，土体沿立管"滑移"会形成径向压力，见方程式(27-3)，此时的径向压力大致相当于主动土压力，即 $\sigma_x = K\sigma_z$

$$K = (1-\sin\varphi)/(1+\sin\varphi) \quad (27-4)$$

未压实土体

主动径向压力为 $\sigma_x = K\sigma_z$，其中 σ_z 为深度 z 处的竖向土体应力。

[例 1]

图 27-1 显示未压实土体中的立管。因此，σ_x-图在深度 z 处呈三角形。剪应力引起的下拉力 Q_s 是多少？σ_x-图下的体积等于三角形下方面积 $z\sigma_x/2$ 乘以立管周长 $2\pi r$。因此，$\underline{Q_s = \mu\pi rz\sigma_x}$。

压实土体

在无黏性埋设土体均匀（分层）压实的条件下，可假设 σ_z 是压实土体的等效预压缩应力。如果立管全长周围的土体已压实，则立管上的径向土压力是恒定的，而不是从上到下存在一个变化范围（从 0 到最大值）。因此，方程式(27-3)分母中的 2 可消掉，同时，

$$f_z = Kz\mu\sigma_z/t \quad (27-5)$$

压实土体

σ_z 是压实土体样品的预压缩应力。σ_z 值可根据压实土体实验室压缩试验的应力—应变图获得。

注意—通常，压实的土体不会对立管形成压力。因此不会形成剪应力 τ。土体压实主要是为了防止土体在立管周围出现相对沉降。上述原理适用于相对运动的一些特殊情况。

管道结构分析

图 27-1(右)显示了土体和立管在管道上产生的荷载。可通过闭合积分来分析管环，见附录 A。但这种分析趋于保守，因为纵向和周向土拱作用力忽略不计。可通过管环上的弯矩、推力和剪力来分析管环上的应力。比起弹性分析，塑性分析更具有相关性。立管与管道相交处出现的应力集中现象十分关键。

地表活荷载

如果地表活荷载传递到立管上，则立管须支承全部荷载。如果双轮荷载集中分布于立管边缘的某个点上，在分析中可将立管视为一根短柱，短柱上同时承受轴向荷载以及荷载偏离立管中性轴产生的弯矩。最大应力通常出现在顶部或顶部附近。最大应力须附

带一个安全系数,并小于屈服应力。局部屈曲可以减小临界荷载 P。根据经典力学理论,最大应力类似,且为

$$f_c = P/A + Mc/I = 3P/2\pi rt (近似值)$$
(27-6)

其中,

P——双轮荷载,
A——$2\pi rt$ = 立管的横截面积,
M——Pr = 立管上的弯矩,
I/c——$\pi tr^3/r = \pi tr^2$。

如果地表活荷载未作用于立管上,而是由立管附近的土体来承受,应注意立管上的竖向力和不均匀径向压力。

管环压力:

管环压力 σ_x 在轮压作用下可能大于边缘周围土体的被动阻力。立管边缘可能会发生反曲。可近似分析,但通常无法论证。

推力

预测如果存在活荷载,立管则必须能够支承该荷载,或者使活荷载避开立管。例如道路上的人孔应可支承轮压。

通常的做法是:在立管边缘周边设置一个凸缘,见图 27-5。凸缘并未与立管连接,因此,其会对土体施加压力。凸缘一般露出地表,如同路缘石一般,所以轮压不会作用到立管上,见图 27-5。凸缘可使轮压远离立管,因此径向土压力不会过大。立管周边的竖向土体应力 σ_z 可采用布辛内斯克理论计算得出,见第 4 章。径向应力为 $\sigma_x = K\sigma_z$。随着与立管之间的距离 R 增大,径向应力会变小,见图 27-6。

[例 2]

假设 HS-20 双轮荷载为 $P = 16$ kips,轮胎压力为 105 psi,与立管的距离为 R。至无穷小土体立方体的深度为 Z。假设土体为无黏性土体,且土体摩擦角为 $30°$($K = 1/3$)。布辛内斯克理论中的各值见图 27-6。很明显,随着 R 增大,σ_x 会显著减小。作为对比,图中显示了 $R = 0$ 时的曲线;此时,车轮在立管边缘土体的上方。由于布辛内斯克理论中假设存在一个点荷载,在理论上,土体表面($z = 0$)的 σ_x 接近于无穷大。

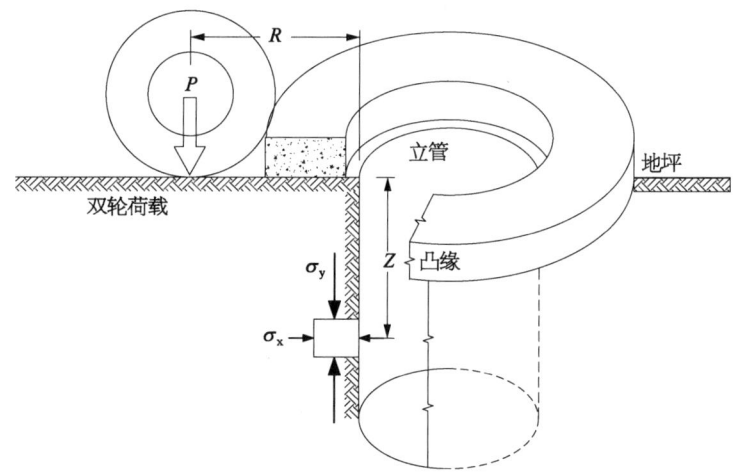

图 27-5 用于避免地表轮压导致立管承受过大土压力的凸缘,显示立管表面和深度 z 处无穷小土体立方体承受的主应力

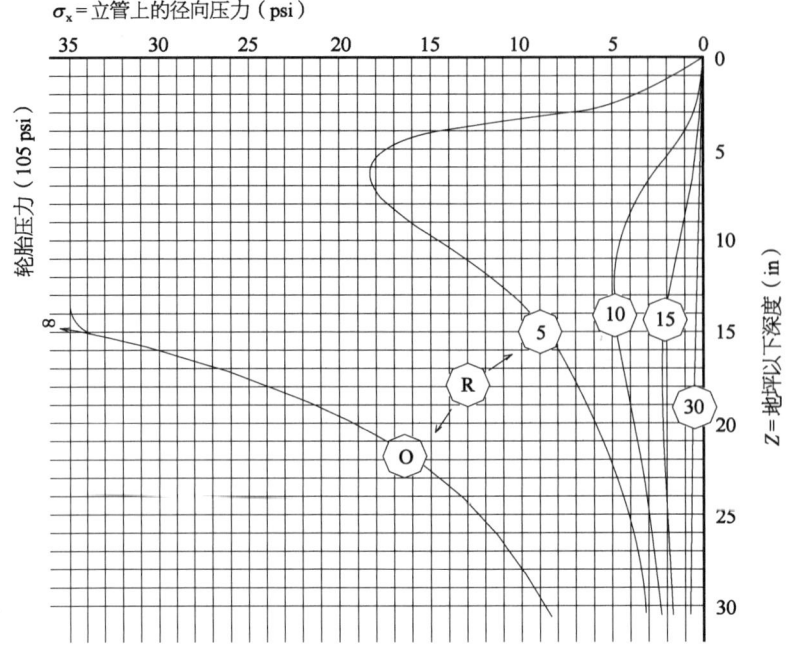

图 27‑6 立管上的径向压力 σ_x，作为深度 z 和距离 R（从 16‑kip 轮压处到立管的距离）的函数

实际上，双轮荷载分布在整个区域上。最大压力为轮胎压力 105 psi，此时 $\sigma_x = 35\ \text{psi} = K(105\ \text{psi})$。

如有必要，可通过卡氏方程式分析不均匀径向应力对管环的影响，见附录 A。

轮压引起的下拉剪应力为 $\tau = \mu\sigma_x$。

见图 27‑1。现在的问题是如何评估径向应力 σ_x；同样对于无黏性土体，其主要区别在于土体未压实还是压实；即主动土压力[方程式(27‑3)]和等效预压缩土压力[方程式(27‑5)]之间的区别。下拉剪力为 μ 乘以 σ_x‑图中的体积；即，

$$Q_s = \mu\sigma_x \mathrm{d}A \qquad (27\text{‑}7)$$

见图 27‑5。在承受集中轮压 P 的情况下，在深度 z 处的径向土体应力 σ_x 随半径 R［从轮压（P 轴线）到立管］发生变化。此外，σ_x 是 R 和 z 处布辛内斯克应力的径向分量。

然后根据管环刚度求受压区域边界的积分。可以假设面积等于 z 乘以周长的八分之一（45°弧长）。在深度 z，径向应力 σ_x 为 K 乘以竖向应力 σ_z，同时假设在深度 z 处 45°弧长周围的径向应力是恒定的。

[例 3]

立管埋设于未压实土体中。在距立管边缘距离 $R = 10$ in 处，轮压 $P = 16$ kips 导致的下拉力 Q_s 大约是多少？立管半径为 $r = 16$ in。

根据图 27‑6，通过计算平方数，可求得（$R = 10$）曲线下的面积约为 100 lb/in。立管的 45°弧长为 $\pi r/4 = 12.5$ in。应力量约为 (12.5 in)(100 lb/in) = 1.25 kips。剪切下拉力为 $1.25(\mu)$ kips。如果摩擦系数为 $\mu = 0.5$，则下拉力为 $Q_s = 625$ lbs。如果 R 减小到 5 in，则 σ_x‑曲线下的面积大约为原来的 2.5 倍。下拉力为 (2.5)(625 lbs) = 1.56 kips，等

于轮压的四分之一。应使轮压远离立管边缘。

卫生填埋场中的立管

由于废料具有可压缩性,卫生填埋场遇到的问题比较特殊。废料的特性不尽相同。废料的容重通常为 $\gamma = 75$ pcf。部分工程师设计废料容重为 80 pcf,以便考虑不同含水量和非均质性。各影响因素中,竖向压力占比高达 30%。温度范围为冰点以下到 120 ℉。随着填埋高度的增加,填埋场沿水平方向扩展。但填埋高度是逐渐增加的(可能需要很多年)。在立管设计中必须考虑由于卫生填埋场扩展以及下拉力(废料压缩时的摩擦力)引起的横向挠曲。

下拉力

由于缺少准确数值,下拉力"系数"有时设定为 0.5,即任意给定深度处废料竖向压力的一半。图 27-1 右侧显示的是立管三角下拉剪力图(τ-图),其中 τ 为 $0.5(\sigma_z)$,且 $\sigma_z = \gamma z$。由于卫生填埋场通常很高,可将 z 设定为较大值。为了缓解立管承受较大的下拉推力和保护立管不受损坏,可用压实精选回填土形成一个"烟囱",立管作为"烟道"。还可以使用伸缩式立管,见图 27-7。最好在每节管道上安装法兰。分析表明,摩擦力可使管节保持原位。但是,温度的变化会使管节发生伸缩,进而逐渐形成向下的蠕变。安装法兰可限制向下蠕变的发生。在大口径伸缩管节上,可在任何位置安装法兰。部分设计人员会在较大口径管节的一端安装承口,用来代替法兰。但在较小口径管节上安装法兰时,安装位置应与端部保持足够的距离,以便在将该管道插入较大口径管道时能够伸缩。

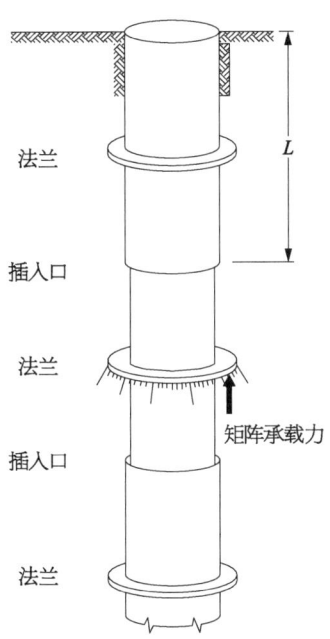

图 27-7 允许卫生填埋场中废料压缩的伸缩式立管示意图,其中采用法兰抵抗递增向下蠕变。法兰不一定必须安装在管节中段

现对法兰所需的承载面积进行分析。面积乘以土体(垃圾)承载力必须大于摩擦下拉力与每根管节重量之和。该设计程序趋于保守,因为向下蠕变和管道伸缩会减少或消除下拉力。该设计中未考虑安全系数。

活荷载抵抗力

假设立管由埋地管道或储罐支承,该立管可承受多大的活荷载?如果立管不可压缩(无滑动接头或波纹段),则全部活荷载都可由管道或储罐支承。如果立管可压缩,则在承受活荷载时会缩短。此时,全部或部分荷载由废料的摩擦阻力支承。摩擦阻力与下拉力方向相反,但分析方法一样。

横向挠曲

如果大小管节之间的插入间隙不足,立管的横向挠曲会束缚相邻管节。最不利情况下，端部在弯矩作用下可能会断裂。通过缩短管道，缩短管节长度和插入长度，以及通过增加大小口径管节之间的环形空间，可以允许横向挠曲。在防止渗滤液或土体进入管道方面，可以使用或不使用垫片。管节长度根据卫生填埋场高度的增长率来确定。伸缩式管节便于高度增长，但每次添加管节的长度取决于支承方法。在添加管节底部周围设置精选颗粒状土堆，可对较短的管节提供足够支承力，否则需使用铁丝绑扎。

立管基础

在一些情况下，立管重量和下拉力可由横跨管道或储罐的基础来支承。这种情况特别适用于重型立管，如用于向传送带或料斗投送矿石或骨料的竖井。除了立管内外的下拉力，立管上需要安装振动电机来保持物料持续输送。

在许多情况下，立管直接由管道或储罐支承。图 27-8 显示的立管用于将碎石投送到直径 120 in 波纹钢管中的传送带上。开口视图为管道内部视角。由于管环被开口分开，用于支承外部荷载的管环压力丢失。立管的推力 Q 必须由已被分割管环的相邻管环来支承。在图 27-7 的示例中，管道内侧焊接了一个钢板补强圈。补强圈相当于应力集中孔周围的凸台。相邻管环须承受自身的管环压力和被切割管环的压力。在一些情况下，也可以在管道外侧安装钢框架来代替被切割管环。如果立管推力由管道支承，则应

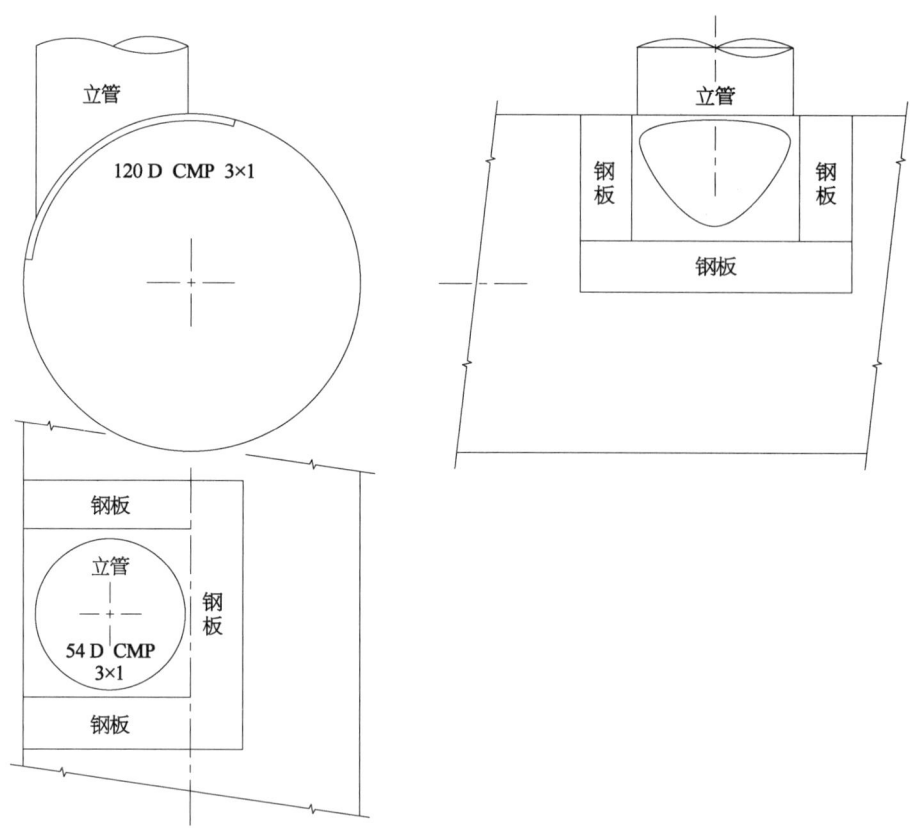

图 27-8 在波纹管道上支承立管的方案示例，显示在管道内部焊接钢板作为补强圈

根据卡氏方程式或有限元分析对管环进行分析。

[例 4]

伸缩式立管，PVC SDR 26，直立于废料中。

$D = 18.000$，
$D' = 18.462$，
$\Delta L = 14$ in，
$wt = 24.5$ lb/ft，
$\gamma = 80$ pcf（废料），
$\tau = 0.5\sigma_x$，
$L = 11$ ft，
$D_f = $ 法兰直径。

求：

卫生填埋场扩展时允许的最大角度偏移量。

$$\tan\theta = (D' - D)/\Delta L$$

$$\underline{\theta = 1.89°}$$

偏移量 = 4.4 in/11 ft 管长。

斜坡上的立管

下面介绍的是在斜坡上埋设立管（或管道）时结构设计的合理程序。

符号和假设数据——保守假设。以下示例涉及的数据包括：

土体：

填埋场垃圾——

$\gamma = 100$ pcf = 填埋垃圾容重（通常接近 75 pcf），
$\mu = 1/4 = $ 管道上填埋垃圾的摩擦系数，
$H = 100$ ft = 管道上方的垃圾覆盖层高度，
$P = \gamma H = 10$ ksf = 管道上的竖向压力。

精选颗粒状埋设土体——

$\gamma = 125$ pcf = 压实后容重，
$\varphi = 30° = $ 埋设土体摩擦角，
$\varepsilon = $ 在压力 P 下的竖向土压力，
$\mu = 1/3 = $ 管道埋设土体的摩擦系数。

管道：

$\sigma = $ 应力，
$\sigma_f = $ 屈服应力（假定破坏情况下），
$F/\Delta = $ 平行板试验测得的管道刚度，
$F/\Delta = 53.77EI/D^3$（根据分析），
$D = $ 管道平均直径（也用于标称直径），
$ID = 12$ in = 内径，
$OD = $ 外径 $= ID + 2t$，
$E = $ "弹性"模量，
$t = $ 壁厚，
$I = t^3/12 = $ 管壁纵向截面绕其中性轴的惯性矩。

假设数据——

12D PVC 管，管号 80，$DR = 18.56$
$\sigma_f = 4\,000$ psi（长期张力），
$\quad = 7\,500$ psi（初始值），
$E = 370\,000$ psi，
$OD = 12.75$，
$ID = 11.48$，
$D = 12.11$，
$t = 0.687$，
$d = 7.5\%$（允许值），
$F/\Delta = 300$ psi（通过分析）。

12D HDPE 管，SDR 11
$\sigma_f = 1\,600$ psi（50 年张力），
$\quad = 3\,200$ psi（初始值），
$E = 135\,000$ psi，
$OD = 12.75$，
$ID = 10.432$，
$D = 11.59$，
$t = 1.159$，

$F/\Delta = 600$ psi（通过分析）。

1. 管环压缩应力 $\sigma = P(OD)\cos\theta/2t$，该值必须小于 σ_f，见图 27-9。P 是管道埋深处的竖向土压力。由于在 1∶3 斜坡上，$\cos\theta = 0.95$，该值接近于 1，因此在下面的示例中可忽略不计。在斜坡上，竖向管段呈椭圆形，其水平半径与竖向半径之比大于 1。因此，为了保持管道稳定，在椭圆形管道侧面所需的土体支承小于与圆形管道侧面的情况。对于分析而言，水平管道是最不利情况。

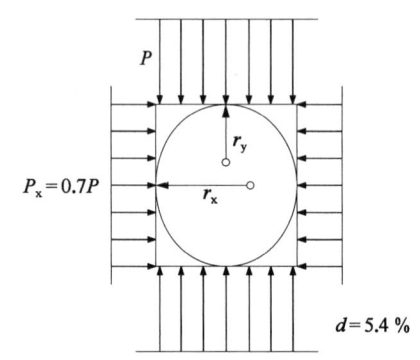

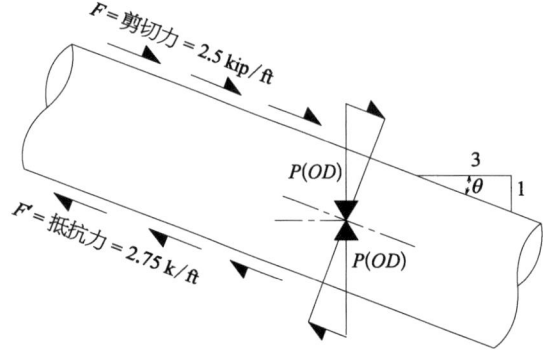

图 27-9 斜坡（1∶3 坡度）上的埋地管道，显示椭圆管道横截面（被竖向平面切割）承受的土压力。由于 $P_x < P$，土体滑移的可能性要小于圆形管道

[例 5]

PVC 和 HDPE 管道的管环压缩所需的安全系数是多少？忽略 $\cos\theta = 0.95$（最不利条件下 $\cos\theta = 1$），假设安装的是水平管道，通常假设允许管环压缩应力 σ_f 的限值，即受张屈服应力，始终小于压力。

PVC 管道，$\sigma = 1\,300$ psi。安全系数大约为 6。

HDPE 管道，$\sigma = 760$ psi。安全系数大于 4。在管壁屈服应力下，覆土厚度是多少？

PVC 管道，$H = 580$ ft。

HDPE 管道，$H = 420$ ft。

2. 此示例中，管环挠度 $d = \Delta/D$ 必须小于规范设定的允许 d 值（考虑了接头开裂和工具在管道内的可操作性等因素），即小于 7.5%。管环挠度为上限值。

(a) 管环挠曲值小于或等于侧填土的竖向压缩量 ε。ε 值可通过在实验室进行土体侧限压缩试验获得。对于压实度达到 90% 标准普氏密度的典型精选埋设土体，$\varepsilon < 3\%$。因此，在精选压实埋设土体中，不存在管环挠度的问题，见图 27-10。由于忽略了管环刚度，假设等于土体应变的管环挠曲值

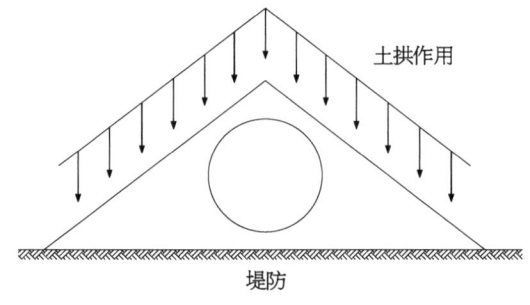

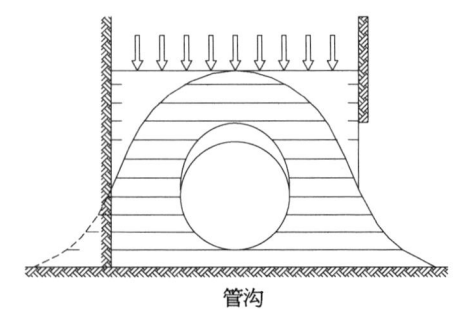

图 27-10 与堤防和管沟条件等效的水平土体支承。在这两种情况下，埋设土体都受到约束

保守估计有些偏高。

（b）下图所示的假设竖向压力 P 导致的最不利管环挠度，可根据弹性分析进行计算，得出 $d=0.56P/(F/D)$。由于忽略了水平土体支承，该管环挠度理论值是一个上限值。因此，管环挠度上限值为：

PVC 管道，$d=13\%$，

HDPE 管道，$d=6.5\%$。

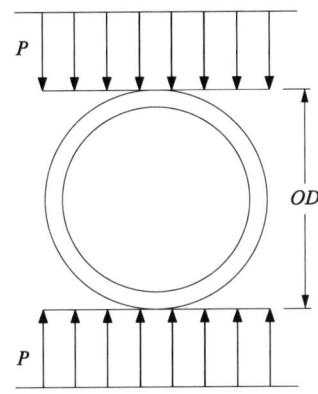

假设安装重型管道，比如 PVC 管道（管号 120）和 HDPE 管道（SDR 9），

PVC-120　　$d=4\%$

HDPE-9　　$d=2\%$

这种情况下管道不需要土体支持。如果有水平土体支承，不应安装较重的管道。水平土体支承可减少管环挠度。由于忽略了土体刚度和土拱作用，这些管环挠度的理论值更保守。

3. 须防止管道沿着斜坡纵向滑移。管道重力的沿坡向下分量和填埋垃圾随时间产生的压力会引起管道滑移。填埋垃圾作用于管道上的剪力会对管道产生沿斜坡的下拉力，见图 27-9。温度和压力的变化会导致管道发生纵向膨胀和收缩，进而沿着斜坡产生递增向下"蠕变"。

（a）推力约束（如固定于斜坡上的止推墩、凸缘和法兰）可防止管道沿斜坡向下滑移。在斜坡由填埋垃圾加以约束之前，坡度必须小于土体休止角。对于颗粒状土体斜坡，休止角一般大于 30°。坡度为 1∶3 的斜坡，休止角为 18.4°——小于 30°。

（b）也可以通过良好垫层（管道上的土体摩擦系数大于填埋垃圾的摩擦系数）来防止管道沿斜坡向下滑移，见图 27-9。假设最不利条件下的荷载为例 5 中的值，则纵向摩擦力大约为 $F=P(OD)\mu\cos\theta$。填埋垃圾的摩擦力和垫层摩擦力的唯一变量是 μ，且前者的 μ 值应小于后者的 μ 值。因此，需要确保管道与垫层紧密接触。

4. 在保守条件下，为了缓解不利情况，可忽略土体对管道的水平支承，特别是在使用刚性环时。对于柔性环，水平土体支承可减少管环压缩和管环挠度。

土拱作用可保护管道，见图 27-10。

塑料管道：

（a）短期屈服强度是塑料管道的一种相关但保守的特性。如果埋设土体能够保持管环形状，则与长期屈服强度无关。管环契合土体，而应力松弛的速度比长期强度退化的速度快。在恒定变形条件下，如果满载工况时管道未破坏，则以后将不会破坏。但是，如果在长期强度退化之前应力突然增加，塑料仍然为初始强度。

（b）如果应力持续存在，且土体未能保持管环形状，则塑料强度会随着时间发生退化，例如在恒定压力下设置于流体中的管道。良好埋设的土体可保持变形恒定，使得应力松弛程度会大于强度退化。

（c）卫生填埋场中的加载速率是逐年缓慢递增的，而不是像这些示例中假设的那样突然增加。加载速率缓慢增加有助于应力随着时间变松弛。

(d) 屈服应力通常认定为受张(而非压缩)环向强度。在这些分析假设中,管环压缩强度要大于张力屈服应力。

(e) 相对于水平面分析,斜坡上的管环分析并未那么严格。

土体:

(a) 在验算管环挠度的预测上限值时,需要考虑竖向土压力。

(b) 如果管环的挠性过大导致出现管环屈曲,则需要考虑土体的主动和被动阻力。但这些示例中不涉及这种情况,因为管道挠性较小。

(c) 颗粒状土体的主动和被动阻力是土体摩擦角 φ 的函数,即 $K=(1+\sin\varphi)/(1-\sin\varphi)$,其中 K 是土体滑移时土体中正交主正应力比。会形成剪切面。由于管环挠度较小,即管环刚度较大,因此塑料管道不需要考虑土体滑移的问题。

(d) 在斜坡上,填埋垃圾在管道上产生的摩擦下拉力通常小于垫层的摩擦阻力,因为管道顶部的摩擦系数较小。

练习题

27-1 在例 4 中,如果要支承一根小口径管道,防止其在大口径管道中向下蠕变,则所需的 D_f 最小值是多少?废料的承载力为 800 psf。蠕变的摩擦阻力可以忽略不计。

$$(D_f = 19.64)$$

27-2 如果顶部 11 ft 管节为小口径管道 ($D_f=20$),则立管顶部可承受的活荷载 W 为多少?需要多大的活荷载可使管道逆着摩擦向下?

27-3 假设例 4 中的第一根(底部)立管管节为小口径管道,长度为 20 ft,未安装法兰,嵌入松散废料顶部 20 ft。估计该管节底部的承载力是多少?管道重量是否影响显著?

$$(Q = \pi r L \gamma = 38 \text{ kips})$$

27-4 推导方程式(27-1)和(27-3)。

第28章
埋地构筑物的有限元法分析

引言

特纳等人(Turner，1956)引入有限元法作为工程应用的工具，主要解决与航空业有关的应力分析问题。有限元法自此成为土木工程许多领域的一项有用且备受认可的工具。在岩土工程中的应用包括各种土体系统和土体—结构系统的静态和动态应力分析、包括地下水建模的渗流分析以及包括沉降量及沉降速率的固结分析。应力分析在岩土工程静态和动态加载中的应用始于20世纪60年代末和70年代初，包括堤防应力和运动的静态分析[库哈威等人(Kulhawy et al.，1969)；Duncan（1972 年）；Kulhawy 和 Duncan（1972 年）]；堤防地震应力分析[Clough 和 Chopra(1966 年)]；地震反应分析[Idriss 等人(1974 年)]和土体—结构相互作用[Clough(1972 年)]。

卡托纳等人(Katona et al.，1976)开创了有限元法在埋地管道问题解决中的应用。他们的项目由美国联邦公路局赞助，开发了著名的公共领域计算机程序 CANDE（涵洞分析和设计）。CANDE 已升级多次，现可在个人电脑上使用。其他人也在使用有限元法解决埋地构筑物问题方面做出了早期贡献，包括 Katona（1982 年）；莱昂纳茨等人(Leonards et al.，1982)；夏普等人(Sharp et al.，1984)；Sharp 等人（1985 年）；TRB 记录 1008。

有限元法应力分析背后的基本思路是，一个连续体由许多仅在单元节点(接头)处连接的单元表示，如图 28-1 中所示的埋地管道二维图。有限元集合的结构分析可采用类似于建筑物结构分析的方法进行。这个过程包括求解节点位移，然后根据节点位移，确定集合中每个单元的应力和应变。图 28-1 所示的单元是土管连续体的基本结构单元，就像梁柱是建筑框架的基本结构单元一样。每个单元都是连续的，对单元内的任意点进行应力和应变估算。连续体分析与框架结构分析的主要区别在于，尽管连续体的有限元表达仅在其节点处与相邻单元相连，但必须保持相邻单元之

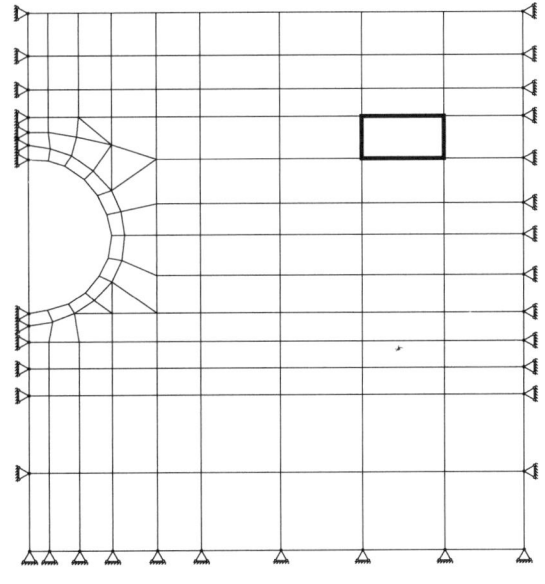

图 28-1 对称管—土系统的网格图

间的位移协调。特殊形状函数用于将单元边界上的位移与节点位移联系起来,并指定相邻单元之间的位移协调。如图 28-1 所示,一旦连续体被理想化,可使用刚度分析法对系统进行精确的结构分析[Zienkiewicz(1977年);Gere 和 Weaver(1980 年);邓恩等人(Dunn et al.,1980)]。

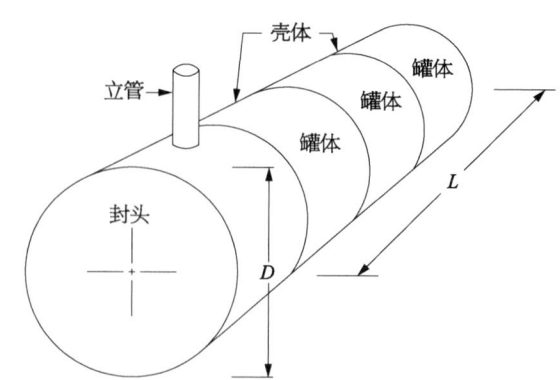

注意,图 28-1 中仅展示了一半的土管系统,只要几何结构、特性和荷载条件对称,另一半管道的分析结果可通过对称性获得。应沿对称线适当建立边界条件来模拟完整的系统行为。利用对称性,可显著减小求解问题的规模,相关要求详见下节所述内容。

多数岩土工程应用可通过图 28-1 所示的二维理想化模型解决。但有些问题应认识到问题的三维性。图 28-2 所示为埋地圆筒形储罐的有限元表示图。利用该模型研究圆筒壁与储罐端板连接处罐内泄漏的形成过程。再次通过对称性尽可能减小分析问题的规模。

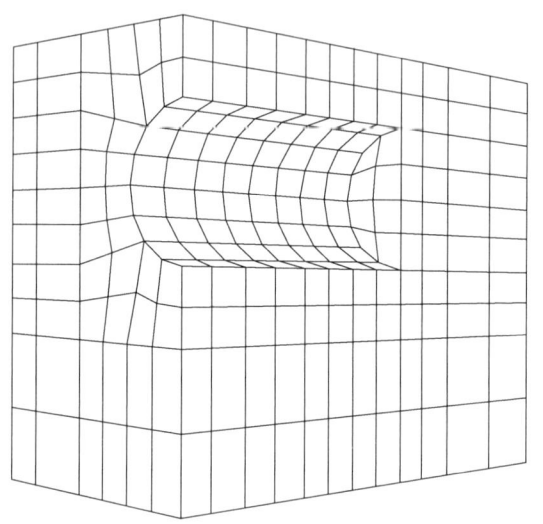

图 28-2 需要三维迭代的埋地储罐网格图

有限元分析的基本原则

方程式(28-1)以矩阵形式表示有限元集合(如图 28-1 所示)每个节点的平衡方程式。在应用边界条件(识别具有固定或限制运动的节点)后,对于由向量$\{d\}$表示的未知节点位移,可求解由方程式(28-1)给出的方程组。这些位移转而可用来估算单元的应力和应变。

$$[K]\{d\} = \{f\} \quad (28-1)$$

其中,

$[K]$——全局刚度矩阵,
$\{d\}$——节点位移向量,
$\{f\}$——节点荷载向量。

刚度矩阵$[K]$将节点位移与节点力联系起来。矩阵单元是结构几何、单元尺寸、单元弹性性能和单元形状函数的函数。刚度矩阵的大小取决于每个节点的自由度个数和节点数。因此,用于表示连续体的节点越多,须求解的联立方程组就越大。如前一节所述,利用对称性可显著减少必须求解的方程数。尼比(Nyby,1981)对土体—结构相互作用问题的有限元法进行了完整的推导。

土体—结构相互作用系统(如埋地管道)的有限元分析与简单线性弹性连续体的有限元分析在以下几个方面有所不同。

1. **土体具有非线性应力—应变关系。**

2. 须用不同的单元类型来表示管道和土体。

3. 有必要允许土体和管壁之间的移动,需要用到界面单元。

4. 极柔性管涉及大位移,其解可能是几何非线性解。

非线性土体特性

土体具有非线性应力应变特性。因此,大的荷载增量会导致在估算土体内的应力和应变时出现重大误差。应根据代表性土体样本的实验室试验结果确定应力—应变关系。邓肯等人(Duncan et al., 1980)提出了一种用双曲线参数描述土体应力—应变特性的方法。他们还提供了在实验室试验结果不可用时可使用的土体典型值。运用"典型"值时应始终小心谨慎。

邓肯土体模型通常用于岩土工程应用(Duncan et al., 1980)。邓肯土体模型所使用的双曲应力—应变理论最初由 Kondner 和 Zelasko(1963 年)提出。土体模型假定土体的应力—应变特性可用双曲线关系模拟。

图 28-3 所示为典型的非线性应力—应变曲线和常用作表示应力—应变特性的一种简便方法的相应双曲变换(Duncan et al., 1980)。在图 28-3 中,初始切线模量值 E_t 是围压的函数。图 28-3 显示了应变增加时切线模量的变化。对于给定的恒定围压值,弹性模量值为土体的滑动强度百分比或应力水平的函数。当应力水平接近 1 时(100%可用强度被调动),弹性模量值接近于零。土体的莫尔—库仑强度理论表明,土体强度也取决于围压,如图 28-4 所示。图 28-5 显示了初始切线模量与围压之间的对数关系。该土体模型将初始切线模量随围压的变化关系

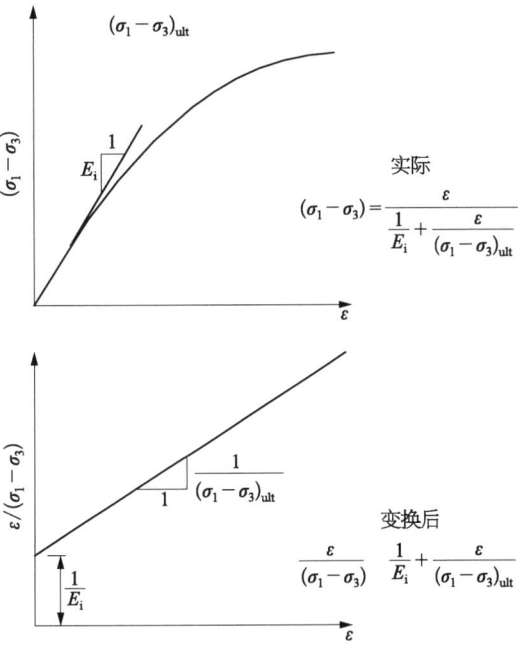

图 28-3 应力—应变曲线的双曲线表示(Duncan et al., 1980)

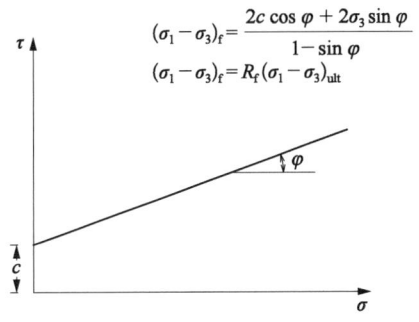

图 28-4 强度随围压的变化(Duncan et al., 1980)

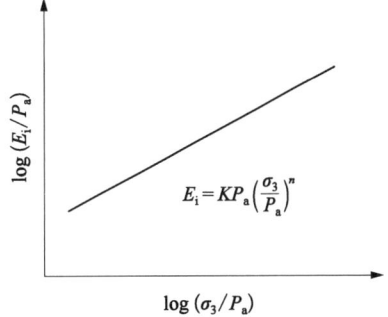

图 28-5 初始切线模量随围压的变化(Duncan et al., 1980)

和弹性随应力水平的变化关系结合起来,计算任意给定应力条件下的切线弹性模量。用于计算作为围压强度函数的弹性模量的方程式为

$$E_t = \left[1 - \frac{R_f(\sigma_1 - \sigma_3)(1 - \sin\varphi)}{2c\cos\varphi + 2\sigma_3\sin\varphi}\right] KP_a\left(\frac{\sigma_3}{P_a}\right)^n$$

其中,

E_t——切线弹性模量;

P_a——大气压力;

K——弹性模量常数;

n——弹性模量指数;

σ_1——最大主应力;

σ_3——最小主应力(围压);

R_f——破坏率。

邓肯等(Duncan et al., 1980)提出的土体模型还使用了体积模量的双曲线模型。体积模量的双曲线关系类似于初始弹性模量关系,其中体积模量与围压成指数关系。这种特定的土体模型不考虑应变期间的土体膨胀。将体积模量与围压关联起来的方程式为

$$B = K_b P_a\left(\frac{\sigma_3}{P_a}\right)^m$$

其中,

B——体积模量;

K_b——体积模量常数;

m——体积模量指数。

上述两个方程式用于计算刚度矩阵中所需应变相关的弹性参数。泊松比和剪切模量均根据经典弹性理论形成的方程式计算。

在计算弹性模量之前,通过评估应力水平来测试剪切破坏。如果计算出的应力水平超过强度的95%,则弹性模量按0.95的应力水平计算。这时结果为低弹性模量。体积模量不受影响,因此用于模拟剪切中良好的耐体积压缩性。计算弹性参数时,还必须进行试验来评估是否发生张力破坏。如果围压为负值,则土体单元处于张力破坏状态,需要将弹性参数设为极小的值,从而模拟张力条件。

图28-6所示为土样在三轴剪切试验中的应力—应变曲线。样本的加荷顺序是增加竖向应力,直到样本经历初始应变,然后卸荷,最后重新加荷,直至样本破坏。从图28-6中可以看出,样本在初次加荷时具有非线性应力—应变响应。然而,低于先前最大压力的卸荷和再加荷特性未遵循初始主曲线;它们表现出非弹性响应。加荷超过先前最大压力后,应力—应变曲线再次遵循初始非线性初次加荷曲线。

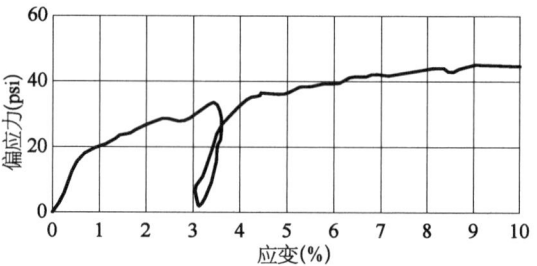

图28-6 三轴土样的偏应力与应变图,显示初次加荷、卸荷和重新加荷的情况

邓肯等人(Duncan et al., 1980)讨论了卸荷和再加荷时的土体特性,并与初次加荷时的土体特性进行比较。在超固结范围内,土体刚度要大1.3到3.0倍。体积应变不受应力历史的影响。卸荷和再加荷的三轴试验通常表明,双曲常数和指数的大小取决于土体是处于初始加荷还是卸荷和再加荷状态。为了模拟管道因压实而产生的初始变形,有

必要建立有限元分析中每个土体单元的应力历史模型。由于压实作用,一些土体单元应在回弹范围内响应,直到超载压力超过压实荷载压力。对于诸如管道复圆的其他应用,向加荷顺序添加内部压力时,土体单元须在管道复圆时做出适当响应。由于土体在回弹范围内的刚度要大得多,因此管道变形取决于土体的应力历史。管道复圆或对压实荷载建模时,有限元网格中并非所有土体单元都会在任意给定时间内对回弹范围做出响应。因此,有必要在分析过程中监测每个土体单元的应力历史,并根据每个单元的当前应力使用适当的刚度参数。

土体单元的应力历史可通过估算每个单元的莫尔圆中心位置进行监测(平均应力)。将任何荷载增量的平均应力与先前增量的最大平均应力进行比较。当前平均应力小于先前最大应力时,利用卸荷参数计算土体的弹性模量。同样,在回弹范围内监测土体单元,当前平均应力超过先前最大平均应力时,土体单元转换为初次加荷曲线。这一方法允许模拟任何土体单元在回弹或初次加荷条件下的土体单元响应,具体取决于加荷条件和土体响应。另需两个土体参数作为邓肯土体模型的输入,该模型考虑了卸荷和重新加荷范围内土体性状,还应指定先前最大有效应力(预固结应力或压实应力)。

用有限元法解决岩土工程问题时,通常通过增加增量荷载及根据应变大小调整土体特性来适应非线性应力—应变条件。如果正在修建堤防,则有必要增加增量中的土层,然后在增加每个土层后调整土体特性,从而符合构造顺序。每个新增土层首先用荷载表示,以确定提防内应力的增加情况。确定新增土层应力的增量后,向有限元网格添加额外单元表示新材料。这使得有限元分析程序能够符合土体的非线性应力—应变特性。方程式(28-2)中的刚度矩阵$[K]$是材料特性、单元几何结构和用于描述单元边缘应力应变性状的形状函数的函数。刚度矩阵最初通过初始土体特性和单元几何结构形成。当荷载作用于土体结构时,土体变形,土体特性发生改变,因此,须调整刚度矩阵来反映新的土体特性。

界面单元

在埋地管道的有限元分析中,通常采用梁单元来模拟管道,其中剪力、弯矩和推力可在每个单元的末端表示出来。管道单元的节点在公共节点处与相邻的土体单元相连。但在某些情况下,有必要允许管道和土体之间发生滑移。可通过在管道节点和土体单元节点之间设置"界面"单元,在有限元分析中实现这种滑移。这些界面单元基本上没有大小之分,但当超过指定的摩擦力时,可允许节点之间发生运动学上的移动。

几何非线性

如非线性土体特性一节所述,方程式(28-1)中的刚度矩阵$[K]$是各单元材料特性、单元几何结构和单元形状函数的函数。当土体在附加荷载下变形时,有限元网格的几何结构发生变化。如果这些变化很轻微(小位移理论),则不必在每次荷载增量后重建刚度矩阵。但如果是极柔性管,变形可能较大,有必要在每次荷载增量后重建有限元网格的几何结构,称之为几何非线性。

刚度矩阵的构造

刚度矩阵由若干部分组成。一个部分是本构矩阵,通过弹性参数将应力与应变关联起来。另一部分通过应变位移矩阵将单元应变与节点位移关联起来。这一矩阵根据单元类型、形状函数和节点坐标计算得到。上述关系式的推导不在本书范围内。

根据基本工程力学原理,梁、杆和土体单元都有其各自的特定刚度矩阵。梁属三力单元,杆属二力单元。梁杆单元都称为一维单元。这些单元的应变位移矩阵根据适当的形状函数及其横截面积、长度和倾斜角推导得出。土体单元是二维单元,不传导弯矩应力。应变位移矩阵是用每个组成单元的节点的坐标和用于描述土体单元变形特性的形状函数推导出来的。

连续体的有限元分析涉及方程组的求解,如方程式(28-1)所示。如果连续体为线性弹性系统,位移很小,则方程式(28-1)中的刚度矩阵$[K]$可生成一次,然后反复用于解决不同荷载条件下的问题。荷载向量$\{f\}$随荷载条件的变化而变化,但刚度矩阵保持不变。此外,由于材料特性具有线性弹性,因此相关荷载可一次性施加。但如果材料特性是非线性的(应变相关),则刚度矩阵会随荷载的增加而变化,不可能一次性将荷载施加到系统上。因此,应以增量方式添加荷载,并随每次荷载增量修正刚度矩阵。如果涉及大位移的问题可能是与极柔性管有关的情况,那么当系统变形时,刚度矩阵的几何分量需改变。整个系统的全局刚度矩阵应考虑集合中所有单元的作用。梁杆单元趋向于线弹性,而土体单元为非线性(应变相关)。通过考虑有限元集合中各节点的平衡,将独立单元刚度矩阵插入到全局刚度矩阵中。

所需输入

有限元程序的执行需要用户准备数据,包括网格几何结构、材料特性和加荷条件。一些程序带网格自动生成选项,大大减少了输入数据所需的工作量。所需数据包括节点坐标、单元数据、材料特性、界面属性、节点连接属性、构造顺序信息、初始单元应力、应变和位移以及外部荷载信息。输入边界条件。边界条件表明节点是否可在x或y方向或旋转地自由移动。

材料信息。需输入每个指定材料类型的材料信息。土体、结构(杆和梁)和界面材料各有单独的输入要求。杆单元所需的材料特性包括横截面积、弹性模量和重量/单位长度。梁材料还需要惯性矩、剪切面积、泊松比以及从末端纤维到中性轴的距离。所需的土体材料特性包括前一节所述邓肯土体模型中使用的所有参数。

此外,莫尔—库仑强度信息、容重和侧向土压力系数通常是每种土体类型所必需的信息。节点连接单元的性状类似于弹簧。节点连接单元需要法向和剪切弹簧系数以及定向角。除了弹簧系数是非线性的以外,界面单元与节点连接单元相似。每种界面单元材料类型所必需的信息包括法向和剪切弹簧系数、模量指数、壁板摩擦角和黏着力值。

构造信息。通过添加土层单元或激活设置结构(梁单元)来模拟构造顺序。通过指定相对于外部荷载添加顺序的土层添加顺序来表示土层构造信息。通过指定紧随结构激活设置的土层和与结构相邻的最大土层数来表示结构设置信息。每层所需的土层数据是土层内最大和最小的土体单元数、土层内最大和最小的新置节点数以及定义新层顶面的一系列节点。

初始应力。求解非线性问题(如土体—结构相互作用问题)的一个重要特点是能够规定初始应力。这些应力可能存在于土体、构筑物或界面单元中。初始应力指向系统添加任何构造层或外部荷载之前已经存在的应力。对于某些问题,规定初始应变或位移也很重要。在做一系列分析时,"初始应力"的概念是相当方便的。采用初始应力、应变和位移,基本上决定了初始单元的应力条件。所以,对给定的网格和土体构型,只需模拟一次构造顺序。之后,由这种构造模拟产生的初始应力可作为整个网格的输入,而后续分析只需将外部荷载与网格合并即可进行。

外部荷载。外部荷载通常作为集中荷载或均布荷载输入。此类输入相当简单。每个加荷顺序都需有拟用的集中荷载数和均布荷载数。通过指示节点编号规定集中荷载,该节点将接收荷载以及点荷载的 x 和 y 分量。对每个接收均布荷载的单元规定均布荷载。

输出

有限元分析的典型输出包括输入数据以及应力、应变和位移分析结果的汇总。输入汇总包括单元和节点信息、材料特性、构造和荷载排序、初始单元信息以及用于估计初始弹性参数的初始应力。

节点位移包括 x、y 和旋转分量的总位移以及每个特定荷载增量的增量位移和旋转。

列出的结构响应包括每个结构部件每一节点的弯矩、剪力和推力。列表包括增量结构力和累积增量力产生的总结构力。

土体单元应变信息包括沿 x 和 y 方向的土体单元应变以及剪切应变。每一单元的主应变也一一列举。

输出的土体单元应力包括水平和竖向应力、剪切应力以及主应力。相对于主平面的原点平面的定位角、大小主应力之比以及应力水平也作为每一单元的输出。输出的应力水平说明每一单元的应力条件。如果计算所得的应力大于材料强度,表示单元已经受局部剪切破坏,弹性参数需要调整。如果在土体中计算出张应力,表示该单元已经受张力破坏。单元弹性参数将再次需要调整,从而允许土体单元在受张状态下发生位移。

汇总

有限元法是进行复杂系统应力分析的有力工具,特别适用于解决岩土工程的各种问题,包括土体—结构相互作用问题,例如埋地构筑物分析。将有限元法用于解决土体—结构相互作用问题时,需要了解基本工程力学和土体性状。进行岩土工程问题有限元分析和审查分析结果时,需要做出判断。比较有限元分析解和物理系统的测量结果在何时都很重要。这种方法的强大之处在于能够解决复杂系统,并且能够查看多个不同的加荷条件和系统配置。但是,如果未进行彻底关键的审查,决不可接受表面上的结果。

参考文献

[1] J. M. Duncan, P. Byrne, K. S. Wong, and P. Mabry. Strength, stress-strain and bulk-modulus parameters for finite element analyses of stresses and movements in soil masses. Geotechnical Engineering Report UCB/GT/80-01. University of California, Berkeley, 1980.

[2] F. H. Kulhawy, J. M. Duncan, and H. B. Seed (1969), Finite element analysis of stresses and movements in embankments during construction. Geotechnical Engineering

Report TE-69-4. University of California, 1969.

[3] M. G. Katona, J. B. Forrest, R. J. Odello, and J. R. Allgood (1976), CANDE—a modern approach for the structural design and analysis of buried culverts, Report FHWA-RD-77-5. FHWA, U.S. Department of Transportation, 1976.

[4] G. A. Leonards, T. H. Wu, C. H. Juang (1982), Predicting performance of buried conduits. Report FHWA/IN/JHRP-81\3. FHWA, U.S. Department of Transportation, 1982.

[5] K. D. Sharp, F. W. Kiefer, L. R. Anderson, E. Jones (1984), Soils Testing Report for applications of finite element analysis of FRP pipe performance: Soils Testing Report. Buried Structures Laboratory, Utah State University, Logan, UT, 1984.

[6] I. S. Dunn, L. R. Anderson, and F. W. Kiefer, (1980) Fundamentals of Geotechnical Analysis, Wiley, 1980.

[7] B. W. Nyby and L. R. Anderson (1981), Finite element analysis of soil-structure interaction.

[8] Proceedings of the International Conference on Finite Element Methods (H. Guangqian and Y. K. Cheung, eds.). Science Press, Beijing China, 1982.

[9] K. D. Sharp, L. R. Anderson, A. P. Moser, and M. J. Warner (1984), Applications of finite element analysis of FRP pipe performance. Buried Structures Laboratory, Utah State University, Logan, UT, 1984.

第29章
有限元分析在埋地管道中的应用

如第28章所述，埋地柔性管的有限元分析要求通常不包括在多数有限元分析应用中。许多类型的埋地管道（如玻璃纤维增强塑料管）为极柔性管，因此需要对系统进行有限元分析，以适应较大挠度。

管道和土体特性对压实荷载的敏感性是一个重要的考虑因素。在每次加荷增量时应监测每个土体单元的应力历史，以确定该单元是否处于初始加荷、卸荷或重新加荷状态，然后需要针对每次分析增量运用适当参数。

适当考虑土体—结构系统的所有单元，使有限元法成为分析在各种安装条件、回填材料类型、堆载和内部压力下埋地柔性管的有用工具。

本章阐述了有限元法在求解土体—结构相互作用问题中的应用。通过有限元分析（FEA）计算的埋地柔性玻璃纤维增强塑料（FRP）管在各种安装和静态荷载条件下的响应，并与犹他州立大学埋地构筑物实验室夏普等人（Sharp et al., 1985年）进行的土箱物理试验中测得的应变和挠度进行了比较。应用有限元分析模拟了土箱的实际安装条件。

研究中采用的方法是模拟土箱试验中使用的回填和荷载条件，以便将有限元分析结果中对管道响应的预测与实测响应进行比较。这要求对土箱中使用的四种土体进行工程特性试验，包括在不同密度下进行三轴试验，以评估邓肯土体模型的双曲线参数。夏普等人（Sharp et al., 1984）描述了试验结果。下文的讨论仅给出有限元程序在分析粉砂安装条件下的应用结果。其余应用的结果见夏普等人（Sharp et al., 1984）的报告。

确定邓肯土体参数

土箱试验中使用的粉砂是非塑性材料，约40%能通过0.075 mm的筛网，约10%为黏粒。基于AASHTO T-99压实，最大干密度为124.7 lb/ft^3，最佳含水量为9.5%。

采用与土箱试验所用试样含水量相似的压实试样，对粉砂进行了三轴剪切试验。图29-1为"土箱"的示意图。有限元分析需要每种密度的弹性模量和体积模量参数。使用饱和试样对干净的颗粒材料（洗过的砂砾石）进行试验，并通过测量排水剪切过程中试样挤出或吸入的水体积来监测体积变化。

由于粉砂和黏土的应力—应变和强度特性取决于排水、密度、压实含水量和剪切含水量，因此土体参数必须尽可能地反映现场条件。所以采用非饱和不排水条件对粉砂和黏土进行了试验。未配备三轴仪测量不排水试样的体积应变。因此，未测量细粒土（粉砂和黏土）的体积模量参数。

在三种不同密度（基于标准普氏的95%、80%和77%相对压实度）下对粉砂进行三轴试验。在每种密度的土箱试验范围内，获得三种围压的应力应变曲线。三轴试验过程包括采用

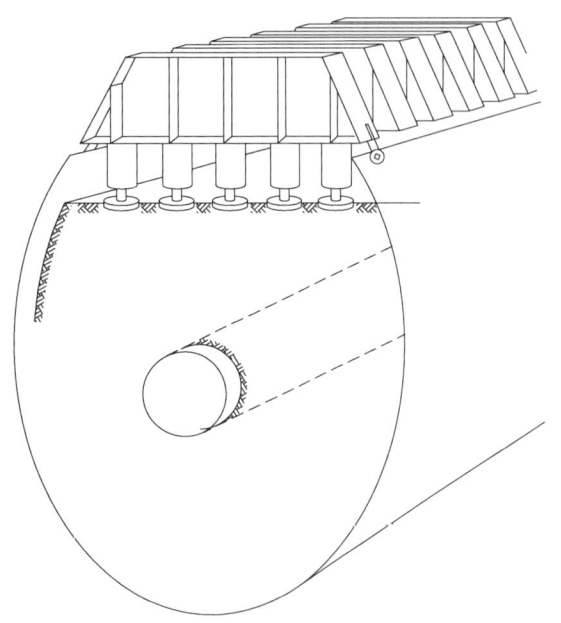

图 29-1 用于研究埋地管道管土相互作用的大型 USU 土体单元(土箱)示意图。该单元是一个椭圆形钢筒,起拱线处的水平曲率半径等于底板竖向半径的三倍。通过模拟施加荷载时水平与竖向土体应力之比为 1∶3 的条件,该椭圆钢筒减小边界效应。对于直径不超过约 60 in(1.5 m)的管道,边界效应可忽略不计。单元宽 15 ft(4.6 m),高 18 ft(5.5 m),与液压缸等高,长 22 ft(6.7 m)。竖向压力由 50 个液压缸施加在十根梁上。梁的一端被钉住,使之可以向上倾斜,以便安装管道。这是两个土体单元中较大的一个,主要用于研究管道在高土压力下的性能,并与有限元分析进行比较

与现场相似的压实技术制备试样,利用偏差器通过初始加荷、卸荷和再加荷破坏试样。这就产生了通过邓肯等人(Duncan et al.,1980)所论述的程序进行数据的处理说明,以测定抗剪强度和弹性模量的双曲参数。

卸荷和再加荷数据也进行了估算,获得每种密度的回弹参数。

由于未获得双曲线体积模量参数的数据,因此使用土箱试验结果进行 FEA 敏感性研究,以采用 90% 和 80% 的相对压实度校准粉砂数据。通过对 95%、80% 和 77% 的相对压实度数据进行插值,得到 90% 相对压实度下的弹性模量。在有限元网格中使用 90% 的均匀相对压实度和 80% 的均匀相对压实度进行敏感性研究,测定体积模量参数。这些敏感性研究表明,可通过修改体积模量指数来调整荷载—挠度曲线的形状。由于双曲线弹性模量和体积模量参数与土体抗剪强度之间存在复杂的相互关系,因此管道应变图也可以调整。表 29-1 显示了 90% 和 80% 相对压实度下适用粉砂的土体参数终值。夏普等人(Sharp et al.,1984)的报告对敏感性作了更全面的描述。

有限元建模

粉砂中的玻璃纤维管性能建模涉及若干安装条件以及 10 psi 和 100 psi 的管道刚度(ASTM D-2412)。安装条件包括 90% 和 80% 相对压实度下的均匀压实度、不良拱腋和软质拱顶。一般来说,避免压实这些区域的土体,即可实现不良拱腋和软质拱顶。图 29-2 所示为本研究中使用的有限元网格和土体材料或类型。除拱腋中的土体类型(土体类型 6)外,所有土体类型的不良拱腋条件均使用 90% 的相对压实度。所有土体类型的软质拱顶条件使用 90% 的相对压实度,但路肩到管顶的区域除外,如图 29-2 所示的土体类型 7。使用这些安装条件的原因是在安装过程中,材料被放置在管道周围。管道刚度较低时,填筑足够覆土之前,很难将填料压实到管顶。此外,还需要压实拱腋中的土体,因此需要模拟拱腋中有松散材料时的安装条件。研究因分体安装、不同基础材料和其他安装类型导致的效应涉及所示的其他土体类型。

表 29-1 适用粉砂的土体参数

标准相对压实度	密度 lb/in³	φ 度	Δ 度	c psi	K	n	R_f	K_b	m	K_o	K_{ur}	n_{ur}
90%	0.065	30	0	8.3	480	0.44	0.75	80	0.38	0.48	720	0.44
80%	0.058	30	0	3.5	350	0.28	0.89	15	0.40	0.37	525	0.28

注：邓肯等人(Duncan et al., 1998)关于参数定义的新报告

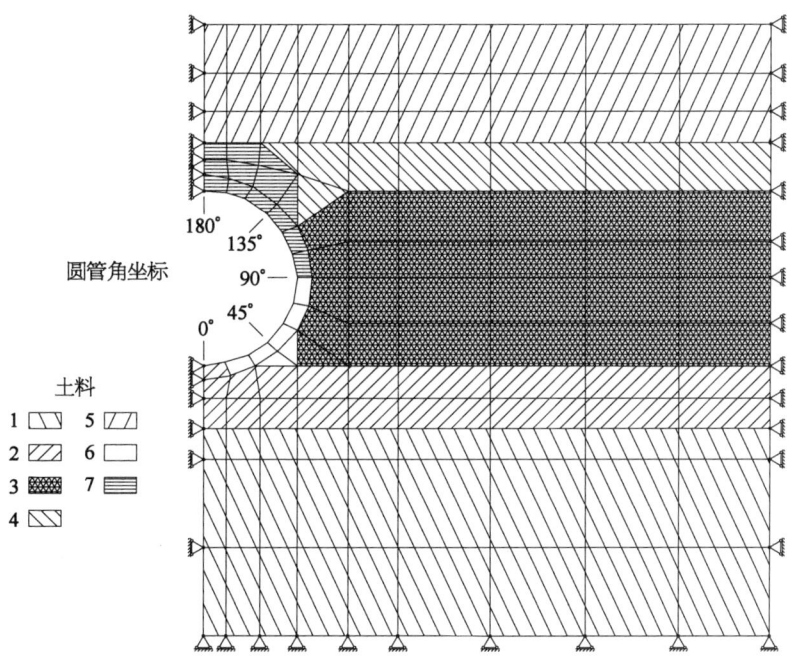

图 29-2 埋地管道安装的有限元网格,包括管道坐标系

表 29-2 粉砂安装条件

条件	管道刚度(psi)	是否进行压实模拟
1. 90%均匀压实度	10.100	是
2. 80%相对压实度时,软质管顶有90%的回填压实度	10.100	是
3. 99%相对压实度时,软质管顶有90%的回填压实度	10	否
4. 80%相对压实度时,拱腋有90%的回填压实度	10.100	是
5. 79%相对压实度时,拱腋有90%的回填压实度	10	否
6. 77%相对压实度时,拱腋有90%的回填压实度	10	否
7. 85%相对压实度时,管顶和拱腋有90%的回填压实度	10	否
8. 80%的均匀压实度	10.100	否

有限元建模方案分两个阶段。第一个阶段建模无压实模拟的构造增量。对于刚度为 10 psi 和 100 psi 的管道模拟了四种安装条件。第二个阶段在加入下一个构造增量之前，对每个构造增量进行压实模拟。利用压实模拟对三种安装条件进行建模。表 29-2 列明适用粉砂的安装条件，并指明了包括压实模拟的安装条件。

基础中和至起拱线（土体材料 1 至 3）处的土体单元被视为先存单元，具有程序执行时预先定义的应力和应变。在第一阶段使用的构造顺序中，将剩余 3 号土体和所有 4 号和 7 号土体的填筑模拟为第一个构造增量。第二个构造增量通过填设土体材料 5 完成网格。

第二个阶段或建模包括每个构造顺序后的压实模拟。压实模拟包括在第一个和第二个施工增量结束时添加和移除压实荷载。向第一层土料 4 施加第一次压实荷载。第二次压实荷载施加在完工土料 5 上的网格上。结果表明，第一个加荷顺序对诱导管道的初始椭圆化至关重要。由于条件不稳定，无法在不会导致管道和土体的结构破坏和较大的异常变形的情况下直接在管道（土料 7）上施加荷载。这一结果似乎与实际安装条件相符，在实际安装条件中发现，铺设足够覆土之前，无法在管道上方进行有效的土体压实。此外，在第一个增量填设之前，无法在土体上施加压实荷载。当在土料 3 起拱线附近的荷载增加时，压力造成管道过度变形。

为了进行压实模拟，根据土箱试验中使用的压实设备类型，采用 10 psi 的均匀静态荷载。更严格的压实顺序是分别向每个土体单元施加更大的压力，以便更好地模拟压实过程。10 psi 的荷载相当于向较大面积施加的等效表面压力。分两次增加压实荷载，每次 5 psi。施加压实荷载后，遵循卸荷顺序。随后进行一系列小压力增量卸荷步骤，直到网格顶排的单元接近负围压的受张条件。

在加荷和卸荷顺序中使用小额增量，以确保对土体单元的初次加荷或回弹参数进行正确估算。对于压实荷载而言，荷载过大，可能会导致收敛性差，并适当地对土体响应模型产生错误评估。在不引起网格中所有单元产生张力破坏的情况下，粉砂无法移除相同的荷载大小。

但黏土分析的情况并非如此，因为在数值上，有可能去除相同量级的已施加的压实荷载。尽管在不移除已施加的相同荷载的情况下模拟压实荷载似乎无效，但必须指出的是，解法是一个增量加荷的过程。每次迭代时不估算总荷载向量，只估算每个单元中的总应力和应变。因此，尽管未能成功对具有相同压实荷载的单元进行卸荷，但由于存在压实荷载，可能会在土体中诱发应力历史，从而导致容许的土体应力、应变和变形。

在未形成完全张力破坏的情况下，无法完全对土体单元卸荷，可能原因是有限元技术的数值近似。土体在卸荷和再加荷范围内时，土体模型在计算泊松比过程中出现了一些问题。利用体积模量与弹性模量之间的弹性关系理论计算泊松比。卸荷和再加荷时弹性模量增加，如果体积模量未成比例增加，则计算出的泊松比为最小值 0.0。

进行相对于初次加荷的卸荷和再加荷时，很难确定体积模量的特性。Sharp 等人（1984 年）对饱和排水颗粒材料在初次加荷和回弹加荷下三轴剪切的体积模量特性进行试验。对于粗粒材料，无法得到体积变形与应力历史间的函数关系。此外，颗粒材料在小应变下表现出膨胀（在弹性理论中无法考虑的效应）。

有限元分析建模结果

将有限元分析的应用结果与土箱试验得到的实测响应进行比较。以下比较适用于刚度为 10 psi 的管道。比较时采用的土箱压实条件为：均质条件下相对压实度为 90%，拱腋压实不良时相对压实度为 90%，均质条件下相对压实度为 80%。在土箱试验中，尽可能达到均质条件。

但是，如本文所述，管道的柔性不会始终允许在拱腋中及管肩和管顶周围进行彻底压实。因此，对于在土箱中尝试的均质条件，密度实际上存在一些变化。拱腋压实不良的管道安装在土箱中时，未试图压实土体。由于在数值上，均质条件下的所有土体单元都具有相同的应力应变特性，因此，均质和不良拱腋压实条件下的有限元建模更符合定义。

通过采用管道—应变和荷载—挠度结果，将有限元分析结果与土箱试验结果进行比较。管道—应变图显示了在给定堆载压力下，外侧纤维的弯曲应变（张力为正）和管道周围的挤压应变。荷载—挠度图显示了竖向和水平管环挠度（竖向和水平直径的变化与初始直径之比）与堆载压力的关系。在土箱试验中，荷载—挠度图显示了压实后管道的变形状态。在有限元分析图中，管环挠度的参照基于初始未变形的状态。因此，进行有限元分析和土箱试验之间的荷载与挠度直接比较时，应考虑挠度零点。土箱和有限元分析结果的管道—应变图均依据相同的无应变条件。管道—应变图显示了弯曲和挤压应变与管上位置的关系。如图 29-2 和图 29-3 所示，管道上的零度位于底板处，90°位于起拱线处，180°则在顶部。管道应变值从 180°到 360°不等，与 0°到 180°的有限元分析结果具有对称性，原因是本文所示的有限元分析网格使用对称轴来分析对称垫层。

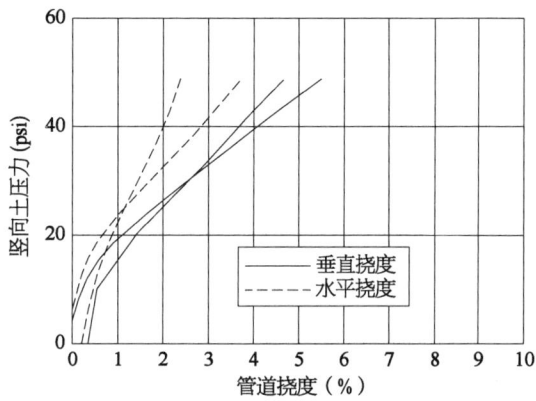

图 29-3 竖向土压力与管道挠度的关系图，其中（曲线 A）土箱数据，相对压实度为 90%，采用粉砂；（曲线 B）有限元分析，无压实模拟

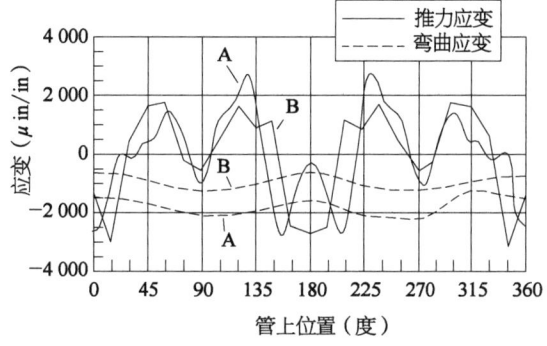

图 29-4 管道应变与周向位置的函数，条件如图 29-3 所示

相对压实度为 90%时的均质安装

图 29-3 和图 29-4 显示了在 90%的标准普氏最大干密度下，均匀压实的 10 psi 管道的土箱试验结果。管道的物理数据如下：

参数	曲线 A	曲线 B
刚度	10	10
厚度	0.285	0.300
表面压力	40.9	50.0
竖向挠度	5.53	4.82
水平挠度	3.74	2.52

图 29-3 所示为荷载—挠度曲线，图 29-4 显示了堆载压力为 48.9 psi 时管道应变与管上位置的关系。这些结果的显著特征包括荷载—挠度曲线的形状、水平和竖向管环挠度的相对大小以及弯曲应变和挤压应变的形状和大小。这种情况用有限元分析通过几种方式进行建模。图 29-3 和 29-4 还显示了均质相对压实度为 90% 且无压实模拟时的有限元分析结果。这些图表明荷载—挠度曲线的一般形状具有相似性。图 29-4 中的管道—应变图显示，在 50.0 psi 的表面压力下，这种情况的管道应变大小有可比性，但缺少几个最大值和拐点。表面压力为 50 psi 时，管环挠度在 1% 实测挠度的一半范围内也具有可比性。

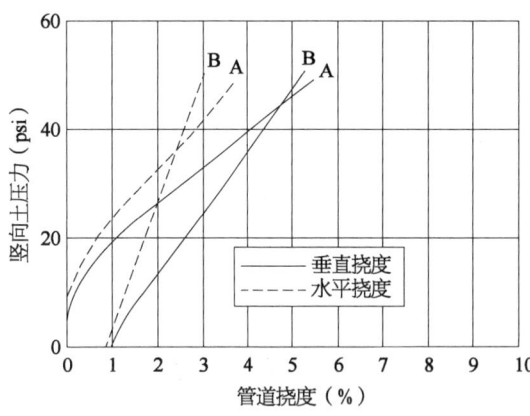

图 29-5 竖向土压力与管道挠度的关系图，其中（曲线 A）土箱数据，相对压实度为 90%，采用粉砂；（曲线 B）有限元分析，有压实模拟

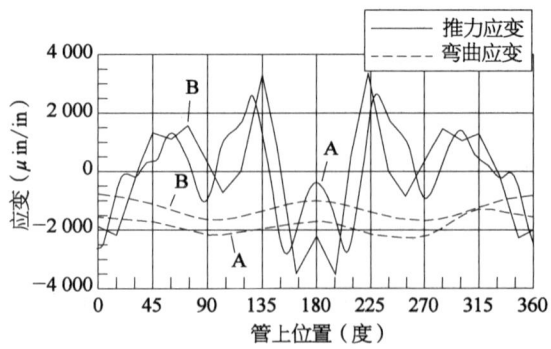

图 29-6 管道应变与周向位置的函数，条件如图 29-5 所示

图 29-5 和 29-6 显示了在施工过程中进行压实模拟后，均匀密实土体条件下的有限元分析结果。管道的物理数据如下：

参数	曲线 A	曲线 B
刚度	10	10
厚度	0.285	0.300
表面压力	48.9	50.0
竖向挠度	5.53	5.42
水平挠度	3.74	3.14

图 29-5 中的荷载—挠度曲线图丢失了一些初始陡度值，但维持了竖向挠度和水平挠度之间的差异。与图 29-3 相比，挠度大小相似。图 29-6 所示为在 50.0 psi 表面压力下，通过压实模拟得到的管道—应变图。将图 29-6 与图 29-4 中土箱的测量值进行比较，结果表明压实模拟提高了关联性。实际上，一般形状、最大值和大小都比较合理。该结果是土箱试验与有限元分析结果的最佳比较。

其他比较包括管道肩部的软土单元。由于技术不允许在管道上方进行压实，理论上的均匀安装条件仍会涉及管顶密度较小的土体。这种情况下的有限元分析结果包括不同程度的压实模拟。从附加的荷载—挠度和管道应变图可以明显看出,经过软顶分析,135°位置处的管道应变增加,见图 29-3。这是由于肩部的土体刚度降低,因而允许管道发生更多弯曲变形。由于土体在回弹范围内做出初始响应,且在低压下抑制了变形,因此软顶条件下的压实模拟降低了弯曲应变和管环变形。由于压实模拟不包括在第一次构造增量时直接在管道上施加荷载,所以在均质条件下实际会形成软顶条件。管顶处的土体未经压实,在较低的压力范围内对较硬的回弹模量无法响应,直接受到压实荷载作用的周边土体单元亦是如此。

相对压实度为 90% 时的拱腋不良压实条件下的安装

图 29-7 和图 29-8 显示了在土箱试验中采用粉砂进行不良拱腋压实条件下的安装结果。管道的物理数据为

参数	曲线	
	A	B
刚度	10	10
厚度	0.285	0.300
表面压力	35.5	30.0
竖向挠度	3.14	2.21
水平挠度	1.30	1.09

图 29-7 所示为荷载—挠度响应图,图 29-8 显示了表面压力为 35.5 psi 时管道周围的应变。需要注意荷载—挠度曲线的初始陡度、竖向和水平挠度之间的相对大小以及应变图的形状和大小。由于拱腋部位缺少支承,管上 30°~45°位置的弯曲应变较高。同时,将图 29-6 和图 29-8 中的均质压实安装和不良拱腋压实条件下不得安装进行比

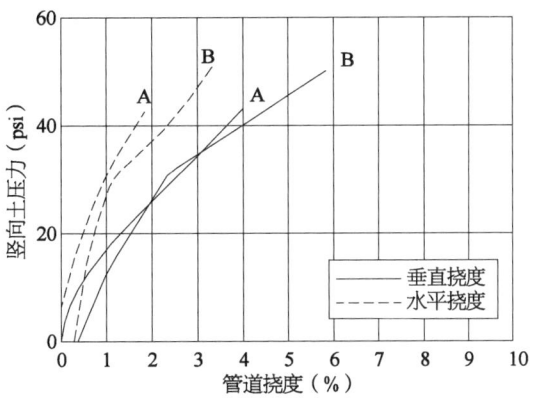

图 29-7 竖向土压力与管道挠度的关系图,其中(曲线 A)土箱数据,相对压实度为 90%,采用粉砂,有不良拱腋支承;(曲线 B)有限元分析,无压实模拟,有不良拱腋支承

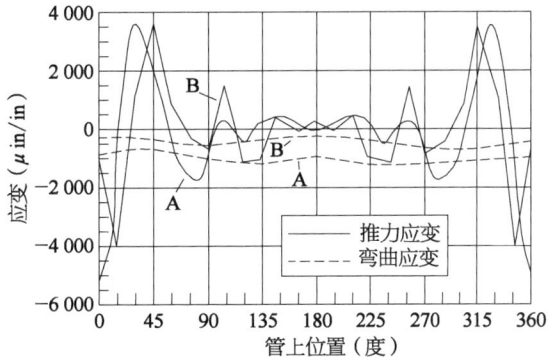

图 29-8 管道应变与周向位置的函数,条件如图 29-7 所示

较,可以分别看出土箱试验得到的管道应变图具有显著差异。图 29-7 和 29-8 还显示了未进行压实模拟时不良拱腋压实条件下的有限元分析结果。荷载—挠度曲线图体现了相似特性,但有限元分析结果中的变形更大。管道—应变图显示了 45°处的大应变峰值以及从起拱线到管顶的低应变,与土箱结果相似。图 29-9 和图 29-10 显示了进行压实模拟时不良拱腋压实条件下的有限元分析结果。与图 28-8 相比,荷载—挠度曲线显示的挠度更大,管道—应变曲线显示从起拱线

到管顶的应变更大。然而,与未进行压实模拟的有限元分析结果相比,进行了压实模拟的管道底板处应变更接近于测量结果。图 29-9 和 29-10 的管道物理数据为

参数	曲线 A	B
刚度	10	10
厚度	0.285	0.300
表面压力	35.5	30.0
竖向挠度	3.14	5.14
水平挠度	1.30	2.92

相对压实度为 80% 时的均质土体压实条件下的安装

图 29-11 和图 29-12 显示了相对压实度为 80% 时的均质土体压实条件下的安装的土箱试验结果。管道物理数据为

参数	曲线 A	B
刚度	10	10
厚度	0.285	0.300
表面压力	14.6	15.0
竖向挠度	8.78	3.85
水平挠度	7.87	2.06

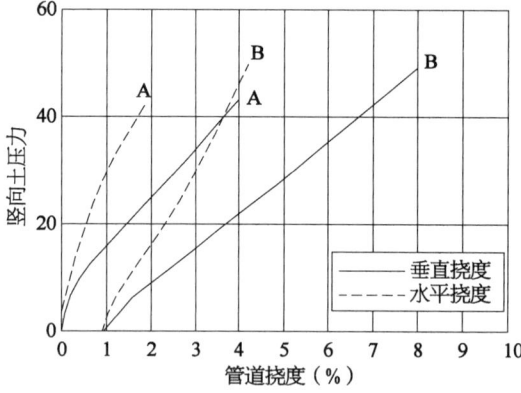

图 29-9 竖向土压力与管道挠度的关系图,其中(曲线 A)土箱数据,相对压实度为 90%,采用粉砂,有不良拱腋支承;(曲线 B)有限元分析,有压实模拟,有不良拱腋支承

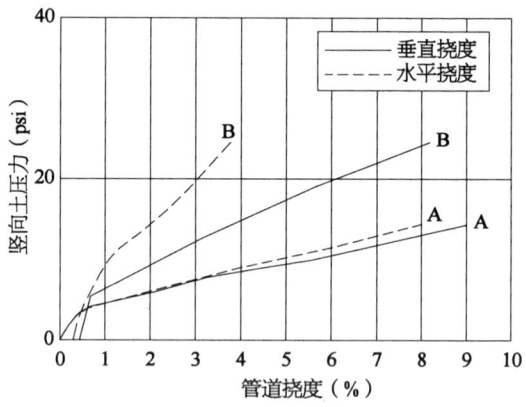

图 29-11 竖向土压力与管道挠度的关系图,其中(曲线 A)土箱数据,相对压实度为 80%;(曲线 B)有限元分析,无压实模拟

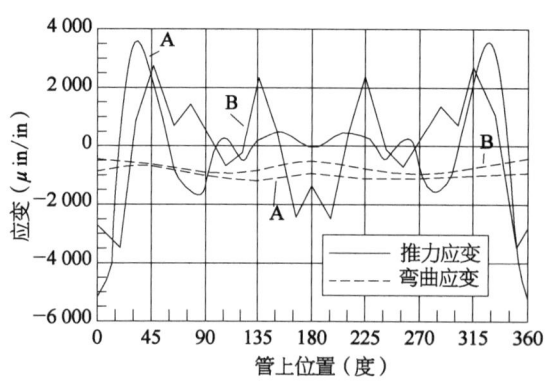

图 29-10 管道应变与周向位置的函数,条件如图 29-9 所示

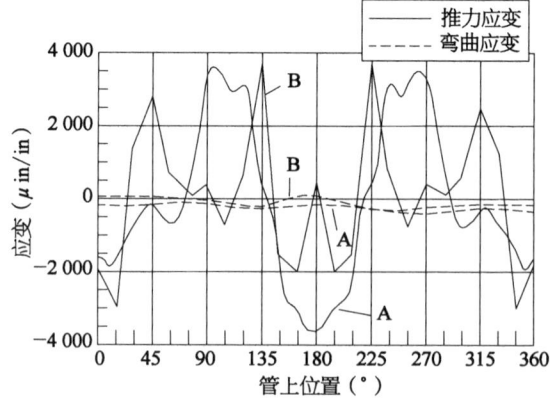

图 29-12 管道应变与周向位置的函数,条件如图 29-11 所示

整个试验过程中的竖向和水平挠度相似，包括图 29-11 所示的椭圆变形。图 29-11 和 29-12 还显示了相对压实度为 80% 的均质条件下的有限元分析结果。尽管荷载—挠度曲线显示，松散材料比密实材料具有更大变形，但土箱试验与有限元分析试验的实际对比表明，在松散土体条件下，有限元分析不太理想。图 29-12 中的管道—应变图也证实比较不合理。从最大应变的大小来看，存在关联性，但管道—应变图的整体形状与实测值以及密度为 90% 的分析结果不符。

结果讨论

对 FRP 管有限元的土体压实模拟分析改进了与均质土体的土箱试验比较情况。对于非均质土体安装条件，压实模拟未改进有限元分析与土箱试验的比较情况，足以证明需要额外计算工作量。

密实土体安装条件下的有限元分析结果通常比松散土体条件下的好。这是由于数值困难与有限元法相结合以及在松散土体条件下创建的土箱模型缺乏相似性。土体刚度低时，刚度矩阵中的输入值对弹性模量和体积模量的大小较敏感。为了获得更大的挠度，要求体积模量值较低。然而，这可能导致发出奇异矩阵警告，表明刚度矩阵中的输入值不会产生可靠的结果。

几何非线性分析（其中刚度矩阵的创建考虑了每次荷载增量的节点挠度）不会显著改变安装条件建模的结果。几何非线性分析的引入一般会预测出更高的挠度值。例如，不包含几何非线性的分析可能预测出 7% 的竖向管环挠度。包括几何非线性在内的相同条件可预测管环挠度约为 8%。但对于其他类型的荷载条件（如复圆），刚度矩阵的创建必须反映管道形状。

总结和结论

柔性管道有限元建模与试验数据的良好关联性要求大多数计算机程序具有当前不具备的建模能力。这种能力包括分析土体单元的应力历史，以确定每个单元是处于初次加荷或卸荷及重新加荷状态，修改迭代方案，以便在从一种应力状态变到另一种应力状态时更好地模拟土体响应，以及在每次荷载增量后，通过修改节点坐标实现大挠度理论。此外，需要使用后处理绘图程序以图示方式分析管道对每个荷载条件的响应。这些特性的发展使得在压实模拟、堆载压力、内部压力引起的复圆以及各种安装条件下对柔性管进行分析成为可能。对各种安装条件的分析结果表明，管肩和拱腋支承对管道有影响，这些条件可用于管道和安装条件的有限元分析。

针对四种土体类型和不同荷载条件的 USU 研究结果表明，有限元分析结果与土箱物理模型试验的实测响应具有良好的关联性。有限元法可用于分析不同安装条件、土体类型和密度、荷载条件、管道尺寸及刚度条件下的埋地柔性管性能。有限元分析的成本低于物理试验。但有限元分析的校准需要物理试验的结果。可结合这两种技术对埋地柔性管的性能进行分析，同时确保适用性和成本效益。

参考文献

[1] Duncan, J. M. (1979). Behavior and design of long-span metal culverts. *Journal of Geotechnical Engineering*, ASCE, Vol. 105, No. GT3, March

1979.

[2] Duncan, J. M. (1980), P. Byrne, K. S. Wong, and P. Mabry. Strength, stress-strain and bulk modulus parameters for finite element analyses of stresses and movements in soil masses. Geotechnical Engineering Report UCB/GT/80 - 81. University of California, Berkeley, 1980.

[3] Katona, M. G. (1976), J. B. Forrest, R. J. Odello, and J. R. Allgood. CANDE—A modern approach for the structural design and analysis of buried culverts. Report FHWA - RD - 77 - 5, FHWA, U.S. Department of Transportation, 1976.

[4] Katona, M. G. (1982). Effects of frictional slippage of soil-structure interfaces of buried culverts. In Transportation Research Record 878, TRB, National Research Council, Washington, D. C., 1982, pp 8 - 10.

[5] Knight, G. K. (1983), and A. P. Moser. The structural response of fiberglass reinforced plastic pipe under earth loadings. Buried Structures Laboratory, Utah State University, Logan, 1983.

[6] Kulhawy, F. N. (1969), J. M. Duncan, and H. B. Seed. Finite element analysis of stresses and movements in embankments during construction. Geotechnical Engineering Report TE - 69 - 4. University of California, Berkeley, 1969.

[7] Leonards, G. A. (1982), T. H. Wu, and C. H. Juang. Predicting performance of buried conduits. Report FHWA/IN/JHRP - 81/3. FHWA, U.S. Department of Transportation, 1982.

[8] Medrano, (1984), AP. Moser, and O. K. Shupe. Performance of fiberglass reinforced plastic pipe to various soil loads and conditions. Buried Structures Laboratory, Utah State University, Logan, 1094.

[9] Nyby, D. W. (1981). Finite element analysis of soil-structure interaction. Ph. D. dissertation, Utah State University, Logan, 1981.

[10] Ozawa, Y. (1973), and J. M. Duncan. ISBILD: A computer program for analysis of static stresses and movements in embankments. Geotechnical Engineering Report, University of California, Berkeley, 1973.

[11] Sharp, K. D. (1984), F. W. Kiefer, L. R. Anderson, and E. Jones. Soils testing report for applications of finite element analysis of FRP pipe performance. Soils Testing Report, Buried Structures Laboratory, Utah State University, Logan, 1984.

[12] Sharp, K. D. (1984), L. R. Anderson, A. P. Moser, and M. J. Warner. Applications of finite element analysis of FRP pipe performance. Buried Structures Laboratory, Utah State University, Logan, 1984.

[13] Sharp, K. B. (1985), L. R. Anderson, A. P. Moser, and R. R. Bishop. Finite element analysis applied to the response of buried FRP pipe under

various installation conditions. In Transportation Research Record 1008, Transportation Research Board, National Research Council, pp 63 - 72, 1985.

[14] Wilson, E. L. (1963). Finite element analysis of two-dimensional structures. Ph. D. dissertation, University of California, Berkeley 1963.

第 30 章
埋地管道和储罐的经济性

工程师负责评估项目的成本效益,也就是投资回报大于成本的程度。成本除了货币支出,还涉及时间、精力、间接费用、保险、质保和公共关系等方面。回报则包括货币和声誉等。所有成本和回报需要换算成折算金额。在分析中,所有折算金额的换算须基于相同的基数——现值 P、定期付款(年度)R 或未来的一次性总额 S。在规划和设计中,一般将所有备选方案的成本按相同的基数(通常为定期付款 R,有时为现值 P)换算为折算金额后进行对比。无论是项目销售还是理赔结算,现值 P 通常是最佳的折算金额。一个项目的现值会不断重置,也称为资本化成本 P。资本化成本的利息可用于定期付款。折算金额取决于时间和利率,因为货币价值不是恒定的。

货币价值

术语

P——现值,目前的货币金额,

S——总额,n 个周期后基于利率 i 计算的价值,

R——在 n 个周期内基于利率 i 计算的等额定期付款,累计为总额 S 或用于支付现值 P,

i——利率,在每个付款期末进行复利计算,

n——付款周期数量(通常以年为单位)。

方程式推导

在 n 个周期内基于利率 i(每个期末进行复利计算)的货币价值 P、S 和 R 之间的关系如下。

$$S = P + Pi + i(P+Pi) + i[P+Pi+i(P+Pi)] + \cdots$$

$$S = P(1+i) + Pi(1+i) + Pi(1+i)^2 + Pi(1+i)^3 + \cdots + Pi(1+i)^{n-1} \quad (30-1)$$

改写为

$$S = P[(1+i)^2 + i(1+i)^2 + i(1+i)^3 + i(1+i)^4 + \cdots + i(1+i)^{n-1}] \quad (30-2)$$

在方程式(30-1)的两边乘以 $(1+i)$

$$S(1+i) = P[(1+i)^2 + i(1+i)^2 + i(1+i)^3 + i(1+i)^4 + \cdots + i(1+i)^n] \quad (30-3)$$

从方程式(30-3)中减去方程式(30-2),

$$S = P(1+i)^n \quad (30-4)$$

假设一系列定期付款的 R 值为单独的 P。在分析中,将 R 的付款到期日设定为每个付款周期期初。然后,评估并累加各定期付款 R 的总额,同时从最后一次付款 R 后一

年开始,根据最后一次付款的 R 值倒推第一次付款的 R 值,

$$S = R(1+i) + R(1+i)^2 + R(1+i)^3 + \cdots + R(1+i)^n \quad (30\text{-}5)$$

在方程式两边乘以 $(1+i)$

$$S(1+i) = R(1+i)^2 + R(1+i)^3 + \cdots + R(1+i)^{n+1} \quad (30\text{-}6)$$

从方程式(30-6)中减去方程式(30-5),可得出方程式(30-7)。将方程式(30-4)和(30-7)中的 S 消去后得出方程式(30-8)。

如果 R 为每个付款周期期初的值,

$$Si = R[(1+i)^{n+1} - (1+i)] \quad (30\text{-}7)$$

$$Pi(1+i)^n = R[(1+i)^{n+1} - (1+i)] \quad (30\text{-}8)$$

$$S = P(1+i)^n \quad (30\text{-}9)$$

$$P = R(1+1/i) \quad (30\text{-}10)$$

在已知任意利率 i 和付款周期数 n 的情况下,P、R 和 S 三个变量可通过方程式(30-7)、(30-8)和(30-9)建立相互关联。方程式(30-10)可得出资本化成本,如果项目通过更换无限期持续下去,即 $n = \infty$,则 P 为全部定期付款 R 的现值。

如果 R 为每个付款周期期末的值,

$$Si = R[(1+i)^n - 1] \quad (30\text{-}11)$$

$$Pi(1+i)^n = R[(1+i)^n - 1] \quad (30\text{-}12)$$

$$S = P(1+i)^n \quad (30\text{-}13)$$

$$P = R/i \quad (30\text{-}14)$$

在已知任意利率 i 和付款周期数 n 的情况下,P、R 和 S 三个变量可通过方程式(30-11)、(30-12)和(30-13)建立相互关联。方程式(30-14)可得出资本化成本,如果项目无限期持续下去,即 $n = \infty$,则 P 为全部定期付款 R 的现值。

一般情况下,R 用作对比备选方案最低成本的依据。P 用作销售或索赔结算的依据。

[例1]

埋地储罐区内储罐采购成本为 \$1 000 000。四年期间内每年末计算的年度安装成本为 \$100 000。四年期间内用于结算项目费用的每年期末付款 R 是多少?R 为年度安装成本加上年末偿付的采购成本,根据方程式(30-12),已知 $n = 4$ 年且利率 $i = 7\%$,得出 $P = \$1 000 000$。

$$R = \$100\ 000 + \$1\ 000\ 000(0.07)(1.07)^4/[(1.07)^4 - 1]$$

$$R = \$100\ 000 + \$295\ 228 = \underline{\$395\ 228}$$

如果 $R = \$395\ 228$,求现值 P。根据方程式(30-12),

$$P = R[(1+i)^n - 1]/i(1+i)^n$$
$$= \$395\ 228[(1.07)^4 - 1]/(0.07)(1.07)^4$$

$$\underline{P = \$1\ 338\ 721}$$

如果储罐的使用寿命为50年,且付款周期为50年而不是4年,则每年年末付款是多少?根据方程式(30-12),如果 $P = \$1\ 338\ 721$,$i = 7\%$,$n = 50$ 个付款周期,

$$R = \$1\ 338\ 721(0.07)(1.07)^{50}/[(1.07)^{50} - 1]$$

$$\underline{R = \$97\ 003.50}$$

如果储罐需要每50年更换一次,求资本化成本。根据方程式(30-14),$P = R/i$,其中 $R = \$97\,003.50$,$i = 7\%$。$P = \$97\,003.50/0.07 = \$1\,385\,764.32$。

$P = \$1\,385\,764$

折算金额

折算金额包括间接费用和所有直接成本,如采购和安装成本。另外,折算金额还包括维护和风险成本。除更换成本外,风险成本还包括公共关系、保险和法律顾问方面的费用。

[例2]

埋地储罐的采购价格为\$10 000,安装成本为\$40 000,维护成本为\$500/年,因泄漏(更换、损坏和责任)产生的费用约为\$100 000。分析中,假设泄漏保险费为\$2 000/年。储罐的设计寿命为50年。如果利率为8%,则该项目在付款周期期初的等价年度R值是多少?可以将该R值与其他备选方案的R值进行比较,比如选用更昂贵(双密封)的储罐,使泄漏发生的可能性减小。在付款周期期初,根据方程式(30-8),

$R = \$500 + \$2\,000$
$\quad + \$50\,000(0.08)(1.08)^{50}/$
$\quad [(1.08)^{51} - 1.08]$

$R = \$500 + \$4\,000 + \$3\,784 = \$6\,284$

$R = \$6\,284$

涉及销售或法律费用时,项目现值P为多少?根据例2,已知$R = \$6\,284$。根据方程式(30-8),

$P(0.08)(1.08)^{50} = \$6\,284[(1.08)^{51} - 1.08]$
$P(3.752\,1) = \$6\,284[49.573\,7]$
$\quad\quad\quad\quad = \$311\,521.39$

$P = \$83\,025$

破坏成本

尽管破坏概率很低,但一旦发生,根据损坏程度和责任情况,破坏成本可能是令人震惊的。任一付款周期的破坏折算金额等于破坏近似成本乘以破坏概率。下面介绍两种求破坏折算金额的方法。

100年一遇事件

100年一遇事件(或任何附有时间指数的事件)是指按严重程度不小于规定水平的事件之间的平均时间间隔定义的事件。如果没有周期性,事件可能随时发生。例如,尽管各种新技术层出不穷,但仍然无法绝对精准预测暴雨、洪水和地震的爆发周期。可供人们参考的仅仅是关于之前发生过的事件程度和次数的记录。对于附有时间指数的事件影响程度,计算折算金额的最好办法是保险费——系列付款R_{cr},即事件成本乘以事件在任一付款周期内发生的概率。其中包含了保险公司的合理利润。对于拥有众多投资组合的保险公司而言,任何一年发生100年一遇事件的概率为1/100。虽然事件的发生日期不可预测,但通过投资组合的整体平衡可以减少事件带来的损失。事件影响程度的折算金额为P_{cr}。发生该事件的概率为$1/n_{cr}$。该事件对应的定期付款为$R_{cr} = P_{cr}/n_{cr}$,其中n_{cr}是时间指数(如100年等)。

[例3]

当发生50年一遇洪水时,如果例2中的储罐是空的,会从埋设土体中浮出。上浮成本为储罐更换成本(即\$50 000)加上公共责任成本(估计为\$100 000)。如果保险公司的合理利润为30%,保险费应为多少?假设例2中的空储罐上浮,则事故成本包括采购价格、安装成本和责任成本,即 $P_{cr}=$ \$10 000 + \$40 000 + \$100 000 = \$150 000。在任一时间段可导致储罐上浮的洪水发生概率为 50 年一次,即 $1/n_{cr}=0.02$。$R=$ (\$150 000)(0.02) = \$3 000。如果加上保险公司的 30% 利润,则保险费为 \$3 900。上述计算的假设条件为:储罐始终是空的。但是,如果储罐在加油站用于存储汽油,其空置的概率是多少?

[例 4]

如果储罐并不总是空置,求储罐上浮的概率 P_e。下标 e 用于区分概率与现值。储罐在加油站用于存储汽油时,一旦放空后会很快重新注满。假设在两次重新注满之间抽取汽油的速率恒定。首先需要考虑的问题是:储罐内存在部分汽油时,仍有可能上浮。储罐内至少应留存多少汽油(作为压舱物)来防止储罐上浮?见图 30-1 阴影区域。假设土体饱和且洪水位处于或高于地表。储罐容积为 12 000 加仑。

$D=7\ \text{ft}$,
$L=42\ \text{ft}$,
$W_T=8\ \text{kips}=$储罐重量,
$w_T=190\ \text{lb/ft}=$储罐单位长度的重量,
$H=2\ \text{ft}=$覆土厚度,
$\gamma_s=57.6\ \text{pcf}=$土体容重,
$w_s=190\ \text{lb/ft}=$单位长度土体浮重,
$W=2\ 170\ \text{lb/ft}=$每英尺向下作用的总重量,
$w=2\ 400\ \text{lb/ft}=$上浮力,
$\Delta w=230\ \text{lb/ft}=$在某液位(低于该液位时,储罐上浮)时,每英尺的汽油重量,
$w=1\ 616\ \text{lb/ft}=$储罐注满时,每英尺的罐内汽油重量(汽油容重 = 42 pcf),
$T=$两次重新灌注之间的时间间隔,

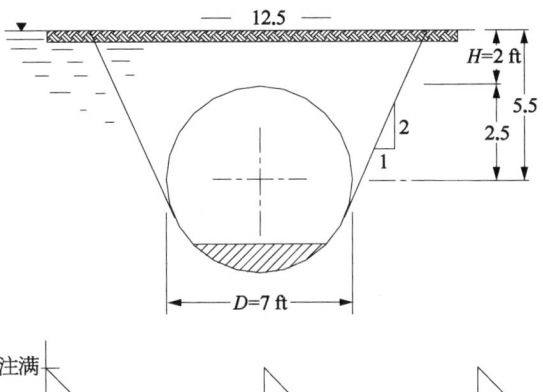

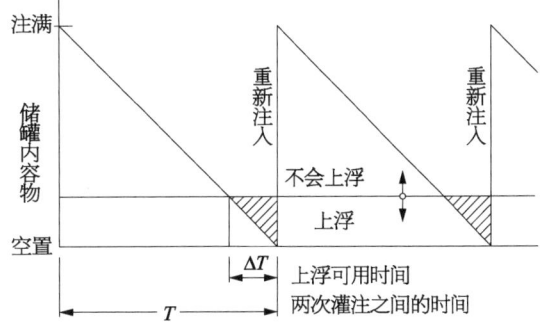

图 30-1 埋地储罐,上图显示低于内容物(阴影部分)液位时储罐将上浮;下图中内容物体积为两次灌注之间时间间隔的函数,阴影部分显示在两次灌注之间的部分时间间隔,在此期间储罐会上浮

$\Delta T=$部分时间间隔,在该期间储罐会上浮(压舱汽油小于 230 lb/ft)。

如果两次灌注之间有汽油存留在储罐中,则储罐上浮的概率 P_e 是多少?$P_e=\Delta T/T$,其中 $\Delta T=(230/1\ 616)T=0.142\ 3T$。$\underline{P_e=0.142\ 3}$。

故障树中的破坏概率

保险范围或消除破坏概率的合理 R 值为破坏成本乘以在任一付款周期内发生破坏的概率。作为一种预测破坏概率的模型,故障树是一种逻辑图,从意外事件(破坏)开始着手,追溯所有原因(故障),评估并将各故障概率与破坏概率加以关联。下文中对故障树进行举例说明。

[例 5]

一个埋地燃料储罐的安装成本是

$50 000，泄漏可能导致高达 $100 000 的责任成本。泄漏的概率是多少？

系统图

第一步是系统图，见图 30-2。对于 HS-20 双轮荷载，覆土厚度 H 取最小值。该储罐符合规范中的质量要求。

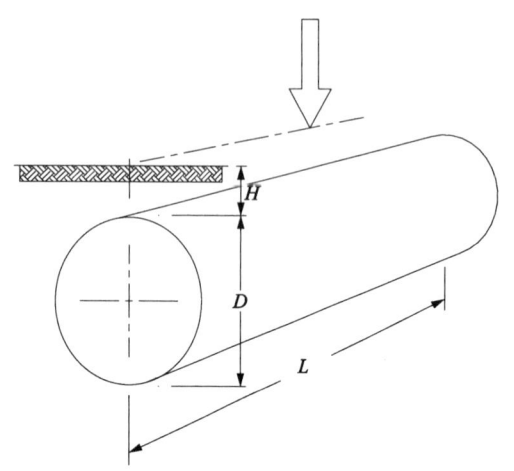

图 30-2 最不利外部荷载条件下的埋地储罐系统图

故障树构建

故障树是由树干和树根组成的一个系统。树干是事件（破坏），而树根是故障（破坏原因）。图 30-3 是符号表。该示例中，破坏状况为燃料"泄漏"。图 30-4 中显示，故障树的顶部方框表示发生的事件。此示例中的两个原因（故障）在事件下方同一行中显示。它们通过"和"通道（子弹形）与"泄漏"相连，表示"不良埋设土体"和"过大荷载"都是造成泄漏的必要条件。故障概率 P_e 必须相乘才能满足"和"的条件。"不良埋设土体"作为一个事件（矩形），可能由埋设土体中的"硬点"或"松散土体"造成。由于松散土体"或"硬点均可导致不良埋设土体而引发泄漏，所以它们通过"或"通道（箭头形）与"不良埋设土体"

相连。故障概率 P_e 必须相加才能满足"或"的条件。

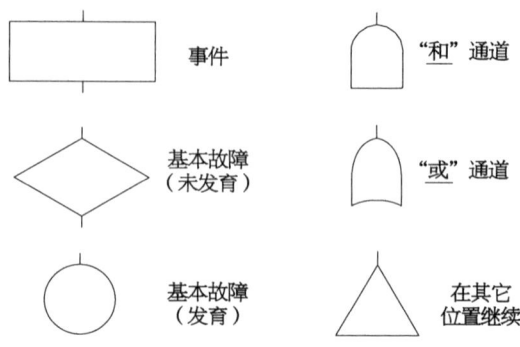

图 30-3 "故障树"分析中使用的符号，用于求异常事件的发生概率

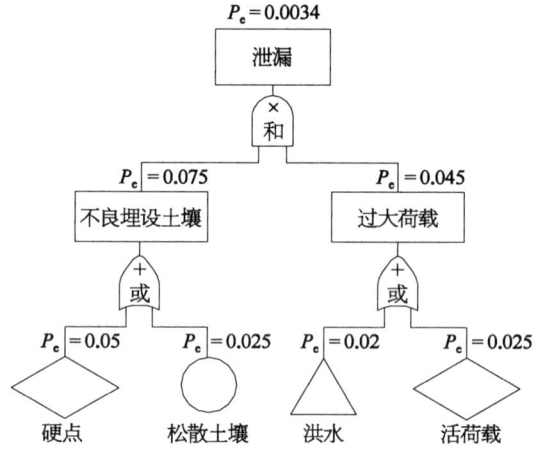

图 30-4 故障树示例，用于求不良埋设土体中的储罐承受过大荷载时发生泄漏的概率

"硬点"呈菱形，为未发育的基本故障。如果施工过程中记录了硬点问题，则故障概率可能会发育。如果施工过程中未记录硬点问题，则故障概率仅限于假设，作为确定硬点对泄漏概率影响时的变量。其有助于估算施工过程中硬点对安全区域（安全系数区域）的侵占程度。或者，根据施工方的记录（跟踪记录），假设每 20 个储罐中有一个储罐的垫层存在硬点并需要修复。发生这种情况的概率是 0.05。

"松散土体"呈圆形,为发育的基本故障。岩土工程试验表明,每 40 个储罐中有一个储罐存在松散土体问题(概率=0.025)。

考虑到每 40 个储罐中有一个存在松散土体问题(概率为 0.025),且每 20 个储罐中有一个存在硬点问题(概率为 0.050),"硬点"和"松散土体"对应的 P_e 值见图 30-4。两者相加可满足"或"的条件,得出 $P_e=0.075=$ 不良埋设土体引起泄漏的概率。

"过大荷载"作为一个事件(矩形),可能由"50 年一遇洪水"或"活荷载"导致。如果二者之一满足条件,它们可以通过"或"通道与"过大荷载"相连。

"50 年一遇洪水"呈三角形,可在任何其他地方发育,见例 3。在任一付款周期(年)内,"50 年一遇洪水"的概率是 $P_e=0.02$。"活荷载"呈菱形(未发育)。也可以假设偶然一辆预拌混凝土车偶然经过储罐上方——比如,每 40 年一次。那么,在任一付款周期(年)内"活荷载"的概率为 $P_e=0.025$。

"过大荷载"的概率是"50 年一遇洪水"和"活荷载" P_e 值的和。因此,"过大荷载"的概率 $P_e=0.02+0.025=0.045$。

任一付款周期内"泄漏"的概率是"不良埋设土体"和"过大荷载" P_e 值的积。其 $P_e=0.075(0.045)$。因此,泄漏的概率为 $\underline{P_e=0.003\,375}=1/296$ 或每年大约 300 个储罐中有一个发生泄漏。

考虑到每年有 1/300 的泄漏概率,需要定期付款来减少泄漏发生概率,或者为储罐泄漏购买保险。

需要注意的是,上述简单示例中未考虑诸如储罐内容物、随着时间推移侧填土发生固结、储罐内真空度和埋设土体液化等情况。因此,可能需要建立更为复杂的故障树。

[例 6]

如果泄漏成本为 $150 000,那么为了避免例 5 中储罐的泄漏成本,期初付款 R 应该是多少? 在任一年中发生泄漏的概率为 $1/296=0.003\,375$。$R=\$150\,000(3.375)10^{-3}$。

$\underline{R=\$506.25/\text{年}}$。

安全系数

简单来讲,安全系数是性能极限与性能之比。但安全系数并非仅仅是一个数字。对于地上构筑物而言,传统性能通过材料中的应力确定。性能极限就是强度。对于埋地构筑物而言,性能极限通常指变形,包括泄漏以及土体或结构的过度位移。破坏通常可换算为折算金额。破坏的折算金额是多少?有可以缓解破坏的措施吗?对安全区(非敏感区)的侵占程度是多少?存在法律诉讼时,谁应该对侵占安全区负责?侵占安全区的折算金额是多少?这是谁的责任?这时候通常需要咨询法律顾问。但是,法律顾问进行法律诉讼的信息主要来自工程师。对折算金额的计算也通常由工程师来完成。侵占安全系数区域的程度和原因分析需要工程专业知识。

[例 7]

一个 12 000 加仑汽油储罐刚完成安装就出现泄漏。泄漏处为跨中底部的周向裂纹。该储罐埋设于干燥土体下方中(无地下水位)。那么,工程师、制造商和安装人员关于泄漏应承担多少(百分比)的相对责任?在该假设情况中,忽略了由其他方因疏忽造成的影响。已知 32 kips 的 HS-20 轴荷载在跨中位置通过储罐上方,见图 30-2。双轮之间的间距为 6 ft。

$D=84\text{ in}$,
$L=42\text{ ft}$,

$t = 0.6$ in,
$H = 2$ ft,
$\gamma = 120$ pcf = 干土容重,
$\gamma_G = 42$ pcf = 汽油容重,
$\sigma_f = 5$ ksi = 罐壁的屈服强度,
$w_T = 200$ lb/ft = 单位长度的重量。

基于屈服强度 5 ksi,安全系数为 2。设计应力为 2.5 ksi。因此,安全区域为 2.5—5 ksi。

储罐单位长度的重量是装满汽油时的储罐重量加上顶部土棱柱荷载。如果将储罐看作是一个包括活荷载的简支梁,则跨中底部的纵向应力为 3.83 ksi。

工程师要求压实土体中不得含有有机物或大尺寸石块。该储罐设计为可承受 40% 简支梁应力——假设垫层可提供一定的支承,但梁只经过简单支承。因此,设计侵占值为 $(3.83 - 2.50)/(5 - 2.5) = 0.53$。

根据泄漏后的试验结果,制造商提供的罐壁强度为 4 ksi,而不是声称的 5 ksi。因此,其侵占值为 $(5 - 4)/(5 - 2.5) = 0.4$。

安装人员在储罐两端放置木块用于调平,使得储罐相当于一个没有垫层的简支梁。拱腋下土体未压实。如果垫层可将简支梁应力减少为原来的 40%,则储罐内的最大应力为 $(0.4)(3.83) = 1.53$ ksi。因此,其侵占值为 $(3.83 - 1.53)/(5 - 1.53) = 0.66$。

侵占安全区域的百分比

(安全区域 = 0.53 + 0.40 + 0.66 = 1.59):

工程师 = 33%
制造商 = 25%
安装人员 = 42%

练习题

30-1 如果在任一付款周期内任一储罐的泄漏概率为 1/300,则一个罐区(含 10 个埋地储罐)的泄漏概率是多少?

(1/30)

30-2 某一项目中有两个储罐备选方案。储罐 A 的采购成本为 \$10 000,安装成本为 \$5 000,使用寿命为 30 年,每年年初需支出保险费 \$400。储罐 B 的采购成本为 \$15 000,安装成本为 \$7 000,使用寿命为 50 年。两种方案在年底的等额系列付款 R 分别为多少?利率为 8%。

(A, \$1 764; B, \$1 798)

30-3 如果问题 30-2 中的储罐在使用寿命结束后用相同储罐替换,那么储罐 A 和 B 的资本化成本 P 分别是多少?

(A, \$22 055; B, \$22 479)

30-4 储罐封头在底部附近发生泄漏。$H = 2$ ft, $D = 84$ in, $t = 0.187$ in。确定以下各方疏忽造成的影响:

制造商——插入仅 0.3 in。

施工方——储罐端部下方遗留了一个木块(用于垂直对齐)。

业主——在检测到储罐泄漏的前夜,一辆车(轮压为 16 kip)经过了储罐上方。

附录 A
卡 氏 方 程

采用虚功方法可有效计算挠度。假设有一个梁(桥),见图 A-1。车辆荷载 Q 处于所示位置,如何计算跨中处梁的挠度?在卡车到达桥梁之前,人体位于跨中位置,将其视为虚荷载 q。现在卡车行驶过来,到达所示位置时,由于车辆荷载 Q 导致跨中处桥梁挠曲,人体会有下降的感觉。鉴于卡车导致的桥梁挠度 Δ,人体会做虚功 $q\Delta$。虚功作用到桥梁上,而桥梁储存虚功作为(潜在)虚能。储存的虚能为 $md\theta$,其中 m 是虚荷载在桥上任一点形成的弯矩,而 $d\theta$ 是车辆荷载在该点处引起的桥梁曲率变化。$d\theta=Mdx/EI$。因此,存储的虚能为 $mMdx/EI$。令虚功等于存储的虚能,

$$q\Delta = \int_0^L \frac{mM}{EI}dx$$

其中,

q——虚荷载(设 $q=1$),
m——荷载 q 在梁上引起的弯矩,
M——荷载 Q 在梁上引起的弯矩,

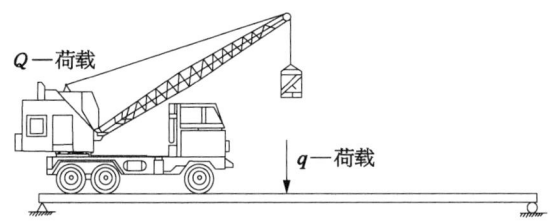

图 A-1 桥梁上的虚荷载 q——用于计算车辆荷载 Q 导致的桥梁位置 q 处在 q 方向的挠度

E——材料的弹性模量,
I——水平中性面周围梁横截面的惯性矩,
L——梁的长度。

由于将虚荷载设定为 1,在车辆荷载作用下桥梁跨中处的挠度方程式为

$$\Delta = \int_0^L \frac{mM}{EI}dx$$

然后基于梁的长度求积分。M 是弯矩方程式,作为基于梁的长度求得积分 x 的函数。x 是与假设轴原点的距离。虚拟弯矩 m 是弯矩方程式,依据与相同轴原点的实测距离 x,作为在梁的长度上 q 的函数。显然,这两个弯矩方程式需要对梁的两个单独自由体受力图进行分析。

虚功引起的挠曲不仅仅发生在直梁上。对于曲梁和管环,可以根据半径和角度 θ 确定弯矩 M 和 m 的方程式。存在剪切荷载、推力以及弯矩时也会产生挠曲。实际上,由于能量是标量的,可以通过将所有荷载单元的能量相加来得出由弯矩、推力和剪切力引起的挠度。

卡斯蒂利亚诺发现,通常通过莱布尼茨法则使用虚功方程式更方便,该法则允许在积分符号内取微分,如下所示:

$$\Delta = \int_0^L (M/EI)(M/q)ds$$

卡氏方程式

其中,

Δ——梁在虚荷载 q 位置沿 q 方向的挠度。在计算挠度的位置处，q 是一个接近零的微分（q 也可以是微分弯矩，用于计算在 q 处梁的旋转角）。

M——在 q 和 Q 作用下任一点上的弯矩方程式。

EI——梁的刚度。

$\mathrm{d}s$——沿梁的微分距离（梁为 $\mathrm{d}x$）。

与虚功方法相比，卡氏方程式需要的分析环节更少。分析中只需要一个自由体受力图以及虚荷载和施加荷载。如果挠度较小，卡氏方程式也适用于管环，因为可以根据刚度 EI、角度 θ 和 $\mathrm{d}s$ 确定施加荷载和压力+虚荷载的 M。EI 是恒定不变的，且 $\mathrm{d}s = r\mathrm{d}\theta$，其中 r 是管环半径，见图 A-2。

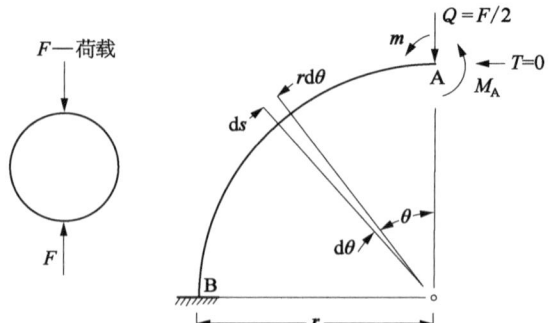

图 A-3 管环上的 F 荷载，显示管环的一个象限作为自由体受力图，用于根据卡氏方程式计算 A 处的弯矩

况下，可通过单一挠度方程式求得 M_A。注意，A 相对于 B 的相对转角为零，即 $\Psi_{A/B} = 0$。在 A 处沿 $\Psi_{A/B}$ 的旋转方向施加 m，根据卡氏方程式，

$$\Psi_{A/B} = (M/EI)(M/m)r\mathrm{d}\theta = 0$$

$M = Q\sin\theta - M_A - m$，其中 $m \neq 0$

$$M/m = -1$$

代入卡氏方程式，

$0 = (Qr\sin\theta - M_A)\mathrm{d}\theta = [Qr\cos\theta + M_A\theta]$（限值范围为 $0 < \theta < \pi/2$）。

代入限值，$\underline{M_A = 2Q/\pi}$。

[例 2]

如果 M_A 已知，在 F 荷载下例 1 中的管环挠度 d 是多少？对于自由体受力图，使用图 A-4 中重绘的象限。$d = \Delta/D = (y_{A/B})/r$，其中 $y_{A/B}$ 是半荷载 $Q = F/2$ 作用下 A 相对于 B 的竖向位移。根据卡氏方程式，$y_{A/B} = (M/EI)(M/q)r\mathrm{d}\theta$。

$M = (F/2 + q)r\sin\theta - 2Q/\pi$，其中 $q \neq 0$。

$$M/q = r\sin\theta$$

代入卡氏方程式，

$$y_{A/B} = (Qr^3/EI)[\sin^2\theta - (2\sin\theta)/\pi]\mathrm{d}\theta$$

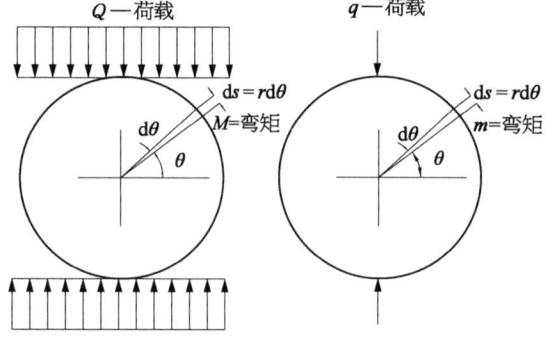

图 A-2 确定管环 Q—荷载（左图）弯矩 M 和虚拟 q—荷载（右图）弯矩 m 的自由体受力图

考虑到对称性，可以使用管环的一半进行分析。

[例 1]

如果管环上承受 F—荷载，那么在 A 处的弯矩是多少？一个象限的自由体受力图见图 A-3。为了便于分析，设 $Q = F/2$。在 B 处的三个作用力和弯矩 M_A 未知。该象限为一次静不定。因此，分析中除了三个静态平衡方程式，还需要一个挠度方程式。这种情

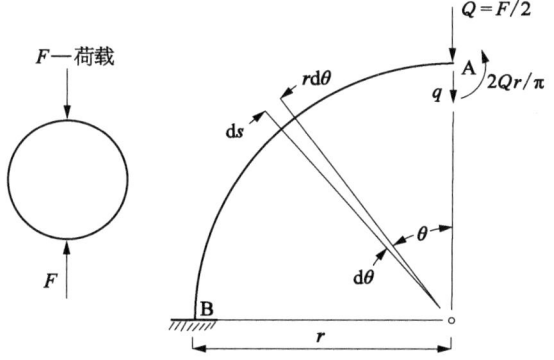

图 A‑4 承受 F 荷载的管环一个象限的自由体受力图，显示用于计算 A 相对于 B 的竖向挠度的符号

$$y_{A/B} = Qr^3/EI[\theta/2 - (\sin 2\theta/4 + 2\cos\theta)/\pi],$$

限值范围为 $0 < \theta < \pi/2$。

代入限值，$y_{A/B} = (Qr^3/EI)(\pi/4 - 2/\pi)$

但是，$d = (y_{A/B})/r$，所以 $d = 0.0186 Fr^2/EI$

这是表 A‑1 中的一种求解方法，表中分别汇总了承受典型荷载时的弯矩、推力和管环挠度。

[例 3]

如下图所示，从异型肋 HDPE 管上切割一个管环，并在上面施加荷载。这样做的目的是确认在恒定荷载 F 作用下经长期使用后是否会发生管壁屈曲。空隙 $2x$（作为荷载 F 的函数）是多少？根据卡氏方程式，对管环右半部分 AB 进行分析，

$$x = (M/EI)(M/p)rd\theta$$
$$M = (F+p)r(1-\cos\theta)，其中 p \neq 0.$$
$$(M/p) = r(1-\cos\theta)$$
$$x = (Fr^3/EI)(1 - 2\cos\theta + \cos^2\theta)d\theta$$

求积分：

$$x = (Fr^3/EI)[\theta - 2\sin\theta + \theta/2 + (\sin 2\theta)/4]$$

代入限值，$0 < \theta < \pi$，

$$\underline{x = (Fr^3/EI)(3\pi/2)}$$

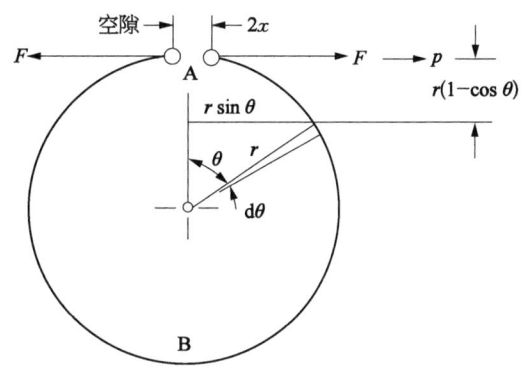

表 A‑1 承受对称荷载的薄壁管环力学分析

计算切向应力，
$\sigma = T/A \pm Mc/I$

其中：
σ——法向应力，
A——单位长度的管壁面积，
r——平均半径 $= D/2$，
T——推力，
M——弯矩，
I/C——管壁的截面模量，
$K = \sigma_x/\sigma_y$ 或 σ_y/σ_x，
S——屈服强度，

P'——内部压力，
P——外部压力，
A 和 B 是临界点。
γ——液体容重，
(EI/D^3)——管环刚度，
(F/Δ)——管道刚度，
（平行板试验），
$(F/\Delta) = (EI/D^3)32\pi/(\pi^2-8)$，
$(F/\Delta) = 53.77(EI/D^3)$，
Δ = 直径 AB 的减小值。

	在 A 点		在 B 点		$d = \Delta/D$
	T_A	M_A	T_B	M_B	(管环挠度)
(图：均匀外压 P')	$-P'r$ （拉力）	0	$-P'r$ （拉力）	0	$-P'r/AE$ （增加值）
平行板荷载					
(图：平行板 F)	0	$Fr/\pi =$ $0.318\,3Fr$	$F/2$	$Fr(2/\pi-1)/2$ $= 0.181\,7Fr$	$Fr^2(\pi/8-1/\pi)/EI$ $= 0.074\,4Fr^2/EI$ $= 0.018\,6FD^2/EI$
(图：四向压力 P, KP)	KPr	$Pr^2(1-K)/4$	Pr	$Pr^2(K-1)/4$	For $K=0$, $K = 0$ 时， $= 0.010\,4P/(EI/D^3)$ $= 0.560P/(F/\Delta)$
(图：顶压 P，底支 PD)	$-Pr/3\pi =$ $-0.106\,1Pr$ （拉力）	$Pr^2(4/3-\pi/8)$ $= 0.299\,4Pr^2$	$Pr/3\pi =$ $0.106\,1Pr$ （压缩力）	$Pr^2(2/3+$ $3\pi/8)/\pi$ $= 0.587\,2Pr^2$	$(3\pi+1-24/\pi)P$ $192(EI/D^3)$ $= 0.014\,5P/(EI/D^3)$ $= 0.780P/(F/\Delta)$
液体浮压力					
(图：液体浮压 $\pi\gamma r^2$)	$\gamma r^2/2$	γr^3	$3\gamma r^2/2$	0	$\gamma r^4(\pi^2-8)/16EI$ $= 0.117\gamma r^4/EI$

续 表

	在 A 点		在 B 点		$d = \Delta/D$
	T_A	M_A	T_B	M_B	(管环挠度)
[图：充满液体的圆环，A在顶，B在底支座，$\pi\gamma r^2$]	$-3\gamma r^2/4$ (拉力)	$\gamma r^3/4$	$-5\gamma r^2/4$ (拉力)	$3\gamma r^3/4$	$\gamma r^4(\pi^2-8)/16EI =$ $0.11685\gamma r^4/EI$
[图：均布荷载 q 作用于圆环，$Q=2\pi rq$]	$-qr/2 =$ $-0.0796Q$ (拉力)	$qr^2/2 =$ $0.0796Qr$	$qr/2 =$ $0.0796Q$	$3qr^2/2 =$ $0.2387Qr$	$= 0.2337qr^3/EI$ $= 0.0372Qr^2/EI$
[图：顶部集中力 F，两侧固定支座]	$\dfrac{F(4-\pi)}{\pi^2-8}$ $= 0.459F$	$\dfrac{2Fr(\pi-3)}{\pi^2-8}$ $= 0.1515Fr$	$F/2 = 0.5F$	$\dfrac{Fr(\pi^2-2\pi-4)}{2(\pi^2-8)}$ $= -0.1106Fr$	$\dfrac{Fr^2(\pi^2-20\pi+32)}{16(\pi^2-8)EI}$ $= 0.00583Fr^2/EI$
[图：顶部铰接，集中力 F]	$2F/3\pi$ $= 0.2122F$	0	$-2F/3\pi$ $= -0.2122F$	$4Fr/3\pi$ $= 0.4244Fr$	$Fr^3(\pi/2-8/3\pi)/EI$ $= 0.722Fr^3/EI$
	B 处 $\theta = 67°$ 时为最大弯矩，其中 $M = 0.331Fr$，A 处 $\theta = 134°$ 时为零弯矩				
[图：均匀外压 P 作用于圆环]	Pr	0	Pr	0	Pr/AE

续表

	在 A 点		在 B 点		$d = \Delta/D$
	T_A	M_A	T_B	M_B	（管环挠度）
![图]	$= 0.324Pr$	$= 0.112Pr^2$	$= 0.704Pr$ 剪切力 $V_B = 0.781Pr$	$= 0.248Pr^2$	$y_A = 0.03Pr^4/EI$ A 点下移
	底部弧度 120°的刚性圆环（假设在 B 点固定）				
![图]	切割圆环（管环强度试验） $= F$ | $= 0$ | $= -F$ 空隙宽度 $= 2x = (3\pi)(Fr^3/EI)$，其中 $x = 0$ 且 $F = 0$			$= 2Fr$	

表 A-2　圆弧（部分圆环）

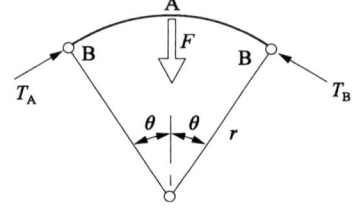

$T_A = F/2\tan\theta$ 　　　$T_B = F/2\sin\theta$
$M_A = (Fr/2\sin\theta)(1-\cos\theta)$ 　　$M_B = 0$

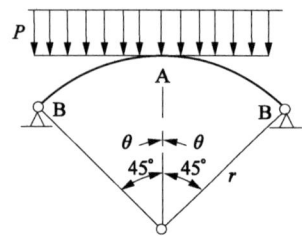

$T_A = 0.8323Pr$　　$T_B = 1.0886Pr$
$M_A = 0.0062Pr^2$　　$M_B = 0$
A 处 $\theta = 33.66°$时为最大弯矩，$M = 0.0078Pr^2$。
B 处 $\theta = 16.75°$时为零弯矩

续 表

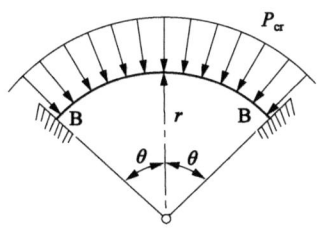

固定拱——临界压力

$P_{cr} = (K^2 - 1)(EI/r^3)$ 其中 $K\tan\theta\cot K\theta = 1$

$\theta =$	15°	30°	45°	60°	75°	90°	120°	180°
K 值 =	17.2	8.62	5.80	4.37	3.50	3.00	2.36	2.00

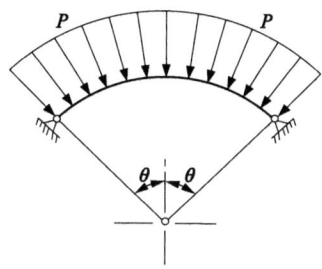

铰拱——塌陷时的外部压力 P

$P/(EI/r^3) = (4\pi^2/\theta^2 - 1)$

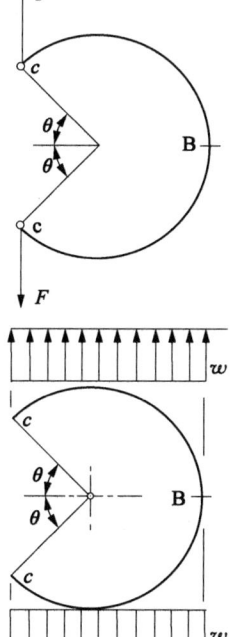

C 型卡加劲肋

$T_B = F$（拉力）

$M_B = Fr(1 + \cos\theta)$

$y_{C/B} = (Fr^3/EI)[(\pi - \theta)(\cos^2\theta + 1/2) + (3/4)(\sin 2\theta)]$

当 $\theta = 0$ 时，$y_{C/B} = (3\pi/2)(Fr^3/EI)$ $= 4.712 Fr^3/EI$

当 $\theta = \pi/6$ 时，$y_{C/B} =$ $= 3.922 Fr^3/EI$

当 $\theta = \pi/4$ 时，$y_{C/B} =$ $= 3.106 Fr^3/EI$

当 $\theta = \pi/3$ 时，$y_{C/B} =$ $= 2.220 Fr^3/EI$

当 $\theta = \pi/2$ 时，$y_{C/B} = (\pi/4)(Fr^3/EI)$ $= 0.785 Fr^3/EI$

$T_B = wr(1 + \cos\theta)$

$M_B = (wr^2/2)(1 + \cos\theta)^2$

$y_{C/B} = (wr^4/EI)\{(\pi - \theta)\cos^3\theta + (10/3)\cos^2\theta\sin\theta$
$+ 3\pi/2 - 3\cos\theta[\theta/2 + (\sin 2\theta)/4] + (2/3)\sin\theta\}$

附录 B
管环挠度公式的修正

斯潘格勒首次得出了埋地柔性圆管的管环挠度,得到的爱荷华(Iowa)公式为

$$\Delta x = D_f K_s W_c r^3 / (EI + 0.061 E' r^3)$$

其中(见图 B-1),

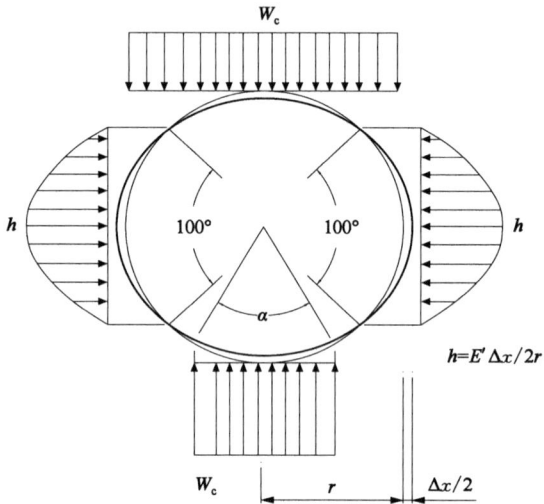

图 B-1 斯潘格勒的爱荷华公式中柔性管环上的假定荷载

Δx——垂直土压力 P 引起的直径水平增量,

P——管顶垂直土压力,

Δ——直径垂直增量(斯潘格勒假设等于 Δx),

d——管环挠度 $= \Delta/D$,

D——管道圆周平均直径,

r——管道平均半径 $= D/2$,

D_f——挠度滞后系数,可纳入与时间相关的土体模量中,且可忽略不计(斯潘格勒假设 $D_f = 1.5$),

K_s——垫层系数。斯潘格勒发现,随垫层角度 α 的变化,该值介于 0.083 到 0.110 之间,(合理假设为 $K_s = 0.1$)

W_c——每单位长度的马斯顿荷载(对于极柔性管道为 $W_c PD$),

ε——侧填土中由于压力 P 引起的垂直土体应变(压缩),

EI——单位长度的管壁刚度(见图 B-2),

E'——土体模量。(斯潘格勒将其定义为起拱线处土体反作用力的水平模量 E''。更为相关的是,将管环挠度与侧限压缩试验得出的垂直土体模量联系起来),

$R_s = E'/(EI/D^3) =$ 刚度比 = 土体刚度 E' 与管环刚度 EI/D^3 之比,

$R_s = 53.77 R'_s$.

R'_s——基于管道刚度 F/Δ 的刚度比 $= E'/(F/\Delta)$。

爱荷华公式可采用以下形式写出:

$$d/\varepsilon = R_s / (80 + 0.061 R_s)$$

爱荷华(IOWA)公式

这反映了两个无量纲变量之间的关系:$d/\varepsilon =$ 管环挠度项,$R_s =$ 刚度比。这种关系

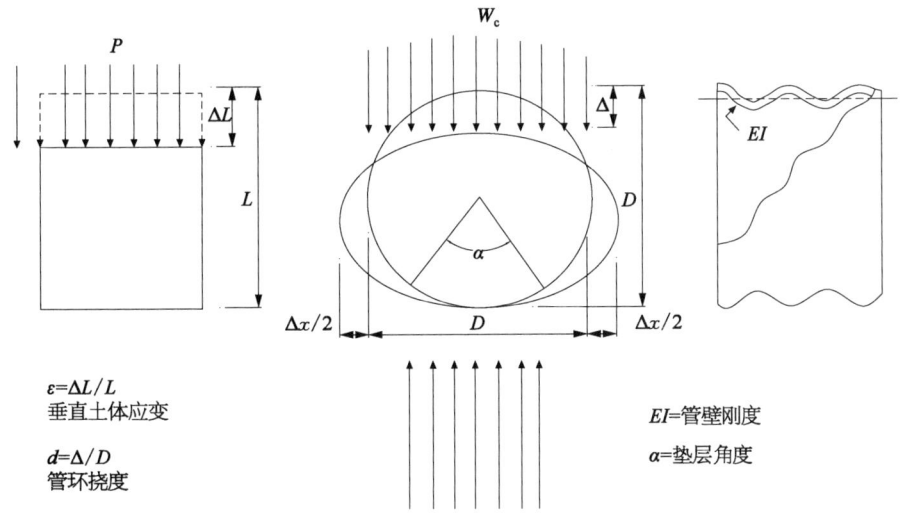

图 B‑2 计算埋地柔性管道管环挠度的相关符号

如图 B‑3 所示。该图显示，在 $d/\varepsilon = 1.64$ 时接近水平渐近线。但管环挠度经验值不超过侧填土的垂直压缩量。因此，d/ε 不超过 1。图 B‑3 所示的经验图更为合理，用公式表示为

$$d/\varepsilon = R_s/(30 + R_s)$$

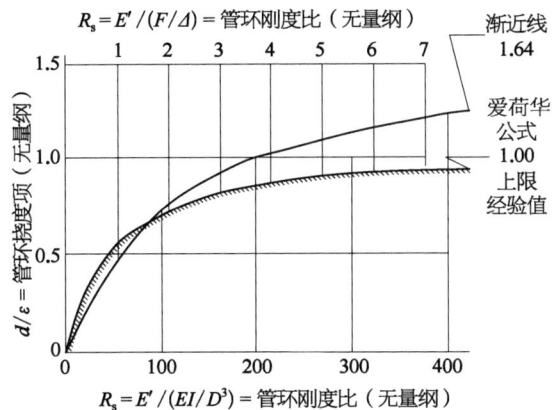

图 B‑3 艾奥瓦(Iowa)公式与上限经验图的比较，以预测埋地柔性管道的管环挠度

经验公式

经验公式是犹他州立大学在 20 世纪 60 年代通过试验得到的管环挠度上限的 90%。

爱荷华(Iowa)公式

推导爱荷华(Iowa)公式的目的是预测埋地柔性管道的管环挠度。图 B‑1 所示为推导依据。垫层角度 α 的变化范围为 0 至 180°。水平被动土体抗力作用在一条抛物线上，所对弧度为 100°。如果 90° 的弧度看起来合理，则弧度 100° 属于偏保守值。整个管环高度上的被动土体抗力最好用正弦曲线表示，但正弦曲线似乎更难求积分。利用虚功求积分，求解分析所需的两个变形方程式。通过静态平衡可以得到三个方程式。已知荷载 W_c 和土体抗力 h，便可求解五个未知数。斯潘格勒对 h 的定义进行了修正，使其数学分析更加精确。土体抗力 h 是一个关键变量，假设为水平土体弹性模量 E' 的函数。对于任何土体和密度（压实度），假设 E' 为常数。详情见 Spangler, M. G. and Handy, R. L., *Soil Engineering*, 3rd Ed., IEP, New York 1975。

E'

E' 是爱荷华(Iowa)公式中的水平土体模量。在公式推导过程中，假设所有材料都

有弹性，并且对于任何给定的埋设土体，E' 均是常数。实际上 E' 不是常数。管土相互作用无弹性。柔性管最好用塑性力学进行分析。土体类型可以从黏性土到塑性土，再到颗粒状土（最好进行颗粒力学分析）。犹他州立大学在 1996 年和 1997 年进行了 E' 值的研究。研究发现 E' 是土体埋深（一定限制范围）、管环刚度、土体类型和密度的函数。图 B-4 为粉砂（SM 统一分类）中 E' 的图示。图 B-5 所示为粉砂 E' 建议保守值。其他土体类型需要类似试验估算 E' 值。

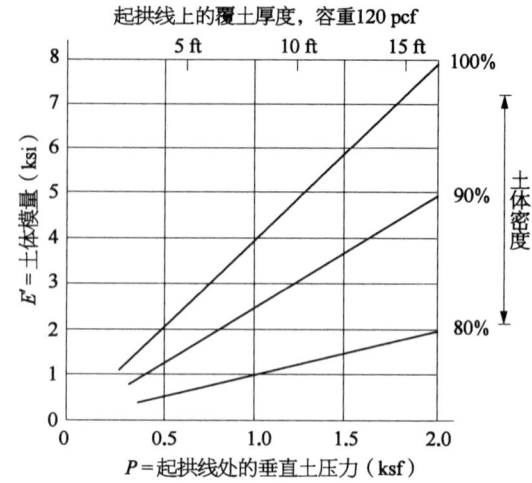

图 B-5　粉砂的建议保守 E' 值（SM 统一分类）

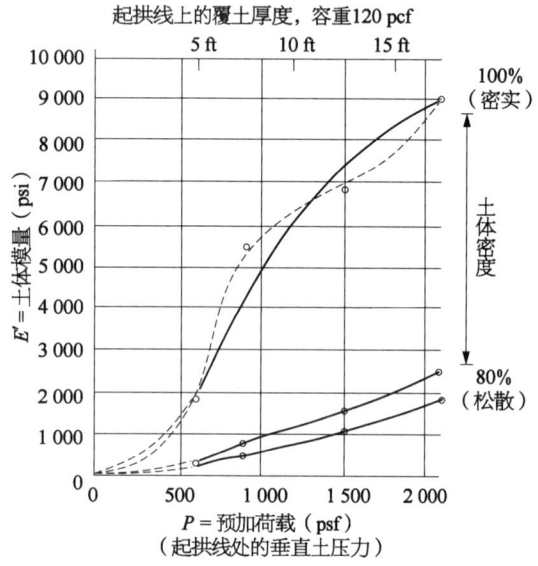

图 B-4　1996 年犹他州立大学模型研究得到的干粉砂 E' 值。如果是饱和土，则 E' 值减少一半

$$P = \sqrt{R_w E_s (EI)/(0.149 r^3)} \quad (B-1)$$

其中，

　P——均布塌陷压力，

　R_w——浮力系数

　$R_w = 1 - 0.33(H'/H)$，其中 $H' < H$，

　H——管上填土高度，

　H'——管上地下水位高度，

　E_s——土体刚度（割线模量），

　E——长期（虚拟）管道模量，

　r——管道平均半径 $= D/2$，

　I——管壁横截面惯性矩。

另一个方程式来自 PPI 大直径管道部门的"工业手册"，类似于《Uni-Bell 手册》中的方程式 41，

$$P = 1.15 \sqrt{E_t p} \quad (B-2)$$

其中，

$$p(1-v^2)(D/t)^3 (r'/r)^3 = 2E$$

　p——圆管上的塌陷压力，

　E——工作温度下的模量，

　t——平均壁厚，

　D——平均直径 $= 2r$，

基于管环刚度（屈曲）的外部压力设计

与爱荷华（Iowa）公式一样，有一些管环设计方程式基于管环和土体的弹性刚度。这些方程式与任何基于弹性的方程式一样需要加以注意。下面以两个此类设计方程式为例进行说明。

一个方程式为简化的 AWWA C950：

r ——平均圆周半径，
r' ——最大曲率半径，
v ——泊松比，
E_t ——土体刚度（切线模量）。

为了比较方程式（B-1）和（B-2），假设：
$m=r/t=D/2t=$ 管环柔性，
$R_w=0.67$（地下水位位于地表），
$I=t^3/12$（光面管），
$r'=r$（圆管横截面），
$v=0.38=$ 泊松比（PVC）。

代入数值，

AWWA $\quad P=0.61\sqrt{E_s E/m^3}$

Uni-Bell $\quad P=0.62\sqrt{E_s E/m^3}$

如果土体割线模量 E_s 与土体切线模量 E_t 大致相等，则方程式（B-1）和（B-2）具有可比性。Uni-Bell 方程式假设地下水位处于地表。AWWA 不考虑椭圆度，但考虑覆土厚度和地下水位。

这两个方程式的适用范围有限。如果任一土体模量接近于零，则 P 接近于零。然而事实并非如此。显然，上述公式不适用于土质较差的工况。

为了进一步比较，方程式（B-1）和（B-2）改写为服务方程式，

使用时，$P=0.62\sqrt{KE_t E/m^3}$

其中，
P ——圆管上的压力，
KE_t ——土体水平切线模量，
$K=(1-\sin\varphi)/(1+\sin\varphi)=1/3$
φ ——内摩擦角＝无黏性土取 $30°$

m ——光面管平均半径与壁厚之比＝r/t。

如果管环被包裹在相对刚性的土体中，当管道达到屈服应力 S 时，若土体作为外套管，

包裹时，$P=S/m$ 此时为管环压缩破坏。

如果管环未受约束，即未埋置，

未受约束时，$P=E/4(1-v^2)m^3$

此时为屈曲破坏。

如果管环由土体提供支承，其横截面刚度通过管环挠度试验计算，则根据图 B-3 的经验曲线方程式，依据经验曲线，

$$P=0.14E/m^3+0.27KE_t$$

如果管环挠度可以用爱荷华（Iowa）公式预测，则管壁有效刚度也可以计算出来，且，

根据爱荷华公式，$P=0.22E/m^3+0.16KE_t$

图 B-6 对上述弹性方程式的临界 P 值进行比较。

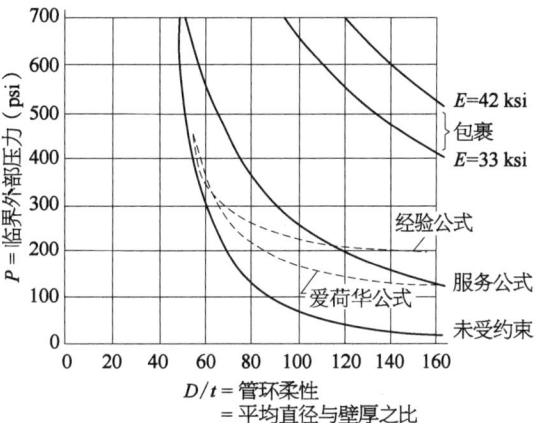

图 B-6 外部压力设计程序的比较，上部两条曲线适用于管环压缩（包裹），下部的曲线适用于管壁弹性塌陷

附录 C
相 似 性

从根本上讲,工程的设计和分析着重于成本、风险、安全等因素。下文介绍的内容关于埋地管道的设计。分析是指建立一种可以预测性能的模型。性能不得超过相应的性能极限。通常,设计中最主要关注的是模型,数学模型最为简便,偶尔会使用缩尺的物理模型。最可靠的模型是使用中的足尺原型。由于对每一条拟敷设的埋地管道进行足尺原型研究是不现实的,因此需要建立数学模型描述原型性能。一个模型能依据一套原理,与原型联系起来,以预测原型性能,这套原理即称为相似性。相似性适用于数学模型、缩尺模型、原型等各种模型。实现相似性有三个基本步骤。

1. 基本变量——影响此现象的一组变量。所有基本变量必须形成唯一的相互依赖关系。但基本变量的子集均无法形成唯一的相互依赖关系。例如,力、质量和加速度无法在一个较为复杂的现象内用作基本变量,原因是力等于质量乘以加速度。因此,子集可形成唯一的相互依赖关系。三个基本变量中只有两个可用于这类拟研究的现象。

2. 基本量纲——用来描述基本变量的尺度。埋地管道的基本量纲一般为力(F)、距离(L),有时还有时间(T)和温度。

3. π 项——满足下列三个要求的基本变量组合:

(a) π 项的数量至少等于基本变量的数量减去基本量纲的数量。

(b) π 项须为无量纲项。

(c) 任何 π 项的子集都不相互依赖。这样就保证每个 π 项包含的一个基本变量不会包含在任何其他 π 项中。

π 项可以通过观测记录。

[例]

确定一组 π 项,用于研究在管道顶部不发生凹陷的情况下,可在埋地柔性管道上方经过的最大轮压 W。图解模型见图 C-1。遵循三个 π 项要求:

基本变量	基本量纲
W——轮压	F
EI——管壁刚度	FL
H——覆土厚度	L
P——全部压力	FL^{-2}
D——管径	L
E'——土壤模量	FL^{-2}
γ——土壤容重	FL^{-3}

7 基本变量 - 2 基本量纲 = 所需 5 个 π 项

π 项

$(W/E'D^2)$	π_1
(EI/D^3)	π_2
(H/D)	π_3
(P/E')	π_4
(D/E')	π_5

这组通过观测得到的 5 个 π 项,不是唯

附录 C 相 似 性

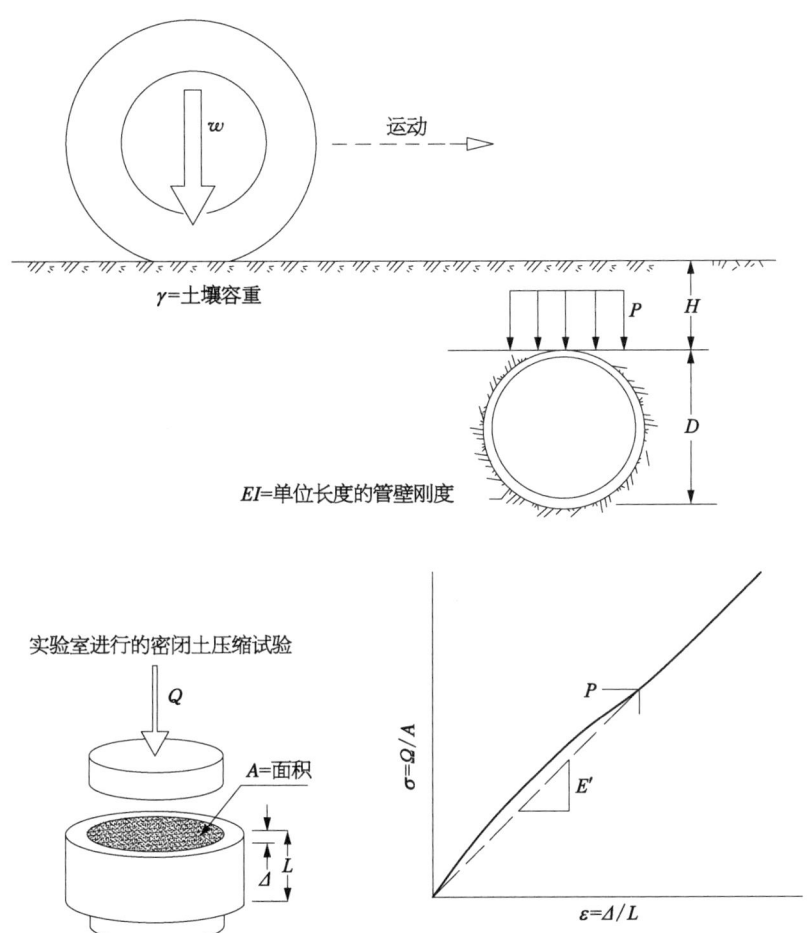

图 C-1 物理模型示意图,用于计算出经过埋地柔性管道上方使管顶出现凹痕的轮压

一的可能集。如果这一组仍不便于研究这一现象时,可再写一组。在这种情况下,最大轮压可以用数学模型求得:

$$\pi_1 = f(\pi_2, \pi_3, \pi_4, \pi_5) \quad (C-1)$$

如果我们可以找到 π 项之间的关系,物理学原理提供了一种可能性。原型研究通过画出数据图的拟合线可得到经验公式。如果用缩尺模型做研究,方程式(C-1)应说明模型及原型的性能。因此,模型的设计须使方程式(C-1)右侧的相应 π 项对于模型和原型都相等。由于 π 项无量纲,对大小或者其他维度没有概念,即使是缩尺模型也可以实现。下标 m 表示模型。为了设计模型,设计条件是:

1. $(EI/D^3)_m = (EI/D^3)$
2. $(H/D)_m = (H/D)$
3. $(P/E')_m = (P/E')$
4. $(\gamma D/E')_m = (\gamma D/E')$

用下标 r 表示原型与模型的比例,每个设计条件都能满足如下要求:

1. $(EI)_r = (D_r)^3$ 其中 D_r 为尺度比
2. $(H_r) = (D_r)$ 几何相似性
3. $(P_r) = (E'_r)$
4. $(\gamma_r) = (E'_r)/(D_r)$

由于土是一种复杂的材料,对于模型和原型,最好将相同土用相同方法放置并压实。得到的结果是 $E'_r=1$,$\gamma_r=1$。但现在设计条件 3 和 4 未满足。根据设计条件 3,$P_r=1$。因此,模型中的所有压力 P 必须与原型中相应点的压力相等。例如,模型和原型内的轮压应相同。模型和原型内相应深度上的土压力应相同。但对缩尺模型而言,如果土容重相同,这是不可能实现的。有一种解决方法是,将模型放在长臂离心机中进行试验,这样可以通过离心力加重力,增加模型中的土有效容重。另一种近似的解决方法是,将渗透应力通过模型抽降下来(如果土壤饱和,可抽出空气或水),从而增加模型内土的有效容重。对多数最小覆土厚度研究而言,土容重的影响可忽略不计,所以设计条件 4 可忽略。模型设计和建立完成后,通过试验,可以观察到埋地管道出现凹痕时的重量 W。

对模型和原型,用于预测的方程式即是方程式(C-1)左侧 π 项的方程式,即,

$$(W/E'D^2) = (W/E'D^2)_m$$

如果 $E'_r=1$,则用于预测的方程式为

$$W = W_m(D_r)^2$$

其中 D_r 是原型与模型的比例。如果比值为 5(即模型与原型的比为 1:5),则作用在原型上能使埋地管道出现凹陷的荷载 W 是模型上使埋地管道出现凹陷的荷载 W_m 的 25 倍。

为了得出该现象的数学模型(方程式),应进行足够多的试验,从而能够绘出当 π_3 是常数时 $\pi_1 = f(\pi_2)$ 的数据曲线图以及当 π_2 是常数时 $\pi_1 = f'(\pi_3)$ 的数据曲线图。通过数据图可绘出最佳拟合线,并得出 $\pi_1 = f[(\pi_2),(\pi_3)]$ 的组合方程式,形成数学模型。

实际上,设计条件 3 可能并不重要,前提是保持模型和原型内的轮压相同。数学模型只是通过 $\pi_1 = f(\pi_2)$ 的拟合线得到的方程式。当然,也可以用原来的基本变量表示。

附录 D
简　史

管道工程的历史可追溯到史前时期。古波斯的坎儿井是山底挖掘的地下隧道,作用是为平原上的城市收集淡水。埃及的地下墓穴是引人注目的地下管道。中世纪的巴黎和伦敦出现了砖砌的下水道。随着工程师们研究出轻轨系统,人们开始重新注意到早已废弃的圣路易斯地铁隧道。过去的埋地管道技术源于经验和失败的设计案例。

现代埋地管道工程的工艺始于 20 世纪 20 年代初,由艾奥瓦州立学院工程系主任马斯顿提出。每年春天,他都会看到艾奥瓦州的农民陷入乡村道路上的泥坑。他的关注汇成了一个振奋人心的口号:"让艾奥瓦州走出泥泞吧。"经此呼吁,马斯顿被任命为公路研究委员会的第一任主席。他准确地推断出,修建一条适宜性较高的道路的第一步是排水。这意味着要铺设埋地排水管并制定埋地排水管的设计程序。他提出了一种预测埋地刚性管土压力的理论。通过平行板间管道的破坏性试验来确定管道强度。在设计中,埋地管道上的土荷载必须小于导致管道发生破坏的平行板荷载。但要具体少多少还需要进行试验。马斯顿把试验任务交给了一个叫斯潘格勒的学生,他要埋下刚性管样本,并测量管上的土压力。目的是将平行板荷载与管道破坏时的土压力联系起来,从而建立一套公路管涵设计程序。

在斯潘格勒进行刚性管试验期间,市场上出现了柔性波纹钢管。斯潘格勒意识到,柔性管的平行板试验并不能完全体现现场实际条件。现场埋地管道两侧的土支承着管道并防止管道挠曲。因此,斯潘格勒推导出了计算埋地柔性管道管环挠度的爱荷华公式。该公式基于:1. 管道上的马斯顿土压力;2. 管环刚度;3. 斯潘格勒称为土壤被动阻力模量的土壤刚度。爱荷华公式需要进行多项修正,如挠度时滞系数、垫层角度和荷载系数。荷载很快从马斯顿荷载转变为土棱柱荷载和附加活荷载。这是基于假定土和管道都是弹性的。边界条件包括受沟渠或路堤条件影响的沉降相等的平面以及正投影或负投影。爱荷华公式于 1941 年发表在《艾奥瓦工程实验站 153 号公报》(*Iowa Engineering Experiment Station Bulletin 153*)上。

斯潘格勒认为,当管环挠度约为 20% 时,埋地波纹钢涵在顶部会发生反曲。因此,他取安全系数为 4,并建议将埋地柔性管的管环挠度限制在 5% 以内。Armco 公司的 Kelly 试图将爱荷华公式应用到波纹钢管上,但是公式并不适用。当管环挠度为 5% 且公式中的所有其他参数不变时,Kelly 绘出覆土厚度与管道直径的函数关系图。结果表明,直径大于 5 ft 时,允许覆土厚度随直径的增大而增大。这似乎不合理,便弃用爱荷华公式。

1957 年,斯潘格勒的学生沃特金斯发

现,应重新定义斯潘格勒的土壤被动阻力模量,才能正确表示材料特性。经修正的爱荷华公式克服了 Kelly 所证明的不合理性,这些结果 1958 年发表在《公路研究委员会论文集》(Proceedings of the Highway Research Board)上。

管道机构开始公布修正后的土壤模量值,现在被称为土壤反作用力模量。因为公布的数值过于保守,所以它成为爱荷华公式中的许多假设以及现场安装注意事项相关计算的统一取值。土壤模量的公布值,充其量只能得到一个粗略而保守的管环挠度估值。

根据现场和实验室试验,沃特金斯发现土壤反作用力模量难以确定且不可靠,也就是基于土竖向压力的侧向模量,它不是恒定值。E' 是覆土厚度(约束)和管环刚度的函数。Duncan、Molin 等人也公布了类似结论。

求解爱荷华公式取决于诸多因素和假设,这使得管环挠度的预测不如基于侧填土垂直压缩的管环挠度直接预测准确。管环挠度与垂直土压缩以及土壤刚度和管环刚度之比有关。土壤刚度通过标准实验室压缩试验确定。管环刚度是环上径向线荷载弹簧常数的一种形式。埋在良好颗粒状土壤中的柔性管,刚度比很大,使得管环刚度的影响可忽略不计,管环挠度仅由土壤决定。

犹他州立大学的研究表明:(1)埋地柔性管的管环挠度等于(或小于)埋设土壤(侧填土)的垂直压缩。(2)当覆土较厚时,管道"破坏"不一定是管环挠度(斯潘格勒认为是 20%)或马斯顿的平行板荷载造成。挠度小于 20% 时,管壁因管环压缩会发生屈曲或压毁。实际上,挠度为零时,管壁就可能发生屈曲或压毁。管壁强度与刚度之比较高的管道,如薄壁钢管,在管环挠度小于 20% 时可能发生屈曲。管壁强度与刚度之比较低的管道,如塑料管,在管环挠度小于 20% 时可能发生压毁。

这些观察结果,特别是针对大直径的埋地柔性钢管,后来通过有限元分析和试验得到了证实。

对于埋置在级配良好土包封中的柔性管,工程师可根据竖向土应变的函数预测管环挠度。任何使用爱荷华公式的设计人员,都必须用平均值或假设值替换对结果影响最小的变量,来减少变量的数量。爱荷华公式并非设计程序,而是预测管环挠度的一种近似方法。

管环挠度已被证明是需要指定的一个重要限值。其他重要性能极限包括土壤滑移、管环塌陷和 White 和 Layer 提出的管环压缩应力。第 6 章对管环压缩进行了说明。

Hoeg、Luscher、Meyerhof 等人提出了其他分析模型,大多基于弹性理论。

1964 年 9 月,Buras,J.Q. 和 Richards,R.M. 对弹性埋设土壤进行了深入分析,并在亚利桑那大学的《土壤—结构相互作用研讨会论文集》上发表了题为《埋地圆筒的应力衰减》的论文。他们假设管道和土壤都是弹性的。分别对管土的完全黏结和管土的零摩擦进行分析,为管土相互作用提供了概念定义。

性能极限要求对背部填料、包层等各种埋设土壤条件以及全新管材和配置进行专项分析,特别是塑料管。塑料管中的应力在恒定应变下松弛,在恒定应力下蠕变(甚至达到长期回归强度)。显然,管土相互作用变得复杂。材料工程力学的基本原理被证明是最可靠的分析工具。假设发生最不利情况,由于土壤和设施具有不精确性,更高的精度是不合理的。

由于塑料管有多功能性和耐腐蚀性,自第二次世界大战以来,塑料管产量增加并主导了一些埋地管道市场。德国城市遭到轰炸,不仅摧毁了为枪支(和管道)供应钢铁的行业,还摧毁了为城市服务的供水管道。无奈之下,PVC管道似乎能发挥迅速补救的作用。德国在聚氯乙烯(PVC)的加工和制造领域处于领先地位。PVC管取得了成功。市场上很快出现了其他塑料管。

随着计算机可用于复杂的管道分析,市场上出现了各类全新的管道配置和材料,并且对埋地管道有着迫切和持续的需求,使得目前的技术只是未来越来越复杂的埋地管道设计的基础。

附录 E
应 力 分 析

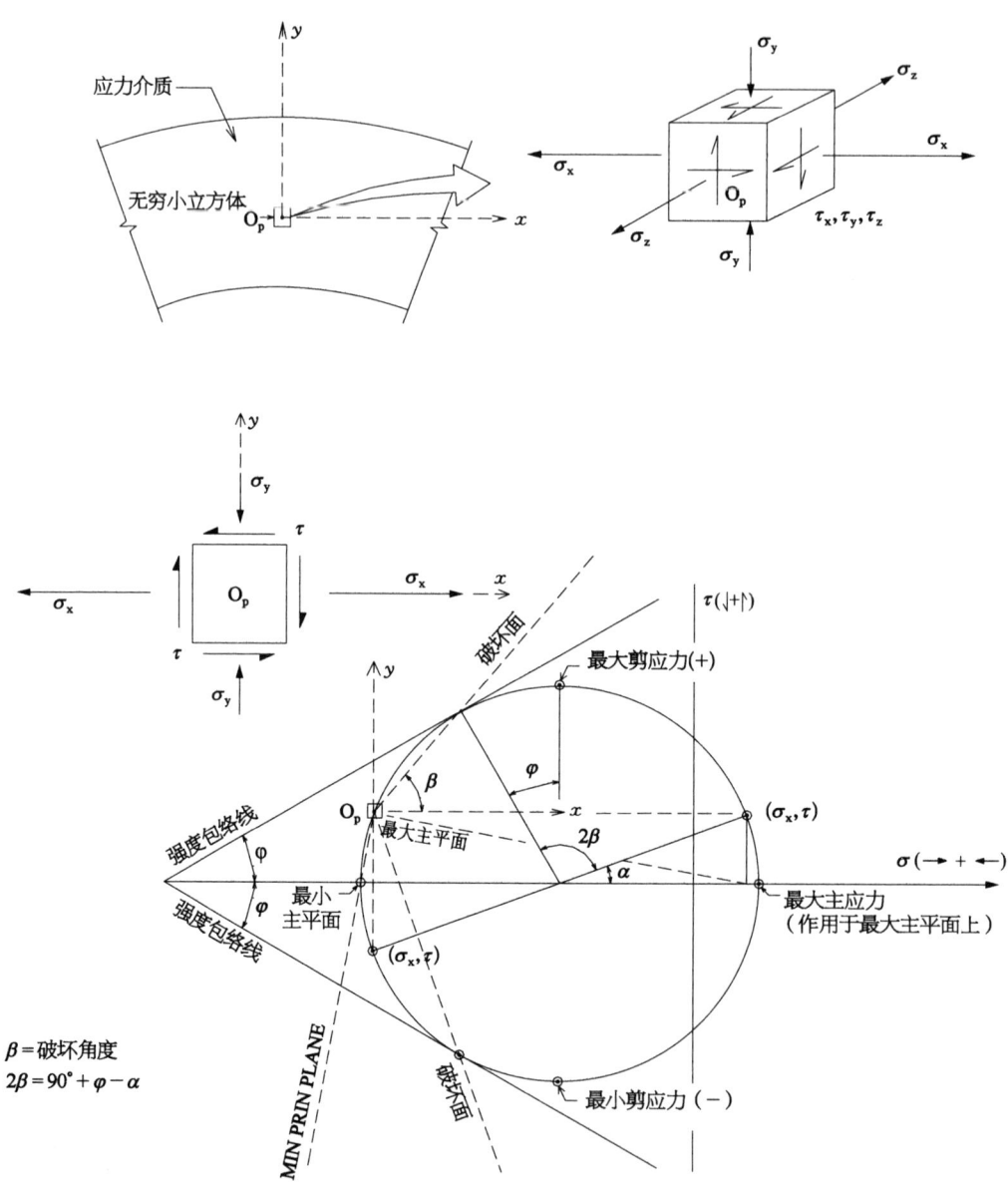

图 E-1 应力介质中无穷小立方体 O_p 正视图的应力分析,显示三个叠加图:莫尔应力圆、方位图 x-y 和强度包络线

图 E-1 所示为一个带无穷小立方体 O_p 的应力介质。O_p 是应力分析的自由体受力图。最多有六对应力作用于 O_p，即三对法向应力（正应力）和三对力偶（剪应力对）。所有应力都成对产生，处于平衡状态。符号说明如下：

σ_x——作用在 yz—平面上的 x 方向法向应力，

σ_y——作用在 xz—平面上的 y 方向法向应力，

σ_z——作用在 xy—平面上的 z 方向法向应力，

τ_x——在 yz—平面上，作用于 x 轴的两个相等且方向相反的剪力偶，

τ_y——在 xz—平面上，作用于 y 轴的两个相等且方向相反的剪力偶，

τ_z——在 xy—平面上，作用于 z 轴的两个相等且方向相反的剪力偶。

通过立方体作用于任何平面的合成法向应力和剪切应力可以按奥托·莫尔提出的应力圆求得，参阅固体力学文献。莫尔圆分别应用于立方体的三个正交视图上。图 E-1 所示为莫尔圆应用于 xy—平面的一个视图（前视图）上。两个力偶是在立方体表面上互成直角的剪应力对。为了满足平衡条件，顶部和底部的剪力偶与侧面的剪力偶相等和方向相反。由于力偶相等，因此剪应力 τ 的下标删除。分析包括三个步骤。

A. 首先画出应力轴 σ 和 τ，绘制莫尔应力圆，如图所示。通过三个点在轴上建立应力圆。根据无穷小立方体上的应力，应力轴上的点绘制如下：

1. 绘制作用在 y—平面上的法向和剪应力点 (σ, τ)，

2. 绘制作用在 x—平面上的法向和剪应力点 (σ_y, τ)，

3. 在 σ—轴上定位圆心。

简单连接两个绘制点，使圆心位于 σ—轴上。与通用的符号法则相反，对于法向应力，压缩为正；对于力偶（剪应力），逆时针为正。分子联结使材料在压缩时结合在一起。张力只体现材料中压缩联结的减少。

B. 方位图是 x 和 y，表示 x 和 y 平面，在无穷小立方体上用虚线显示。方位图叠加在应力图上。x—平面通过点 (σ_y, τ) 绘制，表示作用于 x 平面上的应力；y—平面通过点 (σ_x, τ) 绘制，表示 y—平面上的应力。原点 O_p（称为平面原点）始终落在莫尔应力圆上。平面原点实际上是叠加在应力图上的无穷小立方体。通过 O_p 点的任何平面都是通过无穷小立方体的平面。分析如下：

从平面原点 O_p 出发画出的任何平面，角度为 θ 时，在作用于平面上的法向应力和剪应力下与莫尔圆相交。

θ—平面相对于立方体的原始 x—y 坐标轴的定向正确。显然，最大和最小法向应力（称为主应力）以及最大剪应力可以在圆上求得。通常认为最大主应力落在圆上最右边的点，最小主应力落在最左边的点。最大剪应力落在圆上最高点和最低点。最高的是正值（逆时针对），最低的是负值（顺时针对）。

值得注意的是一些重要的应力定理可以用莫尔圆来证明。主应力平面（称为主平面）上的剪应力为零。主应力（最大和最小）作用于相互垂直的平面上。最大剪应力等于主应力的平均值，作用在与主平面成 $45°$ 的垂直平面上。最大剪应力平面互成直角，但一个为正，另一个为负。最大剪应力的两个平面上的法向应力相等。应力所作用的平面用 O_p 到莫尔圆上应力点的虚线标出。应力的数值

可以通过按比例绘制莫尔圆和测量值来确定,也可以通过三角法确定。下面是一些有用的三角函数提示。

1. 圆心位于 σ — 轴 ($\sigma_x+\sigma_y/2$) 处。

2. 根据勾股定理,圆半径的平方是 $[(\sigma_x-\sigma_y)^2+\tau^2]$。

3. 如果从圆心画出的圆心角与从 O_p 画出的圆周角截取了相同的弧段,则圆心角是相应圆周角的两倍。例如,在图 E-1 中,破坏角 β 是相应圆心角 $2\beta=90°+\varphi-\alpha$ 的一半,由于 φ 和 α 已知,所以可以估算破坏角 β。

C. 强度包络线是材料应力的极限。如果应力增加到应力圆与强度包络线接触的点,则材料在从 O_p 到切点的破坏面 β 上发生破坏。在实验室中,通过向材料施加三轴荷载直至其破坏,从而确定强度包络线,见图 E-2。针对每次破坏绘制一个莫尔圆。圆的切线即为强度包络线。值得关注的是强度包络线相交处的理论原点。理想情况下,理论原点代表材料中所有联结力之和,同时代表完美分子链的绝对最大抗拉强度。事实上,完美分子链是不符合现实的。但如果使用钢材,则强度包络线的理想原点一直落在最左边无穷远处,即强度包络线在钢材用于典型用途时的强度范围内基本处于水平方向。图 E-3 描绘了钢材的强度包络线。由于强度包络线基本上是平行的,所以受张时的屈服应力(破坏)几乎与压缩时相同。如图所示,实线为张力破坏时的莫尔圆。当 O_p 位于如图所示的位置时,破坏面成 45°角。在一些破坏钢材的试样中可以看到这些滑移面,称为 Leuder 线。在承受过大内部压力的薄壁管道或储罐的典型破坏情况中,断裂面在大约倾斜 45°。

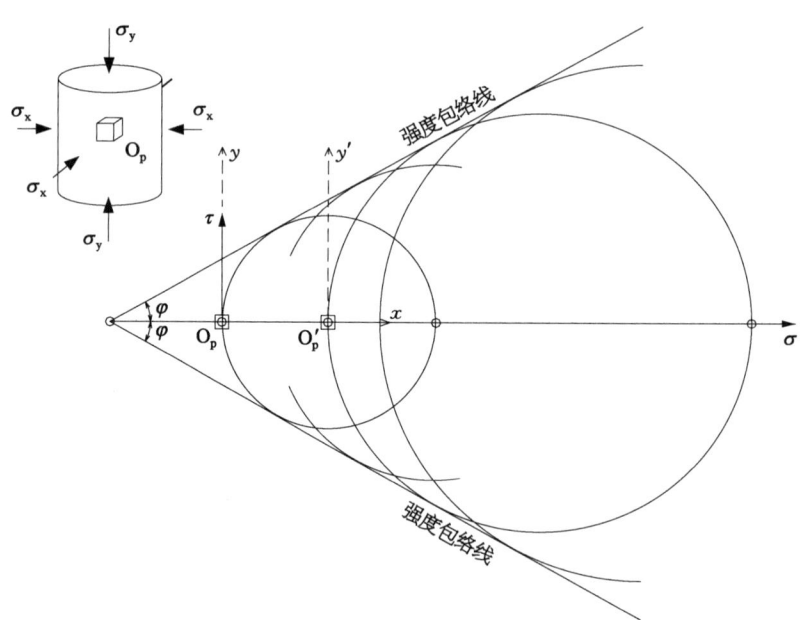

图 E-2 根据三轴破坏试验绘制莫尔圆切线形成的强度包络线

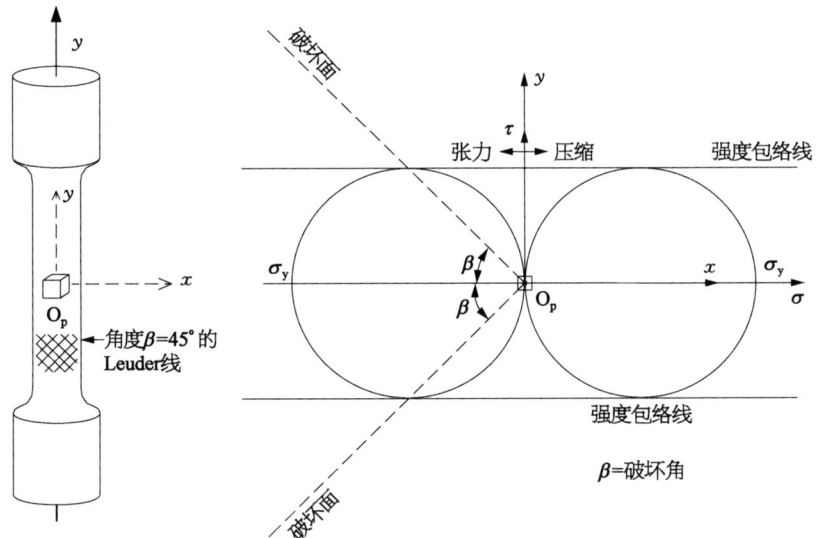

图 E-3 钢材强度包络线示意图，显示强度包络线平行是因为屈服应力 σ_y 在受张和压缩时近似相等；同时显示了 45°的破坏面

附录 F
应变能分析

无穷小立方体承受三轴主应力。一般情况下还有剪应力,但立方体的某个方向可使所有应力都是主应力。此外,对管道结构而言,主应力通常可直接确定。主应力平面上的剪应力为零。

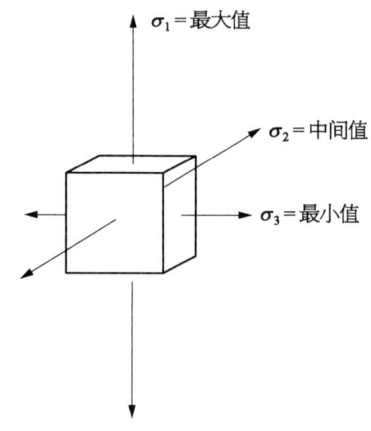

U——应变能(标量),
σ——法向应力,
σ_f——屈服强度,
ε——法向应变,
E——弹性模量,
υ——泊松比(钢材为 0.27)。

下标 1、2 和 3 指最大值、中间值和最小值。

应变能为 $U=\sum\int\sigma\mathrm{d}\varepsilon$。当应力在弹性范围内从 0 增加到 σ 时,应变能等于平均应力乘以应变,即:

$$U=\sum\sigma\varepsilon/2 \quad (F-1)$$

根据材料力学,

$\varepsilon_1=\sigma_1/E-\upsilon(\sigma_2+\sigma_3)/E$。每个应力的应变能可按如下形式书写。

应变 | 应变能项
$E\varepsilon_1=\sigma_1-\upsilon(\varepsilon_2+\varepsilon_3)$ | $2EU_1=\sigma_1^2-\upsilon\sigma_1(\sigma_2+\sigma_3)$
$E\varepsilon_2=\sigma_2-\upsilon(\varepsilon_1+\varepsilon_3)$ | $2EU_2=\sigma_2^2-\upsilon\sigma_2(\sigma_1+\sigma_3)$
$E\varepsilon_3=\sigma_3-\upsilon(\varepsilon_1+\varepsilon_2)$ | $2EU_3=\sigma_3^2-\upsilon\sigma_3(\sigma_1+\sigma_2)$

由于能量是标量,所以三个应变能项可相加。总和是,

$$2EU=\sigma_1^2+\sigma_2^2+\sigma_3^2-2\upsilon(\sigma_1\sigma_2+\sigma_1\sigma_3+\sigma_2\sigma_3)$$

如果屈服应力是性能极限,则总 EU 必须等于拉伸屈服应力下的应变能项: $U_f=\sigma_f\varepsilon_f/2=\sigma_f^2/2E$。改写为 $2EU_f=\sigma_f^2=2EU$。

$$\sigma_1^2+\sigma_2^2+\sigma_3^2-2\upsilon(\sigma_1\sigma_2+\sigma_2\sigma_3+\sigma_3\sigma_1)=\sigma_f^2$$
$$(F-2)$$

对于大多数管材,体积变化的应变能不包含在破坏(屈服应力)时的总应变能中。从方程式(A-2)中去掉该项,得到的结果是 Huber-Hencky-von-Mises 方程式:

$$\sigma_1^2+\sigma_2^2+\sigma_3^2-(\sigma_1\sigma_2+\sigma_2\sigma_3+\sigma_3\sigma_1)=\sigma_f^2$$
$$(F-3)$$

对于管道,通常忽略最小应力 σ_3 的平

方,结果如下:

$$\sigma_1^2 + \sigma_2^2 - \sigma_1\sigma_2 = \sigma_f^2 \qquad (F-4)$$

在弹性极限下,坐标轴上 σ_1 与 σ_2 关系图为 von Mises 椭圆,如图 F-1 所示。

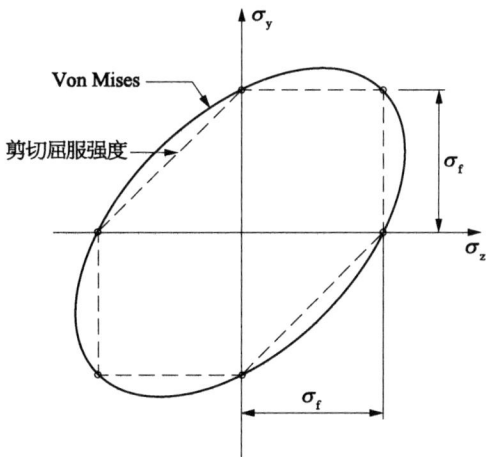

图 F-1 显示作用在无穷小立方体上的主应力